Franz Xaver Remling

Kardinal von Geissel, Bischof zu Speyer und Erzbischof zu Köln im Leben und Wirken

Franz Xaver Remling

Kardinal von Geissel, Bischof zu Speyer und Erzbischof zu Köln im Leben und Wirken

ISBN/EAN: 9783743334847

Hergestellt in Europa, USA, Kanada, Australien, Japan

Cover: Foto ©ninafisch / pixelio.de

Manufactured and distributed by brebook publishing software (www.brebook.com)

Franz Xaver Remling

Kardinal von Geissel, Bischof zu Speyer und Erzbischof zu Köln im Leben und Wirken

Cardinal von Geissel,

Bischof zu Speyer und Erzbischof zu Köln,

im

Leben und Wirken.

Sammt Urkundenbuche

Von

Dr. Franz Xaver Remling,

Domcapitular, geistlichem Rathe, bischöflichem Theologen und Historiographen zu Speyer,
correspondirendem Mitgliede der Akademie der Wissenschaften zu München
und mehrerer geschichtlichen Vereine.

(Zum Besten des kath. Diöcesan-Waisenhauses zu Landstuhl.)

Speyer.
, Ferdinand Kleeberger.
1873.

* * * * * * * * * * * *

„Ecce sacerdos magnus, qui in diebus suis placuit Deo,
et inventus est justus et in tempore iracundiæ factus est reconciliatio.“

Breviarium romanum.

* * * * * * * * * * *

Seiner Gnaden

dem

hochwürdigsten Herrn

Daniel Bonifaz von Haneberg,

Bischofe zu Speyer,

Doctor der Theologie, Commenthur des königlichen bayerischen Verdienstordens vom h. Michael,
Ritter des Civilverdienst-Ordens der bayerischen Krone, Mitglied der Münchener Academie
der Wissenschaften und Ehrenmitglied mehrerer theologischen Facultäten ꝛc.

in

innigster Verehrung und aufrichtigster Unterwürfigkeit

gewidmet

vom

Verfasser.

Vorwort.

— ·•·—

Den Freunden der kirchengeschichtlichen Literatur ist es wohl nicht unbekannt, daß der Unterzeichnete sowohl die Geschichte der Bischöfe zu Speyer von der e r st e n Gründung dieser Diöcese bis zu deren im Sturme der französischen Staatsumwälzung erfolgten Auflösung im Anfange unseres Jahrhunderts aus den Urquellen ausführlich dargestellt, sondern auch in der n e u e r e n Geschichte des wieder errichteten Bisthums und in der Lebensbeschreibung des hochseligen Bischofes Nikolaus von Weis, die Reihenfolge der jüngsten Oberhirten dieser Diöcese, nur mit Ausschluß des so hochverdienten Johannes von Geissel, quellenmäßig beschrieben hat. Diese Lücke hatte darin ihren Grund, daß dem Verfasser zwar das vollständigste Material für das Leben und Wirken dieses so ausgezeichneten Ober= hirten bis zu dessen Berufung nach Köln zu Gebote stand, daß aber über dessen dortige vieljährige Amtsführung die Einsicht= nahme und Benützung der betreffenden Aktenstücke und Urkunden, trotz mehrseitiger Bemühungen und freundlicher Fürsprache des hochseligen Bischofes Nikolaus in der gewünschten Vollständigkeit nicht konnte erzielt werden.

Schon bald nach dem Erscheinen der Lebensgeschichte des letztgenannten Oberhirten wurde daher der Unterzeichnete vielseitig aufgefordert und freundlich ermuntert, doch ja jene Lücke in der neueren Geschichte der Speyerer Bischöfe auszufüllen und vor dieser Aufgabe nicht zurückzuschrecken, wenn auch die wünschenswerthe Vollständigkeit unter den gegebenen Verhältnissen nicht erreicht werden konnte.

Diesen Aufforderungen und Ermunterungen entsprechend, wurde die vorliegende Arbeit nicht ohne große Anstrengungen und Opfer unternommen. Das Leben und Wirken des Hochseligen, als Bischof zu Speyer, ist in Vollständigkeit dargestellt, dessen oberhirtliche Amtsführung in Köln aber nur in Umrissen und im großen Ganzen geschildert. Hiebei mußte der Verfasser, außer den vielen Mittheilungen, welche der hochselige Erzbischof ihm bei Lebzeiten zur Verfügung zu stellen die Güte hatte, und andern, welche er dem hochseligen Bischof Nikolaus und dem mit Beiden vertrauten Domcapitular Cronauer zu verdanken hat, sich auf bezügliche Veröffentlichungen bewährter Zeitschriften und Tagesblätter stützen und sie nach Thunlichkeit verwerthen. So dürfte das schöne Mosaik-Gemälde der Wirksamkeit des Hochgefeierten, welches bereits Verehrung und Liebe durch die Herausgabe der vielen Ansprachen, Festreden, Hirtenbriefe, Gedichte, belletristischen und historischen Schriften desselben der Oeffentlichkeit übergeben hat, einen nicht unwillkommenen und entsprechenden Rahmen finden.

Wenigen Männern, welche die neuere Kirchengeschichte Deutschland's als Wächter auf die Zinne Sions gestellt sah, und als Verkündiger und Vertheidiger der christlichen Wahrheit und kirchlichen Freiheit rühmt, war es beschieden, so tief und zugleich so erfolgreich in die Zeitverhältnisse einzugreifen, als dieß dem Oberhirten gegönnt war, dessen Namen diese Schrift verherrlichen soll. Die Lebensgeschichte ist daher auch ein eben so bedeutsames als inhaltreiches Stück der deutschen Kirchengeschichte unserer Zeit. Diese Ueberzeugung, so wie die bekannte Liebe für die Geschichte der Mutterkirche und der Heimath und nicht minder das dankbare Andenken an die ehrende Freundschaft und das besondere Wohlwollen des Gefeierten gegen den Unterzeichneten ermuthigten diesen, die vorliegenden Blätter zu sammeln und der Oeffentlichkeit zu übergeben. Möchten sie mit derselben Unbefangenheit und Liebe zur Wahrheit aufgenommen werden, mit welcher sie niedergeschrieben worden sind.

Speyer, am Feste des heiligen Bonifacius, 5. Juni 1873.

Der Verfasser.

Inhalts-Anzeige.

Erſte Abtheilung.

Leben und Wirken als Biſchof zu Speyer.

---

§. 1. Geburt, Jugend und erſte Ausbildung.

Kaum eine Stunde nördlich von Neuſtadt entfernt winkt am ſchönen Haardtgebirge das wohlhabende, ehemals kurpfälziſche Winzerdorf Gimmeldingen, auf einen aus jener Gebirgskette oſtwärts ſich abzweigenden, von Rebengeländen umgrünten Hügel erbaut, mit ſeinem ſtattlichen Thurme und der alten Kirche freundlich in die weite Rheinebene herab. Dieſe Kirche dient jetzt ausſchließlich zum pro-teſtantiſchen Gottesdienſte, da die Gemeinde außer etwa ſiebenzig Katholiten mehr als ſechzehnhundert proteſtantiſche Einwohner zählt. Die Wohnungen derſelben reihen ſich in einer von Süden nach Norden ſteil anſteigenden Hauptſtraße und einigen Nebengaſſen rings um den Hügel. Am Ende der Lobloch-Mußbacher Gaſſe, welche von Weſten nach Oſten hinabzieht, zur Linken, wo dieſe Gaſſe vor dem Dörfchen Lobloch ſich in den Ober- und Unterweg ſcheidet, etwas höher als das vorüberziehende Wieſenthälchen, welches der kleine Gimmeldinger Mühlbach durchſchlängelt, und ſüdöſtlich das Räderwerk und die Mahlſteine der Hirſchmühle in Thätigkeit ſetzt, liegt ein einfaches Winzerhaus mit freier Ausſicht über Gärten und Wieſenflur, welches für die Geſchichte unſerer Heimath eine nähere Beachtung in Anſpruch nimmt. Das Haus iſt ein mäßig hoher einſtöciger Bau mit drei Fenſtern an der ſüdlichen Giebel-ſeite. Im Mittel der längeren Oſt- oder Hofſeite führt eine ſteinerne Treppenſtiege, unter welcher ſich der Eingang des Kellers wölbet, zur Hausflur, welche die Küche abſchließt und auf welcher ſich rechts und links die Stubenthüren öffnen. Das Erdgeſchoß der vorderen Hälfte bildet den Keller, jenes der hinteren Hälfte den Stall, an welchen ſich die Scheuer anſchließt.

Ju dieſem kleinen, aber freundlichen Hauſe, welches der jetzige

1

Eigenthümer durch neue Oeconomiegebäude und einen schönen Thorabschluß erweiterte und sicherte, erblickte Johannes Geissel am 5. Februar 1796, als noch die mannigfaltigsten Kriegsbedrängnisse der französischen Staatsumwälzung unsere Heimath umlagerten und beängstigten, das Licht der Welt. Er war der Erstgeborene der schlichten, braven, katholischen Bürgers- und Wingertsleute Nikolaus Geissel und Theresia Motzenbäder, welche dort durch fleißige Bestellung und Pflege ihres ländlichen Besitzthumes sich und die Ihrigen ausreichend ernährten.[1]) Voll glaubenstreuer Gesinnung waren die durch die Geburt eines Sohnes erfreuten Aeltern besorgt, daß derselbe schon am ersten Tage nach seiner Geburt die heilige Taufe empfange. Dessen Oheim, Johannes Motzenbäder, ebenfalls Bürger und Winzer zu Gimmeldingen, ward zum Taufpathen gewählt. Da Gimmeldingen damals ein Filial von Mußbach war, welche Pfarrei bisher von Einem der Capuziner in Neustadt, dem Pater Theodulph — Johann Peter Eresheim — versehen wurde, so erhielt der Neugeborene von diesem in der Pfarrkirche zu Mußbach die Aufnahme in den Schooß unserer heiligen Kirche[2]).

Der genannte, eben so ernste als fromme Ordensmann, ward nach der Säcularisation seines Klosters, in Folge des französischen Concordates vom Bischofe der neuen Mainzer Diöcese, Joseph Ludwig Colmar, am 11. Juni 1803, als Succursalpfarrer von Mußbach ernannt. In eifriger Sorgfalt und aufopfernder Liebe für alle seine Pfarrkinder blieb er fortan ein besonderer Gönner und freundlicher Führer des unter seiner geistlichen Obsorge heranwachsenden Gimmeldinger Knaben. Dieser besuchte bereits vor

[1]) Nach Notizen, welche der hochselige Cardinal bei seinem Aufenthalte zu Mußbach im October 1855 sammelte, war Gerhard Geissel zu Ende des siebenzehnten Jahrhunderts Hofbauer und Verwalter des im Mußbacher Banne gelegenen Hofgutes des Freiherrn von Rammingen, welches zuletzt dem kurpfälzischen Minister von Beckers gehörte und dessen Gebäulichkeiten den Namen weißes Haus trugen. Gerhard Geissel, im Jahre 1712 Schultheiß zu Mußbach, baute sich hier in der Kirchengasse ein neues Haus, dessen Thorbogen-Schlußstein noch jetzt die Buchstaben G. G. trägt. Der Sohn Gerhard's hieß Nikolaus. Der Großvater unseres Johannes Geissel, welcher noch im Jahre 1770 zu Mußbach wohnte und jenes Haus in Gimmeldingen baute, hieß Georg Geissel. — [2]) Eresheim versah die Pfarrei Mußbach seit dem Februar 1782. Er war am 2. April 1748 zu Gundershausen im Oberamte Simmern, wo sein Vater, Hermann Joseph Eresheim, kurpfälzischer Schultheiß war, geboren. Er hat seine ersten Studien in Coblenz gemacht und dieselben im Capuziner-Noviciat vollendet. Ehevor er nach Neustadt kam, hatte er die Pfarrei Petersthal bei Schönau im Oberamte Heidelberg versehen.

seinem siebenten Jahre die katholische Pfarrschule zu Mußbach[3]). Geissel's aufgewecktes, munteres Wesen, dessen große Lernbegierde und eifrige Dienstwilligkeit erwarben demselben immer mehr die Theilnahme und Liebe seines Lehrers Birkmayer und seines Seelsorgers Eresheim. Die ihm geläufigen Lehraufgaben der deutschen Schule wollten bald dem Eifer und der Wißbegierde des strebsamen Knaben nicht mehr genügen.

Um Allerheiligen des Jahres 1807, in welchen Tagen der schöne Hirtenbrief des Bischofes Colmar vom 20. October desselben Jahres zur allgemeinen Aufforderung, talentvolle und wohlgesittete Jünglinge für den geistlichen Stand zu gewinnen und diesen allenthalben den erforderlichen Vorbereitungsunterricht zu ermöglichen und zu erleichtern, auf allen Kanzeln der Diöcese verlesen werden mußte[4]), wünschte auch der muntere Schüler von Gimmeldingen von seinen Aeltern den Ankauf eines lateinischen Buches, — einer Sprachlehre — um von seinem verehrten Seelsorger den fraglichen Vorbereitungsunterricht erhalten zu können. Den guten Aeltern schien dieser Wunsch ihres Erstgebornen, auf dessen Hilfe und Unterstützung bei den mannigfaltigen und schweren Berufsarbeiten die Blicke des emsigen Vaters gerichtet waren, nicht ohne Bedenken. Doch die freundliche Zusprache ihres einsichtsvollen Pfarrherrn, welcher die glücklichen Geistesanlagen des Knaben längst erkannt und seinen Aeltern gerühmt hatte und dessen fernere Ausbildung zu leiten und zu unterstützen gerne bereit war, zerstreute leicht die vorgeschützten Anstände und Bedenklichkeiten. Der eilfjährige Schüler erhielt das gewünschte Lehrbuch und Unterricht in der lateinischen Sprache von seinem geliebten Seelsorger. Dabei besuchte er fortwährend die Pfarrschule, in welcher ihn der kränkliche Schullehrer oft zur Unterstützung und Erleichterung seines opfervollen Berufes verwandte. Auf Ersuchen des Pfarrers wurde

---

[3]) Mit Unrecht wurde Geissel schon mehrmals ein Schüler des protestantischen Lehrers Philipp Lorenz Hirlemann genannt, welcher vom Jahre 1805 bis zum 9. Juli 1832 zu Mußbach lebte und verdienstvoll wirkte. Ebensowenig war er ein Mitschüler des aus Mußbach gebürtigen Dr. Isaak Rust, mit dem er auch in seiner Jugend wenig verkehrte. Erst als Professor zu Speyer wurde er mit diesem als College und dann später als Speyerer Consistorialrath näher bekannt, nie aber vertraut. — [4]) Siehe Neuere Geschichte der Bischöfe zu Speyer. S. 141. — Geissel hatte bereits am 2. Mai 1806 vom Bischofe Colmar in der Pfarrkirche zu Königsbach die heilige Firmung erhalten.

1*

der junge Lateinschüler bald auch von seinem Vater der bisherigen Beihilfe bei ländlichen Arbeiten enthoben[5]).

Nachdem Geissel die ersten Anfangsgründe in der lateinischen Sprache zu Mußbach erlernt hatte und im Jahre 1809 zu Neustadt in dem alten Casimirianum eine Secundärschule mit drei Lehrern neu bestellt worden war, [6]) siedelte derselbe mit Zustimmung seines Seelsorgers im folgenden Jahre nach Neustadt über, um an jener Anstalt weiteren Unterricht zu empfangen. Pfarrer Cresheim blieb seinem hoffnungsvollen Schüler von Gimmeldingen fortwährend in Liebe zugethan. [7]) Dieser fand jetzt zu Neustadt an dem eben so berufstreuen als einsichtsvollen Kaplan, Jakob Mayer, gebürtig aus Mainz, eine neue Stütze zu allem Guten, einen treuen Führer und wohlwollenden Gönner in jeglicher Verlegenheit. Um seinen Aeltern die nöthigen Kosten des Unterrichtes und der Pflege zu erleichtern, erhielt der fleißige Secundärschüler unter Mayer's Fürsprache bei wohlhabenden katholischen Familien den freien Mittagstisch, während ein kleines Dachzimmer in dem Hause des säcularisirten Lazaristen-Bruders Bach in der Landschreibereigasse, ihm und seinem Mitschüler Mohr von Geinsheim zur Wohnung diente. Das allseitige Wohlwollen, welches der fleißige und muntere Student in Neustadt fand, eiferte ihn stets

---

[5]) Bezüglich seiner letzten Feldarbeit erzählte der Hochselige Folgendes: „Als ich schon bei Herrn Cresheim im Unterrichte war, nahm mich mein Vater mit sich auf das Feld mit dem Fuhrwerk, um Gerste zu holen. Mein Vater wollte die Fruchtgarben auf den Wagen abnehmen und ich sollte sie ihm aufgabeln, allein meine Kraft war hiezu nicht stark genug. Als ich eine Garbe in der Gabel hatte und schwebend aufheben wollte, da ging es nicht. Endlich brachte ich jene doch vom Boden empor, und als ich schon glaubte, es ginge gut. da übermannte mich die emporgehaltene Garbe und sofort lag ich rücklings auf der Erde. Schnell aufgesprungen und davongelaufen war das Werk eines Augenblickes. Der Vater auf dem Wagen rief mir nach, pfiff und drohte, wenn ich nicht zurückkehren würde. Allein Alles half nichts. Ich lief davon und winkte mit der Hand dem Vater, daß ich Derartiges nicht mehr anrühren werde. Sofort eilte ich nach Mußbach, wo mir der Herr Pfarrer Vorwürfe machen wollte, weil ich zur Lehrstunde über die Zeit ausgeblieben sei. Ich erzählte ihm den ganzen Vorfall. Er lachte herzlich darüber, redete mit meinem Vater bei nächster Gelegenheit und bewirkte, daß ich nicht mehr zur Feldarbeit verwendet wurde, sondern mich ganz dem Lernen widmen konnte." — [6]) Siehe Dochnahl's Chronik von Neustadt S. 252. Der Vorstand dieser Schule war der ehemalige Kaplan zu Frankenthal, später constitutioneller Pfarrer zu Landau und nachmals beweibter Clubist, Peter Ackermann, die andern Lehrer aber Karl Wilhelm Rom und Heinrich. — [7]) Aus seiner Lernzeit in Mußbach erzählte der Hochselige Cardinal noch Folgendes:

mehr an, die ihm zu seiner Ausbildung eingeräumte Zeit und
Gelegenheit um so gewissenhafter zu benützen. Er errang sich
hieburch auch den ersten Platz in seiner Classe und erhielt, zu nicht
geringer Freude seiner Aeltern und Gönner, am Schlusse des
Schuljahres den Vortrefflichkeits-Preis. Schon damals übte er
sich mit bestem Erfolge mündlich und schriftlich in Erlernung der
französischen Sprache, die ihm später vollkommen zu Gebote stand.

Als indessen der genannte Kaplan am 3. September 1811
von seinem Oberhirten Joseph Ludwig auf die Pfarrei Edesheim
ernannt wurde [8]) und daselbst mit Genehmigung der damaligen
französischen Regierung eine öffentliche, höhere Unterrichtsanstalt
eröffnet hatte, folgte ihm auch sein Schüler Grissel dahin nach,

---

„Als ich bei Herrn Pfarrer Eresheim meine Anfangsstudien machte
und eben in seinem Hause an meinen Büchern saß, da kam der Barbier, der
in der Nachbarschaft wohnte, herein, um den Herrn Pfarrer zu bedienen. Was
gibt es Neues im Dorfe, fragte Letzterer den Ersteren? Nicht viel, antwortete
der Barbier; aber meine Frau hat diese Nacht einen Buben geboren; ich bin
in einer großen Verlegenheit wegen des Taufpathen. Wie sie wissen, fuhr
jener fort, bin ich von meiner Heimath weit entfernt; meine Frau, wie alle
ihre Verwandten, sind Protestanten und ich will doch mein Kind katholisch
taufen lassen; wie ist da zu helfen? Der gute Pfarrer wendete den Kopf
gegen mich und sagte: Du könntest das Kind über die Taufe heben. Mir
war dieß gleich eine große Freude. Ich sprang auf und erklärte mich dazu
bereit, obgleich ich kaum ein Junge von eilf Jahren war. Der Herr Pfarrer
sagte weiter: Nun so gehst du gleich nach Hause und sagst deinen Aeltern den
Vorfall mit der Bitte, daß sie dein Vorhaben erlauben möchten. Der Mutter
wollte anfänglich die Sache nicht recht gefallen, weil der Barbier ihrem Hause
fremd und es im Dorfe Sitte war, daß so lange die Wöchnerin im Bette
lag und nicht kochen konnte, die Gevatterleute ihr das Essen brachten, was
hier um so lästiger schien, weil Mußbach fast eine halbe Stunde von Gimmeldingen entfernt ist. Doch der Vater sagte alsbald: Therese, das kann
man nicht abschlagen; das ist ja ein geistliches Werk! Die Mutter war nun
auch zufrieden und der Sohn erhielt sofort die Weisung, die Einwilligung
dem Herrn Pfarrer zu hinterbringen. Freudig eilte ich jetzt nach Mußbach
zurück, wo nunmehr der Pfarrer die Taufe auf den folgenden Tag bestimmte.
Doch jetzt kam die alte fromme Haushälterin des Pfarrers herbei und sagte:
Aber, Johannes, du hast ja keinen Rock und Hut und es schickt sich doch
nicht, im Wamms das Kind zu heben, da muß man einen Rock haben. Gehe
daher hinauf zur Frau Hud und frage, ob du nicht den Rock ihres Buben,
den er an Ostern, wo er zur ersten Communion ging, neu bekommen hat, ge-
liehen erhalten könntest? Ganz eilig machte ich mich wieder auf den Weg
dorthin und bekam sogleich Rock und Hut mit aller Freundlichkeit. Am andern Morgen warf ich mich gehörig in Wichs und gefiel mir nicht wenig in
dem geliehenen Anzuge, obgleich derselbe mir etwas zu groß war und fast
bis auf den Boden streifte...... Nach einigen Jahren starb der Vater

um einerseits seine klassische Bildung zu erweitern und zu befestigen und andererseits seinen Lehrer und Gönner bei dem Unterrichte der zu Edesheim neu gesammelten Schüler zu unterstützen
und hiedurch seine eigenen humanistischen Kenntnisse zu vermehren
und zu vervollkommnen. Mehrere Zöglinge des geistlichen Standes
gingen aus dieser Lehranstalt hervor. [9])

§. 2. Weitere Ausbildung und Priesterweihe.

Geissel hatte das achtzehnte Jahr noch nicht erreicht, als er,
in den Humanioribus wohl befestigt, nach Allerheiligen des Jahres
1813 Edesheim verließ, um in Mainz an dem dortigen kaiserlichen Lyceum in die Rhetorik einzutreten und sich in dieser Anstalt
das für höhere Fachstudien vorgeschriebene Baccalaureat zu erwerben. [10]) Wohl hatte ihn und seinen Lehrer der Bischof von
Colmar, welcher am 20. Juli desselben Jahres die Kirche zu
Edesheim einweihete und das heilige Sacrament der Firmung
spendete, hiezu eigens ermuntert. [11]) Durch Empfehlung seines Lehrers
und Gönners Mayer erhielt unser Rhetorist im Hause des Mainzer
Geschäftsmannes Voll freundliche Aufnahme, Kost und Pflege,
wogegen er dessen Kindern Unterricht ertheilte. Noch als Professor in Speyer hatte er aus Dankbarkeit einen lustigen Sohn
des genannten Geschäftsmannes zur Aufsicht und wissenschaftlichen
Fortbildung, zugleich mit seinem Vetter, dem späteren Pfarrer

---

meines kleinen Pathen. Dessen Mutter war nun sehr arm und gab auf
Bitten meiner Aeltern das Kind denselben ab, damit es katholisch erzogen
werde. Doch nachdem meine Aeltern das Kind einige Wochen hatten, forderte die Mutter, auf Anstiften ihrer protestantischen Verwandten, dasselbe
wieder zurück, damit sie es in ihrer Confession erziehen könne, was natürlich
Niemand verhindern konnte." — [8]) Mein erster Lehrer, Jos. Peter Wengler,
damals Pfarrer zu Ramberg, hatte sich um diese Pfarrei beworben und der
Präfect wünschte, daß er sie erhalte. Allein der hochselige Colmar überwies
sie ihm nicht, angeblich wegen der Nähe von Bellheim, wo jener durch Exor-
cismen großes Aufsehen erregt hatte und auf Andringen der Regierung nach
Ramberg versetzt worden war. — [9]) Die Priester Valentin Klein und
Georg Borell von Hainfeld, Georg Hög und Johannes Graf von Weyher,
Anton Völlinger und Adam Metzger von Venningen, Johann Habermehl
von Edesheim 2c. erhielten hier den ersten Unterricht. — [10]) Auch die
Schüler der katholischen Lehranstalt im Klericalseminare mußten die Classen
am kaiserlichen Lyceum in geistlicher Uniform besuchen, hatten aber auch im
Seminar ihre besonderen Lehrer, im Jahre 1813 auf 1814: Ruß für
Philosophie, Kronenberger für Rhetorik, Kiefer für Humanität, Wa-
gener für Syntax und Schabrad für die Vorbereitungsclassen. — [11])

Joseph Mozenbäcker zu Fußgönheim, im Hause. [12]) Unter immer sich mehrenden Kriegesunruhen begann Geissel die rhetorischen Vorlesungen in Mainz zu besuchen. Sie wurden bald durch die bei Leipzig in der großen Völkerschlacht besiegten, über den Rhein flüchtigen Franzosen, unterbrochen. Mainz wimmelte von kranken und verwundeten Soldaten. Sie füllten in größtem Elende alle öffentlichen Räume, Ställe und Scheuern. Eine pestartige Seuche raffte Tausende der Unglücklichen in's Grab. [13]) Die öffentlichen Anstalten wurden geschlossen, Krankheit und Noth verscheuchte die Schüler des bischöflichen Seminars und des kaiserlichen Lyceums. Die Stadt selbst wurde gegen Ende des Jahres in Belagerungszustand versetzt. Diese Verhältnisse hatten auch unseren Rhetoristen genöthigt, Mainz zu verlassen. Dieß geschah in den ersten Wochen des November 1813. Er fand wieder freundliche Aufnahme bei seinem Lehrer Mayer in Edesheim. Doch dieser ward in der Blüthe des Alters, am 14. Februar 1814 ein Opfer der furchtbaren Seuche, die sich mit dem flüchtigen Heere der Franzosen über alle Gauen des linken Rheinufers verbreitet hatte. Ein hoch-

---

Auch der Verfasser dieser Geschichte empfing hiebei die Firmung. Liebermann hielt die Predigt. Aus Versehen ließ er sein Manuscript in der Pfarrwohnung zurück, das ihm jedoch Geissel am folgenden Tage nach Deidesheim überbrachte. — [12]) Mozenbäcker schützte damals den Professor Geissel vor einer Lebensgefahr. Letzterer pflegte noch im Bette oft bis zur Mitternachtsstunde zu lesen. An einem Abende schlief er über diesem Lesen ein; das Unschlittlicht brannte und fiel ab und flammte hoch. Mozenbäcker bemerkte die auffallende Helle, eilte herbei, entfernte die Gefahr und rettete hiedurch den Professor aus der bedenklichsten Lage. — [13]) Christoph Joseph Cremer, welcher kurz nach dem Tode des Cardinals von Geissel eine kleine Lebensskizze von diesem zu Köln herausgab, erzählt S. 4. wie bei jenem schreckenvollen Rückzuge der Student Geissel in Mainz Einen der kranken Flüchtlinge, einen Landsmann in seine Wohnung getragen und dort bestens gepflegt habe. Diese Nachricht, schöpfte Cremer wohl aus folgender Legende, welche in einem Kölner Blatte veröffentlicht war: „Der edelsinnige Student. — Als nach der Völkerschlacht bei Leipzig das geschlagene französische Heer in wilder Flucht dem Rheine zueilte, war die Festung Mainz das erste Ziel der Flüchtlinge. Nicht nur alle Spitäler, Kasernen und öffentliche Gebäude, sondern auch alle Privatwohnungen waren überfüllt mit Kranken und Verwundeten. Allein viele Hunderte fanden keine Unterkunft und mußten auf der Straße ihr trauriges Dasein fristen, bis in den meisten Fällen der Tod als willkommener Retter erschien. — Unter diesen Unglücklichen fand sich auch, schwer verwundet und bis zum Sterben ermattet, ein junger Pfälzer, der, wie so viele seiner Landsleute, weil das Verhängniß es so wollte, im Dienste der Feinde des Vaterlandes hätte verbluten müssen. Krank und verschmachtet schlich er auf der Straße

herziger Gönner, eine große Stütze ward hieburch unserm Gim=
meldinger Rhetoristen zur größten Bestürzung von der Seite ge=
rissen. [14]) Als am 4. Mai des Jahres 1814 die deutschen Truppen in
Folge des Pariser Friedens die Festung Mainz in Besitz nahmen,
kehrten die verscheuchten Schüler, welche sich dem geistlichen Stande
widmen wollten, ohne Verzug aus den verschiedenen Gauen des
von den Franzosen geräumten Landes in diese Stadt zurück. Auch
Geissel suchte, im Geleite der beiden, von tiefer Trauer und Leid
niedergebeugten Schwestern seines verstorbenen Lehrers, welche jetzt
von Edesheim zu ihren Verwandten nach Mainz zurückkehrten,
und bei Nackenheim von herumschweifenden Kosaken in arge Ver=
legenheit und Angst versetzt worden waren, seine vorige Herberge
daselbst auf. Er ward mit freundlicher Bereitwilligkeit und neuem
Wohlwollen in derselben aufgenommen. Die meisten französischen
Professoren des kaiserlichen Lyceums hatten sich mit ihren Be=
schützern von Mainz nach Frankreich zurückgezogen. Um so mehr
eilte der eifrige Bischof Colmar, welchem die bei dem Rückzuge der
Franzosen ausgebrochene bösartige Nerven-Krankheit manchen jungen
Arbeiter im Weinberge des Herrn von der Seite gerissen hatte,
die geistliche Lehranstalt im Klericalseminar wieder zu eröffnen
und den unterbrochenen Unterricht neu zu beginnen. Geissel be=
suchte sofort die Classe der Rhetorik in dem Klericalseminar, welche
dem Professor Kronenberger anbetraut war. Mit Allerheiligen
1814 begann derselbe, noch in der Stadt wohnend, das Studium
der Philosophie, über welche der ehemalige Kaplan zu Neustadt und
spätere Pfarrer zu St. Ignaz in Mainz, Heinrich Starpf, Vor-

dahin, sich an den Mauern der Häuser haltend und jeden Augenblick den
Tod erwartend. — In diesem Zustande fand den Unglücklichen ein Student.
Ohnehin zur Hilfe entschlossen, fragte er den Verwundeten nach seiner Heimath
und hatte kaum den pfälzischen Landsmann in ihm erkannt, als er ihn mit
in seine Wohnung nahm, augenblicklich einen Chirurgen rufen, die Wunden
reinigen und verbinden und den Patienten auf das Sorgfältigste verpflegen
ließ. Seiner Bemühung gelang es, den Verwundeten bald vollkommen her=
zustellen und dieser kehrte auf Martini 1813 in die Heimath zurück, seinen
edelmüthigen Retter, ohne den er eine gewisse Beute des Todes gewesen wäre,
in seinem Herzen segnend. Der Student, obgleich unbemittelt, hatte alle Aus=
gaben aus seiner Sparkasse bestritten. — Der Soldat aber ist der jetzige Ge=
meindebediener Caspar Bertram in Rupertsberg, der Student dagegen — Seine
Eminenz der Herr Cardinal Johannes von Geissel, Erzbischof von
Köln." — [14]) Noch in einem Briefe vom 7. Juni 1845, worin Geissel, als
Erzbischof, seinem Lehrer in der Pfarrkirche zu Edesheim ein Jahrgedächtniß
stiftete, rühmte er von ihm, daß er demselben Vieles verdanke. — Urkunden=

träge hielt. Kurz vorher noch hatte der Reopresbyter, Martin Krautheimer, diese Vorträge abgehalten.

Beim Beginne des folgenden Wintersemesters ward Geissel als Candidat der Theologie in das Klericalseminar aufgenommen als dessen Seele, Stütze und verdienstvoller Lenker, der ebenso sehr durch seine theologischen Kenntnisse, wie durch Frömmigkeit, Eifer und Opferwilligkeit ausgezeichnete Professor Liebermann muß betrachtet werden. „Trotz der geringen Mittel, welche dem Bischofe Colmar zu Gebote standen, gedieh sichtbar diese Anstalt. Während im übrigen Deutschland die Theologie sich erst aus den Fesseln einer falschen Philosophie befreien und von den neologischen Zuthaten des achtzehnten Jahrhunderts reinigen mußte: trug Liebermann in einer klaren und lichtvollen Weise die Dogmatik vor, wie sie in seinem Lehrbuche enthalten ist, das bis zur Stunde noch in vielen theologischen Anstalten eingeführt ist." [15]) Geissel hatte sich bald Liebermann's besonderer Wohlgewogenheit und Fürsorge zu erfreuen. Da die bischöfliche Lehranstalt ohne besondere Stiftungsmittel und Einkünfte war und daher die einzelnen Lehrer nicht durch ausreichenden Gehalt konnten gewonnen werden, so war ihr Vorstand mit dem Oberhirten genöthigt, die talentvollsten Candidaten der Philosophie oder Theologie neben ihrem bezüglichen Studium auch bisweilen als Lehrer der Vorbereitungsclassen im Seminar zu verwenden. Hiezu ward auch unser Candidat der Theologie, welcher bereits am 23. December 1815 mit Mehreren seiner Mitzöglinge in der Seminarkirche die Tonsur erhalten hatte, von Liebermann ausersehen. Er mußte während des ersten Jahres seines Aufenthaltes im Seminar den Vorbereitungsunterricht in der untersten Classe der Anstalt übernehmen. Diese unabweisliche Nebenbeschäftigung theilte momentan gar sehr seine Zeit und Kraft. Um

---

buch Nr. 21. Mayer war der Oheim des Domcapitulars Dr. Molitor zu Speyer. — [16]) „Der Katholik" Jahrg. 1867. Septemberheft S. 368. — In der Leichenrede auf den Hochseligen vom Domcapitular Dr. Dieringer heißt es: „Gott hatte ihm und seinen Studiengenossen in dem goldenen, nunmehr aber fast all' seiner Herrlichkeit beraubten Mainz, zwei Männer als Vorbilder und Führer aufgestellt, deren Einfluß auf empfängliche Gemüther geradezu ein hinreißender genannt werden konnte. Es sind dieß der vielgeprüfte Bischof Colmar und der um die kirchliche Wissenschaft und die priesterliche Erziehung hochverdiente Liebermann. Es ist merkwürdig und für uns, denen die reichlichsten Lehrmittel zur Gewinnung einer allseitigen Schulbildung dargeboten sind, fast unbegreiflich, daß in jenen trüben Zeiten durch einige wenige, kärglich gestellte Lehrkräfte so Hervorragendes hat können geleistet

so fleißiger benützte derselbe die zwei folgenden Jahre zum Studium der verschiedenen Fächer der Theologie. Doch auch in dieser
Zeit hatte ihn Bischof Colmar ausersehen, die bei ihm wohnenden
beiden Söhne des Kaufmanns Carl aus Straßburg, [16]) welche
auch die Seminarschulen besuchten, noch besonders in der Geschichte
und griechischen Sprache zu unterrichten. Diesem Unterrichte wohnte
der für die tüchtige Ausbildung der beiden Knaben sehr besorgte
Oberhirte oft bei, um diese und ihren Lehrer zu ermuntern. Indeß blieben die Fortschritte unseres Theologen, welcher unterdessen
die Weihe des Subdiaconats und Diaconats erhalten hatte, in den
verschiedenen Zweigen der Gottesgelehrsamkeit so ausgezeichnet,
daß er am Schlusse des Sommersemesters 1818 mit vier andern
Zöglingen des Seminars, unter dem Vorsitze des Hauptlehrers
Liebermann, über eine Reihe von Thesen aus der allgemeinen
und besonderen Dogmatik, am 10. und 11. August, einen öffentlichen Gelehrtenkampf in der Aula des Seminars bestehen konnte
und auch ehrenhaft bestand. Es erwarb ihm dieß angeblich das Licenciat
der Theologie. [17]) Geissel erprobte hiebei auch sein dichterisches Talent
in glänzender Weise, indem er einen in deutschen Versen ausgearbeiteten Vortrag über die Ausbreitung der christlichen Kirche hielt,
der mit großem Beifalle aufgenommen wurde. [18])

Nach dieser öffentlichen Beurkundung seiner ausgezeichneten
dogmatischen Ausbildung bereitete sich unser Diakon mit seinen

---

werden. Die begabteren und in die höheren Studien vorgerückten Zöglinge
der Anstalt waren mitunter Schüler und Lehrer zugleich, indem sie in den
unteren Classen den Unterricht zu ertheilen, in den höhern zu empfangen
hatten. War dieser selbst in manchen Fächern auf das Allernothwendigste
beschränkt, so war er doch gründlich und die Geister mit Liebe zu den Wissenschaften erfüllend. . . . . Ich glaube es dem hohen Sterblichen zu schulden,
daß auch ich betone, was Er die Tage seines späteren Lebens hindurch als
die größte ihm zu Theil gewordene Huld Gottes zu bezeichnen pflegte,
daß Er eine ernste, würdige Vorbildung für seinen Beruf empfangen habe."
— [16]) Der Vater dieses Kaufmanns Carl, war der Hutmacher Carl zu Straßburg, der in zweiter Ehe die leibliche Schwester des Bischofes Colmar zur
Gattin hatte, mit der er die Margaretha Carl zeugte, welche körperlich sehr
gebrechlich als Pfründnerin in dem Nonnenconvente zu Offenburg in Baden
starb. Anna Maria Humann, die Schwester des damaligen Mainzer Generalvicars Humann, war die Mutter der beiden Söhne Carl. — [17]) Welche Befugniß hiezu der Seminar-Vorstand hatte, ist uns nicht bekannt. Vielleicht
war die bezügliche Urkunde auch nur ein Zeugniß über den bestandenen Wett-
kampf, wie aus dem Schlußsatze der folgenden Note zu erhellen scheint. —
[18]) Liebermann schrieb hierüber in das Protocoll des Seminars Seite 163 Folgendes: „Sub finem anni scolaris praecedentis, id est 10. et 11. Augusti

übrigen gelehrten Kampfgenossen zum Empfange der heiligen Priesterweihe vor. Mit päpstlicher Dispense des hiezu erforderlichen Alters erhielt er dieselbe am 22. August 1818 in der Seminarkirche
von dem ihm wohlgewogenen Bischofe Colmar. Zur Freude seines
ersten Lehrers Eresheim, welcher auch nach der Vereinigung der
Succursalpfarrei Mußbach mit der Cantonspfarrei Neustadt dieselbe
einige Jahre hindurch versehen, aber im Jahre 1814 die Pfarrei
Hainfeld übernommen hatte: hielt unser Neopresbyter am Feste
der heiligen Schutzengel, am ersten Sonntage des September, in
der Hainfelder Kirche seine Primizfeier. Seine beiden Aeltern und
Mehrere seiner Geschwister und Verwandten wohnten derselben bei. [19])

1818, publica defensio habita est ex universa Theologia. Defendentes erant
D. Weiss ex Altheim, D. Baas ex Bechtheim, D. Joan. Baptista Barthel,
Mogonus, D. Petrus Engelding ex Junglinster, D. Joannes Geissel ex
Gimmeldingen. Omnes absoluti Theologi. Theses, quæ publico tenta-
mini propositæ sunt, inter chartas Seminarii servantur. D. D. defendentes
ab omnibus, qui huic exercitio aderant, magnam laudem tulerunt. Ora-
tiones latinas prologi loco declamarunt D. D. Weiss, Baas et Engelding. — D. Geissel germanicam compositionem versibus exaratam
pronuntiavit, de Religionis christianæ propagatione. Hoc testari hic possumus et debemus omnes, ita defensionem hanc sustinuisse, ut si in Uni-
versitate aliqua id factum fuisset, absque ullo dubio et omnibus suffragiis
ad gradus academicos admissi fuissent.'' — Geissel vergaß nie des Dankes,
den er seinem Lehrer Liebermann schuldete. Als dieser am 11. Nov. 1844
zu Straßburg gestorben, hielt er am 22. desselben zu Köln in der St. Gereonskirche feierliche Exequien für denselben. — [19]) Der Stadtpfarrer Jakob
Junker von Neustadt hielt die Primizpredigt, Geissel's Studiengenossen, Johannes
Repomul Weckesser von Neustadt und Adam Metzger von Benningen, levitirten
und Fräulein Paulina Lehberger von Gleisweiler trug die Brautkerze. — Im
Juni 1814 war Eresheim als Pfarrverweser nach Hainfeld übersiedelt. Am
27. August desselben Jahres machte sich der dortige Fabrik- und Gemeinde-
Rath verbindlich, daß wenn der Bischof ihn zum wirklichen Pfarrer ernennen
sollte, sie für den Fall, daß derselbe dienstunfähig werden dürfte, dessen Ver-
sorgung, wie sie immer der Oberhirte vorschreiben werde, nöthigenfalls aus
eigenen Mitteln bestreiten wollten. Als im Jahre 1808 die Succursale Mußbach mit der Pfarrei Neustadt vereiniget wurde, blieb Eresheim als pensio-
nirter Ordensgeistlicher in Mußbach wohnen, um bei kaum ausreichender Leb-
sucht den dortigen Gottesdienst mit der Seelsorge zu pflegen. Die ehemaligen
Pfarrkinder hatten ihm Unterstützungsbeiträge versprochen. Sein Zögling
Geissel erzählte noch oft als Bischof, wie er mit einem Sacke auf den Schultern im Dorfe umherging, um bei den einzelnen Katholiken Frucht für den
armen Seelsorger zu sammeln. Auf jene Erklärung hin wurde Eresheim
vom Bischofe als Pfarrer zu Hainfeld ernannt und am 22. September 1814
vom Dechanten Metz von Offenbach als solcher installirt. Im November 1818
resignirte derselbe auf die Pfarrei mit Vorbehalt der freien Wohnung im vor-

§. 3. Erste Anstellungen.

Nicht lange vor der Priesterweihe und Primizfeier unseres Neopresbyters hatte der Bischof Colmar eine Firmungs- und Visitationsreise unternommen, auf welcher er auch zu Speyer, in dem Dominicanerinnenkloster seine Herberge wählend, in der St. Magdalenen-Kirche die heilige Firmung spendete. Bei dieser Gelegenheit begrüßte den verehrten Oberhirten der Regierungspräsident v. Stichaner mit sämmtlichen Beamten und den Professoren der Speyerer Lehranstalt [20]). In freundlicher Unterredung wurde, nicht zur sonderlichen Freude des damaligen Referenten in den Schulangelegenheiten des Kreises, bemerklich gemacht, wie erwünscht es wohl sei, für das Progymnasium, wo eben noch Lehrkräfte fehlten, einen geeigneten Priester zu finden, welcher eine Classe, neben dem Religionsunterrichte der katholischen Schüler der Anstalt, übernehmen und etwa auch einen besonderen Gottesdienst für dieselben abhalten könnte. Dieser Wunsch konnte nur den Beifall und die Unterstützung des um die gläubige Erziehung und den gründlichen Unterricht der katholischen Jugend so hochverdienten Bischofes finden. Er gab das Versprechen, hiefür einen Priester zu bestimmen, der sicher die hiezu erforderliche philologische Prüfung mit Auszeichnung bestehen, und sich in jeglicher Weise bestens empfehlen dürfte. Dieß war kein Anderer, als unser Neopresbyter von Gimmeldingen. Um diesem jedoch bis zu der genannten Prüfung und hierauf zu erwirkenden Ernennung als Lehrer ein geeignetes Unterkommen und Beschäftigung zu sichern [21]), ernannte ihn der Bischof zum Kaplan von Hambach, wo dem greisen Pfarrer Matthias Schellhorn eine

---

tigen Pfarrhause. Christoph Müller, bisher Kaplan zu Neustadt, erhielt jetzt diese Pfarrei und wurde am 17. Dezember 1818 installirt. Eresheim starb zu Hainfeld am 30. Mai 1828. Bei dem von ihm gestifteten Jahrgedächtnisse in der dortigen Kirche findet reichliche Brodvertheilung unter die Armen statt. Für seine Mutter Margaretha, welche als Wittwe bei ihm in Mußbach starb, hatte er am 2. Januar 1783 in dortiger Kirche ein Jahrgedächtniß gestiftet. Wir haben ein Autograph des hochseligen Cardinals vom Jahre 1855 vor uns, worin es heißt: „Derselbe — Eresheim — war mein erster Studienlehrer vom Jahre 1807 bis 1810, wofür Gott dem geliebten, würdigen, frommen Manne in seiner Ewigkeit lohnen wolle"! — [20]) Diese Lehranstalt, welche durch königliche Urkunde vom 18. Oct. 1817 neu errichtet wurde, estand aus der unteren und oberen Classe der lateinischen Vorbereitungsschule, und der unteren und oberen Classe des Progymnasiums; ferner aus der unteren, mittleren und oberen Classe des Gymnasiums und aus dem Lyceum. — [21]) Unser Neopresbyter hatte in den Monaten September, October bis Anfangs November seinen gewöhnlichen Aufenthalt bei seinem

kräftige Unterstützung in der Seelsorge sehr erwünscht war. Schon am 6. November 1818 erfolgte das Ableben dieses Pfarrers. Sohin ward Geissel einstweiliger Verweser dieser großen, schönen, nur anderthalb Stunden von seinem Geburtsorte gelegenen Pfarrei. Er versah dieselbe mit so vielem Eifer und Umsicht, daß viele Mitglieder der Gemeinde den Wunsch hegten, ihn als bleibenden Seelsorger begrüßen zu dürfen. Doch gegen Ende des folgenden Monats ward unser Pfarrverweser zur philologischen Prüfung nach Speyer berufen, welche, unter der Leitung des protestantischen Consistorialrathes und Referenten im Schulwesen, Butenschön, von den drei Professoren des Lyceums vorgenommen wurde. Geissel bestand diese Prüfung zur Befriedigung und erhielt im folgenden Monate seine Ernennung als Lehrer der oberen lateinischen Vorbereitungsschule. Am 1. Februar 1819 ward er von dem Generalcommissär v. Stichaner und dem Rector der Anstalt, Georg Jäger, in sein Amt eingeführt. [22])

Von seiner ersten Anstellung erzählte der Hochselige noch in späteren Jahren Folgendes: „Nachdem ich zum Priester geweiht war, blieb ich noch einige Tage in Mainz, um der Primiz meines Studiengenossen, Nikolaus Weis, beizuwohnen, oder vielmehr dabei als Diakon zu levitiren. Als wir nach dem Amte bei Tische saßen, kam der Diener des Herrn Bischofes und beschied mich, noch vor meiner Abreise bei Letzterem vorzusprechen. Ich versäumte nicht, gleich nach Tisch bei demselben zu erscheinen. Er sagte mir: „Ich habe Sie ausersehen zum Professor an der Lehranstalt zu Speyer." „Ach! Monseigneur!" erwiderte ich, „ich bitte sehr,

---

ehrwürdigen Lehrer Eresheim, den er in seinem seelsorgerlichen Amte unterstützte. In dieser Zeit hatte er 18 Sterbfälle in die Pfarrmatrikel eingetragen, in welcher seine Unterschrift lautet: „Seminarii episcopalis Moguntini professor Geissel." — [23]) Die damaligen Professoren der Anstalt waren: A. Am Lyceum: 1. Georg Jäger; 2. Peter Franz Boost; 3. Friedrich Schwerd. B. Am Gymnasium. 1. Wilhelm Braun, Oberclasse; 2. Karl Wilhelm Rom, Mittelclasse; 3. August Ferdinand Milster, Unterclasse. C. Am Progymnasium: 1. Dr. Isaak Rust, Oberclasse; 2. Abraham Gerhardt, Unterclasse; 3. Joh. Geissel, obere Vorbereitungsschule; 4. Karl Friedrich Fahr, untere Vorbereitungsschule. Die Stelle des Professors Boost erhielt am 26. November 1819 Dr. Jos. Narciß Kirchner, ehemaliger Benedictiner zu Augsburg. — Die obere Vorbereitungsschule zählte im Jahre 1819 nur 21 Schüler. Am 11. Oct. 1822 ward Karl Friedrich Neumann an die Stelle des zum Domcapitular ernannten Joh. Geissel, des bisherigen „Unter-Progymnasial-Lehrers", an die Anstalt berufen.

davon Absehen zu haben; ich bitte, mich gnädigst auf eine Kaplanei zu bestimmen, denn ich liebe gar sehr die Seelsorge!" Der Bischof erwiderte: „Das geht nicht! Hier haben Sie einen Brief; gehen Sie nach Speyer, um sich damit dem Herrn Regierungspräsidenten v. Stichaner, dem Herrn Lycealdirector Jäger und dem Herrn Provicar Günther vorzustellen." Nachdem mir der Herr Bischof glückliche Reise gewünscht und seinen Segen ertheilt hatte, reiste ich ohne weiteren Aufenthalt mit schwerem Herzen nach Speyer. Hier meldete ich mich am andern Morgen gleich bei Herrn Günther. Ein Frauenzimmer beschied mich hier, der Herr sei nicht zu Hause; er sei draußen beim Ochsenfeste und werde erst am Nachmittage zurückkehren. Ich ging nun weiter zu Herrn Jäger. Da hieß es auch, der Herr Director sei nicht zu Hause; er sei draußen beim landwirthschaftlichen Feste. Dann ging ich in die Wohnung des Herrn Präsidenten v. Stichauer, wo mir ein gleicher Bescheid zu Theil ward. Ich kehrte nun in das Wirthshaus, wo ich übernachtet war, zurück und wollte hier die Zurückkunft der genannten Herrn abwarten. Am Nachmittage ging ich noch einmal in die Wohnungen dieser Herrn, allein auch jetzt war keiner zu Hause. Das ist ein Fingerzeig Gottes, dachte ich in meinem Sinne, und entschloß mich, sofort nach Gimmeldingen weiter zu reisen. Ich dingte mir eine Chaise und fuhr durch den Iggelheimer Wald ab. Hier sah ich zu meinem Schrecken, daß mein Koffer, welcher hinten am Gefährte aufgebunden worden war, fehlte. Wir fuhren zurück und fanden ihn nach einer Viertelstunde im Sandwege liegen, wohin er eine gute Strecke nachgeschleift war und einen Haufen Sand aufgethürmt hatte. Der Kutscher befestigte ihn nun sicherer, und so ging es ohne weiteren Unfall nach Hause. Von hier aus meldete ich alsbald, wie es mir in Speyer ergangen sei und bat abermals, mich auf eine Kaplanei zu versetzen. Der hochwürdigste Herr Bischof schrieb mir zurück, ich möchte mich einstweilen bei dem alten Herrn Eresheim in Hainfeld, wo ich auch meine Primizfeier hielt, bis auf Weiteres beschäftigen; übrigens habe es bei meiner Bestimmung nach Speyer sein Verbleiben.

So vergingen mehrere Wochen in Hainfeld. Ich hörte nichts weiter über meine Verwendung. Da ich jedoch in Hainfeld nicht genug zu thun hatte und mich ohne Beschäftigung daselbst langweilte, so schrieb ich abermals nach Mainz, man möchte mir doch eine Kaplaneistelle anweisen. Umgehend kam jetzt meine Ernennung als Kaplan zu Hambach. Ich verfügte mich alsbald auf diesen

Posten. Als ich jedoch in Hambach ankam, lag bereits der Pfarrer Schellhorn als Leiche im Hause. Der Dekan war gerade anwesend und überwies mir sogleich die Verwaltung der Pfarrei Hambach mit dem Bemerken, er werde deßhalb das Nöthige nach Mainz berichten. Auch ich schrieb sogleich dorthin und nach wenigen Tagen erhielt ich meine Ernennung als Pfarrverweser zu Hambach. So versah ich diese Pfarrei in den nächsten Monaten und leistete nebenbei Aushilfe in der Seelsorge zu Neustadt, wo der Pfarrer an Gicht erkrankt zu Bette lag. Unerwartet erhielt ich indeß die Zuschrift, daß ich mich in Speyer zur Prüfung zu stellen hätte. Ich dachte, daß diese Prüfung etwa einen Tag in Anspruch nehmen würde, und als am nächsten Sonntag der Gottesdienst in Hambach abgehalten war, nahm ich hier ein Pferd und ritt gegen Speyer. [13]) Am Montag begann die Prüfung und wurde auch am Dienstag und Mittwoch fortgesetzt. Da war mir es doch nicht ganz geheuer wegen des Pferdes, das müßig im Wirthshause gepflegt werden mußte. Ich fragte daher den Prüfungscommissär, den Kreisschulrath Butenschön, der mir als katholischem Geistlichen bei dieser Gelegenheit kein besonderes Wohlwollen zu erkennen gab, wie lange denn noch das Examen andauern würde? Dieser fragte, warum ich dieses zu wissen wünsche? Ich sagte, daß ich ein Pferd bei mir habe, indem ich hoffte, schon am Dienstag wieder heimkehren zu können. Ei, bemerkte jener, das ist doch sicherlich noch nicht vorgekommen, daß ein Candidat ins Examen geritten ist; es dürfte wohl Samstag werden, bis ich wieder zurückreiten könnte! So mußte denn das Pferd die ganze Woche, wie ich selber in Speyer bleiben. Zum Schluß der Prüfung mußte noch eine kurze Lebensbeschreibung abgegeben werden. Ich trug dieselbe in die Wohnung des Herrn Kreisschulrathes. Der war jedoch nicht zu Hause. Ich übergab der Tochter, die mir dieses sagte, meinen Aufsatz, der nicht verschlossen war. Das Mädchen beanstandete, ein offenes Schreiben zu übernehmen. Ich bemerkte, es sei dieß meine Lebensbeschreibung, die sie auch lesen dürfe. Sie lachte herzlich und nahm das Papier in Empfang. Nachdem ich eine gehörige Zeche für mich und mein

---

[13]) Auch später war Geißel ein Freund des Reitens. Als er sich noch als Canonicus zu Speyer in der dortigen Militärreitschule im Reiten üben wollte, hatte er das Unglück, vom Pferde zu stürzen und so sehr das rechte Handgelenk zu verstauchen, daß er Wochen lang sich im Bette pflegen mußte und dennoch ein halbgelähmter Finger ihn bis zu seinem Tode an jenen Unfall erinnerte und ihm das Reiten verleidete.

Pferd bezahlt hatte, ritt ich voller Erwartung der Dinge, die da kommen werden, wieder zurück, um die Pfarrei nach wie vor zu versehen. Einige Wochen später erhielt ich ein Schreiben, worin es hieß: Angesichts dieses haben Sie sich auf den Weg nach Speyer zu machen, um dort die Stelle eines Professors zu übernehmen. Ich nahm noch Abschied von meinem alten Lehrer in Hainfeld und meinen Aeltern und wanderte mit dem Nöthigsten versehen nach Speyer." ²⁴)

Hier erhielt nun der junge Professor, dem bald die untere und dann die obere Progymnasialclasse übergeben wurde, die mannig= faltigste Gelegenheit, seine reichen Anlagen vielseitiger auszubilden, als Religionslehrer der Anstalt den besten Gebrauch von seinen theologischen Kenntnissen zu machen, seine besondere Lehrgabe zu bethätigen und nebenbei in gesellschaftliche Verbindungen einzu= treten, welche von ersprießlichstem Einflusse waren. Sowohl seine Vorstände, als seine Schüler und alle, mit denen er nähern Um= gang pflog, wußte er durch seinen hervorragenden Geist, durch freundliches Benehmen, durch witzige Unterhaltung und nach Um= ständen durch angemessenen Ernst und Entschiedenheit für sich zu gewinnen. Unter Vielen bewahrte ihm dieß Andenken ein talent= voller Speyerer Schüler, welcher bei Geissels Berufung nach Köln in die „Deutsche Chronik" schrieb: „Ich selbst bin Einer seiner Schüler aus jener Zeit und erinnere mich mit Vergnügen an das Jahr, das mir unter seiner unmittelbaren Leitung verflossen. Auch kann ich mich nicht entsinnen, daß Einer meiner Mitschüler diesem tüchtigen und dabei äußerst angenehmen Lehrer, nicht von Herzen zugethan gewesen wäre. Seine ganze Art zu unterrichten hatte sehr viel Anregendes und seine heitere Freundlichkeit, die selbst einen passenden Scherz nicht verschmähte, wenn es galt die Schüler zu beleben, nahm Alle so sehr für ihn ein, daß die Lehrstunden dem Schüler nie zur Last wurden. Ja selbst strafend erschien Geissel noch liebenswürdig, denn er strafte mit heiterem Ernst, nie mit finsterer oder zornvoller Strenge. Kein Wunder, daß man ihn von allen Seiten nur höchst ungern aus seinem bisherigen Verhältnisse scheiden sah. ꝛc." ²⁵)

²⁴) Aufzeichnungen der Nichte und letzten, treuen Pflegerin des Hoch= seligen, Marie Rieder von Mußbach. — ²⁵) Wir vermuthen in diesem Aufsatze, welcher auch in die Beilage zum Mannheimer Journal, sechsten Jahrganges, aufgenommen wurde, die Feder des protestantischen Pfarrers und spätern Dekans Friedrich Blaul, der einer der ausgezeichnetsten Schüler

Von besonderem günstigen Einflusse auf äußere Haltung und feinere gesellschaftliche Ausbildung für unseren jungen Professor war der baldige Zutritt in das Haus des schon genannten königlichen Generalcommissärs und Regierungspräsidenten v. Stichaner, eines feingebildeten Staatsmannes, dessen jüngeren Kindern Geissel den Religions- und Geschichts-Unterricht ertheilte. Da diese Familie eben den Vereinigungspunct der geselligen Unterhaltungen und Vergnügungen vieler Beamten und vornehmer Bürger der Stadt bildete, bei denen nie der freundliche und witzige Professor Geissel fehlen durfte, so wurde dieser auch bald Hausfreund und willkommener Theilnehmer an den Gesellschaften und Familienfeslichkeiten jener Beamten und vertrauten Bürger. Diesen konnte er sich um so leichter und freier anschließen, da er erst später, nachdem er eine freie Canonicatswohnung erhalten hatte, unter der Leitung seiner Schwester Dorothea einen eigenen Haushalt führte. [16]) Die geselligen Zirkel und Feste gaben unserm Professor Veranlassung zu mancherlei poetischen Versuchen, Gelegenheitsgedichten, Liedern und Sonetten. Sie ermunterten ihn insbesondere sich mit der

---

Geissels und ein späterer Verehrer desselben war. — Beim festlichen Abschiedsmahle zu Speyer, am 5. Februar 1842 rief der Vorstand der Studienanstalt, Hofrath Dr. Jäger, dem Coadjutor von Köln entgegen: „Alle Diejenigen, die einst Ihre Schüler waren, haben jene hochachtungsvolle Liebe, wozu sie sich angezogen fühlten, mit hinübergetragen in ihr Mannesalter und sie werden nimmer die Tage vergessen, in welchen es ihnen vergönnt gewesen, Sie ihren Lehrer, ihren väterlichen Freund zu nennen. Und wahrlich, Sie waren einer solchen Liebe werth. ꝛc. ꝛc." Siehe „S c h r i f t e n und R e d e n von G e i s s e l," B. II. S. 462. Dieses verdienstvolle Werk wurde von dem Secretär des Hochseligen, Dr. K. Th. Dümont, Domcapitular und geistlichen Rathe, gesammelt und in vier Bänden herausgegeben. Es bildet ein literarisches Mosaikbild der geistreichen und vielseitigen Thätigkeit des Verblichenen. — [16]) Erst nach dem am 18. Januar 1829 erfolgten Tode des Vaters nahm auch die Mutter ihren Aufenthalt in Speyer. Da ihre Kinder in Mußbach seßhaft waren, wurde das Stammhaus in Gimmeldingen versteigert, wobei der dortige Protestant, Paul Rübsamen, in dessen Besitz kam. Die Mutter starb zu Köln am 10. Nov. 1843. Sie hatte fünfunddreißig Jahre in glücklicher Ehe gelebt und fünf Kinder geboren, nämlich den zweiten Sohn Matthias, welcher verehelicht aber kinderlos in Mußbach starb; Dorothea, welche ihrem geistlichen Bruder, seit dem Jahre 1826 bis zu ihrem in Köln am 29. April 1856 erfolgten Tode, das Hauswesen führte; Elisabetha, welche mit Lorenz Rieder verehelicht in Mußbach starb, wie auch den jüngsten Sohn Jakob, welcher am 15. Nov. 1866 als Vater mehrerer Kinder zu Mußbach aus der Zeitlichkeit abgerufen wurde.

schönen Literatur der alten und neuen Zeit bekannt zu machen. Aus dieser schöpfte er frühzeitig jenen feinen poetischen Hauch in sprachlicher Beziehung, den man späterhin in seinen der Kirche gewidmeten Geisteserzeugnissen bewunderte. Es erschienen wohl wenige dieser Werke in deutscher und französischer Sprache, mit denen er sich nicht vertraut machte und deren Lectüre ihn oft noch in der Mitternachtsstunde wach hielt.

Diese Pflege des geselligen Lebens, dieses Vertiefen in die belletristische Tagesliteratur und die mannigfaltigen poetischen Versuche und Ausarbeitungen, scheinen anfänglich unserm Professor manche Stunde zur weitern Vervollkommnung seines theologischen Wissens geraubt und eifrigeres Eingreifen in pastorelle Thätigkeit neben seinem Lehramte beeinträchtigt zu haben. Doch erforderte die Art und Weise, wie er namentlich den Schülern des Gymnasiums den Religionsunterricht ertheilte, ernstes Studium nicht nur in der Dogmatik, sondern auch in der Patristik und Kirchengeschichte. Er selbst erklärte sich hierüber also: „Während der achtzehn Jahre, seit welchen ich den Religionsunterricht an dem hiesigen Gymnasium ertheilte, habe ich gefunden, daß zur Begründung eines überzeugenden Religionsunterrichtes nichts besseren Vorschub thue, als eine gedrängte Uebersicht der Kirchengeschichte aus den drei ersten Jahrhunderten. Es liegt in der Natur der Sache, daß die jungen, katholischen Schüler im Umgange mit protestantischen Kameraden öfters die Aeußerung hören, es sei dieses oder jenes Dogma, diese oder jene Einrichtung der katholischen Kirche, erst in späterer Zeit eingeführt worden, also nicht biblisch und nicht christlich." — „Wenn nun auch die katholischen Schüler recht gut im Katechismus unterrichtet sind, so werden sie dennoch wankend, weil sie diese Aeußerungen nicht berichtigen können. Ich habe nun gefunden, daß diesem Uebel an gemischten Anstalten nichts kräftiger entgegen wirke, als eine zweckmäßig ausgehobene Geschichte der drei ersten Jahrhunderte bis zum Concil von Nicäa, und ich schloß jedes Jahr den Religionsunterricht in der obersten Abtheilung des Gymnasiums mit einer solchen Geschichte. Ich fand dabei Gelegenheit, die meisten Dogmen und Einrichtungen der katholischen Kirche schon in ihrer ersten Zeit nachzuweisen und ich habe oft wahrgenommen, wie überrascht manche Schüler waren, schon in der ersten Kirche als lebendig bestehend vorzufinden, was ihnen ihre protestantischen Kameraden, oder auch gar ihre protestantischen Professoren, als die „Ausgeburt des dummen dreizehnten Jahr-

hunderts", oder als die Erfindung eines Mönches (— die Trans-
substantiation des Paschasius Rabbert —) bezeichnet hatte. Insbesondere ist diese geschichtliche Lehrart geeignet, die Messe und die
übrigen Sacramente, die Hierarchie und Liturgie, auf eine schlag-
ende und deßhalb unvergeßliche Weise zu erörtern und außerdem
ist sie noch von dem speziellen Vortheile, daß sie die Aufmerksamkeit der Wißbegierigen durch das geschichtliche Gewand fortwährend in Anspruch nimmt. 2c. 2c."

Auch über die Art und Weise, wie bis zum Jahre 1832
der Gottesdienst für die studirende Jugend am Speyerer Gymnasium abgehalten wurde, haben wir von Geissel eine nähere
Schilderung, die wir zur Beurtheilung seines Einwirkens auf die
religiöse Erziehung der damaligen Schüler und der kirchlichen Verhältnisse überhaupt, nicht ohne Beachtung lassen dürfen. [17]) Es
blieb in dieser Beziehung noch gar viel zu wünschen übrig. Doch
war auch manches Gute angebahnt und trotz der widerstrebenden
Einflüsse allmälig befestiget.

---

[17]) Als nämlich Bischof Johann Martin unterm 1. Juni 1832
den Domcapitular Geissel, als Religionslehrer der Speyerer Studienanstalt,
schriftlich aufgefordert hatte, ihm nähere Auskunft und Kenntniß zu geben: „Wie
der Gottesdienst für die studirende Jugend an Sonn- und Feiertagen vor-
schriftsmäßig und in welcher Kirche, in welcher Zeit, in welcher Weise abzuhalten sei und abgehalten werde?" erwiderte ihm derselbe unterm 7. Juni
hierüber Nachstehendes: „Als Referent im Jahre 1819 an die hiesige Studienanstalt ernannt wurde, übernahm er zugleich mit seiner Professur den
katholischen Religionsunterricht in zwei wöchentlichen Stunden, und erhielt
dafür die jährliche Remuneration von 25 Gulden. Zugleich kam er mit dem
Rector der Anstalt überein, daß die Schüler Sonntags eine h. Messe besuchen
sollten, welche er deßhalb freiwillig zu lesen übernahm. Die Schüler hatten
vorher, wie dieß an andern Anstalten jetzt noch geschieht, den gewöhnlichen
Pfarrgottesdienst besucht. Als einige Zeit später Referent von dem hiesigen
Kirchenfabrikrathe angegangen wurde, jeden Sonntag um eilf Uhr eine h.
Messe zu lesen und derselbe auch diese Verbindlichkeit gegen eine Remuneration
von 150 Gulden übernahm, besuchten die Gymnasiasten wieder den gewöhnlichen Pfarrgottesdienst wie zuvor. — Als jedoch das hochwürdige Domcapitel dahier organisirt wurde und die Herren Vicare die Eilfuhrmesse übernahmen, erbot sich Referent wieder freiwillig für die Studirenden eine besondere h. Messe zu halten. Er kam mit dem Rector überein, daß diese h. Messe
in der Klosterkirche morgens um 8 Uhr gelesen werden sollte, weil in dieser
Kirche die Schüler leichter übersehen und die Fehlenden bemerkt und sonach
zu fleißigerem Kirchenbesuche angehalten werden konnten. — Mittlerweile hatte
es Referent in verschiedenen Instanzen bewirkt, daß die Remuneration für den
Religionsunterricht auf 50, später auf 100 und endlich auf 200 Gulden erhöht wurde. Dabei blieben jedoch die zwei wöchentlichen Unterrichtsstunden.

§. 4. Weitere Beförderungen.

Wie wir schon anderswo näher erläuterten, haben mehrere
ältere, würdige Pfarrer der neuerrichteten Diöcese Speyer, welche
von dem päbstlichen Nuntius zu München als Domcapitulare und
Domvicare bezeichnet waren, auf die dießfallsige Eröffnung des
Mainzer Bisthumsverwesers Humann, diese Stellen nicht ange-

Da diese zwei Stunden dem Referenten ein Bißchen kärglich schienen, so suchte
er das Fehlende proprio motu dadurch zu ersetzen, daß er zuweilen nach
der h. Messe, besonders wenn die sonntägliche Epistel oder das Evangelium eine
Veranlassung zu geben schien, eine Exhortation von 10 bis 15 Minuten hielt.
— Er fühlte jedoch bald, daß er hiedurch den gewünschten Zweck nicht erreichte. Die Schülerzahl war zu sehr gemischt von 9 bis zu 19 Jahren im
Alter. Die größeren Studenten waren einer Auseinandersetzung der Glau-
benswahrheiten gewohnt, die einen wissenschaftlichen Zuschnitt haben mußte,
um von Studirenden gustirt zu werden; die Kleinen aber konnten solchen
Deductionen nicht folgen. Sprach man nun für die Größeren, so verstanden's
die Kleineren nicht, und sprach man für die Kleineren, so waren die Größeren
gelangweilt. Dazu kam noch ein viel wichtigerer Mißstand. Die Klosterkirche
ist für Jedermann offen und wurde bei der Studenten-Messe, wie jetzt noch,
von manchen andern Leuten besucht. Hielt sich nun Referent bei einem so
gemischten Publikum an allgemeine Sätze, so ging die Belehrung für die
Schüler verloren. Sprach er aber, wie er auch dieses mehrmal that, speziell
für die Schüler und berührte das, was für sie galt, als: Wirthshausgehen, —
Rohheiten — Faulheit — Lesen schlechter Bücher — Saufereien und sonstige
Disciplinarien, so trug dieß das andere Publicum, besonders ein Theil der
Weiber, in der Stadt herum, sagten: Heute hat der Herr Geißel den Studenten gegeben, weil sie so saufen — faul sind — in's Wirthshaus gehen,
u. s. w. Die Schüler hörten dieses wieder und wurden dadurch nur erbittert,
weil sie sich beschimpft glaubten. — Mit dem neuen Schulplane wurden
nun wöchentlich vier Stunden Religionsunterricht bestimmt. Referent traf
sogleich ein anderes Auskunftsmittel. Er kam nämlich mit dem Rector und
Herrn Vicar Day — in Folgendem — überein: Der Gottesdienst um 8
Uhr sollte in der Nonnenkirche bleiben und Referent wolle ihn, wie bisher,
freiwillig übernehmen. Um jedoch den kleinen Schülern, welche auch jetzt nur
zwei Stunden wöchentlich Religionsunterricht erhielten, mehr Anleitung zum
Religiösen zu geben, übernahm es Herr Day freiwillig, diese am Sonntage
noch zur Katechese besonders in der Classe zu versammeln, was als viel ein-
bringlicher erkannt wurde als eine allgemeine Exhortation. Für die Größern
behielt sich Referent vor, in der Classe die Moralia und Disciplinaria zu besprechen. Beides ist denn nun auch bis jetzt unausgesetzt geschehen. Referent
wirkt in den Classen mit Ernst auf das religiöse Gemüth und auf die Befolgung der Schulgesetze, und Herr Day hält jeden Sonntag für die lateinischen
Schüler Katechese, im Winter von Dreiviertel auf neun bis Dreiviertel auf
zehn und im Sommer von sieben bis acht Uhr. — Die bestehende Anordnung
ist also folgende: Alle Schüler besuchen das ganze Studienjahr hindurch jeden

nommen. [28]) Dieß gab Veranlassung, daß andere jüngere Priester sich um dieselben bewarben. Ermuntert durch die Zusprüche des schon genannten Generalcommissärs v. Stichaner und durch dessen gewichtige Fürsprache unterstützt, wagte es auch Geissel, welcher damals kaum sechs und zwanzig Lebensjahre zählte, sich um eine Capitularstelle an der Speyerer Kathedrale zu bewerben. Da ihm hiebei auch der Bischof Matthäus, dessen Aufmerksamkeit unser Professor bereits bei der festlichen Inthronisation durch einige Festgedichte gewonnen hatte, nicht entgegen war, so erfolgte schon am 24. Juni 1822 vom Könige die Bestätigung seiner Ernennung auf das siebente Canonicat. An demselben Tage wurde auch Geissel's Studiengenosse und Freund, Nikolaus Weis, Pfarrer zu Dudenhofen, auf die ebenfalls freistehende achte Capitularstelle befördert. Diese gleichzeitigen und angeblich wechselseitig bedingten Beförderungen —

Sonntag um 8 Uhr die Nonnenkirche und der Rector hält streng — schon manchmal bei Karcerstrafe — darauf, daß alle erscheinen und ihre Gebet- und Gesangbücher mitbringen. Er führt in der Regel selbst die Aufsicht und ist zugegen. Bei diesem Gottesdienste liest Referent die h. Messe und verliest häufig nach derselben die sonntäglichen Episteln und Evangelien. Während der h. Messe singen die Schüler passende Meßgesänge unter Orgelbegleitung, entweder in vollem Chore oder von ausgewählten Sängern. Dieser Gottesdienst hat jedoch nicht statt: 1. In der Herbstvacanz von 1. September bis 1. November. 2. In der Ostervacanz vom Samstage vor Palmsonntag bis Montag nach dem weißen Sonntag. 3. An Weihnachten, Fastnachtsonntag und Pfingsten, weil in dieser Zeit die meisten Schüler gleichfalls auf zwei Tage nach Hause gehen. 4. Am Himmelfahrtstage, Frohnleichnamsfeste und Maria Himmelfahrt, weil an diesen Festen die meisten Schüler bei dem musikalischen Hochamte in der Kathedrale mitsingen. Die Nichtsänger besuchen dann den Gottesdienst gleichfalls im Dome. — In den obigen unter vier Nummern bezeichneten Zeiten geht auch Referent nicht in die Nonnenkirche; er liest dann seine h. Messe im Dome. — Die größeren Schüler besuchen außerdem und fast jeden Sonntag nach dem in der Nonnenkirche beendigten Gottesdienste die Sonntagspredigt im Dome, ohne jedoch hiezu angehalten zu seyn. Viele thun's freiwillig. — Vorstehendes ist die am hiesigen Gymnasium bestehende Einrichtung. Sie ist jedoch nicht vorschriftmäßig, denn es ist hierin nichts vorgeschrieben. Es ist durch die Verordnungen bloß im Allgemeinen bestimmt, daß die Schüler an Sonn- und Feiertagen den Gottesdienst besuchen sollen. Sie werden daher überall angehalten, den Pfarrgottesdienst zu besuchen. Nur da, wo, wie in München, eine besondere Studienkirche existirt und eine eigene Stiftung zu besonderem Gottesdienste ist, oder wo, wie in Augsburg und an andern Orten alle Lehrer Geistliche sind und alternativ den besonderen Gottesdienst halten, oder wo, wie hier, irgend ein Geistlicher diesen besonderen Gottesdienst freiwillig übernimmt, bleiben die Schüler aus dem Pfarramte weg. ꝛc." — [28]) Neuere Geschichte der Bischöfe zu Speyer. S. 248.

die erste wurde von Seiten der Regierung, die letztere von Seiten
der päbstlichen Nuntiatur besonders begünstigt, — gab neue Veranlassung, daß die beiden jüngsten Capitulare, deren Installation
in ihre Würden am 13. August desselben Jahres stattfand, so
verschieden auch ihre Lebensanschauungen und Charaktere zur Zeit
noch waren, dasselbe Band der Freundschaft noch inniger schlossen,
welches vorzüglich in der gleichen Begeisterung für die Rechte und
Freiheit der Kirche, für die Vertheidigung ihrer Lehren und segensreichen Anstalten, unverbrüchliche Festigkeit erhielt. Diese Freundschaft und der fast tägliche Verkehr und Gedankenaustausch der
beiden Capitulare blieb ihnen nicht ohne wechselseitigen reichen Gewinn für umsichtiges Urtheil, eingreifende Thätigkeit und allseitige Ausbildung. Sie mäßigte das Strenge und Herbe des Einen
und stählte die Kraft und den Willen des Andern. Sie ver-
mittelte dem Canonicus Geissel in der Wohnung seines jüngeren
Collegen, bei welchem, als Mitbegründer und Herausgeber der
theologischen Zeitschrift „Katholik", viele Gelehrte geistlichen und
weltlichen Standes aus allen Gauen Deutschlands gastliche Aufnahme fanden, die Aufmerksamkeit und Werthschätzung mancher,
durch Amt und Wissenschaft ausgezeichneter Männer, in deren
Gesellschaft sich Gelegenheit genug darbot, seinen scharfen Verstand,
sein kluges Urtheil und seine oft witzigen aber stets gründlichen
Auffassungen zu erweisen und zu verwerthen.

Der hochselige Bischof Matthäus v. Chandelle war anfänglich nicht gewillt, den sämmtlichen Capitularen seiner Kathedrale,
namentlich auch nicht den zwei Jüngsten, Sitz und Stimme im
bischöflichen Rathe zu gewähren. Er mußte jedoch bei Hinweisung
des päbstlichen Nuntius auf die maßgebende Bestimmung des Artikels III. des Concordates, welcher lautet: „Dignitates et canonici
omnes, præter chori servitium, archiepiscopis et episcopis in
administrandis dioecesibus suis a consiliis servient", und
bei der hierüber bekannten Erklärung der bayerischen Staatsregierung, von der beabsichtigten Beschränkung abstehen. Sohin erhielten auch die beiden jüngsten Domcapitulare unterm 22. August
1822 die bischöfliche Ernennung als geistliche Räthe. Doch die
strengeren, kirchlichen Grundsätze, welche dieselben bei den wichtigsten Berathungen mit Eifer und Entschiedenheit vertheidigten,
trugen viel dazu bei, daß sie sich keineswegs des besondern Vertrauens ihres altersschwachen Oberhirten zu erfreuen hatten.

Bis zum Ende des Schuljahres 1822 versah der Hochselige

noch die Lehrstelle an der oberen Progymnasialclasse, welche ihm seit Ostern 1821 an der Stelle des zum Pfarrer in Ungstein ernannten Dr. Isaak Rust, anvertraut war. Der Religionsunterricht für die größeren Schüler und die theilweise Besorgung des Gottesdienstes für die studirende Jugend, verblieb ihm in der bereits vernommenen Weise, bis zu seiner Ernennung als Bischof. Er hatte hiebei vielseitige Gelegenheit, seine Schüler für die Wahrheiten der katholischen Kirche und den Segen ihrer Anstalten zu begeistern, welche er, nach dem Wunsche Vieler, wohl noch eifriger als beliebter Prediger und Beichtvater, hätte benützen dürfen. Doch seine literarischen Arbeiten nahmen ihn neben den gründlichen Referaten im geistlichen Rathe bei Weitem mehr in Anspruch als seelsorgliche Beihilfe auf der Kanzel und im Beichtstuhle. [29]

Bereits am 28. November 1822 ward Geissel an die Stelle des zum Dompfarrer gewählten Capitulars Forch einstimmig zum Secretär des Domcapitels erkoren, als welcher derselbe die ihm deßhalb obliegenden Arbeiten umsichtig besorgte, wovon die Entwürfe der bezüglichen Berichte und Erlasse Zeugniß geben. Unterm 1. April des folgenden Jahres ernannte ihn der hochselige Bischof Matthäus zum Mitgliede der besonderen Synodalprüfungscommission der Diöcese. Auch ward er Mitglied der Commission, welche derselbe Oberhirte zur Berathung und Abfassung einer neuen Diöcesanagende aufgestellt hatte. Von dem hochseligen Bischofe Johann Martin wurde unserm geistlichen Rathe die Ausarbeitung eines neuen Diözesangesangbuches übertragen, welchem Auftrage sich derselbe jedoch nicht mit jener Hingabe unterzogen hat, die sein eifriger Oberhirte erhoffen durfte. [30]

Mehr als diese Commissionen nahmen die Zeit und Kräfte unseres Domcapitulars die Arbeiten in Anspruch, welche ihm zur Verwaltung der Diöcese beim bischöflichen Ordinariate anvertraut wurden. Sie betrafen mitunter die schwierigsten Verhandlungen, welche namentlich die genaue Kenntniß der heimathlichen Geschichte, der bestehenden französischen Gesetze und Decrete erheischten oder auf Schulen, Lehranstalten, Erziehung der Kinder aus gemischten Ehen ꝛc. ꝛc. Bezug hatten. [31] In Ermangelung aller sachdienlichen Voracten und belehrender Handbücher in der neuen bischöflichen

---

[29] Als im Jahre 1822 der neue Gottesacker der Gemeinde Mailammer von dem Speyerer Domcapitular Stamm, im Beisehn des Domcapitulars Wolf feierlich eingeweiht wurde, hielt Geissel die bezügliche Predigt. — [30] Neuere Gesch. der Bischöfe zu Speyer. S. 458. — [31] Wir haben diese Ar-

Registratur, fühlte unser Referent bald die lästige Schwierigkeit, aus der großen Masse geltender französischer Gesetze und Decrete, sowie der späteren Verordnungen und obrigkeitlichen Vorschriften, jene Bestimmungen herauszufinden, welche erforderlich waren, den betreffenden Gegenstand gründlich und vollständig zu beleuchten und sicher und gerecht zu bescheiden. Dieß veranlaßte ihn allmälig eine Sammlung aller Gesetze und Verordnungen über das Kirchen= und Schulwesen im bayerischen Rheinkreise vom Jahre 1796 bis 1830 zusammen zu tragen, um diese Sammlung als brauchbares Handbuch für Pfarrer, Schullehrer und Fabrikräthe in Druck zu geben. Er suchte hiefür die verordnungsmäßige Bewilligung des Staatsministeriums nach, welche ihm auch, unter freundlicher Vermittelung des Generalcommissärs, Herrn v. Stichaner, am 7. Juni 1829, ertheilt wurde. Schon im folgenden Jahre erschien dieses Handbuch auf Kosten des Verfassers zu Speyer im Drucke und leistet bis zur Stunde eine erwünschte Unterstützung für die Verwaltung der Kirchen= und Schulangelegenheiten der Speyerer Diöcese.

Was Domcapitular Geissel in dem so wichtigen Verwaltungszweige des Schulwesens zu bearbeiten hatte, schimmerte theilweise aus den bezüglichen Verhandlungen seiner bischöflichen Amtsvorfahren zu Genüge hervor. Mehr als diese verdienstvolle Thätigkeit empfahl ihn wohl seine Stellung und sein Wirken als Religionslehrer an dem Gymnasium, daß derselbe, nachdem am 1. April 1832 auf den Wunsch der Stände des Reiches Kreisscholarchate in Bayerns acht Regierungskreisen durch Verordnung des Königs Ludwig errichtet worden waren, unterm 27. desselben Monats die Ernennung zum Kreisscholarchen erhalten hat. [32]) Als solcher mußte er den Sitzungen der Kreisregierung über die prinzipiellen Fragen des öffentlichen Unterrichtes mit collegialer Stimme beiwohnen und in besonderen Sitzungen, welche der Regierungsvorstand zu leiten hatte, unter Theilnahme des Kreisschulreferenten jene Beschlüsse und Bescheide mitberathen, welche der Regierungspräsident in jedem Schuljahre auf die ausführlichen Schulberichte bezüglich der Volksschulen sowohl, als der lateinischen Schulen, der Gymnasien und

---

beiten theilweise in der neueren Geschichte der Bischöfe zu Speyer näher kennen gelernt. — [32]) Die Ausfertigung geschah zu Panella auf der Insel Ischia bei Neapel. Die übrigen drei Mitglieder des dießseitigen Kreisscholarchats waren: 1. Dr. Schultz, protestantischer Pfarrer dahier; 2. Hofrath und Lycealdirector Jäger und Karl Albert Schüelein, Lycealprofessor und protestantischer Religionslehrer am Gymnasium.

des Speyerer Lyceums zu erlassen hatte. Auch sollte der Kreisscholarch alljährlich die Volksschulen irgend eines Schulinspections-
bistricts nach Auftrag des Regierungspräsidenten visitiren, um sowohl den intellectuellen als den moralischen Zustand sämmtlicher
Schulen genau zu prüfen und darüber vorschriftsmäßigen Bericht
zu erstatten. [33]) Die Erfahrung, welche Geissel als Kreisscholarch
bezüglich verschiedener Beziehungen und Mißstände des Schulwesens
in der Diöcese machte, gab ihm Veranlassung, in den betreffenden
Verhandlungen des bischöflichen Ordinariates mit der königlichen
Kreisregierung desto gründlicher und entschiedener einzugreifen. Ueberhaupt suchte der Hochselige alle Arbeiten, welche beim Ordinariate
in seiner Sparte lagen, oder die ihm von seinem Oberhirten übertragen worden waren, mit solcher Umsicht, Gründlichkeit und Aus-
führlichkeit zu behandeln, daß sie sich stets des Beifalls seiner Collegen
und seines Oberhirten zu erfreuen hatten. Die Folge hievon war,
daß seiner Ansicht und seiner Stimme bei den einzelnen Berathungen stets ein großes Gewicht beigelegt wurde.

Diese Geisteskraft, mit reichem Wissen und seltener Geschäfts-
gewandtheit gepaart, welche den hochseligen Bischof Manl bisweilen
nicht unbedenklich berührte, erwarb dem Domcapitular Geissel bei
dem Bischofe Richarz bald volle Hochachtung und Anerkennung.
Dieß gab sich insbesondere dadurch kund, daß Richarz, als der bisherige Domdechant Werner am 11. Mai 1836 das Zeitliche gesegnet hatte, unter den Bewerbern um diese Stelle, zu denen auch
der älteste Domcapitular und ehemalige apostolische Vicar des Bisthums zählte, vorzugsweise den Domcapitular Geissel Seiner königlichen Majestät zur gnädigen Berücksichtigung empfahl. Schon am
25. desselben Monats erhielt sohin der Letztere vom Könige Ludwig
die Ernennung zum Dechanten der Speyerer Kathedrale. [34])

---

[33]) So besuchte der Hochselige im Monate März 1834 die Schulen
des Bezirkes Kirchheimbolanden. Diese außerordentlichen Schulvisitationen
trugen wesentlich dazu bei, den Leistungen der katholischen Lehrer gegenüber jenen
der protestantischen bei königlicher Regierung Gerechtigkeit widerfahren zu lassen.
— [34]) Die erfreuliche Befriedigung seiner Wünsche gab der Neuernannte in
dem Dankschreiben kund, welches er an den König Ludwig richtete. Darin
heißt es : . . . . „Eure königliche Majestät haben mich durch die allergnädigste Ernennung zu der erledigten Stelle eines Dechants an dem bischöflichen Capitel Speyer, wahrhaft glücklich gemacht und in dieser mich beglückenden Ueberzeugung wage ich es, Allerhöchstdenselben die ehrfurchtvollsten
Empfindungen der freudigsten und innigsten Dankbarkeit allerunterthänigst
darzubringen. Die mir erzeigte hohe Gnade soll mir einen neuen, erhebenden

§. 5. Geissel als Schriftsteller.

Der Reichthum und die Vielseitigkeit, wie nicht minder die Schärfe und Feinheit des Geistes, die Tiefe und Fülle des Ge= müthes unseres gefeierten Pfälzers spiegelt sich in der Menge und Mannigfaltigkeit der Erzeugnisse, welche fortschreitend mit den Stufen der Lebensstellung aus dessen Feder geflossen, aber nur theilweise mit Angabe des Verfassers ans Licht getreten sind. Vermöge der seltenen Meisterschaft der Darstellung und des Adels der Sprache, gehören dessen literarische Erzeugnisse zu dem Besten, was in ihrer Beziehung uns bisher bekannt geworden ist. [35]) Diese Arbeiten zerfallen in drei Classen. Die erste bilden belletristische und dich= terische Versuche und Schilderungen. Die zweite Classe umfaßt historische Forschungen und Leistungen. Zur dritten Classe gehören die vielen und schönen Hirtenbriefe, Ansprachen und Belehrungen, welche zu Speyer und Köln bei verschiedenen Veranlassungen an die seiner Obhut Empfohlenen gerichtet wurden.

Wohl den größeren Theil seiner Muße verwendete unser Schrift= steller als Professor und junger Domcapitular zu belletristischen Dar= stellungen und poetischen Versuchen, welche letztere er noch in seinen späteren Jahren mit besonderer Vorliebe pflegte. Wie wir schon hörten, hat er sich beim öffentlichen theologischen Wettkampfe am Schlusse seiner Seminarjahre durch einen poetischen Vortrag über die wundersame Verbreitung des Christenthums vor seinen übrigen

---

Aufschwung zur Erfüllung aller meiner Berufspflichten für Kirche und Staat, sowie zur gesteigerten Fortsetzung meiner seitherigen, geringen Leistungen auf wissenschaftlichem Gebiete abgeben und ich erlaube mir die allerunterthänigste Versicherung niederzulegen, daß ich immer und allzeit die ehrfurchtvollsten Ge= fühle der devotesten und lautersten Anhänglichkeit an Eurer Majestät erhabene Person zu bewahren und die loyalste Pflichttreue gegen meinen allergnädigsten König und Herrn, in jeder mir möglichen Weise, zu bethätigen mir zur unab= lässigen Aufgabe setzen werde. — Möge der Allmächtige, der das Geschick der Throne lenkt und das Herz der Könige in seiner Hand trägt, seinen schönsten Segen auf das erhabene Haupt Eurer königlichen Majestät, an welches sich das Wohl eines großen und treuen Volkes knüpft, in reichster Fülle herab= senden. Möge er Eurer königlichen Majestät in Mitte des erlauchten königs= lichen Hauses zum Glücke des getreuen bayerischen Volkes und zum Heile der Kirche erhalten noch viele lange und glückliche Jahre. Mit diesem Gebete wagt es Einer der allergetreuesten Unterthanen sich der fortwährenden allerhöchsten Huld und Gnade seines allergnädigsten Königs und Herrn devotest zu empfehlen und geharret mit dem Gefühle der tiefsten Unterwürfigkeit." — [36]) Vergleiche Pastoralblatt der Erzdiözese Köln. Jahrgang 1869. S. 63.

Kampfgenossen besonders ausgezeichnet. Schon vorher ließ er bei seinen Mitschülern selten eine schickliche Gelegenheit vorüber gehen, ohne seine witzigen Neckereien in Verse und Reime einzukleiden. Doch diese verflogen größtentheils mit derselben Schnelligkeit, mit welcher sie verfaßt worden sind. Ueberhaupt schenkte der Hochselige dem Aufbewahren seiner früheren Geistesfrüchte keine besondere Sorgfalt, so daß er später sich kaum mehr zu erinnern wußte, wie viele solcher Gedichte und poetischer Schilderungen aus seiner gewandten Feder geflossen sind. Ebenso bedenklich war er dabei, dieselben unter seinem Namen im Drucke erscheinen zu lassen. Kaum die vertrautesten Freunde hatten Kunde davon, wenn ein solcher Versuch der Oeffentlichkeit übergeben wurde. So erschienen in der theologischen Zeitschrift „Katholik" und in dem Taschenbuche „Charitas" viele seiner schönen Gedichte, ohne daß sein Name genannt wurde. Manche poetische Arbeiten lagen noch bei seinem Ableben fast unbekannt unter seinen Papieren, welche theils vollständig ausgearbeitet, theils nur bruchstückweise zur Hälfte, oder zu einem Drittheile niedergeschrieben waren. Diese heiteren Poesien stammen größtentheils aus den ersten Jahren seines Aufenthaltes in Speyer und tragen oft ein gegensätzliches Gepräge zu dem Ernste der hohen Stellung, die ihm die Vorsehung später gegen eigenes Sinnen und Streben überwiesen hatte.

Zur Grundlage solcher Dichtungen und Novellen wählte unser Schriftsteller größtentheils Anhaltspunkte und Vorkommnisse aus der heimathlichen Geschichte. In denselben werden die Orte, Personen und Sitten der Zeit so umständlich, lebendig und malerisch geschildert, daß auch die einzelnen Bruchstücke nicht ohne großes Interesse und steigernde Spannung vernommen werden dürften. Zu den vollendeten Arbeiten dieser Classe gehören: „Die Stiftung des Klosters Limburg"; ferner: „Die Carmagnolen in der Pfalz 1793." Zu den unvollendeten Versuchen dieser Art sind zu rechnen: 1. „Der Stadt Speyer Verrath und Rettung im Jahre 1330". 2. „Das Johannisfest zu Mußbach in der Sonnenwende des Jahres 1310". 3. „Der Fastnacht Montag in der Abtei Hornbach im Jahre 1447". 5. „Verwüstung der Abtei Limburg durch den Grafen Emich von Leiningen im Jahre 1504". 5. „Der Leichenzug des Kurfürsten Friedrich V. zu Frankenthal im Jahre 1632". 6. „Die Belagerung von Deidesheim im dreißigjährigen Kriege". 7. „Die Wilderer am Haardtgebirge im Jahre 1782". 8. „Die Waldpartie auf den Drachenfels". 9. „Kosciuszko's Sterbestunde, ein

Gedicht in 405 Verszeilen vom Jahre 1831". 10. „Das Storchen=
nest zu Mutterstadt aus dem Jahre 1833". Nur wenige vollendete
Arbeiten dieser Gattung übergab der Verfasser im Drucke der Oef=
fentlichkeit, ohne jedoch seinen Namen beizusetzen. Dieß war namentlich
der Fall mit einer Novelle, oder vielmehr „einem romantischen Ge=
mälde aus dem Jahre 1448 und 1829", welche die Aufschrift führt:
„Die Wallfahrt nach der Hardenburg". In diesem Gedichte sind den
beiden Schülerinnen unseres Dichters, den Töchtern des Regierungs=
präsidenten v. Stichaner und dem Bruder derselben hervorragende
Rollen zugetheilt [36]) Vier Jahre später folgte als Fragment einer
Alfresko-Novelle, unter der Aufschrift: „Der Deutschen Mai auf
Schloß Hambach im Jahre 1832", eine satyrische Schilderung der
Auftritte der Pfälzer Krawaller, welche zwei Jahre später in das
Speyerer Tageblatt „Rheinbayer", ohne Angabe des Verfassers
eingerückt und auch in einem besondern Abdrucke ausgegeben wurde.
In demselben Jahre erschien in der Zeitschrift „Katholik" unter
der Aufschrift: „Curiosum" eine treffliche Satyre über die Dank=
adresse, welche dem Freiburger Professor Amann für dessen ausge=
zeichnete Verdienste um die Abschaffung des Priestercölibats über=
reicht wurde.

Wie hier vorzüglich in poetischer Prosa, so suchte auch unser
Dichter in mannigfaltigen Versarten seine bezügliche Begabung, in lyr=
ischen, elegischen, und heiteren Gedichten zu erproben. Die Mehrzahl dieser
Versuche wurde nur seinen vertrautesten Freunden bekannt. [37]) Andere er=
schienen, wie schon oben bemerkt wurde, in Zeitschriften oder im
einzelnen Abdrucke. Zu den letzteren gehören: 1. Der Dom zu Speyer,
Elegie vom Jahre 1820. 2. Lied, gesungen dem hochwürdigsten
und gnädigen Herrn Bischof Matthäus bei der feierlichen Besitz=
nahme seiner Diöcese, von der katholischen Schuljugend in Speyer.
1822. 3. Willkommen Seiner Hochwürden Gnaden . . . Herrn
Matthäus, Bischof von Speyer. 4. Zur Weihe der Glocken des

---

[36]) Diese Wallfahrt erschien in dem Dresdener Unterhaltungsblatte „Velleda",
im Monate Februar 1830, herausgegeben von dem Hofrathe Rudolph Schall,
unter der Unterschrift: „Von Hanno." — Kosciuszko's Sterbestund ist jetzt eben=
falls gedruckt. „Schriften und Reden." B. III. S. 452. — [37]) Ich besitze im
Manuscript folgende: 1. Schauerballade. 2. Nachruf der Speyerer Freunde an
Fanny v. Stichaner. 3. Harlequin's Harlequinade. 4. Das edle Bruderpaar. 5.
Eine canonische Institution, id est der wahre Spaß davon. 6. Lateinisches
Hochzeitgedicht bei Vermählung des Professors Michel. 7. Die Ueberraschung.
8. Gedicht über die Ausbreitung der christlichen Kirche vom Jahre 1818 ꝛc. ꝛc.

Domes zu Speyer am 12. October 1823. [38]) 5. Bergänglichkeit alles Irdischen, ein Gedicht vom Jahre 1826. 6. Beim Tod des Gatten. Am 23. Mai 1827. 7. Gedichte bei der Ankunft des Königs Ludwig und der Königin Therese zu Speyer am 7. Juni 1829. 8. Der Kaisergruß an den König Ludwig von Bayern 1829. 9. Des Lehrers Wirken, Gedicht auf das silberne Jubelfest des Studiendirectors Georg Jäger, am 8. März 1830. 10. Zum Geburtstag der Königin Therese am 8. Juli 1830. 11. Die Frei- werber, ein Faschingsschwank aus dem Russischen, mimisch darge- stellt bei der Abendgesellschaft des Herrn v. Stichaner, am 10. Februar 1831. 12. Sonetten-Trias zur Hochzeitfeier für Herrn Joseph v. Stichaner, am 14. Mai 1832. 13. Fest-Xenie bei der feierlichen Inthronisation Seiner bischöflichen Gnaden des hoch- würdigsten Herrn Petrus, Bischofs zu Speyer am 17. November 1835. 14. Das Requiem, Festgedicht zu dem am 5. Dezember 1835 in Speyer gefeierten Geburtstage Mozart's, enthält 194 Verszeilen. 15. Festgedicht [39]) auf die Grundsteinlegung zum Fortbaue des Kölner Domes, am 4. September 1842. 16. Mehrere deutsche Messen und Lieder, welche von Benedict Wiß, Gesang- und Musik- lehrer an der Speyerer Lehranstalt und von Joh. Adam Becht, Musiklehrer in Landau, in Musik gesetzt und herausgegeben wurden. 17. Mehrere neuverfaßte und aus ältern Gesangbüchern umgearbeitete Kirchenlieder, welche zum Theile in dem Speyerer Diöcesangesang- buche Aufnahme fanden. [40]) 18. Die schöne „Sequentia de B. M. V. sine labe concepta" vom Jahre 1855, welche auch in einer deutschen Uebersetzung erschienen ist. [41])

---

[38]) Siehe „Neuere Geschichte der Bischöfe zu Speyer. S. 86. 239 und 327. — [39]) Besonderer Abdruck mit einem Lebensbilde des Cardinals von Dr. Wilhelm Molitor. Köln 1865. — [40]) „Schriften und Reden". B. III. S. 669. u. 670. In das Speyerer Gesangbuch wurden folgende Lieder aufgenommen: 1. Des Königs Banner ꝛc. 2. Ein starker Fels ist unser Hort ꝛc. 3. Erde singe, daß erklinge ꝛc. 4. O allselichste ꝛc. 4. O du hochheiliges Kreuze ꝛc. 6. Sei uns gegrüßt du heilige Nacht ꝛc. 7. Wie mich zur Welt der Vater sandte ꝛc. 8. Wunderschön prächtige ꝛc. — [41]) Noch mehrere Kirchenlieder und andere Ge- dichte siehe: „Schriften und Reden" B. III. — In dem im Mai 1865 von H. Lempertz in Köln herausgegebenen Catalog der zu versteigernden Bücher un- seres Prälaten heißt es Nro. 26: „Domlieder" (— bekanntlich von Wilh. Molitor —). „Enthält auch Gedichte Sr. Eminenz". Dieser Zusatz ist u n - r i c h t i g, wenn damit nicht etwa dem zu versteigernden Exemplare von der Hand des Hrn. Cardinals beigeschriebene Gedichte gemeint sind. Die Auslegung jener Anzeige, wie sie der l i t e r a r i s c h e H a n d w e i s e r Jahr 1866 S. 116 gibt angeblich „nach einer Notiz von Remling", ist völlig un-

Gemeinnütziger und wohl auch mühevoller als diese poetischen Leistungen waren die geschichtlichen Werke, welche die Muse unseres Schriftstellers in Anspruch nahmen. Seine dichterische, eigenthümliche Darstellungsweise gab denselben ein wohlgefälliges Gepräge, welches viele Leser zu gewinnen und zu fesseln wußte. Frühe schon fing er an, für historische Arbeiten aus alten Chroniken und neueren Geschichtswerken Auszüge zu sammeln. Mehrere solcher Hefte liegen vor uns. Besonders war es die heimathliche Geschichte, die seinen Eifer zum Sammeln anspornte. Auch die dunkle Geschichte des Templer-Ordens nahm seine Forschungen und Einträge sehr oft in Anspruch. Nachdem er jedoch unter die Mitglieder des neu errichteten Domcapitels zu Speyer aufgenommen war, bemühte er sich, vorzüglich die Geschichte des Domes, der Stadt und der alten Diöcese Speyer gründlicher und vollständiger zu erforschen und zu beleuchten. Die Frucht dieser Forschungen war: „Der Kaiser-Dom zu Speyer, eine topographisch-historische Monographie."[42]) Sie er-

---

richtig. — [42]) Der vierte Band der Schriften und Reden von Geissel enthält eine neue Auflage dieser Monographie mit mancherlei Zusätzen des Herausgebers. — Diese Schrift dürfte richtiger den Titel führen: „Geschichte des Hochstiftes Speyer seit der Erbauung des jetzigen Domes." In der Zuschrift, mit welcher ihr Verfasser dieselbe dem Könige Ludwig I. übersandte, erklärte er: „Der Kaiserdom zu Speyer, der in vier Jahren — 1830 — seine erste Säcularfeier erreicht und seit einem Jahrtausend so Manches an ihm vorübergehen sah, hat in dem allerunterthänigst Unterzeichneten den Gedanken hervorgebracht, alles Merkwürdige, was mit diesem in vieler Rücksicht so interessanten Tempel in Beziehung steht und ebenso das Andenken seines Erbauers und anderer Fürsten der Vorzeit, die sich um ihn verdient machten, in's Gedächtniß der Mitwelt zurückzurufen, wie die erlauchten Namen der Herrscher den späteren Geschlechtern zu erinnern, durch deren königliches Wort derselbe wieder aus den Trümmern erstand und wieder auf's Neue in einfacher Herrlichkeit emporblüht. Was daher der Allerunterthänigstunterzeichnete seit Jahren mit Sorgfalt gesammelt hat, wagt er nun Eurer königlichen Majestät in tiefster Unterwürfigkeit als einen schwachen Beweis seiner allerehrfurchtvollsten Huldigung zu überreichen. Glücklich würde sich derselbe schätzen, wenn sein erhabener König und Herr nur einen Blick auf das unvollkommene Werkchen werfen würde und wenn das Büchelchen der Dollmetscher seines Dankes seyn dürfte, daß ihm vergönnt ist, seine Kräfte dem Dienste des Königs, seines Vaterlandes und der Religion widmen zu können." ꝛc. ꝛc. — Als Bischof von Speyer wurde der Hochselige von einem Mitgliede der „Société française pour la conservation des monuments," zu Paris freundlich ersucht, über die Baugeschichte und Architectur des Speyerer Domes nähere Aufschlüsse zu geben. Dieß veranlaßte ihn hierüber eine Denkschrift in französischer Sprache — deren Original vor uns liegt — zu verfassen und nach Paris zu senden. Diese Schrift gab Veranlassung, daß der Hochselige zum Mitgliede jener Gesellschaft

ſchien in drei Oktavbändchen mit vielen Noten und Bemerkungen
in den Jahren 1826 bis 1828. Die gedruckten Quellen wurden
dabei ſehr fleißig benützt, allein die reichen und wichtigen Urkun-
denſchäße des im Sturme der franzöſiſchen Revolution zerriſſenen
Hochſtiftes ſtanden dem Verfaſſer nicht zu Gebote. Auch jene des hieſigen
ſtädtiſchen Archives wußte er ſich nicht zugänglich zu machen. Daher
läßt das Werk, ungeachtet ſeiner meiſterhaften Schilderungen, in
hiſtoriſcher Beziehung noch Manches zu wünſchen übrig. Eine leichtere
Arbeit war es für unſeren Schriftſteller, aus dieſem Werke ein
hiſtoriſches Feſtprogramm zu des Kaiſerdomes achtem Säculartage
ſammt einer Geſchichts=Predigt auf dieſe Feſtlichkeit, welche am ſechſten
Sonntage nach Pfingſten im Jahre 1830 gefeiert wurde, zu entwerfen. Mehr Mühe und Zeit erforderte die hiſtoriſche Abhandlung: „Der Kirchenſprengel des alten Bisthums Speyer", welche
dem Diöceſanſchematismus vom Jahre 1832 beigedruckt iſt, aber
auch in beſonderen Abzügen ausgegeben wurde. Um hiezu ein
ausführlicheres Material zu ſammeln, reiſte der Verfaſſer auf Koſten
der Diöceſanverwaltung nach Karlsruhe, um hier die reichen Ur-
kunden=Schäße des ehemaligen Speyerer Domcapitels im dortigen
Generallandesarchive zu benützen. [43]) Allein bei der Spannung
und dem Mißtrauen, welches damals zwiſchen den Höfen zu München
und Karlsruhe wegen des Sponheimer Entſchädigungsſtreites ob-
waltete, verſagte der Miniſter v. Winter die bezügliche Erlaubniß
und daher mußte ſich Geiſſel auch bei dieſer Arbeit auf die hierüber im Drucke erſchienenen Quellen bei Würdtwein und Kremer
beſchränken. [44]) Bald nachher übernahm unſer Schriftſteller, als

---

ernannt wurde. — [43]) Bereits am 18. Auguſt 1828 ſtellte das biſchöfliche
Ordinariat an die Kreisregierung das Geſuch, dem Domcapitular Geiſſel 100 fl.
aus der Regiecaſſe zu bewilligen, damit er in den Archiven zu Bruchſal und
Karlsruhe Notizen über die ehemaligen Verhältniſſe des Speyerer Kirchenſprengels ſammle. Prot. ordin. de eadem die. §. 19. — [44]) In einem
Schreiben vom 8. April 1832, womit der Hochſelige dem Regierungspräſi-
denten v. Stichaner ein Exemplar zuſtellte, erklärte er ſich hierüber alſo: „Die
ſchwäbiſchen und rheiniſchen Gauen, welche ehemals dem über den Kaiſergräbern
im Dome zu Speyer errichteten, alten Biſchofsſtuhle in geiſtlicher Beziehung
unterworfen waren, haben in den letzten vierzig Jahren ſo viele Veränderungen
erlitten, daß mit dem Untergang des alten Bisthums, zugleich auch ihre Geſtalt und Begrenzung ſogar bis zum Namen derſelben verſchwunden iſt. Das
jetzige Bisthum Speyer, welches mit der Rückkehr der Rheinlande an das
angeſtammte verehrte Königshaus zugleich wieder aus ſeiner Zertrümmerung
erſtand, begreift in ſeiner gegenwärtigen neuen Geſtalt ſo viele andere, neu
hinzugekommene Diſtricte, daß nur Wenige mehr über den ehemaligen Zuſtand

Mitglied des durch Verfügung Seiner Majestät des Königs Ludwig vom 29. Mai 1827 auch im Rheinkreise in's Leben gerufenen historischen Vereines, eine andere schwierigere Arbeit, nämlich die historische Monographie: „Die Schlacht von Hasenbühl und das Königskreuz bei Göllheim." Auf der Walstatt bei Göllheim, wo nämlich am 2. Juli 1298 der König Adolph von Nassau im Kampfe mit seinem Gegner, Albrecht von Oesterreich, Krone und Leben verloren hatte, ward schon in früherer Zeit ein Denkmal dieses Ereignisses, ein fester Mauerwürfel mit einem halberhabenen Cruzifix in Stein sammt kurzer Inschrift errichtet. Im Jahre 1611 ließ dieses halbverfallene Denkmal Graf Ludwig von Nassau, Besitzer der Herrschaft Kirchheimbolanden, erneuern. Gleiches geschah im Jahre 1828 durch einen Beitrag des Königs Ludwig von Bayern und der Stadtkasse von Göllheim. Allein bald drohete dem altehrwürdigen Denkmale neue Gefahr. Es sollten nämlich im Jahre 1833 auf dem dicht daneben liegenden Grundstücke Wohngebäude errichtet werden, wodurch dem Denkmale der freie Anblick nicht nur entzogen werden konnte, sondern ihm auch Beschädigungen bevorstanden.; — Um nun diese Grundstücke anzukaufen und das Denkmal selbst in würdiger und dauerhafter Weise herzurichten, wozu der Herzog Wilhelm von Nassau und der König Ludwig Beiträge gewährten, beschloß der historische Verein, dem die Sorgfalt für das heimathliche Denkmal besonders übertragen war, die noch fehlende Summe durch die Herausgabe jener Schrift aufzubringen, welches

---

und Umfang der alten Diöcese fragmentarische und unsichere Notizen zu geben wissen. — In dieser Berücksichtigung glaube ich es nicht ganz uninteressant, ein treues und vollständiges Bild des alten Speyerer Kirchensprengels zu entwerfen. ... Als Mitglied des rheinbayerischen, historischen Vereins, welcher insbesondere durch den für die Geschichte des Vaterlandes so wohlthätigen Einfluß Eurer Hochgeboren in's Leben gerufen wurde, nehme ich mir die Freiheit, Hochselben ein Exemplar dieses unbedeutenden Werkchens mit der Bitte zu überreichen, dasselbe als den schwachen Ausdruck der tiefen Verehrung, von der ich gegen den Vater der historischen Kunst durchdrungen bin, genehm halten zu wollen. Ich glaube dasselbe, da es von einem Mitgliede jenes Vereins für historische Forschungen ausgeht, welcher vorzüglich durch die glückliche Einwirkung Eurer Hochgeboren entstand und sich erhält, eben als ein, obgleich geringes und anspruchloses Lebenszeichen dieses genannten Vereins zu Hochderselben Kenntniß bringen zu müssen". ꝛc. Am 8. Dez. 1831 hat Geissel das Manuscript dieser Abhandlung dem bischöflichen Ordinariate vorgelegt. Er erhielt für jeden Druckbogen 11 fl. aus der Regiecasse und die Erlaubniß, auf seine Kosten eine kleine Anzahl besonderer Abdrücke besorgen zu lassen.

Ziel auch glänzend erreicht wurde. [45]) Der Verfaſſer nahm die ihm
gewordene Aufgabe ſo ernſt, daß er ſeine erſte Darſtellung noch
einer zweiten Ueberarbeitung unterzog und dabei Nichts verſäumte,
ſeinen Helden in möglichſt großem Lichtglanze erſcheinen zu laſſen.
Die Schrift erſchien zu Anfang des Jahres 1836 und fand eine
ſehr günſtige Aufnahme. Der genannte Herzog von Naſſau fand
ſich hieburch bewogen, dem Verfaſſer auf deren Ueberſendung nicht
nur den vollkommenen Beifall auszuſprechen, ſondern ihm auch
zum Andenken einen werthvollen Ring zu überſenden. [46]) Der
hiſtoriſche Verein ermangelte nicht, über den guten Erfolg jener
Arbeit dem königlichen Staatsminiſterium unterm 8. Februar 1836
einen ausführlichen Bericht zu erſtatten. Sowohl das Staatsminiſterium, als wie auch die Akademie der Wiſſenſchaften zu
München, welcher die bezügliche Vermittelung übertragen war, verſäumte dagegen nicht, dem Vereine, wie dem Verfaſſer der fraglichen
Schrift, die ehrendſte Anerkennung auszuſprechen. [47])

Dieſe Schrift mit jener des „Kaiſer-Domes", gab auch die
nähere Veranlaſſung, daß der bereits zum Biſchof von Speyer ernannte Verfaſſer derſelben im Jahre 1837 von der königlichen
Akademie der Wiſſenſchaften zu München zu ihrem correſpondirenden
Mitgliede einſtimmig gewählt wurde. [48])

---

[45]) Sie erhielt durch Vermittelung der Regierung und ihrer Beamten im
Rheinkreiſe und Herzogthum Naſſau 5981 Subſcribenten. Der Preis war 18
Kreuzer. Die von dem hiſtoriſchen Vereine am 2. Juli 1834 veröffentlichte Sub-
ſcriptions-Anzeige war von folgenden Mitgliedern des Vereins unterzeichnet: Freiherr v. Stengel, Vorſtand. Butenſchön. Gayer. Schüelein. Umpfenbach. Geiſſel. —
[46]) Siehe Urkundenbuch. Nro. 1. — [47]) Dem hiſtoriſchen Vereine ward
auf Weiſung des Staatsminiſteriums des Innern vom 15. März 1836 eröffnet: „Wie dieſe Vorlage neuerlich bewährte, mit welchem wohlbemeſſenen
Eifer er ſeine verdienſtlichen Beſtrebungen verfolge und wie unter der abſon-
beren Mitwirkung, ſeines um die Forſchungen im Gebiete der dortigen Landes-
geſchichte ſchon mehrfach verdienten Mitgliedes, des Domcapitulars, geiſtlichen
Rathes und Kreisſcholarchen, J. Geiſſel, durch den Ertrag der von dieſem verfaßten, gehaltreichen Monographie zum Andenken des in der Schlacht bei Göllheim gefallenen Kaiſers Adolph von Naſſau, nunmehr die Mittel gewonnen
werden, um dem dieſem Ereigniß gewidmeten Denkmal der Vorzeit eine an-
gemeſſene Umgebung zu ſichern und daſſelbe durch einen entſprechenden Ueber-
bau vor Zerſtörung oder Unbild zu bewahren." — Die Akademie der Wiſſenſchaft erklärte in der bezüglichen Zuſchrift vom 22. deſſelben Monats: „Sie
mache ſich ein beſonderes Vergnügen daraus, ihrerſeits den Ausdruck der
vollen Anerkennung dieſes rühmlichen Strebens des hiſtoriſchen Vereins und
ſeines verdienſtvollen Mitgliedes, des Herrn Domcapitulars, geiſtlichen Rathes
und Kreisſcholarchen Geiſſel, beizufügen." — [48]) Als der Hochſelige am 6.

3

Zu den historischen Schriften des Hochseligen muß noch ferner gerechnet werden eine geschichtlich-rechtliche Erörterung, welche den Titel führt: „Die religiöse Erziehung der Kinder aus gemischten Ehen", die ohne Angabe des Verfassers im Märzheft des „Katholiken" vom Jahre 1837 erschien und auch in einem besondern Abdrucke ausgegeben wurde. Sie beleuchtet die vorwürfige Frage in den verschiedenen Zeitabschnitten der rheinpfälzischen Geschichte bis herab zu den jüngsten Bestimmungen der bayerischen Staatsverfassung. [48]) Diese Schrift war wohl auch die Veranlassung, daß ihr Verfasser eine kurze Geschichte der Reformation in der Pfalz entwarf, welche jedoch zu ihrem Abschlusse nicht gekommen, allein

---

Juli 1837 hiefür der Akademie seinen Dank ausgesprochen, erwiderte ihm unterm 9. des folgenden Monats deren Vorstand, Professor Dr. Schelling: ... „Nimmer aber hätte ich mich freiwillig des Vergnügens begeben, Ew. bischöflichen Gnaden das Diplom selbst zu übersenden und Ihnen dabei auszudrücken, wie freudig und einstimmig wir alle uns beeifert haben, unsern auswärtigen Mitgliedern den Namen des Mannes beizugesellen, dessen Monographie über Kaiser Adolph von Nassau und Geschichte des Domes von Speyer nicht bloß diejenigen unter uns, die sich mit Geschichte insbesondere beschäftigen, sondern auch sehr viele Andere mit sehr lebhafter Theilnahme und mit wahrem Danke gegen den Herrn Verfasser gelesen hatten." ꝛc. ꝛc. Im Jahre 1858 erhielt der Cardinal das Diplom eines ordentlichen auswärtigen Mitgliedes der genannten Academie. — Unterm 23. Dez. 1829 wurde Bischof Geissel auch als Ehrenmitglied des historischen Vereins für Unterfranken und Aschaffenburg, dessen Director damals Dr. K. G. Scharold war, aufgenommen. — „Meine Mitwirkung dabei — schrieb der Subrector einer Lateinschule in der Pfalz an den Bischof — ist jedoch ohne allen Belang, indem mein Schwager Scharold Ihre historischen Schriften als ein Muster ächt historischen Styles zu schätzen mir schon früher erklärte, und der historische Verein sich selbst dadurch ehrte, daß er Sie, gnädiger Herr, unter seine Mitglieder zu zählen das Recht erwarb." Auch Ehrenmitglied des gleichen Vereins für Schwaben war der Hochselige gewesen. — [49]) Auch einige polemische Aufsätze erschienen in der genannten Zeitschrift von unserm Verfasser. So im Jahre 1832 einer mit der Ueberschrift „Toleranz", welcher eine Protestation der Zweibrücker Professoren und deren Gehilfen gegen die Anstellung eines katholischen Lehrers an der dortigen Lateinschule scharf geißelte. Als die Zweibrücker Professoren — an der Spitze Professor Zimmermann — hierauf erwiderten, folgte im Mai 1832 „Nachtrag zur Toleranz." Beide Aufsätze wurden auch in besondern Abdrücken verbreitet. Der Aufsatz im „Katholiken" des folgenden Jahres mit der Ueberschrift: „Die Verhältnisse der katholischen Mädchenschule zn Speyer", veranlaßt durch einen Beschluß des Landrathes des Rheinkreises vom Jahre 1833 gegen das Fortbestehen, beziehungsweise Gehaltsbezüge dieser Schule, floß auch aus der Feder des Domcapitulars Geissel und wurde ebenfalls in besonderen Abdrücken ausgegeben.

auch als Bruchstück eines so wichtigen Geschichtsabschnittes sich zur Veröffentlichung sehr empfehlen dürfte. Dasselbe steht uns zu Gebote. Die geistreichsten und abgerundetsten Schriften, welche aus der gewandten Feder Geiffel's flossen, waren die vielen Mahnschreiben und Hirtenbriefe, welche er schon als Domcapitular zu Speyer unter dem Bischofe Johann Martin seit dem Jahre 1828 verfaßte und die er später als wirklicher Bischof zu Speyer, als Erzbischof und Cardinal zu Köln, bei den verschiedensten Veranlassungen bis zu seinem seligen Ende an die Gläubigen seiner Diöcese richtete. Ihre Anzahl ist so groß, daß sie hier nicht im Einzelnen können besprochen werden. Mehrere derselben werden jedoch im Verlaufe dieser Darstellung berührt werden müssen. [50])

---

[50]) Ein tüchtiger Recensent von Geiffel's „Schriften und Reden" spricht sich darüber also aus: „Man lernt in diesen Schriften und Reden zunächst den Meister in der Sprache bewundern, der an der Hand der großen Meister Griechenlands und Roms lernend und lehrend sich gebildet und jene Reinheit, Bestimmtheit und Eleganz sich angeeignet hat, die an diesen antiken Vorbildern uns so sehr ansprechen. Neben dieser Meisterschaft in der Sprache und zum Theile dieselbe bedingend, ist es die große poetische Begabung des Cardinals, was seinen Schriften und Reden etwas sehr Anziehendes und Erhebendes verleiht. Auch die einfachsten Sätze ungeschminkter, nackter Wahrheit, erlangen unter seiner Hand eine so freundliche Gestaltung und treten in einem solchen Prachtgewande an uns heran, daß wir staunen müssen, wie das schon oft Gesagte und oft Gehörte sich uns hier ganz anders als sonst darbietet" . . . . . „So groß aber auch immer die Freude ist, mit welcher der Katholik diese Vorzüge anerkennt und so hoch er auch eine classische Bildung und poetische Begabung an einem Kirchenfürsten schätzen mag: so könnte ihn dieß doch nicht befriedigen, wenn nicht in der schönen Form den apostolischen Geist, in der hinreißenden Beredtsamkeit das Wesen und Walten des Geistes kindlicher Frömmigkeit, die Kraft des lebendigen Glaubens und himmlischer Weisheit, den festen unerschütterlichen Charakter eines Apostels herauszufinden wäre. Diese Eigenschaften der Schriften und Reden des seligen Cardinals sind es, was wir als den Kern derselben bezeichnen; sie sind es, welche diesen geflügelten Worten, jedem christlichen Gemüthe verständlich, eine Weihe und Kraft verleihen, die auf jedes empfängliche Christenherz einen mächtigen, segenvollen Eindruck machen müssen. — Dieser Mann, so mächtig in Worten, so begeisternd in seinen Gesängen, ist eine kindlich gläubige Seele, erfüllt mit der innigsten Ehrfurcht vor Allem, was in der katholischen Kirche nicht bloß als Glaubenssatz, sondern auch als fromme Uebung zu Rechten besteht". Dr. Magnus Jocham, Professor zu Freising. Siehe „Theologisches Literaturblatt in Bonn. Jahrg. 1859. S. 346 u. ff. Wohl ist es derselbe Professor, welcher die kurze Lebensbeschreibung des hochseligen Cardinals verfaßt hat, welche sich in dem Sulzbacher Kalender für das Jahr 1873 S. 118 befindet. Das beigegebene Brustbild des Hochseligen in Holzschnitt ist sehr verunglückt.

So sind auch eine Reihe der von ihm gehaltenen Predigten im Drucke erschienen, die wir nicht unerwähnt lassen dürfen [51])

§. 6. Ernennung als Bischof und Weihe.

Auf dem bisher näher bezeichneten Lebenspfade hatte die göttliche Vorsehung den Mann, welchen sie sich für wichtige Zwecke ausersehen, unter dem Ein- und Zusammenwirken mannigfacher Mittel und Umstände, sich zur Leuchte zubereitet, welche von himm=lischer Gnade entflammt und genährt, fortan in der Kirche hoch=gestellt zu leuchten und zu leiten die Bestimmung hatte. Die Zeit hiefür war mit dem Jahre 1836 gekommen.

Wir haben bereits in dem Lebensumrisse des hochseligen Bischofs Richarz vernommen, in welcher Weise dieser die Ernen=nung seines Amtsnachfolgers zu Speyer vom 20. September 1836, dem bischöflichen Domcapitel am 29. desselben Monats eröffnet hat und mit welcher Ueberraschung dieselbe vernommen wurde [52]) Richarz hatte diese Ernennung bei Seiner Majestät dem Könige befürwortet und dieser trug, über die ausgezeichneten Eigenschaften und das bisherige pflichttreue Wirken Geissel's für Kirche und Staat, schon gelegentlich dessen Beförderung zum Dombechanten mehrseitig belehrt, kein Bedenken, dieser Empfehlung zu entsprechen.

---

[51]) Dazu gehören: 1. „Worte bei der feierlichen Trauung des Herrn Wilh. Hein. Lichtenberger und der Fräulein Franz. Victoria Wacker, gesprochen in der hohen Domkirche zu Speyer am 25. Aug. 1836. 2. Die Ehe in Christo und in der Kirche, gesprochen am 30. Mai 1836, bei der Trauung des k. b. Postmeisters, Hrn. Christian Siry mit Fräulein Eva Mar. Syb. Bender. 3. Festrede bei der fünfzigjährigen bischöflichen Jubelfeier des Bischofs von Münster, Caspar Max von Droste zu Vischering, gehalten im Dom zu Münster am 5. Sept. 1844. 4. Festpredigt zur feierlichen Wiedereröffnung des Kaiser=domes zu Speyer am 15. Nov. 1853. 5. Rede des Hrn. Cardinal - Erz=bischofes v. Geissel bei Entgegennahme des Cardinalshutes, gehalten zu Rom am 24. April 1857. ꝛc. ꝛc. — [52]) Siehe Neuere Geschichte der Bischöfe zu Speyer. S. 551. Die Ernennungs - Urkunde siehe Urkundenbuch Nr. 2. In einem Brief des Herrn Geissel an seinen Freund, den Bischof Richarz von Augsburg vom 4. März 1837 schrieb jener: . . . . „Außer der wohlthuenden Ueberzeugung, wie viel wir Euren bischöflichen Gnaden für die Wegräumung so mancher gegen uns bestehenden Vorurtheile schuldig sehen, sind wir auch noch mit dem ewigen Dankgefühle verpflichtet, weil endlich die so lange ver=lassenen Stiefkinder des Speyerer Capitels den anderen, gewiß nicht treueren und loyaleren Söhnen unseres allergnädigsten Königs an den andern Dom=stiftern — bezüglich des Gehaltes — auf die hohe kräftige Fürsprache Eurer bischöflichen Gnaden gleich gestellt werden.“

Größeres Bedenken und inneren Kampf verursachte es dem Ernannten, sich zur Annahme des oberhirtlichen Stabes in seiner Mutterdiöcese zu entschließen. Legte ihm doch diese hohe Würde eine so schwere Bürde auf, daß er bei seiner bisher gewohnten Lebensweise vor derselben mit doppelter Aengstlichkeit zurückbeben durfte. Sein Freund Dr. Weis und sein Hausarzt, Dr. Geil mußten daher, im Vereine mit dem Bischofe Richarz, ihre ganze Beredtsamkeit aufbieten, um jene Bedenken zu lösen und zu entkräften, welche der mit seiner Stellung sehr zufriedene Domdechant dem an ihn ergangenen Rufe entgegen zu stellen wußte. Nur die Eröffnung, daß wenn er den ihm dargebotenen Hirtenstab ablehnen würde, derselbe der zitternden Hand eines mit den Verhältnissen und Bedürfnissen der Diöcese Speyer gänzlich unbekannten Greises dürfte anvertraut werden, bewog endlich unseren Domdechanten aus Liebe zu Gott und zum Wohl der heimathlichen Diöcese, seinen Willen zu beugen und dem Winke der Vorsehung mit Ergebung zu folgen.

So unerwartet diese Erhebung Geissel's in Speyer selbst war, so große Ueberraschung brachte ihre Kunde in alle Theile der Diöcese. Sie wurde jedoch nicht nur von der Geistlichkeit, sondern auch von der Mehrzahl der Bewohner des Rheinkreises freudig begrüßt. Man wußte es wohl zu würdigen, daß ein Geistlicher im kräftigsten Mannesalter, welcher in der Diöcese geboren und von Jugend auf mit dem Charakter, den Sitten und Bestrebungen der Bevölkerung bekannt war, der in seinem bisherigen Wirkungskreise die verschiedenen Verhältnisse, Wünsche und Bedürfnisse genau beobachtet und gründlich kennen gelernt, der in den mancherlei Obliegenheiten seines Berufes eine umsichtige, menschenfreundliche, ehrenvolle Thätigkeit erwiesen hatte, zum Oberhirten durch das wohlwollende Vertrauen des Königs ersehen ward. [63])

---

[63]) Ein Geistlicher der Diöcese, welcher später unserm Bischofe wegen abgenöthigter oberhirtlicher Pflichterfüllung sehr gram wurde — Pfarrer Tafel — hatte demselben bereits unterm 2. Nov. 1836 geschrieben: „Als ich die Kunde von Ihrer Erhebung auf den bischöflichen Stuhl von Speyer erhielt, war mein Herz voll Freude ohne Nebenabsicht und ohne Nebenrücksicht. Es drängte mich, unter den vielen Glückwünschenden Ihnen meine Herzensfreude auszusprechen und Ihnen zugleich die Versicherung zu geben, daß, so weit meine Bekanntschaft geht, die Freude unter der Pfarrgeistlichkeit allgemein sei, daß Vertrauen und Liebe Sie auf den bischöflichen Stuhl begleiten. . . . Sie werden die Bezeugung meiner Freude über Ihre Erhebung für eine aufrichtige halten; Sie werden es ferner als eine Wahrheit betrachten, daß alle

Die päpstliche Präconisation des neuernannten Speyerer Bischofs verzögerte sich. Der Grund dieser Verzögerung lag darin,
daß der Informationsprozeß erst einige Tage nach Abhaltung des
gegen Ende des Jahres 1836 stattgehabten Consistoriums in Rom
eingetroffen war und im folgenden Jahre erst nach Pfingsten wieder
ein Consistorium erfolgte. In diesem, am 20. Mai, ward vom
Papste Gregor XVI. die Bestätigung feierlich ausgesprochen und
sofort beurkundet. Der Bestätigte erhielt alsbald aus Rom von
dem k. b. Gesandtschafts-Rathe, Ritter v. Mehlem, die bezügliche
Nachricht, allein die wirkliche Uebersendung der betreffenden Urkunden ließ abermals einige Monate auf sich warten. Erst am
4. August erhielt der neue Prälat zu Speyer die Zuschrift, daß
die bezüglichen Bullen in München angekommen seyen und sohin
seiner Weihe, welche gemäß freundlicher Einladung und Verab-
redung mit seinem Amtsvorfahrer in der Kathedrale zu Augsburg
stattfinden sollte, nichts mehr im Wege stehe. [55]) Zwei Tage später
eröffnete das königliche Staatsministerium des Innern der Regierung des Rheinkreises ein Gleiches mit dem Bemerken, daß dem
Amtsantritte des Bischofs, nach erfolgter Consecration und in
die Hände Seiner königlichen Majestät geleistetem Eide, kein Hinderniß im Wege stehe. Bei Mittheilung dieser höchsten Entschließung erklärte der Regierungspräsident v. Stengel: „Nichts
konnte der Diöcese erwünschter seyn, als die Ernennung eines hoch-
geehrten Oberhirten, dem die katholische Kirche dieses Kreises schon
so viele Leistungen zu verdanken hat. Immer wird es uns erwünscht seyn, den hochverehrten Herrn Bischof, so weit es in unserem
Wirkungskreise gelegen ist, in seinem wichtigen Beruf zu unterstützen". 2c. 2c.

Am 7. August reiste der Hochselige mit seinem treuen
Freunde, dem Domcapitular Dr. Weis, von Speyer ab, da seine
oberhirtliche Weihe auf den 13. desselben Monats, den dreizehnten

Pfarrgeistlichen, so weit ich mit ihnen umgehe, diese Freude theilen. Sie haben
das Herz Ihres Klerus. — Gott gebe Ihnen Kraft, Muth, Unverdrossenheit,
die schwere Bürde des Amtes zu tragen". 2c. 2c. — [54]) „Katholik", Jahrg.
1837. Septemberheft. Beil. S. CVI. Das Zeugniß, welches Bischof Richarz
für seinen Amtsnachfolger behufs dessen Präconisation ausgestellt hat, siehe U r-
kundenbuch Nr. 3. — [55]) Am 22. Aug. 1837 zahlte der Bischof an den
Münchener Wechsler Jakob v. Hirsch die römischen Taxen und Kosten im Betrage von 2,330 fl. 24 kr. Schon am 6. Dez. 1836 hatte derselbe für die
Kosten des Informations-Prozesses dem Nuntius zu München 550 fl. angewiesen.

Sonntag nach Pfingsten, in der Kathedrale zu Augsburg bestimmt
war. Eine gleichzeitige öffentliche Nachricht meldet hievon: „Die
besondere Freundschaft, in welcher Herr Geissel mit seinem Amtsvorfahrer stand, bestimmte diesen Ort der Weihe. Hierzu hatte
sich der hochwürdigste Erzbischof von Bamberg, Joseph Maria von
Fraunberg, welcher vor sechzehn Jahren in derselben Kathedrale
als damaliger Bischof von Augsburg die bischöfliche Weihe empfangen
hatte, von München, wo er sich eben jetzt als Reichsrath aufhielt,
eingefunden. Morgens acht Uhr verfügte sich das Domcapitel mit
der gesammten, bei der Weihe dienenden Geistlichkeit, in die bischöfliche Wohnung, um den hochwürdigsten Prälaten im feierlichen
Zuge in die festlich geschmückte Kathedrale zu begleiten. Die Freunde
des Neuzuweihenden, der Speyerer Domcapitular Weis, der Eichstätter Domcapitular Friedrich Thinnes und der Abgeordnete der
katholischen Geistlichkeit des Rheinkreises, Pfarrer Weiß von Eben-
koben, waren beim Zuge. Nach verrichtetem Gebete vor dem Allerheiligsten am Pfarraltare, bewegte sich derselbe zum Hochaltare, wo
die heilige Weihe von dem genannten Erzbischofe, unter Beihilfe
des Bischofes von Augsburg und des dortigen Benediktiner-Abtes
von St. Stephan, Barnabas Huber, nach Vorschrift der Kirche
vollzogen wurde. Am Schlusse der heiligen Handlung drückte der
neugeweihte Oberhirte aus tief bewegtem Herzen dem hochwürdigsten Erzbischofe für die ihm ertheilte Salbung den innigsten
Dank aus. Er bemerkte dabei, wie hoch und bedeutungsvoll die
Ceremonien der katholischen Kirche bei der Weihe eines Bischofes
seyen und welch mächtigen Trost es gewähre, daß mit den äußeren
Zeichen bei dieser heiligen Handlung die göttliche Gnadenwirkung
verbunden sei. Im lebendigsten Vertrauen auf die Gaben des
heiligen Geistes, welche ihm durch die Auflegung der bischöflichen
Hände zu Theil geworden seyen, trete er nun sein schweres Ober-
hirtenamt mit dem heiligsten Entschlusse an, die großen Pflichten
desselben jederzeit streng und gewissenhaft zu erfüllen, um wenigstens
einen Theil jener allgemeinen Liebe, und jenes innigen Zutrauens
sich zu erwerben, welches sein würdiger Herr Vorgänger, durch sein
ausgebildetes, segenvolles Wirken sich im ausgezeichneten Grade eigen
gemacht habe. Dabei bat er Seine erzbischöfliche Excellenz, ihm
forthin ein väterlicher Freund und gnädiger Metropolit zu bleiben
und ihn in Erfüllung seiner hochwichtigen Berufspflichten möglichst
zu unterstützen. Der Erzbischof erwiderte diese Anrede in herzlich
väterlichen Worten, worin unter Hinweisung auf die Gnade von

Oben und den der Kirche verheißenen Beistand eine gedeihliche Führung des hochwichtigen Amtes in sichere Aussicht gestellt würde. Auch der Bischof von Augsburg sprach voll sichtbarer Rührung: „Wenn in dem altehrwürdigen Kaiserdome zu Speyer am heutigen Tage aus tausend Herzen Segenswünsche und Gebete zum Himmel steigen, so schlage auch in diesen heiligen Hallen ein Herz, welches, mit Ausnahme der glücklichen Mutter des Neugeweihten, die dort für ihn bete, an warmer Theilnahme, an Innigkeit der Wünsche wohl von keinem übertroffen werde". ꝛc. Indem hierauf Bischof Richarz die wesentlichen Dienste und treue Unterstützung, denen er sich während seiner bischöflichen Amtsführung in Speyer von seinem nunmehrigen Amtsbruder und Nachfolger stets zu erfreuen hatte, rühmlichst erwähnt und ihn seines tiefgefühltesten Dankes hiefür versichert hatte, wiederholte er die herzlichsten Wünsche zu einer langen und gesegneten Wirksamkeit im oberhirtlichen Amte der ihm unvergeßlichen Diöcese Speyer. An diese Aeußerungen schlossen sich endlich auch die lebhaftesten Wünsche des ehrwürdigen Abtes von St. Stephan an und nach gegenseitigen Umarmungen ging sodann der feierliche Zug durch die dichtgedrängten Reihen des Volkes in die bischöfliche Wohnung zurück". [56])

§. 7. Eidleistung zu München und Aufzug in Speyer.

Von Augsburg reiste der Speyerer Oberhirte nach München, wo am 18. August die Eidesleistung vor Seiner königlichen Majestät unter der üblichen Feierlichkeit in dem königlichen Schlosse daselbst Statt hatte. Die Ansprache, welche der Hochselige dabei hielt, lautete also: „Allerdurchlauchtigster, Allergnädigster König und Herr! Eure königliche Majestät haben allergnädigst geruht, mich zum Bischofe von Speyer zu ernennen und nachdem ich am verflossenen Sonntage in der Domkirche zu Augsburg durch den Herrn Erzbischof

---

[56]) „Katholik" 1837. Septemberheft. Beil. S. CIV. — Bischof Richarz blieb bis zu seinem Lebensende dem hochseligen Bischof zu Speyer und Erzbischofe zu Köln ein vertrauter und theilnehmender Freund, wie aus dem Briefwechsel, den Beide miteinander in größter Offenheit und Herzlichkeit führten, sattsam erhellet. Als sie später die schwere Last des hohen Amtes drückend fühlten, da schrieb Richarz am 4. Januar 1844 an seinen hochverehrten Freund begütigend nach Köln: „. . . . Aber Recht haben Sie vollkommen. Unsere besten Tage hatten wir in Speyer; und unbedenklich wollte ich Domdechant seyn und Ihnen den dortigen Bischofsstuhl gern überlassen, wenn wir, diesen Wechsel ausgenommen, Alles wieder in den Stand von 1836 setzen könnten. Frustra, sed levis fit patientia, quidquid corrigere est nefas". ꝛc. ꝛc.

von Bamberg, unter Assistenz meines verehrten Vorgängers, des
Herrn Bischofes Richarz, die bischöfliche Consecration erhalten habe,
bin ich zu den Füßen des Thrones geeilt, um den Huldigungseid
in die königlichen Hände abzulegen. Da nun mit diesem soeben
feierlich ausgesprochenen Eide mein neuer Wirkungskreis beginnt,
so ist es meine erste und heiligste Pflicht, vor Allem Eurer königlichen Majestät für das in mich so huldvoll gesetzte Vertrauen
meinen tiefgefühlten, alleruntertänigsten Dank darzubringen und
damit zugleich das Gelöbniß zu verbinden, daß ich von nun an
mich bestreben werde, dem Vertrauen und den wohlwollenden Absichten meines allergnädigsten Königs, nach allen mir von Gott
verliehenen geringen Kräften, zu entsprechen. Eure königliche Majestät
haben durch den Ruf zum Episcopate eine schwere Last auf meine
Schultern geladen; aber ich habe den Huldigungseid mit voller
und freudiger Ueberzeugung geschworen. Denn wenn ich mir auch
nicht verhehlen darf, wie schwierig in unsern Tagen, und namentlich
im Rheinkreise das Amt eines Bischofes sei, so bin ich mir dagegen
auch innig bewußt, daß die Diöcese Speyer der guten und erfreulichen Elemente eine reiche Menge darbiete, um einem Bischofe,
welcher mit der rechten Erkenntniß dessen was Noth thut, auch
den entschiedenen und kräftigen Willen zu dem verbindet, was, als
nothwendig und heilsam erkannt, lebendig und fruchtbringend werden
soll, ein eben so günstiges als erfolgreiches Feld zu eröffnen. Als
Eingeborner des Rheinkreises habe ich die religiöse Bildungsgeschichte
der Diöcese Speyer miterlebt und seit einer Reihe von Jahren bin
ich nicht nur der bewährte Zeuge ihres Aufblühens gewesen, sondern
ich habe auch die Ehre gehabt, in meinen verschiedenen Berufs-
stellungen als Mitglied des Domcapitels, als königlicher Kreisscholarch, ein thätiger Mitarbeiter an den wohlthätigen Umgestaltungen zu seyn, welche Eure königliche Majestät in jener Diöcese
in Bezug auf Kirche und Schule geschaffen haben. Ich glaube
mich berufen, in diesem für mich, wie für die ganze Diöcese Speyer
so feierlichen Momente als ihr Organ den freudigsten Dank für
die ihr zugewendete allerhöchste Obsorge vor dem königlichen Throne
aussprechen zu dürfen, weil ich weiß, in welchem Zustande diese
Diöcese ehemals war und in welchem sie jetzt ist. Wo ehemals
in dem engen und dürftigen Zimmer einer kleinen und finstern
Hütte die Jugend in Städten und Dörfern nur mit Widerwillen
sich zusammen fand, da sammeln sich nun die Kleinen mit frohem
Eifer in dem hellen und gesunden Locale der zweckmäßig einge-

richteten Schulhäuser unter einem tüchtigen, gründlich gebildeten
Lehrer, um in Liebe und Ernst sich die für ihren künftigen Beruf
nöthigen, gemeinnützigen Kenntnisse zu gewinnen. Die Kirchen,
welche ehemals in Folge einer gewaltsamen Umwälzung verlassen
standen, im Drange großer Kriegsereignisse zu andern Zwecken ver=
wendet, oder im Sturme einer den Thron und den Altar erschüt=
ternden Bewegung dem Erdboden gleich gemacht wurden, sind jetzt
wieder Gotteshäuser geworden, in welchen das gläubige Volk wieder
den Allmächtigen verehrt, wieder für seinen König betet; und an
der Stelle der niedergeworfenen Kirchen haben sich namentlich in
den letzten Jahren an mehreren Orten neue Gotteshäuser erhoben
und bieten in ihrem bescheidenen aber würdigen Schmucke und in
dem zahlreichen Besuche der zu ihr gehörigen Pfarrgenossen eine
um so erfreulichere Erscheinung, indem sie ebenso die redenden
Zeugen des wachsenden Wohlstandes der Gemeinde sind, als sie
zugleich den wieder erwachenden und gesteigerten religiösen Sinn
beurkunden. Die Geistlichen, welche ehemals ihr Wirken unbeachtet
und sich selbst und ihr Loos unberücksichtiget sahen, widmen sich
nun wieder mit erneuertem Eifer den Pflichten ihres Berufes in
Kirchen und Schulen, weil sie wissen, daß das Auge eines für ge=
biegene Volksbildung und ächte Religiösität väterlich besorgten Königs
auf ihrem Wirken ruht und daß ihr Loos durch die königliche
Großmuth die geeignete Verbesserung fand. Die Religion, deren
Stimme ehemals unter dem Geschrei eines mißleiteten, irrreligiösen
Geschlechtes verstummt war und an deren Stelle eine alle gesell=
schaftliche Ordnung zerstörende Umwälzungs=Doctrin sich eingedrängt
hatte, ist nun wieder in die Gemüther zurückgekehrt und bildet nun
wieder das von Gott geschlungene Band zwischen König und Volk
und in diesem Bande die Grundlage der menschlichen Gesellschaft.
— So war es ehemals — und so ist es jetzt! Vieles ist anders
— Vieles besser geworden. — Ich würde jedoch den religiösen
Zustand der Speyerer Diöcese nur einseitig bezeichnen, wenn ich
nicht auch zugleich der Mängel gedächte, welche sie noch in ihrem
Schooße trägt. Neben dem vielen Guten und Erfreulichen findet
sich auch hie und da Schlechtes und Verkehrtes und neben der ge=
deihlichen Frucht will auch das verderbliche Unkraut wuchern. Der
zermalmende Wagen der Revolution ist über das Speyerer Bisthum
weggegangen und seine Räder haben tiefe Spuren der Zerstörung
zurückgelassen. Aus jener wildbewegten Zeit, welche tausendjährige
Bande zerriß und alles Heilige unter die Füße trat, hat sich noch

hie und da der Geist der Selbstsucht und des Ungehorsams, der Geist der Mißachtung der Obrigkeit und der Gesetze, der Geist des Unglaubens und der Irreligiösität erhalten. Diesem frivolen Geiste, dem verderblichen Erbtheile eines perversen Geschlechtes entgegen zu treten, ist nun meine Pflicht geworden und es ist mir die doppelte Aufgabe gestellt, auf der einen Seite das Schlechte und Verkehrte zu bekämpfen, wo immer es sich vorfindet, und auf der anderen Seite das Gute und Erfreuliche — und dessen bewahrt das Speyerer Bisthum, Gottlob! noch eine reiche Menge — zu pflegen und zu befördern. — Diese Doppelaufgabe hat mein verehrter Vorgänger mit Ernst und durchgreifender Energie erfaßt und verfolgt und nachdem er, nach einem kurzen aber segensreichen Wirken durch das Vertrauen Eurer königlichen Majestät zu einem ausgedehnteren Wirkungskreise abgerufen, den Hirtenstab in meine Hand übergab, ist es nun meine Aufgabe, das bis jetzt mit so sichtbarem Erfolge Begonnene weiter zu führen. Mir liegt es nun ob in Schule, — mir liegt es ob in Kirche, — mir liegt es ob im Leben überall. Ich kenne die Aufgabe, die mir gestellt ist, ich kenne das Feld, das ich zu bebauen berufen bin und ich fühle in mir den entschiedenen kräftigen Willen". ꝛc. ꝛc. Diese Ansprache und feierliche Erklärung verfehlte nicht, dem König und seiner Umgebung hohe Achtung für den neuberufenen Oberhirten einzuflößen. Derselbe weilte noch mehrere Tage in der königlichen Residenzstadt, um die verschiedenen Anliegen für seine Diöcese näher zu besprechen und möglichst zu fördern.

Von München reiste der Bischof wieder nach Augsburg, um von dort am 26. August in seine Diöcese zurückzukehren. Am 28. desselben betrat er bei Germersheim wieder das linke Rheinufer und ward sogleich von Abgeordneten des Domcapitels und einem Ausschusse der Speyerer Bürgerschaft empfangen. Eine andere zahlreiche Abtheilung von Bürgern der Kreishauptstadt hatte denselben in dem zwischen Germersheim und Speyer gelegenen Dorfe Lingenfeld erwartet, wo im Namen Aller der königliche Cantonsarzt, Dr. Geil, den Langersehnten feierlich begrüßte, als den ehemaligen geliebten Professor am Gymnasium, der so vielen Antheil an der religiösen und wissenschaftlichen Jugendbildung genommen, als den gelehrten und tiefforschenden Geschichtsschreiber des Speyerer Domes und des Rheinkreises, als den durch die vielseitigste Wirksamkeit im ganzen Lande hochverehrten Kreisscholarchen und endlich als den nun in seine Diöcese eintretenden neuen Oberhirten, dem alle Herzen freudig entgegenschlagen. Nach dreimaligem Lebehoch ward dann unter Glockengeläute und Böllerschüssen der feierliche Zug in zwanzig Wagen und unter Begleitung von Reitern nach dem bischöflichen Sitze Speyer eröffnet und so der neue Oberhirte bis in seine Wohnung begleitet. Dieser feierliche Empfang war um so erfreulicher, als nicht nur Katholiken, sondern eine große Anzahl protestantischer Religionsgenossen denselben durch ihre freundliche Theilnahme erhöhten. [57])

§. 8. Bischöfliche Inthronisation.

Ueber die Festlichkeit der Besitznahme des Hochseligen vom bischöflichen Stuhle im ehrwürdigen Kaiserdome erschien alsbald in einem Speyerer Tagblatte die kurze Schilderung, welche hier mit wenigen Abrundungen und Beigaben ihre Stelle findet: Diesen Morgen — Mittwoch den 30. August 1837 — um Dreiviertel auf neun Uhr — rief das herrliche Domgeläute die Geistlichkeit und das gläubige Volk zum Hauptaltare der Kathedrale, wo des Capitels Senior, Domcapitular Günther, das Hochamt sang. Nach Beendigung desselben ordneten sich die aus allen Gauen der Diöcese anwesenden Geistlichen zu einem schönen Zuge, welchen das Domcapitel schloß, nach der bischöflichen Wohnung, um aus der dortigen Kapelle den neuen Oberhirten feierlich in den Dom zu geleiten. Alle Gemüther wurden tief ergriffen, als der fast jedem Anwesenden wohlbekannte Bischof im hohenpriesterlichen Schmucke, die Menge segnend den weiten Domplatz überschritt. Unter freudigem Pauken- und Trompetenschalle, bei Absingung des Dankliedes: „Großer Gott! wir loben dich", bewegte sich der festliche Zug durch das Hauptschiff über den Königschor zum Hochaltare. Vor diesem wurden sofort die vorgeschriebenen Verse und Gebete gesungen. Hierauf bestieg der Oberhirte, von den Mitgliedern des Domcapitels geleitet, den bischöflichen Thron. Die päpstlichen Bullen wurden theilweise verlesen und der neue Oberhirte von dem bisherigen Capitularvicar, Domprobst Miltenberger, in einer kurzen lateinischen Anrede begrüßt, welche jener tief ergriffen, eben so schön als kräftig in lateinischer Sprache erwiderte. [58]) Die anwesenden Geistlichen,

---

[57]) „Katholik" Jahrg. 1837. September. Beil. S. CVII. — [58]) Miltenberger's Ansprache lautete: „Reverendissime domino episcope! Hæc est dies festiva, dies desiderata. Lætatur in ea diœcesis et venienti episcopo suo in nomine Christi pia brachia pandit. Lætatur hac die solenni cum reverendo clero diœcesano venerabile capitulum ecclesiæ ca-

über Hunderte an der Zahl, traten nun einzeln vor den Bischof, um ihm, wie den Mitgliedern des Domcapitels, durch Handkuß zu huldigen. Wie Manchen seiner früheren Mitschüler und späteren Schüler, wie viele Freunde und Bekannten sah hier der neue Oberhirte sich ehrfurchtsvoll nahen, was ihn und die Nahenden oft zu Thränen rührte.

Nachdem die Huldigung unter Absingung eines hiezu eigens verfaßten Liedes [59]) zu Ende war, wurde die kirchliche Feier, welcher die meisten Civil= und Militärautoritäten der Stadt beiwohnten,

---

thedralis, quia ex ejus gremio prodiit antistes multifarie commendatus, — commendatus notitia clara indigentiarum diœcesis, — commendatus dexteritate in tractandis negotiis, discretione amabili, charitate clericali. — Ne multa multis! — Accipe, reverendissime in Christo episcope! sincera tuorum omnia vota, devota ovium ad Deum suffragia! — Positus es a Spiritu sancto regere diœcesim tibi concreditam; esto juvante eodem Spiritu in regimine pastorali alter Joannes, et Baptista et Evangelista, ad instar illius piæ memoriæ venerabilis episcopi, sub cujus auspiciis quondam posuisti fundamenta vitæ clericalis! — Perfungar munere tuo apostolico, studio paterno in clerum tibi fideliter administrantem. — Multos in annos decoret te mitra et podum sacratum in hac per antiquitatem nobilitata sede. Et si in ultima tua episcopalis vigilia venerit dominus inveniat dispensatorem domus suæ vigilantem, bonum et fidelem." — [60]) Dessen Verfasser war der damalige Dechant Foliot zu Kaiserslautern. Es enthielt 20 Strophen, von denen hier einige folgen:

2. „Gefeiert ward im hohen Dome
　　Schon oft des Herrn Triumph und
　　　　　　　　　　Sieg;
　Und oft verschwand im Zeitenstrome
　　Der Schmuck der Braut — die Harfe
　　　　　　　schwieg.
　Es fiel in der Zerstörung Grimme
　　Das Kreuz, — die Hallen standen
　　　　　　　leer, —
　Es scholl des Heilverkünders Stimme,
　Es scholl der Preisgesang nicht mehr.

3. Doch Er, — der seine Kirche schirmet,
　Die auf dem Felsengrunde steht,
　Daß sie, wenn auch die Hölle stürmet,
　Im Sturme nimmer untergeht,
　Des Glaubens Schifflein ruhig lenket,
　Und seine Heerde treu bewacht
　Und dieser gute Hirten schenket, —
　Hat unser liebend stets gedacht.

4. Wie gnädig sah er auf uns nieder,
　Als er uns jenen Führer gab,
　Der milde der Gemeinde Glieder
　Mit seinem sanften Hirtenstab
　Im Glauben und in Lieb' vereinte!
　Doch ach! der Hirte ward zu bald
　Von uns getrennt! Die Heerde
　　　　　　　weinte, —
　Das Lied in Sion war verhallt.

5. Doch was der Heiland einst ver
　　　　　　　heißen,
　Es wanket nie, bleibt ewig wahr:
　Nie läßt er die zurück als Waisen,
　Die er sich durch sein Blut gebar.
　D'rum singet Lob dem Gotteslamme!
　Aus unsrer Mitte rief sein Wort
　Den Mann, — J o h a n n e s ist sein
　　　　　　　Name —
　Der uns soll werden Hirt und Hort.“

durch Ertheilung des bischöflichen Segens vom Hochaltare ge=
schlossen, während tausend gute Wünsche für das Wohl des neuen
Oberhirten und für Abhilfe mancherlei Bedürfnisse der Diöcese zum
Geber alles Guten empor stiegen. Das Domcapitel sammt den
übrigen Geistlichen geleiteten jetzt den Bischof in feierlichem Zuge
wieder in dessen Wohnung zurück. Auf eine eben so offene als
freundliche Weise äußerte sich hier der Oberhirte über seine und
seiner Untergebenen Pflichten, Wünsche und Erwartungen. Höchst
überraschend und freudig war die Scene, als auf einmal der Aelteste
der anwesenden Geistlichen, Dechant Schang von Pirmasens, geist=
licher Rath und Ritter des Ludwigsordens, 60) im Namen der
Diöcesangeistlichkeit, dem Bischofe als Angebinde der Freude, Liebe
und Verehrung ein massiv silbernes Cruzifix, einen silber=vergol=
deten Kelch sammt Meßkännchen und Teller aus gleichem Metalle,
mit passenden Inschriften versehen, überreichte. 61) Die sinnige
Gabe, aus der berühmten Werkstätte des Silberarbeiters Heinrich
Claus in Neustadt, ward mit warmem Danke aufgenommen. Durch
sie gab die gesammte Diöcesangeistlichkeit zu erkennen, wie sehr sie

---

60) Siehe dessen Lebensskizze im „Katholik" Jahrg. 1842. Dezember-
heft. S. 241. — 61) Die Inschrift auf dem Cruzifix nebst einem Kronostichon lautet:
Reverendissimo præsuli, Joanni Geissel,
primo ex nostris, clerus diœcesis Spirensis.
. . . .
QVos In eXternIs reVerenDe sIgnIs,
ObseqVens CLerVs pIetate VoVet,
TU sVos pVros, oVIVMqVe faVstos
RespICe sensVs!
Der Kelch hat eine Höhe von etwa vier Fäusten. Die Kuppe umspannt
ein silberner Kranz von Waizen-Aehren und Trauben. Der untere Theil der
Kuppe ist granelirt; drei Cherubim-Köpfe stützen dieselbe. Den Fuß des Kelches
zieren drei silberne ovale Blättchen, von denen das eine den, seine Apostel aus-
sendenden Heiland, das andere das heilige Abendmahl, das dritte Christus am
Kreuze, welches seine Mutter umfaßt, halb erhaben darstellt. Die Inschrift
auf dem Fuße des Kelches lautet: Clarissimo ac amatissimo pontifici suo,
Joanni Geissel, sacerdotes diœceseos Spirensis, anno salutis MDCCCXXXVII.
— Die zwei Meßkännchen haben eine edle, längliche Kannenform. Oberhalb
ihrer äußeren Mitte sind sie von einer Traubenguirlande umschlungen. Das
Wasser-Kännchen ist oben auf dem Deckel mit einer Wasserpflanze in Silber,
das Wein-Kännchen in gleicher Weise mit einer Traube verziert. Den ansehnlichen Teller schmückt rings um den oberen Rand eine Garnitur von Trauben
und Traubenlaub. Unterhalb derselben läuft die Inschrift: „Illustrissimo
antistiti suo, Joanni Geissel, presbyteri diœcesis Spirensis, die inthroni-
sationis ejus penultima Augusti MDCCCXXXVII. Diese Geschenke hat der
Hochselige letztwillig der Kirche zu Mußbach überlassen.

sich erfreut und geehrt fühlte, indem es Seiner Majestät dem Könige gefallen hat, die Einleitung zu treffen, daß nach der unerwarteten Abberufung des so geistvollen und willensstarken Bischofes Richarz, Einem aus ihrer Mitte der Hirtenstab des Speyerer Bisthums anvertraut werde.

Diese allgemeine Freude gab sich auch bei dem wohlbestellten Mittagsmahle kund, bei welchem sich der neue Bischof, die Mitglieder des Domcapitels und die anwesenden Geistlichen im Klericalseminar vereinten und an welchem auch der Vorstand der Kreisregierung, Freiherr von Stengel, Antheil nahm. Alle waren von dem gemeinsamen Wunsche erfüllt, daß die freudigen Erwartungen, zu welchen die schöne Feier des Tages berechtigte, Gottes Erbarmen verwirklichen möchte. [62])

§. 9. Erstes Hirtenschreiben.

Das Hirtenschreiben, welches der hochselige Bischof bei der feierlichen Besitznahme der Speyerer Kathedrale an die Gläubigen der Diöcese erlassen hat und welches theilweise bei dieser Festlichkeit von der Domkanzel verlesen wurde, ist nicht nur in rhetorischer Beziehung ein ausgezeichnetes Muster geistreicher Darstellung und blühender, edler Sprache, sondern auch getragen von lebendiger Glaubens-Fülle, ernster Belehrung und mächtiger Anregung zur priesterlichen Pflichttreue der Seelsorger und zum ächt christlichen Wandel der Gläubigen. Wir können nicht unterlassen hier wenigstens einige Stellen desselben einzufügen. Es beginnt mit der Schilderung der Speyerer Kathedrale und deren mannigfachen Erlebnisse also:

„Am Ufer des Rheines und fast von seinen Wellen befeuchtet, erhebt sich zur Ehre des dreieinigen Gottes und zum Lobe der allerseligsten Jungfrau und Gottesmutter Maria, ein weiter Tempel, dessen hohe Thürme mit dem Kreuze, dem Zeichen der Erlösung, bekrönt, weit umher gesehen werden in dem Lande, welches in ihm die ehrwürdige Mutter- und Domkirche des uralten Bisthums Speyer anerkennt. An dieser Kirche und an dem Kreuze mit ihren Zinnen sind viele Jahrhunderte und viele Menschengeschlechter vorübergegangen. In ferner Vorzeit auf den Trümmern eines heidnischen Tempels entstanden, so daß, wo vorher dem Wahne geopfert wor-

---

ben, fortan zu dem allein wahren Gotte, der durch seinen Sohn
die Welt erlöst, im Geiste und in der Wahrheit gebetet wurde —
später im Sturme einer großen Welt= und Völkererschütterung mit
dem Blute einer jungen, von wilden Schaaren erschlagenen Christen=
gemeinde getränkt, und von einem sich die Zuchtruthe Gottes nennenden
Könige dem Erdboden gleichgemacht, sodann aber von freigebigen
Fürsten, welche noch kaum zur christlichen Religion übergetreten
waren, wieder aus dem Schutte emporgehoben — wurde zuletzt
das alte Münster von mächtigen Kaisern mit prachtvollen Hallen,
Kuppeln und Chören neu erbaut und vergrößert und von seinen
frommen Begründern zugleich zu ihrer Grabstätte auserwählt, in
welcher sie zu den Füßen des Altares dem Tage der Auferstehung
entgegen harren wollten. Von da an war und blieb das Münster
zu Speyer in ganz Deutschland hochgehalten als ein wahrhaft könig=
licher Bau, als ein prachtvolles Kaisergrab und vor Allem als ein
würdiges Haus des Allerhöchsten, der im Tabernakel in sichtbarer
Hülle seine bleibende Wohnung genommen; und die Herrlichkeit
der Speyerer Domkirche wurde weit umher gerühmt in Rede und
Schrift und gefeiert in vielfachen Liedern."

"Und welche mannigfaltige Schicksale haben seit jenen Tagen
diese ehrwürdige Kirche getroffen, welche Gefahren hat sie über=
standen im Laufe der Alles zerstörenden Zeit. Bald sah sie in
verderblichen Kriegen ihre Pforten von räuberischen Schaaren er=
brochen, und ihren Schmuck, ihre geweihten Gefäße und ihre sonstigen,
dem Gottesdienste gewidmeten Heiligthümer gewaltsam davongetragen;
dann sah sie ihre Grundmauern von den überschlagenden Fluten
des überschwemmenden Rheines unterwühlt und bedroht, in unab=
wendbarem Einsturze in seinem Schooße begraben zu werden. Vier=
mal sah sie das Feuer, durch Zufall oder durch die frevelnde Hand
des Feindes hineingetragen, in ihren Hallen und Chören wüthen,
und Gewölbe und Kuppeln zerstören; und in jener Zeit, als man
die Gotteshäuser in Tempel der Vernunft umwandelte und die
Religion des Kreuzes von der Erde zu vertilgen meinte, sah sie
ihren Hochaltar in Stücke zerschlagen und ihre Heiligenbilder den
Flammen übergeben, bis sie zuletzt in unseren Tagen durch die
Großmuth eines väterlichen Königs aus tiefem Verfalle wieder her=
gestellt, ihrer alten Bestimmung zurückgegeben, auf's Neue empor=
blüht."

"Und wie an sich selber, so sah auch die Domkirche den
Wandel der Zeit in dem Lande ringsum, das ihre Zinnen be=

herrschen, vorübergehen. Von welchen großen, oft weltgeschichtlichen
Ereignissen, von welchen Veränderungen und Umwälzungen könnten
ihre ergrauten Thürme und Kuppeln Zeugniß geben. Mit welcher
eindringlichen Beredsamkeit würden sie, wäre ihnen menschliche Sprache
gegönnt, die Vergänglichkeit alles Irdischen schildern, und wie laut
würden sie verkündigen, daß alle Macht und alle Ehre der Erde
flüchtige Schatten sind. Sie würden erzählen, wie jene drei Kaiser,
welche das Gotteshaus erbaut, nach einem Leben voll Kampf und
Mühe und bitteren Erfahrungen, all' ihres Glanzes und ihrer
Herrlichkeit entkleidet, in das stille und enge Grab vor dem Kreuz=
altare im Königschore hinabstiegen und wie ihr Enkel, der Letzte
ihres Stammes, ohne einen Erben, mit Schild und Helm hier zu
ihnen eingesenkt wurde. Sie würden erzählen, wie nach jenen noch
vier andere Könige den damaligen ersten Thron der Welt verließen,
und hier in den Sarg sich niederlegten, um von der Last der Krone
auszuruhen, wobei ihnen keine andere Hoffnung von diesseits mehr
blieb, als die Hoffnung frommer Fürbitte für ihre Seelenruhe.
Sie würden erzählen, wie oft in dem von ihnen ringsum be=
herrschten Gesichtskreise auf zahlreichen Schlachtfeldern das Schicksal
ganzer Reiche und Völker entschieden wurde; wie Kriege und Ver=
armung und Hunger und Pest wechselten mit Frieden und Wohl=
stand und wie im Laufe vieler Jahrhunderte im Lande umher Städte
zerfielen und sich erneuerten, Dörfer entstanden und vergingen und
Geschlechter kamen und verschwanden. Was hat nicht Alles die
Speyerer Domkirche erlebt und überlebt!"

„Allein wie oft auch immer die Zeit und die Menschen sich
änderten, welche Umwandlungen auch durch das Land gingen; wie
oft auch Krieg und Raub und Brand das ehrwürdige Gebäude
heimsuchten und Wetterstürme und Wasserfluten an ihm vorüber=
tobten; das alte Münster blieb in allen Umwandlungen unerschüt=
tert, ein bleibendes Denkmal des großartigen frommen Sinnes
unserer Vorväter und ihres festen thatkräftigen Glaubens. Es blieb
— und es ist heute noch, wie bei seiner Gründung, ein ehrwürdiges
Haus des Herrn und heute noch bewahren seine Zinnen, wie da=
mals, das Kreuz — das Zeichen, daß hier noch Christus lebt und
Christus herrscht, wie in jenen alten Tagen. Nicht die Mächtigkeit
seiner Mauern und nicht die Festigkeit seines Gesteins erhielt diesen
ehrwürdigen Bau; sondern die Weihe, welche durch seine Bestim=
mung auf ihm ruht, die Ewigkeit des Gedankens, auf welchen er
gegründet wurde, der Geist, dessen Verkörperung er ist, haben ihn

4

bewahrt und wieder hergestellt. Die Domkirche überlebte jeden
Wechsel, weil sie als Haus Gottes, dem gewidmet war und blieb,
der keinen Wechsel kennt, und vor dem tausend Jahre nur sind
wie ein Tag."   ·

Nachdem der Oberhirte hierauf geschildert hatte, wie die ersten
Glaubensboten im Lande die christliche Kirche gestiftet und welchen
Segen, welche Gnaden, welche Bildung, welche Gesittung sie ge=
bracht, beleuchtet er das Wirken der Diöcesanheiligen also: „Hier
versammelten sie, wie der heilige Pirminius mitten in der
finsteren Wildniß, in einem tiefen Waldthale, das noch von reißen=
den Thieren bewohnt war, die herumziehenden Hirten und Jäger,
erhoben im Thalgrunde die einfache Kirche, und predigten darin
nicht nur das Evangelium, sondern lehrten auch ihre neuen Schüler,
um die Kirche her sich Wohnsitze errichten und den gelichteten Wald=
boden umwandeln in fruchtbares Saatland. — Dort errichteten sie,
wie der heilige Philipp von Zell, die kleine Kapelle an dem Ab=
hange eines Hügels und predigten darin durch freundliche Lehre
und in der an ihrer Seite errichteten Zelle durch strengen Wandel,
den Bewohnern der Umgegend die große Wahrheit, daß der Christ
auf Erden vor Allem das Eine erstreben müsse, was Noth thut.
Dort erhoben sie, wie die heiligen Remigius und Disibod
mit ihren Gefährten, das Gotteshaus hoch auf den waldigen Spitzen
der Berge und riefen die Bewohner der umliegenden Thäler von
weiter Ferne herzu und unterrichteten sie in der Lehre des Heils.
Ueberall erhoben sie Kirchen und Kapellen, bald in Mitte der ge=
treidereichen Ebene, bald am Abhange der Hügel von Fruchtbäumen
umgeben, bald im stillen Wiesenthale und bald auf den hohen
Bergspitzen. Und alle diese Kirchen und Kapellen wurden eben so
viele Friedensstätten, an welchen der Mensch mit Gott verbunden
und erhalten wurde, eben so viele Springquellen des christlichen,
durch die reichste Gnadenfülle genährten Lebens von der Geburt
bis zum Grabe .... So wurden die Kirchen und Kapellen die
stillen und fruchtbringenden Schulen der christlichen Bildung und
Gesittung für das Land und seine Bewohner".....

„Wie indessen alle jene Kirchen bei ihrem Entstehen aus
e i n e m gemeinsamen Ursprunge, durch die aus der Dom= und
Mutterkirche des Bisthums von ihrem Oberhirten ausgesandten
Priester hervorgingen, so verdankten sie auch ihre Fortdauer und
das in ihnen von Geschlecht zu Geschlecht fortgepflanzte christliche
Leben stets derselben Quelle. Die blühenden Töchter alle hatten

nur eine und die nämliche gemeinſame Mutter und von dieſer einen
und gemeinſamen Mutter nur empfingen ſie im Laufe der Jahrhunderte ſtets erneuertes Leben und Gedeihen . . . . Wie immer
auch ſeit vierzehnhundert Jahren die Zeit und die Welt ſich änderten,
wie viele Menſchengeſchlechter auch in dieſem langen Zeitraum kamen
und gingen und wie viele Biſchöfe mit ihnen von dem Altare in
der Domkirche hinweggerufen wurden, dennoch blieb das Heiligthum,
das ſie dem Herrn geweiht, unbefleckt und unerſchüttert; es blieb
das Hirtenamt, das ſie geſtiftet und erhalten, vom Himmel mit
reichem Erfolge geſegnet; und es blieb die Kirche, die ſie gegründet,
in allen Umwandlungen". . .

„In dieſes ſo viele Jahrhunderte unter ſeiner heiligen Obhut
beſchirmte Haus hat nun des Hauſes Herr auch Mich, ſeinen unwürdigen Diener berufen, und ſeine Barmherzigkeit hat Mich erwählt, an ſeinem Altare in dem Heiligthume zu ſtehen, das er in
allen Veränderungen eines langen Zeitraums ſo ſichtbar geſchirmt
hat. Der heilige Geiſt, deſſen unendlicher, einen Jeden nach un-
erforſchlichem Willen begabender Gnade allein wir Alle Alles verdanken, und der zur Vollendung der Heiligen, zur Verrichtung des
Lehramtes und zur Erbauung des Leibes Chriſti, welcher die Kirche
iſt, die Einen zu Apoſteln und Evangeliſten, die Andern zu Hirten
und Lehrern verordnet: hat in ſeiner Erbarmung auch Mich, ohne
mein Verdienſt und Zuthun, zu dem altehrwürdigen Biſchofsſtuhle
von Speyer berufen; und in ſeinem Namen iſt es Mir heute zum
Erſtenmale gegönnt, als Oberhirte zu Euch, meine geliebten Diö-
ceſanen, die, wenn auch zagende, doch vertrauensvolle Stimme zu
erheben. Unſer allergnädigſter König Ludwig, welchen der König
der Könige zum Schutzherrn ſeiner Kirche eingeſetzt hat, und unter
deſſen ſtarkem Schilde das Bisthum Speyer, nachdem es aus den
Stürmen einer verhängnißvollen Umwälzung neu hervorgegangen,
bis jetzt ſo freudig und ſegenreich emporblühte, hat in Seiner königlichen Gnade geruht, Mich zum Hirten dieſes Bisthums zu ernennen und Seine päpſtliche Heiligkeit hat die kanoniſche Beſtätig-
ung gegeben. [63]) Wohl mußte Ich bei einem ſolchen Rufe, der
Mir unerwartet ſo hohe Pflichten übertrug, mit banger Beſorgniß
zagen, und doppelt ſchwer mußte Mir das Herz werden, den Hirtenſtab aus einer Hand zu übernehmen, die ihn bis jetzt mit eben

---

[63]) Unterm 3. Sept. 1837 erſtattete der hochſelige Biſchof dem heiligen
Vater Bericht über ſeine Weihe und Inthroniſation. Urkundenbuch Nr. 4.

4*

so viel Kraft als Milde geführt hatte. Ich war Zeuge des aposto=
lischen Wirkens geworden, mit welchem Mein hochverehrter Vor=
gänger das Hirtenamt in Wort und That, in Ernst und Liebe so
segenvoll verwaltete und Ich ward nun auch Zeuge der allgemeinen
Betrübniß und theilte den gemeinsamen Schmerz, als wir den ge=
liebten Oberhirten, nachdem wir noch kaum ein Jahr seiner väter=
lichen Leitung uns erfreut hatten, durch das ausgezeichnete Ver=
trauen Seiner königlichen Majestät zu einem größeren Wirkungs=
kreise hinweggerufen, scheiden sahen. Sein Scheiden hinterließ Mir
die zweifache Aufgabe, nicht bloß der erwähnten Diöcese vorzu=
stehen, sondern auch den Verlornen zu ersetzen und in dieser zwei=
fachen Aufgabe zugleich auch einen zweifachen Grund der ernsten
Besorgniß, seine Stelle auszufüllen. Allein Ich gehorchte dem Rufe
unseres allergnädigsten Landesvaters, denn Ich achtete in ihm den
Ruf Gottes. Meines Königs Stimme galt Mir als Stimme der
Vorsehung, und die väterliche Ermunterung des scheidenden Vor=
gängers gab Mir den Muth, den von ihm niedergelegten Hirten=
stab zu übernehmen"... „Ich hoffte, der Herr, der in den Schwa=
chen stark ist, werde auch Mir die Kraft nicht versagen, stark zu
seyn um seines Namens Willen"!

Hiernach erläuterte der Bischof die einzelnen Obliegenheiten seines
hohen Amtes und fährt dann fort: „Ein Hirte des Heiligthums,
ein Hoherpriester des Gotteshauses, ein Wächter des Glaubens und
der Sittenlehre, ein Herold des Evangeliums, ein Sendbote des
Heilandes, ein Beförderer des Reiches Gottes auf Erden, ein Träger
der christlichen Bildung und Gesittung, ein Hirte der Kirche des Herrn
soll Ich seyn. Wohlan denn, Ich will es seyn mit Gottes Gnade"! :c.

Weiter bespricht der Oberhirte die Pflichten, welche sowohl
die Bisthumsgenossen als auch die Seelsorger treu erfüllen müssen,
wenn für die Kirche aus seinem Bemühen, aus seiner Leitung
Wachsthum und Segen, für seine Untergebenen aber Gnade und
Heil erspießen soll. Der Schluß des Hirtenschreibens bildet das
fromme Flehen: „Möge in der unter so vielen Welt= und Völker=
erschütterungen bewahrten und wieder neuerstandenen, ehrwürdigen
Dom= und Mutterkirche, sowie in allen ihren Töchterkirchen auf
Bergen und Hügeln, und in Thälern und Ebenen die Lehre des
Kreuzes auch fortan, wie seit den Tagen der frommen Vorzeit bis
jetzt, lauter und treu gepredigt, die heiligen Sacramente mit Eifer
gespendet und empfangen, die Feste des Herrn und seiner Heiligen
in Andacht gefeiert und dadurch alle diese Kirchen unserm glück=

lichen Lande und seinen Bewohnern die fruchtbringenden Schulen
der Bildung und Gesittung, die veredelnden Lebensschulen für Zeit
und Ewigkeit werden, damit so das Reich Gottes unter der liebevollen und nie ermüdenden Mutterpflege der heiligen apostolischen
Kirche in dem gegenwärtigen und in allen künftigen Geschlechtern,
wie in unsern frommen Altvordern, unvertilgbare Wurzel fassen,
stark und mächtig emporwachsen und reichliche Frucht bringen". 2c. 2c. [64])

§. 10. Geissel's Lebensbild.

Ehevor wir in die einzelnen Schilderungen des amtlichen
Lebens und Wirkens unseres Prälaten näher eingehen, dürfte es
nicht ungeeignet seyn, ein allgemeines Lebensbild von demselben zu
entwerfen. Der Hochselige war ein wahrhaft stattlicher, schöner
und kräftiger Mann von hohem Wuchse, mit kühn gewölbter Stirne,
schwarzen Augenbrauen, vollen Wangen und zart geschlossenen
Lippen. [65]) Er gehörte zu jenen seltenen Persönlichkeiten, die durch
ihr in Gestalt und Haltung durchscheinendes geistiges Wesen an-
ziehen und für sich einnehmen, ohne durch irgend welche Sonder-
lichkeit abzustoßen; die schon beim einfachen Erscheinen für sich gewinnen und fesseln, ohne durch irgend eine Unebenheit zu mißfallen.
Die Frische seiner Gesichtsfarbe ward in seinen späteren Lebensjahren durch eine von Leberleiden herrührende Blässe gemindert,

---

[64]) „Schriften und Reden". B. II. S. 340. Der Bischof übersendete diesen Hirtenbrief nicht bloß an den König, dessen Gemahlin, Therese
und die Königin-Mutter Caroline, sondern auch an die Minister, an die Bischöfe, Domcapitel Bayerns und viele höhere Beamten. Er wurde allenthalben
mit Beifall aufgenommen. Einige Dankschreiben folgen im Urkundenbuche
Nro. 5. 6. 7. und 8. Der Präsident des k. Bezirksgerichts Zweibrücken, Hr.
Pizis, Protestant, schrieb bei dieser Veranlassung dem Bischofe am 17. Sept.
1837 : . . . „Für alle Wohlgesinnte im Rheinkreise kann es nur im hohen
Grade erfreulich seyn, den Hirtenstab einem Manne anvertraut zu sehen, dessen
Verdienste schon längst allgemeine Anerkennung gefunden haben und der sich
jetzt auf's Neue zu solchen Ansichten und Grundsätzen bekennt, wie der Hirtenbrief sie darlegt." 2c. 2c. Der k. Landkommissär von Pirmasens schrieb am
20. desselben Monats : . . . . „Sämmtliche Bewohner des Rheinkreises und
namentlich jene, die der katholischen Kirche angehören, schätzen sich glücklich, einen
Mann an der Spitze ihrer Religion und Angelegenheiten zu sehen, welcher aus
ihrer Mitte ist und nicht allein das Vertrauen, welches Seine Majestät, unser
allergnädigster König in denselben gesetzt hat, in so hohem Grade verdient,
sondern auch das Vertrauen und die Liebe der seinem Hirtenamte unterstellten
Diöcesanen im vollen Maße besitzt." 2c. 2c. — [65]) Wir kennen drei gemalte
Portraits unseres Prälaten. Das erste von Maler Serr aus Rodt stellt ihn

welche durch ein rabenschwarzes, erborgtes Haupthaar etwas stark
hervorgehoben wurde. Seine Körperformen waren sonst voll und
kräftig, sein Gang fest und sicher, seine gewöhnliche Haltung etwas
zurückgebogen, und ohne gerade Stolz auszudrücken, mehr Ehrfurcht
gebietend. Sein ausdrucksvolles Antlitz wurde durch die Augen-
gläser, an welche er sich als Professor allzufrühe gewöhnt hatte,
die er bei späterer wirklich erfolgter Kurzsichtigkeit fast nie mehr
ablegte, keineswegs verstellt. Es ruhete auf ihm das Gepräge des
milden Ernstes und freundlichen Wohlwollens, jedoch ohne jene
steife Freundlichkeit, die sich durch gedankenloses Lächeln äußert und
daher mehr erkünstelt als natürlich erscheint. Noch mehr als das
Aeußere des Mannes mußte die Art und Weise, mit der sich derselbe
im Umgange mit Hohen und Niedern zu bewegen wußte, Hochachtung einflößen. Sein Auftreten und Benehmen hatte etwas
Edles und ließ keineswegs vermuthen, daß er in der bescheidenen
Wohnung eines Winzers geboren und erzogen wurde, wohl aber
unterstellen, daß er von der frühesten Jugend sich in den gebildetsten
Zirkeln bewegt haben dürfte. Seine Reden und Schriften bezeugen,
wie wir schon hörten, einen scharfen durchbringenden Verstand, eine
lebendige geistreiche Phantasie, ein tiefes reiches Gemüth, ein Herz
voll Begeisterung und Theilnahme. Den Ernst und die Bedacht-
samkeit seines Charakters glaubte er als ein Erbantheil seines
Vaters betrachten zu müssen, während er seine Lebendigkeit, reiche
Phantasie und heitere Laune als ein Angebinde seiner Mutter erklärte, beiden aber sein reiches, frommes Gemüth verdankte. Diese
natürlichen Eigenheiten treten mit dem Wechsel seines Berufes und
Amtes mehr oder minder zu Tage. Als Professor und Domcapitular beherrschte ihn mehr die mütterliche Erbschaft im Lebensfroh-
sinn und dichterischer Beweglichkeit, während er als Bischof und
Erzbischof im Allgemeinen mehr vom Ernste und von der Bedächtigkeit
seines seligen Vaters geleitet wurde. Geissel's Unterhaltung war

---

etwas hochfarbig, jedoch mit sehr gelungener Aehnlichkeit, im bischöflichen Chorkleide sitzend, im Halbbilde dar, dem zum Hintergrunde die Speyerer Kathedrale dient. Das zweite ist vom Maler Baudri aus Köln, stellt ihn als dortigen Erzbischof, stehend im Chorkleide dar. Es wurde von diesem dem bischöflichen Domcapitel zu Speyer zum Geschenke gemacht, läßt aber bezüglich der
Ausführung und Aehnlichkeit vieles zu wünschen übrig. Das dritte von demselben Maler stellt den Prälaten in Lebensgröße stehend im Cardinalsgewande
sehr gelungen dar. Auch mehrere Photographien erschienen von ihm. Die aus
seinen letzten Lebensjahren zeigen in den strammen Wangenmuskeln nicht sowohl strengen Ernst, als vielmehr untergrabene Gesundheit und Leiden.

ſtets lebhaft, angenehm und geiſtreich. Daher war er auch bis zu
ſeiner Ernennung als Biſchof in allen höheren Zirkeln und in vielen
Familien der Stadt ein eben ſo geehrter als beliebter Geſellſchafter.
Unter Bekannten und Vertrauten ließ er gerne ſeiner neckenden
Laune und ſeinem ſtachelnden Witze, bisweilen unter herzlichem
Lachen, die vollen Zügel ſchießen, was Manchen in Verlegenheit
ſetzte. Bei ſonſtigen Unterhaltungen gab ſich faſt ſelten eine un-
freundliche Herbe kund, weit eher eine Neigung zu launiger, doch
nicht verletzender Satyre. Sein Organ war im Sprechen und
Singen ſehr angenehm, mehr weich als ſtark, dabei jedoch nicht
ohne gewinnenden Eindruck. In ſeinen letzten Jahren ward die
Zartheit und Höhe der Ausſprache bei öffentlichem Auftreten und
Geſängen noch weit bemerklicher. Bei keiner Gelegenheit gebrach
es ihm an ſchicklichen Worten und treffenden Bemerkungen. Mit
Leichtigkeit wußte ſich unſer Prälat in ſeinen Unterhaltungen zu
Jedem auf die Verhältniſſe des Standes, des Geſchäftes und der
Landsmannſchaft herabzulaſſen. Mit den Pfälzern konnte er ſich
freundlich neckend in pfälziſcher Mundart, mit den Kölnern in nieder-
rheiniſchem, plattdeutſchem Dialecte geläufig unterhalten. [66]) Die
franzöſiſche Sprache ſtand ihm gänzlich zu Gebote. Er wußte ſich
darin eben ſo fertig, als zierlich auszudrücken, daß man in ihm
den gebornen Deutſchen nicht erkannte. Geiſſel beſaß eine große
und gewandte Arbeitskraft, die jedoch in ſeinen früheren Jahren
oft des Spornens von Außen harrte. War die Arbeit jedoch einmal unter die Hand genommen, dann zählte er weder bei Tage
noch bei Nacht die hiezu erforderlichen Stunden. In der Regel
waren ſeine Darſtellungen eben ſo umfaſſend, als gründlich. Als
Biſchof und als Erzbiſchof gab er die wichtigſten Arbeiten ſelten
aus der eigenen Hand. Keine Beſcheide wurden von ſeinen geiſtlichen Räthen entworfen und von der Kanzlei erlaſſen, welche er
nicht vorher ſeiner Prüfung unterzogen hatte. In Beurtheilung
der Perſonen und Verhältniſſe beurkundete derſelbe einen eben ſo
großen als richtigen Scharfblick. Er konnte daher bei ſeiner ſonſtigen
Vorſicht ſelten getäuſcht werden. Deßhalb ließ er es auch leichter
an der gebührenden Zuverſicht bezüglich des Urtheils Anderer fehlen, als
daß er ſeine eigene Anſicht preisgab. Gegen Fehlende, welche mit

---

[66]) So wußte er auch die Schreibart der deutſchen Urkunden aus ver-
ſchiedenen Zeitaltern treu zu copiren. In heiterer Laune erließ er an den
Verfaſſer dieſer Geſchichte eine Zuſchrift, die dieß ſattſam beſtätigt. Urkun-
benbuch Nro. 25.

Offenheit ihm entgegen kamen, war er milde und nachsichtsvoll. Wer jedoch die offen gelegte Schuld wegzuleugnen und durch Schleich= wege, Arglist und Trotz dieselbe von sich zu streifen bemüht war, dem wurde unnachsichtlich, oft bis auf die geheimsten Gänge nach= gespürt, um ihn des Unrechtes zu überzeugen und dasselbe zu be= strafen. Seit Uebernahme des bischöflichen Amtes war der Hoch= selige ernster, rückhaltender und abgeschlossener denn früher geworden. Dieser Ernst und diese Abgeschlossenheit vermehrte sich noch mehr, seitdem er seine befreundete, altbekannte Umgebung in Speyer ver= lassen hatte, um die eben so arbeitsvolle als schwierige Leitung der großen Erzdiöcese Köln zu übernehmen. Ueberhaupt war die Zahl besonderer Vertrauten in allen Perioden seines Lebens sehr gering, ungeachtet ihn in seiner Heimath gar Viele als Bekannten und Freund begrüßten. Manchem seiner Untergebenen gefiel es nicht, daß ihm ihre Aufwartungen lästig schienen und daß er sie größten= theils kurz beschied, was jedoch seine gehäuften Arbeiten zu Genüge entschuldigten. Gegen seine Hausgenossen war er bei aller Ord= nungsliebe stets leutselig und herablassend. Des Hochseligen Grund= sätze in Beziehung auf kirchliche Vorschriften, Satzungen, Rechte und Pflichten waren entschieden und unerschütterlich, seine Verehr= ung und Anhänglichkeit an das Oberhaupt der Kirche stets innig und aufrichtig. Seine Berichte, Wünsche und Anträge an die welt= lichen Behörden wußte er in so freundliche Formen zu kleiden, daß sie keinen Widerwillen und Anstoß veranlassen konnten. Weder als Domcapitular noch als Bischof zu Speyer hat sich derselbe mit pastorellen Amtsverrichtungen besonders beschäftiget. Nur einzelne wenige Predigten bei außerordentlichen Gelegenheiten, und kürzere Ansprachen bei dem Gottesdienste für die Studenten und später bei Ausspendung der heiligen Firmung, der Weihe von Klerikern und neuen Kirchen, wurden von ihm gehalten. Desto fleißiger war seine Feder im Verabfassen oberhirtlicher Anordnungen und Hirten= briefe. Die bischöflichen Amtsverrichtungen wurden stets von ihm mit hoher Würde und Erbaulichkeit vorgenommen. Doch bedauerten es die frommen Kölner, daß er dieselben nicht so oft und bei allen jenen Veranlassungen abhielt, bei welchen ihre hohe Verehrung seiner Person es wünschte. Wegen eingetretenem Unwohlseyn mußten manche feierliche Amtsverrichtungen, welche sich der Erzbischof vor= behalten hatte, dem rüstigen und dienstfeirigen Weihbischofe über= lassen bleiben. Diesem fiel auch später der größere Antheil der amtlichen Rundreisen in der so umfangreichen Erzdiöcese zu. Der

Hochselige liebte auf seinen Rundreisen außerordentliche Festlichkeiten und Prachtaufzüge nicht gar sehr; er betrachtete dieselben stets nur als äußere Zeichen des Glaubenseifers und der Verehrung der Diener der Kirche und ihres göttlichen Stifters. So fest und un= unterbrochen seine Gesundheit in den zwei ersten Drittheilen seines Lebens auch war, so wenig sorgsam und ängstlich er dieselbe in jüngern Jahren pflegte, so bedenklich und umständlich war er in dieser Beziehung während des letzten Drittels seiner Tage. Er hielt in dieser Zeit sein Leben durch eine Leberkrankheit gefährdet, indeß jedoch in der Beschaffenheit seines Magens der verborgene Keim seines Todes lag. Nach Vorschrift seiner Aerzte, deren Anordnungen er sich mit der größten Aengstlichkeit unterzog, besuchte er die Bäder zu Ems, Wiesbaden, Karlsbad, Marienberg, gebrauchte die Mol= lenkur in Kreuth ohne sonderlichen Erfolg. Kein Opfer war ihm zu groß, wenn es nach ärztlicher Vorschrift seine Gesundheit er= heischte. Doch nirgends fand er sich wohler und froher, als wenn er fast alljährlich im Herbste Köln verließ, um in seiner Heimath zu Mußbach unter seinen Verwandten, im Hause seines Schwagers, auszuruhen und in dessen Weinbergen den Segen der Reben nach eigener Auswahl zu kosten. Dieß waren seine schönsten Erholungs= tage, nach denen er sich bei der schweren Bürde seiner Berufs= arbeiten und in mancherlei Bedrängnissen seines Gemüthes, in wehmüthiger Stimmung sehnte. Da besuchte er auf verschiedenen Feldwegen, gewöhnlich in Gesellschaft des Speyerer Domcapitulars Cronauer, welcher ihn auch anf seinen Reisen in die genannten Bäder begleitet und als treuer vertrauter Freund oft mehrmals im Jahre zu Köln begrüßte, die schönsten Puncte der Umgebung, die er aus seinen Jugendjahren kannte. Dabei wußte er seinen Be= gleitern dieses oder jenes heitere oder ernste Begegniß aus jenen Jahren zu erzählen, drückte jedem alten Bekannten oder Schul= kameraden, den er hiebei traf, freudig die Hand, unterhielt sich in Leutseligkeit mit jedem Mütterchen, das seine Aeltern kannte. So wußte er in heiterer Laune die Verehrung seiner Landsleute stets neu zu gewinnen und zu befestigen. [67]) Wie hier in den Herbst-

---

[67]) Von dessen Herbstferien in Mußbach lesen wir: „So sah man auch seit einer langen Reihe von Jahren die Weinberge der Gemeinden Gimmel= dingen und Mußbach regelmäßig einen Gast von hoher, selbst imponirender Gestalt und einer edlen, ungemein gewinnenden Haltung und Bewegung durch= wandeln. Die gewählte und eigenthümliche schwarze Kleidung und noch mehr das schwer über dasselbe herabhängende goldene Kreuz ließen auch den Un-

ferien, so war auch zu Speyer und zu Köln seine Lebensweise höchst
einfach und genügsam. Er liebte überhaupt keine Pracht und Ver=
schwendung. Ein täglicher Spaziergang als Bischof von Speyer'
auf der Straße gegen Schwegenheim und als Erzbischof von Köln
in seinem weiten, schönen Garten, war fast das einzige Vergnügen,
welches seine Arbeiten unterbrach, um stärkende Kraft für dieselben
zu sammeln. Nur wenn es die Schicklichkeit und gewisse Feste er=
forderten, zog er mehrere Gäste an seine Tafel. Selten und nur
ungern nahm er als Bischof und Erzbischof Einladungen Anderer
an. Auf seinen oberhirtlichen Rundreisen verschmähete er jedoch
nicht die Gastfreundschaft seiner Mitarbeiter im Weinberge des
Herrn und glaubenstreuer Religionsgenossen.

§. 11. Bischöfliche Verwaltungsweise.

Der neue Oberhirte zeigte durch sein entschiedenes Auftreten
bald, daß er die Wichtigkeit und Verantwortlichkeit des ihm an=
vertrauten hohen Amtes in der vollen Bedeutung desselben erkannt
habe. Mit tiefer Sachkenntniß, umsichtiger Klugheit und ernster
Milde verband er jene Pflichttreue und Willenskraft, welche zur
Erreichung des einmal für richtig und nothwendig Erkannten erfor=
derlich und zur Durchführung der dahin zielenden Maßregeln un=
erläßlich sind. Bezüglich der äußeren und inneren Verwaltung der

kundigen auf den Rang und Stand der seltenen Erscheinung schließen, während
die Eingebornen demselben nur mit dem unverkennbarsten Anzeichen des Stolzes
und der Freude begegneten. War doch der Erwähnte kein Anderer als der ver=
diente und hochgestellte Sohn dieser Gegend, J o h a n n e s v. G e i s s e l und
Erzbischof in Köln. . . . Wir wollen hier einige Züge hervorheben, die sonst
nicht berührt werden dürften. . . . Wir meinen zunächst das in höchstem
Grade herablassende, leutselige und herzliche Benehmen, das der Verblichene
jedem seiner Landsleute gegenüber, mochte derselbe hoch oder nieder gestellt,
reich oder arm seyn, einhielt. Eine wahrhaft rührende Anhänglichkeit zeigte
er aber gegen die Genossen und Gespielen seiner Jugend. Wie oft sah man
ihn auf offenem Felde dem gewöhnlichen Arbeiter in der herzlichsten Weise die
Hand drücken und wie trug sein Gespräch mit demselben das Gepräge des
theilnehmenden und bewegten Herzens! . . . Diese und ähnliche Eigenschaften
waren es, die Johannes von Geissel eine tief gehende und allgemeine Verehr=
ung und Liebe seiner Landsleute eintrug, die doch nach dem bei Weitem größ=
ten Theile aus Protestanten bestehen; ja man kann ohne alle Uebertreibung
sagen, daß dieser große und seltene Mann den Leuten seiner Heimath, bei aller
Würdigung seines hohen und geweihten Standes, eine in des Wortes schönstem
und bestem Sinne p o p u l ä r e Person war. Dazu gehört wohl mehr als Ge=
lehrsamkeit, ausgezeichneter Rang oder Voreingenommenheit der Landsleute." 2c. 2c.
P f ä l z e r Z e i t u n g vom 20. Sept. 1864.

Diöcese trat er fast völlig in die Fußstapfen seines unmittelbaren Amtsvorgängers ein, theils weil er dessen Anordnungen und Verfügungen in hoher Achtung hatte, theils weil seine Selbstthätigkeit, Geistesschärfe und Entschiedenheit mit jener des Bischofs Richarz ganz im Einklange stand. Der frühere Generalvicar, Domprobst Miltenberger, ward auch vom Bischofe Geissel am 1. September 1837 als solcher ernannt. Miltenberger blieb in diesem Amte, bis er, bei Geissel's Berufung nach Köln auf wiederholtes Ansuchen am 22. November 1841 desselben enthoben ward. [68]) Jetzt wurde es dem Dombechanten Dr. Weis übertragen, welcher auch bisher schon, als alter Freund und vertrautester Rathgeber des Hochseligen auf die Verwaltung des Bisthums den größten Einfluß geübt hatte. Daburch erhielt die Verwaltung fast noch einen größeren Ernst und ein tieferes Eingreifen als unter dem Bischofe Richarz. So wurden schon im Monate October 1837 mehrere Priester der Diöcese zu geistlichen Uebungen in das Clericalseminar einberufen, um gegebenes Aergerniß zu sühnen und belehrt zu werden, sich künftig pflicht= treuer und untadelhafter zu erweisen.

Wie seine drei Amtsvorgänger, behielt auch der hochselige Bischof Geissel die Uebung bei, daß er höchst selten und nur bei außerordentlichen Fällen den Sitzungen seines Rathscollegiums an= wohnte. Dem zu Folge mußten ihm alle Beschlüsse des Collegiums mit den einzelnen Stimmen und deren Begründung in einem aus= führlichen Sitzungsprotocolle sammt den schriftlichen Vorträgen und bezüglichen Erlaßentwürfen der einzelnen Rathsmitglieder neben den Voracten des betreffenden Gegenstandes vorgelegt werden. Er prüfte das Ganze auf seinem Zimmer, billigte oder verwarf, veränderte und erweiterte, oder sendete dasselbe zur neuen Berathung wieder zurück, je nachdem er dieses oder jenes für angemessener, oder nöthig erachtete. Ohne diese oberhirtliche Durchsicht, Prüfung und Genehmigung wurde keine Verfügung erlassen. Dieß führte selbst= verständlich bei manchen Verhandlungen nicht unbeträchtliche Ver= zögerung herbei.

Um den einzuhaltenden Geschäftsgang noch genauer zu be= stimmen, ließ unser Bischof schon in den ersten Monaten seiner

---

[68]) Unterm 5. Dez. 1839 schrieb der Hochselige an seinen Freund und Amtsbruder Richarz nach Augsburg: . . . „Mein Hr. Generalvicar spielt den Prälaten, läßt mir Alles auf dem Halse . . . ich bin sein Generalvicar. Ich muß zu Allem die Hand zum Anfange und zum Ende haben. Wäre Hr. Dombechant Weis nicht, ich hätte schon oft davon laufen mögen." 2c. 2c.

Amtsthätigkeit eine Geschäftsordnung für das Ordinariat berathen, die auch unterm 2. Mai 1838 von ihm bestätiget und erlassen wurde. [69]) Laut derselben waren die sämmtlichen Vorkommnisse bei der oberhirtlichen Verwaltung unter gewisse Rubriken gebracht und die bezüglichen Einläufe den hiefür voraus bezeichneten Räthen zugewiesen. Von den einzelnen Bestimmungen bemerken wir noch Folgendes: Alle Einläufe an das bischöfliche Ordinariat werden von dem Bischofe selbst erbrochen, präsentirt und dem betreffenden Referenten zugewiesen. Von dem Bischofe gehen die Einläufe zum Generalvicar, welcher davon Einsicht nimmt und alsdann jene, welche er nicht selbst als Generalvicar erledigt, der Registratur überschickt. Ist die Bezeichnung des Referenten vom Bischofe über= sehen, so wird dieselbe vom Generalvicar beigesetzt. Der Registrator hat sofort die Einläufe genau einzuzeichnen und dieselben noch am nämlichen Tage mit den Voracten den bezeichneten Referenten zu= zustellen. Bedarf der Einlauf keines schriftlichen Vortrags, so ist darauf zu sehen, daß die Verbescheidung schon, wo möglich am nächsten Sitzungstage, erledigt wird. Wenn die Sache zum Vor= trage kommt, bemerkt der Secretär den Inhalt des mündlichen oder schriftlichen Referats ganz kurz, jedoch bei mündlichen Vorträgen mit erschöpfender Deutlichkeit in's Sitzungsprotocoll, ebenso den Bescheid und Beschluß des Gesammtrathes. Nachdem die Beschlüsse genehmiget und die Erlasse mit dem Expediatur des Bischofes ver= sehen sind, sollen sie ohne Verzug auf der Kanzlei in Reinschrift gebracht, collationirt, von dem Generalvicar oder dem Kanzleidirector mit dem Secretär unterzeichnet und von dem Registrator gehörig eingetragen und abgefertigt werden. Bezüglich der Erlasse, welche Bericht abfordern, soll vom Secretär ein genaues Berichterstattungs= Register geführt werden. Das Einlaufsregister oder ein Auszug der nicht erledigten Gegenstände ist alle vier Wochen dem Bischofe vorzulegen. 2c. 2c. An demselben Tage wurde der Domvicar Day

---

[69]) Schon am 2. Januar 1838 bestellte der Bischof — wohl im Hin= blicke auf die königliche Verordnung vom 7. Mai 1826, welche die Benenn= ungen der verschiedenen bischöflichen und erzbischöflichen Geschäftsstellen bestimmt und ausdrücklich erklärt: „In dem Bisthum Speyer werden die Ehesachen, in so weit sie sich auch der in dem Rheinkreise geltenden, besonderen Institutionen zur geistlichen Behörde eignen, bei dem Ordinariate verhandelt", — das bischöf= liche Ordinariat als Ehegericht und ernannte die Domcapitulare Geißler zum Untersuchungsrichter, Würschmitt zum Berichterstatter und Groh zum defensor matrimonii.

wegen seiner Schwerhörigkeit der Registratur und der Expedition enthoben und dieselbe dem Domvicar Köstler übertragen. [70])

Unterm 7. November 1839 sah sich der Bischof auch veranlaßt, zur Beseitigung mannigfacher in den Eingaben an die oberhirtliche Stelle wahrgenommener Mißstände, über die Form der Berichte von Seiten der Diöcesangeistlichen an die bischöfliche Stelle mehrere Bestimmungen zu erlassen, auf deren genaue Beachtung er sehr strenge hielt. [71])

Auch für eine bessere Ordnung in den Pfarrregistraturen der Diöcese gab unser Oberhirte mittels Verfügung vom 7. Oktober 1838 folgende Vorschriften: „Kein Pfarrer oder Pfarreiverwalter darf die bisherige Stelle verlassen, ohne vorher die Pfarracten und Amtsutensilien seinem Nachfolger, sei dieser ein wirklicher Pfarrer oder einstweiliger Administrator, vollständig ausgeliefert zu haben. — Unter diesen Pfarracten und Amtsutensilien werden die Pfarrmatrikel und Elenchen, die Generalien, die besonderen oberhirtlichen Erlasse, das Ordinationsbuch, das Verkündigungsbuch, das Stift-

---

[70]) Am 30. Nov. 1839 ward der bisherige Subregens und Domvicar Spiehler zum Registrator ernannt. Der Bischof erklärte hiebei ausdrücklich: „daß bisher hie und da das Geschäftsgeheimniß nicht gehörig beachtet werde und daß wenn er wieder zur Kenntniß eines solchen Falles von jetzt an gelangen werde, er die Sache erheben und nach Herstellung eine Ordnungsstrafe von 10 bis 15 Thalern werde eintreten lassen, indem schon die Ehre der Stelle erfordert, daß ihre Verhandlungen nicht in gewöhnliche Plaudereien in Umlauf gesetzt werden." — [71]) Der Hochselige war sehr empfindlich gegen ungeziemende Berichte. Unterm 25. Nov. 1837 erklärte er in dieser Beziehung seinem geistlichen Rathe: „Bei einer Classe junger Geistlichen ist es zu einer Art Bravour geworden, wenn das Ordinariat eine Ermahnung erläßt, die wohlmeinende Warnung und Weisung mit Grobheiten und ungeschliffenem Pochen zu erwidern und wenn das Ordinariat die Sache dann sitzen läßt, bei Kirchweihen und Namenstagen gegen ihre Confratres sich zu rühmen: „Ich habe die Speyerer burschlos abgetrumpft." — Ich bin nicht geneigt, diesen Burschen-Comment länger zu dulden — vestigia terrent! Daher ist Pfarrer N. N. anzuweisen, sich am Donnerstag den 7. Dezember Morgens 10 Uhr dahier im Sitzungssaale einzustellen und das Weitere zu vernehmen." — Solche oberhirtliche Bemerkungen und Verfügungen könnten noch mehrere angeführt werden. — In einem etwas späteren Brief an den Verfasser dieser Schrift schrieb der Hochselige: ... „Pfarrer N. mag glauben machen, es leite mich Abneigung gegen ihn, oder die Schwäche meine Autorität zu zeigen. In meiner Stellung müssen mir so kleinliche Triebfedern fremd bleiben und ich darf vor Gott sagen, sie sind es mir auch. Mir gilt die Sache — aber der Sache wegen scheue ich auch keine Personen, mögen sie noch so sehr räsonniren. Mein Entschluß steht fest — Agere aut pati!"

ungsverzeichniß, die Pfarrstatistik, die Pfarrfassion, das Widthum=
und Gült=Register, die Amtscorrespondenz, die Amtsblätter, das
Amtssiegel und die übrigen amtlichen Schriften, Bücher, Urkunden
und Geräthe begriffen. Ueber die gehörige Auslieferung wird von
den beiden Betheiligten, dem abgehenden und dem nachfolgenden
Pfarrer oder Pfarreiverwalter, ein specificirendes Inventarium in
protocollarischer Form und doppelter Ausfertigung aufgenommen
und unterzeichnet. Das eine Exemplar wird im Pfarrarchive hinter=
legt und das andere der bischöflichen Stelle eingesendet. Dieses
Einsenden hat der Neueintretende zu besorgen und dabei seine allen=
fallsigen Bemerkungen vorzutragen. Wird die ordnungsmäßige Ueber=
lieferung von dem Vorfahrer versäumt, so hat der Nachfolger bei
der oberhirtlichen Behörde deßfalls Anzeige zu machen. Unterläßt
er diese Anzeige über 14 Tage von seinem Amtsantritte an, so
geht alle Verantwortlichkeit auf ihn selbst über". [72])

Was bei dem hochseligen Bischof einmal zur amtlichen Ver=
handlung kam, das durfte nicht oberflächlich und halb abgethan,
sondern mußte gründlich untersucht und wo möglich vollständig er=
ledigt werden. Dabei wurde nicht gezögert, die ausführlichsten Um=
fragen anzustellen und die weitläufigsten Berichte zu erholen. Wir
erinnern hier an das oberhirtliche Rundschreiben vom 12. Sep=
tember 1838 im Betreffe des Gottesdienstes und des Religions=
unterrichtes in der Diöcese, laut dessen von jedem Pfarrer und
Pfarrverweser über dreiundachtzig gestellte Fragen näherer Aufschluß
gegeben werden mußte. [73]) Als durch höchstes Ministerialrescript
vom 31. Dezember 1839 ein genauer, umfassender, vollständiger
Bericht über den Zustand der Religions= und Kirchenangelegenheiten
in der Pfalz während der sechs letzten Jahre vom Bischofe abge=
fordert wurde, hatten sämmtliche Pfarrvorstände über zweihundert
fünf und fünfzig deßhalb bestimmte Fragen mit erschöpfender Ge=
nauigkeit, Umsicht und Wahrheitsliebe zu beantworten, um jenem

---

[72]) Generalien des Bisthums Speyer. Heft I. S. 42. Unnöthige
Verschleppung der Verhandlungen waren dem Bischofe sehr zuwider. "Wozu,
schrieb er am 4. März 1838 seinem Rathscollegium, denn lang referiren, damit
die Sache recht hingeschleppt werde? Dem Pfarrer R. ist der Klagepunct in
kurzem Auszuge mitzutheilen und er zur Erklärung darüber aufzufordern.
Wenn wir so fort verwalten, gerathen wir in den Gregorianischen Kalender,
das heißt, wir bleiben um zehn Monate zurück". ꝛc. — [73]) Ebendaselbst.
S. 37.

Auftrage mit der erforderlichen Treue und Gewissenhaftigkeit ent=
sprechen zu können. [74])

Der Bischof unterhielt mit mehrern Dekanen und einzelnen
Pfarrern der Diöcese einen fleißigen Briefwechsel, um alle Vor=
kommnisse im geistlichen Bereiche schnell und sicher zu erfahren.
So benützte er nicht nur seine amtlichen Rundreisen, sondern auch
die Besuche der sein Vertrauen besitzenden Pfarrer, um nähere
Kenntnisse und Aufschlüsse über persönliche und sachliche Verhältnisse,
welche der oberhirtlichen Pflichterfüllung dienen konnten, zu erhalten.
Hiedurch wußte er sich eine stete und genaue Aufsicht und Uebersicht seiner Diöcese zu ermöglichen, was ihm aber gar oft seine
Hirtensorge vermehrte und erschwerte. [75]) Jene Kenntnisse und Auf=
schlüsse blieben bei Geissel nicht unbeachtet. Er suchte sie, wenn es
Noth that, bis auf die letzte Spur zu verfolgen, und war um so
thätiger hiebei, wenn er vermuthen konnte, man wolle seine Auf=
merksamkeit täuschen, oder die Wahrheit unterdrücken. Es liegen
Verhandlungen vor, bei welchen der Bischof mehrere Geistliche ganz
unerwartet vor sich bescheiden ließ, damit in seiner Gegenwart Ver=
hörprotocolle aufgenommen werden, um in vorwürfigen Angelegen=
heiten unläugbare Gewißheit zu erzielen und hiernach verfahren
zu können. Daß diese Verfahrungsweise manchen Schuldbewußten
vor seinem Oberhirten abschrecken und ihm mehr Furcht als auf=
richtiges Vertrauen einflößen mußte, ist leicht erklärlich. Dazu
trug noch wesentlich bei, daß das Auftreten und Handeln Geissel's
in jeder Periode seines oberhirtlichen Wirkens mehr entschieden,
gebietend und beherrschend, als herablassend, nachsichtig und besänf=
tigend war.

Eine eigenthümliche Verwaltungsmaßregel, welche der Hoch=

---

[74]) Ebendaselbst. Heft II. S. 43. — [75]) Bedrängt von diesen Sorgen
schrieb der Hochselige unterm 12. August 1838 an den Verfasser dieser Schrift:
. . . . „Neues gibt es nichts, als immer Verdruß. . . . Ich bin des Stabes,
der immer dreinschlagen soll, schon so müde, als trüge ich ihn dreißig Jahre.
Ich war nicht klug, daß ich nicht Domdechant blieb, ich fühle dieß alle Tage
drückender . . . . Leben Sie recht wohl, beten Sie für mich und glauben Sie,
daß ich stets bin von Herzen Ihr aufrichtiger Freund J o h a n n e s G e i ß e l."
— Am 5. Dez. 1839 schrieb er seinem Amtsvorfahrer Richarz: . . . „Meine
Gesundheit ist nicht die festeste . . . . Zuweilen habe ich auch das Vorgefühl,
daß ich den Stab nicht länger führen werde. Die geistigen Anstrengungen
erschöpften, und der Verdruß, an dem es nicht fehlt, reibt auf. Wenn es hält,
so lange meine gute Mutter lebt, will ich dankbar seyn; dann mag Gottes
Willen geschehen". ꝛc.

selige bezüglich unzuverläffiger Pfarrverwefer und anrüchiger und
in Unterfuchung gezogener und deßhalb zum Wechsel ihrer Pfründe
bewogener Pfarrer, einführte und zu handhaben fuchte, zog ihm
bei den Betreffenden große Abneigung und hieburch manche Schwierig=
keiten zu. Dieses neue Verfahren beftand darin, daß der Bischof
den bezeichneten Pfarrverwefern und Pfarrern, wenn dieselben auch
mit seiner Zuftimmung die königliche Präfentation auf eine Pfründe
erhalten hatten, dennoch ihnen jahrelang die bischöfliche Einweisung
in den kanonischen Besitz vorenthielt, um sie hieburch zur gewünschten
Bewährung untadelhaften Wandels und treuer Pflichterfüllung in
der Seelforge anzueifern, oder nöthigenfalls dem Rückfälligen, als
bloßem Pfründeverwefer, um so leichter einen andern Wirkungs=
kreis anweisen zu können. Da dieses Verfahren und der davon
Betroffene den übrigen Geistlichen und vielen Laien in den bezüg=
lichen Pfarreien nicht unbekannt bleiben konnte, so verursachte dieß
viele Unzufriedenheit und Bitterkeit. [76]

Aus gleicher löblicher Absicht hatte unfer hochseliger Bischof,
wie sein unmittelbarer Amtsvorfahrer, von einzelnen Klerikern,
welche er bei dem großen Prieftermangel, nicht ohne Bedenken und
Besorgniß zu den höheren Weihen zuzulaffen fich gedrängt sah,
zuvor noch besondere schriftliche Zuficherung über die etwa nöthig
erachtete unbedingte Versetzbarkeit und Folgsamkeit fich verbriefen
laffen. [77]

---

[76] Es wurde hierüber von einem mit den Diöcefanverhältniffen sehr
Vertrauten und in dem kanonischen Recht sehr Kundigen, eine eigene Abhandlung unter der Auffchrift: „Ueber die Verweigerung der kanonischen Inftitution
im Bisthum Speyer" geschrieben und im Jahre 1839 dem Bischofe und einzelnen Pfarrern der Diöcefe, ohne Namensunterschrift, zugesendet. Der Ver-
faffer suchte zu beweisen, daß das bezeichnete Verfahren: 1. gegen die kirchliche
Inftitution; 2. gegen die Staatsverfaffung und 3. gegen die Würde des geiftlichen Standes, verftoße. — [77] Ein solcher Revers lautet: „Ich N. N. gelobe
und schwöre anmit freiwillig und wohlbedacht, daß für den Fall, wenn Seine
bischöflichen Gnaden, der hochwürdigfte Herr Bischof Johannes, mir die Wohlthat der Aufnahme in die Diöcefe Speyer und die Zulaffung zu den heiligen
Weihen erweisen wollen, und wenn ich in der Folge eine Seelforgerftelle in
der Diöcefe Speyer erhalten werde, gegen meine Amtsführung oder gegen
mein priefterliches Benehmen solche Klagen und Beschwerden fich erheben sollten,
durch welche Seine bischöflichen Gnaden oder Hochderen Nachfolger im Bisthume
die Ueberzeugung gewinnen würden, daß ich nicht länger mehr an dem mir
anvertrauten Poften vollftändig wirken könne, sondern es nothwendig oder
erwünschlich sei, mich auf eine andere Seelforgerftelle zu verfetzen, ich alsbann
jedesmal und so oft Seine bischöflichen Gnaden oder Deren Nachfolger im

Mit großer Entschiedenheit hielt der Hochselige an der alt-
herkömmlichen Diöcesanübung, gemäß der auch die angestellten Pfarrer,
wie die Hilfspriester von Zeit zu Zeit zur sogenannten Approbati-
ons-Prüfung an den bischöflichen Sitz einberufen wurden. Als sich
ein von einem wühlerischen Amtsbruder zur Widersetzlichkeit aufge-
stachelter Pfarrer, nach mehrmaliger Vorrufung zu dieser Prüfung
den Gehorsam verweigerte, mit der endlichen Erklärung, „daß Niemand
das Recht habe, einen wirklichen Pfarrer zum neuen Approbations-
Examen zu rufen" und dieses in einer weitläufigen Darstellung
in fünffacher Rücksicht zu begründen suchte, wurde derselbe unterm
5. August 1841 ab omni exercitio ordinis et jurisdictionis
suspendirt. Er legte alsbald Berufung an das Metropolitangericht
zu Bamberg ein, welches aber das Vorgehen des Speyerer Bischofes
aus mehreren Gründen gerechtfertiget fand, mit der schließlichen Erklärung, „daß das Metropolitangericht nicht befugt sei, die innere
und von dem Diöcesanklerus beschworene Verfassung einer in dem
Metropolitan-Bezirke liegenden Diöcese zu reformiren". Der betreffende Pfarrer fügte sich dieser höheren Entscheidung und unterzog sich der von seinem Oberhirten über ihn verhängten Strafe.

Allein damit war diese verhängnißvolle Geschichte noch nicht
zu Ende. Die obengenannte pfarrliche Darstellung enthielt vielfache Unrichtigkeiten der Thatsachen, arge Verläumbungen gegen

Bisthume auf den Grund Ihrer durch solche gegen mich vorgebrachten Klagen
gewonnenen Ueberzeugung und nach vorgenommenem deßfallsigen Gutachten
des bischöflichen Ordinariates mich auffordern werden, meinen Posten zu verlassen und eine andere von Hochselben bezeichnete Stelle zu beziehen, dieser an
mich ergangenen bischöflichen Aufforderung und Weisung ohne weitere Remon-
stration und alsogleich nachkommen werde, also zwar, daß ich einer solchen
Aufforderung und Weisung zur Beziehung eines anderen Seelsorgerpostens ohne
vorhergehende Procedur, auf welche ich hiermit freiwillig und wohlbedacht,
gänzlich von vornherein verzichte, unweigerlich und ungesäumt und zwar unter
Strafe gänzlicher Suspension, welche Seine bischöflichen Gnaden im Falle
meiner Weigerung frei und ohne Weiteres über mich verhängen können und
ohne alle weitere Appellation, auf welche ich hiermit ebenfalls freiwillig und
wohlbedacht, gänzlich und von vorn herein verzichte: nachkommen und gehor-
samen werde, so wahr mir Gott helfe und sein heiliges Evangelium. — Vorstehenden Eid habe ich in Gegenwart Seiner bischöflichen Gnaden, des hochwürdigsten Herrn Bischofes Johannes und im Beiseyn des ganzen versammelten
hochwürdigsten geistlichen Rathes in dem gewöhnlichen Sitzungssaale des bischöflichen Ordinariates am 19. Februar 1838, Morgens 11 Uhr feierlich abgelegt,
die vorstehende Erklärung nebst dem abgelegten Eide eigenhändig geschrieben
und unterschrieben und gegenwärtigen Revers darüber ausgestellt. — Also geschehen zu Speyer den 19. Februar 1838. R. R."

die geistliche Behörde und Aufreizungen der Geistlichen zu ähn=
lichem Ungehorsam. Der fragliche Pfarrer begnügte sich nicht mit
Einsendung seiner Beschwerdeschrift an das Metropolitangericht,
sondern ohne dessen Entscheidung abzuwarten, ließ er seine schuldvolle
Darstellung, in welcher er seinen Ungehorsam zu rechtfertigen suchte,
alsbald dem Druck übergeben. Sie wurde von ihrem eigentlichen
Verfasser, dem Hetzer des armen Pfarrers, an eine große Anzahl
von Diöcesangeistlichen, an viele Beamten, Bürger, Wirthe und
Bauern verbreitet und einzelne Pfarrer zur gleichen Widersetzlichkeit
und Ungehorsam ermuntert. [78]) Die bischöfliche Behörde stellte
die umfassendsten Untersuchungen an, um diesen Hauptschuldner zu
ermitteln und dessen sträfliches Hetzen und Verfahren in diesem
ärgernißvollen Handel zu erweisen. Es geschah dieses zu Genüge.
Der Betreffende ward vom oberhirtlichen Gerichte schuldig befunden
und er fand räthlich, sich der über ihn verhängten Strafe zu unter=
ziehen. [79])

§. 12. Firmungs= und Visitations=Reisen.

Zu den wichtigsten Obliegenheiten des Oberhirten bezüglich
der Verwaltung und Ueberwachung seiner Diöcese gehören unstreitig
die zeitweiligen Rundreisen in derselben, um nicht nur durch Spen=
dung der heiligen Firmung, sondern durch Verkündigung des gött=
lichen Wortes das christliche Volk im Glauben zu stärken, die ein=
zelnen Vorzüge oder Gebrechen der Kirchen und ihrer Verwalter,
der Hirten und der Heerde, kennen zu lernen, durch geeignete An=
sprachen zu ermuntern, was der Ermunterung bedarf zu rügen,
was sich als Mißstand erweiset, aufzusuchen was verirrt, zu heilen
was schlaff und krank ist. Diese Hirtenpflicht suchte unser Bischof,
trotz der Unbequemlichkeiten, Anstrengungen und Beschwerden, mit
welchen sie mannigfach verbunden ist, mit allem Ernste und Eifer
zu erfüllen. Ihm diente die Ordnung und Weise, welche sein un=

---

[78]) In Beziehung auf amtliche Verunglimpfungen schrieb der Hochselige
unterm 2. April 1838 an den Verfasser dieser Schrift: . . . „Thun wir trotz
alles Schreiens und Lärmens, trotz aller Zeitungsartikel unsere Pflicht ruhig,
besonnen und unerschüttert und es mag der eckenstehende liberale Plebs ru=
moren, wie er will. Es bleibt uns das Bewußtseyn recht gehandelt zu haben".
rc. rc. — [79]) Es war dieß der unglückliche Pfarrer Tafel zu Zweibrücken, der
wegen späteren Vergehen dieser Pfarrei entsetzt und unausgesöhnt mit der
Kirche durch einen Hirnschlag im Jahre 1869 zu München in die Ewigkeit
abgerufen wurde.

mittelbarer Vorfahrer über diese amtlichen Rundreisen vorgeschrieben hatte, zur Richtschnur. [80]) Doch wählte er hiebei, zur Freude der meisten Pfarrer der Diöcese, in dem betreffenden Pfarrhofe, und nur ausnahmsweise in Gasthäusern, seine Wohnung. Uebrigens war er nicht minder streng als Richarz in Ermittelung und Rüge der Ungehörigkeiten, Mißstände und Amtsnachlässigkeiten, welche seine Untergebenen sich etwa hatten zu Schulden kommen lassen. Sehr unlieb und anstößig war Vielen derselben, daß auch Bischof Geissel, gleich seinem unmittelbaren Vorfahrer, die Fabrikräthe, Gemeindevorstände, Lehrer, nicht in Gegenwart ihres Seelsorgers, sondern ohne dessen Beiseyn über die Zustände und Gebrechen der Pfarrei, über Gottesdienst, Seelsorgpflege und Schulunterricht vernahm und ausfragte. Doch der Oberhirte beachtete dieses wenig, weil er, wie in allen Zweigen der geistlichen Verwaltung, sich nie mit dem oft trügerischen Scheine der Dinge begnügte, sondern stets den Kern, die Wahrheit derselben möglichst erforschen und erkennen wollte.

Auf diesen Visitationsreisen begleitete den Oberhirten ein Domcapitular, anfänglich Herr Geißler, später aber Domcapitular Groh. Dem Begleiter wurde gewöhnlich die Visitation der Pfarreien, welche in der Nähe der Firmungsstationen lagen, übertragen. Dieser hatte auch über sämmtliche Visitationen die nöthigen Vormerkungen zu machen und nach denselben die Visitationsbescheide an die einzelnen Pfarrer zu entwerfen. Wir glauben hier wenigstens die erste Firmungs- und Visitationsreise, welche unser Bischof in Begleitung des Domcapitulars Geißler, Samstag den 16. Juni 1838, antrat, etwas näher verzeichnen zu müssen. [81]) Sie umfaßte den größeren Theil des Decanats Pirmasens. Von dem Vorstande des gleichnamigen Landcommissariats, Dercum, einem alten Bekannten, und einigen anderen Befreundeten, schon auf der Kaltenbach festlich empfangen, traf der Bischof am Abende gegen sieben Uhr zu Pir-

---

[80]) Siehe „Neuere Gesch. der Bischöfe zu Speyer. S. 546. — [81]) Auf die besondere Einladung des Pfarrers Müller und des Bürgermeisters zu Hainfeld hatte der Hochselige in der dortigen Pfarrkirche, in welcher er seine erste heilige Messe gelesen, am 4. Dez. 1837, auf das Fest der h. Barbara, der Schutzheiligen dieser Kirche, 122 Firmlingen und 9 aus den umliegenden Pfarreien das h. Sacrament der Firmung gespendet. — Am Pfingstmontag 1838, wie in den folgenden Jahren, wurde den Firmlingen von Speyer, Berghausen, Böhl, Dudenhofen, Dannstadt, Hardhausen, Heiligenstein 2c. in der Kathedrale das heilige Sacrament der Firmung gespendet. Die bei dieser Feier gehaltene Ansprache siehe „Schriften und Reden". B. III. S. 622.

mafens ein, wo er wegen der ungeräumigen Pfarrwohnung im
Gafthofe Herberge nahm. Am folgenden Morgen um acht Uhr
hielt derselbe die heilige Meffe, dann der Decan Schang die Firm=
ungsrede, worauf das heilige Sacrament 508 Firmlingen aus den
Pfarreien Pirmafens, Fehrbach, Nünfchweiler und Vinningen er=
theilt wurde. Nach beendigter Spendung der Firmung richtete
der Bifchof an die Firmlinge und die übrigen Gläubigen Worte
der Belehrung und Ermahnung, wie er dieß bei folchen Feier=
lichkeiten ftets zu thun pflegte. Nachmittags war Prüfung der
chriftenlehrpflichtigen Jugend und dann Vifitation in der Kirche
und im Pfarrhaufe. Am folgenden Morgen fuhr der Bifchof nach
Trulben, wo um acht Uhr fein Begleiter, Domcapitular Geißler,
die heilige Meffe las. Seit Menfchengedenken war in diefer Pfarr=
gemeinde, welche früher zur Diöcefe Metz zählte, kein Bifchof ein=
gezogen. Nach der heiligen Meffe hielt der dortige Pfarrer die
Predigt. Hierauf wurde den 482 Firmlingen die heilige Salbung
ertheilt und dann auch die oberhirtliche Vifitation vorgenommen. Von
dem Bürgermeifter des Filials Schweir wurden verfchiedene Klagen
vorgebracht, darüber mehrere Fabrikräthe verhört und diefelben
alsbald vom Oberhirten mündlich befchieden und gefchlichtet. Am
Abende kehrte diefer wieder nach Pirmafens zurück, um am fol=
genden Tage die Pfarrei Fehrbach zu vifitiren, während der geiftliche
Rath Geißler Gleiches in der Pfarrei Nünfchweiler vornahm. Am
20. Juni war zu Rodalben Firmung und Vifitation. Um 8 Uhr
hielt der genannte Domcapitular die heilige Meffe. Der Orts=
pfarrer hatte die Feftpredigt, worauf den 912 Firmlingen von
Rodalben, Claufen, Leimen und Merzalben das heilige Sacrament
ertheilt wurde. Nachmittags war Chriftenlehre und oberhirtliche
Vifitation. Die Fabrik= und Gemeinde=Räthe wurden vom Vifi=
tator befonders vernommen und fofort die nöthigen Befcheide münd=
lich ertheilt. Am folgenden Morgen nahm der Bifchof mit feinem
Begleiter eine ausführliche Vifitation in Merzalben vor, wobei die
Predigt und Chriftenlehre von dem Ortspfarrer abgehalten wurde.
Zwifchen diefem, dem Bürgermeifter und den Fabrikräthen, welche
im Einzelnen vernommen wurden, beftand nicht das befte Einver=
nehmen. Der Vifitator erkannte leicht die Quelle diefer Spannung
und ermahnte beide Theile zur treueren Erfüllung aufhabender
Pflichten, zur wechfelfeitigen Unterftützung und Verträglichkeit, die
auch verfprochen wurde. Nachmittags hielt der Bifchof zu Claufen,
fein Begleiter aber zu Leimen Vifitation. Dort gab er nach der

Predigt und Christenlehre, welche der Pfarrer abhielt, eine ernstere Untersuchung wegen allerlei Unordnungen und Amtsnachläßigkeiten, die dem Seelsorger zu Schulden gelegt wurden. Domcapitular Geißler fand den Exposilus zu Leimen in einem so leidenden Zustande, daß dieser das Zimmer nicht verlassen konnte. Die Prüfung im Religionsunterrichte mußte hier unterbleiben, weil die christenlehrpflichtige Jugend gar nicht versammelt war. Am 22. Juni Morgens 8 Uhr begann der Gottesdienst zu Horbach, wo 428 Firmlingen von Horbach, Heltersberg und Weselberg das heilige Sakrament der Glaubensstärkung gespendet wurde. Der seeleneifrige Pfarrer hielt die Predigt. Er hatte wegen angeblicher Strenge und Herbe mehrere Gegner in der Pfarrei, welche bei dem Oberhirten schriftlich und mündlich Klagen vorbrachten, die dieser gütlich zu schlichten suchte. Nachmittags war Christenlehre und bischöfliche Visitation, während der Domcapitular Geißler in die Pfarrei Weselberg ging, um dort Gleiches vorzunehmen. Sein Nachtquartier nahm der Bischof mit seinem Begleiter zu Waldfischbach, einem Filiale der Pfarrei Heltersberg, in einem Wirthshause. Am folgenden Tage unterzog sich derselbe keiner Amtsverrichtung. Von Waldfischbach nahm der Oberhirte seinen Weg über Münchweiler, um die dortige Filialkirche von Merzalben zu besuchen, wo nach seiner Anweisung der bisher eigenmächtig unterbrochene Binationsgottesdienst wieder abgehalten werden sollte. Von da fuhr derselbe nach Dahn, wo auf Sonntag den 24. Juni, auf das Namensfest des Prälaten, Firmung und Visitation angeordnet war. Die Festlichkeit begann Morgens acht Uhr, wobei der Bischof die heilige Messe las. Es waren 1,500 Firmlinge aus den Pfarreien Dahn, Bundenthal, Busenberg, Fischbach, Hauenstein, Niederschlettenbach und Schönau erschienen. Der Pfarrer von Dahn hielt die Festpredigt. Nachmittags war Religionsprüfung der christenlehrpflichtigen Jugend und Visitation. Am folgenden Tag hielt der Oberhirte noch Visitation in der Pfarrei Busenberg und kehrte dann an demselben Tage nach Speyer zurück. [87]) Erst im

---

[87]) In Dahn hatte der hochselige Bischof einen eigenen Pastoralfall. Es lebte daselbst ein leichtsinniger ehemaliger französischer Soldat schon seit etwa 20 Jahren in bloßer Civilehe, ohne daß er vermocht werden konnte, sich kirchlich trauen zu lassen. Dabei war er sehr dem Trunke ergeben. Der Hochselige ließ ihn vor sich bescheiden, allein er erschien anfänglich nicht, sondern lief halbberauscht und hembärmlich auf der Straße umher. Endlich wurde er dennoch bewogen, dem Rufe seines Oberhirten zu folgen. Er gebärdete sich

Beginne des Monats September 1838 ward in den zum Decanate Pirmasens gehörigen Pfarreien Bundenthal, Fischbach und Nieder-schlettenbach oberhirtliche Visitation abgehalten. An diese schloß sich am sechsten September die Firmungsertheilung und oberhirt-liche Visitation der Pfarrei Steinfeld an, wo 805 Firmlingen aus den Pfarreien Steinfeld, Oberotterbach und Schweighofen das heilige Sacrament empfingen. Domcapitular Groh war hier der Begleiter des Bischofes. [83])

---

hiebei anfänglich wie ein ganz berkommener Mensch. Da redete ihn auf einmal der Bischof ganz freundlich und zutraulich in französischer Sprache an. Er wurde betroffen und hierauf ganz bescheiden, versprach sodann, in französischer Sprache, ein ordentlicher Mensch und besserer Christ zu werden und auch sich kirchlich trauen zu lassen, welches Letztere bald nachher geschehen ist. —

[88]) Von den im Jahre 1838 vorgenommenen oberhirtlichen Rundreisen lesen wir Nachstehendes: „Im verflossenen Sommer hat unser hochwürdigster Ober-hirte einen beträchtlichen Theil des Bisthums besucht und an den gelegensten Orten, in welchen die Kirche eine ansehnliche Volksmasse fassen konnte, das heilige Sacrament der Firmung ausgespendet. Da aber Hochderselbe sich selbst von der Seelsorgführung der ihm untergebenen Gehilfen im Weinberge des Herrn durch genaue Prüfung und Einsicht an Ort und Stelle überzeugen wollte, so wurde in den einzelnen Pfarreien, ungeachtet jener Theil des Bisthums am Beschwerlichsten zu bereisen ist, eine Alles umfassende Visitation vorge-nommen. Bei keiner dieser öffentlichen Handlungen ließ es der Oberhirte an dem belebenden Worte ermangeln, sondern bei der Firmung, wie bei der Vi-sitation ertheilte er eindringliche Belehrungen und Ermahnungen. Die Visi-tationen, wie sie vorgenommen wurden, schienen indeß den meisten Kraftauf-wand zu erfordern, da sie, wenn die Prüfung des Religionsunterrichtes und die Untersuchung des Zustandes der Kirche und der Utensilien beendigt war, oft noch mehrere Stunden in Anspruch nahmen, damit, nach Anhörung des Pfarrers, des Fabrikrathes und des Gemeindevorstandes mit manchen andern Bürgern und des Schullehrerpersonals, gleich an Ort und Stelle das Erfor-derliche, so viel thunlich, angeordnet werden konnte. — Ueberall ist der hoch-würdigste Oberhirte mit großer Feierlichkeit und unter freudiger Theilnahme der Gemeinden und der höheren und niederen Beamten aufgenommen worden, so daß unter Gottes Segen von diesen Firmungs- und Visitations-Reisen eine nachhaltige Wirkung zu erwarten ist. — Eine andere Art der Visitation, welche schon der unserer Diöcese unvergeßliche Bischof und Reichsrath Petrus, der nun dem größeren Sprengel Augsburg segensreich vorsteht, angefangen hat, scheint ebenfalls beibehalten werden zu sollen, indem unser hochwürdigster Bischof Johannes, ohne eine lange vorhergegangene Ankündigung, Pfarrvisitationen vornimmt und so sich von dem Zustande der Seelsorgführung, wie er im gewöhnlichen Gange beschaffen ist, genauere Einsicht verschafft, als wenn vorher Alles vorbereitet werden konnte. Es wird auch dadurch noch der Vortheil er-zielt, daß Pfarrer, die sonst vielleicht nicht immer die erforderliche Sorgfalt auf ihre Kirche und auf ihre Amtswirksamkeit verwenden, in Wachsamkeit und

Am Samstage nach dem Frohnleichnamsfeste, den 1. Juni 1839, begab sich der Oberhirte, vom Domcapitular Groß begleitet, in das Decanat Zweibrücken, um dort das heilige Sakrament der Firmung zu spenden und Visitation abzuhalten, was zwölf Tage in Anspruch nahm. [84]) In einer der dortigen Pfarreien führte die oberhirtliche Visitation höchst unliebe Auftritte herbei. [85]) Unter demselben Geleite besuchte der Bischof am 27. August gleichen Jahres das Decanat Homburg, um auch in diesem den bezeichneten Amtsverrichtungen zu obliegen. [86])

Auch in der Dompfarrei zu Speyer hielt der Hochselige im Jahre 1839 eine besondere oberhirtliche Visitation über den Religionsunterricht der Jugend, wie aus nachstehender Verfügung vom 30. November 1839 erhellet: „Nachdem ich, unter Assistenz der

---

Eifer erhalten werden, weil sie jeden Tag der oberhirtlichen Visitation gewärtig seyn müssen." „Katholik". Jahrg. 1838. Novemberheft. Beil. S. LXXIX. — [84]) Die Ansprache, welche der Hochselige bei dem zu seiner Ehre dabei in Zweibrücken veranstalteten Festmahle hielt, siehe: „Schriften und Reden." B. III. S. 636. — [85]) Der hochselige Bischof schilderte sie dem Metropoliten zu Bamberg also: „Als ich das erstemal im Decanat Zweibrücken die Diöcesanvisitation vornahm, geschah es, daß der Pfarrer zu N. (— dessen Gottesdienst und Beichtstuhl unter den 48 Familien seines Ortes 32 Familienväter mit allen ihren Angehörigen, wegen der ihnen und ihren Kindern von ihrem Seelsorger erwiesenen, mehrfachen Mißhandlungen, nicht mehr besuchten und nie mehr besuchen zu wollen erklärten —) bei der deßfalls von mir vorgenommenen Verhandlung in seiner und seiner Ankläger Gegenwart, gegen mich auf die respectwidrigste Weise sich benahm, tobte und schrie und sogar, als ich ihm zuletzt, als Resultat der Visitation die Alternative setzte, er möge bei der großen, gegen ihn bestehenden Abneigung seiner Parochianen um eine andere Pfarrei einkommen, widrigenfalls ich, um Ruhe in der Gemeinde herzustellen, einen Commissär schicken müßte, um alle Dissidien kanonisch untersuchen zu lassen, bei dieser Eröffnung mir in dem größten Zorne mit geballter Faust vor dem Gesichte herumgesticulirte und mich anschrie: „„Was wollen Sie mir einen Commissär schicken — Sie haben gar kein Recht dazu!"" — ein Benehmen, welches ich natürlich mir nicht gefallen lassen konnte und durch energische Maßregeln so gemessen in die Schranken zurückwies, daß der Pfarrer bei besserer Ueberlegung sein Vergehen wohl einsah und ungesäumt eine andere Pfarrei bezog". ꝛc. Wegen des gehässigen Geredes, welches bezüglich dieses Verfahrens gegen den hochseligen Bischof verbreitet wurde, glaubten wir dessen Bericht hierüber nicht mit Stillschweigen übergehen zu sollen. — [86]) Am 30. Aug. 1839, sohin am Jahrestage der Inthronisation, hielt der Bischof Visitation und spendete die h. Firmung zu Kirchmohr. Auf der Hinreise zwischen Steinwenden und Kirchmohr schlug der bischöfliche Wagen um, wobei der eine Glaszuschlag und ein Hinterrad gänzlich zertrümmert wurde, ohne daß jedoch der Oberhirte hiebei besondern Schaden erlitt.

hochwürdigsten Herrn Dignitäre Miltenberger und Dr. Weis, so wie der hochwürdigsten Herrn Domcapitulare Würschmitt, Busch und Foliot, der von mir angeordneten Prüfung der Erstcommunicanten vor der Zulassung zur ersten h. Communion beigewohnt, respective eine Diöcesanvisitation des der Schuljugend der hiesigen Dom- und Stadtpfarrei ertheilten pfarrlichen Religionsunterrichtes vorgenommen und aus dieser Visitation mich überzeugt habe, daß dieser seither ertheilte Unterricht der nothwendigen Gründlichkeit, Folgenreihe und Ausdehnung entbehre, sonach in seinem Wesen sehr mangelhaft, als auch in der Art und Weise völlig ungenügend sei, welche Ueberzeugung überdieß durch das einstimmige Gutachten der zu jener Visitation beigezogenen hochwürdigsten, oben genannten Herren durch Ordinariats-Protocoll vom 4. April l. J. sub Nro. 674 vorgelegt, weiter noch bestätigt worden; und nachdem es un- erläßlich nothwendig ist, daß der Religionsunterricht für die Schul- jugend der ersten Pfarrei des Bisthums, namentlich aber der Erst- communicantenunterricht mit der möglichsten Gründlichkeit und Voll- ständigkeit, in wohlberechneter Methode und Aufeinanderfolge, ertheilt werde, um die nachwachsende katholische Generation in die so wich- tigen Lehren unserer heiligen Religion einzuführen und sie darin für ihr ganzes Leben zu befestigen und zu erhalten: so finde ich mich, beim Wiederbeginne des Kirchenjahres und der neu einge- tretenen Wiederbesetzung der bisher erledigten Stellen, veranlaßt, in Uebereinstimmung mit dem bereits angeführten Gutachten und in weiterer Uebereinstimmung mit dem vom gesammten hochwür- digsten geistlichen Rathscollegium im Sitzungsprotocolle vom 8. April l. J. sub Nro. 677 niedergelegten motivirten Antrage, Nach- stehendes hiermit anzuordnen: 1. Der Religionsunterricht in den beiden untersten Mädchenclassen der Klosterschule wird künftig durch den Herrn Domvicar Zahm in zwei wöchentlichen Stunden für jede Classe ertheilt werden. 2. Der Religionsunterricht in den beiden oberen Mädchenclassen der Klosterschule wird von dem Herrn Dom- vicar Cronauer in zwei wöchentlichen Stunden für jede Classe er- theilt werden. — Die beiden Herrn, Cronauer und Zahm, werden sich miteinander benehmen, bei welchem Abschnitte im Katechismus der Eine im Unterricht endet und der Andere beginnt und mir ihre Uebereinkunft schriftlich vorlegen, damit dadurch die nöthige Einheit und Reihenfolge in den Unterricht gebracht wird. — 3. Der Religionsunterricht in der untersten Classe der Knabenschule wird, wie bisher, durch die Alumnen des Klericalseminars unter

Aufsicht und Leitung des Herrn Regens oder Subregens in drei wöchentlichen Stunden ertheilt werden. 4. Der Religionsunterricht in den beiden oberen Classen der Knabenschule soll in zwei wöchentlichen Stunden für jede Classe durch den Herrn Domvicar Spiehler ertheilt werden. — Die Herrn Regens oder Subregens und Herr Domvicar Spiehler werden sich ebenfalls über das Ineinandergreifen des Unterrichts benehmen und mir ihre Uebereinkunft vorlegen. — 5. Da der Unterricht für die Erstcommunicanten von höchster Wichtigkeit für das ganze Leben ist, so sind die zwei Stunden wöchentlich von Allerheiligen bis weißen Sonntag, welche seither darauf verwendet wurden, nicht hinreichend, und eben so wenig ist es genügend, daß nur die Kinder des letzten Schulcursus zu diesem Unterrichte zugelassen werden. Dieser Unterricht wird daher von jetzt an in der Art organisirt, daß die Knaben, welche bis weißen Sonntag 1840 und bis zu dem nämlichen Termin 1841 das Alter zur ersten h. Communion erreichen, in eine Classe zum Communicantenunterrichte zusammen genommen werden. Ein Gleiches soll auch hinsichtlich der Mädchen geschehen. Eine jede der beiden Classen der Knaben und Mädchen, welche von einander getrennt bleiben, erhält von Allerheiligen bis Neujahr drei wöchentliche Stunden und von Neujahr bis Ostern vier wöchentliche Stunden, oder, wenn möglich und erforderlich, von Faßnacht bis Ostern eine Stunde für jeden Tag. — Vierzehn Tage nach Ostern ist der Unterricht wieder für die Communicanten des nächsten Jahres, unter Zuziehung der Kinder des darauffolgenden, zu beginnen und den Sommer durch in zwei wöchentlichen Stunden in jeder Classe bis Allerheiligen fortzusetzen, wo er dann wieder in drei Stunden und so weiter gegeben wird. — Da nun aber der Herr Dompfarrer durch die vielseitigen anderen Pfarrgeschäfte und Functionen eines geistlichen Rathes, so wie als Mitglied der Armencommission u. s. w. allzusehr in Anspruch genommen ist, um jene erforderlichen Stunden für den Erstcommunicantenunterricht unausgesetzt verwenden zu können; so wird es unerläßlich, hiefür einen eigenen Katecheten aufzustellen, welcher diesem so wichtigen Geschäfte ununterbrochen seine ganze Thätigkeit und Anstrengung widmet; und dem zu Folge stelle ich den Herrn Domvicar Hällmeyer als Katecheten auf und übertrage demselben den Unterricht der Erstcommunicanten in der vorbezeichneten Weise, zu welchem ihn der Herr Dompfarrer in nächster Woche, unter Zustellung der Knaben- und Mädchen-Liste, welche in den Jahren 1840 und 1841 das Alter zur ersten heiligen

Communion erreichen, einführen wird. In der Osterwoche wird alsdann der Herr Dompfarrer, unter Assistenz des Katecheten, die äußere Vorbereitung der Erstcommunicanten vornehmen und dieselben am weißen Sonntage zur heiligen Communion führen. — 6. Obgleich der Herr Dompfarrer in der vorbezeichneten Weise zur bessern Führung seiner übrigen zahlreichen Pfarr- und sonstiger Geschäfte, des Unterrichtes entbunden ist, so wird derselbe dennoch als Localschulinspector zuweilen und mehr als bisher geschehen ist und nicht bloß die eine obere Classe, sondern alle Schulclassen besuchen, um sich von der richtigen Einhaltung der Schulstunden und dem regelmäßigen Besuche der Kinder, so wie dem Stande des Unterrichtes Kenntniß zu verschaffen und so die pfarrliche Aufsicht zu führen. 7. Die Abhaltung der Christenlehre für die bereits zur ersten h. Communion zugelassene reifere Jugend an den Sonntag-Nachmittagen verbleibt, wie bisher, dem Herrn Dompfarrer. — Der Herr Dompfarrer wird hiermit angewiesen, die Herren Domvicare zu versammeln und ihnen Vorstehendes zu ihrer Kenntnißnahme und Befolgung zu eröffnen. † Johannes, Bischof."

Im Jahre 1840, am 9. Mai, reiste der Hochselige in das Decanat Kirchheimbolanden, um die heilige Firmung zu spenden und die oberhirtliche Visitation vorzunehmen, was zehn Tage in Anspruch nahm. Am 20. Juni besuchte er zu gleichem Zwecke das Decanat Bergzabern. Am 24. Juni erhielt der Bischof auf dieser Rundreise die unerwartete Nachricht, daß der König Ludwig am 26. desselben in Speyer eintreffen werde. Die Firmungsreise ward sohin unterbrochen, indem der Bischof den König zu Speyer begrüßte. Erst am Ende September wurde jene Reise wieder aufgenommen und am 27. desselben in Bergzabern das heilige Sacrament der Firmung gespendet. — Im Jahre 1841 wurde im Laufe der Monate Mai und Juni die bischöfliche Rundreise in den Decanaten Frankenthal und Germersheim abgehalten und am 19., 20. und 21. September in den Pfarreien Fußgönnheim, Hochdorf, Mundenheim, Mutterstadt und Oggersheim Visitation vorgenommen und das heilige Sacrament der Firmung den betreffenden Firmlingen ertheilt.

Neben diesen gewöhnlichen Rundreisen wurden vom Hochseligen Bischofe auch noch einzelne außerordentliche Visitationen vorgenommen, welche in ihrer ungewöhnlichen Weise kein geringes Aufsehen hervorriefen. Veranlassung zu denselben gaben besondere Nothstände und Klagen in diesen Pfarreien, welchen der Oberhirte ungesäumt und tiefer

auf den Grund sehen und sie heben wollte. Derselbe erschien hiezu
mit Einem der geistlichen Räthe gewöhnlich unangemeldet Morgens
an einem Sonntage vor dem Gottesdienste, um diesem, der
Predigt und Christenlehre beizuwohnen, und dann die näheren Er-
kundigungen über die fraglichen Mißstände einzuziehen und die erforderlichen Bescheide und Anweisungen zu geben. Auch hiebei
trat der Hochselige, wie wir bereits hörten, in die Fußstapfen
seines Amtsvorgängers ein. Die ersten oberhirtlichen Besuche dieser
Art fanden am 24. September 1837 in den Pfarreien Bornheim
und Arzheim statt, wobei der Domcapitular Geißler den Bischof
begleitete. Am Samstag den 25. November des genannten Jahres
verfügte sich der Bischof nach Friedelsheim, um dort die gemischte
Schule zu besuchen und die obwaltenden Umstände wegen des den
katholischen Schulkindern von Gönnheim dort zu ertheilenden Religionsunterrichtes zu heben und die bezügliche Anordnung zu treffen.
Am darauf folgenden Sonntage hatte eine außerordentliche Visitation in der Pfarrei Heßheim, Decanats Frankenthal, statt. Es
waren hier gehässige Streitigkeiten wegen des Simultangebrauches
der Kirche zum Ausbruche gekommen, welchen der Oberhirte näher
auf den Grund sehen wollte, um sie zu schlichten und zu heben.
Am 19. August 1838 hatte eine außergewöhnliche Visitation in
der Pfarrei Meckenheim statt. Erst am Morgen zuvor wurde dieß
dem dortigen Pfarrer eröffnet. Dieser bat die Visitation um acht
Tage zu verschieben, weil am 19. August das Kirchweihfest in dem
Filiale Friedelsheim sei und daher dort der Gottesdienst nicht wohl
ausgesetzt werden dürfte. Der Pfarrer erhielt jedoch noch am
Samstags Abende den Bescheid, daß der Oberhirte am folgenden
Morgen in Meckenheim eintreffen, und Einer seiner Begleiter den
Gottesdienst in Friedelsheim abhalten werde. Letzteres kam jedoch
nicht zur Ausführung, weil die Filialgemeinde sammt dem Lehrer
und den Schülern sich in der Pfarrkirche eingefunden hatten. Die
Begleiter des Bischofs waren die Domcapitulare Geißler und Foliot.
Der Bischof hielt die heilige Messe und der Pfarrer darauf die
Predigt. Dieser benützte die sonntägliche Epistel — I Corinther. XV.
1—10, — um über die Wirksamkeit des apostolischen Amtes für
die Gläubigen zu sprechen. Nach der Predigt wurde mit der Christen-
lehrjugend Katechese gehalten. Hierauf fand die oberhirtliche Visitation in der Kirche und in der Pfarrwohnung statt. Die nach
Befund nöthig erachteten Ermahnungen und Zurechtweisungen wurden vom Oberhirten alsbald mündlich ertheilt. Auch in der Pfarrei

Eppstein wurde eine solche unerwartete, oberhirtliche Visitation vorgenommen, welche emsig dazu benützt wurde, feindliches Gerede und Unzufriedenheit hervorzurufen. [87])

Wie zur Ertheilung der heiligen Firmung und zur Visitation der Pfarreien, besuchte der Oberhirte auch noch einzelne Gemeinden der Diöcese, welche das Glück hatten, den Neubau ihres Gotteshauses vollendet zu sehen, um diese durch die bischöfliche Weihe dem Dienste des Allerhöchsten zu heiligen. In mehrern Pfarrkirchen wurde hiebei auch die heilige Firmung gespendet und diese Festlichkeiten vom Oberhirten stets benützt, ernste und ergreifende Worte der Belehrung und Erbauung an die Gläubigen zu richten. [88])

§. 13. Lehrreiche Hirtenbriefe.

Nicht nur durch treffliche Ansprachen bei Ausspendung der

[87]) Dem Oberhirten wurden hierüber Drohbriefe von a n g e b l i c h e n F r e u n d e n und auch ein Spottgedicht zugesendet, um ihn von seiner bisherigen Visitationsweise abzuschrecken, wozu er sich jedoch nicht herbei ließ, weil er die Schäden zu gut kannte, die zu heilen waren. — [88]) Auf den Sonntag Judica, den 5. April 1849, wurde die neue Simultankirche zu Kandel, zu welcher König Ludwig 3000 fl. schenkte, nach vielen Verhandlungen über die innere Einrichtung derselben, feierlich eingeweiht. Gleiches geschah am 18. Oct. 1840 mit der neuen Filialkirche zu Neupfotz. — Am 25. Nov. 1840 ward die neue, schöne Kirche zu Lingenfeld eingeweiht. — Am 29. Sept. 1841 hatte die Weihe der großartigen, im romanischen Style erbauten Kirche zu Homburg statt. Bereits am 25. Aug. 1836 war zu derselben der Grundstein gelegt und deren Bau vom Könige Ludwig huldvollst unterstützt worden. Am neunzehnten Sonntage nach Pfingsten, den 10. Oct. 1841, erhielt die neue Kirche zu Berghausen die bischöfliche Weihe. Ueber den Kirchenbau zu Homburg siehe „K a t h o l i k", Beilage zum August- und Dezemberheft 1836 und Februarheft 1842. So auch „C h r i s t l i c h e r N a c h r u f" des Pfarrers und geistlichen Rathes Jackel an die Pfarrgemeinde zu Homburg vom 29. Sept. 1841. — Am 30. Sept. 1840 verfügte sich der Hochselige, von dem Domcapitular Johann Groß begleitet, nach Würzburg, um mit dem Eichstätter Bischofe Karl August bei der Weihe des neuernannten Bischofes Georg Anton Stahl, welche der Erzbischof von Bamberg, Joseph Maria v. Fraunberg, am 4. October, am Feste des heiligen Rosenkranzes, vornahm, Aushilfe zu leisten. Bei 20,000 Laien und 400 Geistlichen aus den umherliegenden Gauen haben an dieser Festlichkeit Antheil genommen. Es war ein herrlicher Tag in der Kathedrale des heiligen Kilian. Den schönen Segenswunsch, welchen hiebei der Speyerer Bischof an den neugeweihten Mitbruder richtete, siehe „K a t h o l i k", Jahrg. 1840. Octoberheft S. XXIV. — „S c h r i f t e n und R e d e n". B. II. S. 443. — Am 23. Oct. 1838 wohnte der Hochselige der Jubelfeier der fünfzigjährigen Priesterweihe des Pfarrers Bernhard Regele zu Offenbach bei, wobei der Domdechant Dr. Weis die Festpredigt hielt.

heiligen Firmung, bei den oberhirtlichen Visitationen und sonstigen
Veranlassungen hat der Hochselige seine Heerde belehrt, ermahnt,
getröstet und ermuntert, sondern auch durch seine ausgezeichneten
Hirtenbriefe auf den Schwingen der Presse an Hunderttausende
innerhalb und außerhalb seines Amtsbezirkes christliche Belehrung
und Warnung, väterliche Mahnung und Trost gerichtet und verbreitet. Die Hirtenbriefe, welche er für die Diöcese Speyer schrieb,
sind zwar im Vergleiche zu jenen, welche er als Erzbischof zu Köln
erließ, nur wenige, allein jene, welche er schon unter der Amtsführung des hochseligen Bischofes Maul verfaßt hatte, [89] waren um
so umfassender und reicher in ihrem Inhalte. Die berührte Minderzahl
läßt sich theilweise aus dem Umstande erklären, daß gerade damals
von Seite der bayerischen Staatsregierung gar sehr auf die Beachtung und Erholung des Placeti regii gesehen wurde, welches
aber von den Oberhirten des Königreiches, weil es im Widerspruche
mit den Bestimmungen des Concordates stand, als höchst bedenklich,
die Rechte und Freiheiten der Kirche beeinträchtigend, betrachtet
wurde. Aus diesen und anderen Rücksichten entschloß sich auch der
Speyerer Bischof für das Jahr 1838 weder eine neue Fastenver-
ordnung, noch einen Fastenhirtenbrief herauszugeben. Im allerhöchsten Auftrage vom 19. Januar dieses Jahres erinnerte jedoch
die Kreisregierung das bischöfliche Ordinariat an die Vorlage des
Fastenpatentes für das genannte Jahr. Der Oberhirte erwiderte
unterm 2. Februar der Regierung, daß seit dem im Jahre 1836
von seinem Amtsvorgänger erlassenen Fastenpatente, welches damals
die allerhöchste Genehmigung erhalten hat und in welchem der
Fortbestand seiner Bestimmungen ebenfalls für die künftigen Jahre
bis zur anderweitigen bischöflichen Verfügung angeordnet ist, kein
anderes erlassen worden sei und daß, da die damaligen bedingenden
Verhältnisse der Speyerer Diöcese ganz die nämlichen geblieben
sind, er nicht gedenke, für das laufende Jahr eine neue Fasten-
verordnung herauszugeben. Darauf erhielt der Bischof unterm 26.
desselben Monats von der Kreisregierung die Zuschrift: „Das
Seiner Majestät dem Könige vorgelegte Dienstschreiben des hochwürdigen Herrn Bischofes von Speyer vom 2. l. M. wurde uns
mit der Eröffnung zurückgeschlossen, daß Seine königliche Majestät
die allerhöchste Genehmigung zur Publication des Fastenpatentes

---

[89] Siehe Neuere Geschichte der Bischöfe zu Speyer. S. 360, so wie
„Schriften und Reden". B. III. S. 89. 106. 120. 150 und 323.

nur je für ein Jahr allergnädigst zu ertheilen geruhen. Wir be=
ehren uns in Folge allerhöchsten Auftrages dieses dem hochwürdigen
Herrn Bischofe mit dem Anhange zu eröffnen, daß die Vorlage
des Fastenpatentes pro 1838 um so mehr augenblicklich gewärtiget
werde, als dem Fastenpatente der Diöcese Speyer pro 1836 die
Genehmigung zur Publication nur von dem Ministerrathe, auf den
Grund einer allerhöchsten Vollmacht während des damaligen Aufent=
haltes Seiner königlichen Majestät in Griechenland, ertheilt worden
sei." Auf diese Eröffnung ermangelte der Bischof nicht, sowohl
in einer Erwiderung an die königliche Regierung der Pfalz, als
in einer ausführlichen Erörterung, welche er am 2. März unmit=
telbar an den Minister des Innern richtete, sein Verfahren zu
rechtfertigen und darzuthun, daß für das laufende Jahr kein an=
deres als das bereits am verflossenen Sonntage in der ganzen
Diöcese verkündete Fastenpatent vom Jahre 1836 könnte vorgelegt
werden. Unterm 26. März eröffnete hierauf die Regierung dem
Bischofe: „Seine Majestät der König haben die für das Jahr
1838, ohne Einholung des königlichen Placet in der Diöcese Speyer
erfolgte Wiederverkündigung des Fastenpatentes vom Jahre 1836,
in der Ueberzeugung, daß der hochwürdige Herr Bischof von Speyer
hiebei in gutem Glauben gehandelt, nachträglich allergnädigst zu
genehmigen und zugleich zu gestatten geruht, daß das fragliche
Patent bei den ganz eigenthümlichen Verhältnissen der Diöcese
Speyer, in so ferne Allerhöchstdieselbe nicht anders verfügen, bis
zum Jahre 1842 inclusive gelten solle". [90])
    Nach dieser allerhöchsten Entschließung standen dem hochseligen
Bischofe keine Bedenken mehr entgegen, zur vierzigtägigen Fastenzeit
der nächstfolgenden Jahre Hirtenbriefe zu erlassen. Der vom 2.
Februar 1839 schildert uns den Wechsel und die Vergänglichkeit
alles Irdischen, die Unwandelbarkeit des Allerhöchsten und das Be=
mühen der Kirche im Wechsel des Jahres dem Unwandelbaren die ihrer
Obhut anvertrauten Kinder aus der Veränderlichkeit dieses Lebens in
sein unveränderliches Reich der seligen Unsterblichkeit zuzuführen. An
die eben so lebendige als gründliche Darstellung dieser Wahrheiten
knüpfte der Oberhirte eben so ernste als eindringliche Ermahnungen
an die Kinder der Kirche und die Seelenhirten derselben, um die

---

[90]) Noch mehr als diese allerhöchste Entschließung bewies dem Hoch=
seligen die fortdauernde Huld des Königs das Brevet vom 2. Januar 1839,
wodurch derselbe zum Ritter des königlichen Civilverdienstordens der bayerischen
Krone erhoben wurde.

Tage des Heiles zu benützen. Hören wir Einiges aus den Ermahnungen an die Gläubigen. [91])

„Der Herr des Lebens ruft seinen Kindern; so folge denn
auch diesem Rufe, Du, für den Er in seinem Blute den Tod besiegt, in dessen Namen Du getauft bist zum ewigen Leben. Im
Kreislaufe des christlichen Jahres erinnert dich die Kirche, durch
das Sinnbild der Asche an die Vergänglichkeit alles Irdischen und
die Eitelkeit aller Freuden der Welt, mahnt Dich zugleich an den
Einen Unwandelbaren, bei dem allein Leben und Seligkeit wohnt
und ladet Dich durch den Mund ihrer Diener zu dem Born des
lebendigen Wassers, zum Gnadenbrunnen der heiligen Sacramente,
um Dich wieder durch sie mit Gott zu versöhnen und aus der
Vergänglichkeit zum ewigen Leben Dich zu retten. So folge denn
aber auch dieser Einladung Du, der Du Dich einen Christen nennst
und ein Bekenner der Kirche seyn willst. Laß die Gnade, die Du
empfangen hast, nicht umsonst Dir gegeben seyn. Ferne sei es
von Dir, daß Du dieser mütterlichen Stimme Ohr und Herz ver-
schlössest, ferne von Dir, daß Du, von der Eitelkeit der Welt und
von den vergänglichen Genüssen gefesselt, noch länger in den Banden
der Sünde und des Todes verharren solltest. Wie solltest Du
nicht aufwachen aus dem Schlafe, wenn der Herr mit seiner Erbarmung Dir naht, wie den unheiligen Neigungen und Thaten
noch länger Dich hingeben, wenn die Tage des Heils heranbrechen.
Alles predigt Dir so laut und eindringlich, wie der Mensch mit
allen seinen Wünschen und Hoffnungen so vergänglich, wie Alles,
was die Erde ihm darbietet, nur eitel Jammer sei und Du solltest
fortfahren, Dein ganzes Herz an diese flüchtigen Güter zu hängen,
Deine ganze Seligkeit nur im Tode und in der Verwesung zu
suchen? Siehe, deine Mitchristen folgen der Stimme ihrer heiligen
Mutter, und wenn sie auch bis jetzt mehr, als sie gesollt hätten,
dem Treiben der Welt und ihrer eitlen Lust sich hingegeben haben,
so ist doch von nun an die Gnade des Herrn mächtig in ihnen;
sie kehren zurück von dem gefährlichen Pfade und wenden sich
wieder dem Besseren zu; und indem sie die Zeit der Heimsuchung

---

[91]) Unterm 4. Feb. 1839 sendete der Bischof sowohl an Seine Majestät
den König, als an den Minister v. Abel einige Exemplare dieses Hirtenbriefes.
An demselben Tage wurde er auch an sämmtliche Pfarrer der Diöcese mit
der Weisung abgeschickt, denselben am nächsten Sonntage von der Kanzel ihren
Pfarrgenossen zu verkünden und sie auf die genaue Beobachtung des Fastenpatentes vom 8. Feb. 1836 zu verweisen.

erkennen, bereiten sie sich durch fromme Betrachtungen, Gebet und
Fasten und andere gute Werke auf jene heiligen Tage vor, an
denen sie dann ihre Wiederkehr zu Gott durch die Gnadenmittel
besiegeln, welche Er zu ihrem Heile eingesetzt hat. Sie durch=
forschen ihr vergangenes Leben, erkennen ihre Verirrungen und
von Reue durchdrungen, bekennen sie ihre Sünden zu den Füßen
des Priesters, des Stellvertreters Gottes, und durch seine Los=
sprechung gereinigt, treten sie zu dem Tische des Herrn und em=
pfangen seinen Leib und sein Blut zur Stärkung ihrer Seele. In
jener heiligen Stunde fühlen sie, wie eitel und vergänglich Alles
sei, und wie der wahre Friede und ihrer Seelen wahre Seligkeit
nur allein bei Gott zu finden sei. Die heilige Zeit wird ihnen
wahrhaft eine Zeit der Gnade und des Heiles." ꝛc. ꝛc.

An die Seelenhirten richtete aber der Bischof folgende Worte:
„Ihr aber, ehrwürdige Brüder, die der Herr zu Mitarbeitern in
seinem Weinberge berufen hat, Ihr werdet Euch in der heran=
nahenden heiligen Zeit dieses eures hohen Berufes zweifach würdig
erweisen und der mütterlichen Aufforderung unserer Kirche, welche
durch den Mund eures Mitbruders und Oberhirten in erneuerter
Liebe und wohlbegründetem Vertrauen an Euch ergeht, mit ge=
steigertem Eifer Gehör geben. Euch, ehrwürdige geliebte Brüder,
hat der Herr vor seinem Angesichte hergesandt, sein Himmelreich
unter den Menschen zu begründen und sie durch seine heilige Lehre
und durch seine in seinem Blute besiegelten Gnadenmittel, die hoch=
heiligen Sacramente, aus dem vergänglichen Erdenleben, aus der
Flüchtigkeit dieser Welt, aus Finsterniß, Tod und Verwesung zum
Lichte, zur Erkenntniß und Tugend und zur seligen Unsterblichkeit
in Ihm, der über alle Wechsel ewig unwandelbar lebt und regiert,
zu geleiten. Euch hat die heilige Kirche an die Spitze eurer Pfarr=
kinder gestellt, damit Ihr im Kreislaufe des christlichen Jahres
mit ihnen das Leben unseres Erlösers auf Erden nachlebet und sie
von Sonntag zu Sonntag, von einem Feste zum andern, durch
die Darstellung seines erhabenen Wandels unter den Menschen, zu
Zeugen seiner beglückenden Thaten und beseligenden Lehre machet,
damit sie, von Euch unterrichtet und geführt, Dem nachfolgen, Der
der Weg, die Wahrheit ist und das Leben. Ihr seid die Aus=
spender der Geheimnisse Gottes, die Hüter der Schätze der Er=
lösung, die Wächter am Born des lebendigen Wassers, welches un=
versiegbar durch alle Zeiten zum ewigen Leben aus dem Herzen
des sterbenden Erlösers hervorquillt. — So seid denn auch eifrige

treue Ausspender der göttlichen Geheimnisse, seid nicht sorglose und unbekümmerte Wächter, nicht schlafende, todte Hüter, sondern wachsame, pflichtdurchdrungene und berufseifrige Haushalter des Herrn; denn der Schatz, der eurer Obhut anvertraut ist, ist kein todter Schatz, sondern der unendliche Reichthum der Erbarmungen Gottes, der immer lebendige Quell der Gnaden, der sich nimmer erschöpft und leert und aus welchem Ihr ohne Unterlaß in reichem Maße allen denen spenden sollt, die daraus zu schöpfen würdig sind. So sammelt denn in der heiligen Zeit die eurer Seelsorge anvertrauten Gläubigen recht oft im Hause des Herrn und unterrichtet sie in der Wissenschaft des ewigen Lebens". 2c. 2c. [92])

Der unterm 7. März 1840 erlassene Hirtenbrief behandelt die Sendung und das Wirken der Priester in der christlichen Kirche. Er hatte den besonderen Endzweck, das in dem Kericalseminare bereits neugegründete bischöfliche Convict zur Erziehung, Bildung und Pflege hoffnungsvoller Zöglinge des geistlichen Standes der Theilnahme, Unterstützung und Dankbarkeit der Bisthumsgenossen zu empfehlen. Da sich derselbe in der gedruckten Generalien=Sammlung des Bisthums befindet, so brauchen wir uns nicht ausführlicher über denselben auszusprechen. Nur einige Stellen wollen wir aus demselben einreihen. Nachdem der Oberhirte das Bemühen der ersten Glaubensboten für die Verbreitung des Evangeliums und die Opferwilligkeit der Väter dasselbe aufzunehmen und zu pflegen geschildert hat, fährt er also fort: „Wie viel leichter habt Ihr es dagegen in euren Tagen, geliebte Diöcesanen! Das Haus des Herrn steht in eurer Gemeinde erbaut und mit Allem zum Dienste Gottes Erforderlichem ausgestattet; die Pfarrei ist längst gegründet und ein eigener Seelsorger wohnt unter Euch — und alles dieses, ohne daß Ihr besondere Opfer dafür zu bringen nöthig hättet. Ihr findet Alles ohne euer Zuthun, was eure Vorältern mit so großer Aufopferung gestiftet haben; und von Euch fordert die Kirche die unendlich kleinere Verpflichtung, nur das Gegründete für die Zukunft zu erhalten. Und dieser geringen Verpflichtung wolltet Ihr Euch entziehen?... Wüßtet Ihr, wie schmerzlich es für eine Gemeine sei, auf längere Zeit die Tröstungen der heiligen Kirche und die väterliche Führung ihres Dieners entbehren zu

---

[92]) Siehe „Schriften und Reden". B. II. S. 382. Dieser Fastenhirtenbrief ist in die Sammlung der oberhirtlichen Generalien zu Speyer nicht aufgenommen. — Der erste Kölner Fastenhirtenbrief vom 5. Feb. 1843 behandelt dasselbe Thema. Ebendaselbst. B. I. S. 30.

müssen, und hättet Ihr jene traurige Zeit erlebt, welche unser
Bisthum vor noch kaum einem halben Jahrhunderte durch die
Stürme einer Alles zerstörenden Umwälzung so schwer heimsuchte,
gewiß, Ihr würdet mit Freuden nach allen Kräften die hilfefor-
dernde Kirche unterstützen. Noch sind ja Viele unter Euch, welche
jene unglücklichen Tage gesehen haben, und sie mögen dem jüngern
Geschlechte erzählen, wie es damals war im Lande. Der christliche
Glaube war geächtet, sein altehrwürdiges Zeichen, das Kreuz, überall
niedergeschlagen, die Kirche Jesu verbannt, der Priesterstand verfolgt mit grimmigem Hasse. Es gab keine Religion mehr und
keinen Gottesdienst. Die Kirchen standen verlassen, der Altar ohne
Opfer, die Orgel verstummt, die Kanzel und der Beichtstuhl ver-
ödet; denn es fehlten die Pfarrer, die geistlichen Väter, Lehrer
und Führer der Gemeinden. Sie saßen im Kerker oder irrten
flüchtig in der Ferne umher, Freiheit und Leben zu retten. Es
war eine traurige Zeit. Wenn der Sonntag kam, war es kein
Tag der heiligen Freude und Erhebung wie sonst; es war ein
Tag der Trauer und christlichen Betrübniß; denn die geraubten
Glocken riefen nicht mehr zum Hause des Herrn, kein Priester feierte
die heilige Messe und man hörte keinen Gesang der Gläubigen.
Die Festtage des Herrn gingen, gleich den Sonntagen, vorüber
wie gemeine Werktage, still und todt, wenn nicht das Getöse der
Waffen und das Kriegsgetümmel die Stille unterbrach. Die
Jugend blieb ohne christlichen Unterricht und wuchs auf ohne kirch-
liche Zucht und Gottesfurcht in roher Verwilderung und auch die
Erwachsenen vernahmen nicht mehr die Lehre der mütterlichen Kirche;
sie blieben ohne Erbauung im Leben und ohne Trost im Sterben.
Die heiligen Sacramente wurden nicht mehr gespendet. Das
Schönste und Herrlichste entbehrte der Mensch, die Religion und
des Lebens Weihe fehlte, der Gotttesdienst. In Wahrheit, es war
eine traurige Zeit, und Dank dem barmherzigen Gott, daß jene
Tage eines verkehrten und verblendeten Geschlechtes längst wieder
vorüber sind. Geliebte Diöcesanen! Aber wenn auch, will's Gott,
jene Zeit nie mehr zurückkömmt, — wie, wenn sie dennoch durch
unsere eigene Gleichgiltigkeit wiederkehrte, wenn auch nur zum
Theil wiederkehrte? — Und sie müßte zum Theil wiederkehren,
wenn manche Pfarreien, wie bis jetzt schon, auch fernerhin aus
Mangel an Priestern ohne Seelsorger bleiben müßten, und wenn
manche andere, welche bis jetzt noch des eigenen Hirten sich erfreuen, späterhin bei steigendem Mangel ebenfalls ihre Seelsorger

verlieren müßten. . . . Vor diesem trostlosen Zustande möge der barmherzige Gott unser Bisthum in seiner Gnade bewahren — und er wird es bewahren, wenn wir selbst dieses wollen — ernstlich wollen. Uns selber ist die Zukunft unserer heiligen Kirche in die Hand gelegt und nur von uns hängt es ab, daß sie auch fernerhin unter uns gedeihe und bestehe zum Segen Aller. Es bedarf nur der hinreichenden Anzahl auserwählter Diener, frommer und tüchtiger Priester, um allen ihren Kindern allzeit in allen Pfarreien mit der ganzen Fülle ihrer Gnaden nahe zu stehen; und allen ihren Kindern muß es daher eine heilige Pflicht seyn, sie in der Heranbildung solcher Priester nach ihrem Vermögen zu unterstützen". 2c. 2c. [93]

Unterm 18. Februar 1841 erschien der dritte und letzte Fastenhirtenbrief des Hochseligen für die Diöcese Speyer. Er bildet den Zuruf an die Diäcesanen: „Gott ist Euch ein getreuer Vater — so seyd aber auch Ihr ihm getreue Kinder, damit Ihr, eurer Berufung würdig, ihm ein auserwähltes Volk werdet, erneuert durch seine Erlösung und besiegelt mit dem heiligen Geiste der Verheißung." Auch dieser Hirtenbrief ist voll eindringlicher Belehrung über die Treue Gottes gegen die Menschen und voll ernster Ermahnungen an die Gläubigen, diese Treue des Herrn zu ihrem Heile zu benützen. [94]

---

[93] Sammlung der Generalien. Heft II. S. 35 u. ff. „Schriften und Reden". B. II. S. 404. Der Subrector einer Lateinschule in der Pfalz, welchem der Bischof diesen Hirtenbrief am 9. April 1840 übersendet hatte, dankte ihm mit den Worten: . . . „Bei wiederholter Lesung desselben legte ich ihn nie aus den Händen, ohne die tiefste Rührung und mächtigste Emporhebung des Gemüthes zu jenen himmlischen Sphären, aus welchem sein gottbegeisterter Ruf zu erklingen scheint, indem er mit seiner sanften Stimme den erhabenen würdevollen Ernst des apostolischen Amtes einigend, die heiligsten Interessen unserer göttlichen Kirche erfaßt und durch sein ermuthigendes Feuer und seine höhere Weihe den Worten jener zwölf Auserwählten sich anschließt, die zuerst den göttlichen Meister umgaben. Wahrlich, solche Worte klären die Gläubigen über die Bedürfnisse und Anforderungen unserer heiligen Kirche in einer mitunter trüben Zeit auf und unter Ew. Gnaden segenvoller, gottbegünstigter Leitung müssen die Verhältnisse der katholischen Kirche in der Pfalz bald zum schönsten und erfreulichsten Einklange gebracht seyn." 2c. 2c. — „Mit dem innigsten Danke für die huldvollste Genehmigung einer ständigen Collecte zur Errichtung des Knabenseminars, von dessen bereits sehr gedeihlicher Wirksamkeit sich die wohlthätigsten Folgen für das Bisthum Speyer erhoffen lassen", übersendete der Hochselige am 24. März 1840 diesen Hirtenbrief, sammt dem bischöflichen Aufrufe am 4. Nov. 1839 und 7. März 1840 im gleichen Betreffe an Seine Majestät, den König Ludwig I. — [94] Sammlung der Gener-

§. 14. Bemühen für eine theologische Lehranstalt.

Die von dem hochseligen Bischofe Manl so sehr gewünschte Gründung einer theologischen Lehranstalt in Speyer [95] kam zwar auch bei dessen unmittelbarem Amtsnachfolger, aber weit nachhaltiger unter dem hochseligen Bischofe Geissel in Anregung. Veranlassung hiezu gab eine Zuschrift des Staatsministers des Innern, Freiherrn v. Abel, vom 25. November 1837. Laut derselben ward

---

alien. Heft II. S. 67 u. ff. — „Schriften und Reden". B. II. S. 444. — Am 16. März 1841 übersandte der Bischof diesen Hirtenbrief an Seine Majestät den König. Auch dem Minister des Innern, Herrn v. Abel, übersendete er denselben unterm 20. März mit einem ausführlichen Begleitungsschreiben, welches wir wegen der treuen Schilderung der damaligen Lage, Wünsche und Hoffnungen der Diöcese dem Drucke nicht vorenthalten. — Urkundenbuch Nro. 16. Dem fügen wir hier einen Rückblick auf die kirchlichen Verhältnisse in Bayern jener Periode bei: „Das frische kirchliche Leben in Bayern nahm seinen Anfang mit dem 20. November 1837. In dem Kölner Streite hatte König Ludwig I. dem offenen Worte für das Recht der Kirche eine Freistätte in Bayern gewährt; der Fürst selbst hat mit Freimuth und mit wohlverstandener Rücksicht auf seines Landes Bedeutung, Geschichte und Würde sich auf die Seite des Rechtes gegen die Gewalt gestellt und für Bayern hohen moralischen Gewinn, Sympathien, Dank und Ehre gerettet. Die Rückwirkung auf die katholische Kirche in Bayern selbst konnte nicht ausbleiben. Wir sehen alsbald die Folgen: die Berufung hervorragender Kräfte an die Münchener Universität, die Ernennung tüchtiger jüngerer Männer zu Bischöfen, die Freigebung des Verkehrs mit dem heiligen Stuhle, die Förderung kirchlicher Kunst, Herstellung alter herrlicher Kirchen und Erbauung von neuen, Wiederbelebung der zum Aussterben verurtheilten Klöster und Ausbreitung der Orden, oder klösterlichen Genossenschaften, namentlich der Franciscaner, Capuciner, Benedictiner, Redemptoristen, Schulschwestern, englischen Fräulein u. s. w., so wie ihre Verwendung zur Erziehung der Jugend beiderlei Geschlechtes, die Errichtung von kirchlichen Knaben-Seminarien, des bischöflichen Lyceums in Eichstätt, des Kloster-Gymnasiums in Metten und viele ähnliche Erscheinungen, lauter Früchte der unversieglichen Triebkraft der Kirche. — Indessen, so wohlwollend auch König Ludwig für die Kirche war und so gerne anerkannt wird, daß er Sinn für eine freiere, selbstständigere Bewegung derselben hatte, der Herrschaft in ihr entsagte er nicht, die vom Josephinismus und von der Aufklärung um die Kirche geschlungenen und in der zweiten Beilage zur Verfassung, dem sogenannten Religionsedict, wider das Concordat festgeschmiedeten Fesseln löste er nicht, wenn er auch ihren Druck sehr milderte. Prinzipiell blieb das alte Staatskirchenthum, die Herrschaft des bureaukratischen liberalen oder aufgeklärten Polizeistaates in der Kirche"... — Rückblick auf die Entwickelung der kirchlichen Verhältnisse in Bayern. „Katholik". Jahrg. 1866. S. 347 u. ff. — [96] Neuere Geschichte der Bischöfe zu Speyer. S. 380 u. ff.

als Ursache der seit längerer Zeit fühlbaren niederen Frequenz der Lyceen von verschiedenen Seiten die an diesen Anstalten eingeführte, strengere Disciplin bezeichnet, welche, die Lyceal-Candidaten großen Beschränkungen unterwerfend und sie den Gymnasialschülern gleichstellend, die jungen Leute von den Lyceen ab und zu den Hochschulen hinziehe. Diesem sollte, durch Gewährung größerer Freiheiten für die Lyceisten begegnet werden. Der König, hievon unterrichtet und den Umstand würdigend, daß die Lyceen vorzüglich Bildungsschulen für Geistliche sind, wollte, daß über die Frage der Beibehaltung oder Nichtbeibehaltung des bisherigen strengen Disciplinar-Systems das Gutachten der Bischöfe des Königreiches sollte vernommen werden. Der hochselige Bischof zu Speyer erwiderte dem Staatsminister unterm 6. des folgenden Monats, daß das Bisthum Speyer zwar zwei Gymnasien, in der Kreishauptstadt und zu Zweibrücken, in sich schließe, dabei aber, wegen der eigenthümlichen, theils durch die religiöse Mischung bedingten, theils aus andern Umständen hervorgehenden Verhältnisse des Rheinkreises, sich eines Lyceums, weder in unvollständiger noch vollständiger Gestaltung, zu erfreuen habe und er deßhalb außer Stand sei, aus eigener Erfahrung das gewünschte Gutachten abzugeben. Doch unterließ der Hochselige nicht, bei dieser Veranlassung auf die von Jahr zu Jahr sich sehr bedenklich mindernde Anzahl der jungen Leute, welche sich im Rheinkreise dem Studium der katholischen Theologie widmen, hinzudeuten und sich die Erlaubniß zu erbitten, nach einiger Zeit, wenn ihm ein vollständiger Ueberblick aller Verhältnisse seines erst vor Kurzem angetretenen Bisthums gelungen seyn wird, einen erschöpfenden Vortrag über die Bildung der katholischen Theologie-Candidaten für die Diöcese Speyer, so wie über die Mittel, wie dem alljährlich sich mehrenden Mangel an Priestern abgeholfen werden könnte, an Seine Majestät den König zu erstatten.

Schon am Tage, an welchem diese Antwort dem Staatsministerium übersendet wurde, hatte der Hochselige ein weitläufiges Gesuch an König Ludwig in fraglicher Beziehung entworfen, aus welchem wir Nachstehendes entnehmen:

„Bereits im Jahre 1833 haben Seine königliche Majestät durch ein allerhöchstes Rescript vom 31. November b. J., die Gründung vollständiger, an den Sitzen der erzbischöflichen und bischöflichen Seminarien zu errichtender Lyceen allergnädigst zu befehlen geruht. Durch eine weitere höchste Ministerialentschließung

wurde meinem seligen Vorfahrer, Bischof Manl, der Auftrag ertheilt, mit dem Herrn Regierungspräsidenten, unter Beiziehung
mehrerer Regierungsglieder, die Frage in Erwägung zu ziehen,
wie die baldigste Begründung eines vollständigen Lyceums zu Speyer
bewirkt werden könne. Die diesem Auftrage beigefügte Beschränkung wegen des Gehaltes der hiebei anzustellenden Professoren der
Theologie war indessen, wie sich leicht voraussehen ließ, der Grund,
daß die so wohlthätige allerhöchste Absicht nicht erreicht werden konnte.
Die damals angeordnete Commission unterzog sich zwar mit Wärme
der ihr aufgetragenen Berathung über die Organisation des neuen
Lyceums, in Auffindung der erwünschten Lehrkräfte und der zu
ihrer Honorirung erforderlichen Remunerationen. Allein da schon
von vornherein der Vordersatz: „es dürfe der im Einverständnisse
mit dem Landrathe bewilligte facultative Kreisfond, weil nur zu
paritätischen Bildungsanstalten bestimmt, keineswegs zu rein katholischen Zwecken in Anspruch genommen werden", als ein nicht aus
dem Gesichte zu verlierender Ausgangspunct gegeben war und da
auf der andern Seite seit der Revolution, welche alle ehemaligen
katholischen, so reichen Erziehungs = Fundationen des Landes verschleudert hatte, nicht die geringsten allgemeinen oder localen Quellen
mehr zu Gebote standen: so scheiterte zuletzt der ganze Plan an
dem Mangel der erforderlichen Fonde und die Gründung eines
vollständigen Lyceums mußte, bei der absoluten Unmöglichkeit, die
einzelnen zur Aushilfe übernommenen Lehrsparten, [96]) wenn auch
nur spärlich remuneriren und noch viel weniger die als nothwendig
erkannte Anstellung zweier eigenen Professoren der Theologie, so
wie die an einer solchen Anstalt immerhin unentbehrliche Exigenz
an Lehrapparat oder sonstigen Utensilien, gemessen dotiren zu können,
gänzlich unterbleiben, oder wenigstens einstweilen, bis auf bessere
Zeiten verschoben werden."

„Seit jener Zeit nun ist die Frage über die Errichtung
eines vollständigen Lyceums zu Speyer nicht wieder in Anregung
gebracht worden; und während alle andern Bisthümer des Königreiches sich wenigstens einer oder auch mehrerer solcher zur Heranbildung des katholischen Klerus höchst günstiger Anstalten zu erfreuen haben, besitzt die Diöcese Speyer nur zwei Gymnasien, in

---

[96]) Dem damaligen Domcapitular Geissel war die Sparte der Kirchengeschichte und des Kirchenrechtes, dem Domcapitular Dr. Weis die Moraltheologie
zugedacht. Neuere Gesch. der Bischöfe zu Speyer. S. 483.

der Kreishauptstadt und zu Zweibrücken, von denen Letzteres in der überwiegenden Mehrzahl seiner Professoren und Schüler als eine fast ausschließliche protestantische Anstalt und nur Ersteres bei mehr sich gleichstehenden Zahlenverhältnissen seiner Lehrer und Schüler, als eine paritätische Studienschule angesehen werden kann.

Ein solches Verhältniß aber ist der Heranbildung katholischer Theologie=Candidaten im Rheinkreise seit längerer Zeit schon sehr ungünstig gewesen und der Mangel eines Lyceums, an welchem die jungen katholischen Schüler zum Eintritte in das Klericalseminar und zum geistlichen Stande vorbereitet werden könnten, ist besonders in den letzten Jahren auf eine recht empfindliche Weise fühlbar geworden. Im Jahre 1835 zählte das Klericalseminar nur sechs Candidaten; im Jahre 1836 ebenfalls nur sechs; im Jahre 1837 nur vier und auch für das nächste Jahr 1838 haben sich ebenfalls nur vier Candidaten zur Aufnahme geeignet gefunden. Auch verspricht die Anzahl der Candidaten aus dem Rheinkreise, welche sich zum Studium der Theologie auf Universitäten befinden, für die nächstfolgenden drei Jahre gleichfalls keinen größeren jährlichen Zuwachs, als höchstens drei bis vier. Ja es ist in sehr kurzem Zeitraume der eben so betrübende, als unvermeidliche Fall in Aussicht gestellt, daß kein einziger Schüler sich mehr dem geistlichen Stande widmet und der Bischof sich alsdann gezwungen sehen wird, das Klericalseminar aus Abgang der Eleven zu schließen. Der Grund aber dieses von Jahr zu Jahr sich mindernden Zuflusses an Aspiranten zum klericalischen Stande im Rheinkreise liegt zunächst und vorzüglich in der religiösen Mischung und dem zum Theile überwiegend protestantischen Lehrcharacter der Gymnasien und zugleich in dem Mangel eines Lyceums, an welchem die jungen Schüler ihre theologische Vorbereitung zum Seminar erhalten könnten. Es geschieht nicht selten, daß junge Knaben, welche im älterlichen Hause in altkatholischer Frömmigkeit erzogen, zum geistlichen Stande sich geneigt fühlen und mit der wärmsten Liebe zu diesem Stande an die Gymnasien treten, nach einiger Zeit diese Liebe erkaltet fühlen und durch die Neckereien ihrer protestantischen Mitschüler, so wie durch sonstige der katholischen Entwickelung ungünstige Einflüsse, anderen Sinnes werden. Und wenn auch Einige derselben mitten unter jenen ungünstigen Einwirkungen ihrem ersten Entschlusse getreu bleiben, so tritt ihnen am Ende ihrer Gymnasial=Bildung das neue Hinderniß in den Weg, daß sie, da sie meistens arm sind, aus Mangel an Mitteln die Universität zum Studium der Theologie nicht beziehen können. Diese Umstände geben klar zu erkennen, warum die Zahl der katholischen Candidaten der Theologie im Rheinkreise von Jahr zu Jahr sich gemindert habe und leider fortwährend sich mindern werde. Es ist eine bekannte kirchenhistorische Thatsache, daß die Pfalz seit den Tagen der Reformation nie mehr den vollen Bedarf ihrer katholischen Geistlichen geliefert, sondern einen großen Theil derselben durch Einwanderung fremder Diöcesanpriester erhalten habe und unter den dargelegten Umständen scheint es leider unserer Zeit vorbehalten zu seyn, jener Thatsache noch das weitere Ergebniß hinzuzufügen, daß die Pfalz auch nicht einen katholischen Geistlichen mehr heranzuziehen im Stande sei."

„Bei solchen Verhältnissen können daher auch die Bestrebungen des Bischofes, den heranwachsenden Klerus der Diöcese zu allen Forderungen, welche in unsern Tagen die Kirche und der Staat an ihn zu machen berechtiget sind, tüchtig und gründlich auszubilden, nur sehr beschränkten Erfolg hoffen. Ich habe unlängst unter Genehmigung Seiner königlichen Majestät in der Person des Pfarrers und Ständedeputirten Weiß einen neuen Regens und zugleich eine neue Organisation der Lehrfächer gegeben. Auch habe ich die bereits früher durch den Subregens Spiehler und den Seminarprofessor, Domcapitular Würschmitt, ertheilten Lehrsparten, noch dadurch vermehrt, daß ich den Dombechanten, Dr. Weis und den neuen Domcapitular Foliot, vermocht habe, in wöchentlich vier Stunden practische Bibelexegese und Pädagogik gratis vorzutragen. Ich selbst ertheile den Alumnen-Unterricht in dem im Rheinkreise so schwierigen, aber auch so nöthigen jus parochiale. Allein alle diese Anordnungen gewähren zuletzt, selbst bei den angestrengtesten und glücklich durchgeführten Bestrebungen, doch nur einen höchst beschränkten Erfolg, indem sich nur vier Alumnen für das laufende Jahr im Seminar befinden und auch für die nächsten drei Jahre keine größere Anzahl zu hoffen ist. Dagegen hat sich im umgekehrten Verhältnisse die vor drei Jahren nur bis zu sechs sich berechnende Anzahl vacanter Pfarreien seitdem auf fünfundzwanzig erhoben und wird voraussichtlich sich nach dem gewöhnlichen Mortalitäts-Calcul in den nächsten drei Jahren auf 30 bis 40 steigern, zu deren Wiederbesetzung aber alsdann selbst im glücklichsten Falle nur zwölf junge Priester werden zugegangen seyn."

„Aus Allem diesem ergibt sich aber das für den Bischof be-

trübende und für den Staat und die Kirche sehr bedenkliche Resultat, daß, wenn nicht in Zeiten durch die Errichtung eines Convictes für katholische, sich der Theologie widmende Jünglinge, oder
durch die Gründung eines vollständigen Lyceums in der Kreishauptstadt Speyer für einen ergiebigen Nachwachs junger Geistlichen Sorge getragen wird, nach vier bis fünf Jahren ein volles
Viertheil der Pfarreien in der Diöcese Speyer eines Geistlichen
werde entbehren müssen, welche Entbehrung aber nothwendig einen
großen Verfall der Religiösität in den verwaisten Gemeinden und
mit ihr zugleich einen für die öffentliche Moralität und die geseß-
liche Ordnung höchst nachtheiligen Zustand der Verwilderung herbeiführen muß". ꝛc. ꝛc.

Dieses dringende Gesuch um die Errichtung eines vollständigen Lyceums mit einer theologischen Lehranstalt wiederholte der
Hochselige in einem unterm 2. November 1838 an Seine Majestät
den König gerichteten Dankschreiben ob der erhaltenen Kunde, daß
die Errichtung eines Lyceums wirklich die allerhöchste Genehmigung
erhalten habe. Mit kurzen und lebendigen Zügen schilderte er
demselben die Verlegenheit und Noth, in welcher sich das Bisthum
wegen Mangel an der erforderlichen Zahl der Seelsorgsgeistlichen
befinde und welche bedenkliche Nachtheile daraus erwachsen. Dann
fährt er wörtlich also fort: „Um nun diesen für Kirche und Staat
sehr zu berücksichtigenden Nachtheilen zuvorzukommen, würde die
Gründung des Lyceums zu Speyer ein eben so erwünschtes als
erfolgreiches Mittel abgeben, wenn eines Theils der an demselben
zu errichtende philosophische Lehrstuhl durch einen tüchtigen katholischen Geistlichen, oder wenigstens einen der philosophischen Doc-
trinen mächtigen, katholischen Laien von ruhigem Ernste und
besonnenem Character, besetzt und andern Theils das Lyceum zu
einer theologischen Section erweitert würde, wie dieses meine Vorfahrer, die Bischöfe v. Chandelle, Manl und Richarz, schon früher
dringend nachgesucht haben. Beide Maßregeln sind für die Zukunft der Diöcese Speyer von den eingreifendsten Folgen und in
ihrer Ausführung höchst nothwendig; die Eine, damit nicht die
wenigen Lycealschüler, welche sich dem katholisch-geistlichen Stande
zu widmen entschlossen sind, während des philosophischen Lehrcurses
durch Aeußerungen des Professors der Ethik, wie deren früher hie
und da vorgekommen sind, z. B.: „Das Cölibatsgesetz der katholischen Kirche sei ein widernatürliches und widervernünftiges Geseß",
ihrem Entschlusse noch abwendig gemacht werden, und die Andere,

damit die ärmeren Schüler, welchen die Mittel zur Bestreitung des theuren Aufenthaltes an der Universität abgehen, Gelegenheit erhielten, ihre theologische Ausbildung fortzusetzen. Seither hat die Domgeistlichkeit dahier die Meisten der der Theologie sich widmenden Jünglinge während ihrer Gymnasialstudien mit bedeutenden Opfern unterstützt und ihnen selbst auf der Universität noch zum Theile fortgeholfen. Auch wurden den Meisten derselben jährliche Stipendien zu 100 fl. zum Besuche der Universität aus dem Emeritenfonde der katholischen Geistlichkeit von der königlichen Regierung verabreicht. Allein ein Theil der studirenden Jünglinge sah sich selbst mit einem solchen Stipendium, da sie sonst ganz vermögenslos waren, außer Stande, die Universität zu beziehen und viele Andere benützten dieses Stipendium aus dem Emeritenfonde, um an der Universität, wo sie der unmittelbaren Aufsicht sich ferne wußten, zum Studium der Philologie oder Medizin überzugehen und haben zum Theile diese Stipendien noch heute nicht zurückbezahlt. Es war sonach der Zweck, welchen der Emeritenfond und die Wohlthäter aus der Domgeistlichkeit bei den gebrachten Opfern vor Augen hatten, vielfach vereitelt, und es wird dieses Verhältniß auch künftig fortdauern und die Diöcese nie den nothwendigen Nachwachs an jungen Geistlichen finden, wenn nicht die ärmeren Gymnasialschüler durch die Aussicht, ihre theologischen Studien, eben so wie ihre philosophischen, an dem Lyceum mit geringen Kosten und von Wohlthätern unterstützt fortsetzen zu können, zu dem Entschlusse, sich dem katholisch-geistlichen Stande zu widmen, gewonnen und herangezogen werden".

„Von der Besorgniß für das gegenwärtige und künftige Gedeihen meiner Diöcese durchdrungen, und beseelt von der Pflicht, einen für die Wohlfahrt der Kirche und des Staates so wichtigen Gegenstand zur Sprache zu bringen, nehme ich mir daher die Freiheit, den bereits von meinen Vorgängern gestellten, allerunterthänigsten Antrag ehrfurchtvollst zu erneuern und an Eure königliche Majestät die devoteste Bitte zu richten, daß Allerhöchstdieselben geruhen mögen, den Lehrstuhl der Philosophie an dem neu zu errichtenden Lyceum zu Speyer einem tüchtigen katholischen Geistlichen, oder ernstbesonnenen katholischen Laien, übertragen und diese Anstalt selbst zu einer theologischen Section zur Ausbildung katholischer Theologiecandidaten allergnädigst erweitern zu wollen."

Mehr Berücksichtigung und Unterstützung als der so wohlbegründete Antrag des Oberhirten bezüglich der Errichtung einer theologischen Lehranstalt zu Speyer, hatte sich dessen Bemühen, ein Knabenseminar daselbst in's Leben zu rufen, zu erfreuen.

§. 15. Gründung des bischöflichen Convictes.

Ein ausgezeichnetes Verdienst, welches sich der hochselige Bischof Geissel um die Diöcese Speyer erworben hat, ist die Begründung eines Knabenseminars zu Speyer. Durch wohlgeordnete Pflege, fromme, sittlich-religiöse Erziehung und sorgsame Ausbildung sollten in demselben brave und begabte Jünglinge aus allen Gauen des Bisthums zu hoffnungsvollen Zöglingen des geistlichen Standes herangezogen werden. Der mit jedem Jahre über Hand nehmende Priestermangel; die arge Verlegenheit, welche bei der bestehenden Studieneinrichtung den minderbemittelten Aeltern entgegentrat, die ihre Söhne für den Dienst des Altars erziehen lassen wollten; die vielen Gefahren, welche die gemischten Lehranstalten der Pfalz der frommgläubigen Gesinnung und dem religiös-sittlichen Wandel den katholischen Schülern bereiteten; endlich die Vorschriften der Kirche und die mahnende Stimme des Oberhauptes derselben, machten es dem Oberhirten zur bringendsten Pflicht, auf Rath und That zu sinnen, jene Diöcesananstalt in's Leben zu rufen. Er konnte hiebei auf die opferwillige Mitwirkung der meisten Mitarbeiter im Weinberge des Herrn in seinem Kirchensprengel zählen. Hatten ja doch schon mehrere für das Aufblühen der Kirche und ihrer segensreichen Anstalten warmfühlende Geistlichen der Diöcese den feierlichen Tag der Amtseinführung des Hochseligen benützt, um in mündlicher, feierlicher Anrede auf den empfindlichen Priestermangel hinzudeuten und zu dessen möglicher Hebung den Wunsch für die baldige Errichtung eines Knabenseminars auszusprechen und hiefür die gemeinsame Theilnahme der mildthätigen Diöcesangeistlichkeit und der wohlgesinnten Gläubigen des Bisthums in Aussicht zu stellen. Der hochselige Bischof nahm diese Ansprache mit Wohlwollen auf; allein das bezügliche Unternehmen schien ihm damals noch nicht so leicht ausführbar zu seyn. Ihm dürften, meinte er, sowohl im Allgemeinen als im Besondern noch solche Hindernisse entgegen stehen, deren Beseitigung nur von einer günstigen Gestaltung verschiedener Verhältnisse zu hoffen sei.

Indeß ließ sich der Eifer mehrerer Geistlichen für die wichtige Angelegenheit durch die angedeuteten Hindernisse nicht abschrecken. Noch in den letzten Monaten des Jahres 1837 ward ein ausführliches Bittgesuch um die Errichtung eines Convictes für arme, talentvolle Jünglinge, welche sich dem geistlichen Stande zu widmen gedenken, an den hochverehrten Oberhirten entworfen, in allen Decanaten der Diöcese zur Unterzeichnung und Feststellung der für diesen edlen Zweck zu leistenden jährlichen Beiträge der Geistlichen, in Umlauf gesetzt und im folgenden Jahre dem Hochseligen zur wohlwollenden Berücksichtigung und erforderlichen Unterstützung, mit einem Verzeichniß der bereits gesicherten Beiträge, vertrauensvoll unterbreitet. Nachdem die verschiedenen Schwierigkeiten, der Verwirklichung des so wichtigen Unternehmens größtentheils beseitigt schienen, die nöthigen Verabredungen, Pläne und Vorkehrungen getroffen und noch anderweitige Beiträge durften in Aussicht genommen werden, versäumte der Bischof nicht länger, diese so wichtige Diöcesanangelegenheit in einer eben so ausführlichen als gründlichen Darstellung vom 2. October 1839 Seiner Majestät dem Könige vorzutragen. Er schilderte die unabweisbare Nothwendigkeit der fraglichen Anstalt für die Diöcese und bat zugleich um die Ermächtigung, dieselbe mit dem Speyerer Klericalseminar verbinden und zu deren Unterhalt und Bestand eine alljährliche Hauscollekte bei den Katholiken der Pfalz anordnen zu dürfen. [97])

Bereits unterm 26. desselben Monats erfolgte die allerhöchste Genehmigung der gestellten Anträge des Bischofes. [98]) Sofort erließ derselbe unterm 4. November einen eben so väterlichen als dringenden Aufruf an die Diöcesangeistlichkeit, um sie amtlich zu ermuntern, die neuzugründende Anstalt mit reichlichen Beiträgen zu unterstützen. [99]) Der zu gleichem Zwecke in Aussicht genommene, auf den Namen des dritten Schutzheiligen der Speyerer Kathedrale zu gründende St. Bernhards-Verein kam zwar nicht zu Stande, allein dennoch fehlte es nicht an den gewünschten Beiträgen von Geistlichen und Laien. [100]) Sohin konnte die Anstalt, nachdem für die nöthigen Localitäten, Verpflegung, Aufsicht und Unterricht der Zöglinge im Klericalseminar Vorsorge getroffen war, bereits am 2. Januar 1840 mit zehn Schülern des Gym-

---

[97]) Wir lassen diese Darstellung im Urkundenbuche Nro. 11 folgen. — [98]) Ebendaselbst Nro. 14. — [99]) Sammlung der Generalien. Heft I. S. 52. — [100]) So hatte schon am 18. Oct. 1839 die Wittwe Maria von Dalberg-Acton zu Herrnsheim auf fünf Jahre einen Freiplatz mit 130 fl. jährlich versichert und denselben später auf weitere fünf Jahre gewährt. Das bezügliche Dankschreiben des Bischofes Johannes sammt der ersten Zusicherung siehe Urkundenbuch Nr. 12 und 13.

nasiums eröffnet werden, deren Zahl sich bald vermehrte. Der zur nächsten Fastenzeit unterm 7. März ausgegebene treffliche Hirten-brief empfahl die neue Diöcesananstalt auf das Angelegentlichste dem Wohlwollen und der Unterstützung der sämmtlichen Bisthums-genossen, während ein besonderes Mahnschreiben von demselben Tage den Pfarrvorständen die Weisung ertheilte, wie sie die Gläu-bigen über die hohe Bedeutung und den wichtigen Zweck des er-öffneten Convictes zu belehren und zu verständigen und wie sie die bezügliche Hauscollecte vorzunehmen haben. [101]) Diese Sammlung war von erfreulichem Erfolge. Daher konnten schon im nächsten Schuljahre acht und dreißig Studenten in die Anstalt aufgenommen werden. Diese Vermehrung der Zöglinge gab dem besorgten Ober-hirten die Veranlassung, außer den beiden Vorständen des Kleri-calseminars noch einen Professor für die Mitaufsicht und philo-sophische Nachhilfe der Convictoristen mit dem Beginne jenes Schul-jahres in der Person des bisherigen Repetitor's am erzbischöflichen Seminar zu Freiburg, Dr. Dieringer, zu gewinnen, welcher nicht wenig beitrug, die Zöglinge der Anstalt für gediegenes Wissen und ächte Frömmigkeit zu begeistern. [102])

Die weitere Ausbildung, Feststellung und Sicherung dieser Diöcesananstalt, welche in den letztverflossenen Jahren stets über hundert

---

[101]) Sammlung der Generalien. Heft II. S. 11—42. „Schriften und Reden“. B. II. S. 401. Bei Uebersendung des trefflichen Fasten-hirtenbriefes vom 7. März 1840 konnte der Bischof über das Gedeihen dieser Anstalt schreiben: „. . . . Auch in seiner inneren Wirksamkeit entwickelt sich das Knabenseminar recht günstig. Die sechszehn jungen Schüler, welche seit Neujahr darin aufgenommen wurden, beweisen durchweg wissenschaftlichen Eifer und frommen religiösen Sinn und beide Richtungen wurden durch den Seminar-Regens Weiß und den Repetitor Laforet, zwei tüchtige und mit wahrer Be-geisterung wirkende Männer, mit warmer Thätigkeit und pädagogischer Umsicht gepflegt und befördert. Außer den bereits Aufgenommenen haben sich noch 16—20 andere Competenten gemeldet, deren Aufnahme, unter gehöriger Aus-wahl, nach Maßgabe der eingehenden Mittel, nach und nach stattfinden wird. Gedeiht das Unternehmen wie bisher, so dürfen Kirche und Staat von diesem Institute die erfreulichsten Erfolge erwarten, was aber auch um so erwünsch-licher ist, als außerdem die Aussichten für den Dienst des Altars in unserm Bisthume, bei dem immer größer werdenden Priestermangel mit jedem Tage nur wachsende Besorgniß erwecken müßte“. 2c. 2c. Mit Uebersendung des-selben Hirtenbriefes an den päbstlichen Nuntius zu München, schilderte er auch diesem das Nähere dieser Diöcesananstalt in französischer Sprache. — [102]) Der-selbe hatte auch den Seminaristen einzelne Fächer der Theologie vorzutragen. Siehe das bischöfliche Anschreiben über dessen Berufung. Urkundenbuch Nr. 15.

Zöglinge zählte, haben wir anderswo so vollständig geschildert, daß wir dieß hier zu wiederholen nicht nöthig erachten. [103])

§. 16. Errichtung des katholischen Schullehrerseminars.

Welches große Verdienst für das geistliche Wohl der Speyerer Diöcese sich der hochselige Bischof Johannes durch die Gründung des bischöflichen Convictes zur entsprechenden und allmälig ausreichenden Heranbildung der Zöglinge des Priesterstandes erworben hat, zeigt der feste Bestand und das schöne Wachsthum dieser Anstalt bis zur Stunde. Ein gleich rühmliches Andenken begründete ihm das eifrige Bemühen, mit welchem derselbe zur treugläubigen Ausbildung der Zöglinge des katholischen Lehrerstandes und zur Förderung der religiös-sittlichen Erziehung und des entsprechenden Unterrichtes der heranwachsenden Schuljugend überhaupt, die nöthige Vorsorge zu treffen suchte. Zu dieser Vorsorge rechnen wir insbesondere die Errichtung eines katholischen Schullehrerseminars zu Speyer.

Das durch königliche Verfügung vom 10. October 1817 zu Kaiserslautern errichtete gemeinschaftliche Seminar, in welchem die katholischen und protestantischen Volksschullehrer gebildet wurden, hatte bisher für die religiös-kirchliche Gesinnung und Lebensweise der katholischen Zöglinge den bedenklichsten Einfluß geübt. [104]) Diesen Einfluß hatte der Hochselige als langjähriger Referent im Schulwesen beim bischöflichen Ordinariate, als königlicher Kreisscholarch und als bischöflicher Commissär bei den öffentlichen Prüfungen in dem gemeinschaftlichen Schullehrerseminar, so genau kennen gelernt, daß er es zu den wichtigsten Angelegenheiten seines Oberhirtenamtes rechnen mußte, wo möglich, denselben zu beseitigen. Bereits im Jahre 1825 hatte Geissel in einer sarkastischen treffenden Schilderung der bisherigen Erziehung und Bildung der Schullehrerzöglinge in Kaiserslautern, welche er einem alten Landschullehrer in den Mund legte, hierüber gewichtige Bedenken erhoben und veröffentlicht. [105]) Diese Bedenken und andere Vorfälle in dieser ge-

---

[103]) Siehe „Nikolaus von Weis, Bischof zu Speyer". B. I. S. 283 u. ff. — [104]) Siehe Neuere Gesch. der Bischöfe zu Speyer. S. 290 — [105]) Siehe „Katholik", Dezemberheft 1825. S. 351 u. ff. Dort klagt der Landschullehrer namentlich: „Wir katholische Väter schicken unsere Söhne nach Lautern, um sie dort zu katholischen Lehrern zu bilden und dort zwingt man sie in einen sogenannten protestantischen Unterricht, den selbst kein billiger Protestant gutheißen kann. Nach zwei Jahren kommen sie mit den Namen

mischten Anstalt veranlaßten auch die gesammte Seelsorgsgeistlichkeit
der Diöcese Speyer im Jahre 1833 an Seine Majestät den König
die wohlbegründete und dringende Bitte zu richten, daß das gemischte Schullehrerseminar zu Kaiserslautern getrennt und eine
katholische Bildungsanstalt für katholische Schullehrer im Rheinkreise errichtet werde. [106]) Deßwegen hat wohl auch der Staatsminister des Innern, Fürst v. Oettingen-Wallerstein, als er im
October desselben Jahres amtlich den Rheinkreis besuchte, über diese
Angelegenheit mit dem damaligen Bischofe Maul Verhandlungen
gepflogen, welcher ihm auch über die minder kostspielige Errichtung
eines katholischen Schullehrerseminars zu Speyer am letzten October
1833 ein schriftliches Gutachten übersendete. [107]) Auch Bischof
Richarz hat bei seiner kurzen Amtsführung nicht versäumt, diese
wichtige Angelegenheit in's Auge zu fassen und deren möglichst
baldige Erledigung kräftig zu unterstützen. [108]) Ein Haupthinderniß,
dem dießfallsigen Antrage des Oberhirten zu entsprechen, lag in
dem Umstande, daß damals die nöthigen Kosten für solche Anstalten
aus Kreismitteln mußten gedeckt werden, und der Landrath, wie
auch die einflußreichsten Mitglieder der Kreisregierung, einer Trennung des gemeinschaftlichen Schullehrerseminars sehr abhold waren.
Allein schon die übergroße Anzahl der Zöglinge in dem gemeinschaftlichen Seminar erforderte zur tüchtigen Erziehung und Her-

mancher Kenntnisse und mit einem Herzen voll Haß und Verachtung gegen
die Gebräuche und die Geistlichen der katholischen Kirche, und, weil sie Alles zu ver-
mengen gelehrt worden sind, ebenso gegen die katholische Religion zurück. Was
soll nun daraus werden? Wird ein solcher junger Mensch voll Eigendünkel
und Unglauben, seine ihm anvertrauten Schüler zur Religiosität und zur Achtung vor den religiösen Gebräuchen seiner Kirche erziehen, er, der nur mit
einem innern Hohngelächter neben dem Pfarrer stehen kann, wenn dieser die
heilige Taufe ertheilt? Wird er seinen Kleinen den katholischen Katechismus
vom Abendmahle mit Ueberzeugung erklären, Er, der vom Director, dem pä-
dagogischen Evangelisten, gelernt hat, daß dieses Brod und dieser Wein doch
nur eine Vorstellung, eine unmittelbare Anzeigung seyen? Entweder wird er seinen
Schülern das Kaiserslauterer Evangelium verkünden und dann das Vertrauen
aller katholischen Aeltern mißbrauchen und die Kinder ihren Katechismus ver-
lachen lehren; oder der Brodlehrer wird seine Verstellung in sein Herz verschließen und so zum Heuchler und zum herzlosen Wolfe im Schafstalle, der
nur dem Heiligen dient, weil es seinen Magen füllt, werden". 2c. 2c. Vollständig abgedruckt: „Schriften und Reden". B. III. S. 69 u. ff. —
[106]) Siehe „Katholik", Januarheft 1834. S. VII. — [107]) Siehe Neuere
Gesch. der Bischöfe zu Speyer. S. 382. — [108]) Siehe „Katholik",
Jahrg. 1837, Januarheft S. XXXII.

anbildung derselben, · ganz abgesehen von der religiösen Seite, die
Gründung eines zweiten Seminars in dem Rheinkreise. „Zu jener
Zeit, und so bis heute, — nämlich vom Jahre 1839 bis 1864 —
betrug die Normalzahl der Schüler eines jeden Cursus, bei den
Protestanten gegen 40, bei den Katholiken gegen 30, zusammen
also gegen 70 Zöglinge für jeden der beiden Seminarcurse. Nun
ist es recht gut möglich, vor einer solchen, wie auch noch weit
größeren Anzahl von Schülern als Zuhörern, Vorträge zu halten;
aber nicht möglich ist es, mit solchen Cursen den vorgeschriebenen
Unterrichtsstoff in practischer Weise zu verarbeiten, mit den Schülern
die nöthigen Uebungen vorzunehmen und sie in gehöriger Weise
zum Schulhalten zu befähigen. Wer die durchschnittliche Vorbildung
der Schullehrlinge kennt und einen Begriff hat von der Aufgabe
des Seminars nur hinsichtlich des Unterrichtes, der muß es wohl
zugeben, daß zu der hier in Rede stehenden Zeit entweder die Errichtung eines zweiten Seminars, oder doch wenigstens die Errichtung von Parallelcursen in dem einen Seminare mit Verdoppe-
lung der Lehrkräfte nothwendig geworden war". 2c. 2c. [109]) Um so
auffallender mußte es erscheinen, daß nicht nur die aufgeklärten
Freunde und Förderer der gemischten Communalschulen und des
religiösen Indifferentismus, die ja selbst bis zur jüngsten Zeit die
beiden getrennten Schullehrerseminare immer wieder in ein gemeinschaftliches vereint wissen wollen, sondern auch Andere, denen oblag,
das katholische Interesse im Schulwesen zu vertreten, einen so großen
Widerwillen gegen die Errichtung eines katholischen Schullehrerseminars zu erkennen gaben. Dieß konnte jedoch den hochseligen
Bischof Geissel nicht abhalten, die Errichtung eines katholischen
Schullehrerseminars desto eifriger zu erstreben. Unter den Wünschen
und Bedürfnissen, welche derselbe bei seiner Eidesleistung in München
und bei spätern Begrüßungen, Seiner Majestät dem Könige Ludwig
zum Wohl seiner Diöcese vertrauensvoll kund gab, gehörte zweifels-
ohne auch die Errichtung eines katholischen Schullehrerseminars am
bischöflichen Sitze. „Ihm war es jedoch keineswegs darum zu thun",
wie der selige Inspector Reither in der angeführten Schrift mit
Recht bemerkt hat, eine „ confessionelle Spannung hervorzurufen, oder
zu vermehren, sondern einzig und allein den angehenden Lehrern
eine mit weniger Gefährdung und mit weniger confessioneller Spannung
verknüpfte religiöse Erziehung zu gewähren, wozu ein nicht ge-

---

[109] R. Reither's Erinnerungen zur Feier des fünfundzwanzigjährigen Jubiläums des Schullehrerseminars zu Speyer. 1864. S. 7.

mischtes Seminar, das mit der Entfaltung des kirchlichen Lebens an der Kathedrale in Beziehung gesetzt werden sollte, mehr Mittel und Gelegenheit darbot, als das bisherige gemeinschaftliche." Ungeachtet dieser sehr lobenswürdigen und pflichttreuen Absicht und Bemühung des Oberhirten, war es dennoch der katholische Pfarrer Tafel, welcher, als diese Angelegenheit in den Sitzungen des Landrathes vom Jahre 1838 verhandelt wurde, in der ihm übertragenen bezüglichen Berichterstattung sich gegen die Trennung des gemeinschaftlichen Schullehrerseminars aussprach, dem auch die übrigen Mitglieder des Landrathes, mit Ausnahme des katholischen Pfarrers Magel von Rheinzabern, freudig beipflichteten. Die sämmtlichen katholischen Decanate der Diöcese erhoben alsbald gegen diese Abstimmung entschiedene Einsprache. Auch der König ließ sich durch die vom Landrathe vorgebrachten Gründe nicht bestimmen, von seinem bereits gefaßten Beschlusse der Trennung des gemeinschaftlichen Schullehrerseminars abzugehen, sondern wies bereits am 24. August 1838 die königliche Kreisregierung zum Vollzuge desselben an und ertheilte in dem Landrathsabschiede vom 26. November gleichen Jahres den Landräthen die nöthige Belehrung.[110]) Sofort wurde noch im Jahre 1838 ein ziemlich geräumiges Haus angekauft. Die Herstellung desselben für seine neue Bestimmung nahm noch längere Zeit in Anspruch, so daß die Anstalt erst am 4. November 1839 mit den neuen Lehrern und 51 Zöglingen feierlich eröffnet werden konnte. Nach dem Wunsche und Vorschlag des Bischofes ward der bisherige Domvicar, Peter Köstler, Inspector und der Kaplan zu Deidesheim, Konrad Reither, Präfect der neu errichteten Anstalt.[111])

Das Nähere über die allmälige Erweiterung und Vervollständigung dieser wichtigen, katholischen Anstalt, so wie auch das verdienstvolle Bemühen des hochseligen Bischofes Johannes, die armen Schulschwestern in die Speyerer Diöcese zu berufen, um neben den religiös-sittlich gebildeten Schullehrern auch tüchtige berufseifrige Lehrerinnen für die katholische Jugend zu gewinnen, haben wir bereits anderswo so umfassend dargestellt und beleuchtet, daß es genügen dürfte, hier einfach darauf hinzuweisen.[112])

---

[110]) Siehe „Nikolaus von Weis". B. I. S. 213. — [111]) Am 4. Juli 1839 verzichtete Köstler auf die Domvicarie und erhielt seine Ernennung als Inspector. An dessen Stelle ward der Neopresbyter Hällmeyer am 11. Oct. 1839 zum Domvicar ernannt. — [112]) Siehe „Nikolaus von Weis". B. I. S. 214 u. ff. und S. 237 u. ff. — Im November 1838

§. 17. Eifer für religiöse Jugendbildung.

Wie sehr unser hochseliger Oberhirte besorgt war, daß die
schulpflichtige Jugend seines Kirchensprengels in den Wahrheiten
des Heils wohl unterrichtet und hierin nicht durch verkürzten und
nachlässigen Schulbesuch verkümmert werde, leuchtete nicht nur aus
seinen Hirtenbriefen und Ansprachen auf den amtlichen Rundreisen
klar hervor, sondern erweiset sich auch deutlich aus verschiedenen
Verhandlungen und Verordnungen, welche er deßhalb mit der weltlichen Behörde gepflogen, beziehungsweise an die ihm untergebene
Seelsorgsgeistlichkeit gerichtet hat.   Er kannte aus langjähriger Erfahrung die mannigfaltige Versuchung und große Gefahr, welche
die gemischte Bevölkerung und der sie beherrschende leichtbewegliche,
irdische Sinn, seinen Diöcesangenossen bereitete, diese zur Gleichgiltigkeit in Glaubenssachen, zum unkirchlichen Leben, zur Leicht-
fertigkeit im religiösen und sittlichen Betragen zu verführen. Daher
erachtete er es für eine seiner wichtigsten Pflichten, fromme, christliche Erziehung der Jugend und den gründlichen Unterricht derselben
in der Schule und Kirche möglichst zu fördern und zu stützen.

Eine der ersten Veranlassungen hierin seine Hirtensorgfalt
zu erweisen, gab ihm die allerhöchste Entschließung vom 26. Februar
1838, welche sich in sieben Artikeln über die Schulpflichtigkeit der
Jugend, über die Aufnahme und über die Entlassung der Werk-
tagsschüler, über die Dauer der Sonntagsschule, über den Christen-
lehrbesuch in der Kirche, [113] über Verbot des Wirthshaus- und
Tanzbesuches der Schuljugend und endlich über die Handhabung
des Schulbesuches, löbliche Bestimmungen traf, wovon nur die bezüglich des Alters der aus den Werktagsschulen zu Entlassenden,
dem hochseligen Bischofe und seiner Pfarrgeistlichkeit großes Bedenken einflößte.   Der Oberhirte versäumte daher nicht, in einer
ausführlichen Darstellung einerseits seine aufrichtige Dankbezeugung

---

ward auch unter dem Beifalle des Bischofes die höhere Töchterschule im Do-
minikanerinnen-Kloster zu Speyer eröffnet und am 26. Aug. 1839 die erste
öffentliche Jahresprüfung mit 25 Schülerinnen in derselben, in Anwesenheit
des Oberhirten und des Regierungspräsidenten, vorgenommen. Siehe das
Nähere „Katholik", Septemberheft 1839. S. CXXIX. — [113] Beides war
bis zum vollendeten achtzehnten Jahre vorgeschrieben. Schon unterm 3. August
1835 hatte der Erzbischof Maria Joseph von Bamberg Einleitung getroffen,
die Sonntagsschule und die Christenlehrpflichtigkeit bis zum einundzwanzigsten
Jahre zu beantragen, welchem Vorhaben auch Bischof Richarz am 25. Januar
1836 beipflichtete, was jedoch nicht zur Ausführung kam.

über jene Entschließung kund zu geben, andererseits aber auch seine Bedenklichkeiten über die Bestimmungen derselben der königlichen Regierung unterm 19. April 1838 unumwunden auszusprechen. Wir unterlassen nicht, zur genauen Kenntniß der bezüglichen Ansichten und Grundsätze des Hochseligen, aus jener Darstellung Nachstehendes einzufügen.

„Mit lebhafter Freude habe ich aus der unter Punct 5. enthaltenen, allerhöchsten Bestimmung, nach welcher alle Jünglinge und Mädchen, welche nicht einer höhern Lehranstalt angehören, an der sonntäglichen christlichen Lehre Theil nehmen sollen, wahrgenommen, daß Seine königliche Majestät diesem Gegenstande erneuerte allergnädigste Aufmerksamkeit zuzuwenden geruheten und wenn auch die nachmittägliche christliche Lehre an den Sonntagen, nach der seit langer Zeit bestehenden Observanz in der Diöcese Speyer bisher ununterbrochen fortbestanden hat, so habe ich dennoch diese erneuerte allerhöchste Bestimmung als eine sehr erwünschte Veranlassung benützt, die pünktliche Abhaltung dieses für die reifere Jugend so wichtigen und erfolgreichen Unterrichtes, mittels eines Generale wiederholt anzubefehlen und die Beförderung des Besuches der christlichen Lehre den Pfarrern nach allen ihnen zu Gebote stehenden Mitteln zur heiligen Pflicht zu machen".

„Indeß sind diese Mittel, wie dieses durch die Begrenzung der pfarrlichen Wirksamkeit bedingt ist, nicht ausreichend. Es liegt in der Natur der Sache, daß die eindringlichsten Ermahnungen des Pfarrers — und dem Pfarrer stehen stets nur Ermahnungen zu Gebote — bei vielen jungen Leuten ihre Wirkungen verfehlen, wenn nicht auch andere äußere Motive hinzu treten. Damit daher die beßfallsige allerhöchste Bestimmung nach Erforderniß und nach der erhabenen Absicht Seiner königlichen Majestät mit Erfolg durchgesetzt werden könne, ist es erforderlich, daß die Polizeibehörden ebenfalls auf die Beachtung der Verordnungen vom 13. Februar 1829, in Folge deren dieselben nachdrücklich dahin wirken sollen, daß die Jugend zum regelmäßigen Besuche der christlichen Lehre angehalten werde, welcher Weisung dieselben aber bis jetzt unter dem Vorwande, es sei dieß nicht ihre Sache, nicht nachgekommen sind, neuerdings aufmerksam gemacht werden, weil nur durch gemeinsames Wirken der gehoffte, wohlthätige Zweck erreicht werden kann. So lange man die bei Vielen beliebte Ansicht festhält, es sei die Förderung des Christenlehrbesuches lediglich Sache des Pfarrers, werden zwar die Pfarrer wie bisher fortfahren zu belehren und zu ermahnen; allein es wird sie, wenn rohe und leichtsinnige Schüler ihren Ermahnungen Trotz bieten, und dieser Trotz nicht durch die äußere kräftige Unterstützung der Ortsbehörden zur besseren Folgsamkeit zurückgeführt wird, nicht der Vorwurf treffen, die Interessen des Staates in Heranbildung einer folgsamen und ordnungsliebenden Generation verwahrlost zu haben." [114]

„Gleich erfreulich für die gemeinnützige Ausbildung der Jugend — fährt das oberhirtliche Schreiben weiter fort, — erscheint auch der erneuerte Befehl in Betreff der Dauer der Schulpflichtigkeit und des pünctlichen Besuches bezüglich der Sonntagsschule. Allein auch in dieser Beziehung ist die Mitwirkung der Ortsbehörde erforderlich und wünschenswerth, damit eine normirende Uebereinstimmung herrsche und einigen Lehrern der Vorwand benommen werde, sich in ihrer Indolenz auf Andere zu berufen. Namentlich muß es dringend gewünscht werden, daß die Sonntagsschule auch in den Städten, — auch in der Kreishauptstadt — wieder eingeführt und sowohl die regelmäßige Ertheilung des Unterrichtes an diesen Tagen, als auch der entsprechende Besuch der Schule durch das Einwirken der Ortsbehörde realisirt werde, damit das Streben des Pfarrers, welches im entgegengesetzten Falle, wie die Erfahrung lehrt, fruchtlos bleibt und überdieß noch häufig, wenn er allein auf die strenge Befolgung der Verordnungen dringt, während dagegen die Ortsbehörden gleichgiltige Nachsicht üben, ihm den Haß der Saumseligen zuzieht, Unterstützung und Erfolg finde". . . .

„Nachdem ich nun in den vorstehenden Puncten meine Wünsche ergebenst angedeutet habe, finde ich mich noch aufgefordert, die Aufmerksamkeit auf einen Punct ganz besonders hinzulenken. Es betrifft die unter Nummer 3 enthaltene Bestimmung, welche das Alter der Entlassung der — katholischen — Kinder aus der Volksschule auf das zwölfte Jahr feststellt — während für die protestantischen Kinder sie das dreizehnte Jahr anordnet. Bereits haben mehrere

---

[114] In einer ausführlichen Darstellung vom 15. Januar 1842, suchte das bischöfliche Ordinariat, auf Bitte vieler Pfarrer, von der allerhöchsten Stelle entweder auf verfassungsmäßigem Wege ein Gesetz, oder in administrativer Entschließung, eine Verordnung zu erwirken, wonach die säumigen Sonntagsschüler, nachdem sie fruchtlos gemahnt worden sind, durch das Mittel der Strafe zum Besuche der sonntäglichen Christenlehre angehalten werden können. Das Ministerium ertheilte auch unterm 20. Nov. 1843 der Regierung der Pfalz die Weisung, eine geeignete Instruction hiefür an die äußeren Stellen zu erlassen. Dieß geschah auch, allein nicht in der gewünschten Weise.

Pfarrer Bedenken gegen diese Bestimmung erhoben und die Bitte gestellt, es bei dem bisher vorgeschrieben Alter zu belassen. Ihre Gründe sind folgende:

„„1. In Erwägung, daß das breizehnte, respective das vierzehnte Lebensalter jene Zeit sei, in welcher die Fassungskraft der Kinder eigentlich erst zu reifen beginne und die Fähigkeit sich entwickle; daß ferner die katholische Glaubenslehre so einflußreich auf das ganze Leben und Wirken des Menschen und dabei als positive Kenntniß solcher Natur sei, daß nur das reifere Alter sie zu erfassen und in Verstand und Herz aufzunehmen fähig werde; daß endlich erst in diesem Alter bei den Kindern die Fähigkeit vorausgesetzt werden könne, die wichtige Handlung der ersten heiligen Communion mit der ihr angemessenen Bildung und Vorbereitung zu begehen: habe die Diöcesanverordnung vom 9. Februar 1824 das Alter der Neocommunicanten auf das breizehnte, beziehungsweise vierzehnte Jahr festgesetzt und diese Diöcesanverordnung sei ganz im Sinne der eingreifenden Kirchendisciplin, welche wolle, daß das Heiligste auch mit der sorgfältigsten Befähigung des Geistes und des Gemüthes erfaßt und angeeignet werde. Es müßte deßwegen aber auch 2. diese Einrichtung um so mehr beibehalten werden, weil gerade in der Pfalz, in einem Lande, wo die Frivolität einer früheren Zeit noch manche Spuren der Irreligiosität und des Unglaubens zurückgelassen habe, gründliche Religionskenntnisse zur Bildung und Belebung guter Christen und treuer Unterthanen ein doppeltes Bedürfniß seyen. 3. Mit dieser auf die Verhältnisse der Pfalz wohlberechneten Diöcesanverfügung sei auch der in der Schulorganisation vom 20. August 1817 §. 28 bezeichnete Entlassungstermin aus der Volksschule mehr in Uebereinstimmung und diese Anordnung, da Aeltern und Kinder während einer langen Zeit daran gewöhnt waren, von entsprechendem Erfolge gewesen. Dagegen verursache die gegenwärtige Abänderung vielfache Verwirrung und setze die Pfarrer in Verlegenheit, indem der Umstand, daß die reiferen und befähigtsten Kinder mit dem zwölften Jahre aus der Schule entlassen werden können, nothwendig den Anlaß und die Aufforderung herbeiführte, daß auch alle Andere, welche ein gleiches Alter, wenn auch bei Weitem nicht gleiche Kenntnisse erlangt haben, gleichfalls entlassen werden wollen, weil die Eigenliebe der Aeltern den eigenen Kindern stets die Befähigung zuspricht. Es sei daher diese neue Abänderung des nun schon seit zwanzig Jahren ohne Reclamation und mit dem besten Erfolge

eingehaltenen Entlassungstermines für die Pfarrer eine reiche Quelle
des Verdrusses und mit jedem Jahre sich erneuernder, endloser
Unannehmlichkeiten, indem es ihnen selten oder nie gelingen werde,
jene Aeltern, deren Kinder mit zwölf Jahren aus Mangel an
Fähigkeit nicht entlassen werden, zu überreden, daß nicht Gunst
oder Ungunst, sondern die Einhaltung der bestehenden Vorschriften
ihr Urtheil bei der Entlassung oder Nichtentlassung geleitet habe.
Die Aeltern der nicht entlassenen Kinder und diese Letzteren selbst,
werden dann nicht in der eigenen Unfähigkeit, sondern in einer
vermeintlichen Wohldienerei, oder befangenen Abneigung des Pfarrers,
den Grund finden, daß sie die Schule noch ein Jahr länger als
ihre gleichalterigen, wie sie glauben nicht besser befähigten, sondern
mehr begünstigten Mitschüler, besuchen müssen; die Einen und An=
deren werden deßwegen den Pfarrer tadeln und anfeinden und es
werden zuletzt die Geistlichen, um dem endlosen Hader zu entgehen,
dahin kommen, jedes Jahr, alle die das Alter haben, wenn sie auch
nicht befähigt sind, zu entlassen, um sich dem blinden, aber eben
deßwegen um so heftigeren Tadel und die Anfeindung ihrer Pa=
rochianen, mit denen sie einmal leben müssen, fern zu halten. 4.
Sei diese Bestimmung darum schon nicht zweckmäßig, weil es er=
forderlich ist, daß der Unterricht in den gemeinnützigen Gegen=
ständen auf gleicher Stufe mit dem Religionsunterrichte stehe, und
dieß besonders in der Pfalz, wo im Allgemeinen höhere Bildung
herrsche und deßwegen auch das Kind während längerer Zeit und
vielseitiger, sowohl für das Haus als auch für das öffentliche Leben
unterrichtet und eingeübt werden müsse. 5. Auch abgesehen davon,
daß der neuerdings festgesetzte Altersunterschied zwischen den katho=
lischen und protestantischen Kindern bezüglich der Entlassung aus
der Volksschule zu dem spöttischen Gerede Anlaß geben könne, als
sei die wissenschaftliche Bildung bei den Katholiken weniger erfor=
derlich als bei den Protestanten und weil sie vorschriftmäßig die
Schule um ein Jahr länger als die Katholiken zu besuchen ge=
halten sind, so sei auch besonders zu erwägen, daß diese Unter=
scheidung der künftigen katholischen Bevölkerung von wesentlichem
Nachtheile werden könne, weil die katholischen Kinder, indem sie
um ein Jahr früher aus der Schule entlassen werden, ganz natür=
lich bei ihrem Austritte bei weitem weniger, als die protestantischen,
welche um ein Jahr länger den Unterricht genießen, gebildet seyn
werden, und sohin auch als künftige katholische Bürger in wissen=
schaftlicher Bildung stets zurückbleiben werden, was aber natur=

gemäß die verderbliche Folge haben müsse, daß die künftige katholische Population im Hause wie im Leben und in der Gemeinde
wie im Staate, stets hinter ihren länger unterrichteten und darum
besser gebildeten protestantischen Mitbürgern zurückstehe. — Aus
allen diesen Gründen sei es, sowohl zur zweckmäßigen Gleichstellung
des Unterrichtes der Katholiken mit jenen der Protestanten, so wie
zur gründlichen Durchführung einer kräftigen, religiösen und bürgerlichen Bildung der Unterthanen, sohin zuletzt im wohlverstandenen
Interesse der Kirche und des Staates zu wünschen, daß die Ent-
lassungszeit aus der Schule mit dem Termin der ersten heiligen
Communion zusammen treffe uud die seitherige Observanz, nach
welcher die Knaben erst mit dem vierzehnten und die Mädchen mit
dem dreizehnten Jahre aus der Schule entlassen wurden, auch in
Zukunft belassen werde"".

„Indem ich nun diese Bedenken der Pfarrer als wohlbe-
gründet ansehe und mit den Ansichten und dem Wunsche derselben
übereinstimme, zugleich auch noch den besonderen Umstand erwähne,
daß die fragliche Bestimmung, wie es mir scheint, eigentlich auf
die in den sieben übrigen Kreisen des Reiches bestehende Praxis
berechnet seyn dürfte, wogegen aber die Pfalz seit zwanzig Jahren
einer anderen Observanz mit unverkennbarem Nutzen gefolgt ist,
weßwegen auch eine allergnädigste Gewährung des Fortbestandes
dieser Observanz von den segenreichsten Folgen für diese Provinz
seyn würde: so fühle ich mich durch die Wichtigkeit dieses Gegenstandes gedrungen, diese so tief in die religiöse und bürgerliche
Volkserziehung und darum in das ganze Leben der Christen und
Bürger eingreifenden Sache der jenseitigen verehrlichen Stelle mit
den sie erläuternden Motiven zur gefälligen Erwägung vorzulegen
und zugleich das ergebenste Gesinnen damit zu verbinden, daß es
derselben gefallen wolle, diese eigenthümlichen Verhältnisse der katholischen Volkserziehung in der Speyerer Diöcese Seiner königlich-
lichen Majestät neuerdings zur huldvollsten Würdigung vorzutragen
und mit mir den Fortbestand des bereits seit zwanzig Jahren mit
dem offen liegenden segenreichsten Erfolge für Staat und Kirche
eingehaltenen Entlassungstermine aus den deutschen Schulen zur
allergnädigsten Gewährung unseres für die tüchtige und gründliche
religiöse und bürgerliche Jugendbildung so hochherzig fühlenden
Königs zu empfehlen".

Dieser wohlbegründeten oberhirtlichen Bitte konnte die verdiente Beachtung billiger Weise nicht versagt werden. Doch währte

es über ein Jahr, bis unterm 1. September 1839 die höchste
Ministerialentschließung dahin erfolgte: „Für die Kinder protestan=
tischer Confession wurde der Schulaustritt aus keinem andern Grunde
auf das dreizehnte Lebensjahr gesetzt, als weil dieselben nach den
Bestimmungen der kirchlichen Oberbehörde erst in dem bezeichneten
Jahre die Confirmation erhalten. Da nun die katholischen Kinder
der Pfalz nach Vorschrift des hochwürdigen Herrn Bischofs auch
erst mit dem vollendeten dreizehnten Lebensjahre zur ersten Com=
munion zugelassen werden sollen, so versteht es sich von selbst, daß
auch der Austritt der katholischen Kinder aus der Werktagsschule
und die Entbindung von der Zahlung des Werktagsschulgeldes,
wo dasselbe noch besteht, nicht früher stattfinden könne und dürfe.“
Dadurch sah sich der Hochselige veranlaßt, die Diöcesanverordnung
vom 9. Februar 1824, welche zum Empfang der ersten hl. Com=
munion für die Knaben das vierzehnte Jahr vorschrieb, abzuändern
und durch ein oberhirtliches Rundschreiben vom 5. November 1839
zu verfügen: „In Uebereinstimmung mit der höchsten Ministerial=
Entschließung vom 1. September l. J., welche in der Regel das
vollendete dreizehnte Lebensjahr als Termin der Entlassung aus
der Werktagsschule bezeichnet, ist von nun an das Alter der Neo=
communicanten auf das dreizehnte Jahr in der Art festgesetzt, daß
sowohl die Knaben als die Mädchen, welche am letzten April dieses
Alter erreicht haben, oder erreichen werden, und zugleich — was
als unerlässige Bedingung fortbesteht — in den Wahrheiten der
Religion gründlich und vollständig unterrichtet sind, zum Empfange
der ersten heiligen Communion zuzulassen sind.“ Dabei wurde
das Vertrauen zu dem Pflichtgefühle und der Gewissenhaftigkeit
der Seelsorgsgeistlichen ausgesprochen, daß sie in keinem Falle ein
Kind, welches entweder das verordnete Alter erreicht hat, oder in
der noch fehlenden Zeit dispensirt werden soll, zum Tische des
Herrn führen werden, wenn dasselbe nicht von der hohen Wich=
tigkeit und Bedeutung dieser heiligen Handlung durchdrungen ist
und daß sie demnach in Rücksicht des herabgesetzten Alters der
Knaben, ihren Eifer im Unterrichte verdoppeln und schon früh=
zeitig in die jungen Gemüther den Grund zur Aufnahme jener
Wahrheiten legen werden, welche jene, wenn sie die heilige Com=
munion empfangen, mit Verstand und Gemüth erfaßt haben sollen.[115])

---

[115]) Sammlung der Generalien. Heft I. S. 53. — Welches große
Gewicht der hochselige Bischof auf einen gründlichen Religionsunterricht der

Auch bezüglich des fleißigen und ununterbrochenen Schulbesuches hat der hochselige Oberhirte nicht unterlassen, durch ein Rundschreiben vom 8. April 1839 der Seelsorgs-geistlichkeit der Diöcese
Aufmunterung und Anweisung zu geben. „Wenn die Bildung der
Jugend überhaupt, — dieß sind seine Worte — durch einen regelmäßigen Schulbesuch bedingt ist, und durch Vernachlässigung desselben der Unterricht sogar unmöglich gemacht wird, wenn demnach
die Geistlichen, denen in der Eigenschaft als Pfarrern und Local-
schulinspectoren die Aufsicht über die Schulen zunächst übertragen
ist, schon im Allgemeinen verbunden sind, zur Beförderung des
Schulbesuches wirksam zu seyn und zu diesem Zwecke durch ihre
öftere Anwesenheit in der Schule, durch Belehrung, Mahnung und
Warnung sowohl auf die Schullehrer als auch auf die Aeltern und
Kinder zu influiren: so ist diese Pflicht für die Seelsorger rück-
sichtlich der besonderen Aufgabe, für die religiöse Bildung der ihnen
anvertrauten Jugend vorzüglich Sorge zu tragen, um so gebiete-
rischer, und es liegt ihnen deßwegen ob, zur Begründung eines
vollständigen und gründlichen Religionsunterrichtes, welcher ebenfalls
nur bei jenen Kindern möglich ist, welche die Schule regelmäßig
besuchen, alle zu Gebote stehenden Mittel anzuwenden. Es darf
zwar vorausgesetzt werden, daß jene Seelsorger, welche von den
Anforderungen ihres wichtigen Berufes durchdrungen sind, diese
Pflicht nicht außer Acht lassen und es deßwegen einer wiederholten
Aufforderung an dieselbe in dieser Hinsicht nicht bedürfen. Dagegen läßt sich aber auch nicht verkennen, daß die Vernachlässigung
des Schulbesuches noch immer einer jener Mißstände ist, welche an
vielen Orten der Pfalz dem Fortkommen der Schulen entgegen
stehen, daß es sogar noch Fälle gibt, wo alle, auch die bemessensten
Belehrungen fruchtlos bleiben und demnach die Nothwendigkeit eintritt, die Verordnung vom 20. August 1817, so wie jene vom 17.
Dezember 1819 in Anwendung zu bringen und Aeltern und Kinder
durch das Zwangsmittel der Strafen zu ihrer Pflicht zu bewegen;
was auch wohl, wenn dieses Mittel nicht angewendet wird, zur
Folge hat, daß viele Kinder, welche das zum Empfange der ersten
heiligen Communion vorgeschriebene Alter wirklich erreicht haben,
wegen sehr mangelhafter Religionskenntnisse mit gutem Gewissen
zum Tische des Herrn nicht zugelassen werden können und daß

Neocommunicanten legte, haben wir auch oben bezüglich des fraglichen Unterrichtes in Speyer gesehen.

anderen, denen an dem vorschriftsmäßigen Alter nur noch einige Wochen fehlen, die Dispense hiezu versagt werde. — Es ergeht demnach an sämmtliche Herrn Pfarrer und Pfarrverweser der Auftrag, die ihnen untergebenen Schullehrer auf die Wichtigkeit der Verordnung, welche die regelmäßige Führung und rechtzeitige Einsendung der Schulversäumnißliste vorschreibt, aufmerksam zu machen und dieselben zur pünctlichen Befolgung dieser Vorschriften anzuhalten, damit sie auf diese Weise der Beförderung des Guten, so wie dieß die Pflicht ihres Amtes fordert, die Hand bieten". ꝛc. ꝛc. [116])

§. 18. Verfahren bezüglich der katholischen Erziehung der Kinder gemischter Ehen.

Doch nicht nur für den christlichen Unterricht und für den fleißigen Schulbesuch überhaupt, sondern namentlich auch für die katholische Erziehung sämmtlicher Kinder aus gemischten Ehen erwies der hochselige Oberhirte große Sorgfalt und rühmlichen Eifer. Schon ehevor dem Hochseligen der bischöfliche Stab der Diöcese Speyer übergeben war, hatte derselbe dem bezeichneten Gegenstande sein ernstes Nachdenken und gründliches Forschen zugewendet. Davon gibt Zeugniß die bereits besprochene ausführliche geschichtlich-rechtliche Erörterung, welche, wie wir schon näher hörten, unter der Aufschrift: „Die religiöse Erziehung der Kinder aus gemischten Ehen", ohne seine Unterschrift, im Märzheft des „Katholiken" vom Jahre 1837 Aufnahme fand. Der Standpunct, welchen sein unmittelbarer Amtsvorfahrer in dieser wichtigen Angelegenheit angenommen hatte, genügte ihm nicht vollständig, namentlich bezüglich des beschränkten Rechtes des überlebenden Ehetheiles in beliebiger religiöser Erziehung seiner Kinder. [117]) In der von dem Staatsministerium unterm 13. März 1836 erlassenen Verfügung gleichen Betreffes, welche bestimmte, den langjährigen status quo bestehen zu lassen, war wohl lediglich die bisher von den lebenden Aeltern gemischter Ehen stets in Anspruch genommene Befugniß gemeint, auch noch während der Dauer ihrer Verbindung über die Religion ihrer Kirche durch Verträge zu bestimmen, keineswegs aber auch die Berechtigung der Relicten — des überlebenden Ehetheiles — hierüber eigenwillig zu verfügen. Diese Berechtigung, welche der hochselige Bischof Richarz, wie bemerkt, den Relicten nicht einge-

---

[116] Ebendaselbst. S. 47. — [117] Vergleiche Neuere Gesch. der Bischöfe zu Speyer. S. 540 u. ff.

räumt wissen wollte, erkannte sein Amtsnachfolger als eine Erforderniß der Gewissensfreiheit und glaubte, daß auch in dieser Beziehung keine Zwangsmaßregeln gegen den überlebenden Ehetheil,
welcher nach eigenem Gutdünken über die Erziehung seiner Kinder
verfügt, in Vollzug gesetzt werden dürften. In diesem Sinne beschied jetzt die oberhirtliche Stelle mehrere Pfarrer der Diöcese,
welche hierüber sich Weisung erbeten hatten. Auch viele äußere
Aemter in der Diöcese huldigten und verfuhren nach dieser Anschauungsweise.

Indeß wurde die allerhöchste Entschließung, die Anwendung
der Bestimmungen der §§. 12—23 der zweiten Verfassungs=Bei-
lage über die religiöse Erziehung der Kinder gemischter Ehen betreffend, welche von dem königlichen Staatsministerium des Innern
am 31. Mai und wiederholt am 17. Juni 1838 an sämmtliche
Kreisregierungen und an das protestantische Oberconsistorium zur
Verbescheidung einiger der allerhöchsten Stelle vorgelegten Fälle,
erlassen worden ist, auch von dem Speyerer Ordinariate unterm
25. Februar 1839 den sämmtlichen Pfarrvorständen der Diöcese
zur Kenntniß und Nachachtung mitgetheilt. [118])

---

[118]) Diese Entschließung lautet: „I. Nach richtiger doctrineller Auslegung
der Bestimmungen in den §§. 12—23 des Edictes, Beilage II. der Verfassungsurkunde, kann es keinem Zweifel unterliegen, daß bei gemischten Ehen den
Aeltern das Recht zustehe, nicht allein vor und bei Eingehung der Ehe, sondern auch während der Dauer derselben, nach Gutbefinden über die religiöse Erziehung ihrer Kinder vertragmäßige Bestimmungen zu treffen und die
eingegangenen Uebereinkünfte in beiderseitigem Einverständnisse zu jeder Zeit
wieder abzuändern, so lange nicht die Kinder durch die Communion oder Confirmation in eine bestimmte Kirche eingetreten sind. — Dieses in dem allgemeinen Familienverbande und in der älterlichen Gewalt begründete Recht folgt
für die Bewohner des Königreiches Bayern auch aus dem besonderen Grunde:
a. daß die §§. 12—14 der II. Verfassungs-Beilage mit den Bestimmungen
des Religions-Edictes vom 24. März 1809 §§. 14—16 Wort für Wort überein-
stimmen, hinsichtlich der Bedeutung der Letzteren aber schon aus dem §. III.
der allerhöchsten Entschließung vom 11. Mai 1815 — Regierungsblatt von
1815 Seite 381 — hervorgeht, daß es nie die Absicht des Gesetzgebers war,
die älterlichen Befugnisse zur vertragmäßigen Bestimmung über die religiöse
Erziehung der Kinder auf die Zeit vor Eingehung der Ehe, oder auf die
noch nicht gebornen Kinder zu beschränken, weßhalb, bei unveränderter
textueller Beibehaltung der §§. 14—16 in dem späteren (Verfassungs-)Gesetze,
diese Absicht auch jetzt nicht dem Gesetzgeber unterstellt werden kann; b. daß
die von den §§. 12—14 allenfalls abweichenden Bestimmungen der in einzelnen
Gebietstheilen bestehenden Civilgesetze in einer Materie keine Giltigkeit mehr
behaupten können, welche dem Bereiche des Verfassungsrechtes angehört und

Durch diese Ministerialentscheidung war somit die bisherige zwischen geistlicher und weltlicher Behörde strittige Frage: ob in der Pfalz sonstige Privatverträge über Kindererziehung vor und während der Ehe errichtet und ob dieselben wieder mit beiderseitigem Consens aufgehoben werden können? nach der Ansicht der bischöflichen Stelle bejahet. Der andere strittige Punct aber wegen der Befugniß der Relicten gemischter Ehen zur beliebigen Verfügung über die religiöse Erziehung der Kinder, war noch nicht entschieden. Dieß veranlaßte den hochseligen Oberhirten, diese oft und tief in die geistliche Verwaltung eingreifende Frage noch einmal in allseitige und reifliche Erwägung zu ziehen. Es wurden bei den bezüglichen Berathungen sehr wichtige Gründe g e g e n und f ü r die Bejahung dieser Frage geltend gemacht.

G e g e n diese Bejahung und für die Ansicht des hochseligen Bischofes Richarz wurde Nachstehendes zu bedenken gegeben: 1. Durch die Bejahung dieser Frage würde die vom päbstlichen Stuhle bei gemischten Ehen geforderte Sicherstellung der katholischen Kindererziehung mittels Verträge gefährdet werden. 2. Die Verträge über Kindererziehung haben in den Augen des Staates dieselbe Natur, wie sonstige Bilateralverträge, welche einseitig nicht aufgehoben werden können; eine beiderseitige Lösung nach dem Tode des einen Theiles ist aber nicht mehr möglich, während auch dann, wenn keine Verträge vorhanden und die Kinder nach § 14 des Religions=Edictes secundum sexum zu erziehen sind, die Eheleute betrachtet werden müssen, als haben sie sich zu dieser Erziehungs-

---

bezüglich derer die Verfassungsgesetze für alle Unterthanen ohne Unterschied gleiche Rechte und Verpflichtungen begründen, abgesehen davon, daß diese Gesetze als die späteren den früheren derogiren; c. daß die beschränkende Bestimmung des §. 13 der II. Verfassungs=Beilage sich nur auf die darin erwähnten Eheverträge, nicht aber auf die im §. 14 neben den Ehepacten als zulässig erklärten „sonstigen Verträge" bezieht. 2. Ebenso kann — im Allgemeinen aus denselben Gründen, und im Besondern nach den Bestimmungen des §. 21 der II. Verfassungs=Beilage — kein Zweifel darüber bestehen, daß auch in Beziehung auf außereheliche Kinder den Aeltern im Allgemeinen das Recht zukomme, das confessionelle Verhältniß solcher Kinder durch beiderseitiges Uebereinkommen festzusetzen, daß jedoch dem Vater ein Bestimmungs= und respective Einwilligungsrecht hierüber nur in so weit zustehe, als er das betreffende außereheliche Kind anerkannt hat, oder — was damit gleichbedeutend ist — als er durch rechtskräftiges richterliches Erkenntniß für den Vater erklärt worden ist und in dem einen wie in dem andern Falle die damit verbundene Alimentationspflicht erfüllt". — S a m m l u n g der Generalien. Heft I. S. 43.

weise wechselseitig binden wollen, was jedenfalls die zur bezüglichen Entscheidung angerufene Staatsgewalt behaupten würde. 3. Nach der verneinenden Auffassung der Frage sei es nicht der Staat, welcher über die Gewissen gebiete und die Kindererziehung bestimme, sondern die Aeltern selbst, welche von ihrem Rechte Gebrauch machten und die Art und Weise ihrer Rechtsbefugniß durch Verträge gegen einander festsetzen. 4. Das Religions=Edict sei sonach in dem bezüglichen Paragraphen nicht für das Gewissen maßgebend, sondern es nehme nur die Normen in äußeren Schutz, welche die Contrahenten sich selbst gestellt und nur dann, wenn die Staatsgewalt zum Schutze des contractmäßigen Rechtes von einem der Betheiligten angerufen werde. 5. Werde aber der Contract von dem Betheiligten oder von dessen Stellvertreter nicht aufrecht erhalten und dessen Aufrechthaltung nicht erzwungen: so könne der andere — katholische — Theil, welcher zum Unrechten sich verbunden, dieses, was er innerlich längst durch Reue gut zu machen gesucht, auch äußerlich gut machen. 6. Es könne sich der Katholik demnach zu seiner Beruhigung nur auf den gegen sein Gewissen errichteten Contract berufen, wenn bei wirklicher Reclamation zur Aufrechthaltung des abgeschlossenen Contractes, die Unmöglichkeit eingetreten ist, der Forderung seines Gewissens zu genügen. 7. Ein solcher durch sich selbst gebundener Katholik kann sich nicht auf die königliche Erklärung von Tegernsee berufen, da es sich von einem Vertrage handelt, wodurch er sein Recht an einen Dritten abgegeben, der auf dem Vollzuge des Vertrags besteht. Nicht der Staat thue hiebei dem Gewissen Gewalt an, sondern der Contrahent habe sich dessen schuldig gemacht und durch einen unrechtmäßigen Vertrag sich den Rechtsgesetzen der weltlichen Gewalt unterworfen. 8. Für den verstorbenen Ehegatten gibt es allerdings ein Recht und zwar das vertragmäßig erworbene und darum kann der Ueberlebende, falls die Stellvertreter des Verstorbenen auf dem vertragmäßigen Rechte bestehen, seine einmal begangene Pflichtverletzung nicht äußerlich in der Art gut machen, als bestände der Contract nicht mehr. Er ist in demselben Falle, wie beim Leben des anderen Ehetheiles. Die Kirche sieht zwar das begangene Unrecht immer als Unrecht an, kann aber das gesetzliche Hinderniß zur Aufhebung des Unrechtes nicht beseitigen, weil dasselbe durch den abgeschlossenen Vertrag im weltlichen Gebiete seine Wurzel hat. Auch ist das bürgerliche Gesetz, welches die Verträge gestattet, nicht böse, sondern diejenigen gebrauchen es böse, welche sich zum Unrechten verbinden. 9. Ob die vertragmäßige Verpflich-

tung nach dem Tode des einen Contrahenten äußerlich durchzu-
führen ist, muß den Verhältnissen überlassen bleiben. Für den
katholischen Contrahenten treten seine Verwandten ein und müssen
dessen erworbenes Recht behaupten. Nimmt sich Niemand des verstorbenen protestantischen Ehetheiles an, so ist dieses ein Glück für
den überlebenden Katholiken, der dann sein Unrecht wieder gut
machen kann. 10. Darum sind die fraglichen bürgerlichen Bestimmungen in Bezug auf die Kirche indifferent. Sie wirken aber für
die Kirche, wenn die katholischen Gewissen gehörig geweckt und gestärkt sind. 11. Im Religiösen kann der Protestantismus mit der
Kirche nie in ein gleiches Rechtsverhältniß kommen. Im Bürgerlichen ist dieß durch den westphälischen Frieden und andere bürgerliche Gesetze anders geworden. Durch den Contract hat sich der
katholische Contrahent mit dem protestantischen auf den bürgerlichen
Boden gestellt und werde sonach auch durch die bürgerliche Gewalt
behandelt.. Die Kirche erkennt natürlich diesen Contracten keine
kirchliche Rechtsgiltigkeit zu, kann aber ihr Bestehen und ihre äußer-
lichen Folgen nicht hemmen. 12. Das gegentheilige Verfahren,
welches dem überlebenden Ehetheile das Recht einräumt, alle Kinder
nach eigenem Gutdünken erziehen zu lassen, gründet sich auf die
französische Gesetzgebung, die in dieser Beziehung keine Geltung
mehr hat. 13. Tritt der Fall ein, daß der verstorbene katholische
Ehetheil durch Ehepacten oder sonstige Verträge ein Recht zur katholischen Erziehung erworben hat, so muß dieses Recht durch des
Verstorbenen Stellvertreter durchgeführt und nöthigenfalls bei der
Staatsbehörde hierauf gedrungen werden. Ob die bischöfliche Stelle
zur Erzielung dieses Schutzes vermittelnd auftreten soll, ist eine
schwierige Frage. Auf der einen Seite ist ein äußeres Recht zur
Erfüllung einer katholischen Pflicht gegeben, welches nicht darf ver-
nachlässiget werden. Auf der andern Seite kann aber auch die
bischöfliche Stelle, oder der betreffende Pfarrer von der bürgerlichen
Gewalt aufgefordert werden, dem verstorbenen protestantischen Pfarrer
durch Mitwirkung zu seinem vertragmäßigen Rechte zu verhelfen.
Dieß darf aber nicht geschehen, weil der Katholik einem anderen
Glauben keine Anhänger zuführen darf. Wollte man im ersten
Falle nicht eingreifen, um dem letzteren zu entgehen, so würden
die Protestanten nur zu ihrem Vortheile die bürgerlichen Gesetze
anrufen und sohin die katholische Kirche allweg in Schaden stehen.
Denn die Kirche verlöre häufig, wenn der Vertrag für sie stände,
den der überlebende protestantische Ehetheil nicht halten wollte.

Sie verlöre aber auch, wenn der Vertrag nicht für sie stände und der überlebende katholische Ehetheil doch seine Kinder katholisch er= ziehen wollte, aber davon durch das äußere Recht gehindert würde.

Gemäß diesen Erwägungen wurde daher folgendes Verfahren in Vorschlag gebracht: Besteht ein Vertrag für die katholische Er= ziehung und der überlebende protestantische Ehetheil will ihn nicht halten, so sollen gemäß §. 23 des Religions-Edictes die katholischen Verwandten einschreiten. Kommen diese nicht zum Ziele, so hat sich der Pfarrer der Sache anzunehmen. Bedarf dieser Unterstütz= ung, so muß zuletzt das Ordinariat mittels der Staatsgewalt schützend eintreten. Im entgegengesetzten Falle aber, wenn der protestantische Ehetheil, für welchen der Contract spricht, stirbt und der überlebende katholische Ehetheil will nach seinem Gewissen wider den Contract die Kinder katholisch erziehen, so ist er zu belehren, daß er hiedurch nur seine Pflicht erfüllt. Wird aber der Katholik durch den protestantischen Stellvertreter des verstorbenen Ehetheiles an der katholischen Kindererziehung gehindert, so kann ihn die bischöfliche Stelle nicht äußerlich stützen. Würde jedoch die Staats= gewalt den Pfarrer oder das Ordinariat auffordern, das vertrag= mäßige Recht auf die protestantische Erziehung der Kinder voll= ziehen zu helfen: so müßten der Pfarrer und das Ordinariat diese Zumuthung mit der Erklärung zurückweisen, daß dieß gegen die katholische Gewissenspflicht streite, welche die Erziehung aller solcher Kinder in der katholischen Religion fordert.

Für die Bejahung des Rechtes der Relicten, die Kinder nach Belieben in der katholischen Religion erziehen zu lassen, wurden nachstehende Gründe und Erwägungen aufgeführt: 1. Diese Be= fugniß gehört in der Diöcese Speyer gleichfalls zu dem status quo, welcher mit vieler Mühe erkämpft und dessen fernere Beachtung durch das Ministerialrescript vom 13. März 1837 empfohlen wurde. 2. Gemäß den natürlichen Rechten hat der überlebende Ehegatte volle natürliche Gewalt und unbeschränktes Recht zur religiösen Er= ziehung seiner Kinder. Nach göttlichen Gesetzen ist der Katholik laut päpstlichen Entscheidungen allzeit verpflichtet, seine sämmtlichen Kinder in der katholischen Religion zu erziehen, welche Verpflichtung nie erlöschen und keine Dispensation erlangen kann. Diese Pflicht hat der apostolische Stuhl stets eingeschärft. Um so mehr muß der überlebende katholische Ehegatte, der nunmehr die Erziehung seiner Kinder allein zu besorgen und keinen Widerstand von seinem akatholischen Gatten zu erfahren hat, erfüllen. Das Gleiche gilt auch bei einem protestantischen Relicten, wenn er seine Religion für die allein wahre hält. Wollte man daher den Eheverträgen, oder den bezüglichen Bestimmungen des Religions-Edictes eine den freien Willen des überlebenden Ehegatten bindende Kraft beilegen, daß er die Erziehung seiner Kinder nicht mehr nach seinem Gewissen anordnen dürfe und der Civilobrigkeit die rechtliche Gewalt einräumen, die Relicten in dieser Beziehung zu nöthigen, so würde man behaupten, daß ein Katholik kraft eines Vertrages oder Staatsgesetzes zu einer unerlaubten Handlungsweise verbindlich gemacht werden könne und andererseits der Staatsgewalt das Recht zugestehen, ihre Untergebenen zu etwas nöthigen zu dürfen, was gegen das göttliche Gesetz streitet. Ersteres widerspricht den Grundsätzen der Moral, nach welchen jeder Vertrag zu etwas Unerlaubtem nichtig und unverbindlich ist; Letzteres der durch Verfassung Titel IV. §. 9 und das Religions-Edict §. 1. 2 und 50 garantirten Gewissensfreiheit, so wie auch der königlichen Erklärung zu Tegernsee vom 15. September 1821. 3. Nach Artikel I. und XIV. des Concordates soll die katholische Religion in Bayern in allen ihren Rechten erhalten und die Diener der Kirche in ihrem Amte nicht gehindert werden. Nun ist es ein Recht der heiligen Kirche und die Amtspflicht ihrer Diener, jeden Menschen in den Schooß der Kirche, der es verlangt, oder, wenn er noch unmündig ist, seine Aeltern für ihn wünschen, aufzunehmen. Demnach darf keinem katholischen Relicten von einem katholischen Pfarrer die Aufnahme seiner Kinder in Unterricht und in die Kirchengemeinschaft wegen eines Contractes oder der constitutionellen Bestimmungen verweigert werden, indem er dadurch das Recht der Kirche aufgeben und den sündhaften Vertrag gleichsam billigen würde. 4. Die Behauptung, daß die Bestimmung des §. 16 des Religions-Edictes für den relicten Ehetheil verbindliche Kraft und nicht die gesetzliche Verbindlichkeit dieses Paragraphen lediglich in dem Falle eintrete, wo, laut dem Buchstaben dieses Paragraphen, beide Ehetheile — die Aeltern — gestorben sind, und demnach der Civilobrigkeit das Recht zustehe, die Relicten zu dessen Befolgung zu nöthigen, führt zu den nachtheiligsten Folgerungen. Denn hat der Staat das Recht, in einer Weise die Gewissensfreiheit seiner Angehörigen zu beschränken und wird nicht der Grundsatz festgehalten, daß der Staat nie und unter keinen Umständen die Gewissensfreiheit beeinträchtigen dürfe, so ist nicht einzusehen, wo ihm solches Recht in anderer Weise und andern Umständen zu üben, in so ferne es

Civilrücksichten erfordern, abgesprochen werden kann. So dürfte ihr namentlich gemäß §. 6 des fraglichen Edictes das Recht, einen Minderjährigen von der Conversion abzuhalten, nicht verneint werden. 5. Man kann auch ferner zur Begründung der vorgeblichen Gewalt der Civilobrigkeit, die Relicten zur genauen Befolgung des oftgenannten §. 16 nicht anführen, daß das Recht des verlebten Ehegatten auf die Kindererziehung nach seinem Tode noch fortbestehe und der Staat solches Recht nur zu schützen habe, denn nach dem Naturrechte hat der verstorbene Gatte kein Recht mehr auszuüben, sein wahrer Stellvertreter ist nur sein noch lebender Mitgatte. 6. Es kann zwar allerdings eingewendet werden, wenn die hinterlassenen Ehegatten die Verträge über Kindererziehung nach dem Tode ihrer Ehegatten umgehen können, so hätten auch die Verträge über katholische Erziehung der Kinder keinen festgesicherten Werth? Allein diese Verträge haben auch sonst keine Sicherheit, wenn sie nicht auch während der Ehe unveränderlich fortbestehen müssen. Nun hat man aber die Veränderlichkeit derselben im katholischen Interesse verlangt und dieselbe ist auch durch die Ministerialentschließungen vom 31. Mai und 17. Juni 1838 auf Andringen der Geistlichkeit wiederholt ausgesprochen worden. 7. Der Grundsatz, daß nach Ableben des einen Ehegatten einer gemischten Ehe, in der durch Verträge oder das Gesetz bestimmten Erziehungsweise der Kinder keine Abänderung mehr stattfinden dürfe, empfiehlt sich durchaus nicht zum wirklichen Vollzuge; denn die Civilgewalt kann zur Erzielung der Festhaltung dieser Verträge in gesetzlichen Bestimmungen, nur die Zwangsmittel der Schulausweisung, Schulstrafen anwenden. Die durch solche Zwangsmittel genöthigten Ehetheile würden dann wohl ihre Kinder in die Schule der andern Confession aus Zwang schicken, worin sie an dem Religionsunterrichte derselben Theil nehmen, ihnen aber, um der Gewissenspflicht zu genügen, zu Hause eben dieses Bekenntniß verdächtigen, herabsetzen und die Kinder in ihrem Bekenntnisse unterrichten, was leicht die Folge haben könnte, daß solche Kinder Indifferentisten, halbe Protestanten und halbe Katholiken werden. 8. Vorausgesetzt endlich, daß der katholische Pfarrer niemals ein Kind aus der katholischen Schule in die protestantische verweisen darf, wozu er am Wenigsten von seiner geistlichen Behörde angehalten werden kann: so würde es doch offenbar inconsequent seyn, wenn der katholische Pfarrer oder das Ordinariat die Civilobrigkeit um Anwendung von Zwangsmaßregeln angehen wollte, wo es sich um katholische Erziehung der

8

Kinder von Relicten gemischter Ehen handelt: aber im Gegentheile, wo es sich um protestantische Erziehung solcher Kinder handelt, die katholische kirchliche Behörde auf Betreiben der protestantischen Interessenten, der königlichen Regierung erwidern würde, man könne, weil es gegen die katholischen Religionsgrundsätze sei, hiezu nicht mitwirken. Die weltliche Behörde würde dann mit Recht entgegnen müssen, wenn ihr eure Pfarrer nicht anhalten wollet und dürfet, unsere Einschreitungen zu unterstützen und ihnen Folge zu geben, vielmehr euch verpflichtet fühlt, denselben entgegen zu wirken, so können wir auch den protestantischen Pfarrern und Betheiligten, wenn es im Interesse eurer Kirche ist, nicht zumuthen, unseren Zwangsmaßregeln Folge zu leisten, denn das Recht, welches ihr in Anspruch nehmet, muß auch jenen zuerkannt werden.

Bei diesen wichtigen Gründen f ü r und g e g e n die aufgeworfene Frage fand der Oberhirte für gut, unter ausführlicher Darlegung der beiderseitigen Ansichten, unterm 4. November 1839 die jenseitigen sieben Ordinariate, um ihre bezügliche Meinung und Verfahrungsweise zu befragen. Die meisten derselben erwiderten, daß sie sich in der fraglichen Beziehung genau an die Bestimmungen des Religions-Edictes halten und sohin nur dann ein Kind vom Geschlechte des protestantischen verstorbenen Ehegatten in die katholische Kirche aufnehmen, wenn protestantischer Seits keine Einsprache dagegen erhoben werde. Nur das Ordinariat zu Eichstätt stimmte grundsätzlich für das Recht des überlebenden Ehetheiles, die Kinder nach seinem Belieben erziehen zu lassen, meinte jedoch, daß man in der Wirklichkeit dann den Recurs an die Staatsbehörde ergreifen müsse, wenn der überlebende protestantische Gatte die durch Vertrag zur katholischen Religion bestimmten Kinder in der protestantischen Confession erziehen wollte.

Ungeachtet der noch bestehenden Bedenken über das fragliche Recht des überlebenden Ehetheiles bezüglich der religiösen Erziehung der Kinder, fuhr die bischöfliche Stelle zu Speyer fort, den Pfarrern nicht nur die Aufnahme solcher Kinder der Relicten in den katholischen Unterricht zu gestatten, ja dieselbe ihnen als eine Pflicht zu erklären, sondern sprach sich auch dahin aus, daß dem überlebenden katholischen Ehetheile billiger Weise das auch von Protestanten in Anspruch genommene und geübte gleiche Recht, nicht dürfe versagt werden und daß in Gemäßheit der Ministerialverfügung vom 13. März 1839 keine Zwangsmaßregeln dagegen zu ·fürchten seyen. Mittlerweile hatte auch die Kreisregierung unterm 26. März 1840 auf oberhirtliche Vorstellung in einem besonderen Falle den Beschluß gefaßt, daß, da der überlebende katholische Ehemann mit seiner verlebten protestantischen Ehefrau keinen Vertrag abgeschlossen und er erklärt habe, seine noch nicht confirmirte Tochter katholisch erziehen zu wollen, wozu er nach der bestehenden Civilgesetzgebung und kraft der durch die Constitution zugesicherten Gewissensfreiheit berechtigt sei, die deßhalb vom protestantischen Pfarramte erhobene Beschwerde abgewiesen werde. Somit war auch das in Frage stehende Recht der Relicten gemischter Ehen von Seiten der Regierung anerkannt. Allein auf die dagegen von der protestantischen Kirchenbehörde erhobene Einsprache wurde diese Entscheidung der Kreisregierung durch eine Ministerialverfügung vom 28. August 1840, mißbilligt und erklärt, daß nach dem Tode des einen Ehetheiles eine Veränderung der religiösen Erziehung der überlebenden Kinder nicht zulässig sei.

Da nach dieser Ministerialverfügung die bischöfliche Stelle sich überzeugen mußte, daß man künftighin in den fraglichen Fällen die etwa auf Beschwerden der Protestanten anzuordnenden Zwangsmaßregeln nicht abzuwenden vermöge, so wurde von nun an die Seelsorgsgeistlichkeit angewiesen, bei dem Vollzuge solcher Zwangsmaßregeln sich jeder Mitwirkung zu enthalten und den überlebenden katholischen Ehetheil zu bestimmen, seinen Kindern Privatunterricht in der katholischen Religion zu ertheilen und nach vollendetem Unterrichte zur heiligen Communion zuzulassen. Auch erhielt seit dem 4. Januar 1841 bei dem bischöflichen Rathscollegium die Ansicht die Oberhand, daß durch den abgeschlossenen Contract der verstorbene Ehetheil repräsentirt werde und der Vormund und die Anverwandten die Rechte des Verstorbenen, gemäß dem §. 23 des Religions-Edictes, zu wahren haben. Deßhalb wurden auch die anfragenden Pfarrer nunmehr in Uebereinstimmung mit dieser Ansicht angewiesen, die katholischen Vormünder und Verwandten betreffenden Falles zu einer Einsprache zu ermuntern, sich selber jedoch hiebei der amtlichen Einsprache zu enthalten.

Diese langjährigen Verhandlungen über die religiöse Erziehung der Kinder aus gemischten Ehen schärfte die Aufmerksamkeit des Oberhirten in Ueberwachung der kirchlichen Vorschriften bei Eingehung gemischter Ehen. Derselbe rügte es daher sehr streng, wenn er in Erfahrung brachte, daß einzelne Pfarrer sich eigenmächtig über diese Vorschriften hinaus setzten. Mit starker Rüge einer solchen Eigenmächtigkeit, wurde in einem oberhirtlichen Rund-

schreiben vom 13. April 1840 wiederholt eingeschärft: „Nach den
klaren Bestimmungen des §. 3 und 4 des Pastoralnormatives —
des Bischofes Richarz — über die Behandlung gemischter Ehen,
dürfen solche nur dann ohne Anstand kirchlich eingesegnet werden,
wenn die Brautleute entweder durch Ehepacten oder durch sonstige
schriftliche Verträge den Entschluß, ihre sämmtlichen Kinder in der
katholischen Religion zu erziehen, glaubwürdig nachgewiesen haben;
in jenen Fällen aber, in welchen die katholische Erziehung der
Kinder nicht in den Ehepacten stipulirt oder durch andere schriftliche Verträge zugesichert ist, jedoch der Seelsorger aus näherer
Kenntniß der Personen und Verhältnisse und durch glaubhaftes
mündliches Versprechen der Brautpersonen die moralische Gewißheit
erlangt hat, daß die Verlobten aus eigenem Antriebe alle ihre
Kinder in der katholischen Religion werden erziehen lassen, soll
die kirchliche Einsegnung derselben nicht e i g e n m ä c h t i g von dem
Seelsorger vorgenommen werden, sondern derselbe hat hiezu, durch
erstatteten, umständlichen Bericht über die obwaltenden Verhältnisse,
die oberhirtliche Erlaubniß oder Weisung über das weitere Verfahren zu erholen." Bei dieser Veranlassung wurde auch ein eigenes
Formular zur Abfassung eines Privatactes über die katholische Erziehung der zu hoffenden Kinder gemischter Brautleute der Seelsorgsgeistlichkeit zugestellt. [119]

§. 19. Verhandlungen bezüglich der gemeinschaftlichen Leichenhöfe.

Wie um die katholische Erziehung der Kinder aus gemischten
Ehen, so erwarb sich auch der Hochselige um die Erläuterung und
Durchfechtung der rechtlichen und kirchlichen Grundsätze bei Anlegung
neuer gemeinschaftlicher Friedhöfe in der Diöcese keine geringe Verdienste. Dieß leuchtet aus Nachstehendem zu Genüge hervor.

[119] S a m m l u n g oberhirt. Generalien. Heft II. S. 55. — Indeß
können weder solche Privatverträge, noch auch notärische Ehepacten die stipulirte
Erziehung der Kinder schützen und sichern, wenn die Treue und Ehrlichkeit des
Gatten sie nicht beachtet. Laut Urtheils des k. Appellationsgerichtes zu Zweibrücken vom 13. Feb. 1865 wegen Vollzuges des zwischen C. Th. Lichtenberger
und Christ. Baader in Hambach am 24. April 1846 abgeschlossenen Vertrages
über die katholische Erziehung aller ihrer zu hoffenden Kinder, den Ersterer
nach dem Tode der Letzteren nicht beachtete und deßhalb von seinem Schwieger-
vater als Theilhaber an jenem Vertrage und als Nebenvormund seiner Enkel,
gerichtlich belangt wurde: erklärte sich dieses Gericht, wie auch die erste Instanz,
das Bezirksgericht zu Frankenthal, entschieden hatte, für incompetent jenen
Vertrag gerichtlich zu schützen.

Schon seit der Wiedererrichtung des neuen Bisthums Speyer gab es bezüglich der gemeinschaftlichen Begräbnißplätze mehrfache Anstände und in einigen Gemeinden ärgerliche Kämpfe. Vor der französischen Staatsumwälzung bestanden hierüber ausreichende Bestimmungen für die einzelnen Gemeinden. Das kaiserliche Decret vom 12. Juni 1804 bestimmte in dieser Beziehung Artikel 15: „In den Gemeinden, in welchen man sich zu mehreren Confessionen bekennt, soll jede Confession einen besonderen Begräbnißplatz haben und im Falle sich daselbst nur ein einziger Leichenacker vorfindet, soll man ihn durch Mauern, Zäune und Gräben in eben so viele Theile theilen, als es verschiedene Confessionen gibt mit einem besonderen Eingang für jede Confession und indem man diesen Theil nach der Bewohnerzahl von jeder Confession verhältnißmäßig abmißt." Diese, den Protestanten wie den Katholiken gleich gerechten Bestimmungen wurden, seit das Vereinigen und Vermischen in dem Rheinkreise von oben herab besonders begünstiget wurde und in der Vereinigung der Lutheraner mit den Calvinern, in Errichtung eines gemeinschaftlichen Schullehrerseminars und oft mit schreiender Ungerechtigkeit erzielter Vereinigung katholischer und protestantischer Schulen, sich allgemein kundgab, [110] von den Ersteren den Katholiken häufig bestritten, mit der Behauptung, daß eine solche confessionelle Abtheilung nicht mehr stattfinden dürfe, sonderen die Leichen der Verstorbenen ohne Unterschied der Confession der Reihe nach untereinander beerdigt werden müßten. Es kam hierüber bereits unter der Amtsführung des Bischofes Matthäus zu vielfältigen Klagen und Verhandlungen mit der königlichen Kreisregierung. Diese erwiderte: „Man dürfe sich hiebei auf das Decret vom 12. Juni 1804 nicht mehr beschränken, sondern es müßten die Bestimmungen des Gesetzes vom 14. Februar 1810 und des organischen Edictes vom 26. Mai 1818 als spätere Gesetze in Berücksichtigung kommen. Nirgends sei aber in diesen Bestimmungen die Pflicht für die Gemeinde ausgesprochen, für jede Confession einen abgesonderten Begräbnißplatz zu stellen und auf diese Weise sich mit größeren Kosten zu beladen als der politische Zweck erfordere." Nach weiteren Gegenerklärungen des genannten hochseligen Bischofes beharrte die Kreisregierung in einer ausführlichen Erwiderung vom 11. November 1825 auf den Bestimmungen des Religions-Edictes, dessen §. 100 lautet: „Wenn ein Religionstheil keinen eigenen

---

[110]) Siehe Neuere Gesch. der Bischöfe zu Speyer. S. 288.

Kirchhof besitzt, oder nicht bei der Theilung des gemeinschaftlichen Kirchenvermögens einen solchen für sich anlegt: so ist der im Ort befindliche als ein gemeinschaftlicher Begräbnißplatz für sämmtliche Einwohner des Orts zu betrachten, zu dessen Anlage und Unterhaltung aber auch sämmtliche Religionsverwandte verhältnißmäßig beitragen müssen". Dieß veranlaßte die bischöfliche Stelle, die wichtige Angelegenheit Seiner Majestät dem König zur gerechten Abhilfe der deßbezüglichen Beschwerden der Katholiken des Rheinkreises vorzulegen. Erst unterm 13. Juli 1826 erfolgte eine Ministerialentschließung dahin: „Daß nach Vernehmung des protestantischen Oberconsistoriums die von dem bischöflichen Ordinariate Speyer deßhalb gegen das bisherige Verfahren der königlichen Regierung erhobene Beschwerde nicht als gegründet befunden worden sei, sondern der §. 100 des constitutionellen Edictes vom 26. Mai 1818 allerdings auch im Rheinkreise dergestalt seine Anwendung finde, daß auf einer confessionellen Abtheilung der Leichenhöfe nur an solchen Orten bestanden werden kann, wo sie unter gleichen Verhältnissen schon früher eingeführt war, oder wo die beiderseitigen Kirchengemeinden über die Einführung derselben sich gütlich vereinigen, oder die aus einer solchen Abtheilung sich ergebenden größeren Kosten von der sie veranlassenden Religionspartei allein übernommen werden. In den bezeichneten Fällen hat die königliche Regierung die an mehreren Orten des Rheinkreises bisher gewöhnliche Abtheilung der gemeinschaftlichen Leichenhöfe zur Beruhigung der katholischen Glaubensgenossen auch für die Zukunft ohne Anstand zu gestatten und die Antheile für jede Confession gehörig festzusetzen. Dagegen in allen jenen Fällen, wo neue Leichenhöfe angelegt, oder die alten erweitert und die Kosten hiezu aus dem Gemeindevermögen bestritten, oder durch Umlagen gedeckt werden müssen, kann die besagte Abtheilung weder von der einen noch von der anderen Partei gefordert werden". Dieser Verfügung wurde ausdrücklich beigefügt, „daß die bischöfliche Stelle sich hiebei um so mehr beruhigen werde, als die Einsegnung solcher gemeinsamen Kirchhöfe nach katholischem Ritus nicht beanstandet werde". [131])

Die bischöfliche Stelle hätte wohl nicht unerhebliche Einwendungen gegen die Deutung des hierher bezogenen Paragraphen 100 des Religions-Edictes erheben können, da in diesem Paragraphen

---

[131]) Diese Verfügung wurde durch ein Rundschreiben des Generalvicars vom 17. Aug. 1826 der gesammten Pfarrgeistlichkeit amtlich kundgegeben.

bloß von Gemeinden die Rede ist, in welchen zwar mehrere Religionstheile in sehr ungleichem Zahlenverhältnisse bestehen, von denen aber der Eine derselben keinen eigenen Kirchhof besitzt, so daß demnach der einzige vorhandene Leichenplatz auch für die Bewohner der confessionellen Minderzahl verwendet werden soll und daher in diesem Sinne als eine gemeinschaftliche Begräbnißstätte für sämmtliche Bewohner des Ortes zu betrachten sei, zu dessen Anlage und Unterhaltung aber auch sämmtliche Religionsverwandte verhältnißmäßig beitragen müssen. Diese Gemeinschaftlichkeit von Begräbnißstätten besteht auch hie und da in einzelnen Gemeinden der Speyerer Diöcese, welche entweder bei einer stark überwiegenden Mehrzahl der Bewohner der einen Confession nur eine ganz geringe Zahl eines anderen Religionstheiles in sich schließen und darum es nicht für nöthig fanden, den Leichenhof nach den Confessionstheilen zu trennen, oder welche die Einrichtung getroffen hatten, daß den religiösen Anforderungen der Katholiken durch Errichtung eines ständigen, großen Kreuzes mit der Einsegnung nach katholischem Ritus und der Aufpflanzung kleiner Kreuze auf den einzelnen Gräbern, nach katholischer Sitte, genügt werden konnte. In den durch die katholischen Gemeinden erhobenen und durch das bischöfliche Ordinariat vor den königlichen Thron gebrachten Beschwerden, hatte es sich aber um die Anlegung neuer Begräbnißplätze gehandelt, wovon in dem bemeldeten Paragraphen 100 nur in der Beziehung Erwähnung geschieht, daß die sämmtlichen Religionsverwandten die Kosten verhältnißmäßig tragen müssen. Dabei ist es aber keineswegs ausgesprochen, daß nicht mehrere Leichenhöfe angelegt werden dürfen, wenn mehrere Confessionstheile in den Gemeinden bürgerlich vereinigt wohnen. Diese Anlegung getrennter Begräbnißplätze wurde vielmehr als die ohnehin dem kaiserlichen Decrete vom 12. Juni 1804 vorgeschriebene Regel für Gemeinden, in denen verschiedene Religionsverwandte wohnen, angenommen, da die Gemeinschaftlichkeit der Kirchhöfe, wie der Kirchen, nur eine seltene, manchmal nicht zu umgehende Ausnahme machen kann, welche aus früherer Zeit herrührend, noch nicht gehoben, oder, als aus eigenthümlichen Verhältnissen der Gegenwart entspringend, zugegeben wurde.

Die bischöfliche Stelle hatte sich indeß beruhigt, in der Hoffnung, daß durch die fragliche Ministerialentschließung wenigstens den dringlichsten Beschwerden abgeholfen wurde, durch welche selbst die Religions- und Gewissensfreiheit der Katholiken vielfach gefährdet

worden war, indem bei den versuchten und durchgeführten Vereinig-
ungen der bis dahin getrennten, alten Begräbnißstätten, oder der
neu errichteten, die Einsegnung nach katholischem Ritus oft nicht
mehr stattfinden konnte. Allein diese Hoffnung hat sich nicht be-
währt. Anstatt die in der genannten Ministerialentschließung gestellten drei Alternativen zu beachten, daß nämlich „auf einer
confessionellen Abtheilung der Leichenhöfe nur an solchen Orten
bestanden werden könne, wo sie unter gleichen Verhältnissen früher
eingeführt war, oder wo die beiderseitigen Kirchengemeinden über
die Einführung derselben sich gütlich vereinigen, oder wo die aus
einer solchen Abtheilung sich ergebenden, größeren Kosten von der
sie veranlassenden Religionspartei allein übernommen werden":
haben die Protestanten meistens diese Alternativen zu umgehen gesucht. Dazu wurde der zweite Theil der oftgenannten Ministerialentschließung benutzt, indem dieser ausspricht, daß „in allen
jenen Fällen, wo neue Kirchhöfe angelegt, oder die alten erweitert
und die Kosten hiezu aus dem Gemeindevermögen bestritten, oder
durch Umlagen gedeckt werden müssen, die besagte Abtheilung weder
von der einen noch von der anderen Partei gefordert werden könne."
Es trat nämlich häufig der Fall ein, daß in einer Gemeinde, in
welcher der alte Leichenacker confessionell getheilt war, ein neuer
angelegt wurde, der eben nach dem Willen der Protestanten unge-
theilt bleiben sollte, wenn auch die Katholiken auf der Theilung
bestanden. Jene beriefen sich darauf, daß, wo neue Leichenhöfe
angelegt oder alte erweitert werden, keine Partei eine Theilung
fordern könne. An andern Orten verhinderten die Protestanten
dadurch die Theilung, welche die Katholiken verlangten, daß sie
nicht gütlich in dieselbe einwilligten und so durch ihre Weigerung
die Wünsche und Bemühungen der Katholiken um einen eigenthümlich
katholischen Leichenhof vereitelten. Wenn aber auch die Katholiken
sich erboten, die durch eine Abtheilung sich ergebenden größeren
Kosten zu übernehmen, so willigten dennoch die Protestanten manchmal nicht in die Abtheilung ein, weil es ihnen gefiel, keine Abtheilung, sondern die Gemeinschaftlichkeit des Leichenhofes zu wollen
Es ist bezeichnend für diesen traurigen Zwiespalt, daß die Katholiken nie gegen eine Trennung, wenn Protestanten sie wollten, sich
ausgesprochen, sondern dieselbe meistens gewünscht haben, aber von
den Protestanten immer mit ihrem Begehren abgewiesen wurden.
Dagegen haben die Protestanten überall, wo Streitigkeiten sich erhoben, die Gemeinschaftlichkeit des Leichenackers begehrt und sind

meistens mit einer immer mehr erbitternden Beharrlichkeit darauf bestanden. Bei einer solchen hartnäckigen Widersetzlichkeit gegen die Theilung der Leichenhöfe, hätte man wohl die billige Berücksichtigung der katholisch-kirchlichen Forderungen, daß der Leichenhof eingesegnet und dazu mit dem vorgeschriebenen großen, ständigen Kreuze versehen werde, erwarten sollen. Allein auch diese Beruhigung wurde den Katholiken nicht gegönnt, trotz der beßbezüglichen Versicherung der angezogenen Ministerialentscheidung. Mehrere mit der königlichen Kreisregierung hierüber gepflogene Verhandlungen gaben hiefür Zeugniß. Als im Jahre 1831 in der zwei Drittheile Katholiken und ein Drittheil Protestanten zählenden Gemeinde Oberbexbach ein neuer Leichenhof angelegt werden sollte, forderten die Katholiken anfänglich eine Theilung im Verhältnisse zur Seelenzahl. Da jedoch die Protestanten hierin nicht einwilligen wollten, begnügten sich die Katholiken mit der Gemeinschaftlichkeit unter der selbstverständlichen Bedingung, daß der Leichenhof nach katholischem Ritus, wozu auch ein großes, ständiges Kreuz gehöre, eingesegnet werde. Gegen dieses Kreuz aber verwahrte sich das protestantische Presbyterium in jeder Weise, und der betreffende protestantische Decan zu Homburg erklärte gerade hinaus, „daß das Kreuz ein Aergerniß für die Protestanten sei und daß sie daher durch die Aufrichtung eines Kreuzes als durch etwas geärgert werden, wogegen sie Abscheu haben.“ Diese Kreuzesscheu hat eine Streitigkeit hervorgerufen, die eine dreijährige amtliche Verhandlung nach sich zog und nicht geeignet war, das friedliche Zusammenleben der Katholiken und Protestanten in Oberbexbach zu befördern. [122])

Eine ähnliche, mit gleicher Erbitterung verbundene Streitigkeit, welche bis vor den Thron Seiner königlichen Majestät gebracht wurde, hat sich im Jahre 1833 bei der Anlegung eines neuen Leichenhofes zu Breitenbach erhoben. In dieser Gemeinde bestand früher ein nach den Confessionen getheilter Kirchhof. Die Katholiken verlangten, daß die neue Begräbnißstätte ebenfalls getheilt,

---

[122]) Im Jahre 1830 kam es zu Billigheim, wo im Jahre 1794 das Kreuz auf dem Thurme der Simultankirche von den Freiheitsmännern herabgeworfen worden war, das aber bei Ausbesserung jenes Thurmes im genannten Jahre auf den Antrag der Katholiken und auf deren Kosten wieder aufgestellt werden sollte, zu argem Haber, weßhalb zuletzt diese Aufstellung von königlicher Regierung untersagt wurde. Johannes Hormuth, protest. Pfarrer zu Altlußheim, ließ hierüber ein sehr gehässiges Schriftchen 1836 im Drucke erscheinen.

oder doch, nach Errichtung eines ständigen Kreuzes, in kirchlicher Weise eingesegnet werde. Beides verweigerten die Protestanten, bis sie durch eine höchste Bestimmung vom 14. October 1834 sich genöthiget sahen, entweder in die Errichtung eines Kreuzes oder die Abtheilung des Leichenhofes zu willigen. Sie zogen das Letztere vor. [113])

Diesen und den noch in anderen Gemeinden entstandenen Beschwerdeführungen bezüglich der gemeinschaftlichen Leichenhöfe, sollte die obengenannte Ministerialentschließung vom 14. October 1834 Abhilfe leisten, indem sie den Sinn der früheren Ministerialverfügung vom 13. Juli 1826 in folgender Weise näher bestimmte. „I. Wo es sich um Anlegung neuer Friedhöfe handelt, und die protestantischen Gemeindeglieder die katholische Einsegnung des gemeinsamen Friedhofes nicht zugeben, darf auf Anlegung gemeinsamer Leichenhöfe für beide Religionstheile in keiner Weise gedrungen werden. Ebenso darf eine solche Vereinigung dort nicht geboten werden, wo der protestantische Religionstheil die Errichtung eines Kreuzes verweigert. II. Wo Leichenäcker bereits in Gemeinschaft besessen werden, darf kein Theil an dem Besitzstande etwas ändern. — Es dürfen daher auch die Protestanten, die durch den katholischen Ritus ausdrücklich gebotene Aufrichtung von Kreuzen auf dem Gottesacker überhaupt und auf den einzelnen Gräbern um so weniger hindern, als überdieß das Kreuz nicht für ein der katholischen Kirche eigenthümliches Symbol angesehen werden kann.“

In Beziehung auf diese nähere Bestimmung, welche unterm 6. Januar 1835 der Seelsorgsgeistlichkeit der Diöcese amtlich er-

---

[113]) Im Sommer des Jahres 1834 wurde zu Mußbach der bisher mit einem eigenen Eingang versehene und durch eine Scheidewand vom protestantischen Kirchhof getrennte katholische Kirchhof, mittels eines einseitigen Beschlusses des dortigen Gemeinderathes, mit jenem vereiniget und der eigene Eingang sammt der Zwischenmauer beseitiget. Auf Betreiben des hochseligen Bischofes mußte jedoch im Jahre 1838 die rechtliche Trennung wieder hergestellt werden, was indeß erst im Jahre 1842 zur Ausführung kam. In der Nacht vom 29. auf den 30. April 1843 wurde dem auf dem katholischen Theile neu errichteten Crucifix eine theilweise Beschädigung an den Armen und Beinen beigebracht, welche jedoch, da der angebliche Thäter am 3. des folgenden Monats in der Tiefe eines Brunnens erstickte, in aller Stille wieder ausgebessert wurde. Dieß schreckte jedoch nicht eine rohe Sippschaft von 12 bis 14 Kreuzfeinden zurück, in der Nacht vom 6. auf 7. April 1849, jenes Kreuz mit dem Bilde des Erlösers gänzlich zu zerstören. Auch auf dem Kirchhofe zu Winzingen wurde damals das Kreuz frevelhaft zerschlagen.

öffnet wurde, konnte nicht ohne Grund von Seiten der Katholiken die Einwendung gemacht werden, daß die eigentliche Entscheidung, ob ein Leichenhof gemeinschaftlich werden solle oder nicht, jedesmal bloß dem protestantischen Gemeindetheile anheimgegeben sei, da es immer nur von diesem abhing, den Leichenhof dadurch gemeinschaftlich zu machen, daß er die Einweihung und Errichtung des Kreuzes zugeben, oder auch im Gegentheil nur Eines von Beiden verweigern durfte, um die ihm etwa mißfällige Vereinigung abzuwenden. Dem katholischen Gemeindetheile aber, der, wenn auch die Protestanten allenfalls die Einsegnung des Leichenhofes und die Errichtung eines Kreuzes bewilligen, wohl auch Gründe haben kann, die Vereinigung nicht zu wünschen, sondern auf der Trennung zu bestehen, ist gar kein Recht der Einsprache gegeben, gleich als müsse er jedesmal bloß von dem Willen des protestantischen Gemeindetheiles abhangen, als müsse er jedesmal abwarten, was jenen zu beschließen beliebt und habe nicht nach Billigkeit und Gesetzen das Recht, zu dieser gemeinsamen Angelegenheit ein ebenso vielvermögendes Wort zu sprechen, wie der protestantische Gemeindetheil.

Doch ungeachtet dieser Einseitigkeit in der fraglichen Ministerialbestimmung hatte die bischöfliche Stelle keine Einsprache erhoben, sondern im Interesse des vielleicht zu erreichenden Friedens ihre Untergebenen angewiesen, gemäß jenen Bestimmungen zu verfahren. Allein troß dieser ganz deutlichen Ministerialentscheidung wurden die Katholiken vielfach von ihren protestantischen Mitbürgern in gemischten Gemeinden belästiget und im Genusse ihres guten Rechtes verkürzt. Es kamen nämlich manche Fälle vor, daß alte Kirchhöfe erweitert, oder neue angelegt wurden, wobei die Katholiken auf der Einsegnung und Errichtung eines Kreuzes bestanden, oder im Weigerungsfalle die Theilung verlangten, die Protestanten aber keines von Beiden zugeben wollten. Ein solcher Fall ereignete sich in der kleinen Gemeinde Bierbach. Hier bestand bis zum Jahre 1834 ein confessionell getrennter Leichenhof, von dem die Katholiken über zwei Drittheile des Raumes besaßen. Als dieser erweitert worden, wollten die Protestanten weder die fernere Theilung, noch die Errichtung eines Kreuzes zugeben. Es entstanden hieraus die bittersten Verhandlungen, welche bis in das Jahr 1835 mit Beeinträchtigung der Katholiken fortdauerten. Gleiches war der Fall in der Gemeinde Rupertseden, wo im Jahre 1832 ein neuer Leichenhof angelegt wurde. Die Katholiken verlangten die kirchliche Einsegnung oder die Abtheilung desselben. Obgleich sie sich erboten, auf eigene

Kosten das erforderliche Kreuz fertigen und aufrichten zu lassen, haben die Protestanten dieß doch nicht zugegeben, aber auch ebenso wenig in die verlangte Theilung eingewilligt. Nach mehrjährigen Verhandlungen hierüber erwiderte die königliche Kreisregierung unterm 29. Januar 1838 der bischöflichen Stelle: „Wir hätten zwar gewünscht, daß die Gemeinde Rupertsecken sich der von den Katholiken daselbst beantragten Errichtung eines Kreuzes auf dem gemeinschaftlichen Begräbnißplatze willfährig würde gezeigt haben. Nachdem jedoch alle deßfallsigen Versuche vergeblich waren und die Gemeinde bei ihrem Widerspruche beharrt, so steht uns k e i n ge- setzliches Mittel zu Gebote, die Nachgiebigkeit der Gemeinde zu er- zwingen, da der gemeinschaftliche Begräbnißplatz schon im Jahre 1831 auf Kosten der Gemeinde errichtet wurde, nach den Bestim- mungen des Ministerialrescripts vom 14. October 1834 aber da, wo Leichenäcker bereits in Gemeinschaft besessen werden, von keinem Theile an dem Besitzstande etwas geändert werden darf". Da- gegen konnte mit Recht entgegnet werden, daß schon nach der Mini- sterialentscheidung vom 13. Juli 1826 bestimmt ist: „Daß die Einsegnung solcher gemeinsamer Kirchhöfe nach katholischem Ritus nicht beanstandet werde", und daß der Leichhof von Rupertsecken eigentlich noch nicht „in Gemeinschaft besessen werde", sondern der Besitzstand von 1831 bis 1838 noch nicht geordnet war, da die Katholiken gegen die Verweigerung, ein Kreuz aufzustellen, oder den Leichenhof nach den Confessionen zu theilen, unausgesetzte Ein- sprache erhoben haben.

Dieser Fall und andere ähnliche Vorfälle bestimmten den hoch- seligen Bischof Johannes, bei der mehrfach gemachten Erfahrung, daß manche Pfarrer bei Anlegung neuer Begräbnißplätze in ge- mischten Gemeinden erst dann von dieser Anlegung Kenntniß nahmen und der oberhirtlichen Stelle Bericht erstatten, wann derselbe bereits hergerichtet war und so durch ihre nicht zu entschuldigende Nach- lässigkeit die Rechte der Katholiken auf den ihnen, gemäß kaiser- lichem Decrete vom 12. Juni 1804 zustehenden Antheil in Gefahr brachten, durch ein eigenes Rundschreiben vom 8. Februar 1838 jeden Pfarrer anzuweisen: „sobald er in seinem Pfarr- oder Filial- orte solche Projecte hört — und wenn er nicht ein träger Mieth- ling seiner Heerde und ein Fremdling in seiner eigenen Gemeinde ist, wird dieses in allen Fällen stets rechtzeitig geschehen — sich mit dem Bürgermeisteramte sogleich zu benehmen, die bischöfliche Stelle ohne Verzug davon in Kenntniß zu setzen und nöthigen

Falls Verhaltungsvorschrift von ihr zu erholen". 2c. Diese oberhirtliche Weisung erreichte zwar bei der Pfarrgeistlichkeit den beabsichtigten Zweck der rechtzeitlichen Verhandlungen bezüglich neu an-
zulegender gemeinschaftlicher Leichenhöfe, allein dadurch wurden bei
der bitteren Abneigung vieler Protestanten gegen das Kreuz —
namentlich der ehemaligen Calviner — und bei ihrem Widerwillen
gegen eine confessionelle Trennung der Begräbnißstätte, die deßbezüglichen Streitigkeiten und religiöse Anfeindungen noch stärker.
Dieses Letztere ergab sich namentlich in Homburg, wo auf der Errichtung eines gemeinschaftlichen Leichenhofes von Seiten der Protestanten, jedoch ohne Zulassung eines ständigen Kreuzes bestanden
werden wollte. Da nämlich das Kreuz nicht ganz umgangen werden
konnte, kam man auf den Gedanken, dasselbe auf eine zu errichtende Todtenhalle auf dem Leichenhof zu stellen, was die Katholiken als Hohn ansahen und mit Unwillen zurückwiesen. In der
Gemeinde Knöringen wollten die Protestanten den neu angelegten
Leichenhof weder abtheilen noch ein Kreuz darauf errichten lassen.
Als sie endlich ein Kreuz nicht mehr abweisen konnten, faßte der
Gemeinderath am 23. April 1838 den Beschluß, das auf dem
neuen Leichenhofe aufzustellende Kreuz solle „in den oder hart an
den südlichen Zaun i n d i e H e c k e n kommen". Diese verächtliche
Stellung des Kreuzes konnten sich die Katholiken nicht gefallen
lassen. Auf drei anderen gemeinschaftlichen Leichenhöfen wurde das
errichtete Kreuz g e w a l t t h ä t i g entfernt. In der gemischten
Gemeinde Bindershausen wurde ein von den Katholiken errichtetes
Kreuz gewaltsam zerschlagen. Auf dem gemeinschaftlichen Leichenhofe zu Albersweiler fand man am Tage nach der Einsegnung des
gemeinschaftlichen Leichenackers das vorher aufgepflanzte hölzerne
Kreuz aus dem Boden gerissen. In der gemischten Gemeinde Stauf
wurde in der Nacht vor der angeordneten Einsegnung des Leichenhofes das errichtete hölzerne Kreuz vom Leichenhofe entfernt, so daß
erst später, nach Errichtung eines anderen Kreuzes, die Einsegnung
vorgenommen werden konnte.

Diese und andere gehässige Auftritte und Verhandlungen,
veranlaßten die Kreisregierung, das bischöfliche Ordinariat wiederholt aufzufordern, über die Frage: „In wie fern die bleibende
Aufstellung des Kreuzes bei Einsegnung neu angelegter gemeinschaftlicher Begräbnißplätze — namentlich zu St. Alban und Ger-
bach — nach dem Ritus der katholischen Kirche für nothwendig erachtet werde, mit Rücksicht auf die seither in der Pfalz bei derartigen

gemeinschaftlichen Kirchhöfen bestandene Uebung"? seine Aeußerung abzugeben. Der hochselige Bischof Geissel nahm diese Arbeit mit dem Domdechanten Dr. Weis zur Hand. Um die in Frage stehenden Grundsätze klar und gründlich hervorzuheben, hielt er für zweckdienlich, vorerst einen kurzen geschichtlichen Rückblick über die Begräbnißplätze und die sie betreffenden kirchlichen und politischen Bestimmungen, wie sie in der Pfalz von früheren Zeiten bis jetzt in Uebung waren, darzulegen, aus welchem sodann das, was in unseren Tagen nach Geschichte und Recht zu vermeiden und zu handhaben sei, sich leicht entnehmen ließ. So erwuchs aus dieser Arbeit eine sehr wichtige, geschichtlich-rechtliche Denkschrift, welche unterm 20. Januar 1840 der Kreisregierung übersendet wurde und aus welcher die bisherige Darstellung entnommen ist. [124]) Die Hauptergebnisse dieser gründlichen Untersuchung waren folgende: 1. Zur Einweihung der Leichenhöfe ritu catholico wird die Aufstellung eines großen Kreuzes erfordert, welches Kreuz, als Symbol der christlichen Ruhestätte allzeit stehen bleibt. 2. Im Herzogthum Zweibrücken und den übrigen früher mit Frankreich reunirten Gebietstheilen war seit der Ordonnanz des französischen Generallieutenanten v. Goupilliere vom 21. Dezember 1684, in der Kurpfalz aber seit der Religionsdeclaration vom Jahre 1705, die Trennung der Leichenhöfe gesetzlich ausgesprochen und wurde auch allenthalben thatsächlich beachtet, indem mit seltenen Ausnahmen die katholischen Leichenäcker von den protestantischen geschieden und mit einem großen Kreuze versehen waren. 3. Blieben indeß hie und da die Leichenäcker für die Katholiken und Protestanten gemeinschaftlich, so sah man stets ein großes Kreuz auf demselben errichtet, was nur zuweilen in solchen Fällen nicht statt hatte, wenn der Leichenplatz um die Kirche herumlag und diese Letzteren schon, vor der Reformation erbaut und sonach der Kirchhof sogleich mit ihr, wie dieß der katholische Ritus vorzeichnet, eingeweiht worden war. 4. Zur Zeit der französischen Herrschaft in den Rheinlanden wurden die neu angelegten Leichenhöfe, wenn die Gemeinden gemischt waren, nach dem kaiserlichen Decret vom 12. Juni 1804 jedesmal getrennt und nach dem

---

[124]) Auch zu Köln erließ der Hochselige unterm 29. März 1862 eine erzbischöfliche Verordnung die Wahrung der Eigenthums-Rechte der Kirche auf die Kirchhöfe. Auf den Wunsch des erzbischöflichen Generalvicariates stellte hierüber unterm 14. Dez. gleichen Jahres der Professor der Rechte, Dr. Bauerband zu Bonn ein ausführliches Rechtsgutachten aus. Siehe L. Syo's Schrift über das Decret vom 30. Dez. 1809. Köln, 1864. S. 290 u. ff.

Verhältnisse der Seelenzahl getheilt und die Katholiken ließen auf ihrem Antheile ein Kreuz errichten und ihn einsegnen. Eine Ausnahme hievon fand nur dann statt, wenn der eine Confessionstheil im Orte nur wenige Bewohner zählte, für welche eine besondere Abtheilung nicht vorgenommen wurde. 5. Seit der Rheinkreis wieder an Bayern fiel, wurden viele neue Leichenhöfe errichtet und alte erweitert, aber die Theilung derselben nach Confessionen häufig unterlassen. 6. Daraus entstanden wegen der religiösen Anforderungen der betheiligten Katholiken und Protestanten vielfache Streitigkeiten, namentlich wegen der für die Katholiken kirchlich vorgeschriebenen Einsegnung und Errichtung eines ständigen Kreuzes. 7. Die Katholiken haben aber in Gemäßheit der ihnen in §. 9, Titel IV. der Verfassungsurkunde gesicherten Gewissensfreiheit und kraft der in Artikel I des Concordates ihrer Religion zuerkannten Rechte und Prärogative, einen unabweisbaren Anspruch auf die von der katholischen Kirche vorgeschriebene Einweihung ihrer Leichenhöfe und die damit in Verbindung stehende Errichtung eines großen, ständigen Kreuzes. Auch steht über diese Einweihung der Kirchhöfe, wie schon aus der Natur der Sache hervorgeht, aber auch in der Beilage II. zur Verfassungsurkunde im Abschnitt II. §. 38 ausgesprochen ist, der kirchlichen Behörde allein die Befugniß zu, das Erforderliche anzuordnen und zu vollziehen. 8. Die Protestanten haben deßgleichen in Gemäßheit der in §. 9, Titel IV. der Verfassungsurkunde ihnen zugesicherten Gewissensfreiheit das Recht, die katholische Einsegnung ihres Leichenhofes und die damit in Verbindung stehende Errichtung eines großen, ständigen Kreuzes, wenn sie Beides als ihrem Gewissen zuwider ansehen, zu verweigern. 9. Um demnach aber alle deßfallsigen seither entstandenen religiösen Reibungen zwischen Protestanten und Katholiken für immer zu heben und abzuschneiden, gibt es ein einfaches und leicht ausführbares Mittel, welches darin besteht, daß man jedem Theile seine ihm zustehenden Befugnisse, wie sie ihm geschichtlich und rechtlich zukommen, nach den rituellen Vorschriften seiner Kirche in der That unverkümmert angedeihen lasse. Es ist daher nöthig, daß die Trennung der Begräbnißplätze nach der Seelenzahl der Confessionen als ständige Regel festgehalten und ausgeführt werde, von welcher nur ausnahmsweise, in höchst seltenen Fällen und nur dann abgegangen werden soll, wenn die beiden Confessionen die Gemeinschaftlichkeit freiwillig und ohne allen Zwang zugeben und wünschen. 10. Wird die Gemeinschaftlichkeit von beiden

Theilen angenommen, so muß nicht bloß der ganze Leichenacker, sondern auch das darauf zu errichtende Kreuz gemeinschaftlich aus Gemeindekosten hergestellt und unterhalten werden. 11. Wird hingegen die Gemeinschaftlichkeit von einem Theile nicht angenommen, so ist der Leichenacker zwar aus Gemeindemitteln, aber für beide Theile getrennt, so herzustellen, daß die Beerdigung der Leichen auf den einer jeden Confession ausschließlich nach der Seelenzahl zugewiesenen Antheil nach den Erfordernissen der Polizeivorschriften vorgenommen werden könne. Die besondere Einrichtung des katholischen Leichenhofes, wie die Errichtung eines Kreuzes sammt der vorgeschriebenen Einsegnung, bleibt in diesem Falle den Katholiken überlassen, so wie den Protestanten unverwehrt bleibt, auf ihrem, gleichfalls nach der Seelenzahl ausschließlich ihnen zugewiesenen Antheile, eine ihnen beliebige Einrichtung zu treffen. Die besonderen, nach geschehener Abtheilung durch die confessionelle Herrichtung entstehenden Kosten, hat in solchen Fällen jeder Religionstheil, wofern sie nicht anders miteinander bestimmen, aus seinen Mitteln zu bestreiten. 12. Durch die Theilung eines neu angelegten Leichenackers werden den Gemeinden keine bedeutenden Kosten verursacht, indem in vielen Gemeinden die Aufführung einer Zwischenmauer keine großen Ausgaben verursacht. Sind diese jedoch drückend für eine Gemeinde, so kann, wie dieses der Artikel 15 des kaiserlichen Decrets vom 12. Juni 1804 ausdrücklich vorschreibt, durch einen Gang, einen Graben oder einen Zaun die Abtheilung ganz leicht erzielt werden. 13. Auch wird durch eine Theilung der Leichenäcker nach den Confessionen die erwünschte bürgerliche Eintracht der Gemeinden nicht gestört, wie Manche, die Alles, wenigstens an den des Widerstrebens unfähigen Leichnamen, gleich machen möchten, besorglich äußern. Bestehen im Leben die getrennten Glaubensbekenntnisse und abgesonderten Kirchengebäude mit dem eigenthümlichen Gottesdienste: so soll wohl auch im Tode der Wille und die religiöse Ueberzeugung geehrt und jedem, die kirchlich ihm zustehende Grabstätte gewährt werden. 14. Wird nach den hier ausgesprochenen, in der Natur der Sache und in den kirchlichen und bürgerlichen Rechten liegenden Grundsätzen verfahren, so wird in manchen gemischten Gemeinden der Unfriede, welcher aus Bedrückung des einen oder andern Theiles hervorgeht, verschwinden und Friede im bürgerlichen und Verträglichkeit im religiösen Leben werden in dieser Beziehung erhalten werden. Nicht die gegen den Willen der Betheiligten durchgesetzte Vereinigung und Vermischung befördert den

Frieden und die bürgerliche Eintracht, sondern eine gleichmäßige Zutheilung dessen, was Jedem rechtlich gebührt. Die bisherige Er= fahrung hat gelehrt, daß eine derartige Confundirung nur Haß und Zwietracht hervorrufe, während die Ruhe und wechselseitige Achtung der verschiedenen Confessionen in jenen Orten besteht und gedeiht, in welchen jede unverkümmert bei ihrem Glauben und ihren kirchlichen Rechten belassen wird.

Der Schluß dieser Denkschrift lautete wörtlich: „Wir sehen nun der allerhöchsten Anordnung zur endlichen Beilegung dieser so tief in's Leben eingreifenden und den Frieden zwischen den beiden Confessionen so wesentlich berührenden Sache entgegen und indem wir die ergebenste Bitte anfügen, diese unsere Erörterung aller= höchsten Ortes vorzulegen, hegen wir das Vertrauen, daß dieselbe die oben ausgesprochenen Grundsätze auch ihrerseits um so mehr unterstützen werde, als sie dieselben seit zwei Jahren [auf unsere deßfallsigen speziellen Darlegungen in einzelnen Fällen mit uns factisch zum Theile gehandhabt und so in den betreffenden Orten den Frieden und die Eintracht wesentlich befördert hat". Ob der gestellten Bitte mittels einer allerhöchsten Anordnung entsprochen wurde, fanden wir nicht, wohl aber daß fortan nach den erläuterten Grund= sätzen stets von der oberhirtlichen Stelle verfügt und gehandelt wurde. [135])

§. 20. Bemühen für das kirchliche Eigenthum der Domumgebung.

Wie der hochselige Bischof Johannes eifrigst besorgt war, bei

---

[135]) So geschah es auch bei Errichtung des neuen Leichenhofes, beziehungsweise Erweiterung des alten zu Speyer. Den Katholiken wurde hiebei die östliche Hälfte überlassen und die Errichtung eines Kreuzes auf demselben, an der von der geistlichen Behörde bestimmten Stelle, nicht behindert. Die Stadt hat bei der Uebergabe dieser neuen Begräbnißstätte nur vorbehalten: 1. daß der an der südlichen und östlichen Umfassungsmauer im Innern gelegene Raum, welcher mit Einschluß des Scheideweges längs der Wormser Straße eine Breite von vierzehn und längs des Hirschgrabens — der jetzigen an der Südseite vorübergehenden Straße — von zehn Meter, einnimmt, nicht zu Beerdigungen verwendet werden soll, und daß 2. der freie Zugang des Publicums hiezu, wie er besteht, auf keine Weise gestört oder erschwert werden dürfe. Nachdem sohin das große, steinerne Kreuz vom alten katholischen Leichenhofe auf den neuen übertragen war, wurde derselbe am Sonntag, den 21. Nov. 1841, Nachmittags 2 Uhr, von dem Domdechanten, Dr. Weis, nach kirchlicher Vorschrift eingeweiht. Magdalena Werle, Wittwe des Joh. Georg Haas, ward zuerst unter kirchlichem Geleite am 17. Dec. 1841 dort beerdigt. — Das Eigenthum der bisherigen katholischen Begräbnißstätte verblieb der katholischen Pfarrgemeinde.

Anlegung neuer Leichenhöfe in der Diöcese die rechtlichen und kirch=
lichen Grundsätze zu wahren, so bemühete er sich auch, die Rechte
der Kathedrale auf ihre nächste Umgebung, den uralten Immuni=
täts=Bezirk, worin der Kreuzgang der Kathedrale, die gemeinsame
Begräbnißstätte der Domgeistlichkeit, der ehemalige Leichenhof der
Dompfarrei an der südlichen, der alte Freithof an der nördlichen
Seite der Kathedrale, und mehrere bischöfliche und domcapitelsche
Gebäude gelegen waren, zu vertheidigen und zu sichern. Schon
unterm Bischofe Manl wurden hierüber mit der königlichen Kreis=
regierung Verhandlungen gepflogen, welche aber zu keinem erwünschten
Ziele führten. [126]) Erst im Jahre 1840, als die Kathedralfabrik wegen
gänzlicher Vermögenslosigkeit neben der Dompfarrfabrik noch keinen
Bestand hatte, erwuchsen neue Verhandlungen bezüglich des Eigen=
thumsrechtes dieser Umgebung. In einer Eingabe des Dompfarr=
fabrikrathes vom 8. September genannten Jahres an die Kreis=
regierung, behauptete derselbe dem Aerar gegenüber das Miteigen=
thum der Kathedrale an der Domanlage und bat, daß zwischen der
Dompfarrfabrik und der königlichen Domänenverwaltung deßhalb
eine Abgrenzung vorgenommen werden möge. Dagegen wurde bei
der Feststellung der Besitzstände der Stadt Speyer behufs Herstel=
lung des allgemeinen Grundsteuer=Katasters, von dem städtischen
Vorstande die Erklärung abgegeben, daß die Domanlage seit un=
vordenklichen Zeiten Eigenthum der Stadt sei. In ihrem betref=
fenden Bescheide vom 9. Februar 1841 erklärte die königliche Re=
gierung unter mehrseitigen, theils sehr irrigen Unterstellungen: „daß
die katholische Kirchenfabrik lediglich auf das Domgebäude ein
Eigenthumsrecht geltend, daß sie aber sonst und namentlich auf den
Grnnd und Boden der ehemaligen Domdechanei, keine Ansprüche
machen kann. … Da jedoch einige Zweifel bestehen, ob nicht der
sogenannte Oelberg eine Appertinentie der Domkirche gebildet hat
und dessen Bestimmung die Zubehörung voraussetzen läßt, will man
das Eigenthumsrecht der katholischen Kirche auf diese merkwürdige
Ruine [127]) nicht bestreiten in der Zuversicht, daß der Fabrikrath

---

[126]) Siehe Neuere Gesch. der Bischöfe zu Speyer. S. 466. — Ver=
gleiche auch die dem hochseligen Cardinal gewidmete rechtsgeschichtliche Mono=
graphie: „Die Immunität des Domes zu Speyer", von W. Molitor.
Mainz bei Kirchheim 1859. — [127]) Siehe: „Der Oelberg zu Speyer" von
A. Schwarzenberger. Speyer 1866. Die dieser Schrift beigegebenen Photo=
graphien sind mittels der Copien, welche das Domcapitel von den auf der
Universitäts=Bibliothek zu Göttingen befindlichen Originalhandzeichnungen des

auf ihre Erhaltung das Nöthige verwenden wird. Wenn schon das, was vorausgeht — in diesem Bescheide — alle Vermuthung entfernt, als habe die Stadt Speyer einen Eigenthumsanspruch auf die Dom- anlage, so hat bereits das hiesige Bürgermeisteramt in seinem Berichte an das königliche Landcommissariat vom 26. v. M. die irrige Erklärung bei der Kataster = Liquidations = Commission dahin berichtiget, daß dasselbe die besagte Anlage als öffentliches Eigen- thum qualifizirt, dessen Genuß der Stadt unter der Verbindlichkeit der Erhaltung und Pflege überlassen sei". ꝛc. ꝛc. Die Dompfarr- fabrik suchte in einer weiteren Eingabe vom 4. Juli 1841 die theilweis irrige Begründung des genannten Regierungsbescheides ausführlich zu beleuchten, mit dem schließlichen Ersuchen, die Ver- fügung zu treffen: „damit in den Umgebungen des Domes die Grenzen des Staats = und Kircheneigenthums gemeinschaftlich ge- ordnet werden". Die Regierung schenkte jedoch diesem Ersuchen keine weitere Beachtung.

Da die Dompfarrfabrik bisher für die Pfarrei sowohl als für das Domcapitel die Fabrikverwaltung der Kathedrale geführt hatte, so wurde hiebei die Unzulänglichkeit der Vertretung des Bischofes und des Domcapitels doppelt erkannt und daher in voller Pflichtbeachtung dahin gestrebt, daß die Kathedralfabrik mit der er- forderlichen Unterstützung vom Staate errichtet und von jener die Rechte der Kathedrale besonders gewahrt, ihre concordatmäßigen Einkünfte gesichert und verwaltet werden. Kaum waren hiefür die nöthigen Schritte eingeleitet und eine selbstständige Kathedralfabrik in's Leben gerufen, so wurden auch für die Wahrung des Eigen= thumsrechtes der Kathedrale auf ihre Umgebung die nöthigen Be= rathungen gepflogen. Nach allseitiger und reiflicher Prüfung aller beßbezüglichen Verhältnisse, Beweismittel und Urkunden überreichte das Domcapitel dem Bischof eine ausführliche Denkschrift über die gesetzlichen Ansprüche der Kathedrale auf deren Umgebung mit der bringenden Bitte, in einer entsprechenden Vorstellung an Seine königliche Majestät diese Ansprüche zu unterstützen und zu schützen. Schon zum Coadjutor des Erzbischofes Clemens August von Köln ernannt, unterließ der Hochselige nicht, ehevor er von Speyer abzog unterm 23. Februar 1842, die fragliche Denkschrift des Dom= capitels mit einer umfassenden Erläuterung und kräftigen Fürsprache

---

alten Oelbergs von dem Zeichnungslehrer Peter Jäck dahier hat fertigen lassen, hergestellt.

vor die Stufen des königlichen Thrones zur gerechten Berücksich=
tigung niederzulegen. Nachdem er die Rechte der Kathedrale auf
ihre Umgebung ausführlich nachgewiesen hatte, erklärte der Oberhirte namentlich: „In diese freie Umgebung des Kaiserdomes will nun
aber der städtische Vorstand als in ein Eigenthum der Stadt sich
eindrängen, und gibt vor, zur Rechtfertigung seiner intendirten
Usurpation, diese Umgebung sei seit unvordenklichen Zeiten ein
städtisches Eigenthum, und da dieses Vorgeben, wie Jedermann
weiß, die grundloseste aller Behauptungen ist, so hat man ein an=
deres Vorgeben erdacht und will nun die dem Dome seit seiner
Gründung ausschließlich zugehörige und nach der französischen Revolution durch besondere Decrete wieder restituirte Umgebung als
ein, wenn auch nicht der Stadt zustehendes, doch wenigstens als
öffentliches Eigenthum qualifiziren, um unter diesem Titel immer
wieder zuletzt der Stadt einen Grund und Boden zuzuweisen, auf
welchem sie, wie dieses auf das Schlagendste erwiesen ist, niemals
und zu keiner Zeit, auch nur eine Scholle Eigenthum besessen hat.
Im ersten wie im letzten Falle würde der Kaiserdom das Eigen=
thumsrecht und vielleicht bald auch das Benutzungsrecht seiner nächsten
und mitunter unentbehrlichsten Umgebung verlieren. . . . Daher
meine allerunterthänigste Bitte, daß Eure königliche Majestät geruhen
wollen, den ganzen, die Kathedrale umgebenden Raum in seinen
verschiedenen Parcellen, auf eine gesetzliche Weise dem Dome als
Eigenthum übergeben und zuschreiben zu lassen. . . . Mit der ver=
trauungsvollsten Zuversicht glaubt mein Domcapitel und ich, der
allergnädigsten Gewährung dieser Bitte entgegen sehen zu dürfen.
Und ich erlaube mir nur noch die Bemerkung beizufügen, daß Eure
königliche Majestät unmöglich wollen können, daß der Dom zu
Speyer während allerhöchst Ihrer Regierungszeit, noch ärmer ge=
macht werde, als ihn die Plünderungscommissäre der Revolution
gemacht haben. Denn wenn auch die Franzosen den Dom aus=
raubten und zuletzt ihn selbst und seine Appertinentien als Natio=
nalgut sequestrirten, so hat doch das französische Gouvernement
später, als die Periode der allgemeinen Verschlingung vorüber war,
die altehrwürdige Kathedrale dem Gottesdienste zurückgegeben und
ihr ihre Umgebung restituirt. Allein eben diese restituirten Apper=
tinentien will man nun dem Dome vorenthalten; und würde die
vorläufige Entscheidung der Regierung Eurer königlichen Majestät
zu Recht bestehen, so würde der Dom auch nun im tiefsten Frieden
und nach überstandener Plünderungszeit der Revolution, selbst auch

das noch verlieren, was ihm jene Zeit noch gelassen, respective wieder zurückgegeben hat. Es würde dadurch der eigene Umstand herbeigeführt werden, daß einerseits die Stadt Speyer, ohne zu wissen warum und wie, und zwar auf Kosten des Domes, dort zu einem Besitze käme, wo sie niemals auch nur entfernt den geringsten Theil und das geringste Recht dazu gehabt hat, — allerdings eine bequeme und wohlfeile Erwerbsweise, wozu aber die grundfalsche Vorgabe des städtischen Vorstandes nicht ausreicht, — und daß andererseits ein künftiger Geschichtsschreiber des Kaiserdomes die Thatsache verzeichnen müßte, daß das, was die Kathedrale in ihrer Umgebung selbst in und nach der französischen Plünderungszeit glücklich gerettet hat, erst später unter Eurer königlichen Majestät Regierung demselben wäre entzogen worden". ꝛc. ꝛc.

Erst unterm 21. Januar 1845 erfolgte auf Befehl Seiner königlichen Majestät von der Regierung der Pfalz ein begütigender Bescheid, welcher jedoch weder den Amtsnachfolger des hochseligen Bischofes Geissel, noch das Domcapitel beruhigen konnte. Den Inhalt dieses Bescheides und die darüber weiter erwachsenen administrativen und judiciellen Verhandlungen haben wir bereits anderswo so ausführlich dargestellt und erläutert, daß wir uns hier einfach darauf beziehen dürfen. [126])

§. 21. Verschönerung der Kathedrale.

Unter der Amtsführung des hochseligen Bischofes Geissel kamen manche Ausstattungen und Verschönerungen der Kathedrale zur Vollendung. Zu diesen gehörten vor Allem die neuen Chorstühle. Die bereits im Jahre 1828 angefertigten Nothchorstühle waren so einfach und unansehnlich, daß ihre Beseitigung aus dem großartigen Chore der Kathedrale schon längst gewünscht wurde. Doch erst vom hochseligen Bischofe Richarz wurde Einleitung getroffen, neue, dem Baustyle des Gotteshauses entsprechende Chorstühle sammt einem bischöflichen Throne in der Absis anfertigen zu lassen und die Kosten hiezu, bei gänzlicher Mittellosigkeit, oder vielmehr bei dem Nichtbestande einer Kathedralfabrik, aus dem büdgetmäßigen Staatszuschusse für das Bisthum Speyer, zu schöpfen. Der königliche Civilbauinspector Voit dahier entwarf die betreffenden Pläne, welche dem romanischen Baustyle der Kathedrale in einfacher, ernster Form entsprechend, unterm 16. Dezember 1835 dem Bischofe vor-

---

[126]) „Nikolaus von Weis, Bischof zu Speyer". B. II. S. 353 u. ff.

gelegt und in Berathung mit dem Domcapitel im Allgemeinen den Beifall erhielten. Die Ausführung wurde dem Speyerer Kunstschreiner
Nikolaus Dreher übertragen. Sie nahm mehr als zwei Jahre in
Anspruch. Erst am 23. April 1838 ward die Aufstellung der
neuen Chorstühle begonnen. Im October standen sie fertig. Am
4. dieses Monats, am neunzehnten Sonntage nach Pfingsten, bezogen die Mitglieder des Domcapitels ihre Plätze in denselben. Der
bischöfliche Thron unterhalb des Mittelfensters im Chore kam jedoch
aus Mangel der erforderlichen Kostenbeträge nicht zur vollen Ausführung. Nur das hiezu gehörige Bodengelege sammt dem höl-
zernen, reich verkünstelten Baldachin waren aufgeschlagen, während
die lange Rückwand, der eigentliche Stuhl, nebst der damit verbundenen Kniebank, noch fehlten. Der hochselige Bischof beklagte bei
königlicher Regierung sehr das längere Verschieben dieser Arbeit.
Doch erst im Frühjahre 1840 ward der Plan zu dem bischöflichen
Stuhle von dem genannten Bauinspector gefertiget und dem Oberhirten zur Einsicht vorgelegt. Dieser gab unterm 25. März seine
bezügliche Erklärung dahin ab: „daß er die sinnreiche und geschmackvolle Darstellung des fraglichen Kirchengeräthes dankbar anerkenne.“
Am 6. August 1840 wurde über diese Arbeit ein Ausführungs-
vertrag zwischen dem Bauinspector Voit, dem Schreinermeister Dreher
und dem Bildhauer Joseph Scholl von Mainz um die Summe von
1,600 Gulden abgeschlossen, allein von der königlichen Kreisregierung, aus Mangel hiezu verfügbarer Mittel, nicht genehmiget. Erst
zehn Jahre später, als der Chor der Kathedrale bereits im herrlichsten Farbenschmucke mit kunstvollen Frescobildern strahlte, kam
auch diese Arbeit mit entsprechender neuer Fassung der Chorstühle
zur Ausführung.

Im Monat Juli 1838 ward die Kathedrale mit einer anderen Zierde bereichert. Es war dieß der neue schöne Taufstein
aus schwarzem Marmor, nach Zeichnung des Bauinspectors Voit,
zu Diez in der Strafanstalt des Herzogthums Nassau gefertiget.
Er wurde unter Leitung des genannten Bauinspectors im südlichen
Seitenchore vor dem St. Stephan's-Altare aufgestellt, jedoch später
weit geeigneter in die St. Emmeram's-Kapelle, welcher schon früher
der Name Taufkapelle beigelegt worden war, versetzt.

Im Jahre 1839 und 1840 ward endlich die bereits unter
dem hochseligen Bischofe Manl dem aus Mutterstadt in der Pfalz
gebürtigen Carl Frosch, Orgelbauer in München, im Kostenbetrage
von 16,000 Gulden zur Ausführung übertragene große Domorgel

allmälig aufgeschlagen. Dieß erheischte zur bequemeren Aufstel=
lung des Sängerchors, wozu seit Gründung des katholischen Schul=
lehrerseminars in Speyer die Zöglinge desselben beigezogen wurden,
den Anbau einer Vorbühne über dem Haupteingange der Kathe=
drale. Dieser Anbau fand an einem Mitgliede des Domcapitels
einen entschiedenen Gegner, welcher ihn als gefahrvoll für manchen
Sänger, für höchst unbequem und dem Hauptzwecke, mehr Raum
für die Sänger zu gewinnen, nicht entsprechend, bekämpfte. Dennoch
ward der vom Bauinspector Voit entworfene Plan vom Domcapitel
unterm 16. Januar 1840 gutgeheißen, und von dem Speyerer
Schreinermeister Konrad Schwaab für die Summe von 1,400
Gulden ausgeführt. Am 7. März desselben Jahres war diese
Vorbühne vollendet. Am folgenden Tage, welches der erste Sonn=
tag in der Fasten war, ertönte zuerst die neue große Orgel in den
weiten Räumen des Domes. Ungeachtet hiebei sechszehn Register
noch nicht gebraucht werden konnten, so war doch die Wirkung der
Töne eben so erhebend als durchgreifend. [129])

§. 22. Denkwürdige Feierlichkeiten.

Wie durch die Aufstellung der neuen Orgel und den durch
sie kräftig unterstützten Sängerchor die Andacht und Erbauung bei
dem öffentlichen Gottesdienste in der Kathedrale wesentlich befördert
und gehoben wurde[130]), so ward auch auf besonderes Bemühen des
hochseligen Bischofes Geissel durch die feierliche Abhaltung der Frohn=
leichnams=Procession, der kirchlichen Bittgänge und Leichenbegängnisse
in Speyer und in den übrigen paritätischen Städten der Diöcese
kirchlicher Sinn und katholisches Leben neu geweckt und gepflegt.
Als der Oberhirte im Monate Mai 1838, im Geleite des Dom=
dechanten Dr. Weis und des Domcapitulars Wolf dem Könige
Ludwig an dem Hoflager zu Aschaffenburg seine Aufwartung ge=
macht und hiebei seinen Dank für den neubewilligten vollen Gehalt
des Domcapitels ausgesprochen hatte, erwirkte derselbe von Seiner
königlichen Majestät die am 25. Mai ausgefertigte Verfügung, daß
fortan die feierliche Frohnleichnamsprocession zu Speyer, wie vor

---

[129]) Die neue Fassung des Orgelgehäuses wurde nach beendigter Aus=
schmückung des Domes von Joseph Schwarzmann ausgeführt und später von
dem Speyerer Orgelbauer Schlimbach Cylinderbälge für dieselbe angefertigt.
— [130]) Zur Anordnung, Einübung und Leitung des gottesdienstlichen Gesanges
in der Kathedrale hatte der Hochselige bereits unter dem 24. Mai 1838, in
der Person des Domvicars Zahm einen Director ernannt.

der französischen Staatsumwälzung, außerhalb der Kathedrale ge=
führt werden dürfe. [131]) Der erfreute Bischof verabsäumte nicht,

---

[131]) Das französische Gesetz vom 7. Vendemiaire Jahrs IV. — 29. Sept.
1795 — wurde am 27. Mai 1798 von dem französischen Regierungscommissär
Rudler zu Mainz auch für die vier neuen Departemente des linken Rheinufers
bekannt gemacht. Dessen Artikel 16, 18 und 19 bestimmen: „Die Ceremonien
aller Arten von Gottesdienst außerhalb der zu ihrer Ausübung gewählten Ge=
bäude sind verboten. ... Die Uebertretung soll mit einer nicht über 500 Livres
und nicht unter 100 Livres betragenden Geldbuße und einer nicht mehr als
zwei Jahre und nicht weniger als einen Monat langer Einkerkerung bestraft
werden. ... Auf wiederholte Uebertretung soll derselbe Geistliche zu zehnjäh=
riger Einsperrung verurtheilt werden. ... Niemand darf, bei Vermeidung der
im vorhergehenden Artikel bestimmten Strafen, öffentlich in den Kleidungen,
Zierrathen und Trachten erscheinen, welche zu Religionsgebräuchen geeignet
sind." zc. zc.. Dieses Gesetz ward zwar durch das Concordat vom 15. Juli
1801 außer Kraft gesetzt, indem der Artikel 1 desselben die Bestimmung ent=
hält: „Die katholisch-apostolisch-römische Religion soll in Frankreich frei aus=
geübt werden; ihr Gottesdienst soll öffentlich seyn"; allein es trat in Artikel 45
des organischen Edictes vom 8. April 1802 wieder die Beschränkung ein, daß
keine religiöse Ceremonie außerhalb der zum katholischen Gottesdienste bestimmten
Gebäude in jenen Städten, in welchen sich Kirchen befinden, welche einem
verschiedenen Cultus gewidmet sind, vorgenommen werden könne. Durch ein
unterm 20. April 1802 erfolgtes Schreiben des Ministers des Innern wurde
jedoch entschieden, daß die Verfügung des Artikels 45 sich nur auf jene Ge=
meinden erstrecke, in welchen es eine vom Kaiser anerkannte protestantische Consi=
storialkirche gibt. Eine solche war auch zu Speyer und sohin mußte auch hier
die öffentliche Frohnleichnamsprocession unterbleiben. — Doch durch das am
5. Juni 1817 abgeschlossene bayerische Concordat wurde diese französische Be=
schränkung wieder aufgehoben, indem der erste Artikel die ausdrückliche Er=
klärung enthält: „Die römisch-katholisch-apostolische Religion wird in dem ganzen
Umfange des Königreichs Bayern und in den dazu gehörigen Gebieten, unver=
sehrt mit allen Rechten, Prärogativen erhalten, welche sie nach göttlicher An=
ordnung und kanonischen Satzungen zu genießen hat". Auch erhielt die pro=
testantische Confession in der Pfalz durch das Edict über die inneren kirchlichen
Angelegenheiten der protestantischen Gesammtgemeinde vom 26. Mai 1818 in
dem Königreiche eine ganz andere Verfassung, als sie unter der französischen
Herrschaft hatte. Die Consistorialkirchen hörten auf und statt ihrer wurde ein
Consistorium zu Speyer mit mehreren ihm untergeordneten Decanaten in dem
Rheinkreise errichtet. Nichtsdestoweniger aber blieb die Beschränkung des Ar=
tikels 45 des genannten organischen Edictes thatsächlich bestehen, da auch nach
§. 76 Lit. a des bayerischen Religions-Edictes vom 26. Mai 1818 die An=
ordnungen über den äußeren Gottesdienst, dessen Zeit, Ort, Zahl u. s. w. unter
die Gegenstände gemischter Natur gehören, worüber nach §. 77 von der Kirchen=
gewalt ohne Mitwirkung der weltlichen Obrigkeit keine einseitigen Anordnungen
geschehen dürfen.

dem königlichen Pfalzgrafen bei Rhein seinen tiefgefühltesten Dank für diese besondere Huld auszusprechen. [132])

Auf das königliche Schreiben beeilte sich das Domcapitel sammt dem Dompfarrfabrikrath, alle nöthigen Anstalten, so gut es bei der Kürze der Zeit und großen Armuth an den entsprechenden Geräthschaften und sonstigen Erfordernissen geschehen konnte, zu treffen und das schöne kirchliche Fest der Verherrlichung des göttlichen Heilandes in dem allerheiligsten Altarssacrament auf eine würdige Weise öffentlich zu begehen. Schon am vorhergehenden Sonntage wurde diese Feier dem Volke von der Kanzel verkündiget, die Ordnung bei demselben festgesetzt und der Pfarrgemeinde in einem besonderen Abdrucke zur Kenntniß gebracht. Die schlechte Witterung, welche am Vorabende des Festes — am 23. Juni —

---

[132]) Es ergab sich hiezu bald eine günstige Gelegenheit. In der Pfingstwoche, am Donnerstags-Abende, den 7. Juni 1838 gegen halb sieben Uhr, traf der König Ludwig von Aschaffenburg ganz unerwartet in Speyer ein. Er nahm sein Absteigquartier im Wittelsbacher Hofe. Die Kunde hievon versammelte bald eine Menge Bewohner der Stadt beim genannten Gasthofe, um den geliebten Landesvater zu begrüßen. In der Frühe des anderen Morgens fuhr derselbe nach Germersheim, um die im Bau begriffenen Festungswerke zu besichtigen. Doch noch an demselben Morgen kehrte er nach Speyer zurück. Nach beendeter Mittags-Tafel machten die Beamten der Stadt dem Könige ihre Aufwartung. Später besuchte dieser im Geleite des Regierungspräsidenten, Fürsten Karl v. Wrede, und des hochseligen Bischofes, nicht nur den erhabenen Dom, um über den Gräbern der deutschen Kaiser, Gott die ihm schuldige Anbetung darzubringen, sondern er durchmusterte auch die in der nächst dem Dome gelegenen Antiken-Halle aufbewahrten römischen Alterthümer. Dann überraschte der Monarch in herablassender Freundlichkeit die ihm für die gestattete Wiedereröffnung ihres alten Klosters innig dankbaren Dominikanerinnen und beehrte auch das neuhergestellte Klericalseminar und dessen Vorstände mit wohlwollendem Besuche. „Unvergeßlich, bemerkt hierüber ein Berichterstatter, sind die erhabenen, tief religiösen Aussprüche, welche bei diesen und andern Anlässen aus dem Munde dessen vernommen wurden, den Gott uns als geliebtesten Landesvater gegeben hat und noch lange erhalten möge". — „Katholik", Jahrg. 1838, Juliheft. S. XLV. — Auch im Jahre 1840, den 26. Juni Abends acht Uhr, kam König Ludwig ganz unerwartet nach Speyer. Der hochselige Bischof befand sich gerade auf einer Rundreise im Canton Annweiler. Er eilte, wie wir schon hörten, nach Speyer zurück, um den König zu begrüßen. Dieser reiste jedoch schon am folgenden Morgen um sechs Uhr über Germersheim nach Wörth, um die dortige neue Rheinschiffsbrücke in Augenschein zu nehmen. Am Abende traf der Monarch wieder in Speyer ein, wo er von der Bürgerschaft auf das Feierlichste empfangen wurde. Am folgenden Morgen um 6 Uhr wohnte derselbe einer heiligen Messe im Dome bei, worauf er noch an diesem Tage wieder nach Aschaffenburg zurückkehrte.

sich eingestellt hatte, schien die freudige Hoffnung vereiteln zu wollen.
Doch diese erwachte von Neuem, als am Morgen des festlichen
Tages die dunkeln Wolken sich zertheilten und die Sonne hinter
denselben freundlich hervorleuchtete. Um drei Viertel auf neun Uhr
ertönte von der hohen Kuppel das herrliche Geläute aller Glocken
und rief die Gemeinde zum Gottesdienste, welcher von dem Ober=
hirten abgehalten wurde und bei dem sich eine unzählige Menge
Gläubige aus der Nähe und aus der Ferne eingefunden hatte.
Nach Beendigung des Pontificalamtes nahm die Procession unter
Absingung des Pange lingua von dem Hochaltar aus in festge=
setzter Ordnung ihren Anfang. Vom Hochaltare aus bewegte sich
der Festzug unter Musik und Gesang über den Königschor durch
den ersten Pfeilerbogen in das nördliche Seitenschiff des Domes,
in welchem das erste Evangelium bei dem hiezu errichteten Altare
gesungen wurde. Von dort lenkte sich der Zug durch die nördliche
Seitenhalle zum Hauptportale und sofort zu den schattigen Alleen
der südlichen Domanlage, an deren östlichem Auslaufe der zweite
Altar errichtet war. Von diesem zogen die Beter und Sänger
unter grüner Laube am Heidenthürmchen vorbei auf den nördlichen
Theil der Anlage, wo bei der Antikenhalle der dritte Altar aufge=
schlagen war. Nach dem dort gegebenen Segen ordneten sich die
Reihen längs der Nordseite des Domes wieder zur westlichen Haupt=
pforte und zogen im Gotteshause rechts durch das südliche Seiten=
schiff zum dort errichteten vierten Altare. Zum Schlusse wurde
das Te Deum angestimmt und nach dreimaligem Pauken= und
Trompeten=Tusch unter Böllerschüssen und dem Geläute aller Glocken
die Feier geschlossen. An dem Umzuge hatten alle Civil= und Mili=
tärbehörden, an deren Spitze der Regierungspräsident, Theil ge=
nommen, während auf dem Vorplatze der Kathedrale eine Schwadron
Chevauxlegers aufgestellt war. Alles ging in der schönsten Ord=
nung vorüber. Unverkennbar waren die erbaulichen Eindrücke,
welche dieser feierliche Zug in dem Gemüthe derer hervorgebracht
hat, welchen nach einer langen Reihe von Jahren wieder die Freude
geworden war, ihren Glauben an das große Geheimniß der gött=
lichen Liebe, öffentlich und feierlich kund zu geben. [133])
Der allerhöchsten Verfügung, kraft deren die Frohnleichnams=

---

[133]) „Katholik" L. c. S. XLIX. Erst im Jahre 1845 ward auf
Anordnung des Bischofes Nikolaus die Frohnleichnamsprocession durch die Haupt=
straße, Jakobs= und Poststraße geführt, wie sie noch jetzt feierlichst abgehalten
wird.

procession in der Kreishauptstadt wieder öffentlich geführt werden durfte, folgte noch unterm 4. September desselben Jahres eine Entschließung des Staatsministeriums des Innern, welche allen anerkannten öffentlichen Kirchengesellschaften in der Pfalz die freie und öffentliche Uebung ihrer religiösen Gebräuche nach den deßfalls geltenden organischen Bestimmungen jeder Confession unter Beobachtung der bestehenden Verfassungsgesetze, auch außerhalb der Kirche gestattete. [134]

Auch eine außerordentliche Trauerfeierlichkeit fand während der Amtsführung des hochseligen Bischofes Geissel in der Kathedrale und in allen Pfarrkirchen der Diöcese statt, welche wir hier nicht unerwähnt lassen dürfen. Ihre Majestät, die verwittwete Königin Karoline, ward am 13. November 1841, Nachts 10 Uhr, aus dem zeitlichen in das ewige Leben abgerufen. Auf allerhöchsten Befehl des Königs wurde unterm 17. desselben Monats dieser Trauerfall allen Stellen und Behörden des Reiches kund gegeben und bezüglich der einzutretenden Landestrauer die erforderlichen Verfügungen getroffen. An demselben Tage schrieb der Minister des Innern, Herr v. Abel, an den Speyerer Oberhirten: „Eure bischöflichen Gnaden werden — in jenem Ausschreiben — einen neuen Beweis jener Gewissenhaftigkeit gefunden haben, mit welcher unser

---

[134] Der Wortlaut dieser Entschließung ist folgender: „Seine königliche Majestät haben in Erwägung', daß die äußeren Rechtsverhältnisse der Unterthanen in Beziehung auf Religion und kirchliche Gesellschaften in allen Theilen des Königreiches gleichmäßig nach den Bestimmungen der II. Verfassungs-Beilage zu beurtheilen, ältere Gesetze und Verordnungen aber, insofern sie mit diesen staatsgrundsätzlichen Bestimmungen im Widerstreite stehen, als aufgehoben zu betrachten sind, allergnädigst zu beschließen geruht: 1. daß fortan den anerkannten öffentlichen Kirchengesellschaften auch in der Pfalz an allen Orten die freie und öffentliche Uebung ihrer religiösen Gebräuche, nach dem Rituale und den deßfalls geltenden organischen Bestimmungen jeder Kirche, unter Beobachtung der bestehenden Verfassungsgesetze, auch außerhalb der Kirche gestattet seyn soll; 2. daß demnach überall die in der katholischen Kirche vorgeschriebenen Processionen und Bittgänge am Frohnleichnamsfeste, am St. Marcustage und in den drei Tagen vor dem Feste Christi Himmelfahrt öffentlich und feierlich nach den kirchlichen Satzungen gehalten und 3. allenthalben die Leichen von den Geistlichen der öffentlich aufgenommenen Kirchengesellschaften, in der bei ihnen gebräuchlichen Kleidung, vom Hause zum Gottesacker begleitet werden dürfen". Amtsblatt. 1838. Nr. 49. S. 393. — Diese Verordnung zog noch wegen Störungen, welche in einzelnen Gemeinden, namentlich bezüglich der Frohnleichnamsprocession stattfanden, viele Verhandlungen herbei, welche vom hochseligen Bischofe mit besonderer Sorgfalt geführt wurden.

allerdurchlauchtigster Monarch und Landesvater an den Lehren und
Gesetzen unserer heiligen Kirche festzuhalten und ihre Rechte zu achten
und zu schirmen gewohnt ist. — Um so mehr und bringender werden
aber auch Eure bischöflichen Gnaden sich aufgefordert finden, in angemessener Weise dafür Sorge zu tragen, daß die angeordnete
Feier mit allem jenem Ceremoniellem umgeben werde, welches auf
der einen Seite der hohen Würde der allerdurchlauchtigsten Verewigten entspricht und auf der anderen Seite nach den Gesetzen
und Lehren unserer heiligen Kirche zulässig ist, insbesondere aber,
daß in den abzuhaltenden Trauerreden jede, wenn auch nur entfernte Anspielung auf religiöse Verhältnisse vermieden werde, die
mit dem jedem Bayern heiligen Sinne und Zwecke der allerhöchst
angeordneten Trauerfeierlichkeit, nur in dem verletzendsten Widerspruche stehen könnte". 2c. Demzufolge wurden mittels bischöflichen
Rundschreibens vom 22. desselben Monats sämmtliche Seelsorgs-
vorstände der Diöcese angewiesen: „das schmerzliche Ableben Ihrer
Majestät der verwittweten Königin Karoline von Bayern binnen
acht Tagen, an einem schicklichen Tage, nach abgehaltenem Pfarr-
gottesdienste, von der Kanzel in angemessener Weise feierlich zu
verkünbigen und zugleich eine mit den Gesetzen und Lehren der
katholischen Kirche vereinbarliche, der hohen Würde der allerdurchlauchtigsten Verstorbenen entsprechende, religiöse Trauerfeierlichkeit
abzuhalten. Diese Trauerfeierlichkeit beginnt mit einem passenden
Gesange; hierauf ist eine Trauerrede abzuhalten, nach deren Beendigung die Feierlichkeit wieder mit einem Gesange, mit Unterlassung aller andern kirchlichen Gottesdienste und Gebete, zu schließen
ist". [135] In der Kathedrale zu Speyer wurde diese Trauerfeierlichkeit nach vorhergegangenem mündlichen Benehmen des Bischofes
mit dem Regierungspräsidenten, Fürsten v. Wrede, den 28. November, am ersten Sonntage im Advente, Abends fünf Uhr abgehalten. [136] In einem Schreiben vom 6. December schilderte der

---

[135] G e n e r a l i e n - Sammlung. Heft II. S. 95. — [136] Bereits
unterm 29. Nov. 1841 hatte der Bischof der allerhöchsten Stelle seine beßfallsigen Ausschreiben übersendet. Auf eigenen Befehl des Königs erging und
wurde durch den Minister des Innern sämmtlichen Erzbischöfen und Bischöfen
zugefertiget: „Es ist Befehl Seiner Majestät, die sämmtlichen Herrn Erzbischöfe
und Bischöfe darauf aufmerksam zu machen, wie auch in kirchlichen Sachen
jedes Uebertreiben den Keim des Todes in sich trage und daß im Geiste Sailers
— dem echt Apostolischen – die jungen Geistlichen gelehrt und erzogen werden
sollen. München, den 2. December 1841. v. Abel." Nach Speyer scheint
diese Zuschrift nicht ergangen zu seyn.

hochselige Bischof dem genannten Minister diese Feierlichleit also: „Dieselbe wurde mit einem von dem Domcapitular Foliot eigens zu diesem Zwecke verfaßten und von unserm Domorganisten Rott- manner componirten Trauergesang eröffnet. Sodann hielt Dom- capitular Busch eine wohl gelungene Trauerrede, in welcher die Lebensverhältnisse und Verdienste der hohen Verewigten als Königin, Gattin und Mutter während der bewegtesten Zeiten und besonders als Wohlthäterin vieler Tausenden, mit entsprechenden Worten ge- schildert wurden. Dabei vermied der Prediger, wie ich ihm darüber vorher die bestimmteste Belehrung gegeben hatte und auch gar nicht anders zu erwarten war, jede auch die mindeste Anspielung auf religiöse Unterschiede. [137]) Nach beendigter Trauerrede wurde wieder ein eigens componirter Gesang vom Domsängerchore aufgeführt. Der Königschor, welcher zu einem solchen Traueracte einen beson- ders passenden Raum bietet, war mit 1,200 Ellen schwarzem Tuche ausgeschlagen und durch einen mit 800 Lampen verzierten Trauer- bogen beleuchtet. In Mitte des Chores stand ein hoher Katafalk, welcher mit einer Krone verziert und von 150 brennenden Kerzen und auf den vier großen Kandelabern mit Spiritusflammen um- geben war. Das Ganze gewährte einen sehr würdigen Anblick und machte einen ernsten und feierlichen Eindruck. . . . Außer den Autoritäten wohnten dieser Trauerfeierlichleit auch die Bewohner der Stadt aus beiden Confessionen so zahlreich bei, daß ihre Anzahl auf 4,000 geschätzt wurde". ꝛc. ꝛc. [138])

---

[137]) Diese Rede stand mit jener, welche am Morgen desselben Tages in der protestantischen Kirche vom Consistorialrathe Rust dahier gehalten wurde, in auffallendem Contraste. Dieser hob, wie verlässig erzählt und vielfach be- sprochen wurde, mit besonderer Emphase eigens hervor: „daß die Verewigte in der evangelisch-apostolischen, alleinseligmachenden Kirche getauft und erzogen, auch später, als sie nur von Andersgläubigen umgeben war, allen Versuchen zum Abfalle von ihrem Glauben widerstanden und sich nicht zum Abfalle von der evangelisch-apostolischen Kirche habe verleiten lassen; weßwegen er nicht bloß glaube, sondern auf das Bestimmteste wisse, daß sie nach bestan- denem Kampfe mit der Siegespalme in dem Himmel sitze". ꝛc. ꝛc. — [138]) Ein königliches Belobungsschreiben wie sein Amtsvorfahrer Richarz hat deßhalb der hochselige Bischof Johannes nicht erhalten. Jenes lautete: „Mein Herr Bischof von Augsburg. Ihre Zuschrift vom 24. nebst Beilage habe ich empfangen. Ich habe daraus mit Freude ersehen, in welch' würdiger Art Sie die Trauer- feier für das Andenken der verwittweten Königin Majestät, namentlich in der Domkirche, und überhaupt in Ihrem bischöflichen Kirchensprengel, angeordnet haben. Indem ich Ihnen darüber Mein Wohlgefallen zu erkennen gebe, füge ich noch den Wunsch bei, daß Sie sich von Ihrer Krankheit in Bälde wieder

§. 23. Bemühen für Einheitlichkeit des Ritus und Kirchen= gesanges.

Noch mehr als der hochselige Bischof bemüht war, bei der eben geschilderten Trauerfeierlichkeit Alles zu vermeiden, was einen Schein von Glaubensmengerei, von Gleichgiltigkeit gegen die Grund= wahrheiten und Vorschriften der katholischen Kirche hätte geben können, trug derselbe schon vorher Sorge, daß die Ausspendung der heiligen Sacramente, die Vornahme priesterlicher Verrichtungen und Segnungen, wie auch der Volksgesang beim Gottesdienste und sonstigen kirchlichen Andachten in der Diöcese geordnet und in über= einstimmender, erbaulicher Weise gepflegt werde. Wir entnehmen dieses aus den Berathungen und Vorarbeiten, welche auf seine Weisung für die Herausgabe eines neuen Rituals und Gesang= buches für die Speyerer Diöcese statt hatten.

Schon seit der Wiedererrichtung des Bisthums Speyer fühlten sowohl die Vorgesetzten desselben, als wie auch Viele der gewissen= haftesten Seelsorger das Bedürfniß einer neuen, für alle Theile der Diöcese gemeinschaftlichen, den billigen Wünschen bezüglich der Sprache und Vollständigkeit Rechnung tragenden Agende.[139] Der hochselige Bischof Geissel nahm bald nach seinem Amtsantritte dieses Bedürfniß in ernste Erwägung. In der von ihm erlassenen, oben besprochenen Geschäftsordnung vom 2. Mai 1838, erklärte er aus= drücklich, daß zur Fertigung eines Rituals alsbald eine Commission unter dem Vorsitze des Herrn Generalvicars werde zusammengesetzt werden. Wie dieser Erklärung entsprochen, wie und nach welchen vom Hochseligen aufgestellten Grundsätzen diese wichtige Arbeit vollendet, von seinem Amtsnachfolger Nikolaus im Jahre 1842 dem Drucke übergeben und zum ausschließlichen, amtlichen Gebrauche

---

vollkommen erholen mögen. Hiermit bitte ich Gott, daß er Sie, mein Herr Bischof von Augsburg, in seine heilige Obhut nehme. München, den 1. December 1841. Ludwig." — Das belobte Ausschreiben und Verfahren des Bischofes Richarz wurde indeß durch ein eigenes päbstliches Breve vom 13. Feb. 1842, wie bekannt, scharf gerügt und ihm aufgegeben, das hiedurch gegebene Aergerniß möglichst wieder gut zu machen. — [139]) Unterm 2. Aug. 1834 stellten mehrere Pfarrer aus dem Decanat Landau das Gesuch an die bischöfliche Stelle, die nöthige Vorkehrung zur Wahrung der Einheit in der Liturgie und im Kirchengesange zu treffen, worauf die Frage über den Entwurf einer neuen Agende erst in Erwägung gezogen, aber zu keinem Abschlusse ge= bracht wurde.

in der Diöcese vorgeschrieben wurde, ist in des Letzteren Lebensgeschichte ausführlich geschildert.

Gleiches geschah auch von uns bezüglich der Verdienste, welche
sich der Hochselige um die Bearbeitung und die Herausgabe des
Speyerer Diöcesangesangbuches erworben hat, deren Darstellung
wir daher hier nicht wiederholen. [140])

§. 24. Aufbesserung der Pfarrbesoldnngen.

Bei dem großen Eifer, welchen der hochselige Bischof Johannes,
wie wir bereits gesehen, für das geistige Wohl, für christliche Belehrung, Erziehung, Erbauung und Heiligung seiner Diöcesanen
bethätigte, ließ er doch keineswegs das drückende Loos, die bedrängte
Lage der meisten Mitarbeiter im Weinberge des Herrn außer Acht.
Ja, diese Lage zu verbessern und den frohen Muth und die Pflichttreue der hilfsbedürftigen Seelsorger zu beleben und zu stützen,
war eine der ernstlichsten Angelegenheiten, welche seine Sorgfalt
in Anspruch nahm. Wir vermögen dieß nicht augenfälliger zu erweisen, als wenn wir die Denkschrift, welche derselbe am 3. Januar
1838 im Betreffe der ungenügenden Besoldung der katholischen
Pfarrer in der Pfalz, beziehungsweise der Gehaltsgleichstellung derselben mit den protestantischen Geistlichen, zur huldvollen Würdigung vor die Stufen des königlichen Thrones niederlegte, in dem
beigegebenen Urkundenbuche vollständig abdrucken lassen. [141])

Mittels höchster Ministerialentschließung vom 24. März gleichen
Jahres ward dieses oberhirtliche Gesuch der königlichen Regierung

---

[140]) „Nikolaus von Weis, Bischof zu Speyer". B I. S. 100 u.
ff. und S. 103 u. ff. — [141]) Urkundenbuch Nr. 9. — Seit dem 1.
Oct. 1837 hatte der Bischof mit dem Domcapitel den im Concordate bestimmten
vollen Gehalt erhalten. Bei der bezüglichen Dankabstattung zu Aschaffenburg
im Mai des folgenden Jahres, welche wir bereits oben meldeten, kam wohl
auch beim Könige die gewünschte Aufbesserung der Pfarrbesoldung zur Sprache.
Der Hochselige schrieb über diese Audienz an den Verfasser dieser Schrift, unterm
26. Mai 1838, Nachstehendes: „ . . . Seine Majestät der König war außerordentlich gnädig. Ich hatte außer der Audienz mit Herrn Weis und Wolf,
noch eine Privataudienz beim Könige von fast fünfviertel Stunden. Da kam
Vieles über die Diöcese Speyer und die Pfalz zur Sprache. Ich ging eben so
erfreut als erhoben und ermuthigt von ihm. — Gott erhalte uns unsern herrlichen Landesvater, ja Gott erhalte ihn noch lang — es ist zu Bayerns Heil!
Vielleicht bald mündlich mehr hierüber. — Empfangen Sie die Versicherung
meiner Achtung und Liebe und denken Sie am Altare Ihres Bischofes und
Freundes Johannes Geissel".

der Pfalz zum Gutachten zugeschlossen. Dieselbe erklärte dem Bischofe in einer Zuschrift vom 16. Mai 1838: „daß sie der darin auf= gestellten Ansicht ihre Beistimmung nicht versagen könne und mit Vergnügen zur Erwirkung einer allerhöchsten, den gerechten Anfor= derungen der katholischen Pfarrgeistlichkeit entsprechenden Entschließ= ung beitragen wolle". Zugleich stellte sie das Ansinnen, der Bischof möge ihr seine Ansicht kundgeben, welche Pfarreien für die erste, zweite und dritte Classe der zu regulirenden Besoldungen bezeichnet werden könnten. Mit großer Sorgfalt und nach Erholung deßbezüglicher Gutachten der Decane und mehrerer Pfarrer, suchte die bischöfliche Stelle diese Classification festzustellen. Sie wurde am 12. November 1838 vom Oberhirten der Regierung mitgetheilt. In die erste Classe mit einer Besoldung von 1,000 Gulden wurden 23 Pfarreien eingereiht. In die zweite Classe mit 800 Gulden Gehalt kamen 57 Pfarreien, in die dritte Classe mit 600 Gulden aber 124 Pfarreien. [142]) Hiebei wurden von dem Bischofe die besonderen Anträge gestellt: 1. „Daß die durch königliche Huld und Gnade bewilligten Unterstützungsgelder im Betrage von 38,000 Gulden nur unter jene Pfarrer beider Confessionen, deren Congrua sich nicht auf 600 Gulden erstreckt, nach Maßgabe des Deficits ver= theilt werden; 2. daß Behufs dieser Vertheilung vorerst die pro= testantischen Pfarrfassionen von 1825 nach denselben Grundsätzen, wie jene der katholischen Pfarreien vom Jahre 1834 revidirt werden; und daß 3. zur vollkommenen Herstellung der Gleichheit der katho= lischen mit den protestantischen Pfarrern der Anschlag der Wohnung der Letzteren nach demselben Maßstabe in die Fassionen eingestellt, oder der Wohnungsanschlag der katholischen Pfarrer in den Fassionen ebenfalls gestrichen werde". Diesen Anträgen fügte der Hochselige noch wörtlich bei: „Ich glaube in diesen ergebensten Anträgen nichts anderes auszusprechen, als was eben so gerecht als billig ist, indem sich wohl nicht der entfernteste Grund denken läßt, weßhalb die einen Pfarrer bei bereits höherem Ertrage ihrer Pfarreien noch eine Zulage erhalten sollen, während die Anderen noch nicht einmal das Nothdürftigste der geringsten Congrua beziehen und weßhalb ferner die Fassionen der einen Confession nach ganz andern, durch= aus verschiedenen Normen und Grundsätzen als jene der anderen

---

[142]) Die bisherige Unterstützung der katholischen Pfarrer aus Staats= mitteln betrug 14,885 fl. Die Aufbesserung sämmtlicher Pfarreien auf die Congrua von 600 fl. erforderte hiezu noch 16,666 fl. 32 kr. Zum Vollbezuge der bezeichneten drei Classen waren 30,221 fl. 20 kr. nöthig.

Confession aufgenommen und abgeschlossen und deßhalb überdieß, den Pfarrern der einen Confession ihre Wohnung in die Besoldung eingerechnet werden sollte, während jene der Pfarrer der anderen Confession zu ihrer bereits höher stehenden Besoldung sich auch noch einer freien Wohnung zu erfreuen haben. Ich übergebe daher diese Darlegung in dem gegründeten Vertrauen, daß die jenseitige verehrliche Stelle allerhöchsten Ortes diese für die ganze katholische Geistlichkeit so hochwichtige Sache auf das Angelegentlichste unterstützen werde, damit die von mir bereits früher ausgesprochene Hoffnung des Gesammtklerus, daß die gleichen Kinder des einen Landesvaters sich auch gleicher königlicher Fürsorge erfreuen dürfen, in glückliche Erfüllung gehe". ꝛc. ꝛc.

Sofort wurde die neue Fatirung der protestantischen Pfarreien nach gleichen Grundsätzen wie jene der katholischen Pfarreien vom Jahre 1834 eingeleitet. Von der bischöflichen Stelle verlangte die Kreisregierung hiezu unterm 10. Juli 1840 im allerhöchsten Auftrage ein vollständiges, auf die revidirten Pfarrfassionen gestütztes Verzeichniß aller katholischen Pfarreien, weil Seine Majestät der König, welcher bisher schon einen bedeutenden Zuschuß aus den Staatsgeldern zur Unterstützung der pfälzischen Pfarrgeistlichkeit angewiesen hat, beabsichtigen, für eine bessere, standesmäßige Dotirung der katholischen Pfarrgeistlichkeit der Pfalz in dem Staats-Budget für die fünfte Finanzperiode geeignete Vorsehung treffen zu lassen, wozu jenes Verzeichniß als Grundlage dienen werde. Bei Feststellung dieses Verzeichnisses blieb nicht unerwähnt, daß seit Jahren der für die Pfarrgeistlichen bewilligte Sustentations-Zuschuß einen bedeutenden Abgang durch die Beiträge erleiden mußte, welche zum Unterhalte der durchaus unentbehrlichen Kapläne einzelner Städte aus Mangel der Localmittel, dorther genommen werden mußten, weßhalb bei Feststellung der neu zu treffenden Zuschüsse auch auf dieses dringende Bedürfniß geeignete Rücksicht zu nehmen sei.

Schon hatte der Hochselige den bischöflichen Stuhl von Speyer verlassen, als sein Bemühen für genügende und gerechte Besoldung der katholischen Pfarrgeistlichkeit der Pfalz durch die Huld des Königs im Landtagsabschiede die wohlverdiente Berücksichtigung fand, indem auf die am 4. October 1843 beginnende Dauer der fünften Finanzperiode die Summe von 27,383 fl. 49 kr. als jährlicher Sustentationsbeitrag zum standesmäßigen Lebensunterhalte der katholischen Pfarrgeistlichkeit der Pfalz angewiesen wurde. Eine weitere Ministerialentschließung setzte die Congrua für die Pfarrer der Cantonsorte auf 800 Gulden und für die übrigen Pfarrer auf 600 Gulden fest, welche nun nach Maßgabe der vorhandenen Mittel ergänzt wurde, wobei auf den fehlenden Gulden der Congrua bei= läufig 48 Kreuzer fielen. [143])

§. 25. Vorsorge für eine gesicherte Pflegordnung der Pfarrgüter.

Auch diese Diöcesanangelegenheit, welche viele Pfarrer, die ihren Unterhalt theilweise aus liegenden Gründen, namentlich aus Weinbergen erzielen mußten, mehrseitig, oft kostspielig und lästig berührte, suchte der hochselige Bischof Geissel einer besseren und gesicherteren Ordnung entgegen zu führen. In den Statuten, welche der Bischof Colmar am 11. November 1811 für die Mainzer Diöcese herausgegeben hat, war auch für diese öconomische Ange= legenheit der Pfründebesitzer bestens Vorsorge getroffen. Allein die bezüglichen Bestimmungen wurden seit der Gründung des neuen Bisthums Speyer, welches eine neue decanatliche Einrichtung und Gliederung erhielt, fast gänzlich außer Acht gelassen. Bei dem Ab= sterben oder Wechsel einzelner Pfarrer entstanden daher wegen ver= nachlässigter Bewirthschaftung der Pfarrgüter, oder wegen außer= ordentlicher Verbesserung derselben, namentlich der Weinberge, mancherlei Anstände und gehässige Beschwerden. Diese konnten nur die Vernachlässigung der ordentlichen Unterhaltung und der nütz= lichen oder nothwendigen Verbesserung der fraglichen Güter befördern und herbeiführen. Schon im Jahre 1828 war daher der hochselige Bischof Manl Willens, sich über diese Angelegenheit mit der Kreis= regierung in's Benehmen zu setzen, was jedoch aus verschiedenen

---

[143]) S a m m l u n g der Generalien. Heft II. S. 223 steht die einzelne Vertheilung. Den protestantischen Pfarreien wurde die jährliche Summe von 31,553 fl. 49 kr. überwiesen. — Wie der hochselige Bischof Johannes bestrebt war, die öconomische Lage seiner im Weinberge des Herrn arbeitenden Geist= lichkeit zu erleichtern und zu bessern, so war er auch bemüht, für die in jenem Berufe erkrankten, dienstunfähigen, altersschwachen und fehligen Priester durch Begründung und ersprießliche Verwaltung einer Diöcesemeritenanstalt die nöthige Fürsorge zu treffen. Doch diese wichtige Diöcesanangelegenheit kam erst nach langjährigen Verhandlungen unter seinem unmittelbaren Amtsnach= folger im Jahre 1853 zum erwünschten Abschlusse. Siehe „N i k o l a u s von W e i s". B. I. S. 377 u. ff. Auch für die concordatsmäßige Sicherstellung der bischöflichen Collationsrechte bemühete sich Bischof Geissel sehr, jedoch nur bei Erledigung beziehungsweise, Wiederverleihung einzelner, in jener Beziehung für das königliche Patronatsrecht in Streit gezogener Pfarreien. E b e n d a s e l b s t. B. I. S. 268.

Bedenklichkeiten nicht zur Ausführung kam. Der fragliche unge-
regelte Zustand veranlaßte endlich mehrere Pfarrer am Haardtgebirge, deren Pfründen theilweise mit Weinbergen ausgestattet
waren, unterm 24. März 1837 dem damaligen Abgeordneten der
katholischen Pfarrgeistlichkeit der Pfalz, Pfarrer Weiß zu Edenkoben, eine Vorstellung an die Ständekammer des Reiches mit der
Bitte zu übersenden, bemüht zu seyn, daß ein Gesetz zu Stande
komme, welches die jetzige verderbliche Unordnung und Unsicherheit
bezüglich der Pfarrweinberge, namentlich deren Neuanlagen und Verbesserungen beseitige. Sie wünschten, daß diesem Gesetze die betreffenden Bestimmungen der genannten Mainzer Diöcesanstatuten,
wornach die sämmtlichen Kosten, welche die Anlage und den Bau
eines neuangelegten Weinberges in den sechs ersten Jahren erfordern, in den acht darauf folgenden Jahren in gleichjährlichen
Beiträgen sich ablösen, beziehungsweise rückvergütet werden, zur
Grundlage dienen sollen; daß ferner das Gesetz Vorsorge treffe,
damit für die in den letzten acht Jahren nützlich angelegten Weinberge gleiche Rückvergütung stattfinde und daß endlich der Schaden,
welchen Pfarrweinberge durch Nachlässigkeit der Pfründebesitzer oder
der Intercalarverwaltung erleiden, gehörig ersetzt werde. Der
genannte Pfälzer Abgeordnete nahm über diese Angelegenheit Rücksprache mit dem Minister des Innern. Dieser erachtete jedoch, daß
die Sache sich mehr zum Bereiche der Verwaltung als der Gesetzgebung eigne und versprach, hierüber mit der geistlichen Oberbehörde
in's Benehmen zu treten. Zu Folge einer bezüglichen Ministerialentschließung vom 7. Juli 1837 übersendete die Regierung der
Pfalz die Vorstellung jener Pfarrer an den damaligen Bisthums-
Verweser zu Speyer, um dessen Ansichten über diese Angelegenheit
zu vernehmen. Sofort wurden die Vorstände der Decanate Bergzabern, Frankenthal, Landau und Neustadt aufgefordert, über den
Inhalt jener Bittvorstellung mit den betheiligten Pfarrern ihres
Decanats und anderen sachverständigen Männern sich zu berathen
und ein ausführliches Gutachten darüber abzugeben. Diese Gutachten erkannten insgesammt die Nothwendigkeit der gewünschten
Verfügung, mit dem wohlbegründeten Beisatze, daß dieselbe nicht
bloß die Weinberge, sondern die sämmtlichen Pfarrgüter, Ackerfeld
und Wiesen umfassen müsse. Unter wiederholter Anregung dieser
Angelegenheit von Seiten der Kreisregierung wurde von dieser der
bischöflichen Stelle unterm 20. Januar 1838 der in jüngster protestantischer Generalsynode zu Speyer geprüfte und festgestellte Ent-

wurf einer Ratificationsordnung der protestantischen Pfarrgüter der Pfalz, zum etwaigen Gebrauche zugestellt. Erst unterm 9. April gleichen Jahres ward im bischöflichen Rathe über diesen Gegenstand schriftlicher Vortrag erstattet und ein Regulativ über die Benützung der Pfarrgüter, wozu auch die Verpachtung der pfarrlichen Oeco= nomie=Gebäulichkeiten beigezogen wurde, in 52 Paragraphen zur Prüfung und Feststellung vorgelegt. Hiebei wurde jedoch beschlossen, auf den 1. Mai nächsthin noch zehn Pfarrer, der Güterwirthschaft kundig, einzuberufen, um auch diese unter dem Vorsitze des Bischofs über den fraglichen Entwurf gutachtlich zu vernehmen. So konnte denn diesen erst unterm 6. August 1838 das neue Regulativ über die Verwaltung der den Pfarreien und geistlichen Beneficien zu= stehenden Wohnhäuser und Besoldungsgüter im Bisthume Speyer zugestellt werden. Die Kreisregierung war im Wesentlichen mit diesem Entwurfe einverstanden. Dennoch ward er im königlichen Ministerium einer nochmaligen Berathung unterzogen, während die Ratificationsordnung für die protestantischen Pfarrgüter bereits unterm 21. August 1839 genau nach dem Entwurfe der Generalsynode genehmigt und veröffentlicht wurde. [144]) Die bischöfliche Stelle hatte nicht versäumt, schon am 18. März 1839, sowie später am 9. März und 19. November 1840 die Erledigung dieser so wichtigen und im Interesse der Pfarrgeistlichkeit sowohl als der ersprießlichen Bewirthschaftung der Pfarrgüter immer bringlicheren Angelegenheit bei der weltlichen Curatelbehörde in Anregung zu bringen. Doch erst unterm 10. April 1841 erfolgte die höchste Ministerialentschließ= ung, wodurch die Kreisregierung angewiesen wurde, einen eigenen Ausschuß aus ihrer Mitte und aus Mitgliedern des bischöflichen Ordinariates zusammen treten zu lassen, um weitere Verhandlungen über den fraglichen Gegenstand zu pflegen, beziehungsweise einen neuen Entwurf einer Ratificationsordnung festzustellen. Mit Be= rücksichtigung der bereits für die protestantischen Pfarrgüter geneh= migten, sollte bei dieser Feststellung der Grundsatz gelten, daß die Bestimmungen nicht sowohl für Einzelnheiten, sondern vielmehr nur im Allgemeinen und prinzipiell gefaßt werden, wodurch den Strei= tigkeiten besser vorgebeugt werde, oder, wenn solche dennoch entstehen sollten, sie leichter beigelegt werden können, als durch das Eingehen in einzelne Vorkommnisse, wobei gleichwohl nicht alle vorhergesehen und darum auch die erforderlichen Entscheidungen nicht im Voraus ge=

---

[144]) Amtsblatt. 1939. Nr. 48. S. 395.

geben zu werden vermögen. Zu diesem Behufe wurde von dem Regierungsrathe Frey ein neuer Entwurf zusammengestellt, im Einzelnen näher begründet und von dem fraglichen Ausschusse geprüft, am 3. November 1841 abgeschlossen und sohin auf nochmalige Vorlage der königlichen Regierung von der bischöflichen Behörde am 10. Februar in 22 Paragraphen genehmiget. [145]

Schon führte der Hochselige den oberhirtlichen Stab zu Köln, als endlich nach so vielen Verzögerungen, Berathungen und Schreibereien unterm 6. Mai 1842 die neue Ratificationsordnung für die katholischen Pfarreien der Pfalz amtlich bekannt gegeben wurde, welche vielen Verlegenheiten und Mißständen abhalf und weislich vorbeugte. [146]

§. 26. Berufung nach Köln.

Unter dieser segenvollen, nach allen Seiten gerichteten Thätigkeit waren vier Jahre des bischöflichen Lebens und Wirkens des Hochseligen zu Speyer verflossen. Die umsichtige und rastlose Pflichttreue, welche derselbe, seitdem ihm der oberhirtliche Stab anvertraut war, rühmlich erprobte; die gründlichen und lichtvollen Darstellungen und Berichte, welche derselbe an Seine Majestät den König und an dessen Minister des Innern, Herrn v. Abel, in verschiedenen Angelegenheiten richtete; die gefällige Gewandtheit und die geistreichen Ansichten und Urtheile, welche er bei den wiederholten persönlichen Begrüßungen des Königs reichlich beurkundete, erwarben ihm immer mehr das besondere Wohlwollen und höhere Vertrauen seines gekrönten Gebieters und dessen vielvermögenden Ministers. [147] Dieß zeigte sich in der huldvollen Weise, in welcher König Ludwig am ersten Tage des Jahres 1839 dem Speyerer Bischofe das Ritterkreuz vom Civilverdienstorden der bayerischen Krone übersenden ließ und ihn hiedurch in den Adelstand des Königreiches erhob. Dieß war auch schon früher unter Anderm aus einem höchst wichtigen Auftrage zu entnehmen, welchen der königliche Pfalz-

---

[145] Der Ausschuß bestand außer dem Regierungsrathe Frey aus dem Regierungsassessor v. Stichaner und von bischöflicher Seite aus dem Domdechanten Dr. Weis, Domcapitular Wolf und geistlichem Rathe und Regens Weiß. — [146] Amtsblatt. 1842. Nr. 36. S. 393. — [147] Am 23. Oct. 1840 schrieb Herr v. Abel an den hochseligen Bischof: „Möchten doch Eure bischöflichen Gnaden der vollen Ueberzeugung Raum geben, daß Ihr Wirken in der Diöcese nur eine Quelle vieler — vieler Freuden und die Förderung eines jeden Ihrer Wünsche, heilige Pflicht ist". ꝛc. ꝛc.

graf bei Rhein unterm 18. August 1839 aus Berchtesgaden, im vollen Vertrauen auf Geissel's tiefe Einsicht und weises Urtheil, an ihn gerichtet hatte, den wir vielleicht noch näher werden kennen lernen. [148]) Bei Erledigung dieses Auftrages hatte der Bischof Gelegenheit, die ruhmvolle Stellung ausführlicher zu schildern, welche Bayern bei der in den preußischen Rheinlanden ausgebrochenen Un- zufriedenheit und Gährung wegen der gewaltsamen Gefangennehmung des Kölner Erzbischofes Clemens August, zum Schutze und zur Vertheidigung der katholischen Wahrheit und des kirchlichen Rechtes, unter dem erlauchten Scepter seines glaubenstreuen Herrschers be- hauptete. Diese eingehende Schilderung dürfte wohl, neben der ge- rühmten Einsicht und Klugheit Geissel's, nicht wenig dazu beige- tragen haben, daß derselbe später vom Könige Ludwig als Ver- mittler zur friedlichen Beilegung des bedenklichen Zwiespaltes zwischen der preußischen Regierung und den kirchlichen Rechten und des pflicht- getreuen Vertreters derselben, des genannten Erzbischofs von Köln, ausersehen und dem Könige von Preußen vertraulich empfohlen wurde.

Die nähere Veranlassung und die Umstände, unter welchen Clemens August an dem Abende des 20. November 1837 heimlich in seinem Palaste zu Köln gefangen und auf die Festung Minden abgeführt wurde, bedürfen hier keine nähere Schilderung. [149]) Nicht nur das Oberhaupt der Kirche, sondern fast auch die ganze katho- lische Bevölkerung, mit Ausnahme mehrerer Mitglieder des Kölner Metropolitancapitels und der befangenen Schüler und Freunde des ehemaligen Bonner Professors Hermes, erhob sich wie ein Mann gegen die schreiende Gewaltthat. Zur Rechtfertigung des pflicht- treuen Erzbischofes erschien bereits am 4. März 1838 zu Rom eine

---

[148]) Dieser Auftrag betraf die damaligen Kämpfe und Anfeindungen des Speyerer protestantischen Pfarrers und Consistorialrathes Dr. Ruß von Seiten seiner lichtfreundlichen Glaubens-Genossen. — [149]) Es handelte sich zu- nächst um die oberhirtliche Beachtung der päbstlichen Vorschrift bei Eingehung gemischter Ehen und der mit aller Strenge von dem Erzbischofe in's Werk ge- setzten Unterdrückung der vom Professor Hermes entwickelten, irrigen, theologi- schen Lehrmeinungen. — Unterm 30. Januar 1838 schrieb der hochselige Bischof von Speyer an den Verfasser dieser Schrift: ... „Die Kölner Geschichte rumort stark; allein noch sieht man das Ende nicht ab. Gott gebe, daß die Kirche siegreich hervorgehe"! Wer dachte damals daran, daß der Hochselige diesen Sieg vermitteln werde? — Zwei Tage vorher schrieb derselbe auch über dieses Er- eigniß an den päbstlichen Geschäftsträger in München. Siehe Urkunden- buch Nr. 10.

Denkschrift des heiligen Stuhles zur urkundlichen Beleuchtung der bezüglichen Thatsachen und Verhandlungen. Außer vielen Andern übernahm auch der für Deutschlands und der katholischen Kirche Recht, Ehre und Freiheit kämpfende Joseph v. Görres in München die Vertheidigung des gefangenen Erzbischofes. Dieser erhielt zwar im Frühling 1839, in Rücksicht auf seine Gesundheit die Erlaubniß von Minden zuerst nach Darfeld und dann nach Münster zu ziehen: allein die Rückkehr nach Köln und die freie, persönliche Verwaltung seiner Erzbiöcese wurde ihm nicht gestattet. Erst nachdem sein Haupt= gegner, der Minister v. Altenstein, in's Grab gestiegen, der König Friedrich Wilhelm III. am 7. Juni 1840 vom irdischen Schau= platze abgerufen war und dessen milder und erleuchteter Sohn, Friedrich Wilhelm IV. den Thron des Vaters bestiegen hatte, schim= merte die Hoffnung, daß das arge kirchliche Zerwürfniß in Rhein= preußen beigelegt werden dürfte. [150]

Von verschiedenen Seiten wurden jetzt neue Schritte gethan, die bedenklichen Wirren baldmöglichst zu beseitigen. Der umsichtige König wünschte dieß aufrichtig. Allein die Rückkehr des Erzbischofes nach Köln schien ihm und seinen protestantischen Ministern und Rathgebern als unzulässig. Es wurden die nöthig erachteten Ver= handlungen hierüber mit dem römischen Stuhle aufgenommen. Von diesem beauftragt, verfügte sich schon vor Ostern 1841 der Bischof von Eichstätt, Graf Reisach, zu dem greisen Erzbischofe Clemens August nach Münster, um entsprechende Ausgleichungsvorschläge mit demselben zu vermitteln. Es war dieß eine schwierige Auf= gabe. Der verdrängte und tief gekränkte Prälat verlangte in Ueber= einstimmung mit seinen treuergebenen Erzbiöcesanen Schutz seiner Ehre und seiner Rechte und war keineswegs gewillt, auf seinen erzbischöflichen Stuhl zu verzichten oder denselben etwa mit einer höheren Würde zu vertauschen. Die großen Verdienste desselben um das Recht und die Freiheit der Kirche durften nicht verkannt, aber der Widerwille der preußischen Regierung gegen dessen Rück= kehr nach Köln konnte auch nicht besiegt werden. Da den Erz= bischof keine kanonische Schuld traf, so konnte eine Entsagung auf den erzbischöflichen Stuhl rechtlich nicht gefordert werden. [151] Man

---

[150] Siehe hierüber verschiedene Aeußerungen des edlen Königs. „Ka= tholik", Jahrg. 1840. Novemberheft. S. LII. — [151] Noch am 13. Juli 1841 traf eine Deputation der katholischen Niederlande bei Clemens August ein, die dem Gefeierten ein prachtvolles Kreuz, im Werthe von 50,000 Gulden, zum Beweise der Anerkennung und Verehrung überbrachte, anderer Huldig=

suchte daher ihn zu einer freiwilligen Verzichtleistung auf die per=
sönliche Verwaltung der Erzdiöcese und zur Annahme eines Coad=
jutors, der aber, mit dem Rechte der Nachfolge, sofort die Ver=
waltung der Erzdiöcese selbstständig zu übernehmen habe, zu ver=
mögen. Allein auch hiezu zeigte sich der widerrechtlich Verdrängte
nicht geneigt. Um indeß die langdauernden Wirren und Miß=
stände zu heben, sah sich das Oberhaupt der Kirche endlich ge=
nöthigt, aus eigener Machtvollkommenheit die wichtige Angelegenheit
zu ordnen. Dieß geschah in der dem Erzbischofe zuletzt erläuterten
Weise, die sich jedoch dessen beifälliger vorausgehender Einwilligung
nicht zu erfreuen hatte.

Nun kam es vor Allem darauf an, einen dieser eben so
wichtigen als schwierigen Sendung allseitig gewachsenen Mann zu
ermitteln, der einerseits das Vertrauen des heiligen Vaters besitzen
und andererseits auch dem Könige von Preußen genehm seyn dürfte
und denselben zu vermögen, diese Sendung zu übernehmen. König
Ludwig von Bayern [152]) ersah diesen in der Person des Speyerer
Bischofes und ermangelte nicht, seinem königlichen Schwager zu
Berlin hierüber vertrauliche Mittheilung zu machen, die mit Beifall
aufgenommen wurde. Im Monate Juli 1841 hatte der hochselige
Bischof v. Geissel mit seinem Freunde, dem Domdechanten Dr.
Weis, eine Reise nach München unternommen und auf der Rück=
kehr die Amtsbrüder zu Eichstätt, Bamberg und Würzburg begrüßt,
ohne über die obschwebenden Verhandlungen bezüglich seiner Person
etwas zu vernehmen. Erst später erhielt derselbe vom Könige Ludwig
ein Handschreiben, worin ihm dieser seinen Vorschlag eröffnete und
auf die Willfährigkeit des Bischofes freundlich rechnete, damit das,
dem König von Preußen deßhalb gegebene Versprechen gelöst werden
könne. Der Hochselige war über diese unerwartete Eröffnung sehr
betroffen und verlegen. Zufrieden mit seinem bisherigen Wirkungs=

---

ungen hier nicht zu gedenken, wozu namentlich auch ein von der rheinischen
Geistlichkeit übersendeter, kostbarer Kelch zu rechnen ist. — [152]) „Gott, der das
Herz der Könige in seiner Hand trägt, und es lenket gleich Wasserbächen, hat
die Stellung dieses großen deutschen Fürsten zu den kirchlichen Ereignissen und
Zuständen der damaligen Zeit und zu dem durchlauchtigsten Königshause der
Hohenzollern dazu verwendet, dem Bekenner Clemens August in der Person des
Bischofes von Speyer einen Coadjutor mit der Rechte der Nachfolge auf dem
erzbischöflichen Stuhle zu Köln zu geben". Leichenrede auf den Hochseligen.
— Auch der Kaiser von Oesterreich soll sich zur Beilegung des Kölner Con=
flictes auf diplomatischem Wege besonders bemüht haben.

kreise wünschte er mit einer so schwierigen, opfervollen Sendung verschont zu bleiben, erklärte jedoch zuletzt, nicht ohne eindring= liche Vorstellungen seines Freundes Dr. Weis, den betreffenden An= ordnungen des Oberhauptes der Kirche in pflichtschuldigem Gehorsame sich fügen und ihnen nach Kräften entsprechen zu wollen.

Zum Behufe der bezüglichen Verhandlungen ward vom Ber= liner Hofe ein eigener Botschafter in der Person des Oberstlieu= tenants, Grafen Brühl, nach Rom gesandt. Diesem glückte es auch bald, die schwierige Angelegenheit der Wiederherstellung fried= licher und freundschaftlicher Verhältnisse mit dem päbstlichen Stuhle zur vollen Zufriedenheit seines Königs zu erzielen. Der Bischof Johannes zu Speyer ward durch ein Breve des Pabstes Gregor XVI. vom 24. September 1841 zum Coadjutor des Erzbischofes Clemens August von Köln mit dem Rechte der Nachfolge und zum aposto= lischen Administrator der Erzbiöcese, kraft apostolischer Machtvoll= kommenheit, erwählt, eingesetzt und abgeordnet, jedoch in der Weise, daß der hochwürdigste Erzbischof Clemens August, Erzbischof von Köln verbleibe. [153])

Erst am 13. des nächsten Monats brachten die Zeitungen die verbürgte Nachricht von dieser apostolischen Verfügung in Speyer zur Oeffentlichkeit. Am folgenden Tage reiste der hochselige Bischof mit dem Domcapitular Groß nach München. Es geschah dieß in Folge einer vom Könige Ludwig, welcher zu der fraglichen päbst= lichen Verfügung vorher ausdrücklich seine Einwilligung gegeben hatte, erhaltenen Einladung. Dort war auch bereits der preußische Botschafter und der Bischof von Eichstätt eingetroffen, um das Nähere in der wichtigen Angelegenheit zu besprechen und zu vereinbaren. Der Speyerer Oberhirte kannte wohl die bedenkliche Stellung, welche er in Köln haben dürfte, und setzte daher in weiser Vorsicht mehrere Bedingungen fest, unter welchen seine Uebersiedelung dahin statt= finden dürfte. Dazu gehörte namentlich, daß ihm das bayerische Indigenat vorbehalten bleibe.

„Am 23. October traf der Bischof wieder in Speyer ein. Bei der sofortigen Wahrscheinlichkeit, daß der Diöcese Speyer ein sehr schmerzlicher Verlust bevorstehe, war es nicht zu verwundern, daß der dem Oberhirten treuergebene Klerus die Gefühle der An= hänglichkeit auf die rührendste Weise durch Zuschriften und Abge=

ordnete und gab. Sie ehrten zwar die hohen Verdienste des Prälaten um seine geliebte Heerde, allein sie erschwerten auch das Opfer, welches er der Anordnung des Oberhauptes der Kirche bringen sollte. Zur Beruhigung seiner Freunde und Verehrer ließ Herr v. Geissel auch jetzt nur so viel von den obschwebenden Verhandlungen verlauten, daß er wegen der wirklichen Uebernahme der Verwaltung der Kölner Erzdiöcese solche Bedingungen gestellt habe, welche in Berlin schwerlich die Genehmigung finden dürften, und daß er sohin Speyer, wo er sich zufrieden und glücklich finde, nicht wohl verlassen werde". [154]

Schon vorher war Graf Brühl nach Berlin zurückgekehrt, um seinem königlichen Gebieter den nähern Erfolg seiner Sendung zu eröffnen und weitere Befehle entgegen zu nehmen. Nachdem derselbe sofort angewiesen worden war, sich abermals nach München zu verfügen, erhielt er unterm 24. October von Herrn v. Malzan ein Handschreiben seines Monarchen an Seine Majestät den König Ludwig und ein zweites an den Bischof von Speyer, um dieses, „nachdem er hiezu die Erlaubniß in München erhalten", nach Speyer zu überbringen. Hiebei war noch eine Zuschrift des Ministers der geistlichen Angelegenheiten an den Speyerer Oberhirten, welcher das päbstliche Breve vom 24. September angeschlossen war. Zugleich wurde Graf Brühl beauftragt, nach Uebergabe dieser Schriftstücke in Speyer, über die Wünsche und Ansichten des ernannten Coadjutors in Betreff des Antrittes seiner neuen Wirksamkeit in Köln vorläufig Erkundigung einzuziehen und darüber auf seiner Rückreise durch die Rheinprovinz dem königlichen Oberpräsidenten, Herrn v. Bodelschwing zu Coblenz, mündliche Mittheilung zu machen, damit das hiezu Nöthige eingeleitet und geordnet werde. Graf Brühl traf mit seinen Aufträgen am 3. November in Speyer ein und nahm auf freundliche Einladung des Bischofes bei diesem seine Wohnung. [155] Das königliche Handschreiben vom 24. October, welches sofort überreicht wurde, gab freundlich die Befriedigung über die neue wichtige Bestimmung des Herrn v. Geissel und zugleich die Hoffnung zu erkennen, daß dessen Wirksamkeit dem allseitig auf ihn gesetzten Vertrauen entsprechen und in möglichster Beschleunigung beginnen werde. [156] Die Zuschrift des Ministers

<hr />

[154] Siehe „Nikolaus von Weis". B. I. S. 37. — [155] Am Tage vorher, den 2. Nov. 1841, ließ der König Ludwig dem hochseligen Bischofe als Zeichen besonderer Huld und Anerkennung das Commenthurkreuz des Verdienstordens vom heiligen Michael zustellen. — [156] Urkundenbuch Nr. 18.

b. Eichhorn von demselben Tage eröffnet dem Hochseligen die päbstliche Ernennung zum Coadjutor des Erzbischofes Clemens August
mit dem Rechte der Nachfolge mittels amtlicher Zustellung des
päbstlichen Breve vom 24. September. Als Uebermittler dieser Zustellung wurde Graf Brühl bezeichnet, welcher, als bisheriger Bevollmächtigter für die bezüglichen in Rom geführten Verhandlungen
mit den dabei ausgewechselten Ansichten und Wünschen Seiner
königlichen Majestät und Seiner päbstlichen Heiligkeit auf's Ge-
naueste vertraut und daher vorzugsweise in den Stand gesetzt
sei, darüber die Aufschlüsse zu ertheilen, welche etwa gewünscht werden
dürften. Weiter ward erklärt, daß diese Ernennung, unter wohlwollender Zustimmung Seiner Majestät des Königs von Bayern,
auf den ausdrücklichen Wunsch und Vorschlag seines königlichen
Gebieters, geschehen sei und dabei die Zuversicht ausgesprochen, daß
die ausgezeichneten Tugenden und anerkannten Vorzüge des Ernannten diesen wohl befähigen dürften, die allerdings schwierige
Aufgabe zu erfüllen, die Erzdiöcese Köln mit derjenigen höheren
Weisheit zu verwalten, deren es bedarf, um daselbst die Beruhigung und Versöhnung der Gemüther, sowohl unter den katholischen
Glaubensgenossen als unter den verschiedenen Confessionen, also
überhaupt das Werk des Friedens zur Förderung des geistlichen
Gedeihens der Diöcesanen zu vollenden und für die Dauer zu befestigen. Auch der Minister sprach hiebei den lebhaften Wunsch
aus, daß der Herr Coadjutor sich bald im Stande befinden möchte,
die Verwaltung der Erzdiöcese zu übernehmen, und daß derselbe
deßhalb dem Grafen Brühl seine bezüglichen Absichten und Wünsche
eröffnen möchte, damit dieser auf seiner Rückreise durch die preußische
Rheinprovinz den Oberpräsidenten zu Coblenz darüber verständigen
könne. [157]
   Graf Brühl weilte bis zum siebenten November in Speyer.
Es kamen noch mehrere für den neuernannten Coadjutor wichtige
Fragen zur Verhandlung, namentlich auch über den Gehalt desselben und die von ihm zu wählende Wohnung, wenn der zu
Münster weilende Erzbischof ihm das erzbischöfliche Palais in Köln
nicht räumen sollte; ferner über die persönliche Begrüßung und
Rücksprache, welche der Coadjutor über das Nähere seiner Ernenn-
ung und Uebernahme der Verwaltung der Erzdiöcese mit dem greisen
Erzbischofe zu Münster pflegen wollte. 2c. 2c. Clemens August hatte

---

[157] Urkundenbuch Nr. 19.

zwar bereits unterm 15. October vom Könige zur Versöhnung und
gewünschten Ehrenerklärung ein eigenhändiges Schreiben erhalten,
welches später in der preußischen Staatszeitung veröffentlicht wurde, [158])
allein dieß gewährte ihm keine Beruhigung über die zwischen dem
Könige und dem heiligen Vater getroffene Vereinbarung bezüglich
der Verwaltungsweise der Kölner Erzdiöcese, denn er wünschte,
wie wir schon oben hörten, mit Vielen der wohlgesinntesten Geistlichen und Laien und auswärtigen Freunden und Verehrer, die
Rückkehr nach Köln und die selbstständige Verwaltung seines Erzbisthums. [159]) Ueber jene Fragen und andere Besprechungen be-

---

[158]) Dasselbe lautet: „Hochwürdiger Erzbischof! Sie werden schon davon
unterrichtet seyn, daß durch die weise Hilfe des römischen Hofes die Angelegenheiten der kölnischen Kirche eine glückliche Lösung erhalten haben und es
ist Mir nicht entgangen, daß zu dem erwünschten Ende von bisherigen traurigen Conflicten, auch Ihre Bereitwilligkeit mitgewirkt hat. Vor mehr als
Jahresfrist gaben Sie Mir Ihr Wort, Ihre völlige Freiheit nicht dazu zu
benützen, nach Köln zurückzukehren. Gewissenhaft haben Sie es gehalten, und
indem Ich Ihnen Meine Zufriedenheit in vollem Maße hiermit bezeige, gebe
Ich Ihnen Ihr gegebenes Wort zurück, unter der Voraussetzung, daß, falls
eine Reise nach Köln in Ihrem Wunsche liegt, solche nicht eher von Ihnen
unternommen werden wird, bis der ernannte Coadjutor daselbst eingetroffen
ist und die Administration der Erzdiöcese übernommen hat. Der Gedanke, daß
Sie an politisch-revolutionären Umtrieben Theil genommen, ist von Mir nie
getheilt worden und auch Meine Behörden haben schon früher Veranlassung
genommen, denselben zu widerlegen. Da Ich aber weiß, daß Sie und Ihre
so ehrenwerthe Familie den dringenden Wunsch hegen, daß diese Erklärung
von Mir selbst ausgesprochen werde, so benutze Ich diese Gelegenheit mit Vergnügen mit der Versicherung, daß sich nirgends der geringste, begründete Anlaß
zu dem Verdachte findet, daß Sie die Würde Ihrer Stellung und Ihres Amtes
zur Beförderung politisch-revolutionärer Umtriebe oder wissentlicher Verbindung
mit Personen, die solche Zwecke verfolgten, gemißbraucht hätten. Mit dem
herzlichen Wunsche, daß diese Versicherung Ihnen eine verdiente Beruhigung
gewähren und daß es Ihnen von der Vorsehung vergönnt werden möge, sich
im Genusse eines ruhigen Alters des wiederhergestellten kirchlichen Friedens
noch lange zu erfreuen, verbleibe Ich mit aufrichtiger Hochschätzung Euer Hochwürden wohlgeneigter Friedrich Wilhelm. — Parez, den 15. October
1841". „Katholik", Jahrg. 1842. Februarheft. S. LXX. Sowohl in
Rom wie auch in Berlin war diese Ehrenerklärung bei den bezüglichen Verhandlungen außer Acht gelassen, auf der aber der Speyerer Bischof mit Erfolg
bestand. Vergleiche Dr. Dieringer's Leichenrede. — [159]) Ueber die damalige
Stimmung bezüglich dieser Ausgleichung siehe eine ausführliche Mittheilung
aus Köln vom 17. Dez. 1841 im „Katholik", 1842. Januarheft. S.
XXI. Dort heißt es: „Trotz des nur stellenweise publizirten Breve, worin versichert wird, daß dem Erzbischofe „„nach Erforschung seiner Herzensmeinung
— ejus mente explorata"" — ein Coadjutor ernannt worden sei, wiederhole

richtete Graf Brühl sofort nach Berlin und verständigte hierüber mündlich den Oberpräsidenten zu Coblenz, während der Bischof von Speyer in seinem an den König von Preußen gerichteten bezüglichen Dankschreiben seine Wünsche noch über andere Gegenstände kund gab. Auch an den zu Coblenz weilenden Grafen Brühl gab der Hochselige unterm 16. November noch nähere Erklärung ab. Schon am Tage zuvor hatte der preußische Gesandte in München, Graf Stolberg, von dort, im Auftrage seines Monarchen, dem Grafen Brühl mehrere Bescheide über die zu Speyer gepflogenen Verhandlungen gegeben. In dem bezüglichen Schreiben heißt es: „Der Wille Seiner Majestät des Königs geht dahin, daß Euer Hochgeboren an den Herrn Bischof v. Geissel schreiben, daß Seine Majestät es nicht allein billigen, sondern sogar wünschen müßten, daß Herr v. Geissel einen Besuch bei dem Erzbischofe v. Droste vor Uebernahme der Diöcese als apostolischer Administrator, unternehme. Da jedoch des Königs Majestät die möglichste Beschleunigung in Behandlung der ganzen Angelegenheit dringend wünschten, und die Ankunft des Herrn Bischofes v. Geissel in Berlin zur Ableistung des Homagial=Eides und zur gründlichen Verständigung mit dem Herrn Minister Eichhorn, bereits auf den 26. November feststellen müßten, weil Allerhöchstdieselben zu diesem Termin selbst nach Berlin zurückkomme und die Angelegenheit gleich bei Allerhöchstihrer Rückkehr in's Leben geführt sehen wollten: so würde des Königs Majestät es lieber sehen, wenn bei der Kürze der Zeit der Herr Bischof v. Geissel erst auf dem Rückwege von Berlin seinen Besuch in Münster abstatten wollten". 2c. 2c. Dieses Schreiben eröffnete zugleich, daß Seine Majestät außer den 3,000 Thalern, welche der Erzbischof v. Droste dem Coadjutor überläßt, noch die Summe von 5,000 Thaler zuschießen werden. Dem wurde beigefügt, daß der Oberpräsident v. Bodelschwing bereits angewiesen sei, dem Herrn v. Geissel vorschußweise 1,000 Thaler zur Verfügung zu stellen und daß demselben die Kosten der Reise nach Berlin und des Umzuges von Speyer nach Köln vollständig vergütet werden. Schließlich erklärt dieses Schreiben: „Was die Hauptgegenstände der von Herrn Bischof v. Geissel direct gegen Seine Majestät und indirect durch Eure Hochgeboren ausgesprochenen Wünsche betrifft, so wird dieß Gegenstand offener, auf gegenseitiges

___

ich, . . . daß der Herr Erzbischof nur vor einer höheren Autorität zurückgetreten sei". 2c. 2c.

Vertrauen begründeter, näherer Besprechungen zwischen dem Herrn Bischof v. Geissel und dem Herrn Minister Eichhorn werden". An demselben 15. November erhielt Graf Brühl vom Grafen Stolberg im allerhöchsten Auftrage den Befehl, sich unverzüglich nach Berlin zu begeben. Schon am 20. desselben unternahm der Graf diese Reise, nachdem er am Tage vorher den Bischof von Speyer über die obigen Eröffnungen des Grafen Stolberg verständiget hatte. In dieser Zuschrift bot Graf Brühl seine ganze Beredtsamkeit auf, den Coadjutor zu bestimmen, sofort nach dem Willen des Königs die Reise nach Berlin zu unternehmen, mit dem Anerbieten, dort auf erhaltenen Wink für eine bequeme Wohnung und gute Equipage besorgt zu seyn. Er schrieb namentlich: „Diese Reise kann ich Hochdenselben nicht bringend genug an's Herz legen. Sie ist wichtig — unerläßlich sogar. Auch habe ich die feste Ueberzeugung, daß Hochdieselben mit erhöhter Zuversicht dem schweren, höchst mühseligen, aber auch segensreichen Berufe entgegen gehen werden, nachdem Sie den König persönlich kennen gelernt und aus seinem Munde die Zusicherungen seines Vertrauens, wie die Darlegung seiner edlen Absichten für das Heil seiner katholischen Unterthanen vernommen haben. Und so begleite Gottes Segen Eure bischöflichen Gnaden auf der mühevollen, aber auch heilbringenden Reise"! Dabei wurde noch bemerkt, auf dieser Reise, welche wohl am Besten bis nach Düsseldorf auf einem Rheindampfboote geschehen dürfte, in Coblenz bei dem Oberpräsidenten vorzusprechen, welcher die nöthige Vorkehrung treffen werde, daß die Weiterreise unbeanstandet und unkundbar stattfinde.

Doch der hochselige Bischof konnte sich, trotz der dringendsten Zusprache, nicht entschließen, so eilig und so unvorbereitet dem Winke nach Berlin zu folgen. Er wußte sich dort wohl zu entschuldigen und harrte, unter mancherlei Vorbereitungen noch anderen Aufschlüssen von Seiten der päpstlichen Nuntiatur in München entgegen. Am 19. December erhielt derselbe endlich von Viale Prela weitere bezügliche Zuschriften, welche ihn bestimmten, nunmehr ungesäumt über Münster nach Berlin zu reisen, die letzten Schwierigkeiten zu bereinigen, den Eid der Treue in die Hände des Königs abzulegen, um dann baldmöglichst die Verwaltung des Kölner Erzstiftes übernehmen zu können. Schon am folgenden Tage, Montags gegen halb zwölf Uhr, verließ der Hochselige die Stadt Speyer, begleitet von dem ältesten Domvicar, Johann Cronauer, der nunmehr, als alter Freund, der besondere Vertraute und oftmalige Begleiter desselben geworden und bis zum Tode verblieben ist. Die Weihnachtsfeiertage brachte der hohe Reisende in Münster zu. Er wollte die ihm zugedachte Stellung in Köln nicht ohne volle Uebereinstimmung des verdienstvollen Erzbischofes antreten. Dieser zögerte noch immer mit seiner unumwundenen Beistimmung. Es kam sogar auf den Punct, daß Herr v. Geissel von Münster, anstatt nach Berlin wieder die Rückreise nach Speyer anzutreten versucht war. Doch Clemens August gab ihm endlich den gewünschten Segen. [160]) Sohin wurde die Reise nach Berlin fortgesetzt, wo der erzbischöfliche Coadjutor am 29. December eintraf. Sonntags den 2. Januar hatte derselbe seine erste Auffahrt beim Könige. Dieser war sehr erfreut über dessen Ankunft und suchte den Prälaten mit ausgezeichneter Aufmerksamkeit und Freundlichkeit zu behandeln. Allein mit den Ministern mußte noch Manches in's Reine gebracht werden, wobei nicht wenige Schwierigkeiten erwuchsen. Sie wurden größtentheils nach dem Winke des Monarchen beseitigt. Erst am 10. Januar, Nachmittags vier Uhr, legte der neue Administrator und Coadjutor des Kölner Erzstiftes in die Hände des von seinem ganzen Hofstaate umgebenen Königs den gesetzlichen Eid der Treue ab. Die Ansprache, womit er vor dem königlichen Throne diese feierliche Verpflichtung einleitete, war eben so entschieden und bedeutsam, als bemessen und würdevoll. [161]) Friedrich Wilhelm konnte seine Zufriedenheit nicht bergen, die kirchlichen Wirren in Köln auf diese Weise glücklich geschlichtet zu sehen. Mit allen guten Wünschen und Verheißungen entließ er den rheinischen Prälaten, welcher acht Tage später wieder in der bischöflichen Wohnung zu Speyer eintraf. [162])

---

[160]) Auf das Weihnachtsfest speisten der Erzbischof Clemens August mit dem Coadjutor und dessen Begleiter bei dem Bischofe von Münster, dem Bruder des Erzbischofes. — [161]) Siehe „Schriften und Reden". B. I. S. 1. Dieß war der erste Fall, daß ein Bischof in Preußen in die Hände des Königs den Eid feierlich ablegte; früher geschah dieß in die Hände des hiezu beauftragten Ministers. Der zweite Fall hatte bei dem Fürstbischof von Breslau, Herrn v. Diepenbrock statt. — [162]) Eine wohlmeinende Stimme aus Rheinpreußen ließ sich damals also vernehmen: „So hat denn endlich die glückliche heißersehnte Stunde geschlagen, die Ruhe und Frieden in die so tief erschütterten Gemüther zurückbringen wird. Durch die leitende Fürsorge des heiligen Vaters, dessen Auge das Wohl der ganzen Kirche so weise überwacht, und das Entgegenkommen unseres Königs, dem die Ausgleichung der kirchlichen Differenzen seit seinem Regierungsantritte besonders am Herzen gelegen, ist der Friede zwischen Staat und Kirche wieder hergestellt. Zwar hätten Viele gewünscht,

Zum Schlusse dieses Paragraphen können wir nicht unterlassen, die bezeichnete Anrede bei der Eidleistung hier vollständig
einzufügen. Sie lautete:

„Allerdurchlauchtigster, Allergnädigster König und Herr! Die
Umstände, welche mich vor den Thron Eurer Königlichen Majestät
führen, sind so eigenthümlicher Art, daß es mir schwer fällt, die
Gefühle, welche in dieser Stunde meine Brust bewegen, angemessen
auszudrücken. Eure Königliche Majestät haben geruht, mich dem
päpstlichen Stuhle zum Coadjutor des ehrwürdigen an kränkelnder
Gesundheit leidenden Herrn Erzbischofes Clemens August von Köln
allergnädigst zu designiren, und das Oberhaupt der Kirche hat
mich zu diesem Amte mit dem Rechte der Nachfolge als apostolischen Administrator der Erzbiöcese Köln ernannt und aufgestellt,
nachdem auch mein seitheriger allergnädigster König und Herr mir
die landesherrliche Einwilligung, dem neuen an mich ergangenen
Rufe folgen zu dürfen, huldvoll ertheilt hat. Dieser Designation
und Ernennung unterziehe ich mich mit gehorsamer Hingebung;
denn sie gilt mir als eine Stimme Gottes. Es ist mir ein erhebendes Gefühl, mich dem Glauben hingeben zu dürfen, daß die
Vorsehung es also ordnet, daß ich in dieser Stunde hier stehe;
und dieser Glaube ist mir ein religiöses Bedürfniß; denn seiner
bedarf ich wohl, das fühle ich tief, weil er allein es vermag, mir
in dieser mir so feierlichen Stunde und in der Zukunft den Muth
für die so hochwichtige Mission zu geben, welche von heute an die
Aufgabe meines Lebens sein soll. Ich habe diese meine Lebens-
aufgabe richtig erwogen — ich weiß, was das Oberhaupt unserer
Kirche, Eure Königliche Majestät und mein allergnädigster König

---

der Herr Erzbischof möchte persönlich wieder von seinem Stuhle Besitz ergreifen
und die Leitung der Erzbiöcese selbst wieder übernehmen, - weil dadurch erst
ihm selbst und der in seiner Person gekränkten Kirche vollkommene Genugthuung geleistet würde. Doch hat er aus Rücksicht gegen das allgemeine Wohl
und die Wünsche des heiligen Vaters dieß Opfer gebracht und seine Zustimmung zur Annahme eines Coadjutors gegeben .... Viele Wünsche knüpfen
sich jetzt an die Person des neuen Coadjutors; mit Sehnsucht wird seine Ankunft erwartet. Wir hegen die Hoffnung, daß es seiner besonnenen Klugheit
und Milde gelingen werde, das Werk des Friedens zu vollenden und auf sicheren
Grundlagen zu befestigen. So mögen endlich die gegenseitigen Bekämpfungen
aufhören und Alles zu dem einen schönen Ziele hinstreben, durch Einklang das
Wohl der Kirche zu befördern. Aber diese Kirche mögen auch Alle als ihre
Mutter anerkennen und als folgsame Söhne ihren Aussprüchen und Vorschriften
sich unterwerfen". ꝛc. ꝛc. „Katholik". Jahrg. 1842. Märzheft. S. CXXV.

Ludwig mit gerechter Zuversicht von mir erwarten. Es ist viel, fast zu viel für meine schwachen Schultern. Dennoch aber wage ich es, die mir zugedachte schwierige Mission zu übernehmen, und bin bereit, ihr alle Kraft des Geistes und alle Ausdauer des Willens zuzuwenden nach ganzem Vermögen. Ich thue dieses vor Allem in vertrauendem Aufblicke zu dem, von welchem alle gute Gabe kommt, zum Vater des Lichtes, der das Wollen gibt und das Vollbringen. Der mich in so eigenthümlicher Weise berufen, wird auch — so vertraue ich in gläubig unterworfener Demuth — dem, wenn auch schwachen, Werkzeuge die Gnade nicht versagen, dem Gottesrufe zu genügen. Ich thue es ferner in dem Bewußtsein einer dreifachen Bürgschaft, welche ich in mir trage, und welche mich ermuthigt, dem Gotteswerke mich zu widmen."

„Es ist dieses zuerst die erprobte Pflichtgesinnung eines katholischen Bischofes, welcher ein klares Bewußtsein von jener weltgeschichtlichen Mission hat, die der göttliche Erlöser seiner Kirche an die Völker der Erde aufgetragen und deren Grundbestimmung darin besteht, daß sowohl die Aussprüche ihres Stifters: „Ihr sollt Gott allein anbeten und ihm dienen — durch mich sollt ihr zum Vater gehen"; — „So gebet Gott, was Gottes ist, und dem Cäsar, was des Cäsars ist"; als auch seiner Apostel Worte: „Fürchtet Gott, ehret den König; seid unterthan der Obrigkeit, die Gott eingesetzt und ihr das Schwert der Gerechtigkeit in die Hand gelegt hat, dem Guten zum Schutze, dem Bösen aber zur Vergeltung;" — „Liebet euch unter einander; denn die Liebe ist des Gesetzes Erfüllung"; — daß, sage ich, diese göttlichen Aussprüche unter den Bekennern der christlichen Kirche in Gesinnung und That, in Wort und Wandel, in Wahrheit verwirklicht, dadurch Gottes Anbetung und Dienst mit der Ehrfurcht gegen die Obrigkeit und dem Gehorsam gegen die Gesetze ausgebreitet und befestigt, und so Religion und Sittlichkeit mit der Fürsten Ehre und der Unterthanen Wohlfahrt immer mehr begründet und befördert werde. Das ist die Mission unserer h. Kirche und ihrer betrauten Diener seit achtzehn Jahrhunderten, und sie ist auch die meinige. Ich kenne sie — und mit dem Beistande dessen, der ihr verheißen hat: „Ich bin bei euch bis an das Welt-Ende", werde ich mich bestreben, sie treulich zu erfüllen."

„Eine weitere Bürgschaft der Ermuthigung trage ich in dem Bewußtsein, daß ich ein deutscher Bischof bin, und als solcher einem Volke angehöre, dessen Geschichte die großartigsten Erinnerungen

der Altvordern seit vielen Jahrhunderten bewahrt, und vor allen
Andern so reich begabt ist mit lebendigem Sinn für Religion und
Wissenschaft, für Glaubens- und Lebensernst, für Wahrheit und
Redlichkeit, für Fürstenehre und Unterthanentreue, und Vaterlands-
liebe. Mit dem Volke, dem er angehört, muß ein deutscher Bischof,
dieses lebendigen Sinnes Träger, ihn wahren und pflegen, wie in
sich selber, so in Allen, die seiner oberhirtlichen Leitung anvertraut
sind, und Gott und Religion, Wissenschaft und Glaube, König und
Vaterland müssen die Leitsterne seines Wirkens sein. Ein deutscher
Bischof, liebe ich mein Volk und Vaterland, und wie mir diese
Liebe eine Aufforderung ist zu dem, was es von mir verlangt, so
ist sie mir auch eine Bürgschaft dessen, was zu leisten ich mir des
redlichsten Willens bewußt bin."

„Mit dem gläubigen Aufblicke zu Gott und seiner Gnade und
dem beruhigenden Einblicke in mich selbst und meine Pflichtgesinnung stütze ich mich auch noch auf eine dritte Bürgschaft. Es
ist dieses der vertrauensvolle Hinblick zu Eurer Königlichen Majestät
und Ihrem landesväterlichen Wohlwollen. Wenn es mir seither
als Bischof von Speyer gelungen ist, manches Gute für Kirche
und Vaterland zu wirken, so muß ich hier das freudige Zeugniß
ablegen, daß ich dieses, nächst Gottes Gnade, insbesondere dem
hochherzigen Wohlwollen und Vertrauen verdanke, welches mir mein
allergnädigster König und Herr, König Ludwig von Bayern, ge-
schenkt hat, welchem — so werde ich nie aufhören, dankbarst zu
beten — Gott dafür allzeit lohnen wolle, wie bisher, mit glorreichem und langem Regimente! Bin ich nun so glücklich, in meiner
neuen Stellung in gleichem Maße auch das landesväterliche Vertrauen und Wohlwollen meines neuen Königs und Herrn zu gewinnen, dann gehe ich meiner Mission mit Trost und Ergebung
entgegen. Ich weiß zwar wohl, solch Königliches Vertrauen muß
verdient werden; allein dasselbe redlich verdienen wollen, ist schon
des Verdienens Anfang, und wie ich bereits die ermuthigende Ueberzeugung gewonnen, welch hochherziges landesväterliches Wohlwollen
Eure Königliche Majestät meiner Kirche und ihrem Gedeihen schenken,
so bin ich auch, deren obgleich unwürdiger Diener, des gleichen
Vertrauens zum Voraus gewiß."

„So stehe ich denn hier und bin bereit, den Eid der Unterthanentreue in die Hände Eurer Königlichen Majestät abzulegen.
Zwar kann ich nicht verschweigen, dieser Eid legt mir große Opfer
auf; denn er ruft mich hinweg von einem von mir innigst ver-

ehrten Könige, aus einer geliebten Heimath, von vielen mir theuern
Freunden, von einem, ich darf es mit Zuversicht sagen, mir warm
anhängenden Diöcesanklerus und gläubigen Volke, von einem Lande
und Bisthum, die ich im Herzen trage. Dennoch aber werde ich
den Eid, welcher mich meinem neuen Könige und Herrn verpflichtet,
aus ganzem und vollem Herzen ablegen und mich meinem neuen
Vaterlande mit allen Kräften zuwenden. Als ein katholischer Bischof
komme ich nach Preußen, und ich sage es offen, ich bin katholischer
Bischof mit Herz und Seele, von ganzem Geiste und Gemüthe.
Das Heil meiner Kirche, ihre Ehre und Rechte, und ihre kanonische
Freiheit sind mir hoch und theuer. Aber ich sage es auch mit gleicher
Offenheit: von dem Augenblicke meines Eides an werden Eure
Königliche Majestät in ihren weiten Staaten keinen treueren Unter-
than haben, als den Coadjutor von Köln, und meines neuen Königs
Ehre und Rechte und meines neuen Vaterlandes Wohlfahrt werden
mir gleich theuer sein. Es wird mir nicht schwer fallen, die Pflichten
eines treuen Bischofes und eines treuen Unterthans zu erfüllen;
denn als Coadjutor von Köln werde ich an der Spitze eines durch
Wissenschaft und Wandel ehrwürdigen Diöcesanklerus und eines mit
lebendigem Sinne für Recht und Pflicht begabten, gläubigen Volkes
stehen, eines Klerus und Volkes, denen ihr uralter Glaube und
ihre von den Vätern ererbte Kirche ein kostbarer Schatz ist, denen
aber auch die Anhänglichkeit an das Vaterland und die innigste
Liebe zu dem gerechten und milden Könige, welchen ihnen Gott
in König Friedrich Wilhelm IV. gegeben, tief im Herzen lebt."

„Und so möge denn Gott diese Stunde segnen mit seiner
Gnade — sie segnen für die h. Kirche, das Vaterland, Eure Königliche Majestät und mich. Für die Kirche, damit sie ihre weltge-
schichtliche Sendung an die Menschheit immer mehr erfülle und
gedeihe, eine makellose Braut des Herrn, die er mit seinem Blute
sich erkauft, zur Ehre Gottes und zum Heile der Seelen. Für
das Vaterland, damit es unter dem Schutze zweier erlauchten, im
großartigsten Freundschaftsbunde zum Heile ihrer Völker vereinigten
Könige aufblühe und erstarke in Friede und Eintracht, in Kraft
und steigender Lebensfrische zu den hohen Geschicken, die ihm die
Vorsehung bewahrt. Für mich, damit der Herr meine Schultern
stähle und mir seine Gunst gebe, damit ich meiner neuen gläubigen
Heerde ein guter und treuer Hirte werde und Allen ein Bote des
Friedens und der Liebe. Insbesondere aber für Eure Königliche
Majestät, damit der hochherzige Wunsch Ihres Königlichen Herzens,

allen Ihren Unterthanen den religiösen Frieden zu sichern, in Er=
füllung gehe, und Alle in das dankbare Gebet einstimmen: „Gott
erhalte König Friedrich Wilhelm bis zu den äußersten Grenzen
menschlicher Tage! Gott segne ihn jetzt und immerdar!"

§. 27. Abzug von Speyer.

Nach der glücklichen Rückkehr von Berlin traf der Hochselige
allmälich die nöthigen Vorkehrungen zum Umzuge nach Köln. Ob=
gleich sowohl der päbstliche Nuntius zu München, wie namentlich
der König von Preußen den Umzug beschleunigt wissen wollten, so
verzögerte sich derselbe dennoch bis zum letzten Februar des Jahres
1842, wobei wohl auch die rauhen Wintertage in Betracht ge=
nommen werden mußten. Die Zwischenzeit benützten die Speyerer
Bürgerschaft, die königlichen Beamten und die Bediensteten der
Stadt, wie auch die Geistlichkeit, in mannigfacher Weise dem
Scheidenden ihre Verehrung, Anhänglichkeit und Liebe kund zu
geben. So wurde dessen fünfundvierzigster Geburtstag ausersehen,
um ihm zum Abschiede ein glänzendes Festmahl im Wittelsbacher
Hofe zu bereiten, welches aus allen Ständen Theilnehmer zählte
und durch begeisternde Trinksprüche gehoben wurde. Den ersten
derselben brachte der Regierungspräsident, Fürst Eugen v. Wrede,
auf das Wohl des Gefeierten aus. Der zweite, vorgetragen von
dem Generalmajor Freiherrn v. Horn, war eine ehrende Anerkenn=
ung der bisher erworbenen Verdienste des beliebten Oberhirten mit
dem Wunsche: „Mögen Sie in Ihrem neuen Wirkungskreise eben
so warme und aufrichtige Freunde finden, wie Sie hier zurück=
lassen". Der Hochselige erwiderte mit freundlichem Danke für alle
Beweise der Theilnahme und des Wohlwollens, die ihm während
seiner dreiundzwanzigjährigen Wirksamkeit in Speyer geworden. Dem
fügte er namentlich bei: . . . „Ein Pfälzer von ganzem Herzen,
war ich auch von ganzem Gemüthe ein Speyerer geworden, und
ich hegte keinen anderen Wunsch mehr, als den, Pfälzer und Speyerer
zu bleiben . . . Die Vorsehung hat es nun anders beschlossen. Sie
ruft mich zu einem hohen Gotteswerke; gehorsam folge ich ihrer
Stimme"! Auch Herr Hilgard, Bürgermeister der Stadt und der
königliche Lycealdirector, Hofrath Jäger, unterließen nicht, jener
im Namen der Stadt und dieser im Namen der Studien=Anstalt,
dem Scheidenden aufrichtigen Dank und innige Verehrung nachzu=

rufen.[163] Am 17. Februar gaben die Zöglinge des bischöflichen Convictes dem Vater und Stifter dieser Anstalt, ihrem allverehrten Oberhirten, mit Ueberreichung eines Sonetten-Kranzes ihre Dankbarkeit und Anhänglichkeit gemeinsam kund.[164] Am 22. desselben Monats machte das Domcapitel seinem Bischofe eine feierliche, herzliche Abschiedsaufwartung. Am Tage seiner endlichen Abreise hatte der Hochselige noch für die unter seiner Oberleitung zu führende Verwaltung der Diöcese Speyer die nöthigen Vorschriften gegeben, die alsbald der Seelsorgsgeistlichkeit zur Kenntniß gebracht wurden.[165]

Am 28. Februar, Morgens halb neun Uhr verließ der schei-

---

[163] Siehe „Schriften und Reden". B. II. S. 461. — Bei diesem Feste wurde dem Gefeierten nachstehendes Abschiedslied gewidmet:

1. In Hochgefühl und Schmerz getheilet,
Trifft uns der Stunden rascher Flug;
Auf dem das Auge stolz geweilet,
Den unser Herz mit Liebe trug,
Der Kirche treu befund'nen Sohn
Setzt Gott auf einen höhern Thron.

2. Erhab'ner Könige Vertrauen
Erkor in dir den ächten Sinn,
Das Wort des Friedens aufzubauen;
Es brang zum Baticane hin
Der Frömmigkeit und Weisheit Ruf,
Die Segen um sich her erschuf.

3. Johannes nannten dich die Deinen
In wundersamer Ahnung Spiel;
In Liebe fest und treu zu einen,
Ward deines Lebens hohes Ziel.
Heil dir! beglückt das deutsche Land,
Das waltend schauet deine Hand!

4. Schon schmücken sich die heh'ren Hallen
In Köln's gepries'nem Gotteshaus;
Unzählig hin die Gläub'gen wallen
Und senden ihre Blicke aus.
Gesalbter Priesterfürst, zieh' ein!
Zum Gruße harrt die Menge dein.

5. Ein großes Hoffen künft'gen Glanzes
Durchzuckt des Domes Wunderbau,
Und um den Preis des schönsten Kranzes
Ringt eifrig jeder deutsche Gau.
Nimm hin der Vorbedeutung Glück,
Du kommst in freud'gem Augenblick.

6. Es fällt ein voller Strahl der Sonne,
Die deinen Purpur neu verklärt,
Auf uns zurück in Trostes Wonne.
Dich hat das gleiche Land genährt:
D'rum gönne freudig uns den Theil,
Daß aus der Pfalz erblüht das Heil.

7. Getrennt auch sind wir eng verbunden;
Es knüpft des Rheines Silberstrom
Die Stadt, so deinen Schirm gefunden,
An Speyer's alten Kaiserdom;
Und ewig bleibet fest gebannt
Dein Herz an's süße Vaterland!

[164] Wir geben diese vom damaligen Subregenten A. L. Laforet verfaßten Gedichte im Urkundenbuche Nr. 20. — [165] Sammlung der Generalien. Heft II. S. 99. Vergleiche: „Nikolaus von Weis". B. I. S. 39.

benbe Bischof, unter feierlichem Geläute aller Glocken der Kathedrale, bie Stadt, von mehreren Domcapitularen, Vicaren und anderen Geistlichen bis nach Frankenthal begleitet. Dort hatte sich die Geist=lichkeit der Umgegend versammelt, um ihrem verehrten Oberhirten die besten Wünsche auszusprechen. Diese Begrüßung war um so erhebender und um so ergreifender, da sie aus der aufrichtigen Wür=bigung der hohen Verdienste des Hochseligen um das geistliche Wohl der Heimath und aus der Ueberzeugung hervorging, daß derselbe nicht aus irdischer Rücksicht, sondern aus Gehorsam gegen den apo=stolischen Stuhl, den neuen, schwierigen Beruf übernommen habe. Ein freundliches brüderliches Mahl im Gasthofe zum rothen Löwen vereinte die Begrüßer und den Begrüßten und dessen Speyerer Ge=leitschaft, nach dessen heiterer Beendigung der erzbischöfliche Coad=jutor nicht ohne tiefes Ergriffensein die Reise über Mainz und Coblenz nach Köln fortsetzte.

Der Domcapitular Foliot hat dem scheidenden Oberhirten nachstehende Strophen gewidmet:

1. Nur noch eine kleine Weile
Und Sie scheiden, edler Hirt,
Denn die Stunde naht mit Eile,
Die Sie uns entziehen wird.
Spira's Kirche weint schon wieder,
Ihrer Perlenkron beraubt,
Und zum herbsten Schmerz der
Glieder
Trennt von ihnen sich das Haupt.

2. Auch in unsern stillen Mauern,
Wo das Gute er gepflegt,
Wo Er Vater war, da trauern
Aller Herzen tief bewegt.
Sein Verlust uns unermeßlich
Fordert unsrer Thränen Zoll. —
Im Gebete unvergeßlich
Denken Sein' wir liebevoll.

3. Doch Sie geh'n nach Gottes Rufe —
Nach der ew'gen Vorsicht Plan
Steigen Sie zur höhern Stufe
In dem Heiligthum hinan.
Hier zwar klagt verwaist die
Heerbe,
Weil der Hirte sie verläßt,
Doch die Kirch' auf weiter Erde
Feiert hoch ein Siegesfest.

4. Alle Lande, alle Reiche,
Huld'gen einem Hirtenstab,
Sie, des Wortes neuer Zeuge,
Das der Herr den Seinen gab,
Rufet er zur höhern Würde
In dem Haus', das er gebaut,
Zu des Tempels neuer Zierde
Und zum neuen Schmuck der
Braut.

5. Glaube, Wahrheit, Liebe, Güte,
Reichen sich die Hände dar;
Einer Macht entsproßt der Friede,
Thron vereinend und Altar.
Ihnen ist es aufgegeben,
In des alten Bisthums Gau'n
Sion wieder zu erheben
Und den Tempel zu erbau'n.

6. Wie der Glanz der Morgenröthe
Hold zur Erde niederblinkt,
So sind Sie ein Himmelsbote,
Der nach Störung Frieden bringt.
Sie erscheinen längst ersehnet,
Glaube, Liebe führt Sie ein,
Der den Kampf im Siege
krönet,
Gott wird stets mit Ihnen seyn.

7. Hier im Weinberg' weilt der Segen,
Der durch Sie gespendet ward.
Heil kommt Ihnen dort entgegen,
Wo das Saatfeld Ihrer harrt. —
Alle steh'n — zu großem Werke
Haft Du Ihn, o Herr! erseh'n,
Gib Ihm Gnade, Muth und Stärke,
Laß durch Ihn Dein Werk besteh'n!

Zweite Abtheilung.
Leben und Wirken als Erzbischof zu Köln.

§. 1. Amtsantritt in Köln.

In aller Stille ohne sonderlichen Empfang, nur von dem
Speyerer Domvicar Spießler und seinem bisherigen Hausdiener
begleitet, kam der Bischof von Speyer am Donnerstag den 3. März
1842, am Abende, als langerwarteter Friedensbote zu Köln an.
Derselbe nahm seine Wohnung im erzbischöflichen Palais, wo er
vom damaligen Generalvicar, dem Domcapitular Dr. Jven, freundlich
begrüßt wurde. Schwester und Mutter, welche bisher des Hochseligen
Haushalt leiteten, folgten ihm in treuer Anhänglichkeit und Liebe,
voll Ergebung in die Schickung des Himmels, einige Tage später
nach. Der Bischof hatte die große, reichbevölkerte Handelsstadt mit
ihrem berühmten, aber noch unvollendeten Dome, mit ihren vielen
Thürmen und denkwürdigen Kirchen, bisher nur einmal gesehen,
als derselbe im Jahre 1832 mit einigen Freunden eine Rheinreise
machte, und auf das Fest der heiligen Apostel Petrus und Paulus
dem Pontificalamte in der erhabenen Kathedrale beiwohnte. Nicht
im Entferntesten konnte er damals ahnen, daß dieselbe sein einstiger
Wohnsitz, der Mittelpunct seiner wichtigsten Amtswirksamkeit, das
Saatfeld großer Verdienste um Kirche und Staat seyn und daß er
vor dem Hochaltare der himmelanstrebenden Kathedrale nach vollendeter irdischer Laufbahn in rühmlicher Dankbarkeit und Verehrung
die letzte Ruhestätte finden werde. Bei seiner Ankunft kannte der
Oberhirte keinen Bewohner der Stadt und war auch wahrscheinlich
von keinem derselben persönlich gekannt. [1]

---

[1] Der Hochselige erwähnt diesen frühern Besuch in Köln in einer

Auf Gott und dessen mächtigen Beistand vertrauend, der ihn bisher sichtlich geschirmt und geleitet hat und dessen Willen der Hochselige in dem neuen Berufe demüthig erkannte, übernahm er schon am folgenden Tage muthig und getrost in amtlicher Weise die Verwaltung der Erzdiöcese Köln. Dieß geschah in dem Sitz= ungssaale des Metropolitancapitels, in welchem sich dessen Mit= glieder versammelt hatten, um die bezüglichen Vollmachten zu ver= nehmen und dem erzbischöflichen Coadjutor als nunmehrigen aposto= lischen Administrator des Erzbisthums zu huldigen. ¹) Dieser ver= kündete sofort auch den seiner oberhirtlichen Leitung und Obsorge unterstellten Geistlichen und Laien seine Berufung und seinen Amts= antritt in einer so mildfreundlichen und entschieden kirchlichen Weise, welche die gebührende Anerkennung und den aufrichtigen Beifall aller Wohlgesinnten gewinnen mußte. Wir dürfen nicht unterlassen, hier einige Stellen des ersten Hirtenschreibens des erzbischöflichen Coad= jutors einzufügen.

---

späteren feierlichen Ansprache in rührender Weise. Siehe „Schriften und Reden". B. II. S. 159. — ¹) Das Metropolitancapitel gab zur Ehre des neuen Erzbisthums=Verwesers an diesem Tage ein freundliches Mahl in der Wohnung des genannten Generalvicars. — Noch am Vorabende dieses Tages wurde nachstehende poetische Begrüßung von Wilhelm Schmets in der Kölner Zeitung bekannt gegeben:

1. In dem hohen Dom zu Speyer,
Wo manch' deutsches Kaisergrab
Liegt in ernster heil'ger Feier,
Steht der Bischof mit dem Stab.

2. Aus des höchsten Hirten Munde
Sprach zu ihm ein Friedenswort,
Deß zwei Kön'ge geben Kunde,
Und ihn ruft's von Speyer fort.

3. Vor ihm weilet auf den Knieen
Der Gemeinde gläub'ge Schaar;
Fern von ihr nun soll er ziehen
Der ihr Hirt und Bruder war.

4. Einmal noch des Himmels Segen
Fleht er hier herab auf sie;
Spricht dann: Folgt der Liebe
　　　　Wegen,
Und es fehlt das Heil euch nie!

5. Und er geht; solch' feste Bande
Lösen nimmer sich so leicht,
Doch schon längst dem Pfälzerlande
War auch Rheinland treugeneigt.

6. Alte Heimath, neue Stätte,
Dein Beruf ohn' Unterschied,
Wie an rundgefügter Kette
Ist kein erst und letztes Glied.

7. Dessen Stell' er wird vertreten,
Blickt auf ihn vertrauensvoll;
Und ersieht ihm in Gebeten
Kraft zu Allem, was er soll.

8. Wo gleich einem Wunderschreine
Glänzt der heil'gen Könige Grab,
In dem Dom zu Köln am Rheine
Steht der Bischof mit dem Stab;

9. Bringt den Friedensgruß, den alten,
Seinem neuen Hirtenland,
Und er wird es treu verwalten,
Was gelegt in seine Hand.

„Unsere Hilfe ist — so beginut dasselbe — im Namen des Herrn, der Himmel und Erde gemacht hat; darum sei sein Namen gepriesen von nun an bis in Ewigkeit!" ... Er schickt seine Boten aus, damit sie seine Güte predigen und sein Heil verkünden und die freudige Botschaft seines Friedens. — Ein solcher Bote des Heils und Friedens vom Herrn erscheinen auch Wir unter Euch, geliebte Diöcesanen des Erzbisthums Köln! Von ihm berufen, der in die Welt kam, seinen Frieden zu verkündigen Allen die ihm nahen und der da stark ist in den Schwachen, und gesendet von seinem Statthalter auf Erden, dem er die Obhut seiner Heerde anvertraut hat, kommen Wir zu Euch, die frohe Botschaft Euch anzusagen, daß er sein Angesicht Euch zugewendet und Eure Gebete erhört hat mit väterlicher Erbarmung. Lange trauert Ihr in tiefer Bekümmerniß und schmerzlich bewegten sich Eure Herzen in bangen Besorgnissen. Ihr trauertet mit der weinenden Braut des Herrn, denn des Heiligthums hoher Priester war ferne und seine segnende Stimme wurde nicht vernommen an der geweihten Stätte. Da hobet Ihr Euere Herzen empor zum guten Hirten ... Und siehe der Herr hat Euer Flehen und das Gebet Eurer katholischen Mit= christen erhört. Der barmherzige Gott, der die Herzen der Könige lenkt wie Wasserbäche und sie neiget, wohin er will, hat die Seele eines weisen, milden und gerechten Königs bewegt, daß er gerührt wurde von Eurem Schmerze und Eure Trauer mitempfand. ... Seine Milde beschloß, in gemeinsamer Verhandlung mit dem Ober= haupte der heiligen Kirche, den Frieden zurückzuführen. Und der Gott des Friedens segnete das schöne Werk! ... Uns aber, seinem unwürdigen Diener ertheilt er die Sendung, Euch die frohe Botschaft zu verkündigen, das hohe Gotteswerk fortan in Eurer Mitte zu pflegen und zu fördern in demselben Geiste der glaubensfesten Treue und der versöhnenden Liebe, in dem es so gnadenreich begonnen zum Heile Eurer Seelen".

„Und also hat der Herr in seinem Rathschlusse geordnet. — Nachdem das Oberhaupt unsrer heiligen Kirche, Papst Gregor XVI., welchen Gott zu seinem Statthalter und obersten Hirten auf dem Stuhle des heiligen Petrus bestellt hat, in seiner apostolischen Ob= sorge für die betrübte Kirche zu Köln, deren Lage sein väterliches Herz fortwährend tief bewegte, von dem geneigten Willen Seiner Majestät des Königs, daß das Wohl des Erzbisthums in dauernder Weise geordnet werde, unterrichtet war und zugleich nähere Kenntniß genommen hatte, daß der hochwürdigste, durch so viele Tugenden

ausgezeichnete und sowohl um die Kirche von Köln als auch um
die katholische Religion hochverdiente Herr Erzbischof Clemens August,
Freiherr Droste zu Vischering, an dem Ungemache einer kränkelnden
Gesundheit zu leiden habe, und daß deßwegen demselben die Verwaltung seiner Diöcese gegenwärtig nicht wenig beschwerlich und
mühevoll seyn würde: so haben Seine Heiligkeit, nach eingeholter
Meinung und Zustimmung des hochwürdigsten Herrn Erzbischofes, es
für eine angemessene Maßregel erachtet, dahin Vorsehung zu treffen,
daß diesem ehrwürdigen Oberhirten ein Coadjutor mit dem Rechte
der Nachfolge gegeben werde, welcher zugleich die Erzdiöcese im
apostolischen Auftrage zu verwalten habe; jedoch in der Weise, daß
der hochwürdigste Clemens August, Freiherr Droste zu Vischering,
Erzbischof der genannten Kölner Kirche verbleibe.   Dieser apostolischen Maßnahme ertheilten des Königs Majestät die landesherrliche
Genehmhaltung und geruhten zugleich, Uns zur Uebernahme jenes
wichtigen Amtes allergnädigst vorzuschlagen.   Demgemäß haben
sodann Seine päbstliche Heiligkeit, nachdem auch Seine königliche
Majestät von Bayern Ihre wohlwollende Einwilligung hiezu gegeben hatten, durch ein unter dem Fischerringe ausgestelltes Breve
vom 24. September des vorigen Jahres, kraft apostolischer Machtvollkommenheit, Uns zum Coadjutor des hochwürdigsten Herrn Erzbischofes von Köln, Clemens August, mit dem Rechte der Nachfolge
und zum apostolischen Administrator der Erzdiöcese erwählt, eingesetzt und abgeordnet und Uns dabei alle und jede hiezu nothwendigen und angemessenen Facultäten übertragen, jedoch in der
Weise, daß der hochwürdigste Clemens August, Freiherr Droste zu
Vischering, Erzbischof von Köln verbleibe; mit der weiteren oberhirtlichen Erklärung, daß für den Fall, wenn der hochwürdigste
Herr Erzbischof aus diesem Leben scheiden, oder das Erzbisthum
in irgend anderer Weise erledigt würde, Seine Heiligkeit Uns an
dessen Stelle, kraft derselben Machtvollkommenheit, schon jetzt zu
einem Erzbischof von Köln ernennen und einsetzen.   Zugleich haben
Seine Heiligkeit uns den Auftrag zugehen lassen, die Verwaltung
der Erzdiöcese ohne Verzug zu übernehmen".

„Wir verhehlen Euch nicht, geliebte Diöcesanen des Erzbisthums Köln, daß dieser apostolische Auftrag uns eben so unerwartet, als unerwünscht getroffen habe.   Wenn Wir auch bisher
ohne Unser Verdienst zum Heiligthum berufen, auf dem Bischofsstuhle von Speyer den Hirtenstab unter dem Beistande Gottes —
dem allein Preis und Ehre sei! — zum Gedeihen unserer anver-

trauten, theueren Heerde zu führen Uns bestrebt haben, so mußten
Wir dennoch in dem behmüthigen Gefühle Unserer Schwäche Bedenken tragen, ob Uns die erforderliche Kraft gegeben sei, einem
ausgedehnteren Kirchensprengel, der uralten, in allen Jahrhunderten
durch so viele ausgezeichnete Erzbischöfe und zuletzt durch den hochwürdigen Bekenner Clemens August verherrlichten Kirche von Köln
vorzustehen. Wir erwogen daher den hochwichtigen apostolischen
Auftrag in innigem Gebete vor dem Angesichte Gottes und mit
dem Beirathe treuer, für das Heil unsrer Kirche warmbesorgter
Brüder. Wohl erkannten Wir die ganze Schwere der Uns zuge-
dachten Bürde; aber Wir erkannten auch die Pflicht, sie zu übernehmen". . . .

„Aber nicht wollten Wir Unsere Sendung beginnen, bevor
Wir nicht auch den Segen des hochverehrten Hirtenfürsten Uns
geholt, welcher Euer Erzbischof ist und bleibt, und dessen Stelle
Wir hinfort zu vertreten bestimmt waren. Wir gingen daher den
greisen Hohenpriester, welcher Euch bisher ein guter, treuer Hirte
gewesen, in seiner Zurückgezogenheit aufzusuchen und zu des ehrwürdigen Vaters Füßen die Mittel kennen zu lernen, welche dem
Heil Eurer Kirche noth thun. Und im reichen Maße fanden Wir
Uns durch seine väterlichen Mittheilungen belehrt und gefestet. Sein
weiser Rath erleuchtete, seine begeisterte Gemüthskraft stärkte, seine
Zusprache ermunterte Uns, und nachdem Wir zu dem schweren,
Uns erwartenden Werke seinen väterlichen Segen erbeten und mit
dem Versprechen der frommen Fürbitten erhalten, folgten Wir,
getröstet und gekräftigt der Uns zugegangenen Einladung an das
königliche Hoflager, den Eid der Unterthanentreue abzulegen". . . .
— „Und so möge denn der Gott des Friedens Unsern Eingang
unter Euch segnen, — segnen für die heilige Kirche, für Euch und
Uns". [3]

Eine solche Ansprache mußte allseitig nur den günstigsten
Eindruck hervorrufen. Eine gleichzeitige öffentliche Stimme rief
daher aus der Erzdiöcese Köln: „ . . . Der unserm hochwürdigsten
Coadjutor vorangeeilte herrliche Ruf war schon durch den ersten
Act seiner Amtswirksamkeit auf das Glänzendste bestätigt, — ich
meine durch das so innig gemüthliche, wie kräftige freimüthige wie
versöhnende Pastoralschreiben. Abgesehen von der erhabenen, würde-

---

[3] Siehe „Schriften und Reden". B. I. S. 5.

vollen Haltung dieses Hirtenbriefes, bietet sein reicher Gehalt offen die Grundzüge einer in Aussicht gestellten Verwaltung dar, welche das feste Vertrauen aller wahren Söhne der Kirche verdient und voll Trost und Hoffnung für unsere Zukunft ist". [4]

Fünf Tage nach dem Amtsantritte des Coadjutors hat auch der Erzbischof Clemens August einen Hirtenbrief an den Klerus und die Gläubigen der Erzbiöcese aus Münster erlassen, welcher am nächsten Sonn= oder Feiertage nach dem Empfange in allen Kirchen des Erzbisthums von den Kanzeln verkündet wurde. Mit wenigen einfachen Worten war darin das Verhältniß auseinander= gesetzt, in welchem nach apostolischer Anordnung die Diöcese fortan zu ihm und seinem Coadjutor steht und zugleich in väterlicher Weise zum Gebete, zur treuen Anhänglichkeit an den heiligen Stuhl und an die Lehre der Kirche, zum Gehorsam gegen die geistliche und weltliche Obrigkeit aufgefordert. [5]

§. 2. Ernster Beginn der Amtsthätigkeit.

„Von der bloßen Außenseite angesehen, war es kein abver=

---

[4] „Katholik". Jahrg. 1842. Märzheft. S. LXI. — In dem Necro- loge, welchen die „Kölnischen Blätter" vom 10. Sept. 1864 von dem hoch- seligen Cardinal brachten, heißt es hierüber: „Mit klopfenden Herzen sahen alle Katholiken dem ersten Hirtenbriefe des neuen Oberhirten entgegen. Die Ehrfurcht, womit dieser erste oberhirtliche Erlaß von Clemens August sprach, der unbedingte Beifall, der den kirchlichen Grundsätzen des hochverehrten Be- kenners gezollt wurde, erwarben dem Coadjutor die Liebe und Verehrung der Rheinländer, welche in dem Maße sich erweiterte und befestigte, je näher der neue Hirt und hie Heerde sich kennen lernten. Gewiß aber war die Aufgabe des neuen Coadjutors eine sehr schwierige". — [5] Die bezügliche Stelle lautet: „Das Oberhaupt der Kirche hat aus höchst wichtigen, das Heil der Gläubigen betreffenden Gründen, indem Ich mein Erzbisthum Köln behalte, Mir, wie euch bekannt ist, einen Coadjutor in der Person des hochwürdigsten Herrn Bischofes von Speyer, Herrn v. Geissel, und zwar mit dem Rechte der Nach- folge, das heißt so ernennt, daß derselbe bei meinem Tode unmittelbar ohne Weiteres als Erzbischof von Köln eintritt, und diesen meinen Coadjutor hat Seine Heiligkeit, wie euch ebenfalls bekannt ist, schon jetzt zum Administrator meiner Erzdiöcese angestellt, auch demselben alle nöthige Gewalt verliehen. Dieser seitens des Oberhauptes der Kirche getroffenen Maßregel Mich unter- werfend, werde Ich nun, so viel meine Schwachheit gestattet, dem Moses, dem Freunde Gottes nachahmend, meine Hände für euch betend zum Himmel er- heben". ꝛc. ꝛc. Siehe „Katholik", Jahrg. 1842. Maiheft. S. LXIII. — Bis zum Tode des Clemens August wurde alljährlich am 1. Dezember zur feierlichen Erinnerung an dessen Inthronisation vom Coadjutor ein Pontifical- amt in der Kathedrale gehalten. An dem Namenstage desselben, den 23. November, war gewöhnlich ein nicht officielles Hochamt in der Minoritenkirche.

langtes **Opfer**, sondern eine durch die Gunst der Umstände dem Bischofe von Speyer widerfahrene **Auszeichnung**, daß derselbe zum Coadjutor des Erzbischofes von Köln mit dem Rechte der Nachfolge befördert wurde. In der Wirklichkeit aber brachte der Hochselige ein Opfer, zu dem er nur durch seine Liebe zur Kirche vermocht worden ist. Seine Diöcese war vermöge ihres bescheidenen Umfanges und der geordneten Verhältnisse leicht zu verwalten; die Beziehungen zu den weltlichen Behörden waren der Art, daß allen billigen Wünschen — und Johannes von Geissel hat niemals über das Billige hinaus verlangt, — auf das Bereitwilligste entsprochen wurde; zu seiner Seite standen bewährte Freunde; für einen tüchtigen Nachwachs priesterlicher Kräfte war durch Errichtung eines Knabenseminars treffliche Vorsorge getroffen; die Liebe zur Heimath und zum engeren Vaterlande waltete mächtig in ihm, hatte er Wünsche für Höheres in der hierarchischen Stufenfolge, er konnte eines erzbischöflichen Stuhles in Bayern so gut wie gewiß seyn. Diesem gegenüber standen der übergroße Erzsprengel Köln; die an sich schwierige Lage eines Coadjutors; die Aufregung und Spannung der Gemüther durch die vorangegangenen Ereignisse erzeugt und gekräftigt; theilweise verwickelte, erst zu ordnende Verhältnisse, aus der Ferne besehen vielleicht bedenklicher als in der nackten Wirklichkeit; ihm bis dahin fremde Menschen, Sitten, Gebräuche. Johannes v. Geissel hat „„Fleisch und Blut"" außer Acht gelassen, der Stimme seines theologischen Gewissens gehorcht und Köln zu seiner zweiten Heimath gemacht". [*]

So schildert ein treuer, mit allen Verhältnissen des Bisthums Speyer und des Erzstiftes Köln wohlvertrauter Freund des Hochseligen dessen Beförderung auf den erzbischöflichen Sitz der Metropole am Niederrhein. Nur die Pflicht des Gehorsams und nicht Streben nach Ehre und Glanz konnte den verehrten Bischof von Speyer vermögen, sich der Anordnung des Oberhauptes der Kirche opferwillig zu unterziehen. Groß und vielfach waren die Bedenklichkeiten und Schwierigkeiten, welche diesen unerwarteten Beruf umgaben. Gänzlich fremd waren dem Berufenen die näheren Personal- und Localverhältnisse des reich bevölkerten und gegliederten Erzbisthums. Niemanden kannte er in demselben, bei dem er sich vertrauungsvoll Rath und Unterstützung suchen konnte. Hatten doch selbst die meisten

---

[*] Domcapitular und Professor Dr. Dieringer in der Leichenrede auf den Hochseligen.

Mitglieder des Metropolitancapitels eine solche Stellung gegen den verdrängten Erzbischof und die kirchlichen Satzungen eingenommen, welche dem erzbischöflichen Coadjutor die möglichste Vorsicht und Zurückhaltung gebot. Wollten doch die tüchtigsten Seelsorger der Erzdiöcese ihren widerrechtlich in die Gefangenschaft abgeführten Oberhirten wieder in seiner Kathedrale begrüßen. Wähnten überdieß nicht Wenige, die preußische Diplomatie habe sich in dem Speyerer Bischofe, abgesehen von dessen gerühmter Tüchtigkeit, einen nachsichtigen Hüter der kirchlichen Rechte und Freiheiten ausersehen und gewonnen. Allein die Umsicht, Klugheit, Festigkeit und Geduld des Coadjutors, welcher bereits unterm 15. Mai 1842 vom heiligen Vater zum Erzbischofe von Ikonium in partibus infidelium ernannt wurde und hiedurch aufhörte, Bischof von Speyer zu seyn, wußte bald die durch die kirchlichen Wirren und Kämpfe so tief aufgeregten Gemüther zu beruhigen, die pflichttreuen Mitarbeiter im Weinberge des Herrn zu gewinnen und bei der besonderen Gewogenheit des hochherzigen Königs Friedrich Wilhelm eine achtunggebietende Stellung der weltlichen Regierung und den königlichen Beamten gegenüber einzunehmen. 7)

Es war ein eigenes Zusammentreffen der Umstände, daß der erzbischöfliche Coadjutor gerade an jenem Tage in Köln eintraf, an welchem der Vorstand des zum Ausbaue der großartigen, seit Jahrhunderten noch unvollendeten Kathedrale neugegründeten Dombauvereines, seine erste Sitzung hielt. Die an der Spitze dieses Vereines stehenden Männer versäumten nicht, den nunmehrigen apostolischen Verwalter der Erzdiöcese alsbald zum Ehrenvorsitze in

---

7) Daß sich der Hochselige in Köln noch lange nicht heimisch fühlte, geht aus einem Briefe hervor, welchen er unterm 20. Januar 1844 an den Minister v. Abel nach München schrieb. Darin heißt es: „...Als Domvicar Cronauer von Speyer, welcher mir seit meinen im Priesterseminar zugebrachten Bildungsjahren in näherer Freundschaft zugethan ist und während des letzten Sommers, um mir unter allen den fremden Menschen, unter welchen ich jetzt allein stehe, wieder einmal den Trost eines befreundeten Umganges auf einige Zeit zu gewähren, mehrere Monate in Köln bei mir zugebracht hatte, mit Anfang October's nach Speyer zurückging: faßte ich unvorbereitet den Entschluß, ihn dahin zu begleiten. Auch zog mich die Sehnsucht, wieder einmal bayerische Erde zu betreten, welche ich oft vermisse. Ich brachte daher in Speyer nur einen Tag zu, einen zweiten in Neustadt und in der Umgegend bei meinen Geschwistern, einen dritten in Dürkheim und Frankenthal und eilte dann wieder zurück, um am 15. October, dem Geburtstage des Königs von Preußen, in Köln zu seyn".

ihren bezüglichen Sitzungen geziemend einzuladen. Mit freundlichstem Danke für diese Begrüßung und mit lebhaftester Theilnahme für das edle Unternehmen erschien derselbe in der dritten, am 16. März abgehaltenen Vereinsberathung, um den ihm bestimmten Ehren= vorsitz anzunehmen. Die hiebei von dem Hochseligen gehaltene Ansprache, welche die öffentlichen Blätter sofort den Bewohnern Köln's und den Gläubigen der Erzdiöcese verkündeten, war nicht weniger als sein erstes Hirtenschreiben geeignet, demselben hohe Verehrung und ersprießliches Vertrauen zu gewinnen. Um dieses uns klar zu stellen, dürfte es genügen, aus der wohlbemessenen Ansprache hier nur Folgendes einzufügen:

.... „Indem ich heute zum ersten Male in Ihrer Mitte erscheine, kann ich mit der Aeußerung meines warmen Dankes für die mir erwiesene Ehre nur die Gefühle wiederholen, welche ich bereits gestern Ihrer verehrlichen Deputation in wenigen Worten angedeutet habe. Diese Gefühle sind die lebhafteste Theilnahme an Ihren edlen Bestrebungen. Ich nenne diese Bestrebungen edel, denn sie gelten einem schönen Werke — einem Gotteswerke; und gerne bringe ich hiezu meine persönliche und amtliche Mitwirkung, nach allem Vermögen. Seither ein Deutscher und Rheinländer, bin ich nun auch ein Kölner geworden; Ihre Bemühungen zum Ausbaue Ihres altehrwürdigen Münsters müssen daher meine leben= digsten Sympathieen in jeder Richtung rege machen. Was Sie fördern und vollenden wollen, ist ja ein Kölnisches Werk, die Zierde Ihrer Stadt, die auch mir fortan, wie Ihnen, lieb und werth ist. Es ist ein rheinländisches Werk, — unter allen Domen, welche von den Quellen des Altvaters Rhein bis zu seiner Mündung, nach dem Ausdruck Ihres Rheinlied=Sängers, in seine Fluthen sehen, der erhabenste und herrlichste. Es ist ein deutsch=vaterlän= disches Werk, begonnen in jener großartigen, dem Dienste Gottes geweihten Baukunst, welche wir vorzugsweise die deutsche nennen, und nun fortgesetzt und, will's Gott, vollendet durch die milden Gaben brüderlicher Eintracht und christlicher Liebe aus allen deutschen Volksstämmen und Gauen. — Aber auch höher noch liegen meine Sympathieen für Ihre Bestrebungen; denn was Sie fördern, ist ja zuletzt ein religiöses Werk, ist der Ausbau eines Gotteshauses, die Vollendung der altehrwürdigen Mutterkirche des Rheinlandes, der hohen Kathedrale, welche, wie ihr Name dieses ansagt, den erzbischöflichen Stuhl in ihrem Chore trägt; und in welcher, wie von Alters her, unablässig Gebete geschehen für diese Stadt, den

König und das Vaterland. Darum fühle ich die lebhafteste Theilnahme für dieses schöne Werk, wie als Deutscher, Rheinländer
und Kölner, so zuletzt in noch höherem Maße als katholischer
Bischof, als Stellvertreter des Hohenpriesters in diesem Tempel,
als Hüter seines Stuhles im Gotteshause und Sie, meine verehrten Herrn, werden gewiß meine Gefühle verstehen, wenn ich
sage, daß ich mich glücklich schätze, mit dem mir gewordenen Berufe
der oberhirtlichen Pflege des geistlichen Baues der Kirche unter
Ihnen, zugleich auch mit Ihnen den leiblichen Ausbau dieses Gotteshauses fördern zu können, damit durch den einen Bau wie durch
den andern der Gottesfriede, die Eintracht und die christlich brüder-
liche Liebe verwirklicht werde". ꝛc. ꝛc. [8])

Der Hochselige ließ es nicht bei diesen schönen Worten bewenden, sondern zeichnete auch alsbald einen erkleclichen Jahres-
beitrag für das große Unternehmen und suchte von diesem Tage
an bis zu seinem Lebensende mit rühmlicher Sorgfalt, durch Rath
und That, bei Hohen und Niedern, im In- und Auslande dasselbe
zu fördern, zu unterstützen und zu verherrlichen. Rasch und rüstig ward
jetzt das edle Gotteswerk begonnen. Nicht nur in der Erzdiöcese, sondern in allen Gauen Deutschlands wurden dafür Vereine gegründet,
Freunde gewonnen und Gaben gesammelt. [9]) In Anwesenheit des
Königs und der Königin des Landes, der Prinzen des königlichen
Hauses, ferner einer großen Anzahl von Fürsten und Grafen sammt
einer Schaar anderer hervorragender Beamten und vieler Abgeordneten der einzelnen Dombauvereine aus der Nähe und Ferne
ward am 4. September 1842 der Grundstein zum Fortbaue des
großen Werkes in feierlichster Weise an dem südlichen Portale desselben gelegt. In einer trefflichen Rede erklärte der Hochselige
diese Weihefeier als ein Fest der Religion, der Kunst und des
deutschen Vaterlandes. Die einleitenden Worte zu dieser Rede

---

[8]) Siehe „Schriften und Reden". B. I. S. 14. — [9]) Schon
durch Cabinets-Ordre vom 13. April 1825 wurde den katholischen Pfarrgeistlichen befohlen und durch erzbischöfliche Verordnung vom 23. Juni g. J. angeordnet, daß zum Behufe der baulichen Unterhaltung des Domes bei jedem
Sterbefalle 1 Slbg. und 6 Pf., bei jeder Taufe 2 Slbg. und 6 Pf., bei jeder
Trauung aber 5 Slbg. neben den Stolgebühren erhoben werden sollen, welche
Beiträge im Jahre 1830 bei Taufen auf 15 Slbg., bei Trauungen aber auf
10 Slbg. erhöht wurden. — Für einzelne Herstellungskosten am Dome wurde
von dem Jahre 1824 bis Ende 1841 die Summe von 357,278 Thalern und
21 Silbergroschen verwendet.

waren: ... „Seit vielen Jahren stand in der alten heiligen Stadt
Köln am Rheine ein altehrwürdiger Bau, groß und mächtig, mit
weiten Schiffen und Hallen und mit hohen Chören, Säulen und
Kuppeln, in stiller ernster Majestät. Aber es war die Majestät
der Trauer, der Ernst der Erstarrung; denn unausgebaut waren
die Schiffe und Hallen geblieben, unvollendet die Säulen und nur
halb erhoben blickten die Zinnen und Thürme trauernd hinaus
in's schöne lebenskräftige Land. Schon seit vielen Jahren war
der Baumeister mit seinen Werkleuten von dannen gegangen und
hinter ihm war die Alles zerstörende Zeit in den hohen Bau eingezogen und hatte ihr stilles, langsames, aber um so tiefer ein-
greifendes Werk begonnen. Jahr um Jahr folgten sich in dem
gesegneten Rheinthale und spendeten erneuertes Leben und Wachsthum. Am Fuße des Baues ging ein verjüngtes Menschengeschlecht
um das andere in gesteigerter Geschäftigkeit vorüber. Aber keines
derselben hatte ein mitfühlendes Herz für das trauernde, unvollendete
Haus, und jedes wiederkehrende Jahr brachte ihm, statt der Vollendung, nur neuen Verfall. Der alte Riesenbau schien dem Verderben
der Zeit heimgegeben für immer! — Da erging aus eines hochherzigen Königs Munde das tröstende Wort: „Wie steht doch das
altehrwürdige Gotteshaus zu Köln am Rheine so verlassen in zer-
fallender Majestät! wohlan, so soll's nicht länger mehr seyn —
wir bauen es aus!" Und das königliche Wort durchdrang alle vater-
ländischen Gauen und in allen Herzen hallte es wieder: wir bauen
es aus! Dem Worte aber folgte rasch der freudigen That rüstiger
Anfang; und heute stehet Ihr hier, in weiten Kreisen geschaart,
dieses Anfangs Zeugen und Mithelfer. Von nahe und ferne seid
Ihr gekommen, um Zeuge zu seyn der Wiederherstellung und Ausschmückung, welche der ehrwürdige Bau bereits gewonnen und Zeuge
zu seyn der Weihe des Grundsteins, auf welchem fortan dessen
Fortbau sich erheben und will's Gott, glücklich vollenden soll." ꝛc. ꝛc. [10]
Mit gespannter Aufmerksamkeit und allgemeinem Beifalle wurde
die begeisternde Rede aufgenommen. Sie erhob, erwärmte und
zündete alle Herzen für das große Gotteswerk. Auch der König
ergriff das Wort, um in denkwürdiger Weise die Bedeutung des
Festes als hehere Friedensfeier zu erläutern. „Meine Herren von
Köln! — so sprach er — Es begibt sich Großes unter Ihnen.
Dieß ist, Sie fühlen es, kein gewöhnlicher Prachtbau. Es ist das

---

[10] „Schriften und Reden". B. I. S. 22.

Werk des Brudersinns aller Deutschen, aller Bekenntnisse. Hier, wo der Grundstein liegt, dort mit jenen Thürmen zugleich, sollen sich die schönsten Thore der ganzen Welt erheben. Deutschland baut sie, — so mögen sie für Deutschland durch Gottes Gnade, Thore einer neuen, großen, guten Zeit werden! Alles Arge, Unrechte, Unwahre und darum U n d e u t s c h e bleibe ferne von ihnen. Nie finde diesen Weg der Ehre das ehrlose Untergraben der Einigkeit deutscher Fürsten und Völker, das R ü t t e l n a n d e m F r i e d e n d e r C o n f e s s i o n e n und der Stände; nie ziehe wieder jemals der Geist hier ein, der einst den Bau dieses Gotteshauses, ja — den Bau des Vaterlandes hemmte".

Während die anwesenden Hoheiten und Abgeordneten aller Fürsten und Stämme Deutschland's die üblichen drei Hammerschläge auf den Grundstein vollzogen, ließ Seine Majestät der König den hochseligen Coadjutor zu sich auf die festlich geschmückte Estrade erbitten, welche für das Herrscherpaar neben der Weihestätte errichtet war. Der König kam Letzterm bis an die Aufsteigtreppe entgegen und drückte ihm unter freundlichster Begrüßung die Hand. Auch die Königin begrüßte den nahenden Prälaten auf das Huldvollste. So ward vor Tausenden aus allen Ständen und Gauen der Erzdiöcese die Eintracht und das Vertrauen zwischen dem Könige und dem neuen Oberhirten der Erzdiöcese Köln zur beruhigenden Hoffnung der treuen Katholiken des Rheinlandes öffentlich bezeugt und durch den begonnenen Ausbau der Kathedrale besiegelt. Der Coadjutor hatte aus Anlaß dieser Feier auch einige Lieder gedichtet, welche vor und bei der Weihe des Grundsteins gesungen wurden und außerdem ein größeres, inhaltsvolles „Festgedicht auf die Grundsteinlegung zum Fortbau des Kölner Domes", verfaßt, welches jedoch erst später dem Drucke übergeben wurde. [11])

Am Tage nach der feierlichen Grundsteinlegung ward die zehnte Sitzung des Dombauvereins in Anwesenheit der Dombaufestgenossen abgehalten. Der Hochselige erschien ebenfalls in dieser Sitzung, um die Versammelten wiederholt für das edle Unternehmen zu begeistern. „Als Ehrenpräsident des Central-Dombau-Vereins-Vorstandes — so sprach er — fühle ich mich gedrungen, Ihnen dafür — daß Sie durch Ihre Gegenwart dieses Fest erhoben und

---

[11]) „Schriften und Reden". B. I. S. 26. — Das größere Gedicht, mit einem Lebensabrisse des Hochseligen von Dr. W. Molitor, erschien im Jahre 1865 bei J. P. Bachem in Köln.

verschönert haben — unsern wärmsten Dank hiermit abzustatten. Aus Allem, was Sie bei diesem Feste gesehen und gehört, konnten Sie die Beweggründe ermessen, die uns beseelen und den Geist erkennen, in welchem wir handeln, damit das größte und kunstreichste Gotteshaus auf deutscher Erde der Vollendung· entgegengeführt werde. Sie haben dabei aber auch wahrgenommen, welcher Mittel wir noch bedürfen, diese Vollendung zu erreichen. Das Erforderniß ist groß, fast unermeßlich. Allein die Mittel zur vollständigen Erreichung des schönen Zweckes liegen in Ihren Herzen und in Ihrer Hand und in dem Herzen und in der Hand aller Brüder aus allen deutschen Gauen. Wenn Sie uns so einig und warm, so kräftig und ausdauernd, wie bisher unterstützen, dann dürfen wir hoffen, daß der Tag kommen werde, an welchem die Kirche und das Vaterland sich der Vollendung des großen Werkes erfreuen können. Wir hier in Köln werden fortfahren, das Gotteswerk mit allen Kräften zu fördern und wir wünschen dabei, die Wärme, die uns für den Bau durchglüht, in Ihre Brust überzugießen, damit Sie dieselbe in Ihre Heimath tragen, sie in immer weiteren Kreisen verbreiten und·eine immer regere Theilnahme an dem Ausbau des altehrwürdigen Gotteshauses hervorrufen". 2c. 2c. [12]) Daß solche zündende Worte nicht ohne den besten Erfolg bleiben konnten, ist leicht zu ermessen und wurde durch die reichen Beiträge für das großartige Unternehmen bestätigt. [13])

----

[12]) „Schriften und Reden". B. I. S. 27. — [13]) Der König Friedrich Wilhelm überwies demselben alljährlich 50,000 Thaler. — Mit allerhöchster Cabinets-Ordre vom 20. Sept. 1842 erhielt der Coadjutor von demselben den rothen Adler-Orden zweiter Classe. — Ueber die damalige öffentliche Stimmung lesen wir Nachstehendes: „Der 4. September war ein für ganz Teutschland höchst bedeutungsvoller Tag; die Begeisterung hatte den mächtigsten Schwung genommen vom Throne herab bis in die niedrigste Hütte. Doch mehr noch als diese erhabene Feier hat die Ueberzeugung die Herzen des katholischen Volkes seinem königlichen Beherrscher gewonnen, daß fortab unsere heilige Kirche ihre Rechte und Freiheiten in vollem Maße genießen werde. Es ist dem Könige gelungen, den kirchlichen Frieden wieder herzustellen; es ist sein ausdrücklicher Wille, die Kirche in ihrem Innern frei walten zu lassen; seine katholischen Unterthanen sollen nicht mehr überall zurückgesetzt werden. Darum, was vordem noch nie geschehen, wurde jetzt an den Sonntagen auch katholischer Gottesdienst im Lager gehalten; darum hat er der Trierer Bischofswahl seine Genehmigung nicht versagen wollen; darum hat er bei der Grundsteinlegung, wie sonst, den Erzbischof-Coadjutor mit besonderer Auszeichnung behandelt; darum war es sein Wille, daß die Consecration des Herrn Arnoldi noch vor seiner Ankunft in Trier vollzogen werde, damit dieser

§. 3. Weitere Amtsthätigkeit.

Die bisherige Haltung und das öffentliche Auftreten des Hochseligen in seinem schwierigen Amte konnte nicht verfehlen, demselben bei allen Wohlgesinnten höheren und niedern Standes aufrichtige Hochachtung und Verehrung zu gewinnen und insbesondere das Wohlwollen seines edlen Königs zu befestigen. Letzteres erwies sich bald nach jener Festlichkeit, als bezüglich der Beeidigung des von dem Coadjutor zu weihenden Bischofes Arnoldi zu Trier sich neue Anstände erhoben hatten. Eben auf der Reise nach dieser Stadt zur genannten Amtshandlung begriffen, wußte der umsichtige Prälat auf dem Dampfboote, welches auch der König bestiegen hatte, zwischen Bonn und Coblenz diese Anstände freundlich zu beseitigen. Sonach konnte die feierliche Weihe des Trierer Oberhirten ohne weiteres Hinderniß am 18. September, unter Beihilfe der Weihbischöfe Günther von Trier und Melchers von Münster, zur Freude der langverwais'ten Diöcese vorgenommen werden. [14]) Damals wurden auch schon die nöthigen Einleitungen vom erzbischöflichen Coadjutor getroffen, um tüchtige und glaubenstreue Lehrkräfte für die von dem Hermesianismus so sehr gefährdete theologische Facultät zu Bonn zu gewinnen, wie denn auch im folgenden Jahre Dr. Dieringer von Speyer [15]) und im Jahre 1844 Dr. Martin von Köln

---

als Bischof vor ihm erscheinen könne. Alles dieses sind laut sprechende Beweise, daß der König die katholische Kirche in ihren Rechten schützen will. Möchte nur auch aus den Beamten alle Engherzigkeit gewichen seyn! Deßhalb knüpfen wir an den Ausbau des Kölner Domes auch diesen andern Wunsch, daß, so wie dieser Prachttempel frei von allen verunstaltenden Zierrathen in reinem Style über Gottes freier Erde sich zum Himmel erhebt, eben so auch die katholische Kirche, jener große Dom, der über Zeiten und Meere hinausragt, besonders in den deutschen Landen alles lästigen Beiwerks, aller beengenden Fesseln entledigt werden möchte. .... Die Vollendung des Domes liegt in den Wünschen von ganz Deutschland. An diese knüpfen wir den andern Wunsch, daß ganz Deutschland in den Hallen des so vollendeten Domes einst auch vor demselben Altare denselben Heiland, in derselben Form und Einheit, anbeten möchte". — "Katholik". Jahrg. 1842. Novemberheft. S. XLII. — [14]) "Katholik". Jahrg. 1842. Novemberheft. S. LX. — Am 3. Oct. 1844 kam der Hochselige abermals nach Trier zur Verehrung des Gewandes des Herrn, welche denkwürdige Festlichkeit am 6. desselben Monats geschlossen wurde. [15]) Noch in dem Jahre 1843 ward auch die von Professor Dr. Dieringer redigirte "Katholische Zeitschrift" für Wissenschaft und Kunst zu Bonn in's Leben gerufen, an welcher die treugläubigen dortigen Professoren mit Liebe und Fleiß arbeiten.

— der jetzige Bischof von Paderborn — dahin berufen wurde. Mit dem Professor Dr. Reithmayr in München und dem Professor Dr. Alzog in Posen waren gleiche Verhandlungen, jedoch ohne Erfolg eingeleitet. Vielfältig blieben die Umtriebe, welche zu Bonn und in verschiedenen Theilen der Erzdiöcese, die Schüler und Freunde des bereits im Jahre 1831 verlebten Professors Hermes gegen die beßbezügliche Lehrentscheidung des Oberhauptes der Kirche und den pflichtschuldigen Vollzug derselben, welcher dem neuen Oberhirten oblag, und dem er gewissenhaft zu entsprechen suchte, während einer Reihe von Jahren, sich zu Schulden kommen ließen. Namentlich waren es die beiden Professoren der Theologie, Dr. Achterfeld und Dr. Braun, welche sich den kirchlichen Forderungen arglistig und hartnäckig widersetzten. [16]) Doch diese Hartnäckigkeit und die in kirchenfeindlichen Zeitschriften und Tagesblättern verbreiteten Verunglimpfungen, konnten den Pflichteifer des Hochseligen nicht schwächen und die bezüglichen Wühlereien dessen Umsicht und Klugheit nicht beirren. Er bot Alles auf, diese ärgernißvollen Wirren, welche von Einzelnen noch lange in der Erzdiöcese gepflegt wurden, allmälich einem erwünschten Abschlusse entgegen zu führen. [17])

Mit der Neubesetzung einiger theologischen Lehrstühle zu Bonn wurde auch die Wiederbesetzung der erledigten Dignitäten und Canonicate an dem Metropolitancapitel eingeleitet und mit freundlicher Berücksichtigung der Wünsche des erzbischöflichen Coadjutors erzielt. Der bisherige Stiftsprobst zu Aachen, Anton Gottfried Cläffen, ward im Jahre 1844 zum Probst der erzbischöflichen Kathebrale und sofort vom heiligen Vater als Bischof von Gabara und Weihbischof ernannt und vom Erzbischof-Coadjutor am 19. Januar des folgenden Jahres, unter Assistenz des Bischofes Arnoldi von Trier und des dortigen Weihbischofes Müller, mit außerordent-

---

[16]) Diese beiden offenkundigen Hermesianer wurden zwar auf Antrag des Coadjutors von dem königlichen Staatsministerium aus der theologischen Facultät der Bonner Hochschule entlassen, allein der betreffende Gehalt wurde ihnen nicht entzogen. Daher konnten an ihrer Statt nicht andere glaubenstreue Professoren ernannt werden. Sie blieben mit der Kirche unversöhnt. Ihre Wühlereien unterstützte durch mehrere Schriften der Kölner Justizrath Stupp. Siehe „Kirchengeschichte J. A. Möhler. B. III. S. 432. —
[17]) Ueber die schmähliche Behandlung der Kirche, ihrer Lehren und Diener in jenen Jahren von Seiten der Presse siehe: Dr. Dieringer's genannte Zeitschrift. Jahrg. 1845. B. I. S. 381 und „Katholik". Jahrg. 1846. S. 82.

licher Festlichkeit und großartiger Theilnahme der Bürgerschaft in der Kölner Kathedrale geweiht. [18]) Zu gleicher Zeit erfolgte auch die Ernennung des Generalvicars Dr. Iven zum Dombechanten und der Domcapitulare Dr. Joh. Jakob Broix und Gottfried Strauß nebst jener der Ehrendomherrn Peter Joseph Dautzenberg, Pfarrers zu Mündelheim und Johann Heinrich Steinhausen, Pfarrers zu St. Martin in Köln. Im Jahre 1845 wurden auch noch auf die beiden letzten Canonicate Peter Hyacinth Trost von Aachen und Johann Anton Friedrich Baudri, Pfarrer und Schulinspector zu Barmen, befördert. Die Mehrzahl der genannten Capitulare standen dem Hochseligen bis zu dessen Lebensende thätig zur Seite. Den Letzteren hatte sich derselbe als Ablatus gewählt.

Schon ehebor dem Hochseligen diese Männer zur Seite standen, hob er einen in der Kathedrale beim Nachmittags-Gottesdienste am Charfreitage hergebrachten, gar argen Mißstand auf, wofür ihm alle Gutgesinnten Dank wußten. Bei jenem Gottesdienste führte bisher die Kapelle des Domes, im Vereine mit andern Sängern und Musikern, ein dem Tage angepaßtes Musikstück — oratorium — auf, wodurch die ganze sogenannte Noblesse der Stadt nebst unzähligen Neugierigen vom Lande herbeigelockt wurden, welche durch Hin- und Herlaufen, Lispeln und Schälern die Andächtigen störten und allerlei Aergernisse im Heiligthume gaben. Der Coadjutor sah nur einmal diesen Unfug und stellte ihn sofort für immer ab. Er ließ durch die Seminaristen die vorgeschriebenen kirchlichen Choräle nach den besten älteren Mustern ausführen und statt der bunten neugierigen Menschenmasse füllten nun fromme Beter den erhabenen Domchor. Die erzbischöflichen Hirtenbriefe vom Jahre 1844 und 1845, welche von dem hohen Werthe des katholischen Glaubens handelten, waren vorzüglich geeignet, dem Oberhirten bei Geistlichen und Laien inniges Vertrauen und tiefe Verehrung zu mehren. Der letztere Hirtenbrief war insbesondere gegen die damaligen Umtriebe und Gefahren des von den Protestanten möglichst unterstützten Rongethums gerichtet und die Erzdiöcesanen darin kräftig aufgefordert, ihren katholischen Glauben mit Herz und Mund treu zu bekennen und sich in diesen Tagen der Anfeindung als ächte und rechte Glieder desselben zu erweisen. [19]) Mehr als in Köln selbst wurde namentlich in Elberfeld und Crefeld für die neue Secte,

---

[18]) Siehe „Katholik". Jahrg. 1845. S. 43, 52, 61 und 64. —
[19]) Siehe „Schriften und Reden". B. I. S. 44 und 49.

welche sich anfänglich wohl der Gunst der Staatsbehörden zu er-
freuen hatte, gewühlt und geworben. |Unter der Diöcesangeistlichkeit
fand sich nur ein Verräther, während mehrere Auswürflinge an-
dererer Diöcesen für die Verbreitung der lichtfreundlichen Glaubens-
losigkeit gewonnen wurden. [20])

Bei den obschwebenden Gefahren der Verführung zur Reli-
gionsgleichgiltigkeit und sittlicher Verkommenheit war es dem wachsamen Oberhirten doppelt bedenklich und peinlich, über hundert
Curatstellen in der Erzdiöcese wegen Mangels an Priestern nicht
besetzen zu können. Er erließ daher schon unterm 25. März des
Jahres 1845 ein Rundschreiben an die Gesammtgeistlichkeit des
Erzbisthums, in welchem er seine bezügliche Besorgniß kund gab,
und jene vertrauungsvoll aufforderte, zur Errichtung eines Knabenseminars, wie solche in anderen nahen und entfernteren Diöcesen
bereits bestehen, milde Beiträge zu sammeln, um in dieser tiefbe-
wegten Zeit die betreffende Lebensfrage, welche entscheidend in die
Zukunft eingreift, baldmöglichst lösen zu können. [21]) Nicht ohne
erfreulichen Erfolg ward dieser väterliche Aufruf des Erzbischofes
vernommen. Am 20. October gleichen Jahres waren bereits für
den fraglichen Zweck 15,000 Thaler baar entrichtet und auf fünf
Jahre ein alljährlicher Beitrag von 4,000 bis 5,000 Thaler gezeichnet. Im folgenden Jahre erließ der Oberhirte abermals eine
eindringliche Mahnung an die Gläubigen seiner Erzdiöcese, worin
er auch diesen die Nothwendigkeit der Errichtung von Knabense-

---

[20]) Dieser Kölner Diöcesangeistliche war Johann Egelmann, Pfarrer
zu Siegburg. Er suchte unterm 16. Sept. 1846 in einem offenen Sendschreiben
an seine Pfarrgemeinde seinen Abfall zu rechtfertigen, die jedoch den Wolf in
Schafskleidern verabscheute. Er ward am 21. desselben Monats von dem
Erzbischof mit dem größeren Banne belegt. Zuerst Prediger der Rongeaner
zu Elberfeld diente er später als solcher zu Mainz. In Elberfeld hatte vor
ihm der anrüchige Pfarrer Licht aus der Trierer Diöcese und zu Crefeld der
wegen Unlauterkeit bestrafte Wirtenberger Kaplan Wangenmüller und Andere
anderwärts der neuen Secte gedient. — Unterm 26. Dez. 1846 schrieb der
hochselige Erzbischof an seinen Freund Richarz nach Augsburg: . . . „Die
Rongerei ist wie ein Haidebrand, bald momentan aufflackernd, bald in dünnem
Gesträppe sparsam glutend. Die Posse wurde zuerst mit Jubel begrüßt, jetzt
ist sie als Ketzerei zu Ende, sie ist in helle Lichtfreunderei — baaren Paganis-
mus — übergeschlagen. Die Farce ist aus, der Tragos beginnt und Manche,
die anfangs nicht Oben genug hatten, erkennen nun den Bock, der flößig geworden". 2c. In Köln selbst sammelten sich später die Rongeaner im „Vereine
der Gewissensfreiheit", welcher im Jahre 1862 noch etwa 200 Mitglieder
zählte. — [21]) „Schriften und Reden". B. I. S. 79.

minarien schilderte und ihre Mildthätigkeit für dieselben bringend in Anspruch nahm. [22]) Doch es kostete noch viele Mühen und manche Sorgen, bis endlich im Jahre 1852 zu Neuß und vier Jahre später zu Münstereifel die gewünschten Knabenseminarien eröffnet werden konnten. Auch in der Stadt Köln wünschte der Oberhirte ein solches begründet zu sehen, welcher Wunsch jedoch nicht verwirklicht ward. Die beiden genannten Anstalten wurden der Leitung der Missionspriester der Lazaristen = Congregation zu Köln unterstellt.

Unterm 29. Juli des Jahres 1845 genehmigte der hochselige Erzbischof die Satzungen des Karl-Borromäus Vereines, welcher auf das eifrige Bemühen des Professors Dieringer „zur Belebung der christlichen Gesinnung und Anregung zu einer derselben entsprechenden Werkthätigkeit", durch Verbreitung guter Schriften zu Bonn begründet wurde und heute noch eine gesegnete Wirksamkeit in Deutschland verbreitet. [23])

Zur Stütze einer bessern Ordnung und größerer Erbaulichkeit bestimmte der hochselige Erzbischof in demselben Jahre, daß die erste Kindercommunion in den neunzehn Pfarreien der Stadt Köln nicht wie bisher an verschiedenen Tagen, sondern ausschließlich auf das Fest der Himmelfahrt des Herrn gefeiert und am folgenden Tage allen Neocommunicanten das heilige Sacrament der Firmung ertheilt werde. Er selbst spendete an diesem Festtage den betreffenden Kindern der Pfarrei St. Gereon, zu welcher seine Hausbewohner zählten, das Allerheiligste, wobei er den Beglückten durch herrliche Zusprüche ihre frommen Vorsätze und Angelobungen befestigte. Am folgenden Tage erhielten sie mit den übrigen Communicanten vom Herrn Weihbischofe in der Minoritenkirche die heilige Firmung. [24])

---

[22]) Ebendaselbst. S. 119. — Um ersprießliche pädagogische Kenntnisse bei den jüngeren Geistlichen zu befördern, schickte der Hochselige im Sommer des Jahres 1844 und auch in späteren Jahren mehrere tüchtige junge Geistliche in das Schullehrerseminar zu Brühl, um dort einen sechswöchentlichen Lehrcurs mitzumachen. Gleiches that auch sein Amtsnachfolger. — [23]) Am 1. Juni 1850 zählte der Verein bereits 264 Zweigvereine und 12,000 Betheiligte. Der Verein besitzt ein stattliches Haus und eine besondere Verwaltung. — [24]) Daß der Erzbischof-Coadjutor seit seinem Amtsantritte in verschiedenen Decanaten die heilige Firmung gespendet, einzelne Pfarreien visitirt und neuerbauten Kirchen die Weihe ertheilt und dabei stets eindringliche Ansprachen gehalten habe, bedarf wohl keiner besonderen Erwähnung. Im Jahre 1844 spendete derselbe in neun verschiedenen Pfarreien an 27,640 Personen das h.

Der abermalige Besuch des Königs von Preußen und dessen Gemahlin mit glänzendem Gefolge am 5. August 1843 gab dem hochseligen Erzbischofe erwünschte Gelegenheit, bei deren feierlichem Empfange in der Kathedrale den früheren Ausspruch des Königs: „Es möge der Dom zu Köln emporragen über diese Stadt, über Deutschland und über Zeiten, reich an Menschenfrieden und reich an Gottesfrieden"! als unvergeßliches Loosungswort entgegen zu rufen. „Am Dom zu Köln, sprach er weiter, haben wir gebaut nach allen unsern Kräften, damit er immer würdiger werde, des Rheinlandes und Erzstiftes Mutterkirche zu seyn; und den geistigen Bau der von Christus gestifteten heiligen Kirche haben wir gefördert, unserer Sendung getreu, und im Gefühle unserer Pflicht haben wir durch sie den Gottesfrieden gepflegt und den Menschenfrieden. Darum dürfen wir auch heute wieder Eure Majestät mit fester Zuversicht auf das Freudigste in unserer Mitte willkommen heißen. Mit überwallendem Herzen begrüßen wir an dieser Stätte, die die königliche Großmuth beschenkt, in den Räumen, die sie mit Mauern umschlossen und unter den Gewölben, die sie aufgeführt, nicht bloß den uns von Gott geschenkten, geliebten Landesherrn, sondern auch den hochherzigen Protector und Wohlthäter unseres Dombaues und den Schutzherrn unserer heiligen Kirche."zc.zc.[25])

Sacrament der Firmung. Mit dem Schlusse der Firmung in jedem Decanate war eine Conferenz mit der betreffenden Geistlichkeit verbunden. — [25]) „Schriften und Reden". B. I. S. 83. — Unterm 31. Juli des vorhergehenden Jahres hatte der Hochselige ein theilnehmendes Glückwunschschreiben an Seine Majestät gerichtet, als der Pfarrers Sohn Tschech aus Altpreußen einen verfehlten Mordversuch auf Allerhöchstdieselben gemacht hatte. Deßhalb wurden auch besondere Dankgebete in allen Pfarreien der Diöcese durch nachstehendes Ausschreiben angeordnet: „Der hochwürdigen Geistlichkeit des Erzbisthums ist es bereits durch die öffentliche Stimme bekannt, welches Attentat auf Seine Majestät den König in der Frühestunde des 26. dieses Monats, als Allerhöchstdieselben mit Ihrer Majestät der Königin eben eine Reise nach Schlesien anzutreten im Begriffe waren, von verbrecherischer Hand durch Abfeuerung zweier Schüsse aus einer Doppelpistole ist gemacht worden. Die Kunde von dieser unerhörten Frevelthat muß alle getreuen Unterthanen Seiner Majestät des Königs mit tiefem Schmerze erfüllen; sie muß aber auch zugleich ihre Herzen mit dem innigsten Danke gegen Gottes allwaltende Vorsehung erheben, welche in ihrer erbarmungsvollen Huld die meuchelmörderische Kugel abgelenkt und das theure Leben unseres allergnädigsten Königspaares geschützt hat. Des Herrn allgütiges Auge wachte sichtbar über den König und die Königin — dafür sei ihm auch Preis und Dank aus allen Herzen und von allen Lippen. — Uns Priestern aber liegt die heilige Pflicht ob, dem freudigen

— Schon vorher hatte derselbe die hohen Herrschaften auf der
Burg Stolzenfels begrüßt. Am 13. des genannten Monats wiederholten Ihre königlichen Majestäten, gelegenheitlich des glänzenden
Heerlagers bei dem Schlosse Brühl in diesem weilend, den Besuch
zu Köln in Begleitung der Königin von England, des Prinzen
Albert, des Erzherzogs Friedrich von Oesterreich, des Prinzen Wilhelm
von Preußen und anderer Hoheiten, Fürsten und Grafen, wobei
der Erzbischof-Coadjutor wiederholt Gelegenheit fand, der Hochachtung
und des Wohlwollens der Anwesenden sich würdigst zu erweisen.
Die Ansprache, welche der Hochselige bei der Begrüßung der gekrönten Häupter am Eingange der südlichen Seitenpforte hielt,
zeichnete sich abermals durch die Fülle, wie durch die Feinheit der
Gedanken aus, indem nicht bloß die äußeren Beziehungen beider
Königreiche, sondern auch ihre eigene, innere Lage in zarter und
ganz passender Weise angezogen wurden. [26]) Sie ward vom Könige
sehr freundlich erwibert. . Während des Verweilens der hohen Herrschaften in der Kathedrale wurden, wie auch beim ersten Besuche,
von dem Kölner Männergesangvereine herrliche Chöre mit Orgelbegleitung aufgeführt.

§. 4. Wachsendes Vertrauen.

Im Laufe des Jahres 1845 gab sich wiederholt öffentlich
kund, welches feste Vertrauen die treugläubigen Kölner auf die bisherige

---

Danke, welcher die Herzen bewegt, Worte zu geben und ihn vereint mit Lob-
und Bittgesängen am Altare darzubringen, dem Herrn zum schuldigen und
wohlgefälligen Opfer. Es liegt uns ob, die Gläubigen zum Gotteshause zu
rufen und mit ihnen in innigen Segensgebeten den Allmächtigen anzuflehen,
daß auch fernerhin sein allsehendes Auge gnädiglich wachen !wolle über das
geliebte Königspaar und daß seine starke Hand Ihm ein steter Schirm und
Hort sei gegen jede Gefahr und er seine Gnadenfülle Ihm spende für Zeit
und Ewigkeit. Um daher den Gläubigen Gelegenheit zu geben, ihren Dank
gegen Gott im Gesang und Gebet zu vereinigen, verordnen Wir wie folgt: ꝛc. ꝛc.
Gott erhalte, Gott segne den König und sein königliches Haus. Bad Ems,
den 31. Juli 1844. Der Erzbischof von Ikonium, Coadjutor und Apostolischer
Administrator des Erzbisthums Köln. Johannes". — „Katholik".
Jahrg. 1844. S. 440. — Auch am 22. Mai 1850 war der König Friedrich
Wilhelm in Lebensgefahr, indem ein ehemaliger Unterofficier der Garde-Ar-
tillerie, Namens Max Sufeloge aus Potsdam im dortigen Bahnhof in großer
Nähe auf ihn schoß und ihn am rechten Oberarm leicht verwundete. — [26]) Diese
Ansprache findet sich nicht in der gedruckten Sammlung der „Schriften
und Reden" des Hochseligen. Die Königin Victoria schenkte dem Dombau-
vereine bei dieser Gelegenheit 3,500 Thaler.

Amtsverwaltung des hochseligen Erzbischof = Coadjutors setzten und welche Verehrung sie ihm deßhalb zollten. Eine Gelegenheit hiezu bot ihnen namentlich das Namensfest desselben. [27]) Am Vorabende des 24. Juni versammelten sich gegen 10 Uhr viele Bürger der Stadt vor der erzbischöflichen Wohnung, um dem Hochgefeierten eine Serenade darzubringen. Nachdem von der Musikcapelle des fünfundzwanzigsten Infanterie=Regimentes und von einem vortrefflichen Sängerchore mehrere Musik= und Gesangstücke abwechselnd vorgetragen waren, ließ ein Ausschuß jener Bürger sich bei dem Oberhirten anmelden, um ihm ihre Glückwünsche darzubringen. Die Angemeldeten wurden freundlich empfangen. Sie überreichten dem Prälaten nachstehende Huldigungs = Adresse: „Hochwürdigster Herr Erzbischof! Die Bürger von Köln ergreifen mit Freude die Gelegenheit, Eurer erzbischöflichen Gnaden bei der Feier Ihres erhabenen Namensfestes wiederholt Beweise der innigsten Verehrung und Liebe, der treuesten Anhänglichkeit an den Tag zu legen. Jenen Bewegungen der Zeit und deren angeblich für den geistigen Fortschritt nothwendigen, **der Handhabung des öffentlichen Friedens** widerstrebenden Anforderungen, überall und mit ungetheilter Aufmerksamkeit folgend, fühlen durch Eurer erzbischöflichen Gnaden weise Führung wir uns beglückt, durch Ihre wahrhaft apostolischen Mahnungen uns gekräftigt, **festzuhalten an den heiligen Institutionen unserer heiligen Kirche.** Köln's katholische Bürgerschaft wird in Mitte der Stürme

---

[27]) Schon den Vorabend des Namensfestes im Jahre 1843 hat die Kölner Bürgerschaft nicht minder glänzend mit Gesang, Musik und Fackelzug gefeiert. Die Ansprache, welche der Prälat hiebei hielt, erklärte: ... „Mit besorgtem Herzen — ich verhehle es nicht — übernahm ich die Bürde, die der Herr auf meine Schultern gelegt. Aber ich trug sie mit steigender Freudigkeit und widmete dem großen Werke alle Kraft des Geistes und der Seele, da ich alsbald oft und viel Gelegenheit hatte, in lautsprechenden Zeichen die treue Anhänglichkeit wahrzunehmen, mit welcher die gläubigen Gemeinden der Stadt Köln und des Erzbisthums unserer h. Religion zugethan sind". ꝛc. „Schriften und Reden". B. I. S. 39. — Eine öffentliche Stimme vom Niederrhein ließ sich nicht viel später also vernehmen: ... „Wir sehen jetzt mit hoher Freude und Genugthuung, wie das Auftreten unseres allverehrten Oberhirten allerorts und bei den Männern jeder Farbe Liebe und Achtung gewinnt... Das katholische Volk aber, welches mit eben so richtigem als zartem Tacte die Männer seines Vertrauens zu unterscheiden vermag, schaart sich mit Zuversicht um seinen Oberhirten, der mit Weisheit und festem Muthe Beides, den Bau des geistigen wie des steinernen Domes zu fördern und in Beiden ein Panier des Friedens aufzupflanzen strebt". „Katholik". Jahrg. 1843. Septemberheft. S. LXXIX.

ihre Treue bewähren und bewahren und Hochdemselben als dem
von zwei Königen entsandten Friedensfürsten, als Oberhirten in
guten und in bösen Tagen ergeben bleiben, einig in der Bitte,
daß Gott Ihren Muth und Ihre Kraft erhalte, alle feindlichen
Elemente zu überwinden und in Ihrer Tage Fülle Ihrem hohen
Friedenswerke mit des Domes herrlicher Vollendung den doppelten
Triumph bereite". Die hiebei an Seine erzbischöflichen Gnaden
von dem Vortretenden gerichtete Ansprache beantwortete derselbe in
den herzlichsten Ausdrücken, unter dem Hinzufügen, daß er den
tiefgefühlten Dank allen vor dem Palais Versammelten auszusprechen
wünsche. Die Abgeordneten zogen sich jetzt zurück. Sofort erschien
der Erzbischof auf dem Balcone seiner Wohnung. Alsbald ließ
die inzwischen zu einer großen Menge angewachsene Schaar der
Bürger in Jubel ein dreifaches Hoch erschallen. Nach dessen Ver=
hallen richtete der Oberhirte folgende Worte an die still lauschende
Versammlung: „Verehrteste! ich sage Ihnen herzlichen Dank für
das Zeichen der Anhänglichkeit, das Sie mir an dem Vorabende
des Jahrestages darbringen, an welchem ich durch die Taufe unserer
Kirche einverleibt und in dem Heiligen, den ich als meinen Namens=
patron verehre, eines so hohen Vorbildes unerschütter=
licher Standhaftigkeit, theilhaftig wurde. Sie geben mir
dieses Zeichen in einer Zeit, welche Sie eine bewegte nennen, die
aber, dessen vertrauen wir gewiß, durch gesteigerte Pflichterfüllung,
durch den Muth der Ueberzeugung und durch die Uebung aller
Tugenden, in deren Glanze die Kirche Gottes in allen Jahrhun=
derten strahlte, und auch bis zum Ende der Tage in stets erneuertem
Glanze strahlen wird, eine Zeit der Bewährung, die Zeit eines
neuen, unbefleckten Sieges seyn wird. Sie gedenken zugleich der
hohen Sendung, die mir von dem Herrn an Sie übertragen und
wobei mir das Vertrauen und Wohlwollen zweier hochherzigen
Könige entgegengekommen und gefolgt ist und Sie erfreuen mich
mit dem Ausdrucke ihrer Zuversicht, daß Gott meinen Arbeiten und
Sorgen für den geistigen Ausbau seiner Kirche und für den Ausbau
des herrlichen Domes, des großartigsten der Welt, den wir mit
Stolz den unsrigen nennen, seinen heiligen Segen verleihen werde.
Darauf antworte ich Ihnen: Der Herr, der mich unter Sie ge=
sandt hat, der Gott der Stärke und des Friedens, wird mit der
Fülle des Segens bei uns seyn und bleiben, wenn wir nicht wanken,
sondern festhalten in dem Glauben an sein eigenes, in allen Zeiten
unabänderliches Wort, und nimmer ermüden in der Alles über=

windenden heiligen Liebe. Und so rufe ich Ihnen im Geiste meines Namenspatrons und jenes anderen Johannes, des geliebten Jüngers des Herrn zu: „„Haltet fest in Treue und Kraft an Eurer Ueberzeugung, seid standhaft im heiligen Glauben, habet Frieden unter Euch, Kinder liebet einander"". Die tiefste, feierlichste Stille ließ jedes dieser Worte aus der Höhe auch die entfernt stehenden Zuhörer vernehmen, welche demnächst auf die laut ausgesprochene Bitte, vom theuersten Ober-hirten den Segen empfingen. Unter Anstimmung des allbeliebten Festliedes von Dr. Pfarrius: „„Laßt Gesanges Jubel"", bildeten die Bürger in gewohnter Ordnung einen Zug, welcher unter Vor-tritt der Musikcapelle nach der herrlichen Basilica von St. Gereon die Richtung nahm, alsbald sich wendete und am erzbischöflichen Palais mit Wiederholung eines dreimaligen Lebehochs vorüber-wogend, am Ausgange des Würfelthores sich trennte.²⁸) So wußte man in Köln den damaligen unkirchlichen und glaubenslosen Wühl-ereien, Lästerungen und Umzügen des Johannes Ronge, Czerski, Kerbler, Robert Blum ꝛc. zu entgegnen und sie unschädlich zu machen.

Wenige Tage nachher ergab sich eine andere Veranlassung, bei welcher die wohlgesinnten Bürger Köln's das Vertrauen zu ihrem Oberhirten und die Dankbarkeit für dessen Berufung in ihre Mitte abermals kund zu geben nicht versäumten. Bevor der neuernannte päbstliche Nuntius am Wiener Hofe, Viale Prela, welcher bisher

---

²⁸) „Katholik". Jahrg. 1845. S. 302. — Dem hochseligen Erz-bischofe blieben übrigens noch gar viele drückende Sorgen übrig. Eine öffent-liche Stimme aus jenen Tagen läßt sich hierüber also vernehmen: „Die ge-rechten Hoffnungen, welche die Erzdiöcese an die endliche Beilegung der kirch-lichen Wirren geknüpft hat, sind, wir müssen dieß mit Bedauern gestehen, nur theilweise in Erfüllung gegangen. Eines zwar, was im Grunde eine Sache von vorzüglichem Gewichte und Ursache ist, daß die Diöcesanen mit sicherer Ruhe den eigenthümlichen und bedenklichen Erscheinungen der Zeit entgegen sehen können, ist die glückliche Anordnung der Diöcesanadministration. Wir wissen, daß das Steuer der Erzdiöcese dermalen sich wieder in der Hand eines Oberhirten befindet, der mit einer seltenen allgemeinen, wie theologischen Bild-ung, eine entschiedene, unwandelbare kirchliche Gesinnung verbindet und der ihrer Kirche mit Wärme und Opferwilligkeit ergebenen katholischen Bevölker-ung die Bürgschaft liefert, daß der heilige Schatz des Glaubens und der heiligen Zucht nicht Abbruch noch Schaden leide durch eine grundsatzlose oder schlechte und laue Oberleitung. Wir dürfen dessen um so mehr froh seyn, als Niemand die große Schwierigkeit, die dermalen Köln's Hirtenstab bietet, verkennen kann, eine Schwierigkeit, die auch unter der günstigsten Gestaltung der Dinge nur verringert, nicht gehoben würde". Ebendaselbst. S. 55.

in gleicher Eigenschaft zu München mit Segen gewirkt hatte, in
die Kaiserstadt an der Donau übersiedelte, wollte er die damals
so bewegten Rheinlande, namentlich die Städte Köln, Aachen, Bonn,
Coblenz und Mainz besuchen, um von den dortigen kirchlichen Ver=
hältnissen Kenntniß zu nehmen. Mit dem hochseligen Erzbischof=
Coadjutor schon länger befreundet, meldete er diesem sein Vorhaben
und traf am Abende des 30. Juni über Aschaffenburg und Frankfurt
in Köln ein, wo er in der erzbischöflichen Wohnung die freundlichste
Aufnahme fand. Der folgende Tag wurde nicht nur zur ehrfurcht=
vollsten Begrüßung des päbstlichen Stellvertreters und zu einem
heiteren Mahle an der erzbischöflichen Tafel benützt, sondern auch
von den beiden Prälaten die im neuen Bau begriffene herrliche
Kathedrale, mehrere andere denkwürdige Kirchen der Stadt und
auch das Klericalseminar besucht. Kaum hatte man in Köln die
Kunde von dem Kommen des hohen Gastes vernommen, so reifte
schnell der Entschluß, denselben, wie den hochverehrten Coadjutor,
durch eine Beglückwünschungs=Adresse zu begrüßen und zu erfreuen.
Sie wurde sofort entworfen und von einer bedeutenden Anzahl
Bürger unterzeichnet. Am Abende des 3. Juli, an welchem der
päbstliche Stellvertreter von Aachen, wohin er im Geleite des hoch=
seligen Erzbischof = Coadjutors einen Abstecher gemacht hatte, zu=
rückgekehrt war, ward die Schrift von Abgeordneten der unter=
zeichneten Bürger feierlich überreicht. Die überreichte Adresse lautet:
„Heil dem Tage, an welchem den Bewohnern der altkatholischen
Metropole am Rhein das hohe Glück zu Theil geworden, den
Mann in ihren Mauern zu verehren, welcher als erster Repräsentant
unseres heiligsten Vaters, des glorreich regierenden Oberhauptes
der katholischen Kirche, die Rechte derselben im deutschen Theile
Europa's zu vertreten berufen ist. — Heil uns, die wir so glücklich
sind, Eurer Excellenz persönlich die Versicherung zu geben, wie,
nach unserer Ueberzeugung, die Gnade Gottes sichtbar gewaltet hat,
daß der heilige Stuhl in der Person unseres hochwürdigsten Herrn
Erzbischof=Coadjutors, Herrn v. Geissel, uns den Oberhirten ge=
sendet, welcher ganz im Geist unseres unvergeßlichen, hochgefeierten
Clemens August, mit dem Muthe eines Petrus, mit der Weisheit
eines Paulus und mit der Liebe eines Johannes, den gestörten
Frieden der Kirche wieder hergestellt, und die damit unzertrenn=
lichen Segnungen uns wieder zugewendet hat. Durch seine Mahn=
ungen gekräftigt, streben wir unablässig, in unserer vielbewegten
Zeit, deren menschlichen Trägern immer neue thatsächliche Erweise

der Anhänglichkeit unter den Verordnungen unseres allergnädigsten Landesherrn, zu erkennen zu geben und also das Reich der Gottes- und Nächstenliebe immer mehr zu fördern und zu verbreiten. — Darum auch Heil uns, da durch Eurer Excellenz persönliche Gegenwart uns Gelegenheit geboten ist, dem heiligen Vater, unserm Papste Gregor XVI. durch allerhöchst seinen Nuntius unseren tiefgefühltesten Dank für die eben durch jene Sendung uns erwiesene Huld und Vaterliebe zu Füßen legen zu können mit der aus tiefster Seele ausgesprochenen Bitte: „„Seinen heiligen Segen insbesondere uns, den Mitgliedern der streitenden Kirche am Rheine ertheilen zu wollen““! In tiefster Verehrung verharren wir. Köln, am hochheiligen Doppelfeste der Apostelfürsten Petrus und Paulus". — Mit innigen herzlichen Worten in deutscher Sprache gab der Nuntius seinen Dank für diese freundliche Huldigung zu erkennen und ertheilte den erbetenen Segen.

Noch an demselben Abende hatte die Abreise des hohen Gastes nach Bonn, im Geleite des hochseligen Coadjutors und mehrerer ausgezeichneter Geistlichen und Weltlichen Köln's statt. Dort stiegen die Prälaten in dem Palais des glaubenstreuen Grafen Fürstenberg-Stammheim ab. Schon kurz nach ihrer Ankunft begaben sie sich in das katholisch-theologische Convictorium, woselbst die versammelten Professoren der katholisch-theologischen Facultät und die Zöglinge der genannten Anstalt dem päbstlichen Stellvertreter vorgestellt wurden. Dieser bezeigte sich über die Haltung und den gerühmten Geist und Fleiß der Letztern sehr erfreut und richtete treffliche Worte der Ermunterung an dieselben. Hierauf nahm der Prälat mit seinem erzbischöflichen Begleiter die Aula des geräumigen Universitätsgebäudes — in dem ehemaligen erzbischöflichen Schlosse — und die denkwürdige Münsterkirche in Augenschein und zog sich dann in die gräfliche Herberge zurück. Gegen zehn Uhr des Abends brachten ihm die Candidaten der katholischen Theologie an der Hochschule ihre Huldigung durch eine wohlausgeführte Serenade dar. Sie ließen hiebei die Gefühle der Verehrung und Liebe gegen den verdienstvollen Stellvertreter des heiligen Vaters durch Abgeordnete vor ihm aussprechen mit der Bitte, ihnen seinen Segen zu spenden, was auch mit freundlichem Wohlwollen und Danke geschah. Als derselbe hierauf mit dem hochwürdigsten Coadjutor den Balcon des Hauses betrat, ward Beiden ein tausendstimmiges und hochbegeistertes Lebehoch ausgebracht. Für diese herzliche Kundgebung der Verehrung sprach der Erzbischof-Coadjutor im Namen seines hohen Gastes der begeisterten, in dichtgedrängten Schaaren das gräfliche Palais umgebenden Volksmenge den ober= hirtlichen Dank aus, worauf diese freudig und jubelnd sich zurück= zog. [29])

§. 5. Jubelfest und Trauerfeier zu Münster.

Am sechsten September desselben Jahres ward in großartiger Weise das seltene Fest der fünfzigjährigen bischöflichen Weihe des greisen Oberhirten zu Münster, Caspar Max Droste zu Bischering, des Bruders des Kölner Erzbischofes Clemens August, in der Münsterer Kathedrale gefeiert, welcher Feier sich eine Jubiläums= Woche mit verschiedenen Andachten anschloß. Der hochselige Erz= bischof=Coadjutor hat sich besonders bemüht, daß dieses Fest möglichst verherrlicht werde, weßhalb dessen nähere Schilderung hier nicht wohl fehlen darf. Zu jenem Ende ergingen an alle Bischöfe Preußens und auch an jene von Belgien und Holland bezügliche Einladungen. Bereits am 25. Juli hatte sich der Hochselige an das Oberhaupt der Kirche gewendet, damit bei dieser Feierlichkeit dem verdienst= vollen Jubilar, welcher in schwierigsten Verhältnissen seines Amtes, namentlich auch auf dem Pariser Concil des Jahres 1811 dem gewaltigen Kaiser Napoleon gegenüber, seine Treue und Anhäng= lichkeit an den heiligen Vater und die Satzungen der Kirche be= währt hatte, eine besondere Auszeichnung zu dessen Ehre und zur Freude seiner Freunde und Untergebenen zu Theil werde. Eine nähere Hinweisung auf die einzelnen Verdienste des Jubilars unter= stützte die gestellte Bitte. Durch päbstliche Verfügung vom 12. August wurde sofort der hochverehrte Jubelgreis zum Thronassistenten und Hausprälaten Seiner Heiligkeit ernannt und die bezügliche Ur= kunde dem erzbischöflichen Coadjutor zu Köln mit entsprechenden

---

[29]) Dem Grafen Fürstenberg hatte der Nuntius im Auftrage des heiligen Vaters zur Anerkennung der entschiedenen und opferwilligen kirchlichen Ge= sinnung den Gregorius = Orden überbracht. Am folgenden Morgen reiste derselbe, vom Grafen begleitet, nach dem Apollinaris=Berg zur Besichtigung der dortigen, ihrer Vollendung sich nahenden herrlichen Schloßkapelle. Am 8. Juli traf Viale Prela in Mainz ein. — Etwa drei Wochen später kam auch der bisherige Wiener Nuntius, Cardinal Altieri, an den Rhein. Am 2. August traf er in Herrnsheim, bei Worms, ein, wo er im alten Schlosse der Herzoge von Dalberg Wohnung nahm und mehrere Tage weilte. Auf seiner weiteren Reise nach Freiburg kam derselbe auch nach Speyer, wo er am Sonntage dem Hochamte in der Kathedrale anwohnte. —

Glückwünſchen Gregor's XVI. und deſſen Staatsſecretärs Lambruschini zur feierlichen Aushändigung am Jubelfeſte zugeſtellt.
Der Haupttag des Feſtes war auf Sonntag den ſechsten September
feſtgeſtellt. Am folgenden Montage ſollte der zahlreiche Adel der
Diöceſe, am Mittwoche aber die Geiſtlichkeit des Bisthums dem
Jubilar ihre Huldigung darbringen. So hatte jeder Tag der Feſt-
woche ſeine beſondere Beſtimmung. Mit nicht unbegründeter Beſorgniß ſah man jedoch in Münſter dem nahenden Feſte entgegen.
Den Jubelgreis hatte eine ſehr große Schwäche und Hinfälligkeit
befallen, ſo daß man fürchtete, derſelbe werde kaum den hiezu feſt-
geſetzten Tag erleben. Noch am Vorabende deſſelben ſtellte ſich
bei dem Jubilar eine ſolche Gebrechlichkeit ein, daß alle, die den
Greis in dieſem Zuſtande ſahen, zweifelten, ob er am folgenden
Tage ſeine Wohnung werde verlaſſen können. Doch der Gefeierte
hoffte, das Ehrenfeſt werde ihn nicht, wie ſein Bruder Clemens
Auguſt fürchtete, tödten, ſondern von Neuem beleben und erfriſchen.
Und ſo geſchah es auch. Sichtlich trat Beſſerung ein, ſo daß der
altersſchwache Greis nicht bloß an der beinahe drei Stunden dauernden kirchlichen Hauptfeier in der Kathedrale, ohne jedoch ſelbſt das
Opfer darzubringen, mit würdevoller Haltung beiwohnen konnte,
ſondern auch dem im älterlichen Schloße bereiteten Feſtmahle auf
einige Stunden anweſend zu ſeyn vermochte. Zu der Kathedrale
und aus derſelben wieder zurück wurde der Jubilar in einem glänzenden Feſtzuge von Klerikern getragen, geſchmückt mit den biſchöflichen Gewändern und Zierden, in zitternder aber immer noch
ſicherer Hand den Hirtenſtab haltend. Vor ihm zogen in langer
Reihe die anweſenden Geiſtlichen und zehn in oberprieſterlichem
Schmucke mit Mitra und Stab einherſchreitende Kirchenfürſten. [30])
Nach ihm bewegte ſich eine anſehnliche Schaar höherer Beamten,
die Edlen der Verwandtſchaft und der Adel des Landes. Während
des Pontificalamtes thronte der Gefeierte auf einem erhabenen
Sitze nächſt der Evangelienſeite des Hochaltars, den er nur bei
der Wandlung, auf die Kniee niederfallend, verlaſſen hat. Feierliche
Stille und Aufmerkſamkeit herrſchte in dem von Gläubigen über-
füllten Gotteshauſe als der den Meiſten noch unbekannte, ſtattliche
Erzbiſchof-Coadjutor die Kanzel beſtieg, um die ſich vorbehaltene
Feſtpredigt vorzutragen. Dieſelbe zeichnete ſich, außer der Friſche

---

[30]) Noch andere dreißig Prälaten aus allen deutſchen Ländern haben
dem Jubilar ihre Glück- und Segenswünſche ſchriftlich überſendet.

und Lebhaftigkeit im Ausdrucke, durch eine besonders entschiedene Gesinnung, dann durch eine höchstgelungene, zeitgemäße Auseinandersetzung des katholischen Lehrbegriffes von der bischöflichen Würde, so wie durch eine ernste, ungeschminkte Würdigung bekannter Zeitereignisse aus, und blieb nicht ohne tiefen Eindruck. Eine eindringliche Ermahnung an die Versammelten, festzuhalten an ihrem verdienstvollen Oberhirten und dessen Mitarbeitern im Weinberge des Herrn, so wie an der heiligen katholischen Kirche, nebst einer Aufforderung zum Gebete für den Jubilar, bildete den Schluß der inhaltsvollen Rede. Wir können es uns nicht versagen, aus dem Rückblick, welchen der Redner auf die fünfzigjährige bischöfliche Amtsführung des Gefeierten warf, Nachstehendes einzufügen.

„Fünfzig Jahre! — Eine lange Zeit! — Und was haben Sie nicht in diesen fünfzig Jahren erlebt und erfahren? Sie wurden berufen in verhängnißschweren Tagen, deren umwälzende Macht wir Jüngere nur aus der Geschichte kennen. Welche Veränderung erlitt nicht die katholische Kirche in ihrer äußeren Gestaltung, als Sie noch kaum in das Heiligthum eingetreten waren! Die mehr als tausendjährige weltliche Macht der Kirche, jener menschliche Ausbau, welcher die Jahrhunderte in ihrer gesellschaftlichen Entwickelung ihr angefügt, stürzte zusammen; und schien sie doch selbst in jenem Sturme, in welchem eine tausendjährige Welt in Trümmer fiel, durch diesen äußeren Einsturz in ihren tiefsten Pfeilern zu erbeben und zu Grunde zu gehen. Es weissagten ja ihre Feinde frohlockend ihr sicheres, nahes Ende. Aber wenn auch die weltliche Herrschaft der Bischöfe hinweggenommen wurde, ihre geistliche Gewalt blieb; denn sie war nicht von der Welt gegeben, sondern von Gott. Das Schwert weltlicher Gerechtigkeit, welches die Vergangenheit den Bischöfen zur Aufrechthaltung der gesellschaftlichen Ordnung, wie es damals nothwendig und heilsam war, im Laufe der Zeit in die Hand gegeben hatte, wurde nun im Sturme einer umwälzenden, neuen Gestaltung gebrochen; aber es blieb in ihrer Hand der Krummstab, unter dem zu der Väter Zeit gut wohnen war, der Hirtenstab, den der Herr ihnen unveräußerlich gegeben zum friedlichen Regiment seiner Kirche. Fiel auch der Herzogshut von ihrem Haupte, es blieb ihnen die Mitra, das Bild hohepriesterlicher Würde. Der Fürstenmantel, mit dem die Zeit sie bekleidet, wurde wieder von ihren Schultern gezogen; aber es blieb ihnen die Stola, das Sinnbild der Binde- und Lösegewalt, mit der sie Gott betraut. Die Fürstenbank, auf welcher

sie mit Andern, gesetzgebend für Land und Leute, bis dahin gesessen, brach zusammen; aber ihr Bischofsstuhl stand fest, und sie
auf ihm, die Lehrer des gläubigen Volkes. Fortan sollten sie nicht
mehr F ü r s t e n seyn; aber sie blieben B i s c h ö f e. Sie hörten
auf weltliche Herren zu seyn; aber sie blieben die Hirten, wie sie
der heilige Geist gesetzt hat, die Kirche Gottes zu regieren. Es
blieb ihnen der freie Gehorsam und die freiwillige Huldigung, mit
welcher die Millionen der Gläubigen, wie von Alters her, in treu-
katholischer Ergebenheit ihrem Stuhle und durch sie der Kirche an-
hingen. — Eine neue Zeit begann, die Zeit weltlichen Verlustes,
aber geistigen Gewinns, äußerer Schmähung, aber innerer Erstarkung und Erhebung, freilich nur in langsamer Entwickelung. Denn
noch waren die Tage der Zerstörung nicht vorüber, noch war mit
jenem Orkan, der, im wilden Toben über die Länder dahinfahrend,
den äußeren Anbau der Kirche niedergeworfen hatte, der Andrang
feindlicher Mächte nicht befriedigt. Nach dem Falle dessen, was
die Zeit angebaut, sollte auch der Felsenbau, den Gott selbst erhoben, in Trümmer gehen. Die Kirche sollte, in ihrem innersten
Leben zerschnitten, aufhören. Ein Gewaltiger, den jener Sturm
der Ereignisse emporgetragen, legte die kühne Hand an den Felsen
Petri. Der Stuhl zu Rom sollte hinweggenommen, der Mittelpunct der Einheit ausgelöscht, das Haupt von den Gliedern gesondert werden; und die Kirche selbst sollte nur die gefesselte dienende
Magd des Staates seyn. Der Nachfolger des Apostelfürsten war
von seinem Stuhle gewaltsam hinweggeführt und weilte in ferner
Gefangenschaft; und was die Gewalt am Haupte gewagt, das
sollte die Einwilligung der untergeordneten Glieder in sich schmie-
gendem Gehorsam vollenden und heiligen. Da hatten Sie, hochwürdigster J u b i l a r, den Muth, furchtlos vor dem Gewaltigen
auf der Schwindelhöhe seiner Macht die freie Stimme eines uner-
schrockenen Bischofes zu erheben, für die Freilassung des Kirchen-
Oberhauptes das Wort zu nehmen und der heiligen Kirche ihre
angebornen, ewigen Rechte zurückzuverlangen. Und was des treuen
Bischofes unerschrockenes Wort, wie weissagend, gefordert, ging in
kurzer Zeit in Erfüllung. Der Alte der Tage, der auf dem Stuhle
zu Gericht sitzt — Daniel VII. 9. — sprach: „Bis hierher und nicht
weiter"! Und seine Hand fuhr aus den Wolken herab und zer-
stieß den Thron des Gewaltigen. Sein Reich zerstob wie Spreu
vor dem Wirbelwinde und mit seinem Ende wurde auch das ge-
fangengehaltene Oberhaupt der Kirche dem Stuhle Sanct Peters

zurückgegeben. Die Kirche ward wieder frei, in freiem Verbande des gemeinsamen Hauptes mit den Gliedern, der Gläubigen und Priester durch die Bischöfe mit dem Papst. Die Kirche erstarkte durch die ihr einwohnende Gewalt, durch die apostolische Wirksamkeit der Bischöfe. Unter diesen aber sind Sie, hochwürdigster Jubilar, ein leuchtendes Vorbild gewesen, wie früher in muthiger Treue und unerschrockenem Freimuthe, so später in apostolischer Hirtenthätigkeit." 2c. 2c. [31])

Auch bei dem glänzenden Festmahle, welches von dem edlen Grafen Erbdroste zu Vischering, dem Neffen des Jubilars, im Drostenhofe, dem Stammhause der Familie, mit fürstlichem Aufwande und Glanze gegeben wurde, gab sich ein würdiger, ächt katholischer Sinn und Geist kund, der die vielen fremden Theilnehmer nur erfreuen und erbauen konnte. Umweht und gehoben vom treukatholischen Geiste dieser Ehrenfamilie stimmten alle Gäste freudig in den Trinkspruch auf das Wohl derselben ein, welchen der Erzbischof-Coadjutor mit der Erläuterung ausbrachte, „daß sie vielfach verzweigt in die Geschichte der Kirche, in neuerer Zeit Deutschland zwei Kirchenfürsten gab, die als Dioscuren am kirchlichen Firmamente leuchten, deren jeder in seiner Weise für der Kirche Wohl Großes vollbrachte". 2c.

Nicht nur an dem Hauptfesttage, sondern auch bei dem glänzenden Fackelzuge, welchen die Bürger der Stadt am Vorabende desselben zur Ehre des Jubilars veranstalteten und bei der prachtvollen und reichen Beleuchtung der Kathedrale, so wie der ganzen Stadt, welche sowohl am sechsten als zehnten September statt hatte, gab sich allseitig eine frommgläubige Stimmung und Haltung der katholischen Bewohner von Münster ehrenvoll kund.

Sehr eigenthümlich war bei jener Beleuchtung das Haus des Erzbischofes Clemens August, welcher wegen Kränklichkeit an dem Feste nicht Theil nehmen konnte, verziert. Eine Reihe von Kreuzen in verschiedenem Lichtglanze sollte den Beschauern verkünden, daß hier der Mann des Kreuzes, der standhafte Bekenner wohne, welcher seine Huldigung dem Feste bringe im Kreuze, das er trug und trage dem kirchlichen Frieden zum Opfer. In diesem Sinne verlebte derselbe seine letzten Tage, zurückgezogen in sein

---

[31]) Die Rede erschien alsbald im Druck bei J. P. Bachem. Siehe auch „Schriften und Reden". B. I. S. 84. — Diese Rede hat auch für unsere Zeitverhältnisse reiche Belehrung und bleibenden Trost.

stilles Haus, ohne Umgang mit Anderen, selbst nicht einmal mit
den nächsten Verwandten, unbekümmert um die Welt, in welcher
er seinen Beruf auf eine so denkwürdige Art vollendet hat. [32])
Es lag sehr in den Wünschen des katholischen Volkes, der an=
wesenden Prälaten und der Mitglieder seiner Familie, daß Clemens
August dem frohen Jubelfeste seines Bruders an dessen Seite, als
Erzbischof von Köln, beiwohnen sollte. Allein wäre er auch in
einem besseren Gesundheitszustande gewesen, als dieß wirklich der
Fall war, so hätte derselbe dennoch, nach seinem bisherigen Ver=
halten, keinen persönlichen Antheil an dem seltenen Feste genommen.
Sobald die einzelnen Bischöfe in Münster angelangt waren, beeilten
sie sich, dem hochverehrten Erzbischofe ihre Huldigung und Liebe
zu bezeugen. Allein Keinem von Ihnen, einschließlich des erzbischöf=
lichen Coadjutors v. Geissel, war es vergönnt, den duldenden Be=
kenner auf seinem Krankenlager zu begrüßen. Als am Donnerstag
den 10. September, dem zweiten Hauptfesttage, an welchem der
Bischof von Trier die Predigt hielt, die noch anwesenden Ober=
hirten abermals versuchten, zum Kranken zu gelangen und ihn um
seinen Segen zu bitten, ward auch jetzt die gewünschte Begrüßung
bescheiden abgelehnt. Nur die Erklärung eines Prälaten: „Er
sei mehrere hundert Stunden hergekommen und könne nicht heim=
kehren, bevor er den Hochverehrten geschaut und dessen Segen er=
beten habe!" konnte diesen bewegen, die noch anwesenden Mitbrüder
im apostolischen Amte an seinem Krankenlager zu empfangen. Schwach
und kaum im Stande, sich von seinem Lager in die Höhe zu er=
heben, bat er jeden der Bischöfe um den Segen für einen Sterbenden.
Seine ganze Haltung, seine Gesichtszüge und seine Sprache ent=
hüllten das Bild eines dem Tode entgegenharrenden, gottergebenen
Dulders. [33])

---

[32]) Er kam nie mehr nach Köln, ungeachtet er zweimal auf Reisen in
dem dieser Stadt gegenüber gelegenen Deutz rastete. Im Jahre 1843 erschien
von ihm die Schrift: „Ueber den Frieden unter der Kirche und den Staaten".
Im August des Jahres 1844 reiste er über Frankfurt, Stuttgart als zwei=
undsiebzigjähriger Greis zum drittenmal nach Rom. Damals verbreitete sich
das Gerücht, der Coadjutor werde zum Fürstbischofe von Breslau gewählt
und Clemens August kehre wieder nach Köln zurück. Er hatte wiederholt den
Purpur ausgeschlagen. Als bei seiner letzten Anwesenheit in Rom die bezüg=
lichen Anträge bringender wurden, so mußte der anspruchlose Bekenner durch
plötzliche Abreise denselben zu entgehen. — [33]) Am Montage den 15. Sept.
1845 feierte der Ehrendomherr und Pfarrer Geist zu den heiligen Aposteln
in Köln sein fünfzigjähriges Priesterjubiläum, welchem der hochselige Erzbischof=

Wenige Wochen später, am Sonntage den 19. October, Morgens, um Dreiviertel auf acht Uhr, wurde seine schwergeprüfte Seele, nach hartem, dreitägigem Todeskampfe, aus der gebrechlichen irdischen Hülle abgerufen. Das feierliche Trauergeläute von allen Thürmen der Stadt, welches an diesen und den folgenden Tagen von eilf bis ein Uhr stattfand, verkündete den Heimgang des Schwergeprüften. Die Kölner wünschten, daß dessen irdische Hülle in der Kölner Kathedrale möge beigesetzt werden. Doch der Verstorbene hatte letztwillig die Bestimmung getroffen: „Dort will ich begraben werden, wo ich sterbe. Meine Beläutung, Begräbniß, Exequien und Sonstiges sollen nicht kostbarer eingerichtet werden, als der Anstand erfordert". Selbst die einfache Inschrift seines Grabsteines schrieb er vor. Das Domcapitel zu Münster bestimmte einen ehrenvollen Platz auf dem hohen Chore der dortigen Kathedrale zur Ruhestätte des Verblichenen. Durch Unwohlseyn behindert, beauftragte der Erzbischof-Coadjutor den Herrn Weihbischof Cläffen mit der Abhaltung der kirchlichen Leichenfeier. Schon am folgenden Tage verfügte sich dieser mit dem Dombechanten Dr. Iben und andern Kölner Geistlichen nach Münster, wo auch am 23. desselben, unter außerordentlicher Betheiligung der hohen und niederen Geistlichkeit und der Laien die Trauerfeierlichkeit von dem Kölner Weihbischofe abgehalten wurde. Ein erzbischöfliches Rundschreiben vom 25. October, verkündete der Erzdiöcese den Heimgang ihres verdienstvollen Oberhirten und ordnete, mit Beifügung einer gedrängten Lebensskizze in lateinischer Sprache, die Gebete und Trauerfeierlichkeit in allen Pfarreien für denselben an. In der Metropolitankirche wurde sie mit größter Theilnahme und Erbaulichkeit am letzten October abgehalten.

§. 6. Besitznahme des erzbischöflichen Stuhles.

Mit dem Tode des Clemens August war nunmehr der bisherige Coadjutor dessen rechtmäßiger Nachfolger auf dem erzbischöflichen Stuhle zu Köln geworden. Um aber in kirchlicher Vollgewalt sein neues Amt feierlich antreten zu können, hatte er sofort noch das erzbischöfliche Pallium mit dem damit verbundenen Vorrechte vom Oberhaupte der Kirche zu erbitten. Dieß geschah ohne

---

Coadjutor mit den Mitgliedern des Metropolitancapitels beiwohnte. Er hielt am Schlusse der Feier eine die Zuhörer tief ergreifende Anrede und überreichte dem Jubilar das Diplom der Ernennung zum erzbischöflichen geistlichen Rathe ad honores, das erste Beispiel eines solchen Titels in der Erzdiöcese

Verzug. Schon in dem geheimen Consistorium vom 24. November 1845 wurde jener Schmuck dem Bittenden verliehen und dabei auf eine rühmliche Weise an die hohen Verdienste des heimgegangenen Clemens August erinnert. [34]) Zur feierlichen Ueberreichung des Palliums und der damit verbundenen Einführung als nunmehriger Erzbischof von Köln, ward der 11. Januar 1846 festgesetzt, der Geistlichkeit sammt den Gläubigen der Erzdiöcese diese Feier bekannt gegeben und die vierundvierzig Decane des Erzstiftes zur Vertretung der gesammten Seelsorgsgeistlichkeit hiezu eigens eingeladen. [35]) Auch der alte treue Freund des Erzbischofes, der hochselige Bischof Nikolaus von Speyer mit dem Domcapitular Cronauer, war schon zwei Tage vorher nach Köln gekommen, um an dem schönen Feste Theil zu nehmen. Trotz der ungünstigen Witterung wurde dasselbe mit der größten Betheiligung aller Stände und möglichster Prachtentfaltung katholischer Gesinnung abgehalten. Der Herr Weihbischof Cläßen hielt das Hochamt, nach dessen Beendigung er den nahenden Erzbischof unter Beachtung der kirchlichen Vorschrift, mit dem Pallium bekleidete. Dieser bestieg sofort in vollem kirchlichen Schmucke den erzbischöflichen Stuhl und nahm die Huldigung der anwesenden Geistlichen entgegen, welche er mit einer ergreifenden lateinischen Ansprache an dieselben abschloß und sich dann in deutscher Sprache an die Gläubigen wendete, um ihnen die Bedeutung des Palliums, die Wichtigkeit und die Obliegen-

---

[34]) Der heilige Vater ertheilte ihm das Lob eines Mannes, der, ehe er entschlief, durch den Glanz seiner Tugend, der Welt, den Engeln und den Menschen zum Schauspiel geworden. — [35]) Die Erzdiöcese zählte damals 1,100,000 Katholiken in 743 Pfarreien mit 1,446 Priestern. — In einem Briefe vom Abende des Weihnachtsfestes 1845, in welchem der Hochselige seinem Freunde Richarz in Augsburg von dem Empfange des Palliums Nachricht gegeben hat, schrieb derselbe unter Anderem: . . „Damit bin ich denn aber auch für immer an Köln gebunden und ich fühle es täglich tiefer, daß dieses Band kein angenehmes ist. Arbeit, Sorgen, Mühen, Verdruß und Anstrengungen ohne Ende! Wäre ich noch einmal Domdechant in Speyer. Vielleicht haben Sie in einigen Zeitungen gelesen, ich hätte bittere Conflicte mit dem Gouvernement. Glücklicher Weise ist an allem dem kein wahres Wort. Die zwei Bonner suspendirten Hermesianer haben nun nichts zu thun und da vertreiben sie sich die Zeit, das Publicum zu belügen und besonders über Dinge „aus bester Quelle" zu berichten, von welchen gerade sie am Allerwenigsten wissen". ꝛc. ꝛc. In diesem Jahre hatte der Erzbischof-Coadjutor die Bäder zu Wiesbaden gebraucht, wo ihn Bischof Richarz im Gehalte seiner Schwester mit einem Besuche überraschen wollte.

heiten des erzbischöflichen Amtes zu erklären. Aus diesem oberhirtlichen Gruße erlauben wir uns Nachstehendes einzufügen.

„Nachdem ich zu meinen geliebten Brüdern, den hochwürdigen
Mitgliedern des Metropolitancapitels und der ehrwürdigen Pfarrgeistlichkeit gesprochen habe, drängt es mich, geliebte Erzdiöcesanen,
nun auch das Wort an Euch zu richten, die Ihr in dieser heiligen
Stunde Zeuge einer Feier gewesen seid, wie sie unserer heiligen
katholischen Kirche eigenthümlich ist. — Es ist Euch bekannt, daß
es dem unerforschlichen Rathschlusse Gottes gefallen hat, unsern
ehrwürdigen Erzbischof C l e m e n s   A u g u s t aus diesem Leben ab-
zurufen, und daß ich, wie ich bei seinen Lebzeiten zu seinem Coadjutor bestellt war, nunmehr nach seinem Heimgange berufen bin,
den von ihm verlassenen Hirtenstuhl einzunehmen. Ich habe deßwegen in dieser hehren Stunde von dem uralten Bischofsstuhle
der seit so vielen Jahrhunderten hochberühmten, erzbischöflichen Kirche
von Köln feierlich Besitz genommen und Ihr habt gesehen, wie
meine hochwürdigen Brüder, die Geistlichen des Erzbisthums, gekommen sind, ihrem neuen Erzbischofe den Ausdruck ihres kanonischen Gehorsams und ihrer Ehrerbietung und Treue darzubringen.
Und was sie dargebracht, haben sie in mir, dem nunmehr mit übertragenen erzbischöflichen Amte dargebracht, und in diesem Amte
der Kirche und in der Kirche ihrem göttlichen Stifter Jesus Christus,
vor dem alle Kniee sich beugen im Himmel, auf Erden und unter
der Erde. Bevor ich aber den erzbischöflichen Stuhl bestieg und
auf ihm, zum Antritte meines Amtes, mich niederließ, bin ich
zuvor von der Hand meines hochwürdigsten Herrn Weihbischofes,
im Auftrage des Oberhauptes unserer heiligen Kirche, mit dem von
ihm, dem obersten Hirten zu Rom, übersandten erzbischöflichen
Pallium unter bedeutungsvollen Ceremonien bekleidet worden, wie
dieses erzbischöfliche Pallium selbst ein Zeichen und Sinnbild voll
tiefer, reicher und mannigfaltiger Bedeutung ist. — Das Pallium
ist gewebt aus der neuen weißen Wolle junger Lämmer, zum Zeichen
und Sinnbilde des Hirtenamtes, in Erinnerung an des Erlösers
Auftrag: „„Weide meine Lämmer, weide meine Schafe““! Dieß
Wollengewebe des Palliums trägt keinen andern Schmuck, als das
Kreuz. Mit dem Zeichen des Kreuzes deckt es die Brust des
Erzbischofes, mit dem Zeichen des Kreuzes seinen Rücken; seine
Brust als Sinnbild des christlichen Streites unter dem Banner
des Kreuzes und für die Lehre des Kreuzes, als Sinnbild des
Sieges Christi und des christlichen Glaubens mit und unter dem

Kreuze; seinen Rücken, weil der Erzbischof das Kreuz des Herrn, wie es dieser zu seiner Todesstätte vorgetragen, auf die Schultern nehmen und seinem Herrn und Meister nachtragen soll. Das Pallium des Erzbischofes ist genommen von dem Grabe des Apostels Petrus, dessen heilige Gebeine zu Rom in jenem Theile der Haupt- kirche der Christenheit rasten, welcher die Kirche des Bekennt- nisses des Apostels genannt wird; denn ehe es der Erzbischof erhält, hat es auf diesem Grabe während der Dauer einer Nacht geruht und ist sodann mit frommen Gebeten eingesegnet worden. Dieß zum Zeichen und Sinnbilde, wie alle Einheit des Glaubens und der Lehre von dem einen ersten Apostel Petrus, von dem einen Felsen, auf welcher der Herr seine Kirche gebaut, auf daß sie auch die Höllenpforten nicht überwältigen, ausgeht, und wie die Nachfolger auf dem Stuhle des Apostelfürsten in seiner oberhirt- lichen Vatersorge alle katholischen Gläubigen und ihre Hirten, die ganze katholische Christenheit, in der Einheit der Liebe umfaßt. Das also bereitete und gesegnete Pallium wird sodann dem neu- berufenen Erzbischofe auf die Schultern gelegt, um anzudeuten, daß, wie der gute Hirt das junge schwache Lamm auf seinen Schultern trägt, so auch dem Hirten der Seelen das geistige Wohl und die Sorge für das Seelenheil aller seiner Leitung anvertrauten Gläu- bigen auf seine Schultern gelegt ist und von ihm gefordert wird. Zugleich aber wird dem neuen Erzbischofe das Pallium mit den Worten übergeben: „„Nimm hin das Pallium vom Leibe des heiligen Petrus genommen, in dem die Fülle des Hirtenamtes enthalten ist, im Namen Gottes des Vaters, des Sohnes und heiligen Geistes““! und es wird ihm die Vollgewalt des Hirtenamtes übertragen und er also in die volle Ausübung der mit seinem Amte verknüpften Rechte und Ehren, Verbindlichkeiten und Pflichten mit feierlichen und tief bedeutungsvollen Ceremonien eingesetzt."

Nachdem der Redner hierauf die Wichtigkeit des erzbischöf- lichen Amtes, die Größe und Heiligkeit der Hirtengewalt und Hir- tenpflicht näher erläutert hatte, schloß derselbe mit den ergreifenden Worten: . . . „Auf den Beistand meines Herrn und Heilandes vertrauend, bin ich bereit, die Vollgewalt dieses Amtes zu üben, seine Rechte zu wahren und seine Pflichten zu erfüllen, mit Gottes Gnade. Ich habe den Stab des uralten, hochberühmten und treu bewährten Erzbisthums in der heiligen Stadt Köln ergriffen, den vor mir die Heiligen, Anno und Engelbert und so viele andere ausgezeichnete Erzbischöfe und zuletzt noch der ruhmvolle

Bekenner C l e m e n s A u g u ſt geführt haben und es iſt mir Ernſt, ihn zu halten mit Kraft und Treue, in Gerechtigkeit und Milde, im Dienſte des mir anvertrauten Hohenprieſterthums, in der Wahrung unſeres heiligen katholiſchen Glaubens, in der Hut des ſiebenfachen Gnadenbrunnens der heiligen Sacramente, zum Gedeihen unſerer einigen, heiligen, apoſtoliſchen, katholiſchen Kirche, meiner ganzen geliebten Heerde und mir zum Segen, ſo Gott will. Ich gelobe hier im Angeſichte Gottes und ſeiner Kirche, vor Euch, meinen geliebten Pflegempfohlenen und über dem Grabe, das früher oder ſpäter hier mich aufnehmen wird, dem alten, heiligen Erzbisthume Köln ein guter Hirt zu ſeyn, furchtlos und treu, unberückt von Menſchenrückſicht und unbeſtochen von Menſchenſcheu, zur Ehre des dreieinigen Gottes, zum Aufblühen unſerer heiligen Kirche, zur Wohlfahrt unſeres theueren Vaterlandes, zu Eurem und meinem Seelenheile. Das walte Gott durch ſeinen Sohn Jeſus Chriſtus, in der Gnade des heiligen Geiſtes! Amen. Gott gebe es! Amen". [86])

Nach der beendigten Rede ſchritt dann der Gefeierte im glänzenden Zuge vor das Weſtportal der Kathedrale, um dort von einer reich geſchmückten Eſtrade aus den harrenden Gläubigen den vorher verkündeten Ablaß und den erzbiſchöflichen Segen zu ertheilen. Der denkwürdige Tag wurde mit einem großartigen Fakelzug und brillanter Beleuchtung der Stadt geſchloſſen, wobei es weder an einer ſchönen Anſprache des Feſtausſchuſſes, noch an einer dankbaren Erwiderung des geehrten Oberhirten von dem Balcone ſeines Hauſes herab fehlte, welche mit dem erzbiſchöflichen Segen geſchloſſen wurde. [37])

---

[89] Schriften und Reden". B. I. S. 101—109 — [37] Schriften und Reden". B. I. S. 109. — Die betreffende Anſprache des königlichen Juſtizrathes Harburg lautete: „In der Reihe der Erzbiſchöfe von Köln leuchteten von jeher die Fürſten aus dem Lande der Bayern glänzend hervor. Als treueſte Hirten der oft hart bedrängten Heerde hüteten ſie, in richtig verſtandenem Intereſſe der Wohlfahrt des Volkes, das Heiligthum im Hauſe des Herrn. Und wie in dem Jahre 1583 der Bayern Herzog Ernſt auf den erzbiſchöflichen Stuhl hier erhoben ward, um der Kirche Würde und Frieden zu ſichern, ſo ſendete auf zwei herzbefreundeter Könige Antrag im Jahre 1842 Rom uns einen Mann aus dem Bayerlande, um das zwiſchen Staat und Kirche geſtörte, harmoniſche Verhältniß herzuſtellen. In Ihnen, hochwürdigſter Herr Erzbiſchof, empfingen wir dieſen Friedensboten und Sie, unſeres feſten Dafürhaltens, ausgerüſtet mit dem Muthe eines Petrus, umgürtet mit der Weisheit eines Paulus, beſeelt von der Liebe eines Johannes, Sie forderten

In dem ersten Hirtenbriefe, welchen der Hochselige nach der feierlichen Besitznahme des erzbischöflichen Stuhles erließ, empfahl er ein dankbares Andenken an den Bekenner Clemens August mit der freudigen Zuversicht, daß die Erzdiöcese das von demselben hinterlassene religiös-kirchliche Vermächtniß treu bewahren werde. [38] Der neue Metropolit suchte nunmehr mit doppeltem Eifer Hand an den Pflug zu legen, im ächt katholischen Geiste allen Schwierigkeiten des Ortes und der Zeit kühn entgegen zu treten und muthvoll zu bessern, was namentlich in der Diöcesanverwaltung, wie in einzelnen Zweigen der kirchlichen Zucht, einer Aenderung und Nachhilfe zu erheischen schien. [39] Seine große Entschiedenheit der Ge-

und erhielten, daß das an dem mit Ruhm vorangegangenen Amtsträger wie Pflichtverletzung Beklagte, Ihnen, als dessen Vertreter, als das der Kirche angehörige, geheiligte Recht wieder zuerkannt wurde. Darum auch erglänzet auf Ihrem Haupte Ihres hochachtbaren Landsmannes, des in der Geschichte als des Landes Vater mit unverlöschlichen Zügen gepriesenen Fürstbischofes Clemens August — (Herzoges von Bayern, Erzbischofes von Köln und Bischofes von Paderborn, Münster, Hildesheim und Osnabrück, gestorben am 6. Feb. 1761) — goldene Mitra in neuer Schönheit, und in Ihrer Erhebung erhalten Kölns Bürger eine sichere Gewähr für die dauernde Anerkennung der Rechte der katholischen Kirche, fühlen durch die von Ihrer Hand gespendeten Segnungen sich gekräftigt, festzuhalten an aller Pflichterfüllung bei der Ueberzeugung, daß nur in der Religion und der sie bekennenden, sich durch die That bewährenden Gemeinschaft, wahre Liebe zum Vaterlande, feste Treue gegen den Landesherrn gepflegt werden und Wurzel fassen kann. Auch hat, hochwürdigster Herr Erzbischof! unser Dom, das kostbarste Erbtheil der Frömmigkeit und Thatkraft unserer Vorfahren, unter Ihrer Aegide und in Ihrer, der Bauthätigkeit in demselben liebevoll gewidmeten Sorgfalt, neue, sichere Bürgschaft gefunden für seine glorreiche Zukunft und alle unsere Gebete zum Lenker der menschlichen Dinge, alle unsere Wünsche für Eure erzbischöflichen Gnaden einigen sich in dem Jubelrufe: Gott wolle durch Ihre Hand, wie heute, so dereinst im herrlich vollendeten Dome unserem Könige und seinem Volke den Segen ertheilen"! — [38] Schriften und Reden". B. I. S. 111. — Am 27. Sept. 1846 besuchte der Hochselige mit dem Professor Dieringer abermals Speyer, weilte hier drei Tage und reiste dann über Offenbach, Landau, Gleisweiler, Hambach nach Mußbach. — [39] Auch schon früher hatte es der Oberhirte nicht an Entschiedenheit fehlen lassen. Nach einem Briefe aus der Erzdiöcese vom 14. April 1846 hatte derselbe in den Jahren 1843 bis 1845 bereits 69 Pfarrer theils mit, theils gegen ihren Willen, versetzt. Der Schreiber dieses Briefes, der die ihm angewiesene Pfarrei zu beziehen sich sträubte, wurde suspendirt und durch Beirufung des weltlichen Armes genöthiget, seine bisherige Pfarrwohnung zu räumen. Er appellirte an den römischen Stuhl und verwickelte sich in langjährige Klageführung, die der Hochselige erst bei seiner Anwesenheit zu Rom zum Abschlusse brachte.

sinninng, seine warme Glaubensinnigkeit, seine treue Anhänglichkeit an die Kirche, ihre Vorschriften und ihr sichtbares Oberhaupt, seine umsichtige, unter allen Umständen sich findende Gewandtheit und Klugheit, waren Vorzüge, welche das bisher ihm erworbene Vertrauen seiner Untergebenen auch für die Zukunft nur festigen und heben konnten. Dieses Vertrauen suchten zwar die Lehrer und Vertheidiger des Hermesianismus, gegen welche der Hochselige die Verfügungen des heiligen Stuhles unerschrocken in Vollzug setzte, ferner die schmähsüchtigen Rongeaner, deren Umtrieben und Verlockungen er kräftig zu begegnen wußte, auch fehlige Priester, die seine ernsten Maßregeln zu fürchten und zu empfinden hatten, in Flugschriften und kirchenfeindlichen Tagesblättern⁴⁰) zu untergraben und zu schwächen; allein dieß konnte die Pflichttreue des Oberhirten nicht beirren, noch dessen Festigkeit erschüttern. Die tüchtigsten Priester und Laien des Rheinlandes gaben ihm um so entschiedener und offener ihre Anhänglichkeit und Verehrung kund. Dieß erwies sich namentlich auch bei dem glänzenden Empfange und den freudigen Huldigungen, welche ihm am Abende des 21. Juni 1846 zu Bonn und am folgenden Tage bereitet wurden, an welchem, nach feierlichem Pontificalamte und ergreifender Ansprache im Münster, der Grundstein zu dem dortigen neuen katholischen Hospitale, unter außerordentlicher Theilnahme der gläubigen Bewohner, gelegt ward. Gleiches hatte statt, als der Erzbischof am 11. des folgenden Monats zur großen Heiligenfahrt in Aachen eintraf, dann am folgenden Sonntage nach beendigtem Pontificalamte die große Procession führte und hierauf mit den Pilgern im Dome die heiligen Unterpfänder der ehrwürdigen Vorzeit verehrte.⁴¹) Selbst die gläubigen Protestanten in vielen gemischten Städten der Erzdiöcese ließen es an besonderer Hochachtung beim Erscheinen des ausgezeichneten, thatkräftigen Erzbischofes nicht fehlen. Dieß gab sich insbesondere kund, als derselbe im Beginne des Monats Juli 1847, „im Lande der

---

⁴⁰) Die katholischen Rheinlande beherrschten damals drei politische Blätter, die Zeitungen von Elberfeld, Köln und Trier, welche im feindseligsten Sinne gegen alles Katholische und Kirchliche auftraten, während den Katholiken die Erlaubniß, eine politische Zeitung herauszugeben, wiederholt verweigert wurde. Siehe Näheres hierüber: „Katholik". Jahrg. 1847. S. 330 und 355.
⁴¹) Das Fastenhirtenschreiben vom 25. Januar 1847 verkündete in einer erhebenden Weise die Wahl des Pabstes Pius IX. mit trefflicher Ermahnung an die Diöcesangeistlichkeit, während ein oberhirtliches Ausschreiben vom 26. April gleichen Jahres das vom heiligen Vater angeordnete Jubiläum zur Kenntniß brachte. „Schriften und Reden". B. I. S. 127 u. 139.

Berge", im Decanat Elberfeld, eine Visitations- und Firmungsreise abhielt, in welchem vier Fünftel der Bewohner Protestanten
sind. In den Städten Lennep und Ronsdorf begrüßten ihn die
protestantischen Geistlichen und das Geläute ihrer Kirchenglocken,
wie jenes der Katholiken. In Elberfeld selbst, wo der Oberhirte
mehrere Tage weilte, die neue, schöne katholische Kirche einweihete
und 3,200 Firmlingen das heilige Sacrament spendete: bestrebte
man sich auf die verschiedenste Weise, dem Kirchenfürsten die gebührende Ehre und dem hohen Gaste die freundlichste Aufmerksamkeit
zu erweisen, trotz der dortigen Mucker-Prediger Krummacher und San-
der und der katholikenfeindlichen Elberfelder Zeitung. Diese ehrenvolle
Huldigung und Verehrung, welche dem Oberhirten allenthalben,
wo er in amtlicher Thätigkeit erschien, zu Theil ward, mußte sein
Vertrauen auf guten Erfolg derselben stützen und mit wachsendem
Eifer erfüllen.

Diese gehobene Stimmung gab sich auch dem Könige gegenüber kund, als derselbe am 23. September des Jahres 1847, gelegenheitlich des damals abgehaltenen glänzenden Heerlagers, mit
hohem Gefolge der Prinzen Adelbert, Friedrich Wilhelm, Waldemar
und Wilhelm von Preußen, des Großfürsten und Thronfolgers
Alexander von Rußland, des Kronprinzen Maximilian von Bayern
und des Erbgroßherzogs Ludwig von Hessen-Darmstadt, 2c. zum
dritten Male den Dom zu Köln besuchte. Der Erzbischof versäumte diese feierliche Veranlassung nicht, das Wohlwollen des
edlen Königs für die Unterstützung des Dombaues und die Erzielung der damit verbundenen höheren Zwecke in einer begeisternden
Ansprache neu zu gewinnen und zu befestigen. „Zum dritten Male
— dieß waren seine Worte — ist es uns vergönnt, Eure königs
liche Majestät an dieser heiligen Stätte feierlich, ehrfurchtsvoll zu
begrüßen und wir thun dieses mit erhöhter Freude. Als Eure
Majestät vor fünf Jahren zu dem seit Jahrhunderten unterbrochenen
Fortbau unseres Domes den Grundstein legten, vernahmen wir
den königlichen Weihespruch: „„Der Dom von Köln rage über diese
Stadt, über Deutschland, über Zeiten, reich an Menschenfrieden
und reich an Gottesfrieden""! Diesen sinnvollen Weihespruch haben
wir in dankbarer Erinnerung bewahrt. Er hat uns das hohe
Ziel angedeutet, das wir im körperlichen und geistigen Ausbaue
unseres Werkes erstreben. Als wir sodann vor zwei Jahren wieder
das Glück hatten, Eure Majestät in diesen Hallen zu empfangen,
hörten wir aus königlichem Munde ein zweites erhabendes Wort:

„„Es ist mir eine der christlichen Herrscherfreuden, welche Sie mir
wünschen, an diesem Gotteshause, zu seiner Ehre mitzubauen"" !
Auch dieses erhebende Wort haben wir dankbarst unserem Gedächtnisse eingegraben; es hat uns begeistert und gestärkt zur Eintracht
und Ausdauer in dem großen Werke durch die Ueberzeugung, dem
König ist es eine Herrscherfreude an unserem Dome mitzubauen.
An die beiden königlichen Worte hat sich seitdem ein drittes an-
gereiht, in weltgeschichtlicher Stunde vom Throne herabgesprochen,
das hochherrliche Königswort: „„Ich und mein Haus wollen dem
Herrn dienen"" ! Dieses Wort, das in jeder Brust zündend nach-
geklungen, hat auch in uns den freudigsten Nachhall gefunden.
Wir haben es lebendig nachgefühlt, und mehr noch, wir haben
dem großartigen, im Angesichte des Himmels und der Erde ausgesprochenen Bekenntnisse geantwortet: „„Und wir wollen dienen
mit ihm"" ! Der König und sein Volk wollen dem Herrn dienen.
Wo aber hätte das erhebende Königswort einen stärkeren Wiederhall
finden sollen als in den Hallen des Domes zu Köln" ? 2c. 2c. Zum
Schlusse der Ansprache lud der Hochselige den König freundlich
ein, den sechsten Säculartag der ersten Grundsteinlegung des denkwürdigen Gotteshauses, welcher am 14. August des nächsten Jahres
gefeiert werden soll, mit seiner Gegenwart zu erhöhen. [43])

§. 7. Märzstürme und sofortige Kämpfe.

Doch gab es noch viele Sorgen und Wehen für geistliche und
weltliche Machthaber im deutschen Vaterlande und auch im Erzbisthume Köln, ehevor das angekündete Fest gefeiert wurde. Die
düsteren Gewitterwolken, welche sich am politischen Himmel bisher gesammelt, entluden sich in den Märzstürmen des Jahres 1848 mit
blutigen Kämpfen und wildem Umsturze. Wie allerwärts in diesen
Tagen der Verwirrung und Bedrängniß, so trieben die hochan-
schwellenden Wogen auch in den Rheinlanden Gesinnungen und
Pläne, gute und schlimme, zum Vorscheine, die sonst vielleicht noch
lange nicht so deutlich und bestimmt zu Tage getreten wären. Auch
die Befreiung der Kirche von den unwürdigen Banden, in welche
sie der Polizeistaat allmählich gefesselt hatte und dessen kirchenfeind-
liche und antikatholische Bestrebungen sich noch unlängst in dem

---

[43]) „Schriften und Reden". B. I. S. 140. — Siehe auch
„Katholik", Jahrg. 1847. S. 496.

Entwurfe und in den Berathungen des neuen Strafgesetzes für Preußen bezüglich der Strafbestimmungen über Vergehen der Geistlichen in so auffälliger Weise kund gaben, [48]) wurde von allen glaubenstreuen Katholiken gleich anfänglich als eine Nothwendigkeit erkannt und vielseitig verlangt. Da galt es auch für den Erzbischof von Köln mit doppelter Umsicht und Festigkeit das Steuerruder seines hohen Amtes zu führen, um dem Kaiser zu geben, was des Kaisers ist und Gott was Gottes ist. Schon unterm 15. und 18. März hatte er allgemeine Kirchengebete zur Bewahrung des Friedens angeordnet. Dieser allgemeinen Anordnung folgte unterm 22. desselben Monats eine oberhirtliche Ansprache, worin die Erzdiöcesanen wiederholt zum vereinten Gebete um Gottes allmächtigen Schutz für die Kirche und das Vaterland aufgefordert, und zur Erhaltung der Ruhe und Eintracht, zur Förderung der kirchlichen und bürgerlichen Ordnung und Gesetzlichkeit, väterlich ermahnt wurden. ... „Große Aenderungen und Umgestaltungen — so rief der hochselige Erzbischof seinen geliebten Erzdiöcesanen entgegen, — gehen rings in den Staaten vor und bereiten die Geschicke der Zukunft. Die Kirche auf dem ewigen Felsen in der Meerestiefe der Zeiten unerschütterlich ruhend, sieht die Entwickelung und Umgestaltung ruhigen Blickes vorübergehen: aber sie betrachtet sie nicht theilnahmslos. Sie weiß, daß die großen Ereignisse im Leben der Völker mit Gottes Beistande der Keim werden einer reichen Segensernte auf Jahrhunderte, oder ohne ihn des

---

[48]) Die Bekämpfung und Abwehr dieser Bestimmungen, welche das lutherische Territorialsystem auch für die Katholiken in Geltung zu bringen suchte, nahm auch die Thätigkeit des Kölner Metropolitancapitels sehr in Anspruch. — Am 7. Januar 1848 schrieb der Hochselige hierüber an den Bischof Richarz zu Augsburg: ... „Eben ist in Berlin ein Ständeausschuß versammelt, um die Einführung eines neuen Strafgesetzbuches zu berathen, welches unter Anderem die Bestimmung enthält: „daß der Geistliche, welcher den von den weltlichen Behörden circa sacra erlassenen Verfügungen widerstrebt, vom Criminalgerichte aus seinem Amte entfernt werden soll und dann auch nicht einmal mehr Hilfsgeistlicher seyn darf". Das ist doch das Schwert des Damocles über jedem klericalen Haupte vom Kaplan bis zum Erzbischofe. Wenn dieser Strafcodex durchgeht, erlebe ich vielleicht in nicht langer Zeit, daß ich, als Erzbischof, welcher einer Verfügung circa sacra widerstrebt hat, entsetzt und unfähig, noch Hilfspriester hier zu Land zu seyn, Sie bitte, mir auf meine alten Tage in Ihrer Diöcese eine Frühmesserei, oder ein sonstiges Beneficium verleihen zu wollen. Tunc flent, quæ fieri posse negabam. Es ist unbegreiflich aber leider wahr"!

Unglücks Dornenfaat für viele Geschlechter. Ihr liebendes Mutter=
herz wendet sich darum dem bürgerlichen Loose ihrer Kinder mit
warmem Mitgefühle zu. Sie fühlt mit, sie nimmt Theil, — sie
betet. Sie betet warm und innig; sie betet ohne Unterlaß; sie
verdoppelt ihr Gebet. Und alle ihre Theilnahme, ihre
Sorge, ihre Hoffnung schließt sie in ein vermehrtes Segengebet
zusammen und richtet es mit gesteigerten Fürbitten zum Lenker
der irdischen Geschicke, damit er, der Gott des Friedens, sein gnä=
diges Auge nicht abwende von ihr und ihren Kindern und das
theure Vaterland fort und fort in seiner heiligen Obhut erhalten
möge. — In diesem Geiste unserer heiligen Kirche richte ich heute
meine Worte an Euch, geliebte Erzdiöcesanen, und fordere Euch
auf in der vollen Kraft meines Gemüthes zum Gebete, zur Ein=
tracht, zum Frieden. Ich habe ein Recht und es ist meine Pflicht,
in dieser verhängnißvollen Zeit zu Euch zu reden; denn die heilige
Kirche hat mich unter Euch gesetzt, damit ich in ihrem Namen
Euch ein Herold ihres Bekenntnisses und ihrer Segnungen sei,
ein Friedensbote, ein Jünger der Liebe. . . . . . So hört denn
diese Stimme, geliebte Diöcesanen, hört sie mit Vertrauen und
Liebe. Die Zeit ist schwer, die Ereignisse sind verhängnißvoll.
Die Kirche hebt ihre Hände zum Allmächtigen empor und lenkt
auch Eure Herzen und Euren Sinn zu ihm. Sie betet laut und
innig, daß Gott alle feindlichen Gefahren von Euch und dem
theueren Vaterlande gnädig abhalte. Darum betet auch Ihr mit
ihr; verharret im Gebete, betet ohne Unterlaß. Seid besonnen
im christlichen Ernste, fern Euch haltend von täuschenden Trug=
bildern und unverlockt von verführenden Worten, damit nicht das
theure Vaterland in sich zerrissen sich auflöse. Habt Frieden unter
Euch und wendet Euch nicht ab von des Friedens allein beglücken=
den Wegen. Seid einig in der Liebe gegen alle Menschen; ist
sie ja doch des Glaubens und der Hoffnung Krone und des ganzen
Gesetzes Erfüllung. Uebet Wohlthun und Barmherzigkeit an Euren
hilfsbedürftigen Brüdern. Lasset nicht ab, Ihr Bürger alle, von
der Erfüllung Eurer Berufspflichten, als sorgsame Hausväter und
christliche Familiengenossen, Jeder in seinem Berufe, welchen Gott,
von dem alles Gute kommt, ihm zugewiesen hat. Bewahret die
Eintracht unter Euch und befördert als treue Christen und als
gute Bürger, die kirchliche und bürgerliche Ordnung und Gesetz=
lichkeit, Jeder nach seinen Kräften in seinem Hause und im Ge=
meinwesen, denn auf ihnen beruht des Staates Bestehen und der

Kirche Gedeihen . . . . Lasset das väterliche Wort Eures Hirten durch Euch zur That werden und Gott wird mit Euch seyn." [44] Doch nicht alle Untergebenen des Hochseligen beachteten diese ernst väterliche Ermahnung. An mehreren Orten der Erzdiöcese ereigneten sich Vorfälle, bei welchen die christliche Liebe und der öffentliche Friede durch gewaltsame Angriffe auf Personen und Eigenthum schwer verletzt wurden und welche der Oberhirte mit der Kirche in tiefer Trauer schmerzlich beklagen mußte. Dieß veranlaßte denselben unterm 20. April weiter anzuordnen, nicht nur die früher vorgeschriebenen Gebete noch länger fortzusetzen und außerdem alle Sonntage eine besondere Andacht und in der Woche eine Segenmesse abzuhalten, damit der allbarmherzige Gott das Erzbisthum und das ganze Vaterland von den schweren Uebeln der Zwietracht und Unordnung, des Aufruhrs und des Krieges gnädig bewahren und dagegen den Geist der Eintracht und Gesetzlichkeit, des Friedens und der Liebe zur Erhaltung und Förderung der Ordnung und Sicherheit erhalten und wo diese hie und da in betrübender Weise gestört worden, zur dauernden Ordnung zurückführen möge. [45]

Ueber die damaligen Ansichten, Wünsche und Hoffnungen der Katholiken in der Kölner Kirchenprovinz vernehmen wir Nachstehendes: „Wie in den übrigen Gauen Deutschlands, so haben auch die Märzstürme in den preußischen Rheinlanden außerordentliches Schwanken und eine mehrfache Veränderung der Dinge hervorgerufen. Je gewaltiger die Staatsallmacht und die Alles bevormundende Bureaukratie in Preußen bisher war, desto tiefer deren Erschütterung und Fall. Ueberall erscholl jetzt der Ruf nach Freiheit, überall der Versuch zum Wegräumen der Beengungen, welche nicht in der Vernunft und Religion begründet erschienen. Ueber Viele erging ein Gericht Gottes und eine harte Vergeltung, wobei sich allerdings ungebührliche Leidenschaft offenbarte. Auch waren die-

---

[44] „Schriften und Reden". B. I. S. 156. — Bereits am 18. März war zu Berlin der Aufruhr ausgebrochen, welcher einen neunzehnstündigen Straßenkampf schürte, bei welchem vom Volke 216, vom Militär aber 18 Mann den Tod fanden. Zu Köln war am 19. März, zu Aachen und Crefeld am 20. der Aufruhr ausgebrochen, 2c. Als die Kunde von jenem blutigen Ereigniß zu Berlin das Land durcheilte, ertönten in allen Städten die Trauerglocken. In den Kirchen der Erzdiöcese wurde feierlicher Trauergottesdienst für die Gefallenen gehalten. Der in der Kathedrale, dem auch der Erzbischof anwohnte, war besonders großartig und feierlich. — [45] „Schriften und Reden". B. I. S. 158. -

jenigen, welche die Vergeltung übten, gar oft ebensowenig dazu berechtiget, als meistens diejenigen, welche davon berührt wurden, ein Recht hatten, sich vor Gott darüber zu beschweren. Was aber die Katholiken der Rheinlande Preußens, die sich größtentheils von den gewaltsamen Umstürzungen noch frei hielten, bei allen den Drangsalen der Zeit tröstete, war die Hoffnung, daß nach Weg= räumung des großen Wustes bureaukratischer Bevormundung und mißtrauischer Beaufsichtigung ihrer Kirche, auch ihnen endlich die Freiheit gewährt werde, ihr religiöses, kirchliches Leben ungehemmt zu entwickeln. Sie hofften und verlangten, daß sie forthin, un= behindert, wo sie wollten, ihre Kinder erziehen lassen und katholische Erziehungsanstalten und Klöster errichten könnten; daß man der katholischen Kirche das gegebene Versprechen erfüllen und demnach Kirchen, Bisthümer, Domcapitel und Pfarreien mit liegenden Grund= stücken ausstatten und die geraubten Kirchengüter zurückstellen werde; daß den katholischen Kirchenobern die freie Besetzung der kirchlichen Aemter und die eigene Verwaltung des Kirchenvermögens unbe= hindert gestattet, so wie andererseits protestantische Kirchen= und Pfarrdotationen nur aus protestantischem Eigenthume genommen und daß die protestantischen Prediger vom Staate nicht besser als die katholischen Pfarrer besoldet werden. Man hoffte und ver= langte in katholischen Gegenden keine protestantische Gymnasien mehr gegründet zu sehen und daß an gemischten Gymnasien die Zahl der Lehrer und Schüler nach der Confession im Verhältnisse stehe und daß in Bezug auf den Gehalt ferner kein Unterschied nach dem religiösen Bekenntnisse stattfinden werde. Auch der Er= richtung katholischer Universitäten im Verhältniß zur katholischen Bevölkerung sah man entgegen und daß von keiner Universität mehr stiftungsmäßig ein Katholik als Lehrer ausgeschlossen werde. Man hoffte und verlangte, daß in Beziehung auf die Pfarrsysteme katholischen Einwohnern eben so leicht und schnell, wie den prote= stantischen ein Pfarrer gegeben und daß nirgends in Deutschland eine Zahl Katholiken, wie noch jetzt im Lippe'schen und in der Grafschaft Wittgenstein, ferner gefunden werde, die keinen Pfarrer haben, während eine eben so geringe, ja noch geringere Zahl Pro= testanten einen eigenen Pfarrer nicht entbehrt. Bei diesen Wünschen und Hoffnungen hatten schon damals — am Anfange April's 1848 — Katholiken des Niederrheins die Frage angeregt — ob es nicht zweckdienlich sei, daß eine Anzahl für das Wohl der Kirche be= geisterter Männer Deutschlands, namentlich Kanonisten, unter den

Auspicien der Bischöfe einen Congreß hielten, um eine gründliche Denkschrift vorzubereiten, durch welche bei dem bevorstehenden Reichstage zu Frankfurt der Freiheit der Kirche und ihren Rechten eine zeitgemäße und gründlich unterstützte Anerkennung und Geltung erwirkt werden dürfte." [46])

§. 8. Der Erzbischof als Abgeordneter der Nationalversammlung.

Der Aufruhr in Berlin und in vielen andern Städten hatte mehrere politische Maßnahmen, namentlich auch die Wahlausschreibung zur constituirenden preußischen Nationalversammlung veranlaßt. Der letztgenannten oberhirtlichen Verordnung fügte daher der Erzbischof die Anweisung bei, warum und wie die Geistlichen selbst sich an den betreffenden Wahlen betheiligen und in welcher Weise sie hierüber die Gläubigen am ersten Sonntage nach Ostern, am 30. April, dem Vortage der genannten Wahlen, von der Kanzel herab zu belehren haben. Die bezügliche oberhirtliche Mahnung lautete: . . . „Welche Ereignisse gegenwärtig die Geister in Aufregung und die Gemüther in Spannung erhalten, ist bekannt. Bereits sind in der staatlichen Ordnung tiefeingreifende Umwandlungen vorgegangen und wie es scheinen will, stehen wir an der Schwelle noch größerer Umgestaltungen. Der Staat will zu einer neuen Ordnung auf einer neuen Grundlage sich aufbauen und um diesem Um- und Aufbaue sind alle seine Bürger durch die Absendung bestimmter Vertreter aus ihrer Mitte mitzuwirken berufen. Die Wahl dieser Volksvertreter wird demnächst stattfinden. Sie ist eine hochwichtige Angelegenheit für den Staat und für die Kirche. Sie ist es für den Staat; denn die neue Ordnung der Dinge, welche die Stellvertreter zu berathen und festzuhalten berufen sind, soll eine Bürgschaft allgemeiner und dauernder Wohlfahrt dadurch werden, daß das Vaterland, durch sie auf dem Boden des verfassungsmäßigen Rechtes und der verfassungsmäßigen Bürgerfreiheit wohlgeordnet, im Innern einig und nach Außen stark und mächtig aufblühe und in Wohlstand, Macht und Ehre gedeihe. Sie ist es aber auch nicht minder und vielleicht noch im höheren Maße für die Kirche; zunächst im Interesse ihrer Angehörigen und dann auch für sie selbst. Im Interesse ihrer Angehörigen; denn wie könnte sie als eine allbesorgte Mutter, welche nicht bloß das ewige, sondern auch das zeitliche Wohl ihrer Kinder im Herzen trägt, gleichgiltig

---

[46]) „Katholik". Jahrg. 1848. S. 173.

bleiben, wenn es sich darum handelt, das bürgerliche Loos der
Ihrigen auf Jahrhunderte hinaus zu Wohl oder Wehe zu gestalten?
Sie ist es auch für sich selbst; denn kann auch der geheiligte, ihr
anvertraute apostolische Lehr= und Glaubensschatz und ihr vom Herrn
auf dem Felsen begründeter Bau mit seiner innern, unwandel=
baren Grundverfassung, Ordnung und Gliederung von einer im
Leben der Völker vorgehenden Aenderung niemals erreicht werden;
so wird doch ihre, mit der staatlichen Ordnung vielfach verwachsene,
äußere Stellung und Wirksamkeit wesentlich davon berührt. In
allen diesen Beziehungen trägt daher die Kirche in ihrer innersten
Sendung den Beruf, an der Gründung dieser neuen Ordnung sich
zu betheiligen; und kann sie auch, im Vertrauen auf die ihr ge=
wordenen und bewährten Verheißungen, die Zukunft, was immer
sie auch bringen möge, mit Muth abwarten, so darf doch das nicht
mit dem leidenden Muthe des unthätigen Harrens der Dinge, die
da kommen sollen, geschehen, sondern mit der Geistes= und Ge=
mütheskraft, welche in die Gestaltung der Dinge eingreifend, nach
Vermögen und Stellung mitwirkt. Die Kirche darf und muß an
dem neuen gesellschaftlichen Baue mithelfen und ihre Diener mit
ihr. Diese können es, und sie sollen es und zwar in zweifacher
Eigenschaft und Richtung, als B ü r g e r und als P r i e s t e r.
. . . . Insbesondere glaube ich Eure Aufmerksamkeit darauf lenken
zu sollen, hochwürdige Brüder und Mitarbeiter, daß, obwohl die
Worte „„Recht"", „„Freiheit"" und „„Unabhängigkeit"" zu jetziger
Zeit aus aller Mund ertönen, es doch, was Gott verhüten wolle,
noch Manche geben dürfte, die, unter der Herrschaft alter Vorur=
theile stehend, die Grenzen jener hohen Güter gerade da abschließen
möchten, wo das Gebiet der Kirche mit ihren ewigen, unveräußer=
lichen Rechten und Freiheiten anfängt. Durchdrungen von der
hohen Wahrheit, daß das Recht der Kirche von dem Allherrscher
im Himmel stammt und niemals, am Allerwenigsten von ihren
eigenen Söhnen, darf daran gegeben werden, und überzeugt, daß
des Vaterlands Wohlfahrt wesentlich bedingt ist von der Freiheit
und Selbstständigkeit, womit die Kirche ihre Sendung vollziehen
kann, wünsche ich, daß Ihr diesen Punct wohl im Auge habet
und nicht ermangelt, auch die Euch Anvertrauten über die Wich=
tigkeit jener himmlischen Güter zu belehren, deren Wahrung und
Sicherstellung unter uns für künftige Zeiten von dem Allmächtigen
in die Hände des jetzt lebenden Geschlechtes niedergelegt ist. Darum
sorget dafür, so viel an Euch liegt, daß Männer mit dem Ver=

trauen des Volkes durch die bevorstehenden Wahlen beehrt werden, welche, fern von aller Partei= und Selbstsucht, nur dasjenige im Auge haben, was für König und Volk, für Recht und Freiheit, aber auch für Religion und Kirche, für Selbstständigkeit und Wirksamkeit, zur Förderung der Gesittung ersprießlich ist, auf daß der christliche Name auch in diesen Tagen ernster Heimsuchung und Prüfung in seiner Lauterkeit sich bewähre". 2c. 2c. [47]) Diese oberhirtliche Belehrung und Ermahnung konnte nicht ohne die gewünschte Wirkung bleiben. Trotz der Gegenanstrengung und Wühlereien der Radicalen gelang es den kirchlich gesinnten Katholiken der Rheinlande, sowohl in die Nationalversammlung zu Berlin, als wie in die Reichsversammlung zu Frankfurt ihrerseits mehrere tüchtige und glaubenstreue Männer zu wählen. Für die erste Versammlung ward der hochselige Erzbischof zu Aachen einstimmig, zu Köln aber und in einem dritten Wahlkreise, mehrstimmig gewählt. Er erklärte die Annahme der Wahl für Köln. So wurde in den Tagen der größten Erregtheit im Erzstifte vertrauungsvoll die Vertretung der weltlichen und kirchlichen Interessen des Königreiches dem Muthe und der Weisheit des verehrten Oberhirten von den wohlgesinntesten Wahlmännern anvertraut. Als bereits die Wahlen beendet waren und aus vielseitigen Versammlungen, Berathungen und Anträgen unschwer entnommen werden konnte, daß auch die katholische Kirche, ihre Rechte und Freiheiten von den Feinden derselben in den Frankfurter und Berliner Verhandlungen nicht unberührt und unangefochten bleiben, ja die bisherige Stellung der Kirche zur Staats= gewalt vielleicht eine große, voraus nicht zu ermessende Aenderung erfahren dürfte, glaubte der vorsichtige Erzbischof, die Dinge die da kommen sollten, mit den Bischöfen seines Metropolitansprengels näher erwägen und besprechen, insbesondere die Wünsche, Bedürfnisse und Anstrebungen für das Wohl der Kirche vertraulich mit ihnen berathen zu müssen. Nach dem Wunsche des Metropoliten trafen sofort die Bischöfe von Trier, Paderborn und Münster mit Einzelnen ihrer Räthe in Köln ein, um am 10. bis 13. Mai die bezüglichen Berathungen zu pflegen. Diese betrafen namentlich die Berufung einer deutschen Nationalsynode; ferner die Stellung der Kirche und ihrer Hirten dem Staate gegenüber, welche Frage der Erzbischof in einer besonderen ausführlichen Denkschrift erörtert hatte. Weiter kam zur Berathung das Besetzungsrecht der geist-

[47]) „Schriften und Reden". B. I. S. 160 u. ff.

lichen Pfründen, die Freiheit der Lehre und des Unterrichtes, das Verhältniß der niederen und höheren Schulen, der Knaben- und Klericalseminarien, die Freiheit der Diöcesanverwaltung, die geistliche Gerichtsbarkeit, die Verwaltung des Kirchenvermögens, das freie Vereinsrecht zu kirchlichen und religiösen Zwecken. Auch die inneren kirchlichen Angelegenheiten wurden zur Berathung gezogen, um die erforderliche Einheit bei den bezüglichen Vorschriften in den einzelnen Diöcesen herbeizuführen. Hierzu wurde insbesondere ein alljähriger Zusammentritt der Bischöfe der Provinz bei dem Metropoliten bestimmt. Die Diöcesansynoden hielt man nicht so bringend nöthig und bei den jetzigen Stürmen für bedenklich. Weitere Besprechungen wurden gepflogen über die Abhaltung der Prüfung pro cura, über den Bezug der Stolgebühren, über den gemeinschaftlichen Gebrauch der Kirchhöfe, über gemischte Ehen, über die Erziehung der Kinder aus denselben ꝛc. ꝛc. Die hierüber getroffenen Feststellungen der versammelten Oberhirten enthalten die Grundzüge der zu erstrebenden Selbstständigkeit der Kirche nach Außen dem Staate gegenüber, ferner der Diöcesanverwaltung und der kirchlichen Disciplin nach Innen, wie sie die unwandelbare Lehre Christi und die Zeitverhältnisse erheischten. Sie bildeten fortan die feste Grundlage des gemeinschaftlichen Strebens und Handelns der betreffenden Bischöfe, sie zeigten das Ziel, welches mit Muth und Ausdauer sollte erkämpft und errungen werden, bei welchem Kampfe der hochselige Erzbischof stets mit Eifer und Umsicht seinen Mitbrüdern vorleuchtete. [48])

Am 26. Mai 1848 reiste der Hochselige von Köln nach Berlin ab, wo die Nationalversammlung bereits am 22. desselben vom Könige feierlich eröffnet worden war. Nach den gedruckten Verhandlungen jener Versammlung finden wir über die öffentliche Thätigkeit des Erzbischofes bei derselben nur spärliche Meldungen. Laut seiner eigenen Erklärung strebte sein Bemühen mehr dahin, unter treuer Unterstützung des Bischofes Drepper von Paderborn und mehr als dreißig anderer katholischer Geistlichen, die hervorragendsten katholischen Laien der Versammlung eng und fest zu vereinen, sie für die Freiheit und Selbstständigkeit der Kirche in

---

48) Vergleiche Dr. F. H. Bering's Archiv für kath. Kirchenrecht. Jahrg. 1869. Heft I. S. 117 u. ff. — Ein erzbischöfliches Rundschreiben vom 12. Juli 1847 hatte nähere Bestimmungen über die Amtskleidung der Geistlichkeit der Erzdiöcese getroffen. „Sammlung der Verordnungen der Erzdiöcese von J. Podesta. S. 171.

gesonderten Zusammenkünften und Besprechungen zu begeistern und
das Ziel und Maß derselben zu erörtern und festzustellen, als in
den öffentlichen, oft äußerst stürmischen Sitzungen, dafür selbst auf=
zutreten und zu kämpfen. Dieß überließ er gern den hiefür eigens
gewählten Sprechern jener Genossenschaft. Um so beruhigter konnte
derselbe wiederholt Urlaub nehmen, um die dringlichsten oberhirt=
lichen Pflichten in Köln zu erledigen. So kam er am 2. Juli
zurück an den Rhein, wo bald gegen die kirchenfeindlichen Bestimm=
ungen des Verfassungs = Entwurfes ein Adressen=Sturm erhoben
wurde. Er wohnte jedoch am Ende dieses Monats wieder den
Sitzungen in Berlin bei. Dort herrschte der erbittertste Zwiespalt
unter den verschiedenen Parteien und die allgemein arge Verwirr=
ung, welche hiedurch gepflegt wurde, hemmte fast alles Bessere.
Der Erzbischof ward dieses parlamentarischen Habers, der oft bis
zu den bedenklichsten Auftritten führte, so müde, daß er sich später
von der Kammer Urlaub erbat und nicht wieder in dieselbe zurück=
kehrte. Es konnte seinem scharfen Beobachtungsgeiste unmöglich
entgehen, welches das endliche Ergebniß der anscheinend unendlichen
Verhandlungen seyn werde. Ob der dort fortwährenden Kämpfe,
welche bis zur Verhängung des Belagerungs=Zustandes der Haupt=
stadt führten, sah sich endlich der König veranlaßt, die National=
versammlung aufzulösen und aus eigener Machtvollkommenheit unterm
5. Dezember 1848 dem Lande eine Verfassung zu geben, welche
zu Gunsten der kirchlichen Freiheit und Selbstständigkeit Bestimm=
ungen enthält, die bei der engherzigen Befangenheit und kirchlichen
Feindseligkeit der meisten Mitglieder der Nationalversammlung, nie
zu Stande gekommen wären.

§. 9. Säcular= und Weihefeier des Domes.

Ungeachtet der Wirren der Zeit und der stürmischen Be=
rathungen der Nationalversammlung zu Berlin und der Reichs=
versammlung zu Frankfurt, wurde das schon früher in Aussicht
genommene Fest der sechsten Säcularfeier der Grundsteinlegung
des Domes und die Weihe des Mittelschiffes desselben, am 14., 15.
und 16. August 1848, in eben so großartiger als erbaulicher Weise
abgehalten. Die Märzunruhen und deren Folgen hatten zwar die
Aussicht auf diese Festlichkeit zurückgedrängt, so daß es längere
Zeit zweifelhaft blieb, ob sich dieselbe nicht auf eine einfache Feier
im Inneren des Gotteshauses beschränken werde. Doch der Eifer
des hochseligen Erzbischofes und der Vorstände des Centraldombau=

vereins für die Festlichkeit und die wiederholte Zusage des Königs
Friedrich Wilhelm, dieselbe durch seine Gegenwart zu ehren, ließ
an der erforderlichen Vorbereitung für dieselbe nichts ermangeln.
Nach allen Seiten hin, an Fürsten und Prälaten, an das Oberhaupt der Kirche [49]) und an den neugewählten Reichsverweser, den
Erzherzog Johann, an die Reichsversammlung zu Frankfurt und
an die Nationalversammlung zu Berlin, ergingen Einladungen,
das Fest durch ihre Anwesenheit zu verherrlichen. Außer dem
Könige, dem Erzherzoge Johann, den Prinzen Karl, Friedrich, Georg
und Wilhelm von Preußen, dem päbstlichen Nuntius Viale Prela
von Wien, dann der Bischöfe von Ermeland, Hildesheim, Mainz,
Münster, Osnabrück, Roermond, Speyer und Trier, waren viele
Abgeordnete der genannten Versammlungen, der einzelnen Dombauvereine und eine Schaar für die Bedeutung des Festes in kirchlicher und politischer Beziehung begeisterter Männer aus allen Gauen
Deutschlands, in Köln eingetroffen. Die Stadt hatte Alles aufgeboten, die Festtage im möglichsten Glanze und Gepränge zu erhöhen.
Die Erwartung der hohen Gäste setzte alle Bewohner in frohe
Thätigkeit. Vorzüglich galt es dem erkornen Reichsverweser einen
glänzenden Empfang zu bereiten.

---

[49]) Ein herrliches Album, dessen Kosten sich mehr als auf 1,000 Thaler
beliefen, sammt einer Adresse an den heiligen Vater, wurde angefertiget, um
damit auch dem Oberhaupte der Kirche von der Festlichkeit, der treuen Anhänglichkeit und tiefsten Verehrung des Kölner Dombauvereins, Kunde zu geben
und dazu seine Theilnahme und seinen Segen zu erbitten. Die Adresse selbst
war durch den Maler Rambourg auf das Herrlichste und Sinnvollste verziert.
Daneben befanden sich über vierzig von dem Künstler Levi-Ellan gemalte
Blätter mit den betreffenden Unterschriften. Die Reihe eröffnete das Dom-
bild mit den Namen des Erzbischofes und der Mitglieder des Domcapitels.
Dann folgten die neunzehn Pfarrkirchen der Stadt mit ihren Schutzheiligen
und den Unterschriften der einzelnen Pfarrer; ferner die Bilder der Städte
Aachen, Bonn, Düsseldorf und anderer, in welchen besondere Dombauvereine
bestanden. Dem Ganzen war ein herrliches Titelblatt beigegeben, mit verschiedenen, auf die Geschichte und Bedeutung des Domes bezüglichen Allegorien.
Ein Band in weißem Atlaß, auf dessen einer Seite das Wappen des Pabstes,
auf der anderen jenes der Stadt Köln in Gold strahlte, umschloß edel und
geschmackvoll das kunstvolle Album. Es konnte jedoch erst am 22. Juli an
den heiligen Vater abgesendet werden. Da sohin eine Antwort desselben vor
dem Feste auf diese verspätete Absendung nicht erfolgen konnte, so ward derselbe schon früher davon in Kenntniß gesetzt. In Folge dessen wurde der
päbstliche Nuntius, Viale Prela, welcher sich eben im Bade zu Soden aufhielt,
als Stellvertreter des Oberhauptes der Kirche bei jenem Feste rechtzeitig beauftragt.

Dessen Rheinreise am Sonntage den 13. August von Bieberich bis nach Köln, war ein wahrer Triumph- und Jubelzug, umgeben von einer großen Anzahl Abgeordneten des Reichstages und Festtheilnehmer der Rheinlande. Am Abende traf er mit seinem Geleite im Hafen von Köln ein. Jubelndes Hoch hallte ihm unter dem Donner der Geschütze und dem Geläute der Glocken von allen Seiten entgegen. Mit Wimpeln und Flaggen, mit Böller-Schüffen begrüßten ihn die umherlagernden Schiffe. Aus allen Wohnungen des weiten Ufers und der dort ausmündenden Straßen flatterten unzählige Banner und Fahnen entgegen. Außer der preußischen und bayerischen waren es vorzugsweise die Reichsfarben, welche ihm entgegen winkten. Vom Thurme des Domes flatterte gegen Norden die schwarzweiße Fahne des Landesfürsten, gegen Süden die schwarzrothgoldene des Reichsverwesers. Auf das Ufer getreten, ward derselbe von der Bürgerwehr unter Waffen empfangen. Ein unendlicher Jubelruf erscholl, als der Mann im schlichten Kleide, auf welchen damals die Augen von ganz Deutschland vertrauungsvoll geheftet waren, vom Rhein her durch die vollgedrängten Straßen, zur Wohnung des Commandanten der Bürgerwehr, des Regierungspräsidenten von Wittgenstein, zu Fuß einherschritt, um dort seine Herberge zu nehmen. Auf die erfolgte Begrüßung des Oberbürgermeisters der Stadt erwiderte der Reichsverweser gar freundlich und bedeutungsvoll. In der Hausflur der genannten Wohnung empfing den Erzherzog der Prinz Friedrich von Preußen, umgeben von einem glänzenden Gefolge Officiere aller Waffengattungen. Auf der Treppenflur begrüßte der hochselige Erzbischof denselben mit den Bischöfen, welche bereits zum hohen Feste eingetroffen waren. Nach diesem freudigen Willkomm betrat der Erzherzog den Balcon des Hauses, um der jubelnden Menge, welche vor demselben hin und her wogte, seinen Dank für den schönen Empfang auszusprechen. [50]

---

[50] Diese Ansprache lautete: „Meinen wärmsten Dank für den herzlichen Empfang! Sie haben den Kölner Dom das Symbol der deutschen Einheit genannt — er ist es, er soll es seyn! Das Werk, das wir zu Deutschlands, des Vaterlandes Heil zu bauen haben, ist ein großes, ein riesenhaftes, wie Ihr Dom selbst. Es bedarf da eines festen Willens und tüchtiger Werkleute, welche jeden einzelnen Stein bearbeiten, daß er genau passe, daß er sich füge zu dem großen, einigen Ganzen. Wir wollen Gott den Herrn bitten, daß er uns die Kraft dazu verleihe, daß nun Alle mit gleichem Eifer und thatkräftiger Ausdauer daran arbeiten, daß felsenfest wie Ihr Dom, erstehe

Der folgende Tag war verschiedenen Versammlungen, geselligen Unterhaltungen, Concerten für die bereits eingetroffenen
Festgäste gewidmet. Am Nachmittage gegen vier Uhr setzte sich
ein großartiger Festzug, von den verschiedenen Vereinen der Stadt
mit ihren Bannern und Fahnen auf dem Neumarkt gebildet, sechs
Musikchöre voran, nach dem erzbischöflichen Palais in Bewegung.
Hier schloß sich der hochselige Oberhirte mit den neun andern
Amtsbrüdern im gewöhnlichen bischöflichen Ornate und jeder von
zwei Ehrendiaconen begleitet, dem Zuge an, welcher durch die reich
verzierten Straßen dem Dome entgegen wallte. Vor dem Westportale des Domes war für den Reichsverweser und sein Gefolge
aus der Pauls-Kirche eine Estrade errichtet. Vor derselben ward
der hunderteinundzwanzigste Psalm im ergreifenden Choral vorgetragen. Daran schloß sich eine Ansprache des Centraldombauvereins-
Vorstandes, nach welcher der feierliche Einzug in den Dom erfolgte.
In der Mitte des Mittelschiffes gab es wiederum einen Halt, bei
welcher der Dombaumeister Zwirner, nach einer die Baugeschichte
erläuternden Rede, den bereits vollendeten Theil des Gotteshauses
dem hochwürdigsten Oberhirten zur Weihe überwies. Sofort fielen
jetzt die Hüllen, welche bisher die vom Könige Ludwig von Bayern
gestifteten herrlichen Glasgemälde im südlichen Seitenschiffe, dem
Auge unzähliger Festtheilhaber entzogen hatten. [51]) Jetzt ergriff der

---

ein einiges, ein großes, ein glückliches Deutschland! Ich wiederhole nochmals
meinen herzlichen Dank und bringe der Stadt Köln ein „Hoch"! — [51]) Ueber
diese Fenster lesen wir: „Die feierliche Enthüllung der von dem hochherzigen
Könige Ludwig von Bayern der Kathedrale zu Köln verehrten, in der königlichen Glasmalerei-Anstalt, nach dem vom Professor Heinrich v. Heß entworfenen
Plane, unter der Leitung des Inspectors Ainmüller in den Jahren 1844 bis
1848 ausgeführten pracht- und kunstvollen gemalten Fenster, welche in einem
Werthe von 100,000 Gulden, das südliche Seitenschiff des erhabenen Gotteshauses wundervoll beleuchten, bildete einen Theil des großartigen Dombau-
festes. Sowohl was die Zeichnung, als was die Ausführung, die Zusammen-
fügung und Färbung anbelangt, ist in diesen drei großen und zwei halben
Fenstern aus München das Aeußerste erreicht. Während der Gegenstand dieser
Glasgemälde eine zusammenhängende, dem Tempel anpassende Idee darstellt,
ist die Malerei eine so gelungene zu nennen, daß man sie kaum für diese
complicirte Kunst möglich erachten sollte. Johannes und Zacharias im ersten
Halbfenster nächst dem südlichen Thurme leiten zur Anbetung der drei Könige
auf dem ersten großen Fenster über. Dann gibt die Kreuzabnahme des Heilandes
auf dem zweiten Großfenster und auf dem dritten die Ausgießung des heiligen
Geistes die zwei folgenden Hauptmomente des Christenthums. Auf dem
letzten Halbfenster nächst dem südlichen Querschiffe leitet des heiligen Stephan's

hochselige Erzbischof in Mitte seiner Amtsbrüder das Wort, um seine Freude und seinen Dank über das bisher Gelungene feierlich auszusprechen.

„So ist denn der Tag gekommen — rief derselbe mit gehobener Stimme — den wir so lange gehofft, die Stunde ist genaht, die wir so heiß ersehnt haben! Als wir vor sechs Jahren, den erlauchten König = Protector an unserer Spitze, den kühnen Entschluß faßten, dieses seit Jahrhunderten unvollendete, ehrwürdige Gotteshaus auszubauen, da hätten wir es kaum gewagt, mit dem kühnsten Hoffnungsfluge alle die Hindernisse und Mühen, die vor uns lagen, zu überschreiten und das Ziel zu bezeichnen, das wir jetzt so schön erreicht haben. Aber Gott sei Preis und Dank! Wir gingen kühn an's Werk, und das Werk ist gelungen über alle Erwartung. . . . . Unser erlauchter Protector an unserer Spitze förderte mit königlicher Freigebigkeit unsern Bau. Sein königlicher Bruder — Prinz Wilhelm — sagte uns zu, das Südportal mit einem Kranze kunstreicher Standbilder auszuschmücken, zu denen bereits Zeichnungen von Meisterhand entworfen sind. Sein hochherziger Freund, König Ludwig, verherrlichte durch das kostbare Geschenk der unübertreffbaren Glasgemälde, die wir in dieser Feststunde enthüllen und zum ersten Male bewundern, und viele Fürsten, unter ihnen auch der erlauchte Reichsverweser, unterstützten unser Gotteswerk. Mit diesen erlauchten Gönnern vereinte sich die zahllose Menge der Dombaufreunde, nicht bloß aus allen Gauen Deutschland's, sondern auch über die Grenzen des Vaterlandes hinaus. Von den Ufern der Seine und Themse, von der ewigen Weltstadt der sieben Hügel, und selbst aus der Sonnenstadt der Julas, wo das südliche Sternkreuz über einem andern Welttheile erglänzt, ist uns die Gabe der Bruderliebe zugekommen und setzte sich und der Liebe zum Vaterlande ein unzerstörbares Denkmal in diesen Säulen und Mauern. Mit der herzlichsten Freude sprechen wir daher in dieser Feststunde allen Förderern dieses Baues unsern warmen und innigsten Dank aus. . . . Wir hegen das Vertrauen, daß sie uns in dem großen Werke nicht verlassen, sondern wie bisher mit der Liebe fördernden Gaben uns zur Seite stehen. Und so wollen wir fortbauen im Vertrauen auf Gottes Beistand, der Fürsten

---

Martertod auf die Kirche über. Was den Werth dieses kostbaren Geschenkes erhöht, ist eben die Popularität des Gegenstandes, der auch dem Geringsten verständlich ist". „Katholik". Jahrg. 1848. S. 305.

Theilnahme und unserer Brüder Beihilfe. Wir wollen Stein auf Stein legen, Bogen auf Bogen schlagen, Säulen auf Säulen stellen, Zinnen auf Zinnen emporführen, — höher, immer höher, bis zuletzt die hohe Firft das weite Langhaus krönt und auf der Spitze der vollendeten Riesenthürme das Steinkreuz hinausblickt auf ein in allen Ländern durch Gottesfurcht und christliche Sitte, durch Eintracht in seinen Fürsten und Völkern eng verbundenes, durch Freiheit und Ordnung kräftiges, von allen Völkern der Erde hoch geachtetes, großes und glückliches Vaterland! Dazu gebe Gott seinen Segen"! [52])

Nach dem Schluß dieser Ansprache ertönte der Choralgesang: „Wie lieblich Herr sind deine Wohnungen", 2c. Die Geistlichkeit schritt hiebei mit den vorzüglichsten Festgästen in den hohen Chor der Kathedrale, wo ein eigens hiezu verfaßtes Festcantate gesungen und diese Vorfeier mit dem erzbischöflichen Segen geschloßen wurde. Am Abende gegen sieben Uhr erfolgte die Ankunft des Königs Friedrich Wilhelm mit glänzendem Gefolge. Der zu seinem Em= pfange geordnete Festzug hatte sich vor dem Trankgasser Thore an das Ufer des Rheines begeben, wo der Reichsverweser den Monarchen bei deffen Anfahrt vom jenseitigen Ufer, unter tausendstimmigem Hochrufen, dem Donner der Geschütze und Geläute der Glocken, herzlich begrüßte. Dabei waren wohl auch von einzelnen demokra= tischen Aufwieglern Pfeifen vertheilt, um diese Begrüßung durch Getöse zu stören, allein die wohlgesinnten Bürger unterdrückten den ersten bezüglichen Versuch auf handgreifliche Weise. Durch das genannte Thor wogte die Menge des Volkes vor und unter dem Festzuge zur Wohnung des Reichsverwesers, wohin der König diesen begleitete, um nach einem viertelstündigen Aufenthalte, von der reitenden Bürgerwehr umgeben, im königlichen Regierungsgebäude Herberge zu nehmen, und die Begrüßung der Prälaten, der höheren Militär= und Civilbeamten, der Abgeordneten von Frankfurt 2c. zu empfangen. [53]) Ein großartiger Fackelzug schloß den späten

---

[52]) „Schriften und Reden". B. I. S. 163. — [53]) Gegen die Abgeordneten der Paulskirche, darunter auch Heinrich v. Gagern, äußerte sich der König wie folgt: „Ich freue mich, meine Herren, Sie hier zu sehen. Es hat immer etwas Interessantes, sich persönlich kennen zu lernen. Ich hoffe zuversichtlich, wir werden Freunde werden. Ich wünsche von ganzem Herzen, daß Sie die hohe Aufgabe lösen werden, welche Ihnen gesteckt ist. Aber ver= gessen Sie nicht meine Herren, daß Deutschland Fürsten hat und daß ich deren Einer bin. Ich verkenne keine der Schwierigkeiten, mit welchen Sie zu kämpfen

Abend. Vom Rathhausplatze bewegte sich derselbe am Dome vorüber zur Wohnung des Reichsverwesers, von da zur königlichen
Herberge, dem Regierungsgebäude und sodann zum erzbischöflichen
Palais, in welchem die anwesenden Prälaten versammelt waren.
Der hochselige Oberhirte dankte vom Balcone herab für diese Hul-
digung, wobei er zugleich die Bedeutung des Festes in eindringenden
Worten trefflich bezeichnete. Nach einem stürmischen Hoch auf Pius IX.
eröffnete der päbstliche Nuntius Viale Prela in deutscher Sprache
der schweigenden Menge, daß er vom heiligen Vater den ehrenden
Auftrag erhalten habe, an dessen Stelle dem hohen Feste der Stadt
Köln, welcher der Stellvertreter Christi mit väterlicher Liebe segnend
zugethan sei, beizuwohnen. Ein starker Regenguß brachte einige
Störung in die geschlossenen Reihen des Fackelzuges. Allein trotzdem bewegte sich derselbe unter Sang und Klang noch zu der
Wohnung der Regierungspräsidenten, und vor jene, in welcher
der Präsident der Frankfurter Nationalversammlung, Herr v. Gagern,
Quartier hatte. Dieser ermangelte nicht, eine begeisternde Ansprache
an die jubelnde Menge zu halten und sie mit den schönsten Hoffnungen für das Wohl des Vaterlandes dankend zu entlassen.

Am folgenden Tage, am Feste Mariä Himmelfahrt, ward
mit aller Pracht die feierliche Weihe des Langhauses der Kathedrale vollzogen. Das Mittelschiff war indeß nur mit einem Noth-
dache geschlossen, über welches sich erst später allmälich die hohen
Steingewölbe erhoben. Durch diese Weihe wurden die fünf Schiffe
des Domes zum Gottesdienste geheiliget. Der hochselige Erzbischof
vollzog dieselbe in Anwesenheit der übrigen Prälaten und unter
Beihilfe der Mitglieder des Metropolitancapitels und einer großen
Schaar anderer Geistlichen. Erst nach der Weihe, während welcher
der König mit dem Reichsverweser auf dem Neumarkt über einen
Theil der Garnison Heerschau hielt, wurden die Thüren des Gotteshauses den zuströmenden Gläubigen und Festtheilnehmern geöffnet.
Bald nachher erschien auch der König und der Reichsverweser mit
zahlreichem Geleite vor der Pforte des Domes, wo dieselben von
der gesammten Geistlichkeit empfangen und eingeführt wurden. Ihnen
folgten allmälig die verschiedenen Abtheilungen des geordneten Festzuges, so daß bald die weiten Hallen des Gotteshauses, wie noch
nie zuvor, von einer unübersehbaren Menschenmenge besetzt waren.

---

haben. Gott gebe zu einem glücklichen Ende seinen Segen"! Mainzer
Journal vom 17. Aug. 1848.

Kaum war das Gewoge und Gedränge der Menge etwas beruhiget, so erhob sich der hochselige Erzbischof, um die Festpredigt abzuhalten. Der Inhalt derselben war die nähere Erläuterung des doppelten Festes, der am heiligen Tage vollzogenen Weihe und der Erinnerung an die vor sechshundert Jahren — am 14. August 1248 — stattgehabten ersten Grundsteinlegung zu der riesigen Kathedrale, die jetzt allmälig zur Ehre Gottes, zum Denkmal des Glaubens, zum Vorbild und Unterpfand der Größe des Vaterlandes ihrer Vollendung entgegen geführt werden soll. Der ergreifende Schluß dieser Rede lautete:

„Wie aber können wir diesen Dienst des Allerhöchsten, für welchen der Dom gegründet und dessen Weihe vorgenommen wurde — würdiger und bedeutungsreicher erfüllen, als daß wir in diesen nunmehr ihm geheiligten Räumen unsere Erstlingsgebete erschallen lassen, damit er Heil und Segen herabsende Allem, was wir hoch verehren und was uns theuer und heilig ist? Ja wir erflehen von dem Allmächtigen aus tiefster Brust Heil und Segen dem Oberhaupte der Kirche, dem apostolischen Hirten auf Sanct Petrus Stuhl, daß das unfehlbare Haupt, welches ihn an das Steuerruder der Kirche gestellt, ihn stärke und kräftige, mit fester Hand es hindurch zu führen durch Brandung und Klippen, unter dem Beistande dessen, der den Winden gebeut und den Wogen; Heil und Segen unserem König-Protector, daß Gottes Gnade groß über ihm sei im weisen Rath und fruchtreicher That, daß er, wie er der prophetische Herold gewesen einer neuen und guten Zeit des Gottesfriedens und des Menschenfriedens, so auch deren glücklicher Begründer und Vollender sei, glücklich und groß durch Königsehre und Volkswohlfahrt, zu seiner Freude in langem und glorreichem Regimente! Heil und Segen dem erkornen Reichsverweser, daß ihm Gott, der ihn als den Freund und Liebling des Volkes an die Spitze Deutschlands berufen, Weisheit und Kraft verleihe, des Vaterlandes Fürsten und Völker dem ersehnten Ziele eines wohlgegliederten, einträchtigen, den Feinden Ehrfurcht gebietenden Bundesstaates entgegen zu führen. Heil und Segen unserem einigen, unserem großen, gemeinsamen, deutschen Vaterlande, daß es aufblühe in wiedererstandener Größe und gedeihe in Eintracht und Kraft in seinem Innern und in Macht und Ehre nach Außen, daß es treu zusammenhalte in Noth und Gefahr und seine Kinder, die da auf seinen Bergen wohnen und in seinen Ebenen, von den Abhängen der Hochalpen bis hinab zu den Dünen und Sandklippen,

all' einträchtig und einheitmächtig zusammenstehen ein großes Volk
von Völkern, ein neues Volk Gottes!" 2c. 2c. [54]) Hierauf folgte
das Hochamt, welches von einem herrlichen Meßgesange Haydn's
begleitet, ebenfalls vom hochseligen Erzbischofe abgehalten wurde.
Beim Schlusse desselben ward für alle frommen Theilnehmer ein
Ablaß verkündet und von dem apostolischen Nuntius der päbstliche
Segen ertheilt. Diesem folgte das Te Deum, welches abwechselnd
von dem reichbesetzten Sängerchor und den übrigen Gläubigen ge=
sungen ward. Ein großartiger Anblick gewährte es, als die sämmt=
lichen Bischöfe mit den beiden Erzbischöfen, geschmückt mit pracht=
vollen Mitern und Chormänteln, gestützt auf ihre glänzenden Hir=
tenstäbe, dem hohen Fürsten bis zum südlichen Portale das Geleite
gaben.

An dem reichen Festessen, welches die Stadt auf dem alten=
Gürzenich den fürstlichen Gästen und hohen Prälaten und deren
Begleitern bereitet hatte, nahmen nahe an Tausend Personen An=
theil. In der Mitte des Sales brachte ein großes Wasserbecken
mit stets auf= und absteigender Springquelle erfrischende Kühlung,
während breitarmige Kronleuchter mit einer Unzahl von Gasflammen
den Tag in eine strahlende Nacht verwandelten. Bei wechselnder
Musik und frohen Gesängen fehlte es nicht an kräftigen Trink=
sprüchen auf deutsche Eintracht und Verbrüderung. Jubelnd be=
grüßt brachte der hochselige Erzbischof ein freudiges Hoch den Fürsten
und den deutschen Völkern, die berufen sind, den deutschen Dom,
den Dom des Vaterlandes aufzubauen. Den festlichen Tag be=
schloß eine reiche Beleuchtung der Stadt mit vielen sinnigen Licht=
bildern und Inschriften. Herrlich strahlte in rother Feuergluth
der Riesenbau des Domes und mit tausend Flämmchen und Lichtern
die St. Gereonskirche, viele andere Kirchenthürme und der mächtige
Rathhausthurm. [55])

Auch an den folgenden Tagen fanden besondere Versamm=
lungen und Festlichkeiten statt. Während der ganzen Festoctav
war täglich am Morgen feierlicher Gottesdienst, am Abende fünf
Uhr Predigt und zum Schluße eine Betstunde.

Diese Festtage wurden von den anwesenden Prälaten nicht
nur zu gottesdienstlichen Verrichtungen, sondern zu vertraulichen

---

[54]) „Schriften und Reden“. B. I. S. 165 u. ff. — [55]) Der
König hatte sich bei diesem Feste besonders huldvoll gegen den hochseligen Erz=
bischof erwiesen und ihm eigenhändig das Ritterkreuz des rothen Adler=Ordens
erster Classe mit dem Sterne überreicht.

Besprechungen und Berathungen über die kirchlichen Verhältnisse und Bedürfnisse in Deutschland benützt. Sie gaben die Veranlassung, daß der hochselige Erzbischof eine eben so gründliche als umfassende Denkschrift über eine synodale Zusammenkunft der deutschen Bischöfe ausarbeitete. Dieselbe wurde, vom 25. September 1848 datirt, später allen Oberhirten Deutschlands zugesendet und diente eigentlich als Grundlage der an dem 21. des folgenden Monats zu Würzburg eröffneten Conferenz der Erzbischöfe und Bischöfe Deutschlands. [55]) Welche Stellung der gefeierte Metropolit von Köln bei dieser denkwürdigen Versammlung weiter einnahm, welchen entschiedenen Einfluß derselbe auf ihre Berathungen und Feststellungen übte, haben wir anderswo so ausführlich geschildert, daß wir uns hier begnügen, darauf hinzuweisen. [56]) Doch nicht allein

---

[55]) „Schriften und Reden". B. I. S. 172 u. ff. — Gerade an diesem Tage — den 25. September 1848 — wurde in Köln eine Volksversammlung auf dem Altenmarkt abgehalten. Es liefen Nachrichten ein, daß der größte Theil von Wirtemberg und Baden im Aufstande begriffen sei und die Republik ausgerufen habe. In der folgenden Nacht wurden allenthalben in der Stadt Barrikaden gebaut und dabei ein bedeutender Unfug getrieben. Die Bürgerwehr weigerte sich einzuschreiten, weil sie gegen die Aufrührer zu schwach sei. Glücklicher Weise kam es zu keinem Kampfe. Sohin wurde auch kein Blut vergossen. Am Mittag 12 Uhr, den 26. September, wurde von dem Stadtcommandanten General-Major Kaiser die Stadt in Belagerungszustand erklärt. Alle Vereine zu politischen und socialen Zwecken wurden aufgehoben; alle Versammlungen von mehr als zwanzig Personen bei Tag, und von mehr als zehn Personen bei Abend, verboten, die Bürgerwehr vorbehaltlich der Reorganisation aufgelöst und diesen und allen Bewohnern der Stadt die Waffen abzuliefern geboten. An demselben Nachmittag wurde von einem Haufen, mit einer rothen Fahne an der Spitze, ein Waffenladen in der neuen Poststraße geplündert, jener aber bald durch eine Compagnie Infanterie zerstreut und die Schuldigsten gefänglich eingebracht. Vergeblich suchte man die pflichttreuen Soldaten mit Geld und falschen Einflüsterungen zu bestechen". Mainzer Journal. 1848. Nr. 96. 97 und 100. — Wie bald trübten sich die schönen Hoffnungen, welche die Gutgesinnten aller Gauen Deutschlands an das glänzende Fest zu Köln kaum geknüpft hatten. — [56]) „Nikolaus von Weis". B. II. S. 110 u. ff. Der Bischof Richarz zu Augsburg, der ihn hiebei zunächst unterstützen sollte, hatte ihm zum Neujahrswunsche am 10. Januar 1848 entgegen gerufen: ... „Möge der Himmel diese Kraft des Geistes, die mit Leichtigkeit das Größte handhabt, diese Schärfe und Sicherheit des Urtheils, die spielend das punctum saliens trifft und im Fluge das treffende Wort für den treffenden Gedanken findet, Ihnen noch lange Jahre zum Heil der Kirche und zur Freude Ihrer Freunde und Verehrer erhalten". .... Nach der Conferenz schrieb derselbe: ... „Genehmigen Sie meinen verspäteten

die Einleitung dieser Conferenz, die bei ihrer Ausschreibung und
Leitung übernommenen Verpflichtungen, nahmen eine außerordentliche Thätigkeit des Hochseligen in Anspruch), sondern dessen Bemühen, die dort besprochenen Mißstände im Erzstifte zu heben und
die gefaßten Beschlüsse allmälich in Ausführung zu bringen und
die damit verbundenen Schwierigkeiten, bei unbemessenen Bestrebungen mancher Geistlichen und kirchenfeindlicher Gesinnung vieler
hohen und niederen Beamten, bereiteten ihm mancherlei Sorgen und
Verdrüßlichkeiten. Daß hiebei seine Stimmung bisweilen nicht
ganz heiter und beruhigt war, läßt sich leicht erklären. Allein dieß
konnte seinen Muth und seine Geduld nicht untergraben.

§. 10. Preußische Verfassungs-Wehen.

Bereits am 8. Dezember 1848 hat der Kölner Bürgerverein
in einer öffentlichen Abendsitzung seine volle Befriedigung mit dem
Geiste der drei Tage vorher gegebenen neuen Staatsverfassung
ausgesprochen, hegte aber dabei die Erwartung, daß etwaige Un-
vollkommenheiten und Lücken durch die demnächst zusammentretenden
beiden Kammern werden verbessert und ergänzt werden. Dieß war
auch das Urtheil und die Hoffnung des Erzbischofes von Köln und
der übrigen Oberhirten des Königreiches. Die neue Verfassung
hatte in einigen ihren Bestimmungen die unveräußerlichen Rechte
der katholischen Kirche schwer beeinträchtiget. Hiezu kam noch der
Umstand, daß bald nach der Veröffentlichung derselben ganz unerwartet über mehrere Bestimmungen von dem Minister der geistlichen Angelegenheiten, Herrn v. Ladenberg, solche Erläuterungen
erlassen wurden, welche bei den Oberhirten der katholischen Kirche
die größten Bedenken erregen mußten. Einstweilen suchte zwar
der hochselige Erzbischof die der Kirche durch die neue Verfassung
gewährleistete, selbstständige und freie Verwaltung und Leitung ihrer
innern und äußern Angelegenheiten, allseitig und thatsächlich zu
verwirklichen. Allein damit begnügte sich seine Wachsamkeit und
Vorsicht nicht. Im Beginne des Monats März des folgenden
Jahres berief derselbe die Bischöfe der Kölner Kirchenprovinz, um
mit ihnen sowohl über die ungenügenden und anstößigen Bestimmungen der Verfassung, als wie über andere Anliegen und Bedürfnisse der Kirche in der sturmvollen Zeit, in welcher selbst das

---

Dank für die Nachsicht, welche Sie in Würzburg mit meiner Kränklichkeit gehabt haben", &c. &c.

Oberhaupt der Kirche, der Hirte aller Völker, von einer mörderischen
Rotte Banditen und Galeerensclaven aus der Siebenhügelstadt ver-
jagt und seiner irdischen Herrschaft beraubt wurde, das Nöthige
zu besprechen und zu vereinbaren. Die oberhirtlichen Berathungen
fanden unter der Leitung und dem Vorsitze des Metropoliten vom 6.
bis 10. März statt. Vor Allem wurde eine Denkschrift über die
neue Verfassung, welche später Seiner Majestät dem Könige vom
Erzbischofe übersendet wurde, berathen und festgestellt. Außer dem
Erzbischofe und dessen Suffraganen von Trier, Paderborn und
Münster, ward dieselbe auch von dem Fürstbischofe zu Olmütz,
von jenem zu Breslau und von dem Bischofe von Ermeland unterzeichnet. Diese Oberhirten der Katholiken in Preußen begrüßten
mit dankbarer Freude vorerst die neue Gewähr für den Bestand
der römisch-katholischen Kirche in Preußen und aller damit verbundenen Rechte und Freiheiten, namentlich das derselben wieder-
gegebene Recht, ihre inneren und äußeren Angelegenheiten selbstständig und frei, mit Wegfall des verrufenen Placets, zu ordnen
und zu verwalten. Dabei legten sie aber feierliche Verwahrung
gegen den Versuch ein, die anerkannten Rechte und Freiheiten durch
vorgebliche Erläuterungen wieder einzugrenzen. Außerdem bean-
spruchten sie die freie Pfründebesetzung mit Wegfall des fiscalischen
Präsentations- und Ernennungsrechtes, die selbstständige Vermögens-
verwaltung der einzelnen Kirchen und kirchlichen Anstalten, die
selbstständige Leitung und Beaufsichtigung der katholischen Erziehungs-
und Unterrichts-Anstalten, vor Allem der katholischen Volksschulen,
die unbeschränkte obere Leitung der für Krankenpflege bestimmten
Klosterinstitute. Endlich verwahrten sich dieselben gegen die in das
Staatsgrundgesetz aufgenommene, die religiöse Freiheit verletzende
und die Gewissen beunruhigende Bestimmung, welche die kirchliche
Trauung erst nach dem abgeschlossenen Civilacte vorzunehmen gestattete. In dem betreffenden Beischreiben, mit welchem der hochselige Erzbischof diese ausführliche und gründliche Denkschrift im
besonderen Auftrage der übrigen Bischöfe unterm 28. August 1849
Seiner Majestät dem Könige unterbreitete, erklärte derselbe in hoffnungsvoller Erwartung: „Unser Vertrauen zu Eurer königlichen
Majestät steht fest. Hierauf gestützt, hegen wir die beruhigende
Zuversicht, daß, wie Eurer königlichen Majestät erleuchtete Regentenweisheit und hohe Gerechtigkeit einerseits dafür Sorge tragen
wolle, daß jene Bestimmungen der neuen Verfassung, welche, wie wir
nachgewiesen haben, die Rechte der katholischen Kirche beeinträchtigen,

bei der endlichen Feststellung des Staatsgrundgesetzes eine diese Rechte mehr berücksichtigende Gestaltung erhalten, so auch anderer= seits nicht zugeben werde, daß die in den anderen Artikeln unserer Kirche bereits zurückgegebenen Rechte und Befugnisse durch angeb= liche „„Erläuterungen"", deren Unhaltbarkeit wir dargethan haben, wieder umgedeutet und so neuerdings wieder beengt und ganz vor= enthalten werden. Wir sind überzeugt, dieser Zuversicht um so mehr vertrauungsvoller uns hingeben zu dürfen, als wir uns be= wußt sind, in allem dem einer heiligen und obliegenden Amtspflicht zu folgen, welche, wie sie uns eine Mahnung zur Wahrung der Interessen unserer Kirche, so auch eine Bürgschaft ihrer Gewährung ist. — Darum werden wir auch mit unverrückter Anhänglichkeit, wie wir bisher gethan, fortfahren, in dem uns von Gott und unserer Kirche übertragenen Amte, jene lautere Treue gegen Eure königliche Majestät und Ihren Thron zu bewähren, welche uns, als katholischen Bischöfen, nicht bloß durch unser Gewissen und Amtspflicht, sondern auch durch unser innigstes Gefühl geboten ist." 2c. 2c. [57])

Außer der bezeichneten Denkschrift wurden bei derselben Con= ferenz auch andere wichtige Fragen der Diöcesanverwaltung erledigt, namentlich eine Vereinbarung über die Neugestaltung des geist= lichen Gerichtswesens getroffen und zugleich Anordnungen im Be= treffe eines für den heiligen Vater auszuschreibenden öffentlichen Gebetes nebst Sammlung von Liebesgaben für den der offenbaren Plünderung preisgegebenen heiligen Stuhl, beschlossen. Bereits unterm 29. desselben Monats erfolgte die erzbischöfliche Ermahn= ung an die Erzbiöcesanen zur freudigen Unterstützung des bedrängten heiligen Vaters durch Gebet und milde Gaben. Der Eingang dieses oberhirtlichen Aufrufes schilderte die Bedrängnisse des römischen Stuhles wie folgt: „Noch immer steht der Stuhl des Apostelfürsten zu Rom verlassen und noch immer lebt der Vater der Christenheit, unser geliebter oberster Hirte, Papst Pius der Neunte, fern von seiner Hauptstadt, aus der ihn die Undankbarkeit seiner verirrten Kinder zur Flucht gezwungen. Die Verblendeten, für die der hoch= herzige Fürst stets nur ein Herz voll überströmender Liebe bewies, verharren in der meuterischen Unbotmäßigkeit, in welcher sie die trügerische Vorspiegelung umwälzungssüchtiger Verführer umstrickt hält. In der Stadt Rom hat sich über der zertrümmerten staat=

---

[57]) „Schriften und Reden". B. I. S. 237 u. ff.

lichen Ordnung der Aufruhr festgesetzt. Eine heillose Verwirrung waltet an der Stätte, welche dem ewigen Frieden geweiht ist. Die Guten, aber Muthlosen, haben den Platz den Bösen, den Fremden, geräumt und die Frechen sind zum Umsturze an die Spitze ge= drängt. Sie fahren fort, ihr Werk der Zerstörung zu vollenden und ihr verblendeter Trotz versagt dem 'geflüchteten Papste fort= während die Heimkehr zu dem Sitze seiner Vorfahren. Und mit den wiederholten schweren Kränkungen, die sie dem Oberhaupte und in ihm der ganzen Kirche angethan, haben sie sich nicht be= gnügt. Sie sind seitdem noch weiter gegangen. Ihre Raubsucht, die auch vor dem Heiligen keine Scheu trägt, hat sich der Güter und Einkünfte bemächtigt, die der Kirche und ihrem Dienste ge= widmet sind. Schon haben sie die gottgeweihten Gefäße und Glocken weggenommen und auf das Eigenthum des Herrn und seiner Armen haben sie die gottesräuberische Hand gelegt. Was seit Jahrhun= derten der fromme Sinn vieler Geschlechter in der katholischen Haupt= stadt gesammelt und was zur geordneten Führung und Leitung der so ausgedehnten, die ganze Kirche umfassenden obersten Regie= rung der Kirche von der ganzen katholischen Welt im Laufe der Zeiten ist beigesteuert worden und sonach als ein Gemeingut der gesammten Kirche, allen Katholiken der Erde angehört, das soll nunmehr zerrissen und verschleudert werden. Christi und Sanct Peter's Erbtheil soll fremden, eingedrungenen Räubern zur Beute seyn". ꝛc. ꝛc. 68)

Weder die im Beginne des Jahres 1849 zur ständischen Ver= einbarung der Verfassung vom 5. Dezember des vorhergehenden Jahres einberufene Kammer, welche wegen Ueberschreitung ihrer Befugnisse am 27. April aufgelöst wurde, noch die, nach einem neuen Wahlgesetze am 27. Juli gewählten Volksvertreter, waren in ihrer Mehrzahl nichts weniger als geneigt, die Wünsche und Forderungen der Katholiken und ihrer Oberhirten gerecht zu seyn, sondern vielmehr in arger Rücksichtslosigkeit bereit, dieselben, wo möglich zu behindern. Ihnen war daher, wie selbst den Ministern, die genannte Denkschrift der Oberhirten sehr unwillkommen. Sie verfehlte indeß bei ihrem Bekanntwerden keineswegs, nach verschiedenen Seiten hin den besten Einfluß zu üben; nach Innen bei allen wohl= denkenden Katholiken, welche durch dieses öffentliche Actenstück nicht bloß über die Lage und Stellung der Kirche belehrt, sondern auch

---

68) „Schriften und Reden". B. I. S. 232. Diese oberhirt= liche Ermahnung hatte den besten Erfolg.

von dem festen und entschiedenen Willen und Auftreten ihrer Oberhirten nunmehr überzeugt worden sind, — nach Außen den Or-
ganen des Staates gegenüber, welche eben so klar als offen und
unzweideutig die gerechten Anforderungen der Kirche bezüglich ihrer
Freiheit und Selbstständigkeit daraus entnehmen konnten. Daher
wurden auch, trotz der schmählichen Behandlung dieser Denkschrift
von Seiten des Ministers v. Ladenberg in der ersten Kammer
zu Berlin, von vielen kirchlichen Vereinen und Decanaten der Erzdiöcese beipflichtende Dankadressen an den hochseligen Oberhirten
gerichtet. Dieser unterließ auch nicht, mit den übrigen Bischöfen
Preußens nachträglich über die gehäßigen Auslassungen des genannten Cultus-Ministers eine eben so würdige als gründliche Beleuchtung an die erste Kammer einzusenden. Doch weder diese Beleuchtung noch die fragliche Denkschrift vermochte die von den sämmtlichen Bischöfen des Königreichs gewünschten Abänderungen und
Verbesserungen in der revidirten Verfassung, welche am 31. Januar
1850 feierlich verkündet wurde, zu bewirken.

§. 11. Verbesserungen der kirchlichen Verwaltung.

Schon vor und während der geschilderten Bemühungen des
hochseligen Oberhirten, die Rechte und Freiheiten der Kirche bei
den Verfassungsberathungen in den beiden Kammern des Königreiches vor der Ungunst des damaligen Ministers der geistlichen
Angelegenheiten und der Mehrzahl kirchenfeindlicher Abgeordneten
zu schützen und zu stützen und die durch das Wohlwollen und den
Edelsinn des Königs Friedrich Wilhelm in der neuen Verfassung
gewährte Selbstständigkeit der Kirche zu vervollständigen : ward von
dem wachsamen Erzbischof keineswegs versäumt, muthig und umsichtig jene Selbstständigkeit allmälig zu erzielen und durch verschiedene amtliche Anordnungen in das Leben zu führen. Bald
nach dem Ausbruche der Märzstürme hatte sich bei Manchen der
seiner Hirtensorge unterstellten Geistlichen ein Drängen und Treiben
zu mitunter sehr unbemessenen Neuerungen in der kirchlichen Verwaltung kund gegeben, welches der oberhirtlichen Erwägung und
Würdigung nicht entgehen konnte und viele Mühen, Arbeiten und
Verdrüßlichkeiten herbeiführte. So versammelte sich die Geistlichkeit
der Oberbürgermeisterei Düsseldorf unter der Leitung des im Kampfe
für die kirchlichen Freiheiten und Rechte ergrauten Pfarrers zu
Bilk, Dr. Binterim, um in einer von einunddreißig Priestern unter-

zeichneten Adresse ihre Wünsche und Vorschläge bezüglich der zu erringenden Selbstständigkeit der Kirche und der im Innern derselben ersprießlichen, ja nothwendigen Verbesserungen dem Erzbischofe vorzutragen und deren baldige Verwirklichung zu empfehlen. Diese Adresse wurde sofort durch Abdruck der Oeffentlichkeit übergeben. [59]) Sie veranlaßte namentlich großes Aufsehen, weil in derselben eine völlige Umgestaltung einiger Hauptzweige der kirchlichen Verwaltung in democratischer Richtung beantragt wurde. „Wahrlich, rief eine Stimme in der Zeitschrift „Katholik", am 11. Mai 1848, das fehlt uns heute noch, daß unter den großen politischen Wirren auch unter dem Klerus die Reformsucht aufgeweckt und während die Kirche gegen die wüthendsten Elemente nach Außen sich halten und wehren muß, auch in ihrem Innern der Sturm der Umwälzung heraufbeschworen werde". [60]) Es entspann sich hierüber ein heftiger Federkrieg in einzelnen Aufsätzen und Flugschriften, in welchen es theilweise an gehässigen Angriffen und heftigen Ausfällen gegen die Diöcesanbehörde nicht fehlte. Dieser Kampf wurde auch dadurch unterstützt, daß bald im Stillen eine zweite ähnliche Adresse in der Erzdiöcese in Umlauf gesetzt und von etwa dreihundert Geistlichen unterzeichnet wurde, worin sieben Anforderungen, namentlich Synodalgerichte mit freigewählten Beisitzern, ein neuzuordnendes Synodalexamen, Diöcesansynoden ꝛc. an den Oberhirten gestellt wurden. Den drei Ueberbringern dieser Bittvorstellung, wobei sich zwei Pfarrer der Stadt Köln befanden, suchte der hochselige Erzbischof in einer eben so würdigen als ernsten Weise das Unstatthafte der meisten dieser Anforderungen vor seinem versammelten geistlichen Rathe zu erläutern und die mögliche Abhilfe der berücksichtigungswerthen Wünsche in Aussicht zu stellen.

Mit der Befriedigung einiger dieser Wünsche hatte sich der Hochselige schon früher beschäftigt, ohne jedoch bei dem Widerwillen der Staatsbehörde zum Ziele zu gelangen. Das war namentlich der Fall mit der Anordnung der oberhirtlichen contentiösen Gerichtsbarkeit. Bereits unterm 12. Januar 1847 wurde von dem Erzbischofe darüber ein ausführlicher Antrag bei dem königlichen Ministerium der geistlichen Angelegenheiten vorgelegt und erörtert, in welcher Weise dem bezüglichen Bedürfnisse dürfte abgeholfen werden. Doch

---

[59]) „Katholik". Jahrg. 1848. S. 437. Sie ist datirt aus Düsseldorf den 27. April 1848. — Der hochselige Bischof Nikolaus v. Weis richtete in dieser Beziehung Briefe an Dr. Binterim. Siehe Urkundenbuch Nro. 22 und 23. — [60]) Ebendaselbst. S. 232.

bei der damals noch bestehenden Bewegung und Beeinträchtigung der kirchlichen Freiheit, konnte das erwünschte Ziel nicht erreicht werden. Kaum war aber die vom König in eigener Machtvoll= kommenheit gewährte Reichsverfassung vom 5. December 1848 ver= kündiget, so säumte der Erzbischof nicht, schon unter dem 26. des= selben Monats eine neue Anordnung für die sofortige Ausübung der geistlichen Gerichtsbarkeit auszugeben. Sie fußte sich durchaus auf die alten kanonischen Bestimmungen und brachte nur bezüglich der Anwendung der Gerichtsform einige Aenderung des bisherigen Verfahrens. Bisher wurden nämlich die rechtsrheinischen Benefi= cial= und Disciplinar=Angelegenheiten in kanonischem Prozesse ver= handelt und Rechtsstreitigkeiten im Betreffe der linksrheinischen Geistlichkeit, wenigstens der Succursalpfarrer, auf dem Verwaltungs= wege abgethan. Fortan sollte nun auch auf Letztere die kanonische Proceßform bis zu einem bestimmten Grade angewendet werden, was, wenn auch der Weg des Verwaltungsverfahrens den Anfor= derungen der Gerechtigkeit und Billigkeit entsprach und in Bezieh= ung auf die erlaufenden Kosten und den nöthigen Schutz des Ansehens dem Verklagten sogar günstiger seyn konnte, wenigstens den Vor= theil der Einheit in der Behandlung und größere Sicherheit in der Aufrechthaltung der Disciplin für sich hatte. Die unkirchlichen Wünsche und gestellten Anträge der jüngst verflossenen Zeit, daß der Oberhirte eines Theiles seiner Jurisdiction sich begeben, oder vielmehr, daß neben und gleichsam über dem Bischofe eine unabhängige, richterliche Behörde in der Diöcese errichtet, oder daß sein unabhängiges Gericht nach Vorschlägen des Klerus beschränkt werde, fanden durch die neue Anordnung mit Recht keine Befrie= digung. Denn ihr lag der unumstößliche Satz zu Grunde, daß alle in der Diöcese bestehende geistliche Gerichtsbarkeit vom Bischofe verliehen werde und auch nur von ihm selbst kann ausschließlich geübt werden. Aus freier Wahl wurden jedoch bei dieser Anord= nung des Erzbischofes mehrere Glieder des Pfarrklerus, theils als Officialats=Assessoren, theils auch als Assessoren des Metropolitan= gerichtes und zwar sowohl aus den sogenannten Ober= als auch aus den Succursalpfarrern ernannt. Sie sind indeß keine Stell= vertreter des Klerus, sondern Bevollmächtigte des eigentlichen Richters, des Oberhirten, der auch pflichtgetreu nur solche Priester ¡hiezu aus= wählte, denen er die erforderliche Kenntniß und bewährte Gesinn= ung zutraute. Durch diese neue Einrichtung wurde der Erzbischof bei der ihm obliegenden Ausübung des Richteramtes in seiner

Diöcese wesentlich erleichtert, sondern auch in seinen oberhirtlichen Maßnahmen und Verfügungen unterstützt und gestärkt. [61]) Die bezügliche oberhirtliche Verordnung lautet wie folgt:

„Nachdem ich im Laufe der Diöcesanverwaltung die Wahrnehmung gemacht hatte, daß die beiden Abtheilungen des erzbischöflichen Generalvicariats, insbesondere die z w e i t e Abtheilung zur Behandlung der Disciplinar= und Ehesachen, wie ich dieselben bei meinem Antritte der Administration des Erzbisthums vorgefunden habe, eine Umgestaltung wünschenswerth machen; so habe ich in der Absicht, diesen wichtigen Zweig meines Oberhirtenamtes angemessen zu ordnen, bereits unter dem 12. Januar 1847 bei dem königlichen Ministerium der geistlichen Angelegenheiten einen erschöpfenden Antrag darüber vorgelegt, in welcher Weise dem Bedürfnisse abzuhelfen und namentlich die für die z w e i t e Abtheilung des Generalvicariats erforderlichen Stellen zu bestimmen, so wie, welche Personen zu deren Besetzung zu berufen seyen. Es ist mir jedoch damals nicht gelungen, das erwünschte Ziel zu erreichen. Da aber nunmehr die mehrfachen, früher entgegenstehenden Hindernisse beseitigt sind, so habe ich mich bewogen gefunden, die z w e i t e Abtheilung des erzbischöflichen Generalvicariats in zweckmäßiger Weise umzugestalten. Ich verordne daher hierüber wie folgt: §. 1. In allen Verwaltung=sachen wird mein Generalvicariat, — der Generalvicar mit dem Kanzler des Erzbisthums und den beigeordneten Räthen und Assessoren, — fortfahren, die vorkommenden administrativen Geschäfte nach den bestehenden Gesetzen und Bestimmungen in dem bisher beobachteten Geschäftsgange vorzunehmen. §. 2. Die Ausübung der dem Diöcesanbischofe zustehenden freiwilligen Gerichtsbarkeit, so wie alle nach den Kirchensatzungen und der bestehenden Diöcesanverfassung (vergleiche §. 16) zu treffenden, außergerichtlichen Maßnahmen, behalte ich mir und meinem Generalvicar ausschließlich vor. — §. 3. Zur Ausübung der dem Ordinarius zustehenden contentiösen Gerichtsbarkeit aber, welche die gerichtliche Behandlung und Entscheidung der in der Erzdiöcese bezüglich der Disciplinar= und Ehesachen vorkommenden Streitigkeiten zum Gegenstande hat, setze ich eine besondere Gerichtsbarkeit ein, welcher ich die Benennung „Erzbischöfliches Officialat" ertheile. Dieses Officialat soll fortan in diesen contentiösen Disciplinar= und Ehesachen als „Disciplinargericht und Consistorium e r s t e r Instanz"

---

gerichtlich zu verhandeln und zu entscheiden haben. —§. 4. Da mir überdieß als Erzbischof und Metropolit, außer der Jurisdiction eines
Ordinarius, auch die Metropolitangerichtsbarkeit z w e i t e r Instanz,
sowohl für die aus den übrigen Bisthümern der Kirchenprovinz,
wie für die aus der Erzdiöcese selbst eingelegten Appellationen zusteht; so setze ich zugleich mein Officialat auch für alle aus den
übrigen Bisthümern in Disciplinar= und Ehesachen eingebrachten
Berufungen ein. Dasselbe soll in solchen Fällen die Benennung
„Erzbischöfliches Metropoliticum e r s t e r Abtheilung als Disciplinar-
und Ehegericht zweiter Instanz", führen und in allen vorgenannten
Fällen in z w e i t e r Instanz gerichtlich zu verhandeln und zu er-
kennen haben. — §. 5. Für die aus der Diöcese selbst eingelegten
Appellationen aber errichte ich eine z w e i t e b e s o n d e r e, geist-
liche Gerichtsstelle. Dieselbe wird die Benennung „Metropoliticum
z w e i t e r Abtheilung als Disciplinar= und Ehegericht z w e i t e r
Instanz" führen und über alle aus der Erzdiöcese eingebrachten
Berufungen in Ehe= und Disciplinarsachen — in so fern über
Letztere eine Appellation zulässig ist, (unter §. 15) — in z w e i t e r
Instanz verhandeln und erkennen. — §. 6. Das erzbischöfliche
Officialat wird sowohl als Disciplinargericht und Consistorium
e r s t e r Instanz (§. 3.), wie auch in seinem weiteren Wirkungs-
kreise als Metropoliticum e r s t e r Abtheilung (§. 4.) aus folgenden
Gliedern bestehen: a. einem Präses mit der Eigenschaft und Benennung „Erzbischöflicher Official"; b. dem Kanzler des Erzbisthums, als Justiciar; c. einem Promotor in Disciplinar= und
andern geistlichen Rechtssachen; d. einem defensor matrimonii in
Ehesachen; e. zwei Officialatsräthen; f. zwei Officialatsassessoren
und g. einem Actuar. — §. 7. Das Metropoliticum z w e i t e r
Abtheilung für die Appellationen aus der Erzdiöcese (§. 5.) wird
aus folgenden Gliedern bestehen: a. einem Director als Vorsitzendem;
b. dem erzbischöflichen Kanzler als Justiciar; c. dem Promotor
in Disciplinar= und anderen geistlichen Rechtssachen; d. dem defensor matrimonii in Ehesachen; e. zwei Räthen; f. zwei Assess-
soren; g. einem Actuar. — §. 8. Den Räthen und Assessoren
des Officialates steht sowohl bei allen Verhandlungen in e r s t e r
Instanz (§. 3.) als auch bei allen, bei demselben in z w e i t e r
Instanz vorkommenden Appellationen (§. 4.) eine entscheidende
Stimme zu. Der vorsitzende und leitende Official spricht das Urtheil nach Mehrheit der Stimmen aus. Der erzbischöfliche Kanzler
wird jedesmal sein Gutachten über den Stand der obschwebenden

Sache im Sinne der Anwendung und Aufrechthaltung der Gesetze und anderer einschlägigen Bestimmungen abgeben; bei der Findung des Urtheils stimmt jedoch derselbe nicht mit. — §. 9. Die näm=lichen Vorschriften des vorhergehenden Paragraphen finden auch bei dem Metropoliticum zweiter Abtheilung (§. 5.) ihre vollständige Anwendung. — §. 10. Zur Giltigkeit der Urtheile müssen mit dem Official, oder dem Vorsitzenden der betreffenden Abtheilung des Metropoliticums, mindestens zwei Votanten an der Verhand=lung und dem Urtheilsspruche Theil nehmen. — §. 11. Für alle Appellationen, welche aus den übrigen Diöcesen der Kirchenprovinz an das Officialat als erste Abtheilung des Metropoliticums ein=gebracht werden, behalte ich mir selbst das Präsidium bevor, so oft ich solches für angemessen erachte. In einem solchen Falle nimmt der Official als erster Rath des Metropoliticums an den Verhandlungen Theil, wogegen Einer der Räthe oder Assessoren für dieses Mal ausscheidet. Den noch theilnehmenden Räthen und Assessoren steht alsdann nur eine berathende Stimme zu. — §. 12. In allen gerichtlichen Ehestreitigkeiten hat das erzbischöfliche Offi=cialat, sowohl als solches in erster Instanz, wie auch als Metro=politicum erster Abtheilung in zweiter Instanz, allzeit nach dem gemeinen kanonischen Rechte und im gewöhnlichen kanonischen Prozeßgange, in so weit dieses zulässig und ausführbar ist, zu ver=handeln und zu erkennen. — §. 13. Das Metropoliticum zweiter Abtheilung wird ebenfalls in Ehesachen nach dem nämlichen kanoni=schen Rechte und in demselben kanonischen Prozeßgange, in so weit dieses zulässig und ausführbar ist, verhandeln und erkennen. — §. 14. In ganz gleicher Weise ist auch in allen Disciplinarsachen, welche solche Geistliche betreffen, die ein kirchliches Beneficium be=sitzen, sowie in Beneficialsachen, bei dem Officialate, sowohl als solchem in erster Instanz, wie als Metropoliticum erster Ab=theilung in zweiter Instanz, und eben so bei dem Metropoliticum zweiter Abtheilung das gemeine kanonische Recht und der ge=wöhnliche kanonische Prozeßgang, so weit Beides zulässig und aus=führbar ist, einzuhalten. — §. 15. Bezüglich der Behandlung und Aburtheilung jener Disciplinarsachen aber, welche solche Geist=liche der Erzdiöcese betreffen, die nicht im Besitze eines kirchlichen Beneficiums sind, werde ich sowohl für das Officialat, als erste Disciplinar-Instanz, wie für das Metropoliticum zweiter Ab=theilung, als zweite Disciplinar-Instanz eine eigene Verfassung und Instruction erlassen, in welcher das Prozeß= und Strafver=

fahren, so wie die Fälle, in welchen eine Appellation zulässig seyn wird, nach den Grundzügen des kanonischen Rechtes und Processes, in wie weit dieselben nach der in der Erzdiöcese Köln bestehenden Kirchenverfassung zulässig und ausführbar sind, werden vorgezeichnet und näher bestimmt werden. — §. 16. Indessen soll aber bereits von jetzt an und noch vor dem Erlasse dieser Verfassung und Instruction das Officialat die in dem vorhergehenden Artikel bemerkten Disciplinarsachen, welche ich, oder mein Generalvicar, demselben zuweisen werden, als vorläufig einzige Instanz, im summarischen Verfahren zu behandeln haben. Dasselbe hat bei deren Untersuchung, Verfolgung und schließlichen Aburtheilung, nach den in der Erzdiöcese geltenden Normen, wie solche bisher in dem Geschäftsgange bei meinem Generalvicariate sind eingehalten worden, zu verhandeln. — §. 17. Da vorstehende Einrichtung meiner Absicht nach dazu dienen wird, daß die Ausübung der mir als Ordinarius und Metropolit zustehenden contentiösen Gerichtsbarkeit sowohl im Interesse der Erzdiöcese und deren Verwaltung in Handhabung der Kirchenzucht, als auch zum Wohle der Betheiligten, angemessen geregelt, erleichtert und gefördert werde, so soll dieselbe vorläufig zur Ausübung kommen; ich behalte mir aber vor, in allen vorstehenden Bestimmungen jederzeit solche Ergänzungen und Aenderungen vorzunehmen, welche sich durch die Erfahrung oder in anderer Weise als nothwendig oder angemessen ergeben werden. — Köln, am 26. December 1848. — Der Erzbischof von Köln. † Johannes". [62])

Die oberhirtliche Verpflichtung für die theoretische und practische Ausbildung der jüngeren Seelsorgsgeistlichkeit der Erzdiöcese Sorge zu tragen und die nöthigen Vorkehrungen zu treffen, wohl aber auch die zur Unterschrift in Umlauf gesetzten Wünsche mehrerer Geistlichen, veranlaßten den hochseligen Erzbischof, den bisher in dem Erzbisthume üblichen Curatprüfungen eine nähere Aufmerksamkeit zuzuwenden und die zweckdienliche Verbesserung und Erweiterung derselben anzuordnen. Ueber die Zweckmäßigkeit und Nothwendigkeit der verschiedenen Curatprüfungen konnte nur in so weit Frage seyn, als nicht bereits darüber von der Kirche Bestimmungen getroffen sind. Die Frage, ob überhaupt solche Prüfungen für den Curatklerus angemessen seyen, ist durch verschiedene

---

[62]) Sammlung der Verordnungen des Erzbisthums Köln von J. Podesta. S. 167 u. ff.

Erklärungen der Tridentiner Kirchenversammlung, insbesondere durch Capit. XVIII. der 24. Sitzung de reformatione deutlich und bestimmt entschieden. Es konnten daher die neueren Einwendungen, daß solche Prüfungen für den einmal fähig befundenen Priester unbillig, daß sie überhaupt für den geistlichen Stand herabwürdigend, daß sie endlich sogar unnütz seyen, um so weniger in Betracht kommen, als es durch die Erfahrung mehr als erwiesen ist, wie namentlich die practische Seelsorge ein anhaltendes Studium, ein immerwährendes Fortschreiten im Wissen erheischt, und wie die meisten Abweichungen und Verstöße der Seelsorgspriester aus Unwissenheit oder doch aus verkehrter oder verfehlter Anwendung des Erlernten hervorgehen. Was das Vorgeben der Herabwürdigung des geistlichen Standes durch fortgesetzte Prüfungen anbelangt, so beruht dieses auf einer falschen Auffassung sowohl des geistlichen Standes als dieser Prüfungen selbst. Letztere haben die Bestimmung, der geistlichen Behörde einen Maßstab zu geben für die Beurtheilung einer größeren oder geringeren Brauchbarkeit, da allerdings die verschiedenen Kirchenämter, je nach Maßgabe der Pflichten und der besonderen Verhältnisse, nicht für jeden Geistlichen passen, sondern eine verschiedene Befähigung voraussetzen, deren genauere Prüfung demnach Niemanden verletzen kann, und noch weniger für den geistlichen Stand überhaupt etwas Verletzendes an sich hat. Ist Letzterer doch von mannigfacher Art und die Austheilung der Geistesgaben und Aemter von der Apostel Zeiten her in ihm begründet. Was aber hiebei besonders im Auge zu behalten und von der Kirchenversammlung zu Trient hauptsächlich an der genannten Stelle berücksichtiget worden ist, das ist der Unterschied zwischen der selbstständigen und der bloß aushelfenden Seelsorge, zwischen dem Amte eines Pfarrers, eines Vorstehers der Pfarrgemeinde, und dem Amte eines Curatpriesters, als Vicar, Kaplan, Katechet, Prediger. Es kann wohl ein Priester für die Ausübung der Seelsorge unter der Oberleitung eines Pfarrers mehr oder minder fähig befunden worden seyn, ohne noch die Fähigkeit zu besitzen, nach allen Seiten hin selbstständig das Hirtenamt über eine Gemeinde zu versehen. Diese Fähigkeit kann sich vollständig erst dann erproben und nachweisen lassen, wenn der Geistliche bereits die in der Studienzeit erworbenen Kenntnisse in der Seelsorge längere oder kürzere Zeit hindurch angewendet hat. Das Ergebniß einer Prüfung der bereits seit Jahren im Dienste verwendeten Geistlichen stellt sich sehr oft dem Ergebnisse

der Studienprüfung ganz verschieden entgegen und hängt gleichmäßig von dem Eifer in weiterer Ausbildung, wie auch der prac-
tischen Uebung und Tüchtigkeit ab. Aehnliche Prüfungen finden
sich auch in den weltlichen Zweigen, in der Arzneikunde, Rechts-
gelehrsamkeit, Staatswissenschaft ꝛc. und entbehren nirgendwo der
rechtfertigenden Begründung. Dieß ist aber am Wenigsten beim
geistlichen Stande der Fall, wo neben den inneren Beweggründen
auch das Gebot der Kirche sie fordert. Um so auffallender mußte
es dem hochseligen Erzbischofe erscheinen, daß d i e s e von der Tridentiner Kirchenversammlung geforderten Prüfungen in der Kölner
Diöcese nicht bestanden, sondern, außer den Studienprüfungen, nur
kurze, mündliche Examina pro prolongatione curæ animarum,
deren Zweck jedenfalls nicht so nahe liegt, als bei den Prüfungen
pro cura primaria seu principali und deren dürftige oder besser
schonende Form zu mannigfachen Beurtheilungen Anlaß geben
mußte. Alle diese Erwägungen bestimmten den hochseligen Oberhirten die von der Kirchenversammlung zu Trient an der bezeichneten Stelle vorgeschriebenen S y n o d a l p r ü f u n g e n wieder
ins Leben zu rufen, wie er dieselben in der Diöcese Speyer mit
aller Entschiedenheit aufrecht erhalten hatte. Nur für die schon
längere Zeit in der Seelsorge angestellten Geistlichen konnte diese
Anordnung hart scheinen, weßhalb auch für diese, so weit ihre
frühere wissenschaftliche Befähigung es zulässig erachten ließ, ein
billiges Nachsehen eintreten sollte. Im Uebrigen stand zu hoffen,
daß diese Einrichtung, wenn sie mehrjährigen Bestand genommen
haben wird, nur nach allen Seiten wohlthätig einwirken dürfte,
indem sie den Schein der Willkür, welcher ohne diese Prüfungen so leicht vorgeschützt werden konnte, zu entfernen und dem
treuen, in Kenntniß und Erfahrung fortgeschrittenen Priester, seine
gebührende Stelle anzuweisen geeignet seyn wird. Für diese Prüfungen wurden sofort, nach Vorschrift des genannten Concils, eigene
Examinatoren ernannt und die Prüfungstermine, nach Maßgabe
der Anmeldungen, in Aussicht gestellt. Die bezügliche erzbischöfliche
Verordnung aber lautet also:

„An den beiden Prüfungen der Priester, welche Wir bei
unserem Amtsantritte in der Erzdiöcese Köln, — die Eine für den
Empfang der Priesterweihe und die Andere später erfolgende für
Verlängerung der Cura, — angeordnet vorfanden, erkannten Wir
alsbald, obgleich sie an sich gut und umsichtig eingerichtet sind,
doch den Mangel, daß dadurch ein Hauptzweck derselben, nämlich

die Gewinnung der Ueberzeugung von der vollen Würdigkeit zur
Ausübung der selbstständigen Cura und zur Amtsführung auf einer
Pfarrstelle nicht in dem Grade, wie solches zu wünschen ist, er=
reicht werde; und unsere mehrjährigen Beobachtungen haben Uns
hierin bestärkt. Die Unzulänglichkeit des bisher befolgten Verfahrens
ließ sich besonders darin erkennen, daß der Geistliche, welcher die
Prüfung zur Priesterweihe bestanden hat, die hiebei einmal er=
worbene Beschäftigungsnote auch in den folgenden Jahren bis zu
seiner Anstellung im Pfarramte, mochte er nun bis dahin in Wissen=
schaft und Bildung vorangeschritten, oder stille gestanden, oder gar
zurückgegangen seyn, unverändert beibehielt; und da die späteren
Curat=Prüfungen, bei der beschränkten, auf sie verwendeten Zeit,
weder in solchem Umfange, noch mit solcher Gründlichkeit vorge=
nommen werden konnten, daß daraus die Fortschritte oder Rück=
schritte in der Befähigung zur selbstständigen Seelsorge mit all=
seitiger Verläßigkeit hätten können bemessen werden: so mußte die
Beurtheilung bei der Verleihung von Pfarrstellen eine überall aus=
reichende und gleichmäßige Sicherheit vermissen. Zur Abänderung
dieser Mißstände haben Wir bereits vor anderthalb Jahren die
erforderlichen Vorbereitungen eingeleitet und nachdem nunmehr die
mehrfachen, bisher entgegenstehenden Behinderungen beseitiget sind,
erachten Wir es jetzt für angemessen, diese wichtigen Zweige unserer
Diöcesanverwaltung in einer zweckentsprechenden Weise zu ordnen".

„Wir bestimmen daher hiermit, daß künftig neben den Prü=
fungen zur Priesterweihe und zur Cura=Verlängerung, noch eine
besondere Pfarrbefähigungs=Prüfung im Sinne des Concils von
Trient — Ses. XXIV. cap. 18. de refor. — durch eigens hiezu
bestellte Examinatoren abgehalten werden soll, worüber Wir Fol=
gendes festsetzen: — §. 1. Die Prüfung über die Befähigung zur
selbstständigen Ausübung der Seelsorge und Uebernahme einer Pfarr=
stelle ist jedesmal eine schriftliche und eine mündliche. §. 2. Die
schriftliche erstreckt sich über alle Hauptfächer der Theolgie, nämlich:
1. Dogmatik; 2. Moral; 3. Exegese; 4. Kirchenrecht; 5. Kirchen=
geschichte und 6. Pastoraltheologie mit Einschluß der Pädagogik
und Kirchenverwaltungslehre — und besteht in der Beantwortung
von drei Fragen aus jedem Fache, die so zu wählen sind, daß
sich aus deren Lösung einerseits ein tiefer gehendes und umfassen=
des Studium, und anderseits zugleich eine practische Fortbildung
entnehmen läßt; dann ferner in einer ausgearbeiteten Predigt und
Katechese über ein vorher von Uns gegebenes Thema, welche wenig=

stens vierzehn Tage vor den Prüfungstagen an unser General=
vicariat eingereicht werden müssen. — §. 3. Nach dem Schlusse
der schriftlichen Arbeiten wird die mündliche Prüfung von den ver=
einigten Examinatoren vorgenommen. Dieselbe beschränkt sich auf
die Beantwortung von Fragen aus einem oder aus mehreren der
oben genannten Fächer, auf den Vortrag eines Theiles der aus=
gearbeiteten Predigt und auf Abhaltung einer Katechese über ein
gegebenes Thema. §. 4. Ueber die schriftlichen Arbeiten schreiben
die Examinatoren die Censur nieder und bezeichnen sie mit den
Nummern I. II. oder III. (ausgezeichnet, gut, genügend). Diese
Nummern werden, wie auch jene über die mündliche Prüfung, zu
Protocoll genommen und dann nach dem Gesammtergebniß die
Nummer für Jeden bestimmt, nach welchen die Geprüften classificirt
werden. §. 5. Wer nicht genügend bestanden hat, wird entweder
mit Nummer IV. zu einer späteren Prüfung verwiesen, oder ohne
eine solche Classification als für immer zum Pfarramte unfähig
bezeichnet. — §. 6. Auf den Grund dieser Prüfungen kann auch
die Approbation für die Cura verlängert werden und zwar für
Nro. I. auf 12, für Nro. II. auf 10 und für Nro. III. auf
sieben weitere Jahre. — §. 7. Diejenigen Priester, welche bereits
zwölf Jahre und länger in der Seelsorge gearbeitet und bei der
Prüfung für den Empfang der Priesterweihe die Censur=Nummer I.
und damit zugleich auf drei Jahre Cura erhalten haben, betrachten
Wir ohne neue Prüfung als zum Pfarramte befähigt in der ihrer
Nummer entsprechenden Classe. Da aber bei den Pfarrverleihungen
neben andern Beurtheilungsgründen auch auf die vermöge der
Pfarrbefähigungs=Prüfungen erworbene Nummer besondere Rück=
sicht genommen werden soll: so stellen Wir es allen Priestern, welche
bereits zwölf Dienstjahre und darüber zählen und in Folge der
Prüfung zur Priesterweihe mit der Nummer II. und demnach mit
der Approbation auf zwei Jahre in die Cura getreten sind, an=
heim, sich zur Gewinnung einer besseren Nummer der von Uns
angeordneten neuen Pfarrbefähigungs=Prüfung zu unterziehen.
Diejenigen dagegen, welche während zwölf Jahren und darüber die
Seelsorge geübt und bei der ersten Prüfung nur Nummer III.
und demgemäß nur auf ein Jahr Cura erhalten haben, können
nur auf den Grund der bestandenen neuen Befähigungs=Prüfung
als zum Pfarramte qualificirt angesehen werden. — §. 8. Zur
Ausführung der vorstehenden Anordnung werden Wir im Lauf des
nächsten Sommers die beabsichtigten Prüfungen in zwei oder drei

Abtheilungen vornehmen lassen. Diejenigen in §. 7. bemerkten, mit Nummer II. und III. bezeichneten Priester, welche der Pfarr=befähigungs=Prüfung sich unterziehen wollen, werden daher ihren beßfallsigen Entschluß spätestens bis zum 25. März — Dominica passionis — bei Uns anmelden, worauf ihnen die nähere Be=stimmung des Prüfungs = Termines mit dem Thema der auszu=arbeitenden Predigt und Katechese mitgetheilt werden wird. An=meldungen, welche nach dem 25. März eingehen, können für diesen Sommer nicht mehr berücksichtiget werden. — Die weitern, für die folgenden Jahre noch erforderlichen Anordnungen behalten Wir Uns seiner Zeit bevor. — Köln, den 2. Januar 1849. † Jo=hannes". [63])

Am 15. desselben Monats ward die erzbischöfliche Verfüg=ung bezüglich des Ueberganges des seitherigen Oberaufsichtsrechtes des Staates über die kirchliche Vermögens=Verwaltung an die geist=lichen Behörden ausgegeben. Da die Verwaltung der Kirchen, ihrer Stiftungen und ihres Vermögens der auf der rechten Rheinseite zum Erzbisthume gehörigen Pfarreien, in welchen das kaiserliche Decret über die Kirchenfabriken vom 30. December 1809, nicht zur Gel=tung kam, eine andere als die französische war, so wurden auch für diesen Theil der Erzdiöcese die nöthigen Verordnungen über das Rechnungswesen, die Bildung und Besetzung des Fabrikrathes unter dem 25. und 31. Januar und 1. September 1849 erlassen, denen sich später noch mehrere in dieser Beziehung anschlossen. [64])

Außer diesen Anordnungen wurden im Hinblick auf die Be=stimmung der Verfassung noch mehrere Schranken der kirchlichen Rechte vom Erzbischofe beseitiget. Diese betrafen die freie Ge=stattung von Kirchen= und Hauscollecten für religiöse Zwecke, die freie Ernennung der Decane und geistlichen Räthe, für welche bisher die Bestätigung der königlichen Regierung mußte nachgesucht werden. [65]) Größere Schwierigkeiten stellten sich dem freien erzbischöflichen Be=

---

[63]) Sammlung der Verordnungen des Erzbisthums Köln von J. Podesta. S. 182. „Katholik", Jahrg. 1849. S. 59. — Im Juni des genannten Jahres erschienen dagegen zwei Streitschriften, welche nicht geringes Aufsehen machten. Die erste pseudonym: „Der Pfarrconcurs ꝛc. von C. Schmitz" und „Die Curatexamina von A. J. Binterim". — [64]) Siehe Sammlung der Verordnungen des Erzbisthums Köln vom Jahre 1825 bis 1851, von J. Podesta. — [65]) Der Professor zu Bonn, Dr. Die=ringer, war der erste erzbischöfliche geistliche Rath, der frei ernannt wurde. Am 17. April 1853 beförderte ihn der Cardinal zum Domcapitular.

setzungsrechte der auf dem rechten Rheinufer gelegenen Patronats-
pfarreien entgegen, deren Ermittelung und Feststellung noch viele
und langjährige Verhandlungen herbeiführte.

Bezüglich der von gar vielen Geistlichen in Mitte der politischen Stürme so laut geforderten Abhaltung der Diöcesansynode
suchte der hochselige Erzbischof, wie viele seiner Amtsbrüder, die
Gemüther durch Hinweisung auf das über die Würzburger Conferenz unterm 17. Mai 1849 vom heiligen Vater erlassene Breve
zu beruhigen, wornach die Diöcesansynoden erst nach vorausgegangenen
Provinzialsynoden in nützlicherer Weise sollten abgehalten werden.
Nicht nur durch solche Erlasse und Anordnungen, sondern auch durch
öfteres persönliches Auftreten und Eingreifen wußte der Oberhirte
Heilbringendes anzupflanzen und zu schirmen und Verderbliches
zu beseitigen. So traf er am 16. Juli 1849 in Bonn ein, wo
noch die zwei suspendirten Professoren der Theologie, Braun und
Achterfeld, mit vollem Gehalte weilten, welche in Verbindung mit
dem Professor der Philosophie, Dr. Knoodt, die obenberührten
Bewegungen in der Erzdiöcese schürten, um namentlich den anstößigen Vorträgen und der allzufreien und ungebundenen Lebensweise des Letzteren, welcher offen dem Güntherianismus huldigte,
möglichst zu begegnen. [66]) Im erzbischöflichen Convicte, wo der
Hochselige die Zöglinge dieser Anstalt und die Candidaten der
Theologie um sich versammelte, wurden diese in den verschiedenen
Fächern der Theologie geprüft. Hierauf hielt derselbe eine treffliche Ansprache, zeigte eingehend, was jetzt im theologischen Studium
besonders Noth thue, ermahnte die im katholischen Glauben ruhende,
auf Gottes Wort gebaute Stetigkeit fest im Auge zu behalten und
die geoffenbarten, ewigen Wahrheiten allen jenen luftigen und
haltlosen Philosophemen vorzuziehen, womit der menschliche Hoch-
muth sich zu brüsten und die unerfahrene Jugend einzuwiegen und
zu betäuben pflegt. [67])

---

[66]) Peter Knoodt aus Boppard, welcher in Wien während drei Jahre
die philosophischen Vorlesungen von Günther gehört hatte, doctorirte in Breslau
unter dem Schuße der Güntherianer und wurde im Herbste 1845 als außerordentlicher Professor der Philosophie zu Bonn angestellt gegen das Bemühen
des hochseligen Erzbischofes. Schon seit dem Tode des Professors Windischmann — sohin seit sechs Jahren — war diese Professur zum Nachtheile der
Katholiken unbesetzt, was in der Sitzung des rheinischen Landtages vom 1.
März 1845 zur öffentlichen Beschwerde Anlaß gab. — [67]) Eine öffentliche
Stimme rühmt von dem hochseligen Cardinal: . . . „In Allem was er sprach

Bei diesen mannigfaltigen Sorgen, Arbeiten und Kämpfen stand dem hochseligen Erzbischofe der von ihm am 1. September 1846, an die Stelle des durch Alter und Kränklichkeit behinderten Dombechanten, Dr. Jven, ernannte Generalvikar Dr. Baudri als rüstige und vertrauliche Stütze bis zum Lebensende an der Seite. In dieser freundlichen und gefälligen Persönlichkeit vereinigte sich eine gereifte seelsorgliche Erfahrung, hohe wissenschaftliche Bildung, große Milde und Herablassung mit einer nicht geringen Entschiedenheit der Gesinnung. Diesen treubewährten Mitarbeiter in der erzbischöflichen Verwaltung ersah sich der Oberhirte, nach dem Ableben des Herrn Cläffen, als Weihbischof und mußte alle Schwierigkeiten zu besiegen, welche dieser Wahl entgegen standen. Domcapitular Baudri ward am 28. September 1849 vom heiligen Vater als Bischof von Arethusa präconisirt und ihm am Montage den 25. Februar 1850 von dem Erzbischofe, unter Assistenz des Bischofes Laurent von Luxemburg und des Dombechanten Jven, in der Kölner Kathedrale in feierlichster Weise die bischöfliche Weihe ertheilt. Seiner vielfältigen Verdienste wegen erhielt Herr Baudri nach dem Ableben des genannten Dombechanten dessen Stelle im Metropolitancapitel. [68])

§. 12. Zustände wegen des unbedingten Staats-Eides der Geistlichen.

Bald nach der vollzogenen Weihe des neuen Amtsgehilfen des Erzbischofes erhob sich bezüglich der Beeidigung des Klerus auf die neue Verfassung des Königreiches ein bedenklicher Zwiespalt zwischen der geistlichen und weltlichen Behörde, welchen wir, obgleich den nachstehenden Paragraphen vorauseilend, wohl am Schicklichsten hier besprechen. Trotz der gemeinschaftlichen Bemühungen der Oberhirten verblieben dennoch einzelne Artikel in der revidirten Ver-

---

und that, ward er vom Geiste der katholischen Kirche geleitet. Unbeeinflußt und unzugänglich dem Zeitgeiste und den Täuschungen der falschen Wissenschaft, hat er durch die Vertheidigung der rechten Lehre und die Ueberwindung falscher und verderblicher Richtungen, wie im Glauben so in der wahren Wissenschaft, die größten Dienste geleistet. Von einer gläubigen, rückhaltlosen Liebe und Hingebung war er gegen den Nachfolger Petri erfüllt, auf den nun ein für alle Mal Christus seine Kirche gegründet hat", ꝛc. Mainzer Journal vom 15. Sept. 1864. — [66]) Dr. Jven starb am 3. Juli 1853 und am 1. October d. J. ward der Hr. Weihbischof von Seiner Eminenz zum Dombechanten ernannt und am 10. desselben installirt.

fassung vom 31. Januar 1850, welche, wenn sie auch ihrem Wort-
laute nach eine günstige Auffassung hinsichtlich der Rechte der Kirche
zuließen, dennoch auch eine Deutung und Anwendung erhalten
konnten, die mit den unveräußerlichen Rechten der katholischen Kirche
im Widerstreit standen. Dessen ungeachtet wurde von allen Staatsbeamten ohne Unterschied des Glaubens, sohin auch von denjenigen
katholischen Geistlichen, welche als Schulräthe, Professoren, Religionslehrer, eine unmittelbare Amtsbeziehung zum Staate hatten,
ein u n b e d i n g t e r Eid auf die Verfassung gefordert. Dagegen
ward jenen Geistlichen von Seiten der Oberhirten die Belehrung
gegeben, den verlangten Eid nur mit dem Vorbehalte zu leisten,
daß dadurch den kirchlichen Rechten keine Beeinträchtigung erwachse.
Kaum hatte der Minister der geistlichen Angelegenheiten, Freiherr
v. Ladenberg, hievon Kenntniß erhalten, so erließ er an alle Oberpräsidenten des Königreiches ein Rundschreiben des Inhaltes: „Die
königliche Regierung könne nicht zugeben, daß der Eid auf die Constitution mit irgend einer Einschränkung geleistet werde". Dabei
wurden die Oberpräsidenten aufgefordert, daß sie alle Beamten,
welche nur mit dem Vorbehalte salvis ecclesiæ juribus den Eid
leisten wollten, dahin zu belehren haben, daß solche Modificationen
nicht erlaubt seyen. Falls diese Belehrungen fruchtlos bleiben, sollten
die Oberpräsidenten jene Beamten darüber befragen, ob sie in
ihrem Gewissen die geistlichen Pflichten mit ihren Pflichten als
Staatsbeamte vereinigen zu können glauben. Wird diese Frage
verneint, sind sie aufzufordern, ihr Civilamt sofort niederzulegen
und im Falle sie sich dem widersetzen, sollen dieselben ohne Verzug
von ihrem Staatsamte suspendirt und zur Disciplinaruntersuchung
gezogen werden. Letzteres ist wirklich mehreren geistlichen Staats-
dienern geschehen, welche den Eid nur mit Vorbehalt schwören
wollten, während andere sich um diesen Vorbehalt nicht kümmerten. [69]

Der hochselige Erzbischof hatte hievon kaum Kunde erhalten,
als er unterm 12. April des genannten Jahres die Geistlichen des
Erzstiftes durch ein amtliches Rundschreiben anweisen ließ, vor
Ableistung des Verfassungseides bei ihm die bezüglichen Verhal=
tungsregeln einzuholen. Der Metropolit hielt diese Angelegenheit
für so wichtig, daß er sofort den Zusammentritt der Bischöfe seiner
Provinz in der Mitte des April veranlaßte, um sich mit denselben

---

[69] Siehe Näheres hierüber: Dr. B e r i n g 's Archiv für Kirchenrecht.
Jahrg. 1871. Heft VI. S. 318 u. ff.

hierüber zu berathen und ein gemeinschaftliches Vorangehen in diesen und noch andern Fragen zu beschließen. [70]) Die Bischöfe von Trier, Paderborn und Münster verfehlten nicht, im Geleite Einiger ihrer Räthe der erzbischöflichen Einladung zu entsprechen. Unterm 18. April 1850 unterzeichneten sie nachstehende Erklärung 'an den genannten Cultusminister: „Die Vollziehung des Artikels 108 der Verfassungs-Urkunde, wie sie Eure Excellenz angeordnet haben, konnte nicht verfehlen, die unterzeichneten Bischöfe der Kirchenprovinz Köln zu der ernstlichsten Erwägung dieser Angelegenheit aufzufordern. Zweierlei Umstände durften wir dabei nicht unbeachtet lassen: einmal daß den zur Eidleistung herangezogenen Priestern nicht gestattet wurde, ihre der Kirche gegenüber schon eidlich eingegangenen Verpflichtungen bei dem Beeidigungsacte zu wahren,. sodann aber, daß, ohne weitere Notification an die Kirchenbehörde, Kirchendiener als Staatsdiener behandelt wurden, in Betreff deren diese Qualität entweder bestritten oder nicht als die vorwiegende, oder nicht als die alleinige behauptet werden kann. Diese Umstände haben uns vermocht, zunächst an die Geistlichkeit unseres Sprengel eine Verfügung zu erlassen, welche wir Eurer Excellenz in Abschrift mitzutheilen die Ehre haben. — Gleichzeitig fühlen wir uns gedrungen, wiederholt zu erklären, daß wir, als die berufenen Hüter und Vertheidiger der Rechte der katholischen Kirche, übereinstimmend mit den unverjährbaren Grundsätzen derselben, den Eid auf die Verfassung nur in so weit für bindend und rechtskräftig erachten können, als er salvis ecclesiæ juribus geleistet wird. Da uns, wie bereits bemerkt, nicht mitgetheilt worden, welche Kategorien von Kirchendienern zur Eidleistung herangezogen werden, so finden wir uns außerdem verpflichtet, die Kirche gegen alle Folgerungen von vornherein zu bewahren, welche aus der Thatsache der geschehenen Eidleistung auf eine veränderte Stellung der Betheiligten

---

[70]) Das bezügliche Vorgehen des Cultusministers mußte um so auffallender erscheinen, da sich die Geistlichen bei dem fraglichen Vorbehalte auf das Beispiel des Königs Friedrich Wilhelm IV. berufen konnten. Dieser hat nämlich am 6. Feb. 1850, ehevor er den Eid auf die Verfassung leistete, den Anwesenden feierlich erklärt, „daß es sich von selbst verstehe, daß durch seinen Eid frühere, heilige Gelöbnisse nicht können aufgehoben werden, daß er also den Eid nur unter dem Vorbehalte zum Gelöbnisse leisten und ihn nur in so ferne für verbindlich erachten könne, als er mit denselben im Einklange stehe". — Siehe hierüber Mehreres im „Katholik", Jahrg. 1850. S. 325.

zu ihr möglicher Weise gezogen werden könnten". Im gleichen
Sinne war die bezügliche Verfügung an die Gesammtgeistlichkeit
des Metropolitansprengels von demselben Datum abgefaßt und nach
vorausgehender Belehrung verordnet, „daß kein Geistlicher ohne vor-
ausgegangene und angenommene Kundgebung der bezeichneten kirchlichen Verwahrung hinfort den Eid ablege". Zugleich wurden die
Pfarrer angewiesen, den Lehrern, welche nicht Geistliche sind, auf
deren etwaige Anfrage zu eröffnen, daß sie den fraglichen Eid mit
Rücksicht auf die Erklärung des Episcopates, als des geborenen Vertreters der kirchlichen Rechte und Freiheiten, ohne persönlichen Vorbehalt und im Hinblick auf jene Erklärung leisten können.[71] Diese
oberhirtlichen Erklärungen und Vorschriften hatten indeß zur Folge,
daß schon am 23. desselben Monats durch telegraphische Weisung
des Cultusministers an die Oberpräsidenten jedem weiteren Vorfahren bezüglich des unbedingt zu leistenden Verfassungseides Einhalt
gethan wurde. — Eine freimüthige Stimme am Niederrhein bemerkte damals über diese Verhandlungen: „Es ist ohne Zweifel
in Preußen für die katholische Kirche und ihre Verhältnisse schlimm,
daß sie es, wie gewöhnlich, so auch jetzt wieder, mit einem Cultusminister zu thun hat, der ihr, entweder weil derselbe jene nicht
versteht, oder sie haßt, gelinde ausgedrückt, gar nicht freundlich ist.
Aber so schlimm dieses für die kirchlichen Verhältnisse ist, noch
schlimmer ist es eben für den preußischen Staat selbst. Denn
erstens wird der Staat durch eine solche Unfreundlichkeit, Unwissenheit
oder Feindseligkeit des Ministers mit dieser Kirche leicht in Conflict
gebracht, in Conflicte, in denen der Staat, wenn sie bedeutend
werden, immer am Ende nachgeben muß, wenn er, wie dieß auch
schon viele, frühere Erfahrungen beweisen, nicht mit allen seinen

---

[71] Sammlung der Verordnungen des Erzbisthums Köln. S. 208
u. ff. — Ueber den Erfolg der neuen Verfassung in der kirchlichen Verwaltung
schrieb der Hochselige unterm 30. Dec. 1851 an seinen Freund Richarz nach
Augsburg: ... „Das Gouvernement läßt uns eine freie Entwickelung auf
kirchlichem Boden, welche die erfreulichsten Resultate hervorbringt. Ein Beweis
wie ein Staat nicht sogleich Schiffbruch leidet, wenn er seine Regiererei in die
Kirche hinein aufgibt. Die Grundsätze, welche wir in Würzburg aussprachen,
haben wir bei uns überall ins volle, wirkende Leben übersetzt, und der Staat
gewinnt dabei, da die früher commandirte Anhänglichkeit eine freiwillige und
darum festere geworden. Nur bezüglich der Schule hängen wir noch in der
Luft. Der große Schulmeister-Staat führt noch den großen General-Birken-
scepter ausschließlich und vertheilt und prismatisirt das Lehr- und Unterrichts-
licht nach staatspädagogischem Ermessen". c. c.

Machwerken durch und durch erschüttert werden will. Zweitens kann eine solche Stellung und Gesinnung des Cultusministers den Katholiken und ihrer Kirche gegenüber nur dazu dienen, das Mißtrauen derselben gegen Preußen nicht nur immer wach zu erhalten, sondern auch mehr und mehr zu schärfen".

§. 13. Kölner politische Zustände.

Um die vielen Schwierigkeiten und Unannehmlichkeiten zu würdigen, welche das Leben und Wirken des hochseligen Erzbischofes in der damaligen Zeit umgaben und verbitterten, welche einerseits von den stürmischen Wünschen mancher Priester hervorgerufen, andererseits von staatlichen Bevormundungen und Uebergriffen bereitet und insbesondere auch von gottlosen Wühlereien democratischer Vereine in Köln selbst, angezettelt und gepflegt wurden: dürfen wir nicht unterlassen, auf die bezeichneten Zustände in Mitte des Jahres 1849 einen Rückblick zu werfen. Diese gaben sich namentlich am Vorabende des Namenstags-Festes des Oberhirten in jenem Jahre auf eine betrübende Weise kund. In den zunächst vorhergehenden Jahren suchte es der Erzbischof einzurichten, daß er, um Umständlichkeiten zu entgehen, den Tag seines Namensfestes außerhalb der Stadt, entweder auf einer Firmungsreise, oder auf einem andern Ausfluge zubrachte. Eine Unpäßlichkeit hinderte ihn, in diesem Jahre jenen Tag, auf den bereits wieder eine Firmungsreise angekündigt war, ebenfalls außerhalb seines erzbischöflichen Sitzes zuzubringen. Dieser Umstand veranlaßte sofort mehrere Männer von entschiedener, treukirchlicher Gesinnung, am Vorabende des Johannistages zu Ehren des gefeierten Oberhirten eine festliche Huldigung zu veranstalten, welche nach den mannigfaltigen, unkirchlichen Wühlereien der politisch so bewegten Zeit, für alle wahrhaft religiöse Herzen ein freudiger Trost und aufrichtende Erquickung seyn sollte. Obschon die Zeit zur bezüglichen Vorbereitung äußerst kurz war, denn erst ein Tag früher war die Unterlassung der bestimmten Firmungsreise bekannt, so wurde doch durch die ausgezeichnete Kölner Liedertafel eine Serenade unter Fackelschein gebracht, welche mit einem begeisterten Hoch auf den Kirchenfürsten von der versammelten Menge geschlossen wurde und nur bedauern ließ, daß derselbe wegen seiner Unpäßlichkeit auf den Balcon zu treten verhindert war. Zum Leidwesen aller wohlgesinnten Bürger benützte die wühlerische Sippschaft der sogenannten Democraten diese Gelegenheit, ihre rohe Gemeinheit und innere Verworfenheit kund zu geben und ihre schändliche Ge=

stimmung gegen Religion und Kirche thatsächlich zu erweisen. Sie
drängte sich zu jener Festlichkeit herbei, versuchte der Republik
ein Hoch zu bringen und die Marseillaise anzustimmen, und nebenbei
die friedlichen Bürger mit Schmähworten — Heuler, Lumpen —
zu beleidigen und zu reizen. Einzelne dieser Ruhestörer, die jedoch
nur aus dem eigentlichen Janhagel sich gesammelt hatten, haben
an diesem Abende eine derbe Züchtigung erhalten, die ihre Roheit
und Wildheit zu zügeln ganz geeignet war.

Die damaligen Zustände Köln's, welche von dem oberen bis
zum unteren Rheine fast ganz dieselben waren, werden in folgender
Weise geschildert. Unsere Democratie, welche von glaubens- und
sittenlosen Juden und Mitgliedern hereingeschmuckelt und unter dem
Schutze der sogenannten Märzerrungenschaften gehegt und gepflegt
worden ist, hat zum Glücke noch frühe genug die Maske, unter
welcher sie in die an katholischen Ueberlieferungen so reiche Stadt
sich einzudrängen vermochte, abgelegt. Anfangs, besonders in der
ersten Hälfte des Jahres 1848, wurde von Religion und Kirche
unter den Männern des Volkes nur mit Schonung gesprochen und
für ihre Pläne nicht selten die Weihe und der Hort der Religion
angerufen. Ja, hin und wieder trat sichtlich das Bestreben der
Democraten hervor, eben durch die Diener der Kirche, durch den
Klerus, auf die untern Schichten Einfluß zu gewinnen und in ihnen
Anhang zu werben. Leider fehlte Manchem unter der Geistlichkeit
die Klugheit der Schlange, ohne welche die Ueberlistung durch den
Weltgeist unfehlbar ist. Mitglieder des Klerus fochten in den
Reihen der Democratie, wo Einzelne leider noch zu finden, die
Meisten jedoch zur Besinnung gekommen sind, nachdem die Larve,
in welche die Democratie sich heuchlerisch gehüllt hatte, allmälich
sichtbar wurde. Zuerst suchte man das, wenn auch noch so offene
und redliche Wirken der als Volksvertreter gewählten Geistlichen,
besonders der Bischöfe zu verdächtigen, indem die fortdauernde Revolution als Sache des Volkes erklärt und die Handhabung der
Ordnung und Gesetzlichkeit, wofür der Geistliche sich immerfort
aussprechen muß, als volksfeindliche, aristokratische, selbstsüchtige
Politik verschrieen wurde. Die Freiheit der Versammlung und
der Presse gab den hergelaufenen, rothen Wühlern, welchen weder
die Religion noch auch Familie und Besitz heilig war, Raum und
Gelegenheit, dem gemeinen Volke, welches eben so wenig fähig zur
Beurtheilung der vorgespiegelten Freiheitslehren, als geneigt ist,
gegen Höhere und Vorgesetzte Tadel und Groll zu fassen, das Gift

der schlechtesten Grundsätze unvermerkt einzuimpfen. Endlich in der Zeit der angezettelten Steuerverweigerung glaubte die Democratie sich des Sieges gewiß. Sie hatte unter den Massen Zahlen und Namen gewonnen. Von nun an ward offen gegen Religion und Kirche der Kampf angehoben in Wort und Schrift, mit Lug und Trug, mit Spott und Hohn. Die wühlerische Meute, ihres blutigen Triumphes im Voraus gewiß, glaubte ferner nicht der Larve und des Rückhaltes benöthigt zu seyn. Zur selben Zeit aber gingen jenen gutmüthigen Katholiken, welche von einer christlichen De-mocratie geschwärmt und jener politischen Secte wirklich wahre Freiheitsliebe und Volksthümlichkeit zugetraut hatten, die Augen auf. War doch in gleicher Zeit die sogenannte Democratie mit Verrath und Mord über den heiligen Stuhl losgefahren und in der Hauptstadt der katholischen Christenheit Siegerin auf den Trümmern der Tiara und nach der Flucht des Papstes, dem die Völker den offensten Schutz gegen Willkürherrschaft und Knechtung verdankten.

Dieser in Meuchelmord und Verrath errungene, schmähliche Sieg der römischen Democratie fand in allen Orten, wo die Meute ihre Sendlinge hatte, ein übermüthiges Echo. Von nun an ward auch in Köln mit offenem Hohne der Kirche begegnet. Die bisher noch angenommene Zurückhaltung und Schonung gegen die Religion und ihre Diener machte ungescheuter, frecher Verunglimpfung Platz. Schmutzblätter entstanden, die es sich zum Geschäfte machten, über Geistliche und religiöse Dinge die unteren Volksclassen in Wirrwarr zu bringen und lügenhafte und verläumberische Ansichten zu ver-breiten. Der „Verfolger der Bosheit", „die Arbeiterzeitung", „die neue Kölnische Zeitung", reichten sich in diesem sauberen Ge-schäfte die Hände, während die „neue Rheinische Zeitung" mehr im Allgemeinen, ohne specielle und directe Berührung des Kirchlichen, die Grundlagen geistlicher Zucht und Sitte zu untergraben suchte. Schon die nähere Kenntniß der Personen, in deren Händen diese „Organe der Democratie" waren, konnte auf ihren Inhalt schließen lassen. Der „Verfolger der Bosheit" hatte einen abgesetzten Schul-meister, welcher darauf als Bäcker eben so schlechte Geschäfte ge-macht, zum Verfasser, die „Arbeiterzeitung" einen verkommenen Böttcher, die „neue Kölnische Zeitung" einen entlassenen Offizier, der im pfälzischen Vierwochenregimente eine Rolle gespielt. Die Re-dacteure der „neuen Rheinischen Zeitung", die übrigens mit vieler Gewandtheit geschrieben wurde, waren Hauptagenten der „Rothen".

Wüthend wurden sie, die kleinen Winkelblätter besonders, als der
Herr Erzbischof es wagte, eine Sammlung für den heiligen Vater
anzustellen und diese Sammlung in den ersten Tagen so glänzende
Ergebnisse lieferte. . . . Viele Geistliche Köln's und der Umgegend
wurden namhaft im gereizten Tone angegriffen und die bezüglichen
Blätter in der Stadt und auf dem Lande eigens verbreitet. Allerdings empörte dieses schmähliche Treiben alle Bessergesinnten. Auch
wurde von katholischer Seite in Wort und Schrift dagegen gearbeitet.
Besonders gut wirkte das schon in vielen Tausend Exemplaren er-
scheinende Pius-Blatt. Aber immer bleibt von solchem Schmutze
etwas hängen. Die Zahl der Wilden, welche indeß den also ge-
predigten Haß gegen Kirche und Klerus in sich aufgenommen und
ihn auch zu äußern keine Scheu haben, ist unter dem sogenannten
Proletariate sehr gewachsen. Verunglimpfungen der Geistlichen sind
nichts Seltenes mehr und was vor einem Jahre, wenigstens vor
dem März vorigen Jahres, noch unmöglich gewesen, geschah am
Vorabende des Johannisfestes vor dem Hause des Erzbischofes.
Die Leute des „Verfolgers der Bosheit" wagten es, die dem Kirchenfürsten gebrachte schöne Serenade durch republikanische Aus-
rufungen zu stören und Straßenscandal hervorzurufen.

So hat die Democratie hier in Köln die Maske weggeworfen.
Offen und ohne Scheu legten ihre sauberen Bündler das Bekenntniß
des Antichristenthums ab und machten kein Hehl von dem, was
uns, wenn sie wie in Rom die Oberhand erhielten, bevorständе.
Dadurch haben sie aber auch manchen Irrgeführten die Binde von
den Augen genommen und es kann fortan kein Katholik mehr diesen
democratischen Clubs, wie sie dermalen bestehen, angehören, ohne
an der Sache der Kirche sich zu versündigen. Wir sind auf dem
Punct angelangt, wo die Wahl nur ist zwischen Christus und zwischen
Belial, zwischen dem Heilande und dem Verderber. Es ist gegenwärtig des Katholiken und insbesondere derer, die im kirchlichen
Lehramte stehen, heilige Pflicht, vor diesem Feinde zu warnen und
die Heerde zu hüten. Es ist der alte Feind, dessen Wahlspruch
noch immer ist: „Écrasez l'infâme", und der nicht ruht, bis entweder er oder das Reich Gottes unterliegt. [72]

---

[72] „Katholik". Jahrg. 1849. S. 307 und 313. — Eine im
Frankfurter Journal befindliche Nachricht aus Köln vom 21. März 1851 verbreitete den Lärm, der auch bald in anderen, kirchenfeindlichen Blättern wider-
hallte, als sei eben am hellen Mittage das Leben des Hochseligen bedroht gewesen. Das Thatsächliche des Vorfalls war, daß ein betrunkener, halbwahn-

Diese heilige Pflicht hat weder der hochselige Erzbischof, wie seine vielen und trefflichen Ermahnungen und Hirtenbriefe beweisen, noch die berufstreue Seelsorgsgeistlichkeit der reichbevölkerten Stadt Köln in jenen schwierigen Tagen außer Acht gelassen. Allein selbst die in der Mitte des Jahres 1849 auch hier, wie in vielen anderen Städten Deutschlands ausgebrochene Cholera, konnte nicht alle Verirrte auf den Weg der Besserung, der christlichen Gesinnung und Gerechtigkeit zurückführen. Indeß hat mancher Gläubige, welcher durch die politischen Umtriebe der letzten Jahre in seinem religiösen Leben gestört und zerrüttet worden war, in der allgemeinen Noth und Gefahr den Weg zur Kirche wieder aufgesucht und gefunden. Es wurden in allen Pfarrkirchen der Stadt besondere Betstunden angeordnet, in welchen das fromme Gemüth Trost, der Schwache neue Kraft und Belebung, der Sünder nicht selten den Weg zur Buße und Bekehrung fand. Auch eine Wallfahrt ward gleich anfänglich veranstaltet, um Gottes Schutz zu erflehen. Sie hatte zahlreiche Pilger aller Stände und jeden Geschlechtes und zeichnete

---

sinniger Arbeiter mit bloßem Dolche vor der erzbischöflichen Wohnung herumrannte, was einen Straßenlärm veranlaßte, in Folge dessen der Tollende zur Haft gebracht wurde. Jene Nachricht fand um so leichtere Aufnahme, weil erst am 10. desselben Monats der Regens und Professor im bischöflichen Seminar zu Mainz, Dr. M. A. Nilef, bei Darbringung des h. Opfers, von dem halbverrückten Anton Seebold aus Mainz, am Altare der Seminarskirche überfallen und stark verwundet worden war. — Ein sicherer Vorfall in Köln aus dem Jahre 1852 ist folgender. Als am Abende des 5. August gegen halb zehn Uhr der Landgerichtsrath Blömer vor seine Wohnung auf der Gereonsstraße trat, bemerkte er auf einem Fenster des gegenüber liegenden erzbischöflichen Palais ein Leuchten. Um zu untersuchen, was es sei, schritt er hinzu, als sich plötzlich mit einer Explosion, welche die Häuser der Nachbarschaft erschütterte, ein Kanonenschlag entlud. Fast wie durch ein Wunder entging er der größten Gefahr, denn man fand am anderen Tage fast überall Rehposten und in dem betreffenden Zimmer, dessen Fenster zerschmettert war, allein über fünfzig Stück. Von allen Enden eilten die Nachbarn zusammen. Man schätzte den Kanonenschlag nach den aufgefundenen Resten auf einen mindestens vierpfündigen. Der Erzbischof war am Morgen desselben Tages nach Rheinbayern abgereist, um den König Ludwig von Bayern nach Köln einzuladen. Wäre er aber auch zugegen gewesen, so würde die Schandthat doch wohl ihren Zweck verfehlt haben, da das betreffende Zimmer nur zum Flaschenkeller benützt wurde, freilich aber unter der Hauscapelle liegt, in welche hinauf die Explosion jedoch keine Wirkung äußerte. Niemand wußte sich zu erklären, was zu diesem Verbrechen Anlaß gegeben haben könnte. Aus späteren Nachforschungen ergab sich, daß jener Vorfall nur ein nächtlicher Bubenstreich gewesen sei. „Deutsche Volkshalle" vom 11. und 18. Aug. 1852.

sich durch große Andacht und Gottesinnigkeit aus. Die Geistlichkeit gab sich dem Dienste der Kranken mit warmem Eifer hin und mehrere Priester, deren Stellung sie nicht zum Krankenbesuche verpflichtet, haben freiwillig und mit persönlichen Opfern die armen Kranken aufgesucht und für ihr geistliches und körperliches Wohl Sorge getragen. Im städtischen Hospitale war der Zudrang der Kranken so groß, daß der diensteifrige Hausgeistliche bei aller Anstrengung seiner Kräfte den stündlichen Anforderungen nicht genügen konnte und einer der Domvicare ihm zur Unterstützung mußte beigegeben werden. Uebrigens war die seelsorgerliche Behandlung dieser Kranken dadurch sehr erleichtert, daß dieselben durch die schnelle Tödtlichkeit der Krankheit auf die Gefahr, in der sie schwebten, aufmerksam und in der Regel auch bei vollem Bewußtseyn verblieben, so daß die religiöse Tröstung und Stärkung von dem Geistlichen unschwer gespendet werden konnte.

Wenn indessen auch nach dieser Seite hin die herrschende Seuche heilsam auf viele Gemüther eingewirkt und alte Sünder mit Gott wieder ausgesöhnt hat, so fehlte es doch bei allem Elende nicht an Versuchen, die untern Volksclassen durch absichtliche Entstellung und Aufregung noch mehr zu erbittern. Dazu wurde der Umstand, daß bisher die große Mehrzahl der Opfer dieser Krankheit dem Proletariat angehörte, arglistig benützt. Man hatte sogar zu dem alten Mittelchen gegriffen, den armen Leuten von einer Vergiftung der Brunnen zu reden und darauf hinzudeuten, daß die Arznei, die ihnen gereicht und die Hilfe die ihnen geleistet werde, nur ihr Ende beschleunigen, was ja daraus ganz ersichtlich sei, weil weder Aerzte noch Geistliche der Krankheit erliegen. Andere endlich aus der Partei der Feuer- und Blutrothen, welche wohl einsahen, daß weder die eine noch die andere jener Angaben auf Wahrheit beruhte, welche jedoch so sehr aller besseren religiösen Gefühle entfremdet waren, daß sie den Finger Gottes nicht erkannten, sondern vielmehr in der furchtbaren, die ärmeren Classen vorzüglich heimsuchenden Seuche nur die natürliche Folge der Armuth, oder wie sie es nennen, der ungerechten und ungleichen Gütervertheilung, erblickten, erschienen in ihrem Innern ergrimmt und erbittert und suchten bei dieser traurigen Gelegenheit die Wuth gegen die Reichen und höheren Stände nur noch mehr anzufachen. Aber trotzdem folgte das gläubige Volk dem besseren Triebe. In Mitte der Bedrängniß und des Elendes suchte es, die drohende Gefahr vor Augen, Trost und Hilfe da, wo sie einzig zu finden ist, bei Gott, dem Helfer in jeder Noth. [73])

§. 14. Aufblühen kirchlicher Vereine.

In Mitte der geschilderten Bedrängnisse, Wirren und Wühlereien der sturmbewegten Zeit, welche dem hochseligen Erzbischofe die treue

[73]) Correspondenz aus Köln vom 3. Sept. 1849. Auch im September 1855 forderte die Cholera einige Opfer in Köln. — Zur großen Freude und frommen Erbauung der treugläubigen Katholiken Köln's und zur öffentlichen Sühne und ernsten Bekämpfung der ungläubigen Gesinnung und kirchenfeindlichen Pläne, welche sich in gewissen Schichten der Bevölkerung, wie wir hörten, kund gaben, mußte es wohl dienen, daß auf besondere Ermunterung des hochseligen Oberhirten die sogenannte Römerfahrt, welche am Palmensonntage vom Dome auszugehen pflegte und seit mehr denn zwanzig Jahren immer mehr vernachlässiget worden war, an diesem Tage des Jahres, 1849 wieder in alter Weise und mit neuem Eifer abgehalten wurde. Nach dem Vorbilde der an diesem Tage zu Rom stattfindenden Procession eingeführt, wird dieselbe von allen Pfarreien, Bruderschaften, religiösen Vereinen der Stadt gebildet. Sie zieht von der Kathedrale aus, zu den sieben Hauptkirchen der Stadt und hat den schönen Zweck, die Gläubigen an den Leidensgang des Erlösers nicht bloß zu erinnern, sondern auch die Andacht und den Bußgeist zu wecken und zu nähren. Von jeder der übrigen achtzehn Stadtpfarreien findet sich ein Geistlicher mit seinen Gläubigen im Dome ein. Von dort bewegt sich die Procession, ein unübersehbarer Zug aus allen Classen und Ständen, von den Mitgliedern des Domcapitels, den Zöglingen des Seminars mit ihren Vorständen und von anderen religiösen Genossenschaften begleitet und verstärkt, durch die langen Straßen der alten Stadt, um betend und singend das Andenken an den bitteren Kreuzgang des Heilandes aufzufrischen und diesen um Gnade und Erbarmung anzuflehen für die vielfachen und schweren Beleidigungen, welche die Schuld der damaligen Zeit von Tag zu Tag gehäuft hatte. Es ist wohl kein Haus in Köln, das nicht zu dieser Römerfahrt, die sich am Grünendonnerstag wiederholt, einen Theilnehmer einstellt. Die am Grünendonnerstag ist jedoch die besuchteste und beliebteste. Am späten Abende nach eigens abgehaltenem Gottesdienste und Predigt in einer der neunzehn Pfarrkirchen zieht die Procession mit Gebet und Gesang durch die nachtumhüllten Straßen von Kirche zu Kirche, in oder vor der Kirche bestimmte Gebete verrichtend. Außer und neben dem Hauptzuge wallen zahlreiche einzelne Gruppen, die von gleichmäßigen Gefühlen belebt und getragen sich zur gemeinsamen Andacht zusammenfinden. Dieß Wallen und Wandern von Kirche zu Kirche setzt sich auch am stillen Freitage fort, wo in jeglicher Kirche in eigener Weise das heilige Grab bereitet und von frommen Betern ohne Aufhören bis zum späten Abende umgeben ist. So durchwandert der treue Christ zu Köln in stiller Enthaltung, in frommen Gebeten und in anschaulichen Betrachtungen die heilige Woche, gleichsam mit seinem Erlöser den Kreuzgang erneuernd, vom Triumphzuge am Palmensonntage bis zur schmerzvollen Grablegung. Und von gedoppelter Bedeutung wird ihm der erste Strahl der Ostersonne, das erste freudige Alleluja am Tage der Auferstehung. „Katholik". Jahrg. 1849. S. 176 und 180.

Pflichterfüllung sehr erschwerten und dessen Hirtensorgen mannigfach vermehrten, fehlte es indeß hiebei keineswegs an Erscheinungen, Bestrebungen und Erfolgen, welche dessen Gemüth mit Beruhigung und Trost erfüllen, dessen Herz mit Dankbarkeit zu dem emporrichten mußten, welcher den Seinigen Alles zum Besten lenkt. Namentlich erfreute ihn die in der neuen Verfassung verbriefte Selbstständigkeit der Kirche und ihrer Verwaltung, obgleich noch manche gerechte, bezügliche Forderung unbeachtet blieb. Mit großer Befriedigung konnte er auf den guten Erfolg der von ihm in fraglicher Beziehung alsbald erlassenen oberhirtlichen Verordnungen und Einrichtungen zurücksehen. Der neubelebte Eifer und die große Opferwilligkeit für die Bedürfnisse der Kirche, für ihre segenreichen Anstalten und Genossenschaften, für die reichliche Unterstützung des bedrängten Oberhauptes der Kirche, welche die Diöcesangeistlichkeit und die weitausreichende Mehrzahl der Erzbiöcesanen auszeichnete, mußte die Amtsbürde des Metropoliten um Vieles erleichtern. Eine kräftige Unterstützung und freudige Theilnahme im Kampfe für die Rechte und Freiheiten der Kirche fand derselbe in der jetzt rasch aufblühenden katholischen Presse und in den kirchlichen Vereinen, welche in allen Theilen des Erzbisthums gegründet und gepflegt wurden.

Einer der ersten derselben war der zur Ehre des heiligen Vaters benannte Piusverein. Er wurde von Mainz aus rasch in allen Diöcesen Deutschlands verbreitet. [74] Schon zu Ende des Jahres 1848 war derselbe in Köln gegründet. Die Männer, welche hier an der Spitze desselben standen, setzten hievon den jegliches Gute willig fördernden Oberhirten in Kenntniß und ließen ihn durch Abgeordnete ehrfurchtsvollst um die Uebernahme des Protectorates der sämmtlichen Vereine der Erzdiöcese, welche mit dem Kölner in Verbindung treten, ersuchen. Noch an demselben Tage — den 7. Januar 1849 — hat der Hochselige dieses Protectorat wohlwollend übernommen, und hierüber eine schriftliche Erklärung abgegeben. Darin heißt es: ... „Ich bin gerne bereit, das Protectorat über Ihren Verein zu übernehmen, das ich hiermit antrete. Ich thue

---

[74] Bei dem Dombaufeste zu Köln wurde von mehreren daselbst anwesenden Vorständen katholischer Vereine für kirchliche Freiheit die Abhaltung einer Versammlung sämmtlicher bezüglichen deutschen Vereine verabredet, welche auch bereits am 3. October 1848, unter dem Vorsitze des Domcapitulars Lennig zu Mainz, abgehalten wurde. Dabei waren aus Köln, außer dem Domcapitular Strauß mehrere Vereinsglieder erschienen, welche sofort, mit allem Eifer für die Begründung und Verbreitung des Piusvereins wirkten.

dieß aus lebhafter Freude, sowohl aus Pflichtgefühl und in Uebereinstimmung mit dem die segenreiche Wirksamkeit der katholischen
Vereine anerkennenden Beschlusse der unlängst zu Würzburg versammelten Bischöfe Deutschlands, wie aus aufrichtiger Neigung,
welche auch mich für jedes gute Werk beseelt, das in der vom Herrn
mir anvertrauten Diöcese begonnen wird. Kann es ja doch der
Kirche und ihren berufenen Vorstehern nur zur hohen Befriedigung
gereichen, wenn die treuen Söhne alle, welche es gut mit der Mutter
meinen, sich in Vereinen zusammenthun, um unter ihrem segenvollen
Schutze jedes Gute, Große und Edle zu pflegen und zu fördern
und an ihrer Hand die großen Fragen, welche in Staat und Kirche
und in unseren gesellschaftlichen Zuständen die gegenwärtige Zeit
so tief bewegen, mit einträchtigem Streben einer gründlichen, glücklichen Lösung entgegen zu führen. Daß auch Sie von Ihrer Seite
hiezu kräftig mitzuwirken entschlossen sind, dazu wünsche ich Ihnen
aufrichtig Glück und Gottes segenreichen Beistand. Zugleich wünsche
ich lebhaft, daß Ihrem schönen Vereine alle andern katholischen
Vereine, welche bereits in dem Umkreise der Erzdiöcese gegründet
sind, sich anschließen und überall, wo noch keine solchen bestehen,
deren in's Leben gerufen werden. Die Mitwirkung der Geistlichen,
welche Sie hiezu wünschen, wird, wie ich mit Zuversicht vertraue,
überall nicht fehlen, denn ich bin zu meinem wohlgesinnten Diöcesanklerus überzeugt, daß jeder würdige Pfarrer und Priester mit Liebe
sich beeifern wird, die Gläubigen über das Wesen dieser Vereine,
ihre Zwecke und Bestrebungen zu belehren und die Gründung und
Förderung derselben aller Orten, wo sie entstehen oder bereits
vorhanden sind, durch Rath und Theilnahme zu unterstützen. Es
würde mich freuen, den Piusverein der Metropole, wie ich hoffe
und wünsche, recht bald als Mittelpunct zahlreicher über die ganze
Erzdiöcese verbreiteter Zweigvereine zu wissen und unter deren
kräftiger Mithilfe und in regem Verbande mit ihm die großen
Interessen unserer heiligen Religion und durch sie die allgemeine
Wohlfahrt in Kirche, Staat und Familie gedeihlich gefördert zu
sehen". 2c. 2c.   Mit dieser Erklärung verband der Hochselige die
eindringliche Mahnung bei den damals zur Vereinbarung und Feststellung der neuen Verfassung des Königreiches bevorstehenden Wahlen
aus allen Kräften mitzuwirken, daß gewissenhafte, gesinnungstüchtige,
redliche Männer aus der Wahlurne hervorgehen. [75]

---

[75] Schriften und Reden". B. I. S. 220. Amtlich beschränkte

Diese oberhirtliche Aufforderung konnte nicht ohne zündenden Eindruck verhallen. Sowohl für die Errichtung der fraglichen Vereine als wie für die Wahl tüchtiger Abgeordneter war eifriges Bemühen nicht zu verkennen. Köln blieb der Mittelpunct dieser Bemühungen. Der dortige Centralverein versäumte nicht, eine allgemeine Versammlung sämmtlicher katholischer Vereine im Rheinlande und in Westphalen für die zweite Hälfte des April genannten Jahres anzuberaumen und auszuschreiben. Mehrere ausgezeichnete Persönlichkeiten im katholischen Deutschland wurden eigens eingeladen. Eine solche Versammlung zur gemeinschaftlichen Verständigung und Aufmunterung in der schwierigen Zeit schien um so wünschenswerther, als hie und da Elemente in die katholischen Vereine sich Eingang zu verschaffen drohten, welche das ehrende Merkmal derselben, die Katholicität zu verletzen und in die noch jungen Vereine einen Bruch hineinzutragen Gefahr boten. Für die jungen Piusvereine lag damals die größte Gefahr in den, die einzelnen Mitglieder oft zu schroff trennenden politischen Fragen. Vor absichtlicher Besprechung dieser Fragen bei den bezüglichen Zusammenkünften mußte gewarnt und das ächt katholische Kennzeichen leidenschaftsloser Duldung nachdrucksam empfohlen werden. Minder begründet und bedenklich war die andere Befürchtung, daß die katholischen Vereine sich allmälig in den Kreis der Kirchengewalt und der geistlichen Verwaltung, wozu bereits Versuche gemacht waren, eindrängen dürften, denn zu vielseitig und offen gab sich das aufrichtige Verlangen kund, die geistliche Gewalt möglichst stark und frei zu wissen und die Oberhirten in Erstrebung der kirchlichen Freiheit und Selbstständigkeit kräftigst zu unterstützen.

Das bezügliche Ausschreiben vom 2. März setzte den 17., 18. und 19. April zu der bezeichneten Versammlung in Köln fest. Als nothwendige und nützliche Gegenstände der Berathung waren in Vorschlag gebracht: 1. Feststellung derjenigen organischen Einrichtungen, deren es bedarf, um das erwünschte Zusammenwirken der katholischen Vereine zu erzielen; 2. Einigung über diejenigen politischen Fragen, welche für die Verhältnisse der katholischen Kirche von Bedeutung sind, so wie über die Stellung, welche die Katholiken als solche in Beziehung auf die gegenwärtig bestehenden Parteien

sich der Oberhirte bezüglich dieser Wahlen auf das betreffende Umschreiben vom Jahre 1848 hinzuweisen. Für seine Person hatte derselbe jede Anwartschaft auf diese Wahl entschieden abgelehnt. In Köln siegte bei der Wahlschlacht die democratische Partei.

einzunehmen haben, wobei die Frage auf die zu erstrebende Einheit des deutschen Vaterlandes als die wichtigste bezeichnet wurde ; 3. Berathungen über die Wirksamkeit der katholischen Vereine auf socialem Gebiet, insbesondere über Stiftung von Vereinen des heiligen Vincenz von Paul. Zu den nützlichen Berathungsgegenständen wurde gerechnet die Erzielung von milden Beiträgen für den heiligen Vater und die Gründung einer katholischen Hochschule. Die am Dienstage den 17. April eröffnete Versammlung wurde von vielen ausgezeichneten Männern besucht. Der hochselige Erzbischof begrüßte dieselben in der ersten Sitzung mit einer erhebenden Ansprache. Dr. Riffel, Professor der Theologie zu Mainz, ward zum Vorsitzenden gewählt. Die Verhandlungen erbrachten den klarsten Beweis, wie heilsam eine solche Vereinigung und Besprechung von Zeit zu Zeit für die gute Sache sei. Die oben angedeuteten Befürchtungen mancher Theilnehmer haben sich als unbegründet erwiesen. Waren auch die Ansichten über die Frage, wie die katholischen Vereine zur Politik stehen sollen, nicht so gelichtet und einhellig, wie es unter Katholiken in Betreff religiöser Fragen zu seyn pflegt, so haben doch die trefflichen Vorträge von den Professoren Buß, Dieringer, Döllinger und des Herrn v. Bally ꝛc. die extremen Ansichten nach beiden Seiten hin sehr gemildert und eine völlige Einigung veranlaßt. Am dritten Tage hatte ein brüderliches Vereinsmahl statt, welches durch begeisterte Trinksprüche und Ansprachen gewürzt wurde. [76]) Die letzte Hauptversammlung, welche vom Abende von sieben bis elf Uhr dauerte, setzte dem Feste die Krone auf durch eine Reihe von trefflichen Reden, welche dabei gehalten wurden. Der hochselige Erzbischof schloß dieselbe mit dem oberhirtlichen Segen. [77])

Der bei dieser Versammlung besonders besprochene und empfohlene Verein, welcher vom heiligen Vincenz von Paul den Namen trägt und seinen Hauptsitz in Paris hatte, wurde sofort unter der besonderen Leitung des Freiherrn v. Dividóre, des damaligen Präsidenten des Provinzialrathes der preußischen Rheinlande zu Köln, in's Leben gerufen. Derselbe stellte sich zur Aufgabe, nicht nur der augenblicklichen Noth der verarmten Mitbrüder abzuhelfen,

---

[76]) Dr. Döllinger brachte seinen Toast auf das erste, deutsche Nationalconcil in Köln aus. — [77]) „Katholik". Jahrg. 1849. S. 124. 168 und 210. — Gegen Ende des Monats Juli waren der Graf Josef v. Stolberg und Hofrath Buß abermals in Köln, um den dortigen Piusverein zu ermuntern, vor Allem die Bemühungen des Episcopates für die Selbständigkeit der Kirche zu unterstützen.

sondern auch die Ursachen der Armuth, so weit es zu verwirklichen ist, zu heilen. Zwei und zwei besuchten die gewonnenen Mitglieder wöchentlich die Häuser armer Familien, reichten ihnen persönlich Unterstützungen an Lebensmitteln und Kleidungsstücken und gaben ihnen Rath und Trost in jeder Bedrängniß. Nach diesem gedeih= lichen Anfange setzte sich der edle Freiherr mit dem Generalvor= stande des genannten Vereins in's Benehmen. Sofort wurde derselbe durch Beschluß des Pariser Generalrathes vom 6. August 1849 nicht nur zum örtlichen Verwaltungsrath des Vereines in Köln, sondern zugleich auch als Provincialrath aller Vereine vom heiligen Vincentius in den preußischen Rheinlanden ernannt und erhoben. Unter Vorlage dieser Ernennungsurkunde und zweier auf diesen Verein bezüglichen päbstlichen Breven sammt einem Rechenschafts= berichte über das bisherige Wirken des Vereines, bat nun der genannte Vorstand um die oberhirtliche Bestätigung und das erz= bischöfliche Protectorat. Beides wurde mittels amtlicher Zuschrift vom 20. desselben Monats ertheilt. In dieser Zuschrift heißt es unter Anderem: ... „Den edlen Absichten des frommen Vereines kann ich nur meinen aufrichtigen Beifall zollen und seinen günstigen Erfolgen nur noch reicheren Segen wünschen. Mit wahrer Freude ertheile ich daher zu den mir vorgelegten, in der Anlage zurück= folgenden beiden apostolischen Breven, das erbetene oberhirtliche Exequatur und bestätige zugleich die vorgenommene Wahl des ört= lichen und provinciellen Verwaltungsrathes. Auch benütze ich diesen Anlaß, dem verehrlichen Vorstande die bereits früher auf seinen durch eine Deputation mir vorgetragenen Wunsch mündlich gegebene Zusage schriftlich zu bestätigen, daß ich gerne einwillige, das Pro= tectorat des Vincenz=Vereines zu übernehmen". ꝛc. ꝛc. [78]) Bei dieser

---

[78]) „Schriften und Reden". B. I. S. 265. — Als am Dienstage den 11. März 1851 eine Provincialversammlung des Vincenz=Vereines abgehalten wurde, waren außer den neun in Köln bestehenden Conferenzen, die Vereine von Düsseldorf, Neuß, Bonn, Aachen und Andernach zahlreich vertreten. Dieser Verein war damals auch in den Städten Coblenz, Trier, Eupen, Eschweiler, Düren, Burtscheidt, Malmedy verzweigt. Am 23. Juli 1851 fand in dem großen Rathhaussaale zu Köln die Generalversammlung der Vincenzvereine (Nord=) Deutschland's unter dem Vorsitze des Freiherrn v. De= olivière statt. Den Ehrenvorsitz führte in Abwesenheit Seiner Eminenz der Herr Weihbischof Baudri. — Während der Abhaltung des Kölner Provincial= concils wurde die 47. Generalversammlung am 6. Mai 1860, in dem Gür= zenich abgehalten. Dabei waren 37 auswärtige Conferenzen durch Abgeordnete vertreten und etwa 700 Mitglieder und Freunde des Vincenz=Vereines ver-

oberhirtlichen Empfehlung und Theilnahme verbreitete sich dieser
Verein in allen Theilen der Erzdiöcese und wirkt bis zur Stunde
in der mannigfachsten Weise für die christliche Wohlthätigkeit und
Barmherzigkeit.

Auch zur Gründung des nunmehr über ganz Deutschland
verbreiteten Gesellen-Vereines reichte der hochselige Erzbischof von
Köln hilfreiche Hand und Unterstützung. Zu diesem Behufe berief
er den Kaplan Adolph Kolping von Elberfeld nach Köln und ernannte ihn am 15. März 1849 zum Domvicar. Dieser eifrige
und würdige Priester, der früher selbst dem Handwerkerstande angehört hatte, verband mit einer unermüdlichen Ausdauer und prac-
tischen Umsicht, eine seltene Liebe zu den Handwerkern und widmete
dieser Liebe seine besten Kräfte. Wie er bereits in Elberfeld gethan, suchte er auch zu Köln, unter den ungünstigsten Umständen
den fraglichen Verein in's Leben zu rufen, dessen schöne Aufgabe
die Gründung eines Mittelpunctes für Gesellen aller Handwerke,
die gegenseitige Unterstützung, die Abhaltung vom Wege des Leicht-
sinnes und des Lasters, die Erhebung der Mitglieder zur Tugend
und Sittlichkeit und gemeinnützige und geistige Belehrung seyn sollte.
Kolping fand bald zu Köln sieben Gesellen, welche sein wohlwollendes
Vorhaben erfaßten und theilten und ihm bei seinem schweren Unternehmen treu zur Seite zu stehen gelobten. Das Werk war in Bälde
gelungen und erfüllte den Stifter und Meister mit Freude und
wo möglich mit noch größerem Eifer und Unternehmungsgeiste.
Schon nach einem Jahre zählte der neue Verein an vierhundert
Mitglieder aus allen Ländern Europa's und wirkte recht segenreich
im Sinne seines Stifters zur Lösung einer der wichtigsten Zeit-
fragen. Der schöne Erfolg war es auch, der ihm täglich neue Freunde
und Gönner zuführte, der ihm, bei den bedeutenden Unterhaltungs-
kosten seinen Fortbestand sicherte, indem die angesehensten Männer
der Stadt mit Freude schwere Opfer brachten, um eine möglichst
große Ausbreitung dieses so folgenreichen Unternehmens möglich
zu machen. — Am 7. Juli 1850 feierte der Verein in der Minoritenkirche sein einjähriges Stiftungsfest. Der hochselige Erzbischof
erhöhte diese kirchliche Festfeier durch seine Gegenwart. Er ertheilte

sammelt. Die bei dem Concil anwesenden Prälaten waren hiezu eingeladen
und erschienen auch bis auf den behinderten Metropoliten und den Fürstbischof
von Breslau. Nach allgemeiner Begrüßung und Berichterstattung erfreute der
Bischof Martin von Paderborn die Versammlung mit einer herrlichen Rede
über die kirchliche Armenpflege und ihre Früchte.

dem bei weitem größten Theile der Vereinsmitglieder die heilige Communion und hielt zu deren Belehrung und Erbauung eine eindringliche Ansprache. Zu den am Abende im geschmückten Vereins= locale stattgehabten Feierlichkeiten hatten sich außer den Wohlthätern des Vereines mehrere Gäste aus den ersten Ständen eingefunden und in heiterer Unterhaltung bei Musik, Gesang und Declamation erfreut. [79])

Als auf der in den ersten Tagen October's des Jahres 1849

---

[79]) Am 15. Juni 1851 feierte der Gesellenverein sein zweites Stiftungs= fest in der Minoritenkirche, wobei der Herr Weihbischof ein Pontificalamt hielt. — Damals gab Kolping das Rheinische Kirchenblatt heraus, dessen Erlös er dem Vereine zuwendete. Dieser hatte mit vielen Schwierigkeiten in Köln zu kämpfen. Dennoch verbreitete sich der Verein in Bälde auf die erfreulichste Weise. Als am 20. Dec. 1856 dessen sechstes Stiftungsfest abgehalten wurde, zählte derselbe in allen Gegenden Deutschlands 140 Vereine mit 20,000 Mit= gliedern, in Köln über 700, und einer Sparkasse von 4,381 Thalern nebst einer gut bestellten Krankenkasse. Der König hatte bereits dem Vereine die Corpora= tionsrechte verliehen und man durfte hoffen, daß auch bald das Gesellen= Hospital werde zu Stande kommen. Der hochselige Cardinal konnte bei seiner Anwesenheit in Rom unter Vorlage eines Schreibens des Vorstandes über die Gründung, Ausbreitung, Erstrebungen und Erfolge dieses Vereines solchen er= freulichen Bericht erstatten, daß sich der heilige Vater dadurch veranlaßt fand, dem Gesellenvater Kolping unterm 6. April 1857 die apostolische Anerkenn= ung und Belobung seiner bezüglichen Thätigkeit wohlwollend auszusprechen. Der Cardinal, der dieses Schreiben von Rom überbrachte, ließ dasselbe mit folgender Zuschrift dem genannten Domvicar zustellen: „Bei meiner Anwesenheit in Rom habe ich Ihr an den heiligen Vater gerichtetes Schreiben Seiner päbst= lichen Heiligkeit übergeben und zugleich auch mündlich ausführlichen Bericht über den von Ihnen gegründeten Gesellenverein, dessen Zweck und Einrichtung, so wie über die günstigen Erfolge, welche Sie bereits durch denselben erzielt haben, erstattet. In Folge dessen hat der heilige Vater, dessen apostolisches Herz alle Lebensregungen unserer heiligen Kirche allzeit mit oberhirtlicher Liebe umfaßt und segnet, seine höchste Zufriedenheit und huldvollste Aner= kennung ausgesprochen und mir das beifolgende Schreiben zur Mittheilung an Sie übergeben. Indem ich daher dasselbe Ihnen anbei übersende, gereicht es mir zur besonderen Freude, den väterlichen Segenswünschen unseres vielge= liebten, glorreich regierenden Pabstes für Sie und Ihr gesegnetes Wirken, so wie für alle Ihre Vereinsgenossen auch die Meinigen aus ganzem oberhirt= lichen Herzen anzuschließen. Köln, 28. Mai 1857. Der Erzbischof von Köln, † Johannes, Cardinal v. Geissel". — Um dem jeweiligen Präses des Gesellenvereines eine sichere kirchliche Stellung zu geben, gründete Kolping später ein selbstständiges Rectorat in der Minoritenkirche mit 10,000 Thalern. Als erster Rector wurde derselbe am 12. Mai 1862 feierlich installirt und wie alljährlich das Josephs=Fest in dieser Kirche gehalten, bei welchem der Herr Weihbischof das Hochamt sang und Pater Rive S. J. die Festpredigt hielt.

zu Breslau abgehaltenen Generalversammlung der katholischen Vereine von Deutschland der einstimmige Beschluß gefaßt worden war, den Bonifacius-Verein zur Unterstützung armer katholischer Gemeinden in protestantischen und gemischten Orten zu gründen und zu verbreiten und der erste Vorstand desselben, Graf Joseph Stollberg unterm 31. des genannten Monats sich an den Hochseligen bittlich gewendet hatte, dieses gottgefällige Werk zu fördern und zu unterstützen, so unterließ derselbe nicht, in der freundlichsten Weise zu erwidern: . . . „Zuversichtlich wird der deutsche Episcopat dieser heiligen Sache seine besondere Sorgfalt und Theilnahme zuwenden und mögen Euer Hochgeboren sich versichert halten, daß von dieser Seite her der Förderung und Erstarkung des schätzbaren Werkes die thatkräftigste Unterstützung in Aussicht steht. — Meinerseits begrüße ich dasselbe mit dem lebhaftesten Wunsche, daß es unter dem Schutze des heiligen Apostels der Deutschen, durch welchen die Segnungen des Christenthums dem deutschen Vaterlande so reichlich zugeflossen sind, erfreulichen Fortgang finden und sich demselben stets neue Hülfsquellen öffnen mögen. Eurer Hochgeboren aber, sowie allen Förderern und Theilnehmern des frommen Unternehmens, wünsche ich Muth und Ausdauer und ertheile Ihnen hiermit, unter Zusicherung meines steten Gebetes für die Ausbreitung des gottgefälligen Vereines, den erbetenen oberhirtlichen Segen.“ Dieser Segen, dieses oberhirtliche Gebet verblieb nicht ohne den erfreulichsten Erfolg, wie die in der Erzdiöcese gesammelten Gaben für den Bonifacius-Verein bis zur Stunde beweisen. [30])

§. 15. Neubefestigtes Vertrauen.

Die politischen und religiösen Stürme, Gefahren und Drangsale

---

[30]) „Schriften und Reden“. B. I. S. 266. In den Jahren 1850 und 1851 betrugen die Beiträge des Bonifacius-Vereines in der Erzdiöcese 2,361 Thaler 29 Silbergroschen. Noch viele andere fromme Vereine wurden in jener Zeit in der Erzdiöcese begründet und vom Hochseligen genehmiget und unterstützt, so namentlich der Elisabethen-Xaverius-Karls-Verein. Der Letztere, welcher zu Aachen gegründet, am 18. Januar 1850 die oberhirtliche Anerkennung und Ermunterung erhielt, hatte den Zweck, „über Karl's des Großen weltberühmtem Grabe das ehrwürdige Alte, welches der erhabene Kaiser, der treue Schirmherr unserer heiligen Kirche geschaffen hat, wieder herzustellen und der herrlichen Basilica, die hart mitgelitten im allgemeinen Verfalle vormaliger deutscher Größe, jenen Schmuck wieder zu geben, worin sie früher erglänzte“. Ebendaselbst. S. 279. Auch der Verein der „heiligen Kindheit Jesu“ hatte große Verbreitung im Erzbisthume.

der letzten Jahre haben unserm hochseligen Erzbischof zwar einerseits
viele Sorgen, Arbeiten und Unannehmlichkeiten bereitet, aber auch
andererseits mannigfache Gelegenheit dargeboten, seinen edlen Sinn
und opferwillige Thätigkeit für das Wohl der Kirche und des
Staates, seine umsichtige Klugheit und unerschütterliche Festigkeit,
seine treue Anhänglichkeit und aufrichtige Theilnahme an dem bedrängten Oberhaupte der Kirche, sein rastloses Bemühen für die
Rechte und Freiheiten der Katholiken und seinen unermüdlichen Eifer
für das leibliche und geistige Wohl seiner Untergebenen vor ganz
Deutschland rühmlich zu erweisen. Dieß erwarb, erneuerte und
befestigte immer mehr das Vertrauen und die Liebe der seinem
Hirtenstabe unterstellten Geistlichen und Laien, die Hochachtung und
Verehrung seiner Amtsbrüder, dieß mehrte die Huldigungen, welche
ihm namentlich auf seinen Visitationsreisen zu Theil wurden. Selbst
in der früher durch democratische Bestrebungen so sehr unterwühlten
Stadt Düsseldorf, wo er im Monate Juni 1850 einige Tage im
Amte thätig weilte, ward ihm am Abende des dreizehnten Juni
zum Abschiede ein großartiger Fackelzug veranstaltet. Er hielt dabei
an die versammelte Volksmenge eine treffliche Ansprache, wobei er
namentlich betonte: „Er freue sich sehr in Düsseldorf einen so tief-
gegründeten Sinn für Ordnung und Religion gefunden zu haben;
die Aeußerungen, welche der glänzende Zug beurkundete, bezöge er
deßhalb nicht auf sich, sondern auf das, was er vertrete, auf Religion und Ordnung. Er freue sich überdieß, in wenig Wochen
hierher zurückkehren zu können, um die Kapelle im neuerrichteten
Waisenhause einzuweihen und den Grundstein zum Hochkreuze auf
dem hiesigen Gottesacker zu legen". 2c. 2c. Die hier in Aussicht
genommene Festlichkeit hatte im nächsten October wirklich statt. Auch
in anderen Städten wurde dem hochverdienten Oberhirten das neu-
befestigte Vertrauen freudig kund gegeben.

Besonders glänzend war die Huldigung, welche dem Hochseligen zu Köln am Vorabende seines Namensfestes in diesem Jahre
bei Musik, Gesang und Fackelzug dargebracht wurde. Diese Huldigung und Beglückwünschung der Kölner galt dem Oberhirten als
ein erneuertes Zeichen ihres Vertrauens zu ihm und als ein Beweis
der sie und ihn umschlingenden Eintracht. In der schönen Ansprache, welche der Gefeierte von dem Balcone seiner Wohnung,
begrüßt von tausendstimmigem Hochrufen, an die Versammlung hielt,
erklärte er unter Anderem: . . . „Es ist mir in meines bischöflichen Amtes Sorgen und Mühen trostvoll und erhebend, Sie hier

zu sehen; denn Ihr Hiersehn ist mir ein Beweis der Eintracht, welche Sie, meine geliebten Pflegbefohlenen und mich, Ihren Ober= hirten, im festgeschlossenen Bande umschlingt. Sie bekunden diese Eintracht laut und offen. Wohlgethan! Denn Eintracht thut Noth in diesen Tagen. Es ist eine bewegte, wirre Zeit und in dieser Zeit sind Vieler Augen, nah und fern, auf das uralte, heilige Köln und sein Erzbisthum, seine Heerde und seinen Hirten ge= richtet; denn Hirte und Heerde, Sie und ich sollen eine gemeinsame Aufgabe lösen; wir sollen fest zusammenstehen auf dem Boden der Kirche, einträchtig in Treue und in Frieden. Wir sollen den Frieden pflegen und bewahren, selbst in des Streites Bewegung und sollen das Gottesreich auf Erden schützen und fördern in seinem ewigen Ausbau. . . . Wir wollen christliche Kriegsleute seyn und christliche Bauleute. Kriegsleute wollen wir seyn, Kämpfer der streitenden Kirche, die da gerüstet stehen zur Abwehr, gewaffnet mit dem Schwerte des Geistes, geschützt mit dem Helme des Heiles und angethan mit dem Panzer des Glaubens und der Liebe, ge= harnischt gegen alles Unwahre, Unrechte und Lieblose, gegen Alles, was unchristlich ist. . . Und auch Bauleute wollen wir seyn. Wir wollen ausbauen mit Hilfe unserer wohlwollenden Brüder von nah und fern . . . den gewaltigen, himmelanstrebenden Bau unseres unvergleichlichen, weltberühmten Domes, des Rheinlandes gemein= samer Haupt= und Mutterkirche. Wir wollen aufbauen neben dem steinernen Gotteshause mit Mauern, Säulen und Gewölben, unter Gottes Schutz und Segen, den geistigen Bau unserer heiligen Kirche . . . Dieser Gottesbau steht auf Petri Felsen unerschüttert und gegen alle Höllenpforten unüberwältigt, für uns ein unüber= windlicher Hort in allen Gefahren; an ihm wollen wir festhalten und in ihm uns emporbauen. Will darum auch ein Häuflein wühlen in diesem Baue und rütteln an seinem ewigen Felsen= Fundamente — eitles Gebahren! Es soll Niemand uns spalten und trennen. Keinem soll es gelingen uns in Treue zu erschüttern und den Frieden zu rauben. . . Wir wollen, unzertrennte Kämpfer der streitenden Kirche, den Frieden pflegen und wahren, den Frieden der That, mit Gott, mit uns und unsern Nebenmenschen". 2c. 2c. [81] Welche erhebende Worte zur Pflege und Befestigung des wechsel= seitigen Vertrauens und der Eintracht, der Treue und Liebe zur Kirche, des irdischen Segens und Friedens!

---

[81] „Schriften und Reden". B. I. S. 281.

§. 16. Erhebung zur Cardinalswürde.

Nicht minder groß als das Vertrauen und die Liebe, welche die treugläubigen Erzdiöcesanen ihrem Oberhirten erwiesen, nicht minder aufrichtig und innig als die Verehrung und Auszeichnung, welche demselben seine Amtsbrüder, ja Könige und Fürsten zollten, war auch das Wohlwollen und die Hochschätzung, welche ihm das Oberhaupt der Kirche bei mehreren Veranlassungen und Verhandlungen zu erkennen gab. Als ein besonders glänzender Beweis hiefür mußte die Nachricht gelten, welche den Hochseligen im Anfange des Monats August 1850, als er eben von den Homburger Heilquellen in Köln eingetroffen war, überraschte, daß ihm nämlich vom heiligen Vater der Purpur zugedacht sei. [82]) Diese vorläufige Nachricht setzte den Gefeierten mehr in bedenkliche Verlegenheit, als in beifällige Freude, ob der verschiedenen Erfordernisse, welche mit einer solchen Auszeichnung verknüpft waren. Doch er konnte sich derselben nicht entziehen. Die Zwischenverhandlungen, welche mit dem Könige Friedrich Wilhelm gepflogen werden mußten, leitete der mit dem Erzbischofe befreundete päbstliche Nuntius zu Wien, Viale Prela. In dem am 30. September genannten Jahres zu Rom abgehaltenen geheimen Consistorium präconisirte Pius der Neunte, außer vielen anderen Würdeträgern der Kirche mehrere Cardinäle und unter diesen Johannes von Geissel, Erzbischof zu Köln, als Cardinalpriester unter dem Titel des heiligen Laurentius in Panisperna auf dem Viminal. [83]) Noch an demselben Tage wurde ein Adjutant der päbstlichen Nobelgarde, Graf Danbini, von Rom abgesandt, um diese Botschaft sammt den bezüglichen Urkunden und dem kleinen rothen Cardinalskäppchen — Berettino — nach Köln zu verbringen, wo er auch bereits am 12. October über Paris eintraf. Der Hochselige Erzbischof war eben aus seiner Heimath, wo er mehrere Herbsttage in Mußbach zugebracht hatte, zurückgekehrt. [84])

---

[82]) Am 12. April 1850 ward Pius im Triumphe aus Gaëta, wohin er sich am 25. Nov. 1848 geflüchtet hatte, nach Rom zurückgeführt. Am 1. Mai 1850 wurde deßhalb in allen Kirchen der Erzdiöcese Köln ein feierliches Dankamt angeordnet. „Schriften und Reden". B. I. S. 280. — [83]) Namentlich Melchior v. Diepenbrock, Fürstbischof von Breslau, Nikolaus Wiseman, Erzbischof von Westmünster, M. J. G. Freiherr von Semerau, Erzbischof von Olmütz. — [84]) Unter der langen Reihe der Kölner Erzbischöfe war der Hochselige der Erste, welchen der Purpur schmückte. Darüber erhob

Die aufrichtige Theilnahme und Freude, welche die dem verehrten Oberhirten gewährte, seltene Auszeichnung allseitig hervorrief, fand einen erhebenden Ausdruck in den feierlichen Begrüßungen und Glückwünschen, welche demselben alsbald öffentlich kund gegeben wurden. Mit der Geistlichkeit wetteiferte die Bürgerschaft Köln's an diesen Begrüßungen und nahm an den später veranstalteten kirchlichen und städtischen Festlichkeiten freudigen Antheil. Vor Allen brachte das Metropolitancapitel, an dessen Spitze der hocherfreute Domdechant, Herr Weihbischof Baudri, am Sonntag den 13. October in feierlicher Weise seine Glückwünsche dar. Am folgenden Tage Morgens eilf Uhr verfügte sich die gesammte Pfarrgeistlichkeit der Stadt zu gleichem Zwecke in die erzbischöfliche Wohnung. Der Dompfarrer und Stadtdechant Dr. Filz hielt die Ansprache. Er hob in derselben hervor, daß die neue Würde, zu welcher der Oberhirte vom Oberhaupte der Kirche erhoben worden sei, nur dazu dienen werde, die innige Verbindung zu verstärken, welche zwischen dem so verdienstvollen Erzbischofe und der ihm untergebenen Geistlichkeit besteht. Der Cardinal lehnte in seiner Erwiderung die ihm hiebei reich gespendeten Lobsprüche in der entschiedensten Weise ab. Er fügte dem bei, die Ueberzeugung zu hegen, daß die vom heiligen Vater ihm gewährte Auszeichnung weniger seiner Person als vielmehr der katholischen Kirche Deutschlands gelte. Insbesondere aber sei dieselbe der Kirchenprovinz und dem Erzbisthume Köln zugedacht, welche bis in die letzten Jahrzehnte stets die treueste Anhänglichkeit an den päbstlichen Stuhl glorreich beurkundet habe; sie gelte der Stadt Köln, an deren Namen sich in der Kirchengeschichte so viel Großes knüpfe. In dieser Hinsicht sei ihm auch die Cardinalswürde ein neues Band, welches ihn an seine geliebte Erzdiöcese fessele, deren aus den frühesten Zeiten überkommene Blüthe er einzig und allein bei seinem Streben „oft erkannt, oft bekannt", als Ziel vor Augen habe. 2c. In gewohnter Leutseligkeit unterhielt sich Seine Eminenz hierauf mit Einzelnen der Anwesenden und machte ihnen auf Befragen über Mehreres, seine neue Würde Betreffendes, freundliche Mittheilung. Der Graf Dandini war hiebei zugegen und versuchte, vom Gefeierten der Geistlichkeit vorgestellt, sich mit Einzelnen in deutscher Sprache zu unterhalten. [85])

Dr. Binterim eine literarische Einsprache, welche Dr. Braun, Professor in Bonn und Dr. Hennes, Professor zu Mainz, zu widerlegen suchten. — [86]) Vergleiche J. Ch. Cremer l. c. S. 24. — Am 15. Oct., dem Geburtsfeste des Königs

Am Vormittage des 20. October verfügte sich der Vorstand des Centraldombauvereines, an dessen Spitze der frühere Regierungspräsident, Freiherr v. Wittgenstein, zu Seiner Eminenz, um ihm zur neuen Würde die Huldigung des Vereines darzubringen. In der bezüglichen Ansprache wurde von dem Freiherrn besonders betont, daß der Gefeierte auch auf der neuen Stufe der Ehre sicherlich ununterbrochen des großen und heiligen Werkes nach Kräften eingedenk seyn werde, **zu dessen Fortbau er den ersten Stein eingesegnet habe.** Der Begrüßte erwiderte freudig dankend für die kund gegebene Theilnahme und die bezüglichen Glückwünsche. Er erläuterte eben so anspruchlos als trefflich die eigentliche Bedeutung der päbstlichen Auszeichnung. „Diese Auszeichnung, bemerkte er, ist eine ungewöhnliche, eine neue für unsere Kirchenprovinz einzige, weil sie, so weit die Geschichte berichtet, die erste ist, die einem Erzbischofe von Köln zu Theil geworden. . . . Ich freue mich dessen für meine mir theure Erzbiöcese und diese fromme Stadt Köln, welche wieder, wie in den Tagen der Väter, als die treue kirchliche Tochter von der apostolischen Mutter erkannt ist und mit einem neuen Zeichen der Liebe beschenkt wird. . . . Dabei ist es noch die für Sie, wie für mich, besonders ermuthigende Hoffnung, daß ich in der Erhebung zum Cardinal fortan der römischen Sanct Peterskirche näher gestellt, mit erfolgreicherer Anstrengung dazu mitzuwirken befähigt seyn werde, unseres deutschen Sanct Peters-Domes zu Köln Ausbau mit frommer Begeisterung weiter zu fördern, Ihnen und mir zur Freude, der Stadt Köln zur Zierde, ihr, dem Erzbisthume und dem Rheinlande zum Frommen, Gott dem Herrn zur Ehre". ꝛc. ꝛc. [86])

Sechs Tage später erschien auch der Oberbürgermeister der Stadt, Herr Gräff, mit den Beigeordneten und Gemeinde-Verordneten bei dem Oberhirten, um demselben den Ausdruck der allgemeinen Freude und Theilnahme darzulegen, welche sich bei der Bürgerschaft über dessen Erhebung zur Cardinals-Würde kundgegeben hatte. Der Gemeinderath, erklärte der Oberbürgermeister

---

Friedrich Wilhelm hielt der Cardinal das feierliche Hochamt in der Kathedrale, dem auch der päbstliche Nobelgardist in seiner prächtigen Uniform anwohnte. Nach dem Gottesdienste war derselbe, eingeladen von dem Stadtcommandanten, Oberst v. Engels, bei der großen Parade auf dem Neumarkt zugegen. Er weilte in dem erzbischöflichen Palais bis zum 24. desselben Monats und reiste dann über Berlin nach Oesterreich. — [86]) „Schriften und Reden". B. I, S. 285.

in seiner Ansprache, habe es für Pflicht erachtet, den unter der Bürgerschaft laut gewordenen Empfindungen und Wünschen, Worte zu leihen, um so mehr als dessen sämmtliche Mitglieder für Seine Eminenz die innigste Verehrung hegen, ihn lieben und hochschätzen. Die Bürger Köln's erkennen es, daß die verdiente Auszeichnung, welche ihrem Oberhirten zu Theil geworden, auf die Stadt Köln zurück strahle, ihr einen höheren Glanz verleihe, weßhalb sie sich gedrungen fühlen, dem Gefeierten die freudigste Theilnahme und dem heiligen Vater den tiefgefühltesten Dank zu bezeugen. zc. Seine Eminenz bezeigte in sichtbarer Rührung den Dank für die kundgegebenen Gesinnungen. Auch hiebei wiederholte derselbe, daß er diese Auszeichnung nicht seinem Verdienste, sondern dem väterlichen Wohlwollen des heiligen Vaters zu verdanken habe, der hiedurch auch die altehrwürdige Stadt Köln ehren wollte. „Ich freue mich, fügte der Hochselige namentlich bei, der Erhebung zu der neuen Würde, weil der Erzbischof von Köln Cardinal geworden; ich freue mich dessen im Sinne der Stadt Köln. Es ist Ihnen bekannt, meine verehrten Herrn Räthe dieser Stadt, unter welchen ungewöhnlichen Verhältnissen ich in Ihre Mitte gekommen bin. Bald gewann ich die neue Heimath lieb, und nachdem ich schon im neunten Jahre unter Ihnen weile, fühle ich mich heimisch, ich bin ein Kölner geworden. Dem Kölner aber ist seine Stadt lieb und werth und was ihr an Wohlfahrt und Ehre zu Theil wird, ist mir mit Ihnen Grund zur Freude. . . . . Ihre Ehre zu fördern, ihr Wohl zu befestigen und zu mehren mit Ihnen, ist mir Beruf und Pflicht. Indem ich Ihnen, meine verehrten Herrn Stadträthe, für die Glückwünsche, die Sie mir im Namen der Stadt ausgesprochen habe, nochmals warmen Dank sagen, fasse ich meine innigsten Wünsche für Sie und unsere immer herrlicher erblühende Stadt darin zusammen, daß ich dem alten, jedem kölnischen Herzen so theuren Spruche: „„Alaaf Köln"" noch den zweiten hinzufüge: „„Gott segne Köln!"" [87])

Noch viele andere Begrüßungen des mit dem Purpur Geschmückten fanden statt. So erschien am 27. October in dessen Wohnung eine Deputation des rheinischen Appellations-Gerichtshofes, um ihre bezüglichen Glückwünsche auszusprechen. Der Senats-Präsident, Herr Krepper, wies in seiner Anrede darauf hin, daß der oberste Gerichtshof der Provinz alle Veranlassung habe, sich an der all=

---

[87]) „Schriften und Reden". B. I. S. 286.

gemeinen Freude und Theilnahme, welche die Stadt und Erzdiöcese bei dem weltgeschichtlichen Ereignisse der Erhebung ihres Erzbischofes an Tag legt, im vollen Maße zu betheiligen. Der Cardinal dankte in erhebender Weise. „Die Ehre, sprach er, die Sie mir erweisen, ist mir besonders erfreulich, da ich darin den Ausdruck Ihrer Achtung der Kirche, die Anerkennung der Harmonie jenes Wirkens finde, welches in seiner tiefen Grundlage zur Wohlfahrt der menschlichen Gesellschaft, für Sie und mich ein gemeinsames ist. Wenn mir, dem Diener der Kirche, der von Gott auferlegte Beruf obliegt, mit den mir zur Seite stehenden Geistlichen das ewige Gesetz Gottes mit seiner Ordnung auf Erden, und zugleich auch die durch jene geheiligte, weil in ihr begründete und umschlossene menschliche Ordnung zu predigen und dadurch die Keime des Guten und Rechten, des Glaubens und der Treue, der Sittlichkeit und der Achtung vor dem Gesetze, mit einem Worte den G o t t e s f r i e d e n in die Herzen zu pflanzen und zu fördern: so hat Gott das Schwert der Gerechtigkeit zur Bestrafung der Bösen in der menschlichen Gesellschaft in die Hand seines stellvertretenden Dieners, — des Königs gelegt, und dieser es Ihren würdigen Händen anvertraut, damit Sie in seinem Namen Recht und Gerechtigkeit handhaben und ein unparteiischer Mund seyen, der das lautere Recht spricht, und ein starker Arm des Gesetzes zum Schutze des Rechtes und Eigenthums, der persönlichen Freiheit und Ehre, zur Aufrechthaltung des M e n s c h e n f r i e d e n s". c. Den Schluß der Ansprache bildete das Gebet, daß Gott in Gnaden die Glückwünschenden, wie ihn den Beglückwünschten bei den Bestrebungen zur Kräftigung der geistlichen, wie weltlichen Autorität erleuchten und segnen wolle, Allen zum Heile, dem König zur Freude und Gott zur höchsten Ehre. [88])

An diese ersten Begrüßungen und Beglückwünschungen des mit dem Purpur Geschmückten, denen sich von anderen Stellen und Vereinen noch eine Menge schriftlicher Huldigungen anschlossen, folgte bald die feierliche Ueberreichung des Cardinals-Biretes in der Kathedrale. Es wurde hiezu der Tag des heiligen Erzbischofes Cunibert von Köln, der 12. November 1850, festgesetzt. Der päbstliche Nuntius von Wien, Viale Prela, welcher am 4. desselben Monats dem Fürstbischofe von Breslau ebenfalls das Cardinals-Biret festlich überreicht hatte, kam mit dem apostolischen Ablegaten Prosper Buzi bereits am 9. November Abends gegen

---

[88]) „S c h r i f t e n u n d R e d e n". B. I. S. 288.

neun Uhr mit dem Mindener Bahnzug in Deutz an. Der Herr
Weihbischof von Köln mit zwei Domcapitularen, sowie mehrere
Abgeordnete des Pfarrklerus waren im Königssaale des dortigen
Bahnhofes zu seiner Begrüßung gegenwärtig. Mit ihnen vereint
harrten die Geistlichkeit und die Stadträthe von Deutz, der Oberbürgermeister sammt den Stadtverordneten und mehreren Festordnern
dem Kommenden entgegen. Die freundliche Ansprache des Herrn Weihbischofes und des Stadtvorstandes erwiderte der apostolische Nuntius
jedesmal in deutscher Sprache herzlich und klar.[89]) Hierauf ertönte
die Regimentsmusik der dort garnisonirenden Dragoner und dieser
folgte ein schönes, von kräftigen Männerstimmen vorgetragenes
Cantate. Eine unabsehbare Menschen-Schaar umwogte den Bahnhof. Als der päpstliche Nuntius den bereit stehenden erzbischöflichen
Wagen bestiegen hatte, bewegte sich unter einem donnernden Hoch
der festliche Zug durch die illuminirten Straßen von Deutz. Voran
zog die Militärmusik. Ihr folgten die Bürgerdeputirten von Deutz
zu Pferd, umleuchtet von einer doppelten Reihe Fackelträger. An
das erzbischöfliche Gefährte schloßen sich die Wagen mit den verschiedenen Festabgeordneten an. Nicht nur die Häuser und Straßen
von Deutz, sondern auch die ganze Rheinbrücke, die naheliegenden
Schiffe waren festlich beflaggt und theilweise von bengalischen Flammen
und aufschießenden Raketen vielfarbig umstrahlt. Jenseits der Brücke
nahm die Kölner Ehrengarde den Zug mit schallendem Hochrufen
auf, welches sofort durch den Donner der Kanonen und das Geläute
aller Glocken der alten Metropole des Niederrheins unterbrochen
wurde. Kein Fürst konnte festlicher empfangen werden, als hier
der Abgesandte und Stellvertreter des Pabstes. Erst vor der
Wohnung des Erzbischofes endete der Festzug, glänzend beleuchtet
durch zwei große zuckende Flammensterne, welche die Gasgesellschaft
dort hatte eigens anbringen lassen. Dieser Empfang war eine
großartige Einleitung für das bevorstehende Cardinalsfest.

Dieses ward am Vorabende, den 11. November, von sechs
bis sieben Uhr durch das festliche Geläute aller Glocken der Städte
Köln und Deutz verkündet. Gleiches Geläute wiederholte sich vor
Anbruch des Tages am Morgen des Festes selbst. Schon die
Morgendämmerung fand einen großen Theil der Stadt, vorzüglich
aber die von dem erzbischöflichen Palais zu der Kathedrale führenden

---

[89]) Die sämmtlichen Ansprachen dieses Abends und des folgenden Tages
sind in einem besonderen Berichte über diese Feierlichkeit in der „Deutschen
Volkshalle", Zugabe Nr. 22, des Jahres 1850 abgedruckt.

Straßen, im mannigfaltigsten Festschmucke. Dieser Theil der Stadt war auch vom frühen Morgen an von einer großen Menschenmenge durchwogt, welche sich, trotz der ungünstigen Witterung, des Anblickes der verzierten Straßen, der zahllosen Fahnen und Flaggen, der Laubgewinde und Kränze, der Blumen und Inschriften erfreute.

Nach acht Uhr hatten sich das Metropolitancapitel, die Abgeordneten der Diöcesangeistlichkeit, ein großer Theil der Pfarrer, der Erzdiöcese und sämmtliche Pfarrer der Stadt, die Zöglinge des Klericalseminars mit ihren Obern und Lehrern, der Vorstand des Centraldombauvereines mit dem kunstvollen Dombanner und mehrere besonders zu dieser Feier geladenen Genossenschaften in der Kathedrale eingefunden. Gegen halb neun Uhr setzten sich die Versammelten mit Kreuz und Fahnen an der Spitze in Bewegung, um Seine Eminenz, den neuernannten Cardinal, mit den anwesenden Prälaten am erzbischöflichen Palaste zu empfangen und im feierlichen Zuge nach dem Dome zu geleiten.

Der schöne Geleitszug wurde einige Zeit durch eingetretenen Regen aufgehalten. Voran gingen die Schüler der Domschule mit der Fahne der heiligen drei Könige. Ihrem Sängerchore folgten die Zöglinge des Priesterseminars, welche unter Musikbegleitung den einhundert und siebenundvierzigsten Psalm sangen: „Lobe Jerusalem den Herrn, lobe Sion deinen Gott"! Ihnen schloß sich an die städtische und auswärtige Geistlichkeit, eine ansehnliche Schaar, der sich auch die Väter der Gesellschaft Jesu anreiheten, welche in den vorhergehenden Wochen die Mission zu Köln abgehalten hatten. Diesen zunächst kam die Capitelsgeistlichkeit von Aachen und Köln mit andern auswärtigen Domherrn, voran die Domschweizer, umwogt von den reichen Capitelsfahnen. Sofort erschienen die anwesenden Bischöfe, alle, mit Ausnahme des neugewählten von Hildesheim, mit Mitra und Stab. Ihre Reihe eröffnete der Kölner Weihbischof. Ihm folgten der Bischof von Mainz, jener von Münster, der apostolische Vicar von Luxemburg, Bischof von Cherfones, ferner die Bischöfe von Speyer, Paderborn, Trier, Ermeland, dann Seine Eminenz der Cardinal im Rochette, ihm zur Seite der apostolische Ablegat im rothen Mantel mit Hermelin, zuletzt aber der päbstliche Nuntius ebenfalls mit Mitra und Stab. Alle Bischöfe waren von zwei Akolythen in weißseidenen, goldgestickten Levitenröcken begleitet, welche ihnen die Chorlappen trugen. Hinter den Bischöfen schlossen sich die Beamten in reicher Uniform, der Stadtrath und die Bürgerschaft an. Der ganze Zug durch die verschiedenen Fahnen

und Standarten abgetheilt und umschimmert durch die mannig=
farbigen Verzierungen der Straßen und Häuser, bot einen herr=
lichen, malerischen Anblick. Unter dem ergreifenden Ertönen der
Domglocken betrat endlich der großartige Festzug das Langhaus und
das hohe Chor der von einer ungeheuren Menschenmenge ange=
füllten Kathedrale.

Als die hohe Geistlichkeit vor dem Hochaltare angelangt war,
bestieg der päbstliche Nuntius als Celebrans den Thron an der
Evangelienseite, während für den Cardinal = Erzbischof ein zweiter
auf der Epistelseite errichtet war. Die übrigen Bischöfe nahmen
die für sie um die Stufen des Hochaltars im Halbkreise aufge=
stellten, mit Scharlach bedeckten Betstühle ein. Außer den übrigen
Geistlichen befanden sich in drei Chorstühlen auch die hohen Civil=
und Militärbehörden, namentlich der Coblenzer Oberpräsident und
der Kölner Regierungspräsident. In dieselben waren überdieß viele
jener Damen eingeführt, welche zum Andenken des Festes die herr=
lichen mit Heiligenbildern geschmückten, alterthümlichen Kunstteppiche
zum Wandschmucke der Chorstühle unternommen aber noch nicht
vollendet hatten. Musik und Gesang einer Messe von Cherubini
begleitete das Pontificalamt mit verstärkter Besetzung der ausge=
zeichneten Domcapelle.

Nach dem Schlusse des Pontificalamtes stellte sich der päbst=
liche Nuntius mit Mitra und Stab auf die Evangelienseite des
Altars dem Volke zugewandt, und auf seinen Wink nahm der
Cardinal-Erzbischof dieselbe Stellung auf der Epistelseite ein, während
die Bischöfe ebenfalls mit Mitra und Stab die Stufen des Altars
umstanden. Die päbstlichen Breven bezüglich der Uebergabe des
purpurnen Biretes wurden verlesen und nachdem der apostolische
Ablegat Buzi deren Inhalt in einer kurzen Ansprache erläutert
hatte, dem päbstlichen Nuntius überreicht. Dieser richtete nunmehr
in einer sehr fließenden und ausnehmend zierlichen Sprache an den
Cardinal eine lateinische Rede, in welcher er zunächst die Er=
nennung des Erzbischofes als eine Belohnung für dessen Verdienste
um das Wohl der Kirche bezeichnete. Zugleich wies er jedoch auch
diese Auszeichnung Deutschland und der Stadt Köln rühmlich zu,
als ein Unterpfand der väterlichen Liebe des Oberhauptes der
Kirche. [90]) Auf einem silbernen Teller wurde sodann das Biret

---

[90]) Der Ablegat erklärte in seiner Ansprache; „Jene Beförderung sei
ein vorzüglicher Beweis der Anerkennung von Seiten des heiligen Vaters wegen
des Glaubens und frommen Sinnes, welche die Bewohner jener Gegenden

dargereicht und von dem Nuntius selbst dem Erzbischofe aufgesetzt. Der Cardinal erwiderte nach abgelegtem Birete ebenfalls in lateinischer Sprache die Anreden des päbstlichen Nuntius und Ablegaten. Er setzte der gegebenen bedeutungsvollen Erklärung der Cardinalswürde und des Purpurs die Versicherung entgegen, daß er sich bestreben werde, der damit verbundenen Auszeichnung nach Kräften sich würdig zu erweisen. Besonders ansprechend für den Klerus war die anspruchlose Hindeutung auf den Vorzug der kölnischen Kirche und der Kirchenprovinz überhaupt, in welchen er die Ursache seiner Erhebung setzte. Mit dem tiefgefühltesten Danke für die hohe Gnade des heiligen Vaters und die Bemühungen dessen Stellvertreters bei diesem Feste, verband er zuletzt das Versprechen, mit seinen bewährten Amtsbrüdern für das Wohl der Kirche und das Heil der Gläubigen zu wirken und zu kämpfen. 2c. [91]) Hierauf wandte sich der Cardinal, die Mitra auf dem Haupte und den Stab in der Linken in einer längeren deutschen Rede an das Volk, in welcher er mit gleicher Demuth seine Erhebung zur Cardinalswürde erläuterte und sich und seine Heerde zu einem treuen Festhalten an dem heiligen Stuhle und an dem apostolischen Glauben ermahnte. [92])

Nach dem Schlusse dieser trefflichen Rede ertheilte der Erzbischof zum ersten Male als Cardinal den Segen. Sodann wurde vom päbstlichen Nuntius das Te Deum angestimmt, welches abwechselnd von dem Chore und unzähligen Volksstimmen freudenvoll gesungen wurde. Das bezügliche Dankgebet mit jenem für den heiligen Vater schloß die großartige Feier in der ehrwürdigen Kathedrale.

Mittags war große Tafel in dem erzbischöflichen Palais, an

— am Niederrheine — dem apostolischen Stuhle bewiesen und vorzüglich deßhalb geschehen, damit die Kirchenzucht gehoben, der priesterliche Wandel gewissenhaft gepflegt und die reine Kirchenlehre von jeder Besteckung frei gehalten werde". 2c. In demselben Sinne bemerkte auch der päbstliche Nuntius in seiner Anrede: „Ohne Zweifel wird dieser neue und so glänzende Beweis des väterlichen Wohlwollens Seiner Heiligkeit gegen die erlauchte deutsche Nation sehr viel beitragen, den Glauben unter den Katholiken dieser Nation mehr und mehr zu befestigen, ihren frommen Sinn, ihre Liebe und Ergebenheit gegen den apostolischen Stuhl und das oberste Haupt der Kirche stes zu vermehren". 2c. 2c. „Katholik", Jahrg. 1850. S. 486. Ch. J. Cremer L. c. S. 28 gibt den Inhalt dieser Ansprache in einer andern Form. — [91]) „Schriften und Reden". B. I. S. 290, sind diese beiden Ansprachen vollständig abgedruckt. — [92]) Ebendaselbst. S. 294.

welchem mehr als sechzig Personen Theil nahmen. Es wurden feierliche Toaste auf das Wohl Seiner päbstlichen Heiligkeit, Seiner Majestät des Königs, des neuen Cardinals und des päbstlichen Nuntius ausgebracht. Dieser erwiderte mit einem Trinkspruche auf den deutschen Episcopat, welcher rühmlichst zu erkennen gab, welches Vertrauens und welcher Anerkennung derselbe beim heiligen Vater und bei dessen Vertreter sich zu erfreuen habe. [93])

Der festliche Tag schloß mit einem der glänzendsten Fackel=züge, die je in Köln gesehen wurden. An dreitausend Fackelträger, nach den neunzehn Pfarrgemeinden der Stadt gegliedert, bildeten den Zug, an dessen Spitze der Gesellenvater Kolping mit seiner kräftigen Mannschaft aufzog. Jede Pfarrgemeinde war durch eine transparente große Laterne, welche an ihren vier Seiten den Patron der Kirche, die Insignien des Pabstes, des Cardinals und der Stadt, im Farbenglanze zeigte, genau abgetheilt. Eine dicht=geschlossene Menschenmenge hatte schon früher den großen Platz vor der erzbischöflichen Wohnung besetzt, wo gerade dieser Wohnung gegenüber ein schönes großes Lichtbild, den heiligen Petrus von vier Kirchenvätern getragen darstellend, beleuchtet war. Der glänzende Zug bewegte sich in bester Ordnung durch die dichte, wogende

---

[93]) Der Trinkspruch, den der gefeierte Cardinal auf den heiligen Vater und den König zugleich ausbrachte, lautete etwa: „Zwei Mächte sind es, welche die menschlichen Geschicke regeln; die eine ordnet, die andere heiliget; die eine schützt, die andere stützt. Sie bauen sich in ihren obersten Spitzen auf in den Personen des Pabstes und des Königs. Für beide haben wir die Segnung, daß Gott sie erhalten möge, und wenn je, so fordere ich heute meine verehrten Gäste auf, mit doppelter Begeisterung auf diese doppelte Gesundheit zu trinken". Der Toast des päbstlichen Nuntius lautete: „Der deutsche Episcopat hat so viele und so glänzende Beweise seines Eifers für das Recht der katholischen Kirche gegeben, daß das katholische Deutschland stolz darauf seyn muß. In einer stürmisch bewegten Zeit haben sich die Oberhirten Deutschlands ihres apostolischen Amtes und ihrer göttlichen Sendung würdig gezeigt. Der heilige Vater erkennt dieß mit Freuden an und durch die Erhebung zur Cardinals-würde Einiger der ehrwürdigen Kirchenfürsten Deutschlands, wollte Seine Heiligkeit nicht nur den Hochgefeierten selbst, sondern auch dem ganzen deutschen Episcopate einen augenfälligen Beweis Ihres allerhöchsten Wohlwollens und Ihrer Liebe geben. Es sei auch mir gestattet, dem deutschen Episcopate meine innigste Verehrung zu bezeugen, darum rufe ich aus vollem Herzen aus: „Hoch lebe der deutsche Episcopat""! „Katholik", Jahrg. 1850. S. 476. — In Folge der Cardinalsfestlichkeiten zu Breslau und Köln wurde dem päbstlichen Nuntius zu Wien der rothe Adler-Orden erster Classe und dem Ablegaten Prosper Buzi derselbe Orden zweiter Classe vom Könige von Preußen verliehen.

Menge und bildete auf dem großen Langed des Platzes endlich einen Kreis von farbigen Laternen, in dessen Mitte der Männergesangverein, abwechselnd mit dem Musikchore, in gewohnter trefflicher Weise eine zur Festfeier eigens verfaßte Hymne vortrug. Zum Schlusse dankte der Cardinal von dem Balcone seines Hauses herab in warmer, klarer Sprache der gesammten Menge. Er bemerkte dabei namentlich . . . „Es gereiche ihm um so mehr zur angenehmen Genugthuung, für die ihm bezeigte Aufmerksamkeit zu danken, als nicht allein seine katholischen Erzdiöcesanen an dem Feste sich betheiligt, sondern auch nichtkatholische Bürger der Stadt ihm ihre Glückwünsche dargebracht hätten. Auf alle wolle er des Himmels reichsten Segen erflehen, der um so wirksamer seyn würde, je mehr alle in Liebe gegen Seine Majestät den König, in Befolgung der Lehre der Kirche und in Ausübung der edelsten Menschenpflichten unter einander wetteiferten". ꝛc. Hierauf ertheilte er den erzbischöflichen Segen.

Am anderen Tage veranstaltete die Stadt im Saale des Gürzenich eine musikalische Festfeier, welcher sämmtliche Prälaten beiwohnten. Die bei dieser Veranlassung, wie am gestrigen Abende von den Sprechern der Bürgerschaft gehaltenen Anreden, waren durch Fassung und Gesinnung gleich ausgezeichnet. Daß der päbstliche Nuntius als geborner Corsikaner in fließender deutscher Rede die Ansprachen erwiderte, erregte große und beifällige Freude. Den Schluß der Festlichkeiten bildete eine allgemeine Illumination der Stadt, die sich gleichmäßig auf die öffentlichen Gebäude und herrschaftlichen Häuser, wie auf die Hütte des ärmsten Taglöhners erstreckte. [94])

Auf Donnerstag den 14. November hatte der Graf Fürstenberg auf seinem bei Mühlheim gelegenen Gute Stammheim dem neuen Cardinal und päbstlichen Nuntius ein großes Fest bereitet, zu dem auch, außer den sämmtlichen anwesenden Prälaten, die höchsten Beamten, namentlich der Oberpräsident von Coblenz und der Regierungspräsident von Köln und andere Koryphäen dieser Stadt geladen waren. Fürstlicher Aufwand und Glanz war hiebei allseitig aufgeboten. Von dem Städtchen Mühlheim aus, welches mit Kränzen, Fahnen und Flaggen reichlich geschmückt war, geleitete

---

[94]) Selbst die Synagoge war geschmackvoll erleuchtet und zeigte in einem Transparente den Spruch des Talmud: „Die Frommen aller Völker werden des Himmels theilhaftig"! Th. J. Cremer L. c. S. 30.

18

eine zahlreiche Ehrengarde den stattlichen Wagenzug bis nach Stamm=
heim. Ein glänzendes Feuerwerk beschloß am Abende die seltene
Festlichkeit. Die Mühlheimer Ehrengarde begleitete die hohen
Gäste mit brennenden Fackeln bis nach der Stadt Deutz zurück.

Am folgenden Tage wurde zu Köln eine bischöfliche Con=
ferenz in Gegenwart des päbstlichen Nuntius abgehalten, wobei
manches Wichtige zur Berathung kam. Am Samstage Morgens
halb acht Uhr reiste Viale Prela mit dem apostolischen Ablegaten
Buzi nach Münster ab. Er wurde von dem Kölner Weihbischofe
bis zum Bahnhofe, von zwei Domcapitularen bis nach Düsseldorf
begleitet. [95])

Um den rühmlichen Ehren= und Freudentag in Köln und
in der Erzdiöcese im bleibenden Andenken zu erhalten, wurden nicht
nur die schon genannten Kunstteppiche für den Dom gefertiget, [96])
sondern auch noch einzelne Stiftungen beschlossen und ausgeführt.
Dazu gehörte, daß, wie am Feste selbst, so alljährlich zweiund=
siebenzig Greise der Stadt am 12. November in Gemeinschaft frei
und froh sollten gespeist werden. Der Dombauverein sammelte
eine Summe zur Herstellung eines gemalten, oberhalb des Nord=
portales einzusetzenden Fensters, worauf das Ereigniß des 12.
November mit entsprechender Inschrift abgebildet werden sollte.

Der Diöcesanklerus machte überdieß unter dem Namen Car=
dinalfond eine Stiftung zur Unterstützung alter, dürftiger Geist=
licher des Erzbisthums. Die Gründungsurkunde derselben ward
am 12. November des folgenden Jahres mit einem bereits ge=
sammelten Capital von 8,476 Thalern ausgefertiget. [97])

---

[96]) Zum Andenken an das Fest ließ der Cardinal von dem berühmten
Maler in München, Johannes v. Schraudolph, ein Oelgemälde anfertigen,
welches die feierliche Ueberreichung des purpurnen Biretes im Dome zu Köln,
mit den sämmtlichen Prälaten in Portrait, darstellt und dem päbstlichen
Nuntius von Wien verehrt wurde. — [96]) Diese Teppiche, vorerst sechs an
der Zahl, konnten bereits am 21. Januar 1851 fertig übergeben werden. Die
schöne Ansprache, welche hiebei vom Cardinal an die Schenkgeberinnen gehalten
wurde, siehe „Schriften und Reden". B. I. S. 299. — [97]) Kirch=
licher Anzeiger für die Erzdiöcese. Jahrg. 1852. S. 7. Der hochselige
Cardinal gab zu dieser Stiftung, welcher der König am 13. Mai 1853 Cor=
porationsrechte ertheilte, 300 Thlr. — Für die alljährliche Speisung der 72
Greise zum Andenken an die Erhebung des Hochseligen zur Cardinals=Würde
ward das erforderliche Capital aus den verschiedenen Pfarreien der Stadt ge=
sammelt. Der Cardinal besuchte gewöhnlich mit den Vereinsmitgliedern dieser
Stiftung die zum Mahle versammelten und von den genannten Mitgliedern
dabei willig bedienten Greise in dem hiefür festlich geschmückten Speisesaal und

Voll Erkenntlichkeit für die große Auszeichnung, welche der Erzbiöcese und der gesammten Geistlichkeit derselben durch Erhebung ihres Oberhirten zur Cardinals=Würde zu Theil ward, versäumte das Metropolitancapitel nicht, eine artistisch eben so geschmackvoll als reich ausgestattete Dankadresse an das Oberhaupt der Kirche zu richten, worin dasselbe, außer dem innigsten Danke für jene Er=hebung und unter warmer Anerkennung der hohen Verdienste ihres Metropoliten, diesem die treueste Mitwirkung im heiligen Berufe, dem apostolischen Stuhle aber die unverbrüchlichste Anhänglichkeit ehrfurchtvollst gelobte. [98])

---

unterhielt sich mit ihnen auf die herablassendste und freundlichste Weise. Im Jahre 1851 geschah die Speisung zur Erleichterung des Vereines auf dessen Kosten. Der Ausschuß dieses Vereines ließ auch zum Andenken an den 12. Nov. 1850 eine besondere Denkmünze von dem berühmten Stahlschneider Wiener in Brüssel prägen. Bei der feierlichen Speisung im Jahre 1852 wurde dieselbe in Gold von dem Vorstande des betreffenden Vereines, Lambert Bachem, mit einer freundlichen Ansprache dem gefeierten Oberhirten überreicht, der sie mit dankender Erwiderung entgegen nahm. Die Denkmünze hat die Größe von 22 Linien im Durchmesser. Die eine Seite zeigt das Bildniß des Car=dinals mit der Umschrift: Joannes Cardinalis de Geissel, Archiepiscopus Coloniensis, natus MDCC.LXXXXVI. V. Febr. Die andere Seite gibt eine perspective Ansicht des Innern der Kölner Kathedrale, mit dem an der unteren Seite angebrachten Wappen des Cardinals, der Domkirche und der Stadt Köln, so wie die an den Seiten befindliche Widmung: Consecr. MDCCCXXXVII. — XIII. Aug. — Jnthronizato MDCCCXXXX. XI. Jan. — purpuratis ecclesiæ patribus Adscripto MDCCCL. XII. Nov. — Ein zweites Exemplar dieser Denkmünze in Gold wurde für den h. Vater bestimmt und ein drittes gleiches Exemplar dem Könige Friedrich Wilhelm IV. übersendet. Weitere Exemplare aus Silber und Bronce wurden zum Besten des Vereines abgegeben. Durch Urkunde vom 13. Sept. 1857 überließ der hochselige Cardinal dieser Stiftung 1,000 Thaler, um ihr eine bleibende Dotation zu sichern. Durch letztwillige Verfügung vom 26. Sept. 1862 vermehrte derselbe diese Stiftung mit einer weitern Summe, damit am 12. Nov. alljährlich von Einem der ältesten und dürftigsten Geistlichen der Stadt oder Erzbiöcese am neuen Mutter=gottes=Altare im Dome für seine Seelenruhe eine heilige Messe gelesen werde. Dieser überaus zierliche Altar ward im altdeutschen Style während des Jahres 1850 errichtet. Overbeck in Rom malte das Altarbild, Mariä Himmelfahrt darstellend, auf welchem, außer den Aposteln auch die beiden letzten Erzbischöfe Clemens August und Johannes v. Geissel in sprechender Aehnlichkeit auf dem Hintergrunde ersichtlich sind. — [99]) Der heilige Vater richtete an das Capitel ein Rückschreiben, worin derselbe über den Inhalt der schönen Dankadresse sich freudig äußerte und die Mitglieder des Capitels zu fortgesetzter Treue und festem Anschlusse an den Oberhirten und an den apostolischen Stuhl ermunterte. Auch hat Pius IX. durch den Kölner Cardinal an die Bürger der Stadt, welche bei der Feier am 12. Nov. 1850 so glänzende Festlichkeiten veranstaltet,

Hier fügen wir wohl noch am Schicklichsten ein, daß der hochselige Cardinal bald nach den großen Festlichkeiten in Köln eine Reise nach Hildesheim antrat, um in der dortigen Kathedrale am 24. November dem neugewählten und bestätigten Bischofe Eduard Jakob Wedekin, unter Assistenz der Oberhirten von Münster, Paderborn und Osnabrück, die heilige Weihe zu ertheilen. Er benützte diese Reise, um dem Könige Friedrich Wilhelm, in jenen verhängnißvollen, kriegdrohenden Tagen, als Cardinal seine Begrüßung zu erstatten und mehrere wichtige Angelegenheiten mit Allerhöchstdemselben und den Ministern zu besprechen. Er hatte sich nicht nur bei Hof, wo er zur königlichen Tafel gezogen wurde, sondern auch bei Mehreren der höchsten Staatsbeamten einer ausgezeichneten Aufnahme zu erfreuen. Nach fünftägigem Aufenthalte in Berlin stattete der Hochselige auf der Heimreise auch an dem königlichen Hofe zu Hannover einen Besuch ab. Hier wurde er ebenfalls auf das Ehrenvollste empfangen und am Sonntage den 1. December zur königlichen Tafel eingeladen.

§. 17. Beförderung der Volksmissionen.

Eine Vielen sehr erwünschte und ersprießliche Vorbereitung für die eben geschilderten, der Erhebung des hochseligen Erzbischofes zur Cardinalswürde gewidmeten Festlichkeiten, war die unmittelbar vorher von den Vätern der Gesellschaft Jesu zu Köln abgehaltene Volksmission. Mehrere Missionen waren bereits von diesen Vätern in Baden, in Wirtemberg und allmälich in allen Ländern Deutsch-

---

und dadurch sich dieser der Stadt und Erzdiöcese widerfahrenen Ehre so würdig erwiesen haben, einen schönen Ausdruck des Dankes, der Freude und des Segenswunsches ergehen lassen. Dem Metropolitancapitel ward auf die Bitte des Cardinals die Auszeichnung zu Theil, fortan in amtlichen Chorkleidern von violetter Farbe zn erscheinen, dem Dompropste und Domdechanten aber das Tragen der Infel bei feierlichem Gottesdienste gestattet, von welcher Auszeichnung auch am 12. Nov. 1851 beim Gottesdienste Gebrauch gemacht wurde. An diesem Tage war große Tafel im erzbischöflichen Palais, vor welcher der Hochselige im Auftrage des heiligen Vaters Orden überreichte, nämlich dem Grafen Fürstenberg das Großkreuz des Gregorius-Ordens, dem Trierer Landgerichtspräsidenten Gräff — gewesenem Oberbürgermeister zu Köln — das Commenthurkreuz desselben Ordens, dem Justizrath Esser II. — Präsidenten des Dombauvereines, dem Dombaumeister Zwirner und dem Dr. Monheim von Aachen, das Ritterkreuz des Pius-Ordens. — Für das bedrängte Oberhaupt der Kirche wurden aus der Erzdiöcese im Jahre 1850 über 20,000 Thaler gespendet.

land's mit größter Opferwilligkeit und schönstem Erfolge unternommen. Sie gaben eine freudige Errungenschaft für unsere heilige
Kirche aus den verhängnißvollen Jahren des Umsturzes und der
allgemeinen Verwirrung zur Neubelebung ihrer Heilswahrheiten
und treueren Befolgung ihrer Sittenvorschriften. Die öffentliche
Anerkennung, welche diese außerordentliche seelsorgliche Thätigkeit
im Allgemeinen fand, der reiche Segen der Belehrung und Bekehrung, welcher weithin verkündet wurde, weckte und stärkte auch
bei vielen glaubenseifrigen Priestern und Laien zu Köln den Wunsch,
daß an dem Sitze des für das Wohl und Heil seiner Untergebenen
so umsichtig und rastlos besorgten Metropoliten ebenfalls eine Volksmission möchte abgehalten werden. Doch dieser Wunsch stieß auf
manche Bedenklichkeiten selbst von Seiten derjenigen, welche gegen
die Zweckmäßigkeit und Heilsamkeit seines Zieles nichts einzuwenden
hatten. In einer Stadt von neunzehn Pfarreien und neunzig-
tausend Einwohnern; in einer Stadt, wo mancherlei hemmende
Mächte mehr als anderwärts in den verschiedenen Schichten der
Gesellschaft vorhanden waren und den Boden aufgewühlt hatten,
wo selbst in früherer Zeit Missionen nie gehalten wurden; im
Mittelpunkte des weltbürgerlichen Lebens, der Industrie und des
Welthandels, konnten dem gesegneten Einflusse der Religion überhaupt leicht Hindernisse aller Art entgegen treten. Allein eben das
war es, was die Mission für Köln als besonders wünschenswerth, ja
so zu sagen als nöthig zu empfehlen schien. Diese Ueberzeugung bewog
auch die große Mehrzahl des Pfarrklerus, den Oberhirten um
die Anordnung einer Mission zu bitten. Die außerordentlichen
religiösen und sittlichen Zustände der Stadt bedurften außerordentlicher kirchlicher Mittel. Diese waren vor Allem in der gewünschten
Mission geboten. Deßhalb gestattete sie der hochselige Erzbischof.
Der Erfolg, welcher ihre Abhaltung in Köln begleitete, rechtfertigte
die auf sie gestützte Erwartung. Hier hatte die Mission jedoch
außer ihrer besonderen Aufgabe noch ein allgemeines Ziel. Neben
und über dem Segen, den sie in der katholischen Bevölkerung von
Köln verbreitete, sollte ihr moralischer Eindruck in weiteren Kreisen
günstigen Einfluß üben. Die Anerkennung ihrer Wirksamkeit in
Köln sollte ein Empfehlungsbrief derselben für ganz Deutschland
werden. Sie hat diese Aufgabe in hohem Grade gelöst. Sie hat,
abgesehen vom inneren Einflusse der Versöhnung mit Gott im
Bußgerichte, der nur dem Allwissenden bekannt ist, eine vielseitige,
fast allgemeine Umwandlung der öffentlichen Meinung über die

Kirche und ihre Lehre, insbesondere über das Abhalten der Missionen und über die Väter der Gesellschaft Jesu, ihr Wissen, Wollen und Thun bewirkt. Nur Eines war zu bedauern, daß bloß in zwei Kirchen diese geistlichen Uebungen abgehalten wurden, während, nach der ungeheuren Zahl der Theilnehmer und Heilsuchenden im Beicht=gerichte, dieß mindestens in acht Kirchen hätte geschehen sollen. Denn an keinem Tage verließen die Missionäre den Beichtstuhl, ohne eine große Zahl der Büßenden unbefriedigt entlassen zu müssen.

Die Mission wurde nach vorausgegangener Verkündigung auf den Kanzeln der Pfarrkirchen, am Sonntage den 27. October in der Kathedrale und in der Kirche zum heiligen Severin, zu gleicher Zeit, Morgens neun Uhr eröffnet. Beide Kirchen liegen eine gute halbe Stunde von einander entfernt, letztere am südlichen Ende, erstere ziemlich in der Mitte der Stadt. In der Kathedrale wirkten die Väter Roh, Haßlacher, Klinkowström, zu St. Severin aber die Väter Roder, Ketterer, Wilmers. Pater Roder leitete die Mission zu St. Severin, Pater Roh jene in der Kathedrale. Bei der in dieser vom Pater Roh gehaltenen Eröffnungsrede waren sowohl der hochselige Cardinal als wie auch mehrere Mitglieder der höheren Geistlichkeit zugegen. Eine außerordentliche Menge Gläubiger war zusammengeströmt. Für viele Zuhörer blieb jedoch der erste Vor=trag unverständlich, weil man der eigens für die Mission errichteten Kanzel eine mehr für den Gesichtskreis als für die Akustik günstige Stelle gegeben hatte. Dieß nöthigte für die folgenden Vorträge wieder die alte Domkanzel zu benützen. Nach der Eröffnungsrede wurde in der Kathedrale vom Herrn Weihbischofe ein feierliches Pontificalamt gehalten. Zu St. Severin, welche Pfarrkirche an sechs bis sieben Tausend Menschen faßt, hielt Pater Roder die Er=öffnungsrede. Die Nachmittagsvorträge hatten um drei und halb sieben Uhr statt. Die Vor= und ersten Nachmittags=Predigten wurden ohne besondere Andachtsübungen abgehalten. Die Abendpredigt aber ward durch das von den Domschülern abwechselnd mit dem Volke im Choral gesungene Miserere und dem sacramentalischen Segen in tief ergreifender Weise geschlossen. Aehnlich geschah es auch zu St. Severin, nur mit dem Unterschiede, daß man nach einigen Tagen dort die erste Predigt auf fünf Uhr Morgens und die letzte auf sieben Uhr Abends festsetzte, um der in jenem Stadt=viertel zahlreichen arbeitenden Classe, wie diese es ausdrücklich wünschte, zum Besuche eine gelegenere Stunde zu bieten. Die ein=zelnen Prediger wechselten in der Regel mit ihren Vorträgen die

Stunden in der Weise, daß der Eine oder der Andere bald die
erste, bald die zweite, bald die letzte Predigt abhielt. Daß schon
der Name „Jesuiten" Viele, theils aus Neugierde, theils aus
aufrichtigem Drange nach Belehrung um sie sammelte, war leicht
vorauszusehen. Doch auch schon nach den ersten Predigten waren
es die wichtigen Lehrgegenstände, welche die Väter behandelten,
oder vielmehr die Art und Weise, wie sie Christi Lehre predigten,
wodurch Zuhörer aus jeglichem Alter, Geschlechte und Stande in
dichtgedrängten Schaaren mit der größten Aufmerksamkeit an ihren
Lehrstuhl gefesselt wurden. Schon mehrere Stunden vor dem Beginne der Vorträge waren die vorhandenen Kirchenstühle besetzt und
umlagert. Nüchtern blieben deßhalb Viele vom frühen Morgen
bis zum Schlusse der ersten Predigt dort sitzen. Vom Mittagstische
eilten Andere hinweg, um zur Nachmittagspredigt einen günstigen
Platz zu gewinnen. Abends vollends schätzten sich jene, welche nicht
von der Nachmittagspredigt an, einen freien Kirchensitz festgehalten,
glücklich, im dichten Gedränge nicht zu entfernt von der Kanzel
eine Stelle zu erhalten. In der Regel waren im Dome an den
Wochentagen in der Abendpredigt von zwölf bis sechzehn Tausend
Menschen versammelt, an Sonn- und Festtagen in allen Predigten
eine weit größere Zahl. So verschieden auch die Predigten selbst
waren durch die Eigenthümlichkeit der Redner und des abgehan-
delten Gegenstandes, indem der Eine durch größere Lebendigkeit,
der Andere durch mehr Innigkeit und Gemüth, der Dritte durch
Verstandesschärfe und Ueberzeugungskraft sich auszeichnete, dennoch
blieb die Aufmerksamkeit und Theilnahme durchweg dieselbe. Eine
auffallende Erscheinung, die auch von andern Missionen berichtet
worden, war es, daß besonders auch Nichtkatholiken und selbst Juden
durch die Vorträge nicht bloß gefesselt, sondern auch befriedigt
wurden. Das bewirkte zum Theil die umsichtige, nach keiner Seite
persönlich verletzende Behandlung der christlichen Wahrheit, obgleich
hiebei die Lehren der Kirche selbst mit aller Schärfe und Klarheit
vorgetragen wurden. Daher auch konnte sogar die „Kölnische
Zeitung", welche damals wie noch heute, in kirchlichen Dingen so
oft auf Seite der Feinde der Kirche getroffen ward, in ihrem Berichte
über die „Mission in Köln", derselben die allgemeine Anerkennung
und Zufriedenheit nicht versagen.

Die Mission wurde auf diese Weise in vielen Kreisen der
Stadt fast der ausschließliche Gegenstand der Unterhaltung und
Besprechung. Dieß beförderte bei Leuten verschiedensten Schlages

die eifrigste Theilnahme und Anerkennung. Besonders auffallend war auch die große Zahl von Geistlichen, welche sich an Wochentagen dabei einfanden. Es gab Tage, an welchen sicher fünfzig bis hundert Geistliche, selbst aus fernen Gegenden und fremden Diöcesen, sich zur Anhörung der Jesuiten-Predigten sammelten. Die Meisten wurden von der Kraft und Eindringlichkeit dieser Vorträge überrascht und von deren Gründlichkeit und Heilsamkeit überzeugt. Viele kehrten begeistert für die Sache der Missionen nach Hause zurück und der Wunsch, den anvertrauten Heerden die Wohlfahrt einer solchen Gnadenzeit verschaffen zu können, ward in Folge dessen wiederholt und lebhaft laut. Daher denn auch bald von vielen Seiten her und insbesondere von den größeren Städten der Erzbiöcese, wie von Aachen, Düsseldorf und Bonn [99]), solche Anträge an die geistliche Behörde, oder an die Vorstände der Jesuiten selbst gestellt wurden. Die von einzelnen Seelsorgern anfänglich gehegten Vorurtheile und Bedenken gegen die fremden Prediger wurden bald gehoben und zerstreut. Man erkannte immer deutlicher, daß die Mission nichts anderes sei, als eine außerordentliche seelsorgliche Thätigkeit, zu welcher der Pfarrklerus, selbst der eifrigste nicht immer die Zeit und die erforderliche Uebung hat. Die Missionäre betrachteten sich deßhalb auch nur als Gehilfen der Pfarrgeistlichkeit, als Mitarbeiter im Weinberge des Herrn, und sprachen dieß mehrfach und bei besonderen Veranlassungen gerne und unverhohlen aus. Das Ansehen und Vertrauen, welches sie hiebei gewannen, konnte ja doch nur der Seelsorge und ihren örtlichen Pflegern und Trägern zu Gute kommen.

Wenn wir den Erfolg dieser vierzehntägigen Mission zu Köln im Allgemeinen zusammenfassen, so muß derselbe als ein sehr günstiger und glücklicher bezeichnet werden. Abgesehen von der sittlichen Umwandlung zum Bessern, die durch dieselbe bei sehr Vielen bewirkt wurde, abgesehen von den einzelnen Bekehrungen der in die Irrgänge des Lasters oder des Unglaubens Verirrten, abgesehen von der Versöhnung mancher verbitterter Feinde und der Zurückerstattung fremden Gutes: konnte man als Hauptergebniß dieser geistigen Uebungen den moralischen Eindruck auf die Masse der Bevölkerung nicht bloß der Stadt, sondern in weiteren Kreisen be-

---

[99]) Der im folgenden Frühjahr am 9. März von den Jesuiten zu Bonn eröffneten Mission wohnte der Cardinal am 15. und 16. März bei. Bald nach der Mission zu Köln hatten die Bonner Katholiken den Münsterpfarrer ersucht, dort ebenfalls eine Mission abhalten zu lassen.

trachten, wodurch das Interesse für die Religion geweckt und belebt, das Vorurtheil, oder doch die Befangenheit gegen die Missionen selbst gänzlich gehoben und insbesondere noch das aus Lug und Trug bewirkte und durch die willkührliche Tagespresse gehegte und gepflegte Anathem gegen den verdienstvollen Orden der Gesellschaft Jesu, in seiner ganzen Gehalt- und Grundlosigkeit offen gelegt wurde. [100])

Würdig dieses großartigen, geistigen Feldzuges gegen Unglauben und Laster war der Schluß der Mission am Sonntage den 10. November, welcher von dem am Abende vorher festlich in Köln, wie wir bereits hörten, eingezogenen päbstlichen Nuntius abgehalten wurde. Schon an den vorangegangenen Tagen waren mehrere zu der bevorstehenden Festlichkeit der feierlichen Ueberreichung des Cardinals-Biretes eingetroffene fremde Bischöfe, darunter auch der neuernannte Cardinal Wiseman, bei den Missionsvorträgen gegenwärtig gewesen und mit Freude von dem vereinten Volke bemerkt worden. [101]) Bei der durch den Pater Roh in der Kathedrale mit hinreißender Beredsamkeit ausgeführten Schlußpredigt über den Text: „Nur in Christo ist Heil" — Apostelgesch. IV. 12 — fanden sich der päbstliche Nuntius, so wie auch der apostolische Ablegat Buzi und die übrigen anwesenden Bischöfe ein. Der Andrang der Zuhörer und das Gewoge der gewiß über zwanzig Tausend Köpfe zählenden Versammlung war so groß, daß die auf einer Tribüne für die Prälaten bereiteten Sitze förmlich durch eine dichte Masse Andächtiger umlagert waren. Nach der Predigt zog der Nuntius unter Geleite der Bischöfe mit Chormantel, Mitra und Stab, in das hohe Chor und stimmte zum Danke gegen Gott das Te Deum an, welches sofort von der unermeßlichen Menge weiter

---

[100]) Während dieser Mission faßte der König Friedrich Wilhelm mit den Ministern am 6. November den Beschluß der Mobilmachung des gesammten Heeres mit Einschluß der Landwehr. Das deutsche Bundesheer war gegen Fulda vorgerückt und hatte an jenem Tage sein Hauptquartier bei Schlüchtern unter dem Oberbefehl des Fürsten von Thurn und Taxis. Am 9. November räumte der preußische General, Graf Gröben, Fulda, was der drohenden Kriegsgefahr Halt gebot. — [101]) Cardinal Wiseman wohnte am Freitage den 8. November der Missionspredigt Morgens 8 Uhr bei. Nach einem längeren Besuche bei dem Kölner Cardinal und Erzbischofe, reiste er noch am genannten Tage nach Lüttich, um über Brüssel nach England zurückzukehren, wo ihn bekanntlich ein unfreundlicher Empfang von Seiten des pabstfeindlichen Pöbels erwartete.

gesungen und die Andacht endlich durch die Ertheilung des erzbischöflichen Segens feierlich geschlossen wurde. [107])

§. 18. Gründung religiöser Genossenschaften.

Gleichwie die sofort vermehrte Abhaltung von Volksmissionen
in der Erzdiöcese zu Folge der durch die neue Verfassung gewährten
Selbstständigkeit der Kirche, von Seiten der Staatsbehörden ferner
nicht behindert wurde, so konnte auch bei dem gleichfalls verbrieften Vereins-Rechte der Gründung von klösterlichen Anstalten
und Genossenschaften auf staatspolizeilichem Wege nicht entgegen
getreten werden. Die freudige Erscheinung der errungenen kirchlichen Freiheit in dieser Beziehung war, daß nicht nur die bereits
oben geschilderten Vereine sich in dem Erzbisthume immer mehr
verzweigten und kräftigten, sondern auch allmälig eine Reihe klösterlicher Anstalten und Genossenschaften gegründet und reichlich unterstützt wurden, obgleich ihnen der Staat die gesetzlichen Corporationsrechte versagte. In Köln waren es die Missionspriester vom heiligen
Vincenz von Paul, auch Lazaristen genannt, welche in der Mitte
des Monats Mai 1851, fünf Väter mit einem Laienbruder, zum
Zwecke der seelsorglichen Aushilfe und Abhaltung von Missionen,
zuerst sich niederließen. Sie bezogen anfänglich eine Miethwohnung,
welche für sie durch den frommen Eifer wohlthätiger Frauen der
Stadt, auf das Zweckmäßigste und Vollständigste eingerichtet war.
Mit Eifer und Opferwilligkeit suchten sie ihrem Berufe zu ent-
sprechen. „Man hegt die Hoffnung, — so sprach sich alsbald eine
öffentliche Stimme aus — daß Gottes Segen auf dieser jungen
Pflanzung ruhen werde, damit ihre Früchte, vorzüglich zum Heile
socialer Zustände bestimmt, der Stadt reichlich zu gut kommen.
Wenn man bedenkt, daß diese frommen Sendboten eines heiligen
Vincenz in derselben Zeit hier eingetroffen, in welcher die weltliche

---

[107] „Katholik". Jahrg. 1850, Novemberheft. S. 435 u. ff. —
In der Mitte desselben Monats wurde auch in der St. Ursula-Kirche eine
achttägige Mission eröffnet, deren Schlußpredigt der Pater Haßlacher am 24.
November abhielt. Schon damals sprach sich bei den treugläubigen Kölnern
allgemein der Wunsch aus, daß einige Priester der Gesellschaft Jesu in Köln
ihren Wohnsitz erhalten möchten. Dieser Wunsch ward auch im Jahre 1853
verwirklicht. Vom Sonntage den 11. Sept. dieses Jahres wurde auch in der
Minoritenkirche, an jedem Sonn- und Festtage, Morgens von 11 bis 12 Uhr
von einem Mitgliede der Gesellschaft Jesu eine Conferenz über die christlichen
Religionswahrheiten abgehalten.

Behörde in unbegreiflicher Verblendung, durch die dem schmutzigsten Laster eröffneten Freistätten, einen Schrei des Unwillens und der Bestürzung bei allen gesitteten und verständigen Kölnern, ohne Unterschied der Confession, veranlaßt hat: so muß wohl in dieser Berufung der Lazaristen ein Wink der Vorsehung erkannt werden, die den angehobenen Kampf der christlichen Zucht und Sitte gegen heidnische Schamlosigkeit kräftig zu unterstützen verheißt". [103])

Kaum waren die genannten Väter in Köln eingezogen, so wirkten sie durch Belehrung auf der Kanzel und im Beichtstuhle nicht nur in der Stadt selbst, sondern auch auswärts durch segenreiche Volksmissionen. Die erste Mission wurde von ihnen in dem nahegelegenen Städtchen Kerpen auf das Fest der heiligen Apostel Petrus und Paulus eröffnet und nach vierzehn Tagen, nicht ohne reichen Segen für die Bewohner des Städtchens und der Umgegend, geschlossen. Der Herr Weihbischof hielt an diesem Tage ein feierliches Pontificalamt und eine eindringliche Ansprache an die versammelten Gläubigen, von denen achtzehn Hundert aus seiner Hand die heilige Communion empfingen. [104])

Der Ansiedelung der Lazaristen in Köln, welchen später, wie wir schon hörten, auch die Leitung der Knabenseminarien zu Neuß und Münstereifel anvertraut wurde, folgte jene der Väter der Gesellschaft Jesu. Diese gründeten im folgenden Jahre ein Priesterhaus zu Aachen, im Jahre 1853 ein gleiches zu Köln, wo bisher schon Einzelne dieser Ordensmänner wirkten und zwei Jahre später zu Bonn und auf dem dieser Stadt nahegelegenen Kreuzberge. Auch die Väter der Versammlung des allerheiligsten Erlösers errichteten später zu Aachen ein Priesterhaus, anderer Ordens-Convente nicht zu gedenken.

In derselben Zeit und mit gleichem Eifer und Opferwilligkeit wurden auch eine Reihe weiblicher Genossenschaften zur Pflege des beschaulichen Lebens, für Unterricht und Erziehung der weiblichen

---

[103]) Mainzer Journal vom 17. Mai 1851. — Sowohl der hochselige Cardinal mit dem Metropolitancapitel, als auch die Pfarrgeistlichkeit und Bürgerschaft der Stadt, haben sich damals in Bittvorstellungen an den König um Schutz und Hilfe gegen die öffentlichen Unzuchthäuser gewendet. Dieser erklärte, daß man nur strenge Beaufsichtigung des Lasters, keineswegs aber eine Begünstigung beabsichtige. Doch wurden später auf besonderen Befehl des Königs die bereits eröffneten Bordelle geschlossen. — [104]) Auch in den Pfarreien Reusrath, Rickelrath, Jülich und Elsen hielten die Lazaristen in demselben Jahre Missionen mit bestem Erfolge.

Jugend, für Uebung der christlichen Barmherzigkeit an verlassenen Kindern, Waisen, Kranken und Armen, nach Köln und in andere Städte der Erzdiöcese berufen, unterstützt und geschirmt. Wie erfreulich ist der Ueberblick, welchen der hochselige Cardinal in seinem Fastenhirtenbriefe vom 2. Februar 1852 auf die bereits in Köln gegründeten und gepflegten klösterlichen Anstalten und geistlichen Genossenschaften und ihre gesegnete Wirksamkeit wirft und schildert? Hören wir hierüber seine eigenen, dankerfüllten Worte.

„Hat nicht der Glaube — so lauten dieselben — selbst in den verhängnißvollen Ereignissen, welche seinen gänzlichen Untergang herbeizuführen schienen, neue, tiefere und fruchtbringendere Wurzeln unter uns geschlagen? Gottlob, es ist so, geliebte Erzdiöcesanen, und es gereicht uns zum oberhirtlichen Troste, dessen Zeugniß ablegen zu können. Die Religion hat einen neuen Aufschwung genommen, der Glaube hat sogar neue Blüthen und Früchte unter uns hervorgebracht. Unser Herz wallt auf in heiliger Freude, wenn Wir auf das blicken, was in den letzten Jahren unter uns entstanden ist. Wir sehen die Väter der Gesellschaft Jesu als außerordentliche Sendboten des Evangeliums in der Mutterkirche und in den Kirchen anderer Städte unseres Erzbisthums, wie mit Feuerzungen, durch ihr die Geister durchleuchtendes und die Herzen entflammendes Wort, die im Glauben Erkalteten und im Tode der Sünde Erstorbenen, zum neuen christlichen Glauben und Leben erwecken. Neben ihnen sehen Wir die Priester des heiligen Vincenz mit unermüdlichem Eifer die Städte und Dörfer durchwandern und in den geistlichen Uebungen der heiligen Mission die Gläubigen durch das Wort des Herrn und die heiligen Sacramente zum christlichen Kampfe gegen das Böse und zur Ertragung der Mühseligkeiten des Lebens ausrüsten. Wir sehen die frommen Schwestern vom Kinde Jesu, wie sie an mehreren Orten die innige Liebe zu dem göttlichen Kinde, dem sie sich geweiht, auf die armen Kleinen, welche der Tod oder der Aeltern sittliche Verderbniß zu Waisen gemacht, übertragen und mit Muttersorge zu gesitteten Menschen und Christen erziehen. Wir sehen die armen, an Schätzen der aufopfernden Liebe so reichen Schwestern des heiligen Franciscus mit vollster Hingebung dem segenvollen Berufe sich widmen, am Krankenbette wachend und wartend, den Leidenden jede Art Pflege und Trost zu bringen. Wir sehen die Frauen vom guten Hirten mit aufopferndem Mitleid, die aus dem Schandpfuhle der Unzucht reuig sich Erhebenden in ihr stilles Asyl aufnehmen und sie durch Buße, Gebet und Arbeit zu einem sittlichen und ehrbaren Leben zurückführen. Wir sehen die Töchter der heiligen Theresia vom Berge Carmel in der frommen Abgeschlossenheit, in immerwährender Anbetung das Erbarmen Gottes über die sündige Welt und seinen Segen über die ganze Christenheit herabflehen. Und als jüngste, eben jetzt aufsprossende Blüthe am Baume der Kirche in unserem Erzbisthume erwarten Wir die Schwestern der heiligen Liebe vom h. eiligen Vincenz, welche dem gleichen Berufe der Kindererziehung und der Pflege der armen Kranken sich zu weihen bestimmt sind. . . . Das Alles — und vieles Andere — hat in den letzten Jahren der werkthätige Glaube in unserem Erzbisthume hervorgerufen. Und wahrlich, das sind ächte Blüthen am Baume des Glaubens, reiche goldene Früchte, gereift an der Sonne der christlichen Liebe. Dank und Segen sei dafür Allen, die dazu mitgewirkt und mitwirken." 2c. 2c. [105])

So trostvoll und erhebend dieser Ueberblick auf das Emporblühen der klösterlichen Anstalten und religiösen Genossenschaften in der Erzbiöcese für den hochseligen Cardinal seyn mußte, so traurig und schauerlich war für ihn das Andenken an ein Ereigniß, von welchem er, bei seinem Besuche der fünften Generalversammlung der katholischen Vereine, welche vom 7. bis 10. October 1851 im Frankfurter Hofe zu Mainz abgehalten wurde, Zeuge und Mitdulder gewesen ist. Wir dürfen dasselbe hier nicht mit Stillschweigen übergehen. Wie fast alljährlich hatte der Hochselige wieder einige Herbsttage in seiner Heimath zu seiner Erholung zugebracht. Seine Rückreise bestimmte er in der Weise, daß er noch jener Ver-

---

[105]) „Schriften und Reden". B. I. S. 320. — Am Sonntage den 2. Mai 1852 wurde vom hochseligen Cardinal das Ordenshaus der Schwestern vom h. Vincenz, unter Assistenz des um diese Anstalt sehr verdienten Pfarrers Bill, des Vorstandes der Lazaristen P. Hirl 2c., feierlich eingeweiht und dabei nach der h. Messe eine ergreifende Ansprache über die dreifache Bestimmung der Anstalt und den Beruf der Schwestern gehalten. — Am 3. Sept. desselben Jahres eröffneten die armen Franciscanerinnen ihre Wirksamkeit in dem mit der Pfarrkirche zu St. Johann verbundenen Klostergebäude zu den vierzehn Nothhelfern. — Am 1. Oct. 1851 übernahmen die Schwestern vom h. Karl Borromäus im städtischen Waisenhause die Erziehung und den Unterricht der Zöglinge. Durch päbstliches Breve vom 31. August 1852 wurde die Errichtung des Elisabethen-Vereines im Erzbisthume genehmiget und mit Ablässen begabt, worüber der Cardinal am 18. Sept. die nöthigen oberhirtlichen Bestimmungen traf.

sammlung anwohnen konnte. Er traf sohin am Donnerstage den 9. October Vormittags in Mainz ein. Auf den Abend dieses Tages um sieben Uhr war die dritte allgemeine Sitzung der Versammlung bestimmt. Kaum war die Ankunft des verehrten Kirchenfürsten bekannt, als der Festausschuß jener Versammlung Mehrere seiner Mitglieder auswählte, um ihn zu begrüßen und ihn einzuladen, die abendliche Generalversammlung mit seiner Gegenwart zu beehren. Seine Eminenz nahm die Einladung an. Die Kunde hievon vermehrte die Zahl der Versammelten noch mehr und erhöhte die gespannte Erwartung und die ruhige feierliche Stimmung derselben um ein Bedeutendes. Er erschien in Begleitung des Mainzer Bischofes, bei dem er sein Absteigquartier genommen hatte, kurz nach sieben Uhr in der aus allen Ständen und Altersclassen reichbesetzten Versammlung. Alle Augen waren auf ihn gerichtet. Nachdem derselbe mit seinem Begleiter Platz genommen hatte, eröffnete der Präsident der Versammlnng, der kaiserliche Oberlandesgerichtsrath, Ritter v. Hartmann aus Linz, die dritte allgemeine Sitzung mit folgenden Worten:

„Eure Eminenz! Hochwürdigster Herr Bischof! Gnädigste Herren! Hochansehnliche Versammlung! Theure katholische Brüder und Schwestern! Wenn wir uns schon bei den zwei abgehaltenen allgemeinen Versammlungen so glücklich fühlten durch die Gegenwart des hochwürdigsten Herrn Bischofes dieser Stadt, der seine überaus liebevollen und günstigen Blicke auf unsere Versammlung zu richten so gütig war: so wird heute unsere Freude noch dadurch mächtig erhöht, daß ein hoher Kirchenfürst, Seine Eminenz der Cardinal-Erzbischof von Köln, unsere Versammlung zu besuchen die hohe Gnade hat. Es ist dieß das erstemal, daß sich eine Generalversammlung des katholischen Vereines Deutschlands eines solchen ausgezeichneten Glückes rühmen darf. Wir Abgeordnete alle hoffen, daß Seine Eminenz, daß der hochwürdigste Episcopat Deutschlands überhaupt auch bei diesem Anlaße die Ueberzeugung schöpfen werden, daß wir unser Streben, unsere Liebe, unser Hoffen, unsere Freude und unsre Leiden nie und nimmermehr von denen unserer heiligen Mutter, der Kirche, trennen werden und wollen. — Die dritte allgemeine Versammlung ist eröffnet!"

Der hochselige Cardinal erwiderte diese freundliche Begrüßung also: „Verehrter Herr Präsident! Von einer Reise zurückkommend wird mir die Freude zu Theil, der Schlußversammlung des Piusvereines beizuwohnen. Ich erscheine mit Vergnügen in ihrer Mitte und drücke ihnen dadurch meine Theilnahme aus für die Bestrebungen des so würdigen Vereines, der als seinen Taufpatron Seine Heiligkeit Pius IX. verehrt, dessen geliebtes Taufkind der Verein ist. Ich bin seither mit lebhafter Theilnahme der Wirksamkeit des Vereines in den verschiedenen Generalversammlungen und in den einzelnen Versammlungen gefolgt; ich habe in meiner Diöcese mit Freuden dessen Patronat übernommen. Was der Verein seither geleistet, sowohl für die selbstständige Wirksamkeit der Kirche, als auch auf dem Felde der thätigen christlichen Liebe in seinen verschiedenen Verzweigungen, gibt die Bürgschaft, daß, wie Gottes Segen bei ihm war bis jetzt, dieser Segen ihm auch ferner nicht entgehen werde. Diesen Segen wünsche ich dem Vereine von ganzem Herzen; er möge stets mehr aufblühen und gedeihen zur Ehre Gottes, zum Heile der Kirche und all' ihrer treuen Bekenner. Gottes Segen dem Piusvereine!“ Mit dreimaligem, stürmischen Lebehoch drückte die Versammlung ihren innigsten Dank für diese erfreuliche Begrüßung aus.

Hierauf erhielt der edle Freiherr v. Anblaw aus Freiburg das Wort. Er überbrachte der Versammlung die Segnungen seines greisen Oberhirten und schilderte hierauf die Wirksamkeit der katholischen Vereine in seinem engeren Vaterlande, in dem vielgeprüften, schuldbeladenen Baden, das den Leidenskelch eigener Verschuldung leider bis auf die Hefe auszutrinken bestimmt scheint. Diese treffliche Rede ärntete stürmischen Beifall. — Sofort betrat der Cooperator Aigner aus Steier in Oesterreich die Rednerbühne. Er meldete den Gruß von dem katholischen Vereine dieser Stadt und erinnerte dankbar an die Unterstützung von 1,200 Gulden, welche die Mainzer, als im Jahre 1842 bei dreihundert Häuser in Steier verbrannten, den dortigen armen Arbeitern übersandt hatten. — Dann sprach er von der Uebertragung eines alten Marienbildes, welches dort, in die Mitte eines Platzes der Stadt, neu geschmückt aufgestellt wurde. Bei dem Satze: „Das Hauptfest feierten wir am Vorabende des Festtages der unbefleckten Empfängniß“. . . wurde der Redner durch den nur von wenigen Stimmen erschallenden Ruf: Feuer! Feuer! unterbrochen. Wirklich war der Brenner einer Gaslampe, rechts neben dem Haupteingange in den Saal, aus seiner Fügung gesprungen und hatte dadurch die Flamme eine Höhe von nicht ganz einem Fuße erreicht. Dieß und das Zudrehen des Krahnens, wodurch die Flamme erlosch, war das Werk eines Augenblickes. Unter den vielen Tausenden

der Anwesenden hatten wohl nicht fünfzig das ungewöhnliche Auf=
lobern der Gasflamme bemerkt. Aber der verhängnißvolle Ruf:
F e u e r ! F e u e r ! erscholl noch ein= oder das anderemal, —
möchte dieß zur Ehre der Menschheit nur aus dem Munde Ueber=
ängstlicher geschehen seyn — und brachte eine entsetzliche Verwirrung
hervor, besonders auf den dichtgedrängten Gallerien des Saales.
Daß im Saale selbst keine Feuersgefahr vorhanden sei, davon konnte
ein Jeder sich überzeugen. Um so fürchterlicher war der Gedanke,
daß außerhalb desselben vielleicht die Flamme wüthe, und den im
Saale versammelten Tausenden den Ausgang unmöglich mache.
In dieser quälenden Ungewißheit suchten die Aeltern voll Angst
ihre Kinder, Männer ihre Frauen, Bekannte die Bekannten wenigstens,
wenn sie auch nicht zu ihnen gelangen konnten, da oder dort mit
den Augen zu entdecken und ihnen Ruhe und Besonnenheit zuzu=
rufen. R u h e ! R u h e ! riefen bald viele kräftige Männerstimmen
durcheinander; nirgendswo, so erscholl es, sei Gefahr, nicht in=,
nicht außerhalb des Saales. Dieselbe Botschaft verkündete das
Wehen weißer Tücher. „S i t z e n b l e i b e n"! war das Losungs=
wort, das namentlich durch die Festordner, die Besonnenheit, Kraft
und Heldenmuth bewiesen, im ganzen Saale erschallte. „S i t z e n=
b l e i b e n"! so riefen die meisten Männer und Frauen, die als
Mitglieder dem Piusvereine angehörten, so die Abgeordneten und
viele der angesehensten Männer, die als Gäste der Versammlung
beiwohnten. Aber das Wogen und Drängen, die ängstliche, bang=
quälende Unruhe wollte nicht aufhören. Sie nahm vielmehr einen
Augenblick zu und drohete eine furchtbare allgemeine Verwirrung
hervorzurufen, als plötzlich eine Seitenthüre des Saales gewaltsam
aufgestoßen wurde und von dort der Schein einer lichten Flamme
mit einem starken Gepolter und einem Mark und Bein durch=
dringenden Jammergeschrei in den Saal eindrang. Sollte doch
Feuer ausgebrochen seyn? Verspürte man nicht schon eine unge=
wöhnliche Hitze von der sich heranwälzenden Flamme? So mochte
wohl Mancher der bisher Ruhigen und Besonnenen fragen. Aber
die gewaltige Stimme des Mainzer Oberhirten neben dem Cardinal=
Erzbischofe, sein Flehen und Bitten, seine Versicherung, daß er
unter allen Umständen der Letzte den Saal verlassen werde, sein
Gebet endlich, das er auf die Kniee hingeworfen verrichtete, flößte
von Neuem Ruhe, Muth und Entschlossenheit den Meisten ein.
Nur dem der Tribüne entgegenliegenden Ende des Saales, am
Ausgange desselben, wollte das ängstliche, unruhige Wogen nicht

enden. Einer theilte dem Andern eine Nachricht mit, die etwas Entsetzliches enthalten mußte. Sie drohte mehr und mehr durch die Massen sich Bahn zu brechen, als Regens Moufang sofort das allbekannte Kirchenlied: „Großer Gott wir loben dich" anstimmte. Sogleich fielen hunderte von Stimmen ein, als ob sie alle es gefühlt, erkannt hätten, daß in dem Gesange, selbst wenn Gefahr vorhanden sei, das einzige Rettungsmittel liege vielleicht für das Leben von Hunderten!

Das Lied erreichte vollkommen seinen Zweck, denn es trat nach und nach, weil die Nachricht von dem entsetzlichen Unglücksfalle, der wirklich stattgefunden, an der weiteren, unzeitigen Verbreitung verhindert wurde, eine solche Ruhe ein, daß auf den Wink des Präsidenten der Abgeordnete Kolping aus Köln, welcher schon am vorhergehenden Abende eine treffliche, volksthümliche Rede über den Handwerkerstand gehalten hatte, außer der Reihe der eingeschriebenen Redner, die Tribüne bestieg, um durch die Kraft und Verständlichkeit seines Vortrages die Aufmerksamkeit der Versammlung neu zu fesseln. Die frühere Ruhe trat zwar begreiflicher Weise nicht wieder ein. Von Zeit zu Zeit entstand tosende Bewegung unter den Massen, besonders jenen, welche dem Ausgange zunächst standen. Der Redner hatte, wie die Allermeisten im Saale, nicht im Entferntesten eine Ahnung, daß schwere Verwundungen, geschweige denn mehrere Todesfälle, im Hause zu beklagen seyen. Durch eine seltene Geistesgegenwart, durch wiederholtes Mahnen zur Ruhe und zum Schweigen und durch die Wichtigkeit und Volksthümlichkeit des behandelten Gegenstandes — des religiösen Gesellenlebens — gelang es ihm, die Aufmerksamkeit der Anwesenden zu sammeln und zu erhalten bis ihn der hochwürdigste Bischof von Mainz veranlaßte, den Rednerstuhl herabzusteigen und ihm das Wort zu überlassen.

Sofort bestieg der Mainzer Oberhirte sichtbar erschüttert die Tribüne. Während des Vortrages von Kolping war ihm nämlich bestimmte Mittheilung geworden, daß leider Menschenleben zu beklagen und andere Unglückliche mehr oder weniger schwer verletzt worden seyen. In Folge jenes unglückseligen Rufes: „Feuer!" ergriff eine unsägliche, sinnverwirrende Angst einen Theil der auf den Gallerien des Saales anwesenden Zuhörer. Ein wildes, furchtbares Gedränge fand statt nach der von denselben herabführenden kleinen schmalen Treppe. Die Festordner stemmten sich mit eigener Lebensgefahr dem heranwogenden Menschenknäuel entgegen. Es gelang

ihnen, Viele zurückzubrängen. Aber Andere entrissen sich mit Ge=
walt dem rettenden Arme, stürzten über= und aufeinander. Das
Treppengeländer wich aus seinen Fugen und so geschah es, daß ein
hoher Menschenhaufen aufeinander geschichtet lag und sechs Per=
sonen, zwei Frauen und vier Jungfrauen, erdrückt wurden. Niemand
überschaute im ersten Augenblicke die ganze Größe des Unglücks,
selbst nicht die unmittelbaren Augenzeugen, die nunmehr mit Droh=
ungen und Gewalt die von den Gallerien immer noch Nachstürzenden
zurückzuwerfen suchten, um den Unglücklichen aufzuhelfen und nach
Kräften beizustehen. Die Verwundeten und Leichen — man dachte
noch nicht an den Tod, sondern nur an eine starke Ohnmacht bei
denselben — wurden in die unteren Säle des Hauses gebracht.
Die Aerzte und Wundärzte eilten aus allen Theilen der Stadt
herbei. Die Adern der Beschädigten wurden geöffnet, und alle
sonstige Rettungsversuche fanden eilige Anwendung — bei sechs
umsonst — sie waren Leichen! Während dieß Alles vor dem Haupt=
eingange in den Versammlungssaal, auf den Treppen, im Hofe
und in den untern Sälen vorging, hielt Kolping seinen Vortrag.
Dieser Redner und zum Glücke noch Tausende mit ihm ahnten
wie schon bemerkt, nichts von Allem was sich ereignet hatte, bis
endlich das Unglück dem Bischofe und seiner Umgebung gemeldet
wurde und dieser mit den Worten die Versammlung schloß: „Ich
habe soeben noch einmal die bestimmte Nachricht erhalten, daß an
dem ganzen Feuerlärm gar nichts gewesen ist. Wir sind nun
aber dadurch geschreckt worden und der Schrecken hat leider Unglücks=
fälle nach sich gezogen. . . Es ist eine Prüfung über uns ge=
kommen, wir können Niemanden darüber beschuldigen. Gott der
Herr weiß es, was die Ursache dieses Schreckens und dieser Angst
gewesen". . . .

Nach diesem schmerzlichen Schlusse — gegen 9 Uhr — wurden
sofort, wie es der Bischof — der betend auf der Tribüne verblieb,
angeordnet hatte, zuerst die immer noch dicht gedrängten Gallerien,
in der größten Ordnung unter Aufsicht und mit Hilfe der Fest=
ordner und Polizeiofficianten, geräumt. Es währte dieß, gerade
wegen der außerordentlichen Vorsicht, durch die man auch den
kleinsten Unfall zu verhindern suchte, gegen eine halbe Stunde.
Unterdessen sangen die im Saale noch wartenden Männer — in
deren Mitte der Cardinal=Erzbischof — Marienlieder, unter anderen
das beliebte: „O sanctissima", mit ihren lieblichen Melodien, und

brachten Frieden und Erhebung in die Herzen derer, die den beklagenswerthen Unfall schon kannten, oder ihn jetzt erst vernehmen sollten.

Indeß erwartete die Austretenden noch ein anderes Schauspiel. Unter persönlicher Anführung des preußischen Generals v. Schack
und des österreichischen Generalmajors v. Paumgarten war eine
bedeutende Truppenmacht vor dem und um den Frankfurter Hof
und in den anstoßenden Straßen aufgestellt. War also doch Gefahr
vorhanden, die bis jetzt den im Saale Versammelten unbekannt
war? Allerdings; aber nicht Feuersgefahr, sondern eine solche, die
unter allen Umständen und wo immer sie sich vorfindet, der Menschheit zur Schande, den Bessergesinnten zum gerechten Schmerze gereicht.
Wohl war der Feuerlärm die nächste Veranlassung, daß das preußische
und österreichische Militär mit Waffen und in geschlossenen Reihen
aufmarschirte. Aber die beiden Anführer und vorab der General
v. Schack, erkannten im Augenblicke die wahre Lage der Dinge
und ergriffen demgemäß ihre Maßregeln. Einige der lautesten
und wildesten Schreier und Hetzer wurden verhaftet, der rohe
Haufen auseinander getrieben, die Straßen gesäubert und hiedurch
die weitern Ausbrüche feindseligen Ingrimms und wilder Verkommenheit verhindert.

Dieß war wohl der schauerlichste Abend, den der Cardinal-
Erzbischof von Köln während seiner irdischen Pilgerschaft erlebt
hat. [106])

§. 19. Wiederholte königliche Besuche in Köln.

Im Laufe der Jahre 1851 und 1852 hatte sich Köln und
der im Ausbaue immer mehr voranschreitende denkwürdige Dom
wiederholt der Besuche Seiner Majestät des Königs Friedrich
Wilhelm, mehrerer Prinzen des königlichen Hauses und anderer
Herrschaften zu erfreuen, wobei dem Erscheinen des hochseligen
Cardinals und der freundlichen Begrüßung desselben stets ehrende
Anerkennung zu Theil ward. So traf am Morgen des 24. April
1851 der Prinz Wilhelm von Preußen mit seiner Gemahlin Augusta
und seinem Sohne Friedrich Wilhelm über Düsseldorf dort ein.
Der Oberbürgermeister im Geleite des Gemeinderathes der Stadt
begrüßten denselben schon auf dem Bahnhofe zu Deutz mit einer

---

[106]) Siehe „Verhandlungen der fünften Generalversammlung
des katholischen Vereines Deutschlands". S. 118 u. ff. Mainzer Journal vom 10. Oct. u. ff.

bemessenen Ansprache. Im ernsten Tone erwiderte der Prinz unter
Anderem: ... „Aber noch Eins, meine Herrn! Die Presse ist
schlecht; die kölnische Presse muß sich bessern. Sie säet Zwietracht
und reizet zur Unzufriedenheit". ꝛc. [107] Nach einer glänzenden
Parade auf dem Neumarkt war große Tafel im Regierungsgebäude.
Auch Seine Eminenz ward zu derselben geladen und mit besonderer Freundlichkeit von der geistreichen Prinzessin Augusta ausgezeichnet. Diese erkundigte sich insbesondere um die verschiedenen
Wohlthätigkeitsanstalten der Stadt und erfreute am folgenden Tage
mehrere derselben mit einem Besuche. Die Weiterreise ging über
Aachen nach London, um dort die große Industrie-Ausstellung zu
mustern und die freundlichen Beziehungen zum Hofe der Königin
Albion's zu pflegen. Auch auf der Rückreise kamen die Genannten
am 27. des folgenden Monats, jedoch nur zum kurzen Aufenthalte
nach Köln.

Am Abende des 16. August desselben Jahres feierte die
Stadt einen abermaligen Besuch des Königs Friedrich Wilhelm.
Dessen Begrüßung hatte ebenfalls schon im Bahnhof zu Deutz statt.
Außerordentlich reich und schön war hiebei die Beleuchtung der
rheinischen Metropole. Bengalische Flammen umstrahlten den Dom,
die Martinskirche und Cunibertskirche und mehrere Stadtthürme
in wahrhaft zauberischem Glanze. Unter Begleitung einer berittenen
Ehrengarde zog der Monarch mit seinem Gefolge durch die Friedrich
Wilhelms-Straße. Auf dem Heumarkte leuchtete ihm von einem
colossalen Gerüste sein Namenszug in unzähligen Gasflammen
entgegen. Ohne weiteren Aufenthalt fuhr er noch nach dem Schloße
Brühl, um am folgenden Tage dem sonntäglichen Garnisons-
Gottesdienste in der St. Pantaleons-Kirche zu Köln beizuwohnen.
Nach diesem verfügte sich der König mit einem zahlreichen Gefolge,
dabei auch sein Bruder, der Prinz Wilhelm, zum Dome, woselbst
er am Eingange von Seiner Eminenz und dem Metropolitancapitel
feierlich empfangen wurde. Der Hochselige richtete hiebei an den

---

[107] Im Jahre 1848, in welchem dieser Prinz, wie bekannt, aus Berlin
flüchten mußte, wurden zu Köln an allen Straßenecken Unterschriften zu einem
Proteste gegen dessen Rückkehr in's Vaterland gesammelt. Bei seiner nächsten
Anwesenheit zu Köln, im November des Jahres 1849, erwiderte derselbe die
Ansprache des hochseligen Erzbischofes mit dem Bekenntniß, daß Mangel an
Religion die Wirren und Schrecken des verflossenen Jahres hervorgerufen und
daß Erlebnisse wie die jüngstvergangenen — in Baden und in der Pfalz —
Demuth lehrten. „Katholik". Jahrg. 1849. S. 568.

Monarchen die schönen Worte: „Wiederum begrüßen wir Eure königliche Majestät mit ehrfurchtsvoller Freude an der Pforte unseres hohen Gotteshauses. Seit wir vor drei Jahren die Ehre hatten, unsern König und Herrn an dieser Stelle huldigend zu empfangen, ist draußen im Leben der Völker Manches im wechselnden Laufe der Zeit vorübergegangen; aber hier an dieser geheiligten Stätte ist es, Gottlob! beim Alten geblieben, unverändert. Unverändert blieb hier der seit Jahrhunderten überlieferte Spruch: „„Fürchtet Gott, ehret den König!"" Unverändert ist hier die Lehre von der Ehrfurcht und dem Gehorsame gegen die von Gottes Gnaden gesetzte Obrigkeit verkündet worden. Unverändert ist unsere Treue geblieben, und noch mehr, sie ist in uns befestigt und gesteigert worden, unsere Treue ist Liebe geworden, dankbare Liebe in dem Bewußtseyn der königlichen Huld, mit der Eure Majestät seit Ihrer letzten Anwesenheit an dieser Stätte uns erfreut haben. — Eure Majestät haben unserer Kirche die angemessene Selbstständigkeit zu ihrer naturgemäßen Wirksamkeit zugesichert. Eure Majestät haben wiederholt fortgefahren, einen so reichen Beitrag zu verleihen, diese Mutterkirche des Rheinlandes, das herrlichste Gotteshaus auf deutscher Erde, seiner Vollendung immer mehr entgegen zu führen. Und als der vielgeprüfte Pius IX., der, ich weiß es, von Sanct Peters Stuhl den hochverehrten, edlen Preußen-König segnet, zwei Bischöfe Ihres Reiches in den höchsten Senat der Kirche berief und ihnen den römischen Purpur verlieh, da haben Eure Majestät diese für Ihre katholischen Unterthanen bedeutungsvolle Erhebuug wiederholt mit den Zeichen königlichen Wohlwollens begleitet. Da, Majestät, sind wir es besonders mit lebhafter Freude inne geworden, daß unsere Kirche und ihr Aufblühen dem königlichen Herzen nahe steht". 2c. 2c. Den Schluß der Ansprache bildete die Versicherung, daß die bezeichnete dreifache Huld des Königs, vollgiltigen Anspruch auf dreifachen Dank habe, der in Treue und Liebe auch soll geleistet werden. [108])

Sichtbar ergriffen erwiderte der König diese dankerfüllte Begrüßung Seiner Eminenz und äußerte besonders Freude über den ansehnlichen Fortschritt des Dombaues. An der Seite des Hochseligen durchwanderte der Monarch mit seinem Gefolge die weiten Räume der Kathedrale. Mit scharfen Kenner-Augen besichtigte er die von dem Damenvereine gefertigten Domteppiche und das vollendete

---

erste Bild der so kunstfertig gestickten Chorwandteppiche. Wiederholt bewunderte er die herrlichen Glasgemälde von München und durchmusterte dann die neuen Bauausführungen. Nach dem Besuche des Domes war große Parade der Garnison auf dem Neumarkt. Sodann folgte in dem Regierungsgebäude die Aufwartung der Staatsbehörden, der städtischen Beamten und Vorstände und mehrerer Privatpersonen. An den neuen Oberbürgermeister der Stadt, den Justizrath Dr. Stupp, richtete der König sehr ernste Worte über die vorherrschend wühlerische Kölner Zeitung, welche einen verschiedenartigen Nachhall fanden. [109]

Am 14. März 1852 besuchte der Prinz Friedrich Wilhelm von Preußen abermals die Metropole des Niederrheines. Ihm zur Ehre ward im großen Saale des Casino's ein Festmahl gegeben, dem auch der hochselige Cardinal mit dem Herrn Weihbischofe anwohnte. Am 1. Mai hielt des vorgenannten Vater, Prinz Wilhelm, Heerschau über die in Köln liegenden Truppen. Derselbe war auch wieder im Gefolge des Königs, als dieser zu der feierlichen Einsetzung des Schlußsteines in den ersten Bogen am Westportale des Domes, welche der Dombauverein veranstaltete, von den Vereinsvorständen eigens gebeten, am 25. Juni 1852 in Köln aus dem nahen königlichen Schlosse Benrath, Morgens nach acht Uhr, eintraf. Die genannten Vorstände hatten sich bereits eine Stunde früher im Saale des Rathhauses versammelt, um von dort aus im geordneten Zuge mit dem Vereinsbanner nach dem Festplatze vor der Westseite der Kathedrale aufzuziehen. Das Hauptportal derselben war durch Blumengewinde und Fahnen reich verziert und in der Höhe, wo der Schlußstein des ersten Bogens eingesetzt werden sollte, eine Tribüne errichtet, welche, von einem Pfeiler zum andern

---

[109] Sie lauteten etwa in folgender Weise: „Ich bin nicht gekommen, um Complimente zu machen, um zu belohnen und zu bestrafen, sondern auch um die Wahrheit zu sagen und die ganze Wahrheit. Ich weiß, daß Sie im Puncte Ihrer Presse sehr sensibel sind; aber es ist nöthig, daß die Verblendung aufhöre, die kein Vertrauen und keine Anhänglichkeit aufkommen läßt, sondern nur Zwietracht verursacht in der Stadt und im Staate. Suchen Sie diesen feindseligen Geist zu verbannen, machen Sie, daß es besser werde. Demjenigen, was mein Bruder Wilhelm gesagt hat — früher in Deutz — zu dem Rathe, dem stimme ich ganz bei und sage siebenzig und wieder siebenzig Mal Amen dazu. Es ist Zeit, daß das bald aufhöre, sonst werde ich es ändern; ich habe den Willen und die Kraft dazu! Sorgen Sie, daß es besser werde und zwar in kurzer Zeit; sonst können wir keine guten Freunde bleiben und Ich versichere Sie, es werden sonst die strengsten

Raum bot für den Männergesangverein, der die Feier durch entsprechende Gesänge verherrlichte. Auf dem großen Platze vor dem
westlichen Haupteingange des Domes, welcher wie die anliegenden
Plätze mit Fahnen und Flaggen geschmückt war, hatten sich die
Gymnasiasten und Zöglinge der höhern Bürgerschule mit den Vereinsgenossen eingefunden und erwarteten hier mit dem Dombauvorstande
und den Autoritäten der Militär= und Civilbehörden, die Ankunft
des hochherzigen Beförderers und Beschützers des auszubauenden
Gotteshauses. Unter dem Festgeläute aller Glocken der Stadt erfolgte dieselbe in der bestimmten Zeit. Nach der Begrüßung des
Monarchen durch ein tausendstimmiges Hurrah, trug der Männergesangverein den Choral vor: „In allen meinen Thaten, laß ich
den Herren rathen". Als dieser Gesang beendet war, begrüßte der
hochselige Cardinal, welcher mit den Mitgliedern des Metropolitancapitels unter dem Westportale den König erwartet hatte, diesen
in einer trefflichen Ansprache, aus welcher wir Nachstehendes einfügen: . . . „Seit wir zum letzten Male die Ehre hatten, Eure
königliche Majestät an dieser Pforte zu empfangen, ist unser Gotteshaus in seinem Bau erfreulich vorangeschritten, seine Hallen und
Gewölbe haben sich erweitert und befestiget, und seine Pfeiler,
Mauern und Firsten sind höher emporgestiegen. Unser Dom wächst
immer mehr seiner raschen Vollendung entgegen, ein immer schöneres,
immer prachtvolleres Haus Gottes, immer würdiger des Herrn, zu
dessen Ehre es erbaut wird. — Heute stehen wir an einem neuen
Bau=Abschnitte; die Gegenwart Eurer Majestät bezeichnet ihn mit
einem neuen Marksteine und wir sinnbilden ihn in dem Bogen,
welcher die beiden Thürme verbindet und die Hauptpforte des heiligen
Tempels zu überwölben bestimmt ist. Darum dieses Bogens Schlußstein einfügen zu wollen, erlauben wir uns von Eurer königlichen
Majestät ehrfurchtvollst zu erbitten, damit so dieser Bogen ein
Denkmal sei des Dankes, den wir Eurer königlichen Majestät schulden,
ein Ehrenbogen für unseren erhabenen Protector und zugleich ein
Friedensbogen, ausgespannt über die Metropole und das ganze
Rheinland, unter welchem die kommenden Geschlechter zum Hause
des Friedens wallen werden und Frieden finden, geschützt unter
dem Scepter Eurer Majestät und Ihrer königlichen Nachfolger,
will's Gott, bis in die fernsten Zeiten". Von diesem neuen Mark-

---

Maßregeln ergriffen werden". — Mainzer Journal vom 20. Aug.
1851.

steine — dieß war der Schlußinhalt der Ansprache — wendet sich der Blick mit neuem Muthe der Zukunft zu und hofft, daß das Große, was noch an diesem heiligen Bau zu schaffen ist, unter dem Segen Gottes und dem Schutze des königlichen Protectors vollendet werde. [110]) Mit gerührtem Gemüthe dankte der König dem Cardinal mit dem freundlichen Bemerken: „Sie wissen immer so schön zu sprechen; in Ihrer Rede ist stets das Schöne mit dem Wahren verbunden". 2c.   Hierauf hielt auch der Dombauvereins-Präsident, Justizrath Esser II., eine der Festlichkeit entsprechende Ansprache mit dem dankerfüllten Schlusse: „Möge der allmächtige Gott Eurer Majestät ein langes Leben schenken, um das begonnene herrliche Werk ganz zu vollenden.   Dieß der innigste Wunsch der Genossen und unser Ruf: Heil dem König-Protector"! Während dieser Ruf tausendstimmig wiederholt wurde, erwiderte der Monarch: „Ich freue mich, den heutigen Tag mit Ihnen zu erleben, der Himmel gibt seine Zustimmung"!

Seine Majestät stiegen nun an der Seite des Dombau-meisters Zwirner und von dem Vorstande des Dombauvereines begleitet, mit hohem Gefolge die für diesen Zweck errichtete Stiege hinan, während der Männergesangverein erschallen ließ: „Macht auf das Thor der Herrlichkeit" 2c. Auf der Höhe des Portals angelangt, lud der Dombaumeister Seine Majestät ein, eigenhändig den Schlußstein einzusetzen, welcher mittlerweile, über den Häuptern der Umgebung des Königs schwebend, zur rechten Stelle geschafft wurde. Dieß geschah, worauf die üblichen Hammerschläge vom Könige und seinen Begleitern, unter dem Zujauchzen der versammelten Schaaren, geführt wurden. In freudigstimmender Melodie ertönte jetzt das eigens hiezu gedichtete und in Musik gesetzte Lied: „der Sängergruß an den König-Protector", während dieser wieder die Treppen herabstieg und an der Seite Seiner Eminenz sich in das Innere des Gotteshauses verfügte. In dem hohen Chore waren hier jetzt die ersten sieben gestickten Bilder der von den Kölner Damen angefertigten, kostbaren Wandteppiche aufgestellt, welche Seine Majestät sehr aufmerksam in Augenschein nahm. Er wurde hiedurch bewogen, gegen die anwesenden Damen, namentlich die Gemahlin des Dr. König, so wie gegen den Maler und städtischen Conservator Ramboux, der die Zeichnungen für diese Stickereien entworfen hatte, die ehrenvollste Anerkennung auszusprechen. Auch

---

110) „Schriften und Reden". B. I. S. 330.

der Bauhütte gegenüber dem Westportale der Kathedrale widmete
der kunstsinnige Monarch in freundlichster Stimmung einen Besuch,
um die Modelle der plastischen Ausschmückungen der Portalhallen
des Gotteshauses, welche auf Kosten des Prinzen Wilhelm ausgeführt wurden, in Augenschein zu nehmen und dann ohne weitern
Aufenthalt auf dem Bonner Bahnhofe seine Reise auf den Apol-
linarisberg fortzusetzen.

Schon am 3. des folgenden Monats besuchte der König
Friedrich Wilhelm, jetzt mit seiner Schwester, der Kaiserin Alexandra
von Rußland und glänzendem Gefolge, abermals Köln und den
herrlichen Dom. Seine Eminenz begrüßten in gewohnter beredter
und freundlicher Weise die hohen Herrschaften, welche, nach einem
stündigen Aufenthalte, auf dem schönen Dampfboote „Prinzessin
von Preußen", das sie nach Köln gebracht hatte, um sieben Uhr
Abends wieder rheinabwärts zum Schloße Benrath zurückfuhren.
Auch bei diesem Besuche des Domes erklärte der König dem Vorstande des Dombau-Vereins mit freundlichem Wohlwollen: „Der
Dom liegt mir am Herzen; er soll und muß fertig werden". [111]

§. 20. Schutz für die Jesuitenzöglinge und ihre Verwendung.

So dankbar der hochselige Cardinal bei jeder Gelegenheit
das Wohlwollen des Königs Friedrich Wilhelm für die gewährte
Selbstständigkeit der Kirche anerkannt und so freundlich und vertraulich der edle Monarch sich ihm gegenüber. erwiesen hatte, [112]
so ergab sich doch immer wieder neue Veranlassung, daß sich der
Oberhirte gegen Eingriffe der höheren Beamten in die kirchlichen
Freiheiten und Rechte, zur Wehr setzen und dieselben ankämpfen
mußte. Eine solche Veranlassung war, als der Cultusminister am
16. Juli 1852, bezüglich eines Gesuches des Theologen Rosen-
bauer, welcher einen Paß nach Rom erbeten hatte, um dort seine
theologischen Studien im Collegium germanicum zu vollenden,
eine Verfügung an den Oberpräsidenten erließ, welche die kirchliche
Freiheit und Rechte der Katholiken sehr beeinträchtigte und gefährdete. Diese Verfügung wies die Regierungen des Reiches zu
Dreierlei an. Sie sollten erstlich die Erlaubniß zur Fortsetzung

---

[111] Vergleiche „Deutsche Volkshalle" vom Monate Juni und
Juli 1852. — [112] So verdankte es der Cardinal der wohlwollenden Da-
zwijsch:nkunft des Königs, daß nicht der schöne und stille Hausgarten desselben
durch die bereits beschlossene Richtung der Eisenbahn durchschnitten und verstümmelt wurde.

der theologischen Studien im genannten Collegium, in der Propa-
ganda zu Rom, oder auf anderen Anstalten, die von den Jesuiten
geleitet werden, nicht ertheilen. Sie sollten ferner den betreffenden
Bittstellern eröffnen, daß sie im Nichtbeachtungsfalle der gegebenen
Weisung sich der Gefahr aussetzen, das preußische Staatsbürger-
recht zu verlieren. Sie sollten endlich keinem Jesuiten und keinem
in Jesuitenanstalten gebildeten Geistlichen die Niederlassung in
Preußen gestatten. Da sich bereits in mehreren Städten des Reiches
und auch im Rheinlande die Väter der Gesellschaft Jesu nieder-
gelassen und durch Abhaltung von Volksmissionen auf den Kanzeln
und Beichtstühlen segenreich, wie wir hörten, gewirkt hatten, so
sah man in dieser Ministerialverfügung nur die Einleitung, jene
Väter in ungesetzlicher Weise zu verdrängen. Ueberdieß lag in
jener Verfügung eine arge Verkennung und Verdächtigung der bezeichneten Lehranstalten in Rom, die von dem Oberhaupte der
Kirche in's Leben gerufen und überdieß nicht ausschließlich von
Jesuiten bestellt sind. Sie mußte daher nicht nur das Oberhaupt
der Kirche, sondern sämmtliche Oberhirten in Preußen, ja alle
Glieder der katholischen Kirche, schmerzlich berühren und verletzen.
Dieß drängte auch die Bischöfe der Kölner Kirchenprovinz, sofort am
22. August genannten Jahres bei dem Cardinal-Erzbischof zusammen-
zutreten, um über die fragliche und noch andere Angelegenheiten
zu berathen und das Erforderliche zu beschließen und zu ordnen. Der
Metropolit selbst war zwar durch ein plötzliches und heftiges Unwohlseyn an das Bett gefesselt, allein er konnte dennoch allen betreffenden Verhandlungen folgen und dieselben zu dem gewünschten
Ziele führen.. Beim Schlusse dieser Berathungen, welche vier Tage
in Anspruch nahmen, ward eine entschiedene Einsprache und Verwahrung, gegen jene verfassungswidrige, die Selbstständigkeit der
katholischen Kirche tief verletzende Ministerialverfügung unterzeichnet,
an Seine Majestät den König abgesendet und allen übrigen Bischöfen
des Königreiches zur gleichen Maßnahme abschriftlich zugestellt.
Auch die übrigen Berathungsgegenstände wurden mit gleicher Ein-
müthigkeit und Entschiedenheit erlediget. So hatte namentlich das
Ministerium auch das Ansinnen an die Bischöfe gestellt, alljährlich
den Voranschlag, das Büdget der Diöcese, einzureichen und sogar
bei dieser ganz ungerechtfertigten Anforderung die Drohung ein-
fließen lassen, im Falle der Weigerung die der Kirche vertragmäßig
gewährten Staatszuschüsse ferner nicht mehr auszuzahlen. Diese Anforderung und unwürdige Drohung haben die Bischöfe mit jener

würdevollen Entschiedenheit, die ihnen das Bewußtseyn ihrer Pflicht und ihres Rechtes einflößte, zurückgewiesen, in der Hoffnung, vor dem Throne des wohlwollenden Königs gerechten Schutz zu finden. Seit lange hatte nichts einen so peinlichen Eindruck auf die Treugläubigen der preußischen Rheinlande gemacht, als die erstberührten, durch nichts, auch nur scheinbar gerechtfertigten Zwangsmaßregeln gegen kirchliche Lehranstalten ausgezeichneter Ordensmänner und deren segenvolle Wirksamkeit. Sie wurden daher vielseitig besprochen und dagegen in den katholischen Vereinen, ja in einzelnen Provincialversammlungen, Anträge gestellt und die Stimme der Oberhirten mit Bittvorstellungen an den König unterstützt. Die hierauf erfolgten ministeriellen Erklärungen enthielten nur einzelne unwesentliche Milderungen, keineswegs brachten sie die Wiederherstellung des verletzten Rechtszustandes. Deßhalb stellten die entschiedenen Katholiken in der zweiten Kammer zu Berlin am 17. December 1852 den Antrag, daß die bezüglichen Ministerialverfügungen sollten als verfassungswidrig aufgehoben werden, welcher Antrag jedoch die Stimmmehrheit nicht erhielt. Man mußte sich begnügen, daß dieselben jetzt nicht mehr in Vollzug gesetzt wurden. [113])

§. 21. Sorgfalt für die Ausbildung der Kleriker und den Religionsunterricht.

Wie sehr der hochselige Cardinal bemüht war, die unbehinderte Ausbildung der Zöglinge des geistlichen Standes in den Lehranstalten der Väter der Gesellschaft Jesu zu Rom zu schirmen und die staatlichen Hindernisse, welche deren gesegneter Wirksamkeit wollten entgegengestellt werden, zu bekämpfen, eben so besorgt und wachsam war derselbe auch für die wissenschaftliche, frommgläubige und sittenreine Heranbildung der Zöglinge des Priesterstandes in den verschiedenen Lehranstalten und namentlich im Priesterseminar zu Köln. Als Präses dieses Seminars hatte eine Reihe von Jahren der Domcapitular Dr. Weitz gewirkt. Seine Gesundheitsverhältnisse gestatteten ihm nicht mehr, den verschiedenen Obliegenheiten dieses

---

[113]) Am 7. Nov. 1852 wohnte der hochselige Cardinal mit vielen anderen Prälaten der Consecration des Bischofes von Lüttich, Herrn v. Montpellier, bei. — Am 1. April 1853 verlieh der Cardinal dem Neopresbyter K. Th. Dumont, die durch Eintritt des bisherigen erzbischöflichen Kaplans, Leo Meurin, in die Gesellschaft Jesu erledigte achte Domvicarie und ernannte ihn zu seinem Secretär und Kaplan. Am 5. Oct. 1863 als Domcapitular installirt, stand derselbe dem Hochseligen bis zum Tode treu und thätig zur Seite.

schweren Amtes nach Wunsch zu entsprechen und er wurde daher zur Pflege seiner Gesundheit vom Oberhirten beurlaubt. Diesen kostete es indeß mancherlei Erwägungen und Verhandlungen, jene wichtige Stelle wieder zu besetzen. Schon bei seiner letzten An= wesenheit in Berlin kam diese Angelegenheit zur Sprache. Die bezügliche Wahl des hochseligen Cardinals war auf den durch Ab= haltung geistlicher Uebungen in mehreren der benachbarten Bis= thümern rühmlichst bekannten Pfarrer zu Dieslebbe in der Münsterer Diöcese, Dr. Ebert Wilhelm Westhoff, gefallen, der seine Bildung im deutschen Collegium zu Rom erhalten hatte, und daher wohl Manchem nicht willkommen war. Erst als am 2. August 1851 der Hochselige aus dem Bade Ems in Köln eingetroffen war, wurde jene Wahl bekannt gegeben. Am Abende des letzten Tages dieses Monats traf Westhoff in Köln ein. Schon am folgenden Tage eröffnete er seine Vorlesungen im Priesterseminar und begann sofort die Geistesübungen mit den Seminaristen, von denen demnächst ein= unddreißig die Priesterweihe und zwölf das Diaconat erhalten sollten. [114] Derselbe fand ein großes aber schwieriges Arbeitsfeld, wobei ihm jedoch mehrere rüstige Professoren zur Seite standen. Erst mit Allerheiligen begann die volle Thätigkeit des neuen Präses mit sechzig Zöglingen der Anstalt und zwar nach einem mit ihm berathenen, neuen erzbischöflichen Statut, dessen wesentliche Grund= lage jedoch das vom Erzbischofe Clemens August gegebene verblieb. [115]

Auch die eifrige und gründliche Pflege des Religionsunter= richtes, sowohl an den Lehranstalten als an den Volksschulen der Erzdiöcese, war dem hochseligen Cardinal, welcher so viele Jahre hindurch Religionslehrer an einer höheren Bildungsanstalt gewesen, besonders am Herzen gelegen. Bei der fortgesetzten Aufmerksamkeit, welche derselbe in der Erzdiöcese Köln der Ertheilung des Religions= Unterrichtes an den Gymnasien und andern höheren Schulanstalten

---

[114] Am Sonntage den 14. Sept. ertheilte der Cardinal diese Weihen in der Minoritenkirche unter zahlreicher Anwesenheit der Gläubigen. — [115] Erst am 24. Oct. 1851 ward der bisherige Präses Dr. Weiß von seinem Amte förmlich entbunden und am 31. desselben Dr. Westhoff ernannt. Es würde zu weit führen, die Bestimmungen des fraglichen Statuts für das Priester= seminar hier im Einzelnen zu besprechen. Uebrigens fand sich der Oberhirte zur Ordnung für das erzbischöfliche Klericalseminar unterm 31. Oct. 1855 veran= laßt, sechzehn weitere Bestimmungen zu treffen, welche er mit den Worten des Apostels Paulus II. Kor. XIII. 11. schloß: „Uebrigens seid frohen Geistes, werdet vollkommen, ermuntert einander, habt einerlei Gesinnung, seid friedsam und der Gott des Friedens und der Liebe wird mit Euch seyn".

zuwendete, kam er zur Kenntniß, daß die betreffenden Religionslehrer bisher bei ihrem Unterrichte verschiedene Katechismen und
Religionsbücher nach eigenem Ermessen gebraucht und Einige derselben sogar diesen Unterricht in unpassender Weise aus eigenen
Heften vorgetragen haben. Um nun bei diesem so wichtigen Lehr-
gegenstande einerseits die erwünschte Gleichmäßigkeit einzuhalten,
und andererseits zu der Beurtheilung der alljährlichen Prüfungs-
Ergebnisse einen festen und gemeinsamen Maßstab zu gewinnen,
sah sich der Oberhirte veranlaßt, unterm 20. September 1847 zu
verordnen, daß fortan bei Ertheilung des Religions-Unterrichtes für
die oberen Classen der Gymnasien und andern höhern Lehranstalten,
das von dem damaligen Professor zu Bonn, Dr. Konrad Martin,
herausgegebene Religionsbuch zu Grund gelegt werde. Zugleich
bestimmte derselbe, daß die Religionslehrer in der Folge neben
jenem Lehrbuche, oder an dessen Stelle, sich keines andern Katechismus
oder Lehrbuches bedienen, noch auch ein solches neu einzuführen
befugt seyn sollen, ohne hiezu die besondere oberhirtliche Genehmigung eingeholt und erhalten zu haben. Bezüglich des Religions-
Unterrichtes in den untern Classen der genannten Anstalten wurde
der Fortgebrauch der bisheran eingeführten Katechismen und Lehr-
bücher der biblischen Geschichte auf so lange genehmiget, bis seiner
Zeit hierüber eine nähere Bestimmung erlassen werden wird. [116]

Wie an den höheren Lehranstalten, so wurden auch an den
niederen Volksschulen, verschiedene Katechismen, Gesang- und Gebet-
bücher und sonstige Leitfaden der Religion oder biblischen Geschichte
in Uebung gebracht. Als Grund der Einführung solcher Schul-
bücher wurde von Vielen die jenen ertheilte erzbischöfliche Genehmigung vorgegeben, ohne zu beachten, daß diese Genehmigung noch
keineswegs die Erlaubniß zur Einführung in die Schulen enthalte.
Diesen Irrthum suchte der Erzbischof durch ein Rundschreiben vom
10. Mai 1851 zu heben, da es ja einleuchtend sei, daß in einer
Diöcese die große Verschiedenheit solcher öffentlicher Kirchenbücher
sehr ungeeignet, dem katholischen Bewußtseyn zuwider und besonders
für die einheitliche Heranbildung der Jugend nachtheilig seyn müßte.
Zugleich verfügte derselbe, daß in allen Fällen, wo die Pfarrer

---

[116] Sammlung der Verordnungen des Erzbisthums Köln, von J.
Podesta. S. 172. — Wie sehr der hochselige Cardinal die classischen Studien
würdigte und zu empfehlen wußte, bewies er in einer trefflichen Ansprache, welche er bei der öffentlichen Abiturienten-Prüfung in der Aula des
katholischen Gymnasiums zu Köln am 1. Sept. 1853 gehalten hat.

ein solches Handbuch, sei es der Katechese, des Kirchengesanges, der biblischen Geschichte, oder der Religion überhaupt ohne Genehmigung der geistlichen Behörde bisher eingeführt haben, diese Einführung als eine unbefugte angesehen und demnach noch nachträglich die Ermächtigung dazu müsse nachgesucht werden. [117])

§. 22. Bemühen für Kirchenbauten und christliche Kunst.

Außer dem so freudig und glücklich gepflegten und unterstützten Ausbau der Kathedrale, welcher die Fürsorge und Beihilfe des hochseligen Cardinals sehr oft in Anspruch nahm, wurde auf dessen Ermunterung und Beifall noch eine Reihe von Kirchen-Neubauten in der Erzdiöcese und kostspieliger Restaurationen und Verschönerungen an Pfarrkirchen in Städten und Dörfern unternommen und ausgeführt. [118]) Dazu gehören namentlich in Köln selbst die Pfarrkirchen von St. Ursula, St. Cunibert, St. Andreas und Maria im Capitol. Ein oberhirtlicher Erlaß vom 30. April 1853 ordnete auch eine allgemeine Kirchencollecte zur Wiederherstellung der so schönen, im gothischen Style während des dreizehnten Jahrhunderts erbauten Minoritenkirche daselbst an. Durch die bei der festlichen Wiedereröffnung des Speyerer Kaiserdomes am 15. November 1853 vom Hochseligen gehaltene und dem Druck übergebene Festpredigt, wußte er Hohe und Niedere für die bauliche Herstellung der Westseite dieses herrlichen Gotteshauses zu gewinnen, was er auch später noch durch ein deßbezügliches Ausschreiben in der Erzdiöcese zu erzielen suchte. [119])

In demselben Jahre hat der Hochselige durch einen Erlaß vom 14. Februar die Bildung eines Vereines für christliche Kunst unter oberhirtlichem Protectorate in der Erzdiöcese Köln genehmiget und neben den Satzungen dieses Vereines die zur Constituirung desselben vorgeschlagenen Vorstands-Mitglieder bestätiget. [120]) Zum

---

[117]) **Ebendaselbst.** S. 218. Seit früherer Zeit war der Katechismus des P. Canisius in der Erzdiöcese der gewöhnliche vom Ordinariate eingeführte. Im Jahre 1854 folgte ihm jener von P. Deharbe. — [118]) Ueber die nöthige Vorsicht bei Ausführung von kirchlichen Bauten und Reparaturen und überhaupt bei Beschaffung und Herstellung christlicher Kunstwerke in der Erzdiöcese, hat die oberhirtliche Stelle mehrere Verordnungen zur Vermeidung vielerlei Mißgriffe erlassen, so namentlich unterm 27. Juli 1852 und 13. Juni 1853. — [119]) „Nikolaus von Weis". B. II. S. 250. „Schriften und Reden". B. I. S. 247 und 405. — [120]) „Kirchlicher Anzeiger", Jahrg. 1853. S. 30. Auf den Wunsch Seiner Eminenz hat der im Fache

Präsident dieses Vereines wurde der für die Kirche und christliche
Kunst hochbegeisterte und einflußreiche Herr Weihbischof erkoren,
der sich auch fortwährend ganz besondere Verdienste um denselben
erworben hat. Auf sein Bemühen und die treue Unterstützung der
Vereins-Mitglieder konnte bereits am 18. Juni 1855 das neue
erzbischöfliche Museum, in welchem die bisher gesammelten kirchlichen Kunstgegenstände vereiniget wurden, feierlich eröffnet werden.
Zum tiefen Bedauern der zahlreichen Versammlung war Seine
Eminenz durch Unwohlseyn abgehalten, dieser Feier beizuwohnen.
Ein glücklicher Zufall fügte es jedoch, daß mehrere fremde Prälaten,
nämlich der Erzbischof von Salzburg, der Bischof von Regensburg
und der Benedictiner Abt von Metten, welche von der St. Bonifacius=
Jubelfeier in Mainz einen Abstecher nach Köln gemacht hatten,
die Versammlung mit ihrer Theilnahme beehrten. Der Herr Weihbischof hielt hiebei eine eben so schöne als inhaltsreiche Festrede.
Er sprach ausführlich über die Bedeutung solcher Museen für die
Erforschung, Wiederbelebung und Erhaltung der alten kirchlichen
Kunst und gab schließlich den Mitgliedern. des Vereines im Namen
und Auftrage des Oberhirten den Dank für deren edle und opferwillige Bestrebung freudig kund. Bei rühmlicher Opferwilligkeit
und unverdrossenem Eifer für das schöne Unternehmen gelang es
dem Vereine, der für seinen gesicherten Bestand die gesetzlichen
Rechte einer Körperschaft zu erhalten wußte, statt des bisher in
Miethe gehabten Locals, in der Nähe des Domes die ehemaligen
erzbischöflichen Officialatgebäulichkeiten käuflich zu erwerben und in
schöner, zweckdienlicher Weise für das Museum herzustellen. [121])
Dieses erhielt am 13. Mai 1860 die kirchliche Weihe von seinem
Vorstande in Anwesenheit des hochseligen Cardinals und der sämmtlichen eben damals zur Abhaltung des Kölner Provincialconcils
versammelten Bischöfe und anderer kirchlichen Würdeträger. Die
herrliche Rede, welche der hochselige Metropolit zum Schlusse der

---

der christlichen Kunst rühmlichst bekannte Appellationsgerichtsrath, August von
Reichensperger, am 14. Juni 1851 im Priesterseminar zu Köln Vorlesungen
über die kirchliche Architectur begonnen und dieselbe in einer oder mehreren
wöchentlichen Stunden fortgesetzt, um den Zöglingen, welche in ihrem späteren
Berufe auch die Hüter und Pfleger der christlichen Kunst seyn sollen, die nöthige
Renntniß und Liebe hiefür beizubringen. — [121]) Der Ankauf dieses Locals am
Domhofe kostete 17,000 Thaler, dessen Herstellung etwa 13,000 Thaler. Im
Jahre 1856 zählte der Verein 626 Mitglieder mit einer jährlichen Einnahme
von 782 Thalern.

ersten Generalversammlung des christlichen Kunstvereines für Deutsch=
land, welcher am 9., 10. und 11. September 1856 zu Köln tagte, hielt,
ist, wie vieles Andere, ein überzeugender Beweis, wie derselbe den
christlichen Kunstsinn pflegte, achtete und ihn zu erwecken und zu
stützen bemüht war. Der reiche Inhalt dieser Rede entwickelte
folgende Gedanken. Der christliche Kunstverein hat sich zur Auf=
gabe gestellt, die christliche Kunst zu fördern unter der Obhut der
Kirche und im engen Anschlusse an ihren Episcopat und hat zu
ihrer Lösung auch den richtigen Weg an der Hand der Kirche be=
treten, die von jeher die Kunst gefördert und gepflegt hat. — Die
Kunst verließ dann den Boden der Kirche; sie wollte an der heid=
nischen Antike ihre Wiedergeburt zurückgewinnen. Als sie sich überall
in mancherlei Weise versucht hatte, wollte sie wiederum zur Kirche,
aber ohne deren Geist zurückkehren. — Allein es hat angefangen
besser zu werden; und daß es noch besser werde in Bau und Bild,
in Schmuck und Gesang, das hat der christliche Kunstverein sich
zur schönen Aufgabe gestellt. Er will, daß die Kunst sich ihrer
heiligen Sendung wieder bewußt, wieder eine christliche werde. Dazu
aber bedarf es des christlich=katholischen Geistes. Im katholischen
Kunstsinne und Glauben haben die Vorfahren ihre großen, sinnigen
Werke geschaffen und diesen Kunstsinn und Glauben will auch der
christliche Kunstverein, wozu die Billigung der Kirche und der Bei=
fall des Episcopates ihn ermuntert. [121])

§. 23. Wohlwollen des Königs Max von Bayern.

Das Jahr 1854 brachte dem hochseligen Cardinal einen ganz
unerwarteten Beweis des besonderen Vertrauens und Wohlwollens
von Seiten des Königs Max von Bayern, welchen wir nicht un=
erwähnt lassen dürfen. Der König hatte schon als Kronprinz den
Prälaten früher, namentlich bei der feierlichen Eidleistung zu Berlin
und bei wiederholten Besprechungen zu Köln im Jahre 1846, kennen
und schätzen gelernt. [122]) Dieß war noch mehr der Fall, als der
König Max auf seiner Badreise nach Aachen im Jahre 1850 auf

---

[121]) „Schriften und Reden". B. I. S. 444. — [122]) Am 26.
Dec. 1846 schrieb der Hochselige hierüber an seinen Freund und Amtsbruder
Richarz nach Augsburg: . . . . „Ich hatte im letzten Sommer zweimal die
Ehre eines jedesmaligen, anderthalbstündigen tête-à-tête mit dem Kronprinzen
von Bayern in vertraulichster Audienz. Das Resultat gab mir ungemein viel
zu denken für die Zukunft des bayerischen Episcopates und Klerus. Doch
davon einmal mündlich". ꝛc.

das Namensfest des Prälaten in Köln eintraf, und vom Grafen
Fürstenberg-Stammheim in den Dom eingeführt, dort vom Ober=
hirten begrüßt und geleitet, die Schönheiten und Kunstschätze der
herrlichen Kathedrale musterte und bewunderte und nachher mit
seinem Gefolge das Mittagsmahl an der erzbischöflichen Tafel nahm.
Die freundliche Haltung, die Gewandtheit und Umsicht des Hoch=
seligen und was der König sonst noch Rühmliches über dessen
Wirken gehört hatte, konnte die bisher gegen ihn gehegte Hoch=
achtung nur mehren. Als daher bei dem damaligen Streben und
Bemühen des bayerischen Episcopates, die im Concordate verbrieften,
in der zweiten Beilage der Verfassung aber sehr beeinträchtigten
Rechte und Freiheiten der Kirche zu erringen, der Erzbischof von
München-Freising, welcher sich in Leitung der bezüglichen Verhand=
lungen durch besonderen Eifer und Beharrlichkeit auszeichnete, dem
Könige Max sehr mißfällig und lästig geworden war, kam bei
diesem der Entschluß zur Reife, eine Tauschversetzung zwischen dem
Erzbischofe von Köln mit jenem von München-Freising einzuleiten
und wie immer möglich zu erzielen. [124] In dieser Angelegenheit
erschien daher der damalige Cultusminister v. Zwehl am 16. März
1854 in der erzbischöflichen Wohnung zu Köln, um in vertraulicher
Weise sich darüber näher zu besprechen und im Auftrage des Königs
zu vernehmen, ob der Cardinal sich bereit erklären möchte, das
Erzbisthum München-Freising für den Fall zu übernehmen, wenn
dafür dem dortigen Erzbischofe der Metropolitanstuhl zu Köln über=
tragen würde? Im Falle der sehr gewünschten, zustimmenden Er=
klärung, wurde weiter bemerkt, werde der König Max sowohl in
Rom, als wie in Berlin, das Erforderliche einleiten. Ueberrascht
von solchem außergewöhnlichen Plane, unterließ der Cardinal in
einer anderthalbstündigen Besprechung mit dem Minister keineswegs,
die vielen Bedenklichkeiten und Schwierigkeiten, welche einem solchen
Umtausche sich entgegenstellen, anzudeuten und zu erläutern. Herr
v. Zwehl bemühete sich, denselben wieder minder schwierig darzu=
stellen, konnte aber vom Hochseligen kein beifälliges Zugeständniß
erhalten. Er mußte daher sich mit dem Versprechen begnügen,
daß der Cardinal diese wichtige Sache noch näher prüfen und er=
wägen wolle und sodann das Ergebniß dieser Prüfung Seiner

---

[124] Als am 23. Oct. 1843 der damalige Kronprinz Max seine Burg
bei Hambach besuchte und der Verfasser dieser Schrift die Ehre hatte, mit ihm
das Mittagsmahl zu nehmen, äußerte sich derselbe, daß er als König den
Erzbischof v. Geissel nie aus Bayern entlassen hätte.

Majestät dem Könige Max später gehorsamst schriftlich unterbreiten werde. [125])

Dieses Versprechen erfüllte der Carbinal in einer eben so ehrfurchtsvollen, als ernsten und offenen Antwort vom 20. des folgenden Monats. Er entwickelte darin die Gründe, durch welche er sich verpflichtet fühlte, den heißgenährten Wunsch des Königs abzulehnen. Dabei unterließ er nicht, dem Fürsten einen freisinnigen Mahnruf über die traurigen Zustände der Kirche in Bayern vernehmen zu lassen. Dieses Schriftstück erscheint uns für die Beleuchtung des Lebens und Wirkens des Hochseligen und der kirchlichen Verhältnisse in Bayern so wichtig, daß wir uns nicht versagen können, dasselbe hier wenigstens theilweise einzufügen. Nachdem der Carbinal darin ausführlich erläutert hatte, daß dem beabsichtigten Austausche der Mangel dreier kanonischer Erfordernisse, nämlich: a. der Nothwendigkeit oder überwiegenden Nützlichkeit des Tausches, b. der Einwilligung beider Würdeträger und c. der gemeinsamen Genehmigung der höheren Staats= und Kirchenautoritäten, kaum zu besiegende Schwierigkeiten bereitet und außerdem dabei auch das freie Wahlrecht des Kölner Metropolitancapitels zu beachten sei, fügte derselbe dem Schlusse seiner Erklärung Nachstehendes bei.

„Das tiefdankbare Gefühl eben dieses allergnädigsten Vertrauens ermuthigt mich noch, dem Vorstehenden ein bescheidenes Wort anzuschließen, welches Ew. Kgl. Majestät mit huldvoller Nachsicht aufzunehmen die Gnade haben wollen. — Aus den verschiedenen Andeutungen des Herrn Ministers v. Zwehl habe ich entnehmen können, daß das Mißfallen Eurer Kgl. Majestät gegen den Herrn Erzbischof von München unter andern seine vorzügliche Quelle zunächst in den abweichenden Ansichten habe, welche über die wechselseitigen, dem Staate und der Kirche zustehenden Befugnisse, in Behandlung der kirchlichen Angelegenheiten in neuerer Zeit hervorgetreten sind, und daß dieses Mißfallen durch das Festhalten der entgegenstehenden Forderungen des Herrn Erzbischofes sei gesteigert worden. Zugleich damit habe ich immer aber auch aus einer andern Andeutung des Herrn Ministers entnommen, daß demnächst eine neue Allerhöchste Verordnung zur Ausscheidung und

---

[125]) Der ganze Inhalt dieser Unterredung, welchen der Hochselige alsbald zu Papier brachte, liegt uns vor und ist ein merkwürdiges Actenstück der diplomatischen Umsicht desselben und ein gewichtiges Zeugniß über die damalige kirchliche Stellung in Bayern.

Feststellung der zwischen Staat und Kirche noch streitigen Befugnisse, mit Rücksicht auf die von den bayerischen Bischöfen erhobenen Wünsche, werde veröffentlicht werden. Diese letztere Andeutung hat mich in mehrfacher Beziehung mit hoher Freude erfüllt, wie auch deren Verwirklichung, wie ich fest überzeugt bin, nicht bloß in Bayern, sondern auch im ganzen katholischen Deutschland mit um so lebhafterer Theilnahme wird aufgenommen werden, als die Blicke der Katholiken schon seit geraumer Zeit mit gespannter Erwartung auf Bayern und seine katholisch=kirchlichen Zustände gerichtet sind. Es ist bekannt, welche hohe Verehrung die bayerische Staatsregie- rung durch ihr wohlwollendes Verhalten gegen die katholische Kirche während einer Reihe von Jahren unter allen Katholiken Deutsch- lands, namentlich auch in den Rheinlanden seit den Kölner Wirren, sich erworben habe. Bayern stand hoch in der katholischen Mein- ung, und mit allgemeinem Vertrauen sah man auf diese zweite katholische Macht, als auf einen sicheren und starken Hort der katho- lischen Sache. Um so bedauerlicher wurde es daher empfunden, als in neuerer Zeit, während in Oesterreich und selbst in dem protestantischen Preußen der katholischen Kirche die alten, ihr auf- erlegten Josephinischen Fesseln abgenommen, und eine freiere, natur- gemäße Bewegung ihr zurückgegeben wurde, man in Bayern fort- fuhr, die aus einer kirchenkalten, wenn nicht kirchenfeindlichen Periode stammende Beengung vielfach noch fortbestehen zu lassen. Mit Dank und Freude wird daher der Zeitpunct begrüßt werden, in welchem Eurer Kgl. Majestät erleuchtete Regentenweisheit durch eine wohlwollende, die von den Bischöfen in ihrer Denkschrift darge- legten Wünsche berücksichtigende allerhöchste Verordnung die bisher noch mannichfach bestehende Beengung hinwegnehmen und die zwischen Staat und Kirche noch schwebenden Differenzen vollständig abgleichen wird. Diese Maßnahme wird für Staat und Kirche eine gesegnete und für Ew. Majestät um so ruhmvoller seyn, als sie, den beiden die Kirche frei lassenden Großmächten sich anreihend, den kleinen Staaten, namentlich Baden und Nassau, ein neues durchschlagendes Beispiel zu geben so sehr geeignet ist. In den beiden genannten Ländern gehen eben jetzt Dinge vor, die jeden Vaterlandsfreund betrüben, aber auch jedes katholische Herz empören müssen. Dort sollen die alten, unnatürlichen, jedes Maß überschreitenden, uner- träglichen Fesseln der Kirche für immer fest geschmiedet werden, und der lange Druck ist in offene Vergewaltigung ausgeschlagen. Aber jeder Schlag, den eine mißberathene Regierung der Kirche

verletzt, trifft den Staat, und mit jeder von ihr niedergerissenen
Schranke der kirchlichen Autorität zerbricht sie auch, Stück um
Stück, die Autorität des Fürsten. Eine unglückliche Verblendung
möchte glauben machen, es handle sich bei einem so scandaleusen
Conflicte nur darum, sogenannte hierarchische Gelüste der Bischöfe
nach weltlicher Macht niederzuhalten, und die Rechte der Krone
gegen die Angriffe „„der schwarzen Revolutionäre"" zu wahren. Aber
man weiß nicht, oder will vielmehr nicht wissen, daß jene angeb-
lichen Kronrechte keine Kronrechte sind und, wenn man sie auch
vordem sich anmaßte, nie Kronrechte waren und niemals Kronrechte werden können. Man vergißt, daß eben in der kaum noch
entschwundenen Zeit einer weit verbreiteten Aufregung, als die
Wogen der Umwälzung am Höchsten gingen und das Ansehen der
Fürsten und Regierungen am Frechsten und Bittersten verhöhnt
wurde, gerade die Bischöfe die Ersten und Einzigen waren, die
auf ihrer Versammlung zu Würzburg entschieden ihre laute Stimme
für die von Gott gesetzte Obrigkeit erhoben und öffentlich erklärten,
sie erkenneten es als ihre Pflicht, die Autorität der Landesherren
mit dem ganzen Ansehen der Religion zu stützen. Ebenso vergißt
man, daß in jenen Ländern, in denen damals die Revolution die
bestehende Ordnung durchbrach und Alles in zügellosem Aufruhre
fortriß, wieder die katholische Kirche es war, die in ihren Bischöfen
und Geistlichen treu und fest zu dem Landesherrn und seiner Regierung stand, während eben Viele aus denen, die jetzt von Angriffen auf die Kronrechte sprechen, damals feig und eidbrüchig sie
im Stiche ließen. Im Angesichte solcher Thatsachen kann von
hierarchischen Gelüsten nach weltlicher Macht keine Rede seyn. In
keinem Lande fällt es den Bischöfen ein, die Rechte der Krone
anzugreifen; sie haben in unserer so tief unterwühlten Zeit Anderes
zu thun, als darnach zu streben, sich an der Regierung von Land
und Leuten zu betheiligen, was sie denen überlassen, die Gott
damit betraut, und denen sie in Allem, was des Cäsars ist, als
die Ersten in Gehorsam und Ehrfurcht untergeben sind. Es liegt
aber auch in der Natur der Sache, daß sie dabei, um auch in
Allem Gott zu geben, was Gottes ist, die Rechte der Kirche zurück-
verlangen, die der Kirche angeboren und unveräußerlich gebühren,
und die ihr in einer kirchenfeindlichen Zeit sind abgedrungen und
allzulange sind vorenthalten worden. Die Bischöfe wollen nicht
herrschen, sondern dienen: Gott, ihrem Fürsten und dem Lande,
in unbehinderter Wirksamkeit, wie es ihr Dienst nach Gottes An-

ordnung erfordert. Sie verlangen in der Zurückgabe der Rechte
der Kirche und ihrer unbehinderten Ausübung nichts, als was sie
müssen, was Gott und die Kirche ihnen zur Pflicht macht. Und
verlangen Alles das nur zum Heile des Staates selber. Die frei
gegebene Kirche wird, statt die Krone und ihre Rechte zu beeinträchtigen, nur zum gewissen Unterpfande ihrer Befestigung, zur
kräftigeren Pflegerin der Treue, des Gehorsams und der Anhänglichkeit gegen den Landesherrn. Das protestantische Preußen bietet
hiezu einen lautsprechenden Beweis. Seit der hochherzige König
Friedrich Wilhelm der Vierte durch die neue Staatsverfassung die
katholische Kirche in seinen Landen von den alten vielfachen Behinderungen frei gab, haben die preußischen Katholiken mit gesteigerter Anhänglichkeit sich dem Könige und seiner Dynastie angeschlossen. Namentlich ist das katholische Rheinland, seitdem es
an Preußen fiel, in allen Schichten der Bevölkerung niemals so
gut preußisch gesinnt gewesen, als es dieses seit dem Zeitpuncte
der an die Kirche zurückgegebenen freien Wirksamkeit und eben
hauptsächlich mit dieser und durch diese geworden ist, wie dieses
Herr Minister v. Zwehl bei seinem Aufenthalte am Rheine wohl
hat wahrnehmen können. Es ist hier der alte Satz neuerdings zur
Wahrheit geworden, daß die Religion die festeste Stütze des Thrones
ist, und daß diese Stütze um so tiefer wurzelt, je unbehinderter es
der freien Wirksamkeit der Kirche, sie in das Herz des Volkes
einzusenken, gegönnt wird. — Eurer königlichen Majestät hocher-
leuchteter Regentenblick hat schon längst diese Wahrheit erkannt und,
übereinstimmend mit den mir unvergeßlichen Worten, welche Aller-
höchstselbe, als ich das Letztemal mich Allerhöchstihnen vorzustellen
das Glück hatte, zu äußern geruhten, „„daß Ihre königliche Hand
die katholische Fahne hoch tragen wolle"", dieselbe bethätigt. Euere
Kgl. Majestät haben bereits schon einen Theil der alten Beengungen, welche eine mißverstandene Regierungskunst in früherer Zeit
der katholischen Kirche auch in Bayern auferlegt hat, durch die
Allerhöchste Verordnung den 8. April 1852 hinweggenommen.
Diese Verordnung wurde, wenn sie auch viele Erwartungen nicht
erfüllte, immerhin mit dankbarer Anerkennung und mit hoffendem
Vertrauen, als das vorausverkündete Unterpfand der späteren vollen
Gewährung der Rechte der Kirche und ihrer unbehinderten Ausübung, begrüßt. Diese volle Gewährung werden nunmehr Ew.
Kgl. Majestät durch die neue Verordnung verleihen, damit das
für Kirche und Staat segenvolle Werk gekrönt werde zur Freude

aller Katholiken in Bayern und Deutschland. — Allergnädigster
König und Herr! Ew. Majestät haben eine schöne und große Mission,
die Mission des Beispiels eines katholischen Königs in der wohlwollenden Zurückgabe der vollen freien Wirksamkeit der Kirche innerhalb der für Staat und Kirche heilsamen Schranke. Und diese
Schranke muß nicht erst gesucht werden; sie ist gegeben im Concordate. Die Wünsche der Kirche bewegen sich nur in dieser Schranke.
Die bayerischen Bischöfe haben in ihrer Denkschrift alle ihre Forderungen nur auf das Concordat gebaut! Sie verlangen nichts als
das Concordat, das ganze Concordat. In der neuen, die Zurückgabe der in demselben der Kirche verbrieften Rechte und deren volle
unbehinderte Ausübung gewährenden Verordnung, werden Ew. Kgl.
Majestät einen schönen Act der Gerechtigkeit üben, indem Aller-
höchstselbe das Wort einlösen, das die Krone Bayern im Concordat
der Kirche verpfändet hat. Eure Kgl. Majestät werden auch darin
einen Act hochherzigen Vertrauens gegen die Kirche, welcher Aller-
höchstselbe als erster gekrönter Sohn Ihres Reiches angehören, ausüben, und dadurch ihre Bischöfe und alle ihre Gläubigen mit um
so dankbarerer Treue und Liebe an Allerhöchstderselben geheiligte
Person und erhabenen Thron anschließen. Ebenso werden auch
dadurch Ew. Kgl. Majestät noch ein leuchtendes Beispiel geben, welches
auf die Gestaltung der katholischen Angelegenheiten in den kleineren
Staaten nur den tief eingreifendsten wohlthätigsten Einfluß äußern
kann. Zuletzt aber wird Alles dieses dazu dienen, daß einerseits
in dem Herzen des bayerischen Volkes mit dem durch die frei gegebene Wirksamkeit der Kirche immer lebendiger eingepflanzten alten
katholischen Glauben auch die alte bayerische Liebe und Treue gegen
sein geliebtes Königshaus der erlauchten Wittelsbacher, welchem diese
Kirche schon von Alters her so viel verdankt, und gegen dessen
jetziges hochverehrtes Haupt, stets fester und inniger oestehe und
wachse, für König und Volk zum reichen Segen, und daß anderseits das katholische Bayern, wie es in der Achtung der Katholiken
Deutschlands seit Jahrhunderten obenan stand, so auch in unsern
Tagen seinen alten Platz als wohlwollender mächtiger Hort der
Kirche einnehme, Eurer Majestät zum unvergänglichen Ruhme. —
Und wenn dann die neue Verordnung die Rechte der Kirche und
ihre unbehinderte Ausübung im Sinne des Concordates frei geben
wird, dann werden mit der principiellen Ausgleichung der seither
zwischen der Staatsregierung und dem Episcopate noch streitigen
und unausgetragenen Puncte auch die abweichenden Ansichten fort-

fallen, wegen deren der Herr Erzbischof von München sich das
Mißfallen Eurer Kgl. Majestät zugezogen hat. Durch die allgemeine,
vollständige Feststellung der wechselseitigen Befugniß des Staates
und der Kirche und ihre sichere Abgrenzung gegen einander wird
die bisherige Quelle der besondern geltend gemachten Forderungen,
aus welcher wohl die Mißhelligkeiten zunächst entsprungen sind,
von selbst versiegen, und jeder fernere Anlaß aufhören, der den
Herrn Erzbischof in die Lage bringen könnte, Eurer Majestät
Mißbilligung sich zuzuziehen. — In dieser frohen Aussicht glaube
ich mir erlauben zu dürfen, die Hoffnung auszusprechen, daß dann
Ew. Kgl. Majestät mit großmüthigem Herzen das Vergangene vergessen und Herrn von Reisach Allerhöchstihre Gnade wieder zuzuwenden geruhen werden. Ew. Kgl. Majestät wird gewiß in Berücksichtigung des Amtes und der Stellung, die den Herrn Erzbischof wohl zu Manchem verpflichtet haben mögen, was nur miß-
verständlich als persönlicher Widerstand gegen die Autorität der
Krone und Ew. Majestät ist ausgelegt worden, ihm die königliche
Gunst nicht ferner vorenthalten. Der Herr Erzbischof aber, den
gewiß der Verlust des Wohlwollens Eurer Kgl. Majestät bisher
tief geschmerzt hat, wird sich sicherlich bemühen, den huldvollen
Beifall seines allergnädigsten Königs und Herrn, wie durch Eifer
und Sorge für seine Kirche, so durch Treue und Liebe gegen seinen
hochverehrten Landesherrn zu gewinnen und zu erhalten; und es
wird ihm dieses, wie ich glaube, bei wiedergeschenkter Gnade Ew.
Kgl. Majestät um so sicherer gelingen, als ihm bekanntlich so vorzügliche Eigenschaften eines hervorragenden Bischofes, eines würdigen
Edelmannes und eines milden liebenswürdigen Menschen zur Seite
stehen. — Vorstehendes bescheidenes Wort habe ich geglaubt, Eurer
Kgl. Majestät allergehorsamst zu Füßen legen zu dürfen, im ehrerbietigsten Vertrauen, daß Allerhöchstdieselben es in huldvollster
Nachsicht aufzunehmen die Gnade haben. Es kommt aus einem
offenen, wohlmeinenden Herzen, das auch in der Ferne ein gut
bayerisches Herz geblieben und von der lautersten Treue und innigsten
Hochverehrung für Ew. Kgl. Majestät und Allerhöchst Ihren Thron
und Regentenruhm beseelt ist". [130])

---

[130]) „Schriften und Reden". B. I. S. 373 u. ff. — In der
schon berührten Besprechung dieser „Schriften und Reden" von Dr. Jochum
erklärt dieser hievon: „Dieß Schreiben an den König von Bayern allein, wenn wir
auch sonst gar nichts von ihm — dem Cardinal — hätten, wäre ausreichend,

Die weiteren Verhandlungen in dieser Angelegenheit weisen nach, daß der König das unumwundene Wort des Hochseligen nicht ungnädig aufgenommen hat. Denn in einem Schreiben vom 10. Juni desselben Jahres stellte der genannte Cultusminister im Namen des Königs den wiederholten Antrag an den Cardinal, das Erzbisthum München zu übernehmen, da der König alle entgegenstehenden Hindernisse zu heben suchen werde. Doch der Cardinal wies auch jetzt freundlich aber entschieden diesen Wunsch zurück.

§. 24. Besuch des Königs Ludwig von Bayern.

Erfreulicher und erhebender als diese diplomatischen Verhandlungen waren für den hochseligen Cardinal der freundliche und mit den größten Festlichkeiten verherrlichte Besuch, welchen der König Ludwig von Bayern aus seiner Villa bei Edenkoben der Stadt Köln und seinen bankerfüllten Verehrern daselbst, am 26. Juni 1854 abstattete. Schon vor zwei Jahren in den ersten Tagen des August wurde der kunstliebende, hochherzige Wohlthäter von dem hochseligen Cardinal und mehreren Abgeordneten des Kölner Dombauvereines zu diesem Besuche feierlich auf jener Villa eingeladen. [137]) Doch

uns ein untrügliches Bild von seinem durch und durch katholischen Charakter und von seiner in diesem Charakter begründeten Freimüthigkeit und Weisheit zu geben. . . . Uns Katholiken in Bayern ist es ein großer Trost, hier zu erfahren, daß in jener Zeit, als andere Männer unseren höchstseligen König Max II. mit ihrem heillosen Netzen zu umgarnen und ihn gegen jedes aufrichtige Wort eines Katholiken feindselig zu stimmen versuchten, doch noch Ein durch und durch katholischer Mann in Deutschland war, zu dem er ein Vertrauen fassen, mit dem er auszukommen hoffen konnte. Und es ist eine große Beruhigung, daß dieser Mann die Wahrheit, die ganze Wahrheit, die unverblümte Wahrheit gesagt hat". ꝛc. — Unterm 14. Januar 1852 schrieb der Bischof Richarz an den hochseligen Cardinal: . . . „Sie haben einen protestantischen König, der katholischen Ansichten hold ist; wir haben einen katholischen König, der, von Protestanten umringt, die katholische Anschauungsweise nicht gewinnen kann. Wer sich dabei besser befindet, ist leicht zu ermessen". ꝛc. — Schon unterm 7. Juni 1846 hatte der Bischof Richarz von Augsburg an den hochseligen Erzbischof von Köln geschrieben: . . . „Bei dem Landtage — in München — habe ich oft an Sie gedacht und gemeint, es wäre doch gescheider gewesen, wenn König Ludwig Sie nach Bamberg ernannt hätte, als den guten Urban". ꝛc. ꝛc. . . . . In einem Brief vom 2. Januar 1847 schrieb Richarz: . . . „O, daß Sie uns nicht erhalten wurden! Wie glücklich wäre ich, wenn Sie nun in München wären. Doch Sis licet felix ubicunque mavis et memor nostri vivas!" — [137]) Der Cardinal mit seinem Geleite, darunter auch der Dombaumeister Zwirner, wurde gar freundlich vom königlichen Pfalzgrafen empfangen und am 7. Aug. zur königlichen

nicht nur dieser Verein, sondern auch die Stadtbehörde und die
biedere Einwohnerschaft boten Alles auf, um dem hochsinnigen
Gönner und Beförderer des erhabenen Werkes christlicher Baukunst
den tiefgefühltesten Dank zu bezeigen. Wir können nur Einiges
davon andeuten. Auf dem prachtvoll geschmückten Dampfer „Schiller"
fuhr eine reiche Schaar von Abgeordneten, an deren Spitze der
Herr Weihbischof und mehrere Mitglieder des Metropolitancapitels,
dem Nahenden bis an die Grenze des Erzbisthums, nach Remagen, entgegen. Festlich begrüßt nahm das Kölner Dampfboot
hier den König auf. Unter lautem Jubel wurde, nach rheinischer
Sitte, der Ehrentrunk dem Gefeierten überreicht, den er auf das
Wohl der Stadt Köln kostete. Rasch rauschte der Dampfer bei
bereits eintretender Dämmerung rheinabwärts. Die am Ufer des
Stromes gelegenen Dörfer, namentlich auch die Stadt Bonn, ehrten
den König mit jubelndem Hoch, mit Fahnen und farbiger Gas-
beleuchtung. Beim Erscheinen des Schiffes in der Nähe der Stadt
Köln ertönten alle Glocken derselben, donnerten die Kanonen an
beiden Ufern des Rheines, während die Häuserreihen, namentlich
auf dem linken Ufer, von der jubelnden Volksmenge umschwärmt,
in dem buntesten Farbenglanze dem Kommenden entgegenstrahlten.
Entzückt rief der König mehrmal aus: „Prachtvoll! mehr wie
prachtvoll!" Als das Schiff auf dem hellerleuchteten Strome wendete,
und dem Ufer entgegen steuerte, da erglüheten auf ein gegebenes
Signal, wie durch einen Zauberschlag des Hochchores der Kathedrale mächtige Fenster. Den Krönungen der himmelanstrebenden
Pfeiler und Säulen entströmte ein Feuerregen, welcher deren kunstvolle Ornamentik genau erkennen ließ. Dieser Anblick machte in
seiner feenhaften Wirkung auf den königlichen Pfalzgrafen einen
solchen Eindruck, daß er ausrief: „Nun, da hab' ich kein Wort
mehr. Prachtvoll! Köln ist einzig"!

Auf der Landungsbrücke wurde der hohe Ehrengast von Seiner

Tafel gezogen. Wenige Tage nachher, am 14. Aug. 1862, schrieb der König
von seiner pfälzischen Villa: „... Wohlthuend wird mir immer die Erinnerung an die Abordnung des Kölner Dombauvereines, an deren Spitze Eure
Eminenz sich stellten, meinem Herzen seyn, und ein Fest für mich, in Köln
mich zu befinden". ꝛc. Schon am 8. April 1850 waren Kölner Abgeordnete
in München erschienen, welche dem Könige Ludwig in feierlicher Weise ein
prachtvolles Album ihrer Stadt sammt einer Dankadresse für dessen hochherzige
Betheiligung am Dombaue überbrachten. Im Jahre 1853 betrugen die gesammelten Beiträge aus Bayern hiefür 83,852 Thlr. 28 Silbergr.

Eminenz freundlichst empfangen und von ihm, von dem Regierungs=
präsidenten und den Militärbehörden begrüßt. Der König bestieg
sofort den Wagen des Cardinals, dem die übrigen Gefährte der
Theilnehmer an dem Festzuge folgten. Feierlich ertönten jetzt wieder
die Domglocken. Kopf an Kopf strömten die Bürger durch die
beleuchteten und reichgeschmückten Straßen nach dem St. Gereons=
Platze vor die erzbischöfliche Wohnung, in welcher der hohe Gast
abgestiegen war. Bereits hatte die Domglocke zehn Uhr geschlagen,
als derselbe auf den Balcon des erzbischöflichen Palais trat, um
dem Jubelrufe der frohen Menge zu danken. Hiebei strahlte plötzlich
der schöne Ostbau der St. Gereons-Kirche in künstlichem bunten
Feuer. Ein rauschendes Hoch der sich zerstreuenden Volksschaar
beschloß den freundlichen Willkomm des verehrten Wittelsbachers.

Schon bevor am folgenden Morgen gegen acht Uhr das
Geläute der Domglocken des Königs Ankunft bei der Kathedrale
kund gab, harrten auf dem westlichen Vorplatze und in den weiten
Hallen derselben die Mitglieder des Centraldombauvereines und un=
zählige Bürger dem kommenden Fürsten entgegen. Unter dem großen
Portale ward derselbe von dem Vorstande jenes Vereines begrüßt.
Gleiches geschah vom Cardinal, den die Mitglieder des Metropoli=
tancapitels umgaben, beim Eintritte des Königs in die Kathedrale
mit einer trefflichen Ansprache. Wir fügen von derselben Nach=
stehendes ein: .... „Was unseres allergnädigsten König=Protec=
tors landesherrliche Hand in den weiten Mauern und Gewölben
gebaut, und sein königlicher Bruder mit fürstlicher Freigebigkeit
durch einen reichen Kranz von Bildwerken von Außen geziert, das
hat König Ludwig mit · den kunstvollen Glasgemälden erhöht
und geschmückt. Seit sechs Jahren glänzen diese gemalten Fenster
mit ihren edlen frommen Bildern in den weitgesprengten Stein=
rahmen, in all' der großartigen, ihnen eigenthümlichen Farben=
pracht voll Glanz und Gluth und Leben zur Erbauung der Gläubigen
und zur Bewunderung der Kenner, in Wahrheit unseres Domes
Schmuck und Krone. .... Aber noch war es uns bisher nicht ge=
gönnt gewesen, den hohen Protector des bayerischen Dombau-Ver=
eines, den königlichen Schenkgeber unserer herrlichen Domfenster, an
dieser geweihten Stätte zu begrüßen. Heute wird uns endlich dieses
seit Jahren gehoffte Glück, und wir geben uns ihm mit vollem
Herzen hin. Hier nun, im Angesichte des Theiles unseres Domes,
der aus den Liebesgaben des bayerischen Dombau-Vereines erbaut
und zu dessen Kunde für die Nachwelt mit dem bayerischen Wappen

bezeichnet ist, und im Angesichte der Prachtfenster, aus denen die
Heiligenbilder in reichfarbiger Lichtglorie, wie aus einer höheren
Welt, verklärt herabblicken, empfangen wir Eure königliche Majestät
mit ehrfurchtvollster Freude. Als der von Gott bestellte Hüter
dieses Domes, gebe ich derselben Ausdruck und bringe Allerhöchstdenselben, im Namen des Erzbisthums und der Stadt Köln, und
aller Dombau-Freunde, den innigsten Dank für alles das, was
Eure königliche Majestät in so reichem Maße an unserm Dom gethan . . . . . Wir fassen unsern Dank in dem alten frommen
Spruch zusammen: „„König Ludwig, Gott vergelt's! Gott segne
Eure Majestät jetzt und immerdar""! [125]) Bei dieser ergreifenden
Ansprache im Anblicke der bis zur Wölbung des Mittelschiffes vollendeten Hallen, und in näherer Betrachtung der herrlichen Münchener
Fenster, leuchtete aus allen Zügen und Worten des edlen Stifters
derselben die Herzensfreude hervor, die alle Anwesenden so mächtig
ergriff, daß nur die Heiligkeit des Ortes der lauten Kundgebung
des Dankes und der Freude Einhalt gebieten konnte. Die neue
Ausschmückung des Hochchores fesselte im gleichen Grade des Königs
Aufmerksamkeit, dessen Kennerblick alle Schönheiten im Einzelnen
musterte und zu erläutern wußte. Vor dem Eintritte in die Schatzkammer knieeten Seine Majestät am Fuße des Kreuzaltars zum
Gebete nieder. Nach Durchmusterung der Schatzkammer durchschritt
der hohe Kunstkenner, überallhin von dem hochseligen Cardinal begleitet, die übrigen Räume, bestieg sodann die Gallerien und der
Baugerüste höchste Höhe, wo derselbe an der Südseite bis zur Einfügung eines zum Andenken an diesen Ehrentag hinaufgeförderten
Schlußsteines verweilte.

Aus dem Dome, in dessen Gedenkbuch der hocherfreute Fürst
die Worte schrieb: „König Ludwig von Bayern. Einzig wie dieser
Dom ist der Kölner Dankbarkeit"! begab er sich in die Bauhütte,
wo die Werkleute Sang und Hammerschlag im Tacte vereinten
und wo er namentlich in dem Atelier des Dombildhauers Mohr
über die gefertigte Arbeit seine ehrende Zufriedenheit aussprach.

Nachdem bei dieser Umschau bereits über zwei Stunden verflossen waren, fuhr der König an der Seite des Cardinals zum
Gürzenich, wo in jenen Tagen eine Kunstausstellung eröffnet war.
Er durchmusterte dieselbe und erwies sich durch die bezüglichen Bemerkungen und Urtheile als wohlerfahrener Kunstkenner. Rüstig

---

[125]) „Schriften und Reden". B. I. S. 392.

und heiter besuchte der königliche Pfalzgraf noch die meisten der
denkwürdigen Kirchen der Stadt. Freudig sprach er sich hiebei
über Köln's Verschönerung und die Herstellung ihrer erhabenen
Baudenkmale aus, welche er seit dem Jahre 1814 nicht mehr gesehen hatte.

Bei dem zur Ehre des hohen Gastes in der erzbischöflichen
Wohnung veranstalteten Festmahle, an welchem die ausgezeichnetsten
Männer der Stadt Theil nahmen, fand unter belebter Unterhaltung
die freudige Stimmung des königlichen Greises neuen Aufschwung
durch den trefflichen Trinkspruch Seiner Eminenz auf das Wohl
Seiner Heiligkeit des Pabstes Pius IX. und Ihrer Majestäten,
des Königs Friedrich Wilhelm von Preußen und des Königs Ludwig
von Bayern.

Am Abende sieben Uhr war im festlich geschmückten großen
Casino-Saale ein zum Besten des Speyerer Dombauvereines von
dem Männergesangvereine eigens veranstaltetes Concert.[129] König
Ludwig erschien mit Seiner Eminenz und zahlreichem Gefolge.
Mit lautem Frohlocken wurde der fürstliche Greis empfangen. Er
dankte nach allen Seiten und überließ seinem „liebsten" Erzbischofe,
wie er den Cardinal wiederholt nannte, den Ehrensitz. Das Concert
ward mit einem eigens hiezu gedichteten und in Musik gesetzten
„Gruß an Seine Majestät den König Ludwig von Bayern" eröffnet[130] und während zweier Stunden mit eben so schönen als
heitern Liedern fortgesetzt. Mittlerweile waren in dem ganzen
Stadtbezirke um die erzbischöfliche Wohnung tausend Hände beschäftigt, um die Vorbereitung für eine allgemeine Beleuchtung zu
treffen. Nach beendigtem Concerte hat sich der Fackelzug, den die
Bürger dem fürstlichen Ehrengaste bringen wollten, auf dem Alten-
markte geordnet, und zwar so wohl bestellt, wie nur selten eine

---

[129] Wie der hochselige Cardinal in seiner Festpredigt bei dem Weihe-
feste des Hochaltars im Speyerer Dome am 15. Nov. 1853 zu dessen bau-
licher Herstellung ermunterte, haben wir bereits anderswo geschildert. „Nikolaus von Weis". B. II. S. 251. Die erzbischöfliche Antwort auf die bezügliche Einladung siehe im Urkundenbuche Nr. 25. — [130] Die erste
der drei Strophen lautete:

„Laßt ein Lied zum Gruß erschallen,   Wer wie Du, die Kunst gehoben,
Das im Dank' sich laut ergießt.   Wen gleich Dir ihr Geist durchweht,
Deutscher Fürst! o sei uns   Den muß Mit- und Nachwelt loben,
                    Allen   Daß sein Name nie vergeht"!
Hier am deutschen Strom' begrüßt.

solche Freudenbezeugung in Köln gesehen wurde. Die lange, un=
übersehbare Reihe der bunten Lichter, über denen die Festbanner
luftig weheten, bot auf den Straßen, durch welche der Zug sich
nach der erzbischöflichen Wohnung bewegte, einen herrlichen Anblick,
der noch durch den mannigfaltigsten Festschmuck der Häuser gehoben
wurde. Die Abgeordneten des Bürger=Vereines, von Seiner Majestät
dem Könige huldvoll empfangen, sprachen noch einmal den ehr=
furchtvollsten Dank dem fürstlichen Gönner aus. Als der Jubel
des diesen Dank begleitenden dreimaligen Hoch der versammelten
Menge verklungen war, betrat der König mit dem Cardinal den
Balcon des Hauses. Jener sprach sichtlich ergriffen: „Ich kann
der Kölner Bürgerschaft nur wiederholen, was ich heute Morgen
im Dome niedergeschrieben habe. Ich werde diesen Empfang nie
vergessen. Es ist zu viel"! Wie am Mittage an der Festtafel,
so brachte auch jetzt der Cardinal vor der Bürgerschaft Köln's ein
dreimaliges Hoch auf Pius IX. und die Könige Preußens und
Bayerns aus, in welches die von der purpurerglühten Basilica
St. Gereon überleuchteten, tausend und tausend Anwesenden, hoch=
begeistert einstimmten. Diese Dankbarkeit der Kölner Bürgerschaft
gegen König Ludwig hatte indeß noch einen anderen tieferen Grund,
als dessen hochherzige Unterstützung des Dombaues. War es doch,
als der greise Bekenner Clemens August von seinem erzbischöflichen
Sitze gewaltsam verdrängt und gefangen genommen ward, vor Allen
der katholische König von Bayern, der für die gekränkten Rechte der
Kirche eintrat und durch seinen freundlichen Rath und Einfluß die
Erhebung des Bischofes von Speyer auf den erzbischöflichen Stuhl
von Köln, zur glücklichen Lösung der unseligen kirchlichen Wirren
in den preußischen Rheinlanden eingeleitet und ermöglicht hat.

Am 28. Juni Morgens zehn Uhr trug ein Rheindampfer
den königlichen Pfalzgrafen, der die vorhergehenden Stunden benützte,
noch einige Kirchen und sonstige Baudenkmale der Stadt in Augen=
schein zu nehmen, wieder stromaufwärts. Der hochselige Cardinal
begleitete denselben bis nach Remagen, wo der vom Grafen Fürsten=
berg vorbereitete Besuch der St. Apollinariskirche den würdigsten
Schluß der dreitägigen Festfeier bildete. [131])

---

[131]) Auf die Ludwigshöhe zurückgekehrt, feierte der König seinen Besuch
in Köln in einem eigenen Gedichte, welches er, unterm 9. Juli von seiner Hand
geschrieben, dem Stadtvorstande daselbst übersendete. Siehe „Christlicher
Pilger. Jahrg. 1854. S. 173. Als der König im Februar des folgenden
Jahres von einer schweren Krankheit, die ihn zu Darmstadt überfallen hatte,

§. 25. Verschiedene pastorelle Anordnungen.

Neben solchen Festlichkeiten und diplomatischen Verhandlungen ward von dem gewissenhaften, eifrigen Oberhirten nie das geistliche Wohl seiner Untergebenen, die erbauliche Pflege des Gottesdienstes und der Frömmigkeit, außer Acht gelassen, wie dieß mehrere erzbischöfliche Verordnungen ausweisen. Eine der wichtigsten hievon ist jene vom 5. Februar des Jahres 1854 über die Abhaltung des ewigen Gebetes, wornach, von dem kommenden Osterfeste beginnend, in zwei oder drei, n a m e n t l i c h bestimmten Kirchen der Erzdiöcese, zu jeder Stunde des Tages wie bei der Nacht, die bezügliche Andacht vor dem Allerheiligsten stattzufinden hatte. [133] Ein trefflicher Hirtenbrief von demselben Tage über die zweifache Weise, in welcher Gott dem Menschen nahe ist, nämlich im Gebete und in dem allerheiligsten Altarsacramente, gibt den Erzdiöcesanen reichliche Belehrung bezüglich des Werthes und der Macht des Gebetes und des unermeßlichen Gnadenschatzes des allerheiligsten Altarsacramentes, das stets der Mittelpunct des Glaubens, der Hoffnung und der Liebe der katholischen Kirche war und bleiben wird. Wir können nicht unterlassen, aus diesem Hirtenbriefe jene Stelle einzufügen, in welcher der Oberhirte diese Gebetsübung aus der glaubensreichen Vorzeit näher schildert und deren Wiederbelebung in der Erzdiöcese bestimmt.... „Der Herr ist immerwährend gegenwärtig im allerheiligsten Sacramente; darum wurde es auch als angemessen erkannt, ihm darin in immerwährendem Gebete zu nahen, und seine Güte zu preisen, die Beleidigungen und Unbilden ihm abzubitten und seine Gnade anzuflehen. Das war ein tiefkatholischer Gedanke, vom katholischen Glauben dargeboten und von katholischen Herzen ausgeführt. Eine ununterbrochene Andacht, d a s e w i g e G e b e t, sollte das allerheiligste Altarsacrament ohne Unterlaß verherrlichen. Und so geschah es auch. Das ewige Gebet vor dem allerheiligsten Altarsacrament bot in jenen frommen Tagen ein erhebendes Schauspiel. Mit dem ersten Tage des Jahres in der Mutterkirche des Bisthums begonnen, ging es in den folgenden Tagen in die anderen Kirchen über und wurde das ganze Jahr

---

genesen nach München zurückgekehrt war, versäumte die Stadt Köln nicht, ihn dort durch Abgeordnete beglückwünschen zu lassen. — [133] K i r c h l i c h e r A n z e i g e r für die Erzdiöcese. Jahrg. 1854. S. 22. — Am 3. März 1857 erhielt der Cardinal in Rom für diese Andachtsübung einen vollkommenen Ablaß.

hindurch fortgesetzt. Wo es in einer Gemeinde abgehalten wurde, da kamen und gingen vom Morgengrauen an die Pfarrkinder den Tag hindurch, Stunde um Stunde, zum Gotteshause, vor dem hochwürdigsten Gute niederzuknieen und es in Gebeten und Gesängen zu verherrlichen. Es war das für die ganze Gemeinde eine erhebende Feier, welche die Erwachsenen durch den Empfang der heiligen Communion für sich noch besonders heiligten und erhöhten. Und auch wenn die Nacht kam und die Sterne Gottes Ehre verkündend, am Himmel dahinzogen, wurde die ewige Anbetung, theils in den Pfarrgemeinden, theils in den stillumschlossenen Klostermauern von frommen Schaaren, die da abwechselnd unablässig zur Verherrlichung des allerheiligsten Sacramentes beteten, fortgesetzt, bis der anbrechende Morgen die Gebetsfeier in eine andere, der Reihe nach folgende Pfarr- oder Klosterkirche, weiter trug. So ging das ewige Gebet von Kirche zu Kirche und damit von Mund zu Mund, von einem Herzen zum andern, Stunde um Stunde und Tag um Tag, durch das ganze Bisthum, bis es wieder zur Mutterkirche zurückkehrte und dort den frommen Ring beschloß. Es war eine niemals verstummende Lobpreisung des allerheiligsten Sacramentes, in Wahrheit eine goldene Gebetskette, die das ganze Bisthum und alle Diöcesanen umschloß. Wir dürfen hinzusetzen, es war ein Abbild dessen, was im Himmel geschieht. Denn wie nach den Worten der Offenbarung, oben vor dem Throne Gottes die vierundzwanzig Aeltesten knieen und mit den viel tausend und tausend Engeln das göttliche Lamm anbeten und ihm unaufhörlich Lob und Preis und Herrlichkeit zusingen: so beteten und sangen unten auf der Erde die frommen Christen, vor dem Altare knieend, in immerwährender Verherrlichung des allerheiligsten Sacramentes. Und gewiß, ihre Gebete und Gesänge wurden von den Engeln in goldenen Schalen vor den Thron desselben Lammes emporgetragen, um wieder auf die Gemeinde und alle ihre Glieder als Gnadensegen für Leib und Seele herabzukommen. (Off. V. 6—13.) — So wurde ehemals in der frommen Vorzeit das allerheiligste Sacrament durch das ewige Gebet verherrlicht, geliebte Erzdiöcesanen. Zur Betrübniß der Kirche ist diese segensreiche Uebung später wieder vielfach erloschen. Die Ungunst der Zeiten, Krieg und Kriegsläufte und mancherlei Veränderungen waren daran Schuld. Es kam ein laueres Geschlecht, die Zeit wurde ärmer am Glauben und ärmer am Gebete. Manche vergaßen sogar ganz zu beten. Damit verfiel auch die Uebung des ewigen Gebetes. Und doch war dasselbe

die so schöne Blüthe einer Zeit voll katholischer Innigkeit im Glauben
und Leben. Und könnte es denn nicht wieder so seyn, wie in
jenen frommen Tagen? Gewiß, das kann es und soll es wieder
so seyn! Es gereicht uns zur frommen Freude, Euch zu sagen,
daß in einem beträchtlichen Theile unserer Erzdiöcese jene schöne
Uebung auch jetzt noch fortbesteht. Die Pfarrgemeinden jenes An-
theils haben das ewige Gebet aus den Tagen ihrer glaubenstreuen
Väter durch alle Ungunst der Zeiten erhalten und den ihren Pfarrkirchen ehemals zugewiesenen Tag der Anbetung des hochwürdigsten
Gutes, wie ein theures Erbstück der Vorältern, mit treukatholischem
Sinne bis heute bewahrt. Dafür sei über sie der volle Gnadensegen des allerheiligsten Sacramentes. Da dem so ist, so gilt es
jetzt nur, die in jenen Gemeinden erhaltene schöne Uebung auch in
den übrigen Kirchen unseres Erzbisthums neu zu beleben, und dazu
genügt es, jeder Pfarrgemeinde den Tag zu bezeichnen, den sie
der Verherrlichung des hochwürdigsten Gutes widmen wird, um so
wieder die auseinandergefallene Gebetskette zu verbinden, die unser
ganzes Erzbisthum umschlingen soll. So möge es denn auch also
geschehen, auf daß es wieder werde, wie es ehemals war. Am
nächstkommenden Osterfeste soll das ewige Gebet in gemeinsamer
Abhaltung in allen Kirchen des Erzbisthums, als der erste Ring
der neuen Gebetskette beginnen, und von da an soll es wieder
durch das ganze Erzbisthum in die Runde von Tag zu Tag durch
alle Pfarr- und Klosterkirchen fortgesetzt werden. Wieder soll,
wie oben im Himmel dem Lamme die seligen Geister unaufhörlich
Preis und Herrlichkeit singen, so auch unten auf Erden dem im
allerheiligsten Sacrament gegenwärtigen Gott immerwährende Anbetung und Verherrlichung dargebracht werden, damit auch wieder
die Engel die Gebete in goldenen Schalen vor den Thron Gottes
tragen und wieder den Gnadensegen auf uns Alle für Zeit und
Ewigkeit herabkomme." 2c. 2c. [138])

Nachdem hiedurch eine so frommgläubige und segensvolle
Andacht für die ganze Erzdiöcese geordnet und belebt worden war,
trug der hochselige Cardinal auch Sorge, daß noch in demselben
Jahre zu einem einheitlichen, segensvollen Religionsunterrichte der
christlichen Jugend in allen Pfarreien der Erzdiöcese Einleitung
getroffen wurde. Zu diesem Ziele ward der von Joseph Deharbe
verfaßte, bereits in vielen anderen Bisthümern Deutschlands ein-

---

[138]) „Schriften und Reden". B. I. S. 361.

geführte Katechismus in einer eigenen Auflage für die Erzdiöcese gedruckt und dessen ausschließlicher Gebrauch vorgeschrieben.[134]) In gleicher Weise wurde dem bringend gefühlten Bedürfnisse einer einheitlichen und gleichmäßigen Behandlung des Religions-Unterrichtes in der Kirche und Schule, bezüglich der Lehre und Sittengebote abgeholfen. Gleiches geschah auch später bezüglich der biblischen Geschichte als Unterlage der Glaubens- und Sittenlehre, indem für alle Pfarreien der Erzdiöcese der von dem Kölner Pfarrer Schuhmacher verfaßte „Kern der heiligen Geschichte des alten und neuen Testamentes" zum ausschließlichen Gebrauche eingeführt wurde.[135]) Schon vorher hatte ein erzbischöfliches Rundschreiben die Seelsorgsgeistlichkeit der Erzdiöcese nicht nur zur regelmäßigen Ertheilung des katechetischen Unterrichtes ernst ermahnt, sondern dieselbe überhaupt ermuntert, sich der Schule mit Liebe anzunehmen und in der Kenntniß des Schulwesens sich immer mehr auszubilden.[136])

Von jeher bestand in der Erzdiöcese ein eigenes Missale et Breviarium Coloniense, welches verschiedene Abweichungen von dem Römischen enthielt. Das letztere ward jedoch auch von manchen Geistlichen gebraucht. Um indeß hierin für die ganze Erzdiöcese mehr Ordnung und Einheit herbeizuführen, wurde eine neue Ausgabe des Proprium Coloniense zum römischen Missale und Brevier mit päbstlicher Gutheißung eingeleitet und besorgt und über deren Gebrauch die nöthige Belehrung und Vorschrift gegeben.[137]) Außerdem haben wiederholte erzbischöfliche Rundschreiben die Pfarrgeistlichkeit zur regelmäßigen Abhaltung der Predigt oder Homilie bei sonn- und festtäglichem Gottesdienste ernstlich ermahnt.[138])

§. 26. Einsprache gegen politische Verunglimpfungen.

Aus dem Jahre 1854 müssen wir hier noch auf eine ernste diplomatische Verhandlung des Kölner Metropoliten und der Bischöfe seiner Provinz mit dem Staatsministerium zu Berlin zurückkommen, bei welcher jener einen eben so festen Muth als edle Entschiedenheit kund gab. Eine Circularverfügung des Staatsministers des Innern vom 11. Mai genannten Jahres erklärte, daß nach vertraulichen Anzeigen der katholische Klerus gegenwärtig — bei dem Feldzuge

---

[134]) Verordnung vom 19. Oct. 1854. — [135]) Verordnung vom 22. Feb. 1856. — [136]) Verordnung vom 11. Juni 1855. — [137]) Verordnung vom 13. Sept., beziehungsweise vom 20. Nov. 1857. — [138]) Verordnung vom 25. Nov. 1854 und 18. April 1857.

der Franzosen gegen die Russen — aller Orten mit der Democratie
in Verbindung trete, um mit dieser vereinigt die Gemüther gegen
Rußland aufzureizen; daß von Frankreich aus die antirussische
Stimmung auch auf die katholischen Bischöfe und durch diese auf
das katholische Volk übertragen, in Belgien und in Deutschland,
namentlich in der Rheinprovinz, in ähnlichem Sinne gewirkt werde;
daß Mainz und Köln zu diesem Zweck mit Sendlingen über-
schwemmt seyen und katholische Reiseprediger, sowohl die jüngeren
Geistlichen, wie auch Laien bearbeiten und aufreizen. 2c. Alle Re-
gierungs-Präsidenten der preußischen Provinzen erhielten daher die
Weisung, über diese Umtriebe des katholischen Klerus zu wachen
um von bedenklichem Befunde schleunigst in vertraulicher Weise
Kenntniß zu geben. Diese vertrauliche Circularverfügung drang
jedoch bald in die Oeffentlichkeit. Der Kölner Metropolit ward
sowohl von dem Capitel seiner Kathedrale als auch von den Professoren der theologischen Facultät zu Bonn und anderen geistlichen
Körperschaften, um oberhirtlichen Schutz und Vertheidigung gegen
solche unverdiente Verdächtigungen und Angriffe gebeten. Der hochselige Cardinal konnte sich von der Aechtheit dieser Ministerialverfügung nicht leicht überzeugen. Er schrieb daher unterm 12.
Juli genannten Jahres an Herrn v. Raumer, Minister der geistlichen Angelegenheiten, um hierüber bei der Wichtigkeit eines solchen
Erlasses amtliche Gewißheit zu erhalten. Dieser überließ die Beantwortung der Anfrage dem Minister des Innern. Dem war
die Sache sehr ungelegen. Er konnte die Aechtheit jener Verfügung nicht in Abrede stellen, bemerkte aber, daß sie eine vertrauliche
gewesen, die nur auf verbrecherische Weise zur Oeffentlichkeit kommen
konnte, mit dem weiteren Anfügen, daß laut Berichtes des Oberpräsidenten der Rheinprovinz die fragliche Verbindung des katholischen Klerus mit der Democratie zur Aufreizung gegen Rußland
nicht bestehe. Eine gleiche Antwort wurde auch den Bischöfen von
Münster, Paderborn und Trier gegeben. Doch man konnte sich
mit dieser Antwort um so weniger begnügen, da die fragliche Verdächtigung die Geistlichen der rheinischen Kirchenprovinz mit tiefem
Schmerze und gerechtem Unwillen erfüllte, und daher fast aus allen
Decanaten derselben Adressen an die Oberhirten gerichtet wurden,
welche verlangten, daß eine solche Ehrenkränkung und Verdächtigung
in gebührender Weise zurückgewiesen werde. Diesem gerechten Verlangen konnten sich die Bischöfe nicht entziehen. Sie legten daher
in einer wohlerwogenen, gemeinschaftlichen Denkschrift feierliche Ver-

wahrung gegen die fraglichen Berdächtigungen und Angriffe ihrer selbst und ihres treuen Klerus bei dem Ministerpräsidenten, Frei= herrn v. Manteuffel, ein, in der zuversichtlichen Hoffnung, das Staatsministerium werde den gerechten Schmerz der Bischöfe ob solcher Berunglimpfungen würdigen und dagegen die geeigneten Maßregeln anordnen. Sie erklärten unter Anderem : . . . „Nach allem dem sehen wir uns gedrungen, den ganzen Inhalt der in Rede stehenden Denunciation als eine durchweg grundlose Erfin= dung, und eine, wenn nicht hämische, mindestens leichtfertige Ver= dächtigung unseres würdigen Klerus und seiner für unsere Kirche pflichttreuen Wirksamkeit und eben so als eine unwürdige Kränkung unserer selbst, wie unserer amtlichen Stellung und Wirksamkeit, im Namen unserer gesammten Geistlichkeit und für uns selbst mit aller Entschiedenheit und gerechtem Unwillen unbedingt zurückzu= weisen". 2c. [139]) Der genannte Freiherr überließ die Bescheidung der bischöflichen Denkschrift dem Minister des Innern. Dieser, Herr v. Westphalen, wies in seiner Antwort an den hochseligen Cardinal=Erzbischof vom 4. März 1855 auf die schon früher ge= gebene Erklärung vom 4. August vorigen Jahres hin, mit der Hoffnung : „Diese Erläuterungen werden einer gerechten Würdig= ung der Pflichten, welche ihm sein Amt auferlegt, auch bei Seiner Eminenz und den Herrn Bischöfen begegnen". 2c. 2c. [140])

§. 27. Einfügung der Kreuzblume am Südportale des Domes.

Der mehrwöchentliche Aufenthalt des Königs Friedrich Wil= helm, seiner Gemahlin und vieler Mitglieder des königlichen Hauses im Herbste des Jahres 1855 auf dem Schlosse Stolzenfels und Brühl, gab zu mehreren Festlichkeiten zu Köln, namentlich auch zur feierlichen Einfügung der Kreuzblume am Südportale des Domes, Veranlassung. Schon am 25. September war der hochselige Car= dinal nach Coblenz gefahren, wo am folgenden Tage die hohen Herrschaften im dortigen Residenzschlosse seine Begrüßung und Ein= ladung zu jener Festlichkeit freundlich entgegen nahmen. Es wurde hiefür der Mittwoch, der dritte des folgenden Monats, und zugleich ein mehrtägiger Aufenthalt Ihrer Majestäten im Schlosse Brühl bestimmt. An demselben Tage sollte auch der Grundstein zu der neuen Eisenbahn=Brücke über den Rhein und zu dem vom Commerzien=

---

[139]) „Schriften und Reden". B. I. S. 396. — [140]) Eben= daselbst. S. 405.

rath Johann Heinrich Richartz gestifteten Museum der Stadt gelegt
werden. An jenem Tage gegen halb zehn Uhr traf sofort der
König von Brühl im Geleite seines Bruders, des Prinzen Wilhelm,
deffen Gemahlin und Tochter, der jüngst verlobten Braut des Prinz-
regenten von Baden, ferner des Prinzen Friedrich von Preußen
— die Königin Elisabeth war durch Unwohlseyn verhindert —
auf dem Bahnhof zu Köln ein. Unter dem Hochrufen der jubelnden
Volksmenge und dem Geläute aller Glocken und unter dem Donner
der Kanonen fuhr der Monarch mit seinem Gefolge nach dem Regierungsgebäude, wo die Aufwartung der verschiedenen Behörden statt hatte.
Auch der Cardinal begrüßte hier den königlichen Gebieter, welcher
hiebei geruhete, allerhöchst eigenhändig die Insignien des schwarzen
Adler-Ordens demselben zu überreichen. Nach eilf Uhr verfügte
sich der König in glänzender Umgebung zur Baustätte der neuen
Brücke an der Frankenwerfte. Festlicher Gesang und Ansprachen wechselten
bis der Grundstein eingesenkt und mit den üblichen Hammerschlägen
gefestet war. Mit entblößtem Haupte sprach hiebei der edelgesinnte
König : „Meine Herren! Gottes Gnade hat gegeben, daß wir dieses
Werk im Frieden beginnen können. Lassen wir bitten, Gott möge
geben, daß der Bau im Frieden fortgeführt werden kann; lassen
wir bitten, daß er unter dem goldenen Füllhorn des Segens gedeihe, daß das Werk auf immerdar unantastbar bleibe und daß,
lange bevor der letzte Stein zu demselben gelegt wird, auch dem
gesammten Europa der Friede wiedergegeben sei".

Nachdem der König sofort verschiedene Orden an die um
den Brückenbau verdienten Männer ausgetheilt hatte, fuhr er mit
seiner hohen Begleitung, unter dem Geläute der Domglocken, durch
die festlich geschmückte Trankgasse hinan zu dem westlichen Portale
der Kathedrale, woselbst die Vorstandsmitglieder des Centraldombauvereines und andere Autoritäten versammelt waren, die sich
Seiner Majestät beim Eintritte in den Dom anschlossen. Hier
empfing den Monarchen der hochselige Cardinal an der Spitze des
Metropolitancapitels und begrüßte ihn in einer eben so schönen als
herzlichen Ansprache. Wir entnehmen derselben Nachstehendes . . .

„Abermals ist, wie bisher noch jedes Mal, die Gegenwart unseres
erhabenen König-Protectors für uns ein Markstein einer glücklich
zurückgelegten Bauperiode an unserem lieben herrlichen Dome. Als
wir das letzte Mal, drei Jahre sind es nun, das Glück hatten,
Eure Majestät an dieser Stelle zu bewillkommen, da geruhten Allerhöchstdieselben, den Schlußstein des die beiden Thürme verbindenden

großen Bogens am Hauptportale einzusetzen. . . . . Aber an jenen
letzten, schönen Markstein unseres Dombaues reiht heute mit der
erneuerten Gegenwart Eurer königlichen Majestät auch ein neuer,
noch schönerer sich an; denn er bezeichnet den Ausbau eines Haupt-
theiles unseres Domes; er schließt dieses Theiles glückliche Vollendung ab. Seit Eure königliche Majestät vor dreizehn Jahren den
Grundstein zum Südportale legten und dabei die unvergeßlichen
Worte sprachen, daß hier die schönsten Thore der Welt sich erheben
sollen, als Eingang zu einer neuen Zeit, reich an Gottesfrieden
und reich an Menschenfrieden, ist über dem Grundstein der Bau-
dieses Portals von Jahr zu Jahr emporgestiegen. Und nun steht
er da auf den stämmigen Grundmauern der Tiefe, stark und ge-
waltig und dabei wieder schlank und zierlich, überall Schönheit und
Ernst, Anmuth und Kraft vereinend, hoch in die Lüfte ragend bis
zur Kreuzblume, die es noch in dieser Stunde zu seiner Krönung
erhalten soll, ein vollendeter Prachtbau, errichtet durch die Munificenz Eurer Majestät und geschmückt mit dem reichen Kranze der
Heiligenbilder durch die Freigebigkeit Ihres königlichen Herrn Bruders.
Das Südportal ist nach dreizehn Jahren seit dem Wiederbeginne
des Fortbaues vollendet, und in indem wir heute diese Vollendung
feiern, wird uns dabei die Gegenwart Eurer Majestät wiederum
Vollendung. Möge auch, wie damals der Portalbogen, so jetzt
die Kreuzblume, welche zur Krönung des Portals auf seine Zinne
gesetzt wird, ebenfalls ein hocherfreulicher Markstein in dem fort-
schreitenden Gotteswerke, ein zweifaches, vorbedeutendes, glückver-
heißendes Sinnbild seyn". ꝛc. Die Ansprache schloß mit dem Wunsche:
„Gott segne den König, die Königin und das königliche Haus"! [141])
In einfachen Worten erwiderte der König: „Gott möge Uns beiden
geben, was soeben als herzlicher Wunsch ausgesprochen worden".
Sofort besichtigte der König mit seinem hohen Gefolge das Innere
der Kathedrale in den verschiedenen denkwürdigen Einzelnheiten der-
selben. Hierauf öffnete sich die Flügelthüre am Südportale des
Domes, vor welchem auf einer reichgeschmückten Estrade der König
und sein Gefolge ihre Sitze einnahmen. Ein mit Musik begleiteter
Festgesang erscholl über den weiten, von Zuschauern dicht erfüllten
Bauhof, nach dessen Beendigung der Präsident des Dombauvereines
Seine Majestät ehrfurchtvoll und dankbar begrüßte und dann der
Dombaumeister den überaus glücklichen Fortgang des herrlichen

---

[141]) „Schriften und Reden". B. I. S. 425.

Baues näher erläuterte. Laut wurde hierauf die Urkunde verlesen, welche nach beigesetzten, eigenhändigen Unterschriften der hohen Herrschaften und der anwesenden Autoritäten, in die Kreuzblume niedergelegt wurde. [142]) Unter Absingung des „Dombau-Werkgesellen-Liedes", ward der schön gemeiselte Stein in wenig Secunden zu der Höhe von zweihundert sechs und zwanzig Fuß befördert, wo bereits alle Vorbereitungen zum Niederlassen der Schlußkrone getroffen waren. Mit Jubel wurde das Einsetzen der Kreuzblume begrüßt, dem königlichen Bauherrn und dem königlichen Hause ein dreifaches Hoch vom Dombaumeister ausgebracht, welches einen tausendstimmigen freudigen Wiederhall in der versammelten Volksmenge fand.

Nachmittags zwei Uhr ward unter ähnlichem Gepränge der Grundstein zu dem neuen städtischen „Wallraf-Richartz-Museum" gelegt. Nach vier Uhr wurde im großen Saale des Casino's zu Ehren der hohen Herrschaften von der Stadt ein glänzendes Mahl gegeben und am späten Abende eine Rheinfahrt bei prachtvoller Beleuchtung der Ufergebäude und anderer Stadttheile veranstaltet. Hocherfreut uud vergnügt kehrte der König und sein Gefolge hierauf in das Schloß Brühl zurück. [143])

§. 28. Neubelebte Marien-Verehrung.

Die oberhirtliche Amtsthätigkeit des hochseligen Cardinals in dem Jahre 1855 zeichnete sich durch umfassende Belehrung und verschiedene Anordnnngen bezüglich der Verehrung der allerseligsten Gottesmutter besonders aus. Diese Verehrung war dem Oberhirten schon in der Jugend von seinem frommen Lehrer Cresheim tief in das Herz gepflanzt. Er hat dieselbe auf den verschiedenen Stufen seines Lebens treu bewahrt und in vielfacher Weise kund gegeben. Schon im Jahre 1852 hegte er die Absicht, in der Kölner Erzdiöcese die samstägliche Salve-Andacht zu Verehrung der allerseligsten Jungfrau allgemein anzuordnen. Ein amtliches Rundschreiben vom 1. Mai letztgenannten Jahres forderte die Pfarrvorstände hierüber zum nähern Berichte auf. [144]) Diese Berichte wurden gesammelt, allein neue wichtige Verhandlungen über die Verehrung Mariens,

---

[142]) Laut dieser Urkunde waren bisher aus Staatsmitteln 700,000 Thaler, und aus gesammelten Beiträgen 600,000 Thaler an den Bau verwendet. — [143]) Einige Tage später reiste der Cardinal in seine Heimath nach Mußbach, von wo derselbe am 28. Oct. 1855 über Speyer nach Köln zurückkehrte. — [144]) „Kirchlicher Anzeiger". Jahrg. 1852. S. 43.

namentlich über die dogmatische Erklärung ihrer unbefleckten Empfäng= niß, verzögerten die fragliche Anordnung. Als indeß am 8. De= cember 1854 vom Oberhaupte der Kirche die Lehre von der un= befleckten Empfängniß der Gottesmutter der katholischen Welt als Glaubenssatz feierlich verkündet war, ließ auch der hochselige Cardinal das bezügliche Sendschreiben Pius des Neunten unterm 26. Januar des folgenden Jahres seinen Erzdiöcesanen zur Kenntniß bringen. Er behielt sich dabei vor, eine diesem, der ganzen Kirche erfreu= lichen Ereignisse entsprechende, besondere kirchliche Feier späterhin anzuordnen. Zum nähern Verständnisse dieser Feier und zur gründ= lichen Belehrung über den bezeichneten Glaubenssatz schrieb der Cardinal den trefflichen Fastenhirtenbrief vom 2. Februar des Jahres 1855. Darin ward namentlich hervorgehoben, wie die Erzdiöcese Köln um so freudiger in den Glaubenssatz der unbe= fleckten Empfängniß Mariä einstimme, weil schon seit unvordenk= lichen Zeiten der Tag Mariä Empfängniß als Haupt= und erstes Patronsfest des ganzen Erzsprengels gefeiert werde. [145] Diesem Hirtenbriefe folgte am 1. März die amtliche Ausschreibung der be= züglichen Festfeier. Sie wurde für die Mutterkirche zu Köln auf den ersten Mai bestimmt. Wie am Vorabende des genannten Tages, so ertönten auch in der Frühe desselben der hundertstimmige Chor der Glocken aller Kirchen, um die Bewohner der Stadt zur frommen Theilnahme an dem Feste einzuladen. Die Kathedrale und namentlich das Innere des hohen Chores war reichlich ge= schmückt. Vor dem westlichen Eingange dieses Chores erhoben sich zwei Rosenhügel, zwischen denen, auf sinnig verziertem Fußgestelle, das uralte Standbild der heiligen Jungfrau, in seinem ursprüng= lichen polychromatischen Schmucke erneuert und umgeben von flam= menden Kerzen, aufgestellt war. Gegen neun Uhr strömten die Gläu= bigen von allen Seiten, in einzelnen Gruppen sowohl, wie in Pro= cessionen, von der betreffenden Pfarrgeistlichkeit geführt, mit Kreuzen und wehenden Fahnen heran. Um neun Uhr erschien der Ober= hirte im Purpurschmucke, von dem Metropolitancapitel und der übrigen Geistlichkeit am Westportale empfangen, um das Hochamt zu feiern. Nach dem hiebei gesungenen Evangelium verlas der Dompfarrer die denkwürdige Bulle, durch welche der Statthalter Christi die über die unbefleckte Empfängniß der Gottesmutter er= gangene dogmatische Entscheidung vor aller Welt kund machte. Die

---

[145] „Schriften und Reden". B. I. S. 408 u. ff.

bedeutsamste Stelle der Bulle, der Satz nämlich, worin die eigentliche Lehrentscheidung enthalten ist, ward vom Cardinal selbst verlesen. Bei der Aufopferung wurde der vom Hochseligen zur Ehre
der unbefleckten Gottesmutter gedichtete lateinische Hymnus: „Virgo
virginum præclara etc." im ernsten Choral gesungen. [146]) Nach
dem Pontificalamte stimmte der Cardinal das Te Deum an, während
dessen Absingung derselbe in feierlicher Procession die weiten Hallen
der Kathedrale, die Gläubigen segnend, durchzog und dann mit
den Schlußgebeten vor dem Hochaltare den Festgottesdienst am
Morgen schloß. Für die Dompfarrei ward am Abende uoch eine
eigene Andacht abgehalten. In der Collegiat-Stiftskirche zu Aachen
und in allen Pfarr- und Klosterkirchen der Erzbiöcese mußte ein
gleicher Morgens- und Mittagsgottesdienst feierlich abgehalten werden.
Zugleich mit der Anordnung dieser Festlichkeit erließ der hochselige
Oberhirte die Verfügung, daß zum ewigen Gedächtniß jener segensvollen Lehrentscheidung fortan die unter dem Namen Salve bekannte Abendandacht zur Ehre der allerseligsten Jungfrau, welche
in vielen deutschen Diöcesen an jedem Samstage stattfindet, nunmehr auch in allen Pfarreien der Erzbiöcese abzuhalten sei. [147])
    Außer der obgenannten Festlichkeit mußte überdieß an allen
Sonn- und Feiertagen des Monats Mai eine feierliche Nachmit-
tags-Andacht zur Ehre der unbefleckten Gottesmutter in allen Pfarreien
abgehalten werden. Dieses genügte den frommen Verehrern der
allerseligsten Mutter des Herrn in Köln noch nicht. Um den Marien-
monat besonders feierlich zu schließen und den katholischen Bewohnern
der Stadt Gelegenheit zu geben, ihre kindliche Verehrung der Gottesmutter in öffentlichen Freudenbezeugungen kund zu thun, wurde
festgesetzt, am nächsten Pfingstmontage Nachmittags eine außerordentliche Procession, an der sämmtliche Pfarreien Theil nehmen, vom
Dome aus durch mehrere Straßen der Stadt abzuhalten und am
Abende des Tages eine allgemeine Beleuchtung zu veranstalten.
Die äußere Anordnung dieser Festlichkeit ward der Obsorge eines
besonderen Bürgerausschusses anvertraut. Mit größter Pracht,
freudiger Opferwilligkeit und Andacht wurde dieselbe, durch außerordentliche Betheiligung aller Stände gestützt, ausgeführt. Seit
langer Zeit hatte sich der treukatholische Sinn der Einwohner Köln's
nicht so allgemein und glänzend kund gegeben. Mit inniger Freude

---

[146]) „Schriften und Reden". B. I. S. 422. — [147]) „Kirchlicher Anzeiger". Jahrg. 1855. S. 33 u. ff.

und reichem Troste hat der hochselige Cardinal mit dem Metropolitancapitel an dem Festzuge Theil genommen und denselben bei späterer Rückkehr in die Kathedrale mit dem erzbischöflichen Segen geschlossen. [148])

Doch, diese vorübergehenden Festlichkeiten zur freudigen Erinnerung der festgestellten Glaubenslehre von der unbefleckten Empfängniß der allerseligsten Gottesmutter, genügten vielen wackeren, glaubenseifrigen Bürgern der Stadt noch nicht. Schon vorher hatten diese den schönen Gedanken erfaßt und besprochen, durch Errichtung einer Mariensäule auf einem öffentlichen Platze der Stadt, und durch Gründung eines Marienhospitals hiefür bleibende Denkmäler, unter Billigung und Fürsprache ihres Oberhirten, zu stiften. Um dieses Vorhaben in Ausführung zu bringen, wurde ein eigener Marienverein gebildet und der hochselige Cardinal um dessen Protectorat gebeten. Dieser verfehlte nicht, in der bezüglichen Rückäußerung seinen oberhirtlichen Beifall dem frommen Unternehmen auszusprechen. [149]) Dasselbe fand freudige Unterstützung. Doch

---

[148]) Die erzbischöfliche Wohnung zeichnete sich an diesem Abende durch eine besonders reiche und geschmackvolle Beleuchtung und Verzierung aus. Ueber dem Haupteingange thronte ein Standbild der Immaculata, von reichem Blumenschmucke und Laubwerk umgeben, im strahlenden Lichtglanze. Dem schönen Bilde zur Seite waren rechts und links Transparente mit folgenden Inschriften angebracht:

Funde nobis pia dona,　　　　　　Te precamur quoque matrem,
Custos, mater et patrona　　　　　Patrem Pium, piam patrem
　Sanctæ ais Coloniæ.　　　　　　　Conserves incolumem.

[149]) Diese Zuschrift vom 5. Juni 1856 lautete: „Einem verehrlichen Comite des Marienvereines dahier verfehle ich nicht, auf das mir mittels Schreibens vom 2. dieses vorgetragene Gesuch zu erwidern, daß ich zu dem kundgegebenen zweifachen Vorhaben, zunächst die Mittel zur Errichtung einer Mariensäule in der Stadt Köln, als einer bleibenden Erinnerung an die Definition des Dogmas der unbefleckten Empfängniß und seiner Verkündigung in der Metropole zu Köln, anzusammeln und sodann durch fortlaufende Monatsbeiträge eine anhaltende Quelle zur Ausübung von Liebeswerken unter dem besonderen Patronate der allerseligsten Jungfrau zu eröffnen, meinen oberhirtlichen Beifall gern hiermit auszusprechen. Indem ich daher den mir vorgelegten provisorischen Bestimmungen des Vereines die erbetene kirchliche Genehmigung andurch ertheile, bemerke ich nur, daß eine fernere Erklärung bezüglich der Uebernahme des erbetenen Patronates für den Verein ich mir bis zur späteren Vorlage der endgiltigen Statuten vorbehalte. Zugleich spreche ich den Wunsch aus, daß es dem Marienvereine gelingen möge, dieses zu Ehren der unbefleckt empfangenen Gottesmutter Maria, nach dem Vorgange und im Sinne unseres heiligen Vaters, Pius IX. begonnene fromme Werk, bei welchem

wünschten mehrere Vereinsmitglieder, daß eifriger für das Marien-
hospital, als für die Mariensäule gesteuert werde. Für die letztere
hatte der durch so viele herrliche Bauwerke im gothischen Style be-
rühmte Vincenz Statz den Plan entworfen. [150]) Mehrere Schwierigkeiten bot die Wahl des Platzes für das zu errichtende Denkmal.
Dazu wurde endlich die St. Gereons-Straße, gegenüber der erzbischöflichen Wohnung, bestimmt. Unter großer Festlichkeit konnte
auf den Pfingstmontag des Jahres 1857, Nachmittags vier Uhr,
der Grundstein zu diesem schönen Denkmal eingesenkt werden, in
welchen auch ein vom heiligen Vater dem Cardinal hiezu aus
den Katakomben der heiligen Martyrer Peter und Marcellin
übergebener Stein sammt mehreren Münzen eingelegt wurde.
Der Oberhirte hielt bei dieser Feier eine entsprechende Rede, in
welcher er zum Schlusse den Wunsch aussprach, daß auch bald zu
dem Marienhospitale der erste Stein eingesenkt werden möchte. [151])
Es kostete aber noch viele Mühe und Opfer, bis auch dieser Wunsch
des Oberhirten erfüllt ward. Wie sehr derselbe bei Förderung
dieser Baudenkmale für die äußere Verehrung der allerseligsten
Gottesmutter auch auf die ächtchristliche innere Verehrung der Königin
des Himmels drang und hierüber die rechte Belehrung verbreitete,
bezeugt in trefflicher Weise der Fastenhirtenbrief, welcher am 18.
Januar 1856 ausgegeben wurde. [152]) Erst im Laufe des Jahres
1858 ward die kunstreiche Mariensäule vollendet und an der genannten Stelle aufgerichtet. Vom 6. bis 9. September dieses
Jahres hielten die katholischen Vereine Deutschlands die zehnte

---

auch ich mich betheiligen werde, in unserer Stadt, der alttreuen Tochter des
apostolischen Stuhles, glücklich auszuführen und ertheile zur Bekräftigung dieses
Wunsches dem verehrlichen Comité und den Vereinsmitgliedern von Herzen
meinen erzbischöflichen Segen. Der Erzbischof von Köln, Johannes, Cardinal v Geissel". — Unterm 31. Aug. 1855 sprach sich der Cardinal auf
das Theilnehmendste auch für die zu gleichem Zwecke zu Aachen neuzuerbauende
Votiv-Marienkirche aus. Der Grundstein zu dieser schönen, den
Vätern der Gesellschaft Jesu eingeräumten Kirche, wurde vom Hochseligen am
22. Mai 1859, unter Assistenz der Bischöfe von Mainz, Münster, Osnabrück,
Chersones und des Kölner Weihbischofes, in feierlichster Weise gelegt. — [150])
Das Standbild der Unbefleckten, unter einem reichen Baldachin der Säule, ist
von Gottfried Renn zu Speyer gefertiget worden. — [151]) „Schriften und
Reden". B. II. S. 19. — Seite 24 steht auch die lateinische Urkunde, welche
in den Grundstein eingelegt wurde. — Ueber diese Feier erschien ein eigenes
Schriftchen: „Die Feier der Grundsteinlegung zur Mariensäule". — [152])
„Schriften und Reden". B. I. S. 428 u. ff.

Generalversammlung im Saale des Gürzenich zu Köln, welche der hochselige Cardinal in einer erhebenden Ansprache und mit dem erzbischöflichen Segen eröffnete und in gleicher feierlicher Weise schloß. Zur kirchlichen Weihe der Gedenksäule wurde der achte dieses Monats, das Fest Mariä Geburt, bestimmt und in feierlichstem Aufzuge, mit erbaulicher Theilnahme der ausgezeichnetsten Mitglieder jener Versammlung und unzähliger Gläubigen vom Oberhirten vollzogen. In einer Ansprache erläuterte derselbe die Bedeutung der Ehrensäule und die Opferwilligkeit der Kölner, mit deren Spenden und Beihilfe sie errichtet worden ist. Der schöne Schluß dieser Ansprache lautete: . . . „Wo aber so viele Herzen und Hände fromm und wacker zn einem Gotteswerke zusammengewirkt haben, da kann und wird auch Gottes Segen nicht fehlen. Sehet hier oben auf der Zinne des Denkmals steht nun das Bild der Gottesmutter. Der Künstler hat sie mit ausgestreckten Armen und offenen Händen abgebildet in tief sinnvoller Bedeutung. Der göttliche Sohn hat alle seine Gnaden und Segnungen in ihre offenen Hände gelegt, damit sie durch ihre Fürbitte allzeit auf uns herniederträufeln. Mögen darum auch ihre fürbittenden Arme, wie im Bilde, so im Himmel allzeit ausgestreckt bleiben über uns Alle! Möge aus ihren allzeit offenen Händen die reichste Fülle der Gnaden ihres göttlichen Sohnes herabströmen auf diese Stadt und unser ganzes Erzbisthum, in jedes Haus, in alle Familien und in alle Herzen! Dieß ist mein oberhirtlicher Wunsch und mein hohenpriesterliches Gebet, zu deren Bekräftigung ich Euch jetzt meinen erzbischöflichen Segen ertheile." [153]

§. 29. Bischofsweihe zu Paderborn.

Noch vor dieser Weihe, im Monate Juni des Jahres 1856, begab sich der hochselige Cardinal abermal an den königlichen Hof nach Berlin, um wichtige Angelegenheiten seines Amtes zu fördern und wo möglich zu einem günstigen Ende zu führen. Von Berlin besuchte er die Heilquellen zu Karlsbad in Gesellschaft seines Speyerer Freundes Cronauer, der ihn auch von dort nach Prag und Wien begleitete, um hier den längst versprochenen Besuch bei dem päbstlichen Nuntius Viale Prela abzustatten. Dabei versäumte der Hochselige auch nicht, dem Kaiser Franz Joseph seine ehrfurchtvollste

---

[153] „Schriften und Reden". B. II. S. 53. Verhandlungen über die zehnte Generalversammlung, denen das Bild der Mariensäule beigegeben ist.

Aufwartung in Schönbrunn zu machen. Am ersten August traf derselbe wieder wohlbehalten über Prag und Dresden in Köln ein. Auf Sonntag, den 17. dieses Monats ward vom hochseligen Metropoliten die Weihe des ihm sehr befreundeten Bonner Professors, Dr. Konrad Martin, des Bischofes von Paderborn, in der dortigen Kathedrale bestimmt und unter Assistenz des Hildesheimer Bischofes und des Weihbischofes von Paderborn, in feierlichster Weise vorgenommen. Der nicht ohne Schwierigkeit gewählte Bischof fuhr am vorhergehenden Nachmittage dem hochseligen Cardinal bis nach Salzkotten zur Eisenbahn entgegen. Nach freundlichstem Willkomm und wechselseitiger Begrüßung bestiegen Beide einen sechsspännigen Wagen, der sie der alten Bischofsstadt, welche im schönsten Fest= schmucke der Kommenden harrte, entgegen trug. Vor dem Western= thore, welches, von Trumphbögen in gothischem, sehr geschmackvoll ausgeführtem Style umschattet, und mit Fahnen, symbolischen Zierden und Inschriften herrlich geschmückt war, verließen sie den Wagen. Eine ungewöhnlich große Menschenmenge hatte sich hier versammelt. Vom Domcapitel feierlich begrüßt, traten beide Kirchen= fürsten unter den bereitstehenden Baldachin und schritten im Geleite einer eben so großartigen als glänzenden Procession dem altehr= würdigen Dome entgegen. Nach dem hier beendigten Gesange und Gebete fuhr der Cardinal mit dem zu weihenden Bischofe in dessen Palast, welcher zum feierlichen Empfange ebenfalls reichlich ge= schmückt war.

Am Abende von sechs bis acht Uhr ward mit dem Geläute aller Glocken der Stadt der kommende Festtag verkündet. Jeder Eisenbahnzug vermehrte die bereits anwesenden geistlichen und welt= lichen Theilnehmer des Festes. Gegen neun Uhr am Abende setzte sich der von der Bürgerschaft veranstaltete großartige Fackelzug unter Musik und Gesang in Bewegung. Die verschiedenen Abtheilungen waren durch farbenreiche Monstre=Fackeln mit Inschriften und Denk= zeichen gesondert. Auch die benachbarte Stadt Neuhaus, einst die Residenz der Fürstbischöfe von Paderborn, hatte sich mit zahlreichen Fackelträgern dem Zuge angeschlossen. Dieser stellte sich vor der bischöflichen Wohnung im weiten Kreise auf. Der Bürgermeister der Stadt trat hier vor und brachte Seiner Eminenz und dem Diöcesanbischofe ein dreifaches Hoch aus, welches tausendstimmig von den Umstehenden wiederholt wurde. Bischof Martin erschien sofort auf der Treppe seines Hauses, und redete, bei lautloser Stille, in kräftiger Sprache Worte des Dankes für die große und schöne, von allen Bewohnern der Paderstadt seinem hohen Gaste, dem allgemein hochverehrten und um Deutschland hochverdienten Kirchenfürsten, Cardinal und Erzbischofe von Köln, und ihm als Bischofe der Diöcese erzeigte Ehre und Huldigung. Er versprach feierlich den Diöcesanen ein guter, ein redlicher, ein katholischer Bischof zu seyn und bat schließlich Morgen, im frommen Gebete seiner zu gedenken. Nach diesen Worten, die Alle jubelnd aufnahmen, trat auch der Cardinal auf die Treppe und stimmte dem ausgesprochenen bischöflichen Danke bei. Er bat die Diöcesanen, dem neuen Bischofe in Liebe, Gehorsam und treuer Ergebenheit zugethan zu bleiben, damit derselbe sein heiliges Amt mit desto größerem Segen verwalten könne. Weiter sprach er sich über den bewiesenen Eifer und die ächtkatholische Gesinnung der Bürger Paderborn's anerkennend und belobend aus. Er schloß mit dem Bemerken, daß er gleich nach seiner Heimkehr dem heiligen Vater über die hier herrschende Glaubenstreue Bericht erstatten werde, was sicherlich das Herz des Pabstes erfreuen dürfte, der dann auch gerne der guten Paderstadt und der Diöcese den apostolischen Segen ertheilen werde, wie er jetzt selbst den erzbischöflichen spende. [164])

Am Morgen des Weihtages ward abermals mit dem Geläute aller Glocken von sieben bis acht Uhr die hohe Feier verkündet. Um diese Stunde setzte sich ein reicher Zug, von den Mitgliedern des Domcapitels und den übrigen, zahlreich anwesenden Geistlichen gebildet, aus der Kathedrale nach der bischöflichen Wohnung in Bewegung, um den Metropoliten mit dem zu Weihenden und den beiden assistirenden Bischöfen, dem von Gläubigen aus allen Ständen überfüllten Gotteshause entgegen zu führen. Hier begrüßte Pauken- und Trompetenschall die Eintretenden. Sofort begann das Pontificalamt, wobei nach kirchlicher Vorschrift die bischöfliche Weihe erfolgte. Am Schlusse derselben stimmte der Cardinal das Te Deum an, während dessen Absingung dem mit Ring, Mitra und Stab geschmückten Neugeweihten von der anwesenden Diöcesangeistlichkeit durch Handkuß Ehrfurcht und Gehorsam gelobt wurde. Nach Beendigung des Ambrosianischen Lobgesanges ertheilte der neugeweihte Bischof den ersten Segen. Der Metropolit empfahl hierauf denselben in einer ergreifenden Ansprache allen Diöcesanen

---

[164]) Der Cardinal erfüllte dieses Versprechen in einem Berichte vom 20. August, worauf Seine päbstliche Heiligkeit in einem für die Bürgerschaft zu Paderborn höchst ehrenvollen Breve vom 25. Sept. 1856 erwiderte.

als einen Mann, deffen Frömmigkeit und Eifer ihm aus seinen
innigen Beziehungen zu demselben seit einer Reihe von Jahren
genau bekannt sei und darauf das Wohl und Heil seiner Untergebenen stets mit Eifer und Gewissenhaftigkeit bedacht seyn werde.
Diese Ansprache erwiderte der Neugeweihte mit einer Bescheidenheit,
Demuth und eindringlichen Beredtsamkeit, welche nicht verfehlen
konnte, alle Zuhörer für. sich zu gewinnen. Hiermit ward die
Feierlichkeit geschlossen und die hohen Würdeträger wieder im feierlichen Zuge bis zur Vorhalle des Domes geleitet, wo die Wagen
bereit standen, sie zum bischöflichen Palais zu bringen. Hiebei ward
der Cardinal unerwartet von einem nicht geringen Unglück bedroht.
Beim Aussteigen aus dem Wagen machten die Pferde, scheu geworden, oder ungeschickt gelenkt, eine heftige Seitenbewegung. Der
Wagen ging zurück und der Hochselige, welcher bereits mit einem
Fuße auf dem Wagentritte stand, sprang eiligst heraus. Baret und
Tuch entfielen seiner Hand und er schwankte zum Fallen. Dabei
fehlte wenig, daß nicht der Wagen umstürzte. Doch schnell wurden
die Pferde zum Stillstehen gebracht und froh athmeten die Umstehenden mit dem Kirchenfürsten nach glücklich überstandener Gefahr. [155]
    Um drei Uhr des Nachmittags war im Gasthause zum römischen
Hofe das vom neugeweihten Bischofe bestellte Festmahl, zu welchem
die hohe Geistlichkeit, der Adel, die ersten Beamten, die Professoren
und die Stadtverordneten eingeladen waren. Bei Tafelmusik und
Gläserklang herrschte Frohsinn und unbefangene Munterkeit, welche
durch schöne Trinksprüche, die von dem Cardinal auf Pius IX.,
vom neugeweihten Bischofe auf den König Friedrich Wilhelm IV.
und von dem Regierungspräsidenten, Freiherrn v. Duisberg, auf den
neuen Oberhirten ausgebracht wurden. Die Festlichkeit des Tages
schloß. mit einer glänzenden Beleuchtung, in welcher die Stadt,
wie im Zaubergarten, funkelte und strahlte. Als die Prälaten um

---

[155] In einem Brief vom 26. Aug. 1856 schrieb der Hochselige hierüber: „In Paderborn ging Alles vortrefflich; es war ein pompöses Fest;
nur war ich in einer großen Gefahr (beim Nachhausefahren aus dem Dome
durch Ausgleiten des Wagens, welcher um einen Zoll dem Umwerfen nahe
war), unter den Wagen beim Aussteigen zu kommen und dann, wenn er gefallen wäre, todt geschlagen zu werden. Der Schutzengel hielt den Wagen
noch aufrecht und so wurde ich durch ihn bewahrt. Deo et illi gratias." ꝛc.
Nicht so erfreulich und friedlich wie die Weihe des Bischofes, war die Wahl-
geschichte desselben, die in einem andern Briefe berührt wird.

zehn Uhr in offenen Wagen durch die reichverzierten Straßen fuhren, um die Einzelnheiten des Aufwandes näher zu schauen, da wollte das begeisterte Hochrufen der wogenden Volksmenge nicht rasten und nicht enden. [156])

§. 30. Romfahrt des Cardinals.

Als getreuer und dankbarer Sohn der heiligen römischen Kirche zog der Kölner Oberhirte endlich im Jahre 1857, wo es ihm in mannigfacher Beziehung möglich geworden war, in die Hauptstadt der Christenheit, um dem heiligen Vater für die vielen Beweise empfangener Huld und Ehre persönlich zu danken, ihm die Gefühle kindlicher Ergebenheit und unerschütterlicher Treue kund zu geben, den purpurnen Hut in Empfang zu nehmen und verschiedene Anliegen seines Erzbisthums zu berathen und zu fördern. [157]) Am Mittwoch den 4. März Abends eilf Uhr reiste derselbe wohlgemuthet auf der Eisenbahn über Aachen, Namur nach Paris ab, wo er am anderen Nachmittage gegen halb drei Uhr ankam und in dem Missionshause der Lazaristen Wohnung nahm. [158]) Außer seinem Kammerdiener begleitete ihn der Speyerer Domcapitular Cronauer und der Präses des erzbischöflichen Priesterseminars, geistliche Rath Dr. Westhoff. Der Aufenthalt zu Paris dauerte bis zum 6. März Abends acht Uhr. Die Reise wurde auf dem Schienenwege über Lyon nach Marseille ununterbrochen fortgesetzt und letztere Stadt am Samstage Abends um vier Uhr glücklich erreicht. Alsbald besuchte die Reisegesellschaft die herrlich gelegene Marienkapelle, um sich dem Schutze der Gottesmutter zu empfehlen und in großartiger Rundschau die weite Meeres-Fläche zum ersten Male zu begrüßen. Am Sonntage las der Cardinal die heilige Messe in der Jesuitenkirche der Stadt. Die übrigen Stunden

---

[156]) Vergleiche „Deutschland" vom 20. Aug. 1856. — [157]) Bereits am 30. Dec. 1851 hatte der Hochselige an seinen Freund Richarz nach Augsburg geschrieben: . . . „Ich muß meinen rothen Hut, der zu Rom im Consistorialsaale hängt, noch etwas auf mich warten lassen, bis es mir gelingen wird, ihn einzulösen. Vielleicht bin ich bis zum Winter 1853 in der Lage, dieses thun zu können. Auch habe ich große Lust, vorher eine Provincial-Synode abzuhalten und dann die Acten selbst in Rom persönlich vorzulegen. Indessen wer weiß, wie es bis dorthin aussieht". re. re. — [158]) Am 5. März 1857 wurde die Geistlichkeit der Erzbiöcese angewiesen, „im Gebete und im heiligen Meßopfer des reisenden Oberhirten in Andacht zu gedenken". „Kirchlicher Anzeiger", Jahrg. 1857. S. 31.

wurden benützt, die Denkwürdigkeiten der großen Seestadt in Augen=
schein zu nehmen. Die Abreise auf dem Sicilianischen Dampfer
„Capri" ward auf den Abend des folgenden Tages bestellt. Doch
an diesem Tage wurde der hohe Reisende bei lästigem Katarrh
etwas unwohl und bedenklich die Reise so schnell fortzusetzen. Diese
Bedenklichkeit suchten die minder ängstlichen Reisegefährten zu ver-
scheuchen, um am genannten Abende dem „Capri" zuzurudern.
Erst nach der Mitternachtsstunde setzte sich dieser Dampfer in Be=
wegung und erreichte bei etwas rauhem, stürmischem Wetter, jedoch
ohne sonstige Belästigung der Reisegesellschaft, Morgens halb sechs
Uhr den Hafen von Civita=Vecchia. Um sieben Uhr stieg der Cardinal mit seinen Gefährten an's Land, wo ihn der päbstliche
Delegat der Stadt fürstlich begrüßte. Dieser hatte bereits Alles
zur sofortigen Weiterreise in Bereitschaft gesetzt. Sie wurde in
einem nicht gar bequemen Postwagen um halb zehn Uhr ange-
treten und um halb sechs Uhr des Abends an der Pilgerherberge
bei der deutschen Nationalkirche St. Maria dell' Anima vorgefahren.
Der Katarrh des Cardinals hatte sich bedeutend gesteigert und
sohin mußte sich derselbe einige Tage im Zimmer bequemen. Dessen
erste Audienz beim heiligen Vater hatte daher erst am Sonntage
den 15. März statt. Sofort wurde die Anwesenheit des Kölner
Kirchenfürsten amtlich bekannt und ihm das übliche päbstliche Ehren=
geleite beigegeben. Für die öffentlichen Begrüßungen und Beglück=
wünschungen, welche an den drei folgenden Tagen statt hatten,
wählte unser Prälat die Wohnung des ihm befreundeten Cardinals
Grafen Reisach im Palaste Santa Croce. [159]) Sie währten gewöhnlich von 10 bis 1 Uhr und auch am Abende bis spät in die
Nacht. Der genannte Palast, wie auch das Pilgerhaus, welches
der Gefeierte bewohnte, waren auf das Festlichste geschmückt und
mit großen Wachskerzen erleuchtet. Flammende Windfackeln be=
zeichneten und erhellten ihm zur Ehre die Paläste der Cardinäle,
der römischen Fürsten und mehrerer Gesandtschaften. Schon · am
ersten dieser Abende erstattete der außerordentliche Gesandte von
Preußen und bevollmächtigte Minister beim heiligen Stuhl, Freiherr
v. Thile, mit dem gesammten preußischen Gesandtschaftspersonale,

---

[159]) Zum Andenken und Danke übersendete der Hochselige dem Cardinal
einen prächtigen kunstvollen Kelch im gothischen Style und ein Kistchen mit
370 Flaschen ächten kölnischen Wassers, letzteres zur freundlichen Vertheilung
an Collegen, die es sehr freundlich in Empfang nahmen.

so wie auch der Commandant der französischen Besatzung, General
v. Guyon mit seinem ganzen Generalstabe, dem Purpurgeschmückten
ihre Glückwünsche, während Musikchöre vor dem Palaste Santa
Croce abwechselnd verschiedene Tonstücke aufspielten.

Am Donnerstage den 19. März Morgens neun Uhr hielt
der heilige Vater ein öffentliches Consistorium, wobei der Kölner
Erzbischof zugleich mit jenem von Agram, Georg v. Haulik, dem
Primas von Croatien, feierlich in das Collegium der Cardinäle
aufgenommen wurde. [160]) Auf das öffentliche Consistorium folgte
unmittelbar ein geheimes, welchem die beiden neueingeführten Cardinäle beiwohnten und in welchem eine Reihe Würdeträger der
Kirche ernannt, namentlich auch der bisherige Erzbischof von Tours,
Cardinal v. Marlot, auf den erzbischöflichen Stuhl von Paris befördert wurde. Noch an demselben Tage nach ein Uhr hatte der
Cardinal von Köln mit seinem Gefolge eine Audienz beim heiligen
Vater im Vatican, wobei derselbe seine innige Dankbarkeit und
aufrichtige Huldigung wiederholt aussprach, was auf das Freundlichste von dem liebenswürdigen Oberhaupte der Kirche aufgenommen
wurde.

Am Abende desselben Tages um sechs Uhr, als eben der
Cardinal von Köln mit glänzendem Gefolge im Palaste Santa
Croce weilte, erschien der von Seiner Heiligkeit beauftragte päbstliche Haus-Prälat und Guardaroba, Monsignore Stella, um jenem
den Cardinalshut zu überreichen. In einigen herzlichen Worten
erläuterte derselbe die Gründe, welche Seine Heiligkeit bestimmt
haben, dem Erzbischofe von Köln die hohe Würde eines Cardinals
zu verleihen. Insbesondere hob derselbe die hohen Verdienste um
die Kirche hervor, welche der Gefeierte an den beiden Hauptorten
seiner Wirksamkeit, zu Speyer und zu Köln, gesammelt habe. Am
Schlusse fügte Stella bei, welche große Auszeichnung es für ihn

---

[160]) Pabst Leo IX., bekanntlich ein Deutscher, hatte den Erzbischof
Hermann II. von Köln seiner Zeit, in den Jahren 1036 bis 1056, um ihn in
der bischöflichen Hierarchie auszuzeichnen, zum jeweiligen Erzkanzler der römischen Kirche ernannt und ihm unter dem Presbyteraltitel von St. Johann
ante portam latinam eine gewisse Jurisdiction ertheilt. Dieses alten Privi-
legiums eingedenk, wünschte Herr v. Geissel den nämlichen Titel zu erhalten.
Allein auf Anrathen des päbstlichen Ceremonienmeisters, welcher ihm bemerkte,
daß hiedurch ein Jurisdictions-Conflict mit den Chorherren von St. Johann
im Lateran, welche jene Kirche als ein Filial ihrer Basilica betrachteten, entstehen dürfte, behielt derselbe den schon genannten Titel von St. Lorenz in
Viminali bei.

selber sei, jenem die Insignien der Cardinalswürde überbringen zu dürfen. Seine Eminenz erwiderte hierauf mit einer eben so schönen als ausführlichen Rede in lateinischer Sprache. Dem Schlusse derselben entnehmen wir folgende Stelle in deutscher Uebersetzung. „Ich stehe nun hier in meinem Namen und in dem der Erzbiöcese, als ihr Bote und Dolmetscher, um heute, da ich den Cardinals- hut empfange, unsern tiefsten Dank aus vollem Herzen auszusprechen, zu dem wir so gerechte Ursache haben. Denn das gereicht uns vor Allem zur besonderen und hohen Freude, daß wir in der Er- höhung des Erzbischofes eine neue Besiegelung jener alten, mit der römischen Mutter uns verbindenden Einigkeit erkennen und darin eine wiederholte Bestätigung des alten Titels einer „„allzeit ge- treuen Tochter"" erblicken. Aber wir wissen auch, welche Pflichten uns obliegen, um uns eines solchen Wohlwollens des Oberhauptes unserer Kirche würdig zu erweisen. Sie sind Gehorsam und Treue gegen diese Kirche zu Rom, von welcher die priesterliche Einheit ausgegangen ist, so wie Ergebenheit und kindliche Liebe gegen diesen Stuhl des heiligen Petrus und den von Gott auf ihn ge- setzten Nachfolger des Apostelfürsten, unsern geliebten heiligen Vater, Pabst Pius IX. Diese Pflichten in Wort und That zu erfüllen, sind wir bereit. Gerne gehorchen wir, mit Freuden üben wir die Treue und mit Herz und Mund bekennen wir unsre Ergebenheit und Liebe; denn wir wissen wohl, im Gehorsam ist unsere Freiheit, in der Treue unsere Erhebung, in der Liebe unser Ruhm. Zu den Füßen des Statthalters Christi knieend, werden wir gekräftigt, uns neigend stehen wir fest, in der Liebe zum Vater erlangen wir der Söhne Segen. Mit der römischen Kirche und dem heiligen apostolischen Stuhle stehen wir treu zusammen; denn wir wissen es, daß in ihr, der Mutter und Lehrerin, in welcher alle Kirchen sich vereinen müssen, auch unsrer Kirche zukünftiges wie vergangenes Loos mitumschlossen ist. Von der Kirche zu Rom glauben und beten wir: „„Dort wird die apostolische Hinterlage des heiligen Glaubens bewahrt; dort ist die Säule und Grundfeste der Wahrheit und darum ist dort unsre Kraft, dort unsre Stärke, dort unsre Sicherheit und unser Heil"". Wir wissen: „„Vereint mit dem heiligen Vater Pius, sind wir auch mit dem heiligen Petrus ver- einigt"". Mit der römischen Mutter sind wir katholisch, mit ihr werden wir katholisch bleiben". rc. [161]

---

[161] „Schriften und Reden". B. II. S. 17 u. ff. „Kirchlicher

Nach dieser Feierlichkeit hatten weitere Begrüßungen des Cardinals und freundliche Unterhaltungen statt, wobei allerlei Backwerk und Erfrischungen den Begrüßenden zu Gebote standen. An den nächsten Tagen stattete der Gefeierte im fürstlichen Aufzuge, von päbstlichen Vorreitern begleitet, die schicklichen Besuche und Gegenbesuche ab. Auf das Fest Mariä Verkündigung, an welchem der heilige Vater in der Dominikaner-Kirche Santa Maria sopra Minerva dem feierlichen Gottesdienste beiwohnte, hatten die Cardinäle von Köln und Agram die besondere Auszeichnung, in dem Galawagen mit dem heiligen Vater dahin zu fahren und demselben bei dem betreffenden Gottesdienste zu assistiren. An demselben Tage machte der Kölner Kirchenfürst dem Könige Max von Bayern auf der Villa Malta seine Aufwartung und verweilte bei ihm in längerer Besprechung. [162]) Die folgenden Tage wurden zum Besuche mehrerer Kirchen und Katakomben verwendet. Der Hochselige ward indeß zum Mitgliede der Congregationen des Index, der Riten, der disciplina regularis und des Concilium ernannt und wohnte am 28. März einer Sitzung der letztgenannten Congregation bei. Die nächsten Tage wurden abermals zur Besichtigung der Denkwürdigkeiten der ewigen Stadt benützt. So ward namentlich am 1. April das große Hospital St. Michael besucht, dessen Vorstand, der Cardinal Tosti, seinen neuen Collegen und dessen Begleiter freundlich empfing und mit Denkmünzen beschenkte. Am Mittage des 1. April empfing der Gefeierte in dem Palaste Santa Croce den officiellen Gegenbesuch des Subdecans des heiligen Collegiums, des Cardinals Mattei, welcher statt des erkrankten Decans Machi dessen Amtsverrichtungen zu vollziehen hatte. Am folgenden Tage — dem Palmsonntage — begannen die erhebenden Gottesdienste der Charwoche. Der heilige Vater theilte selbst die Palmen in der St. Peterskirche aus, wobei der Gottesdienst von neun bis zwei Uhr dauerte. Am folgenden Tage machte der Cardinal Reisach mit seinen beiden Collegen von Köln und Agram und deren Begleitern einen Ausflug nach Frascati, wo sie von dem dortigen Bischofe, Cardinal Capiano de Azevedo, freundlich bewirthet und

---

Anzeiger", Jahrg. 1857. S. 47. — Das Lob, welches der Hochselige in dieser Rede seiner Erzdiöcese spendete, ist eine bescheidene Beleuchtung seiner verdienstvollen Thätigkeit in derselben. — [162]) Am 1. April 1857 reiste König Ludwig von Bayern durch Rom, ohne sich jedoch dort aufzuhalten. Der König Max war ihm mit seinem Adjutanten entgegengefahren.

mit Denkmünzen beschenkt wurden. Auf Grünendonnerstag waren sie vom Staatssecretär Antonelli zur Tafel geladen. Bei ihm hatte der Cardinal von Köln auch am 18. April eine besondere Audienz. Am Grünendonnerstag hielt der heilige Vater zu St. Peter abermals den feierlichen Gottesdienst. Demselben wohnte der hochselige Cardinal mit seinen Gefährten bei, so wie auch den erhebenden Klagegesängen der heiligen Woche bei der Mette in der Sixtinischen Kapelle. Gleiches geschah am Abende des Charfreitages in der St. Peterskirche bei Vorzeigung des großen Kreuzpartikels, des Schweißtuches der heiligen Veronica und anderer Heiligthümer. Auf Ostern feierte der heilige Vater im höchsten kirchlichen Glanze und bei einer unzählbaren Menge frommer Gläubigen, darunter Könige und Fürsten und die Pilger von Köln, das Hochamt zu St. Peter. [168] Nach Beendigung desselben ward von der hohen Altane des riesigen Gotteshauses unter dem Geläute aller Glocken und dem Donner der auf der Engelsburg aufgepflanzten Kanonen, der päbstliche Segen mit allgemeinem Ablasse ertheilt.

Am zweiten Ostertage, den 13. April, begab sich der hoch= selige Cardinal von dem Hospitz dell' Amina nach der Kirche des heiligen Laurentius in Panisperna auf dem Viminal, um von ihr, deren Titel er trug, wirklichen Besitz zu nehmen. Mit dieser Be= sitzergreifung waren jedoch keine besondere Feierlichkeiten verbunden, weil Seine Eminenz dieselben in forma privata vorzunehmen be= stimmt hatte. Ein Consistorialadvocat verlas hiebei in der Sacristei die päbstliche Bulle, in welcher dem Hochseligen der Titel dieser Kirche übertragen war, im Beiseyn des Cardinals Reisach, dann des Ordens=Generals der Franziscaner und einer Anzahl deutscher Landsleute. Das anstoßende Clarissinnen=Kloster, zu welchem die Kirche gehört, war zu Ehren des gefeierten Kirchenfürsten festlich geschmückt.

Wie die übrigen Mitglieder des heiligen Collegiums, so er= hielt auch der Cardinal von Köln die päbstliche Einladung, am Donnerstage den 16. April einer seltenen Festlichkeit beizuwohnen, welche auf der sieben Miglien von Rom entfernten, der Propa= ganda gehörigen Meierei — Petra aurea — abgehalten wurde. Dieser Ort ist durch die zwei Jahre früher erfolgte Entdeckung

---

[168] Der König Max von Bayern, die Königin Mutter von Spanien, der Kronprinz und die Kronprinzessin von Wirtemberg, der Prinz Karl von Preußen re. wohnten auf einer Ehrenempore der ganzen Festlichkeit bei, welche von 9 bis 1 Uhr dauerte.

der Grabstätte des als Blutzeugen gestorbenen Pabstes Alexander und seiner Leidensgenossen Eventius und Theodulus besonders berühmt geworden. Der heilige Vater verfügte sich an jenem Tage mit großem Gefolge dorthin, um dem Gottesdienste beizuwohnen und hierauf zu der an jener Grabstätte zur Ehre der genannten Heiligen neuzuerbauenden Kirche feierlich den Grundstein zu legen. Auf dem Heimwege speiste Pius IX. mit den Cardinälen, darunter auch jener von Köln, in dem St. Agnes-Kloster, welches derselbe, nach der früher dort glücklich überstandenen Lebensgefahr, sammt der Kirche prachtvoll hat wieder herstellen lassen.

Am 25. April hatte der Kölner Oberhirte abermals eine besondere Audienz beim heiligen Vater, welche länger als eine Stunde dauerte, wobei die wichtigsten Angelegenheiten des Kölner Erzbisthums und der Kirche in Deutschland besprochen und für jenes, so wie für einzelne Personen besondere Gnaden erbeten wurden. Da der Pabst in der denkwürdigen Nacht vom 24. November des Jahres 1848, in welcher er verkleidet nach Gaëta in das Neapolitanische Gebiet flüchtete, das Gelübde, den Wallfahrtsort in Loreto zu besuchen, gemacht und zu diesem Behufe und zu einer Umreise in den Marken von ihm festgestellt war, am 4. Mai Rom zu verlassen: so hatte der Cardinal von Köln mit seinen geistlichen Begleitern am ersten dieses Monats seine Abschieds-Audienz beim heiligen Vater. Er wurde von diesem mit Wohlwollen entlassen und mit Geschenken und Ehrentiteln für seine Begleiter reichlich bedacht. [164])

Nachdem der Hochselige noch einige wichtige Geschäfte beendigt hatte, reiste er am Montage, den 11. Mai, von Rom nach Civita-Vecchia ab. Hier bestieg er am folgenden Morgen um zehn Uhr denselben Dampfer, der ihn nach Italien gebracht hatte, auf dem er mit seinen Gefährten, unbelästiget von der Seekrankheit, bei nicht unbedeutender Unruhe des Meeres am folgenden Tage um halb fünf Uhr im Hafen zu Marseille landete. Im Gasthofe Hôtel d'Orient traf der Prälat den ebenfalls auf der Rückreise begriffenen König Max von Bayern. [165]) Der 14. Mai brachte jenen auf

---

[164]) Siehe über diese Auszeichnungen „Kirchlicher Anzeiger", Jahrg. 1857. S. 60. Als fünf Jahre später der Herr Weihbischof von Köln dem heiligen Vater seine Huldigung in Rom bezeugte, wiederholte dieser jenem die rühmlichste Anerkennung der großen Verdienste des Kölner Metropoliten. — [165]) Der König ward von der Seekrankheit so stark ergriffen, daß man Besorgnisse für sein Leben hatte.

der Eisenbahn, die Morgens um zehn Uhr bestiegen worden war, am Abende um sechs Uhr nach Lyon. Am folgenden Tage ward hier gerastet, mehrere Kirchen der Stadt und die herrliche Marien-kapelle besucht. Am Abende halb sieben Uhr ging die Reise auf der Schienenbahn wieder nach Paris, wo der hochselige mit seinen Gefährten des Morgens halb sechs Uhr wohlbehalten eintraf und seine frühere Herberge wieder aufsuchte. Am Montage den 17. Mai des Abends ward abermals der Schienenwagen bestiegen, welcher die Reisegesellschaft am folgenden Tage halb zwölf Uhr über Nancy, Metz, Forbach glücklich nach Speyer brachte. Am fol-genden Tage, an welchem im bischöflichen Hause zur Ehre des Purpurgeschmückten ein Festmahl gegeben wurde, traf auch der Cardinal von Agram dort ein, um ohne besonderen Aufenthalt den Kaiserdom zu sehen und zu bewundern. Auf das Fest Christi Himmelfahrt wohnte der Kölner Kirchenfürst dem Hochamt in der Rathedrale bei und sang zum Schlusse desselben den Segen. Am Samstage machte derselbe einen Ausflug nach Mußbach, um seine der Auflösung sich nahenden Nichte, Marie Geissel, zu erfreuen und zu trösten. Nach dem Nachmittagsgottesdienste des folgenden Tages reiste der Gefeierte von Speyer bis Mainz, um dort zu übernachten und am folgenden Tage in Köln einzutreffen.

§. 31. Festlicher Empfang zu Köln.

Als die Kunde von der baldigen Rückkehr des hochverehrten Oberhirten aus Rom nach Köln gedrungen war, da versammelten sich am Abende des 15. Mai unter dem Vorsitze des allseitig thätigen Justizrathes Esser II. mehrere hundert Bürger, um wegen der Festlichkeiten zu berathen, mit welchen die bevorstehende freudige Wiederkehr Seiner Eminenz in die Mitte seiner Erzbiöcesanen ge-feiert werden dürfte. Es wurde zu diesem Behufe ein Ausschuß gewählt, um geeignete Vorschläge zu entwerfen und zur näheren Beschlußnahme demnächst eine Bürgerversammlung einzuberufen. Diese Versammlung hatte am·19. Mai unter zahlreicher Betheilig-ung im Gertrudenhofe statt. Es wurde hiebei festgestellt, daß, am Montag den 25. Mai, an welchem der Cardinal von Mainz auf einem Rheinboote zurückkehren werde, zwei reichgeschmückte Kölner Dampfboote mit den Festgenossen von Köln nach Rolandseck fahren und daselbst, an der Grenze des Erzbisthums, den Gefeierten be-grüßen sollen. Nach erfolgter Ankunst des Dampfers, auf welchem der Cardinal die Reise von Mainz dahin zurücklegt, wird derselbe gebeten, eines der Kölner bereitstehenden Festschiffe zu besteigen. Wenn dieß geschehen, ist die Fahrt rheinabwärts fortzusetzen. In Bonn sollen die Festschiffe anlegen, um den dortigen geistlichen und weltlichen Behörden Gelegenheit zu bieten, den Oberhirten zu bewillkommen. Gegen vier Uhr dürften die Dampfboote vor dem Trankgassenthore zu Köln erscheinen, woselbst der Oberbürgermeister, die Beigeordneten und Stadtverordneten, deßgleichen die geistlichen Behörden und sonstige Körperschaften zum Empfange und zur Bewillkommung Seiner Eminenz versammelt seyn werden. Vom genannten Thore ist der Gefeierte in festlichem Zuge von der Domgeistlichkeit, den städtischen Behörden, den Dombauwerkgesellen und verschiedenen Musikabtheilungen gebildet, unter dem Geläute der Glocken zur Kathedrale zu geleiten. Während dort ein feierliches Te Deum vom Domchore gesungen wird, haben die verschiedenen Vereine und Körperschaften Spalier bis zum erzbischöflichen Palais zu bilden. Vor dem letzteren wird Seine Eminenz von dem Bürgerausschusse erwartet und begrüßt. Von Seiten der Stadt sollen die betreffenden Straßen mit Laubwerk, Flaggen und Fahnen festlich geschmückt werden.

Alles dieses wurde noch glänzender, als es verabredet und empfohlen war, ausgeführt. Schon am frühen Morgen des genannten Tages waren unzählige Hände beschäftiget, diejenigen Straßen, durch welche sich der Empfangzug bewegen sollte, auf das Glänzendste zu schmücken. Namentlich wurde die Stadt auf der Rheinseite großartig verziert. Sämmtliche Schiffe, die Brücke, die Hafengebäude und Befestigungswerke waren von unzähligen Fahnen, Wimpeln und Flaggen umweht. Um eilf Uhr fuhren die beiden Festschiffe, der „Guttenberg" von der Düsseldorfer, der „Schiller" von der Kölner Dampfbootgesellschaft, mit zahlreichen Abgeordneten nach Rolandseck ab, um dort den Gefeierten zu empfangen. Schon in den ersten Nachmittagsstunden waren die Straßen und das linke Rheinufer längs der Stadt von einer unübersehbaren Volksmenge umwogt, welche der Ankunft des purpurgeschmückten Oberhirten entgegen harrten. Doch erst gegen sieben Uhr kamen die mit Blumen, Kränzen, Wimpeln und Fahnen bunt verzierten Fest-Dampfer in Sicht. Sofort ertönten alle Glocken der Stadt. Unter dem Donner der Geschütze und dem Jubelrufe der Menge landeten die Schiffe an einer eigens zu diesem Zwecke hergerichteten, mit Blumen und Teppichen bedeckten Landungsbrücke nächst dem Trankgassen-Thore. Seine Eminenz wurden hier von den städtischen

Behörden und dem Metropolitancapitel auf das Herzlichste bewillkommt. Der Festzug ordnete sich alsbald durch das genannte Thor,
welches mehr einer schönen Blumengruppe, als einem festen Thurme
glich, von welchem herab eine Musikbande den Oberhirten mit fröh-
lichen Klängen begrüßte. Oben an dem Thore war weithin sichtbar
der freundliche Willkomm: „IoannI CoLonIa sanCta fIDeLIs
RoMæ fILIa"! Durch die überreich geschmückte Trankgasse bewegte
sich der Zug, voran ein Musikchor, welchem die Dombauwerkgesellen
folgten. Diese umschimmerte das herrliche Banner des Dombauvereines, dem eine große Anzahl Schüler aus allen Pfarreien der
Stadt sich anreihete. Eine Schaar weißgekleideter Mädchen streueten
Blumen, andere trugen Lilien und Palmen in den Händen. Nach
dem katholischen Gesellenvereine und den Bruderschaften mit ihren
bunten Fahnen folgte wieder eine Musikabtheilung, schickliche Stücke
spielend. Der gesammten Pfarrgeistlichkeit schlossen sich sodann die
Zöglinge des Priesterseminars mit ihren Vorständen und Lehrern an,
und zuletzt die Mitglieder des Metropolitancapitels. Nach diesem
schritt der Cardinal sichtlich ergriffen von der herzlichen allseitigen
Theilnahme der Bürgerschaft einher. In der Linken trug derselbe
den purpurfarbigen, dreieckigen Hut, mit der Rechten ertheilte er
nach beiden Seiten hin den Segen. Den Schluß des langen Zuges
bildeten die städtischen Behörden und die übrigen Abgeordneten der
Festlichkeit. Gegen acht Uhr lag der gefeierte Oberhirte betend
auf den Knieen vor dem Hochaltare seiner Kathedrale, während
das Te Deum zum Danke für dessen glückliche Rückreise abgesungen
und mit den üblichen Gebeten und dem erzbischöflichen Segen geschlossen wurde.

Indeß hatten sich die Theilnehmer des Festzuges über die
reichverzierte Marzellenstraße nach der erzbischöflichen Wohnung in
Bewegung gesetzt, welcher der Gefeierte mit zahlreichem Geleite
im geschmückten Wagen entgegen fuhr. Dort von Hochrufen und
Musik begrüßt, wurde er abermals von den Abgeordneten der Stadt
und von den Mitgliedern des Festcomites bewillkommt. Mit bewegtem Herzen dankte der Cardinal für den erhebenden Empfang
und die darin sich beurkundende katholische Gesinnung und verknüpfte mit diesem Danke die Hoffnung, daß seine Romreise für
die Kirche und die Erzdiöcese von sehr gutem Erfolge seyn werde.
Dem fügte er namentlich bei: . . . „Ich habe den heiligen Vater
von Angesicht zu Angesicht gesehen und mit ihm mehrere Male
und längere Zeit gesprochen. Er wird nicht nur der heilige Vater

genannt, sondern er ist in Wahrheit auch ein heiliger, apostolischer
Mann, der würdige Nachfolger des Apostelfürsten Petrus zu Rom.
Seine päbstliche Heiligkeit haben mir wiederholt allerhöchste Freude
darüber bekundet, aus dem Munde des Oberhirten Kenntniß zu
erhalten von der trefflichen katholischen Gesinnung des ausgezeichneten
Klerus, so wie des trefflichen Volkes von Köln". 2c. 2c. [166]) Mit
einem abermaligen, die Gereonsstraße weit überhallenden Hoch
schloß sich die Feier des Tages.

Drei Tage später überbrachte das Festcomite der geschilderten
Empfangsfeierlichkeit dem hochverehrten Cardinal eine kunstvoll aus-
geschmückte und verzierte Adresse, welche in kräftigen und beredten
Worten die schönsten Glückwünsche und hohe Verehrung der Kölner
Bürgerschaft gegen ihren purpurgeschmückten Oberhirten beurkundete. [167]) Sichtlich gerührt und auf das Herzlichste dankend nahm
der Gefeierte auch diesen Beweis der Anhänglichkeit und Liebe entgegen. Auch aus vielen Decanaten der Erzbiöcese überbrachten
Abgeordnete der Geistlichkeit und religiöser Vereine mündlich und
schriftlich die bezüglichen Glückwünsche. Der hohe Adel des Rheinlandes und Westphalens unterließ ebenfalls nicht, in jenen Tagen
dem gefeierten Metropoliten, im großen Galaaufzuge vor dessen
Wohnung auffahrend, seine Huldigung persönlich darzubringen,
welcher der Freiherr v. Spies-Büllesheim zu Hall in einer Ansprache Ausdruck ließ. Der Cardinal erwiderte mit freundlichen Dankesworten und mit voller Anerkennung der edlen und
glaubenstreuen Gesinnung und Haltung der ihn Begrüßenden. Er
ließ sich sodann die Einzelnen vorstellen und ertheilte ihnen, auf
die Bitte des genannten Sprechers, den erzbischöflichen Segen, den
sie sämmtlich auf die Kniee gebeugt empfingen. Die Ansprache
des genannten Freiherrn lautete: „Als vor einigen Tagen Eure
Eminenz von Rom zurückkehrend den Rhein hinabfuhren, um den
erzbischöflichen Sitz wieder einzunehmen, jubelte das katholische Volk
am Rheine ob der Wiederkehr seines Oberhirten und bewährte sich,
wie in der Vorzeit, in jugendlicher Frische kirchlicher Begeisterung.

---

[166]) „Schriften und Reden". B. II. S. 18. — [167]) Laut
einer anderen Aufzeichnung wurde diese Adresse erst am Abende des 3. Juni
überreicht und dabei eine glänzende Serenade gebracht, die dann auch vor der
Wohnung des Herrn Weihbischofes, wegen der Auszeichnung, die ihm der
Cardinal vom heiligen Vater überbracht hatte — die Ernennung zum Hausprälaten und Thronassistenten Seiner päbstlichen Heiligkeit — wiederholt
wurde.

Als Eure Eminenz ihren Fuß wieder in die alte Metropole setzten, stieg der Jubel noch höher und hallte wieder in den katholischen Gauen der Provinz. So sind denn auch wir, ein lebendiger Theil dieses treuen katholischen Volkes, gekommen, Eurer Eminenz unsere Verehrung und unsere Glückwünsche darzubringen und zu danken für diejenigen Bande, welche Sie zwischen dem Stuhle Petri und dem Metropolitangebiete geknüpft haben, Bande, welche mit Gottes Gnade nie zerrissen werden. Wir sind aber auch gekommen, um dadurch nach dem Beispiele unserer Vorfahren unsere treue katholische Gesinnung darzulegen. Gleichzeitig erlauben wir uns, die Bitte auszusprechen, wenn sich Gelegenheit darbieten sollte, dem heiligen Vater, dem wir nicht minder treu, wie unserem Könige, unwandelbar ergeben sind, unseren tiefgefühlten Dank für die wohlverdiente väter= liche Liebe, womit derselbe Eure Eminenz empfangen, so wie für alle wohlverdienten Ehren, womit er Hochsie überhäuft hat, aus= sprechen zu wollen". — Der Gefeierte erwiderte hierauf: „Edle Herrn! Bei den vielen Beweisen von Wohlwollen und Ergebenheit, mit denen ich bei der Zurückkehr in meine Erzdiöcese empfangen worden bin, gereicht es mir zur besonderen Freude, daß auch Sie, edle Herrn! gekommen sind, sich denselben anzuschließen. Dieser Ausdruck der Ergebenheit des rheinischen Adels gegen den Erz= bischof und in ihm gegen die Kirche, ist ein Beweis Ihrer edlen Gesinnung, die mir, Ihrem Oberhirten, längst bekannt ist und über die mich auszusprechen bei meiner Anwesenheit in Rom, ich die mir gewünschte Gelegenheit gefunden habe. Bei dem Berichte nämlich, welchen ich dem heiligen Vater über meine Erzdiöcese ab= zustatten verpflichtet war, fand ich mich bewogen, von den katholischen Edelleuten am Rheine zu bemerken: „„Sie sind gute Christen, brave Familienväter und treue Unterthanen; sie geben dem Volke das Beispiel der Treue gegen Gott und seine heilige Kirche und der Treue gegen ihren König"". Der heilige Vater äußerte darüber seine apostolische Zufriedenheit und sprach dazu seinen Segen. Ich freue mich jetzt, die Gelegenheit zu finden, denselben vor Ihnen auszusprechen. Ich schließe demselben mit dem oberhirtlichen Wunsche mich an, daß Sie als würdige Söhne Ihrer edlen Väter, wie bisher fortfahren mögen, durch warme Anhänglichkeit an unsere heilige Kirche und durch lautere Treue gegen unseren König und Herrn in Gesinnung und That Edelleute zu seyn. Dazu segne der Herr Sie und Ihre Familien. Das wünsche ich von Herzen".

Wenige Tage nachher erließ der so glücklich unter die Seinigen

zurückgekehrte Oberhirte ein eigenes Rundſchreiben an alle Pfarr-
vorſtände ſeines Kirchenſprengels, worin derſelbe in frommer Demuth
die Ueberzeugung kund gab, daß die Fürbitten und Gebete, welche
in ſeiner Erzbiöceſe für ihn verrichtet wurden, ihn glücklich zurückgeführt und neue Anhänglichkeit und Ergebenheit ihm bei ſeinem
theilnahmsvollen Empfange bewirkt haben, wofür er den herzlichſten
Dank ausſprach. [168])

§. 32. Beſuch bei dem erkrankten Könige.

Die hohe Verehrung, welche der verewigte Erzbiſchof von
Köln ſtets gegen den König Friedrich Wilhelm IV. hegte, das ausgezeichnete Wohlwollen, welches dieſer jederzeit dem verdienſtvollen
Oberhirten erwies, ſo wie manche Angelegenheit für das Wohl
der Erzbiöceſe, drängte den Hochſeligen, nach der Rückkehr aus der
Hauptſtadt der Chriſtenheit und nach ſofortiger Erledigung der
dringendſten Amtsgeſchäfte, um ſo mehr einen Beſuch am königl-
lichen Hofe zu machen, als bereits ſehr betrübende Nachrichten über
das Unwohlſeyn des Monarchen im Umlaufe waren. Am 9. Juli
trat der Cardinal die Reiſe nach Berlin an. Er fand die Ge-
ſundheitsverhältniſſe des Königs, der eben in Potsdam weilte, weit
bedenklicher, als er ahnen konnte. Die äußerſt beſorgte Gemahlin
des Königs bat daher den Prälaten recht innig, Seine Majeſtät
ja doch nicht mit Amtsangelegenheiten zu behelligen, weil dieß einen
ſchlimmen Eindruck auf ſeine Geſundheit üben dürfte. Der Hochſelige mußte es daher in der genannten königlichen Reſidenz bei
den einfachſten Ehrenbezeugungen bewenden laſſen und die nöthigſten
Amtsangelegenheiten mit den betreffenden Miniſtern zu Berlin be-
ſprechen. Von hier begab ſich derſelbe nach Karlsbad, um für
ſeine eigene Geſundheit eine Kräftigung zu gewinnen. Am eilften
Auguſt traf er wieder in dem erzbiſchöflichen Palais zu Köln ein.

Indeß verſchlimmerte ſich der Geſundheitszuſtand des erkrankten
Monarchen immer mehr. Deſſen Abmagerung vermehrte ſich. Er
ſuchte Hilfe zu Marienbad in Böhmen. Auf der Rückreiſe von
dort bekam er plötzlich am 8. October Congeſtionen gegen das

---

[168]) „Kirchlicher Anzeiger“, Jahrg. 1857. S. 59. — Auch
in Aachen, wo Seine Eminenz am Samſtage den 20. Juni zur mehrtägigen
Ausſpendung der heiligen Firmung eintraf, wurde derſelbe auf das Glänzendſte
empfangen, und während der folgenden Tage, namentlich an ſeinem Namens-
feſte, in eben ſo verſchiedener als erhebender Weiſe geehrt.

Gehirn, welche das Schlimmste fürchten ließen. Der hochselige Cardinal erhielt alsbald über diesen traurigen Zustand amtliche Mittheilung mit dem ausgesprochenen Wunsche, für die baldige Wiederherstellung des hohen Kranken öffentliche Gebete zu veranstalten. Dieß geschah auch durch amtliches Rundschreiben vom 11. October in der bezeichneten frommen Meinung: „Gott wolle den vielgeliebten König und Herrn in Seinen Leiden trösten und stärken und Allerhöchstdenselben bald wieder herstellen, damit Er neu gekräftigt an Körper und Geist, den schweren Pflichten seines erhabenen Berufes noch lange mit Liebe und Freude zum Segen Seines Volkes obliegen könne". [169]) Die letztere Bitte fand keine Erhörung. Schon am 24. des genannten Monats hat der Bruder des Königs, Prinz Wilhelm von Preußen, den Auftrag erhalten und angenommen, als Stellvertreter des Monarchen die Regierungsgeschäfte zu führen. Da sich der traurige Gesundheitszustand des Königs nicht besserte, so wurde dem königlichen Bruder ein Jahr später, mit Beistimmung der Kammern, die unumschränkte Regentschaft des Königreiches übertragen.

§. 33. Festlicher Empfang des Prinzen Friedrich Wilhelm und dessen Gemahlin Victoria.

Neben diesen traurigen Verhältnissen im königlichen Hause, gab es dort in jener Zeit auch ein freudiges Ereigniß, welches sofort die Theilnahme der Stadt Köln und auch des hochseligen Oberhirten in Anspruch nahm und deßhalb hier nicht unerwähnt bleiben soll. Es war dieß die Vermählung des Prinzen Friedrich Wilhelm von Preußen mit der Prinzessin Royal Victoria von England, welche am 25. Januar 1858 in London statt hatte. Schon lange vorher wurde auch in Köln Berathung gepflogen, auf welche Weise dieses Ereigniß bei der Rückreise der Neuvermählten von London nach Berlin gefeiert und verherrlicht werden dürfte. Es wurden hiefür nicht nur eine kunstvoll verzierte Beglückwünschungs-Adresse und aus freiwilligen Beiträgen ein kostbarer Tafelaufsatz von Silber, mit Email und Edelsteinen geschmückt, bestimmt, sondern auch andere Festlichkeiten, namentlich eine großartige Beleuchtung des Domes angeordnet. Am 4. Februar nach der Mittagsstunde trafen die hohen Reisenden, festlich begrüßt, von den höchsten Behörden und Abgeordneten der neunzehn Städte der Rheinprovinz

---

[169]) „Kirchlicher Anzeiger", Jahrg. 1857. S. 100.

bewillkommt, in Aachen an. Auf reichgeſchmückten und prachtvoll
umleuchteten Eiſenbahnwagen fuhren die Gefeierten mit großem
Gefolge an dem von Gasflammen ſtrahlenden Kölner Bahnhofe
vor. Nach Begrüßung der dort harrenden Beamten und Abgeordneten der Stadt begaben ſich die Neuvermählten, unter dem
Geläute der Glocken und dem Donner der Geſchütze, zunächſt in
die Kathedrale, welche, mit bengaliſchem Farbenglanze umleuchtet,
ihnen ſchon auf dem Wege dahin entgegen ſtrahlte. Wie von
Außen, ſo war das Gotteshaus im Innern mit Tauſenden von
Gaslichtern und Kerzen erhellt. In daſſelbe eingetreten, wurde
das erlauchte Paar vom Cardinal, welchen die Mitglieder des Metropolitancapitels und die Geiſtlichkeit der Stadt umgaben, bei der glücklichen Heimkehr von der glorreichen Brautfahrt, freudig bewillkommt
und ihm zu dem geſchloſſenen ehelichen Bunde die innigſten Glück-
und Segenswünſche dargebracht. Der Hochſelige ſprach unter Anderem: ... „Wenn draußen unzählige Stimmen Euren königlichen Hoheiten auf dem Ehrenzuge durch das Rheinland zujubeln,
ſo ſagen auch wir an dieſer heiligen Stätte, dieſer erſten Kathedrale, welche Ihr Fuß auf preußiſchem Boden betritt, willkommen
im Rheinlande, willkommen im Dome von Köln! Ja, willkommen
im Rheinlande und zweifach willkommen im Dome von Köln!
Darf ja dieſer Dom, das ſchönſte Gotteshaus auf deutſcher Erde,
ſich der beſonderen Vorliebe deſſelben königlichen Hauſes erfreuen,
deſſen blühende Sproßen hier vor uns ſtehen. ... Draußen am
Südportale zieht ſich unter den zierlichen Baldachinen ein reicher
Kranz kunſtvoll gefertigter Bildſäulen hin; ſie ſind das Geſchenk
Ihres durchlauchtigſten Herrn Vaters, des Prinzen von Preußen,
und geben Kunde von Höchſtdeſſen großmüthigem Wohlwollen für
unſer Gotteshaus. Und im Domchore, in den von Kölner Frauen
kunſtreich geſtickten Wandteppichen, findet ſich das Bild der heiligen
Hedwig, die fromme Gabe hoher Frauenhand, der durchlauchtigſten
Prinzeſſin von Preußen, ein uns hoch werthvolles Zeichen des
huldreichen Wohlwollens der fürſtlichen Frau für unſern Dreikönigs-
Dom. — So umgeben von den mehrfachen Beweiſen der beſonderen Huld für unſer Gotteshaus, heißen wir Eure königlichen
Hoheiten, nun mit geſteigerter Freude willkommen und bringen
Ihnen unſere tiefgefühlten Segenswünſche dar. ... Wir dürfen
heute auch die Verſicherung vor der durchlauchtigſten Gemahlin
niederlegen, daß wir Alle die Hochverehrung, Liebe und Anhänglichkeit, die wir dem Könige, Ihren durchlauchtigſten Aeltern und

Höchstihnen selbst zollen, auch mit gleicher Innigkeit auf die neue Tochter des königlichen Hauses übertragen und wir bringen auch Ihr bei ihrem Eintritte in Preußen unsere ehrerbietigsten Glück- und Segenswünsche aus vollem Herzen entgegen." 2c. 2c. [170]) Nach dieser Ansprache traten die Begrüßten in die weiten Räume des Gotteshauses, um die einzelnen hellbeleuchteten Merkwürdigkeiten in Augenschein zu nehmen. Von außerordentlicher schöner Wirkung war die Beleuchtung des hohen Chores, des Querschiffes und Lang- hauses mit unzähligen Gasflammen und Kerzen innerhalb der Galleriefelder. Als sich unter Orgelspiel das glückliche Ehepaar immer mehr dem Hochaltare nahete, wandelte sich der Lichtschimmer in größere Tageshelle um. Die Glasmalereien der Fenster er- schienen, in Folge der an ihrer Außenseite angezündeten bengalischen Flammen, in vollkommenster Farbenpracht, während im Innern der erleuchtende Glanz von grünen bengalischen Lichtern die Räume des Hochchores magisch erfüllte und die herrliche Architectur des erhabenen Baues in allen ihren Einzelnheiten klar hervortreten ließ. Nach dem grünen folgte rothes Licht, bei welchem die Altar- bilder und der kostbare Reliquienschrank der heiligen drei Könige betrachtet wurden. Beim Austritt aus dem Dome war noch von dem Dombaumeister Zwirner eine besondere Ueberraschung ange- ordnet und ausgeführt, indem nun auch die Fenster der beiden Seitenschiffe des Langhauses von Außen und von Innen beleuchtet wurden, so daß sich ihre malerische Wirkung, namentlich die der Münchener Fenster, w.e im Sonnenschein prachtvoll entfaltete.

Aus der Kathedrale begaben sich die Neuvermählten mit ihrem Gefolge in das reich verzierte königliche Regierungsgebäude, in welchem ein wohlbestelltes Diner in glänzender Gesellschaft ihrer harrte. Nach neun Uhr verfügten sie sich noch in den Gürzenich, wo bei glänzender Pracht und reicher Theilnahme ein treffliches Concert gegeben wurde, welchem die Gefeierten volle Anerkennung zollten. [171]) Die Straßen, durch welche sie um halb eilf Uhr in das Regierungsgebäude zurückkehrten, waren noch festlich beleuchtet. Herrlich erglänzte hiebei in bengalischen Flammen und Feuerregen die St. Apostel-Kirche, diese Perle romanischen Baustyles in Köln. Am folgenden Morgen erfolgte die Weiterreise des glücklichen Paares

---

[170]) „Schriften und Reden". B. II. S. 48. — [171]) Hiebei sprudelte auch eine Fontaine von Kölnischem Wasser, eine Spende von Jean Maria Farina, welche erquickenden Wohlgeruch verbreitete. Vergleiche „Deutsch- land" vom 7. und 9. Feb. 1858.

nach der Hauptstadt des Königreiches mit freudigem Danke für den glänzenden Empfang im Rheinlande.

Noch am letzten Monate desselben Jahres entschloß sich der hochselige Cardinal ganz unerwartet und trotz der Decemberkälte eine abermalige Reise nach Berlin zu unternehmen, um wichtige Diöcesanangelegenheiten, wozu namentlich auch die Wiederbesetzung mehrerer Stellen im Metropolitancapitel gehörte, welche er bereits im Juli des Jahres 1857 dem kranken Könige Friedrich Wilhelm empfehlen wollte und mit dessen Ministern auf das Angelegentlichste besprochen hatte, nunmehr bei dem jetzigen Reichsregenten, dem Prinzen Wilhelm und dessen Umgebung, zu befürworten und zum gewünschten Ziele zu führen. Ueber diese Reise liegt uns eine briefliche Mittheilung des Hochseligen vom 8. Dec. 1858 an den Domcapitular Cronauer in Speyer vor, aus welcher wir Nachstehendes hier einfügen... „Was nun vor Allem die physische Beschaffenheit der Reise betrifft, so hat es Gott und mein Schutzengel und der heilige Erzengel Raphael sehr gut mit mir gemeint. Ich bin frisch und munter geblieben, obgleich die Strapazen sehr bedeutend waren. Ich habe in Berlin fünf Tage durchgemacht, ähnlich jenen ersten von Rom, von Morgens acht oder neun Uhr bis tief in die Nacht. Ich habe in dieser Zeit dreißig bis fünfundbreißig Visiten gemacht, darunter Manche mit zweistündigem Plaidiren. . . . — Was nun die geistige Beschaffenheit der Reise betrifft, so glaube ich die besten Resultate erhoffen zu können. — Ich bin in Berlin äußerst freundlich aufgenommen worden; man kam mir überall mit Wohlwollen entgegen. Es machte auf mich den Eindruck, daß man gern sah, daß ich mich einstellte und so vor dem Lande zeigte, daß ich dem Prinzen und dem königlichen Hause und der Regierung ergeben bin. Gleich am Tage nach meiner Ankunft — den siebenten Abends — ward ich zur Tafel beim Prinzen eingeladen und von ihm und der Frau Prinzessin sehr gnädig empfangen. Auch meldete sich am selben Tage — am 8. December — schon um 12 Uhr im Hôtel des princes, wo ich logirte, ein Hofdiener im Auftrage der höchsten Herrschaften und setzte mich in Kenntniß, daß er nebst einem Hofwagen mit Pferden und Kutscher aus dem prinzlichen Marstalle zu meiner Disposition gestellt sei, so lange ich in Berlin bleibe. Ich hatte daher von da an Hofequipage und Hofdiener überall für mich und wurde damit auch am Montage den dreizehnten Morgens noch bei meiner Abreise zur Eisenbahn gefahren. Das war eine höchst dankenswerthe, große Auszeichnung, die man in Berlin unter den Katholiken und Andern hoch anschlug. Eben so sah ich, daß überall die Wachen, wo ich anfuhr oder passirte, das Gewehr präsentirten oder herausriefen... Am Samstag den eilften ward ich zum zweiten Male mit dem Prinzen von Wales zur prinzlichen Tafel nebst anderen hohen Personen gezogen und wurde auch da wieder sehr gnädig ausgezeichnet. Ich machte auch bei allen andern Prinzen meine Aufwartung, die mich alle äußerst freundlich aufnahmen. Prinz Karl sprach von unserm Aufenthalte in Rom und unserem Zusammentreffen auf dem Monte Pincio... Ferner machte ich auch Besuche bei allen Ministern, bei den beiden Prinzen Radzywill und andern Herrn, welche alle auch mir Gegenbesuche machten. Da hatte ich denn Gelegenheit, Manches zu sagen und zu hören und im Durchschnitte sah ich wohl, daß man sehr artig und verbindlich mit mir seyn wollte. Mit Herrn v. Auerswald verkehrte ich mehrmals und er war als früherer Bekannter sehr freundlich und äußerte sich für meine Anliegen voll Hoffnung. Eben so sah ich auch Herrn v. Bethmann zweimal, das Erstemal neun Viertel Stunden lang. Auch er schien, wenn er auch zurückhaltend sich äußerte, geneigt zu gütlichem Einverständnisse. — Die Hauptsache aber war beim Prinzen-Regenten und dem Fürsten Hohenzollern. Bei Ersterem hatte ich eine fast dreiviertelstündige Privataudienz, in welcher ich ihm das Gebahren des Herrn v. Raumer und seiner hiesigen Ohrenbläser offen und ohne Scheu darlegte. Er hörte mich mit der größten Aufmerksamkeit an. Es ergab sich, daß ihm Vieles ganz neu war. Ich schilderte ihm gewisse Leute und ihr Treiben energisch und furchtlos. Nach langer Erörterung schloß der Prinz damit, daß er sich mit meinem Wirken seit 1842 an und besonders auch im Jahre 1848, sowie bisher zufrieden äußerte und er setzte zuletzt hinzu: „Wir wollen suchen, Ihre Wünsche zu erfüllen", l Er war bei der ganzen Audienz höchst freundlich und ich ging mit dem Eindruck von ihm, daß wir alle Gerechtigkeit, Billigkeit und Wohlwollen von ihm zu hoffen haben. An demselben Tage unterzeichnete er auch den Befehl, daß wir die 50,000 Thaler, wie bisher, zum Dombaue fortbeziehen sollen. .... — Am Rückhaltlosesten sprach ich aber beim Fürsten Hohenzollern, bei dem ich zweimal, fast zwei Stunden verweilte. Ich malte ihm unsere Zustände, das seitherige Treiben gewisser Leute und ihrer Intriguen bis in's Detail... Zugleich bat ich ihn dringend, dahin zu wirken, daß den Vexationen und Hinschleppungen endlich ein Ende gemacht werde. Ich habe die Ueberzeugung gewonnen, daß der edle Fürſt, der ſehr geſcheidt und klug iſt, die gute Sache fördert und mir wohl will. Er war ganz offen und vertraulich mit mir. Ich glaube, daß ich auf ſeinen kräftigſten Einfluß zählen darf. — So liegt nun die Sache. Es muß ſich nun in der nächſten Zeit entſcheiden, was für Reſultate herausſpringen. An Worten hat es nicht gefehlt; es müſſen nun die Thaten kommen. Dazu gebe Gott ſeinen Segen" !

§. 34. Denkwürdige Feier des Palmſonntags.

Wir können nicht unterlaſſen, über die bezeichnete Feier des Jahres 1858, zur Beleuchtung der Sorgfalt und Mitwirkung des hochſeligen Cardinals für die Belehrung und Erbauung ſeiner Untergebenen, hier eine nähere Schilderung einzureihen. [172] Der große Saal des Kölner Caſino's bot vom vierten bis zum achtundzwanzigſten März des genannten Jahres allabendlich ein erhebendes Schauſpiel dar. Wo ſonſt die edle Tonkunſt ihre Triumphe feierte, da hielt, auf Anordnung des Oberhirten und zur Freude vieler Bewohner der Stadt, der Pater Haßlacher, aus der Geſellſchaft Jeſu, im einfachen Ordensgewande, auf erhöhetem Sitze, Angeſichts eines Crucifixbildes, welches auf einem mit zwei Lichtern beſetzten Tiſche ſtand, Vorträge über verſchiedene Gegenſtände aus dem Gebiete der Religions-Wiſſenſchaft. Die Theilnahme der Bürgerſchaft war eine ungemein eifrige und belebte. Die ausgedehnten Räume des Saales genügten nicht, die große Menge von Zuhörern zu faſſen; ſelbſt die den Saal umgebenden Gallerien mußten zu Plätzen gewählt werden und dennoch war es nicht möglich, Allen, die ſich als Zuhörer meldeten, Eintrittskarten zu geben. Man ſah Männer und Jünglinge aus den ſämmtlichen gebildeten Volksklaſſen, Männer der Wiſſenſchaft, wie auch Männer der bürgerlichen Gewerbe und des Handelsſtandes hier verſammelt. Sogar eine bedeutende Zahl von Zuhörern, welche nicht der katholiſchen Kirche angehörten, mußten ſich Eingang zu verſchaffen. Wie ſtark dabei auch das Gedränge war, ſo herrſchte doch die tiefſte Stille, ſobald der Redner erſchien

---

[172] Beim Beginne der Faſtenzeit in dieſem Jahr hat der hochſelige Cardinal einen herrlichen Hirtenbrief über die Frage: „Welche Bedeutung hat für die Katholiken Rom, die römiſche Kirche und der Pabſt?" als Frucht ſeiner Romfahrt an die Erzdiöceſanen erlaſſen und dieſe zur dankbaren Freude, dieſer Kirche anzugehören, begeiſtert. „Schriften und Reden". B. II. S. 29 u. ff.

und dessen Vortrag begann. Diese großartige Theilnahme, welche sich nicht wieder allmälig verminderte, sondern vielmehr von Abend zu Abend sich steigerte, dauerte bis zum Schlusse dieser Vorträge fort. Diese Theilnahme war jedenfalls ehrenvoll für die Bewohner Köln's, da sie offenes Zeugniß ablegte, wie diese es verstehen, bei der Lebendigkeit ihrer materiellen, industriellen und kaufmännischen Bestrebungen, das Interesse für geistige und religiöse Gegenstände wach zu halten und zu bewahren. Zugleich mußte sie aber auch als eine Frucht der Geschicklichkeit bezeichnet werden, womit der Redner wußte, die schwierigsten religiösen Materien seinen Zuhörern zum klaren Verständnisse zu bringen und deren Interesse für sie zu gewinnen. Seine Vorträge beurkundeten stets eine gründliche Wissenschaft, tiefe Bildung und feinen Formsinn, der, wo er gegen den Schluß hin das Gemüth der Zuhörer ergriff, zu heiliger Begeisterung aufflammte.

So belehrt und vorbereitet,͑ versammelten sich am Palmsonntage, Morgens sieben Uhr, weit über tausend Männer in der Minoritenkirche, wo der hochselige Cardinal die heilige Messe hielt und empfingen aus dessen und der dienenden Geistlichen Hand die heilige Communion. Die Feier unter Gesängen und Gebeten war ergreifend und eine kräftige Besiegelung der wohlthätigen Eindrücke, welche die gehörten Belehrungen und Ermahnungen während vier Wochen auf die Theilnehmer ausgeübt hatten.

Am Abende gegen sieben Uhr füllte sich abermals und zum letzten Male für die fragliche Belehrung und Erbauung der Casinosaal. Schon lange vor dem Beginne der Schlußansprache des genannten Redners war kaum noch ein Stehplatz, im weiten Raume zu gewinnen. Auch der hochselige Cardinal, welcher wiederholt Zuhörer der früheren Vorträge gewesen, erschien und nahm den ihm vorbehaltenen Ehrensitz ein. Der Pater sprach über den Glauben an die Wahrheit der Kirche und wies siegreich die gangbarsten Vorwürfe wider die treue Braut des Herrn zurück. Er schilderte den reichen Segen, welcher für den einzelnen Menschen, so wie für das gesammte staatliche Leben aus der Kirche hervorsprießt und forderte mit tiefster Bewegung zur Treue und Liebe für sie auf. Schließlich bat er für sich und seine geliebten Zuhörer um den erzbischöflichen Segen.

Der verehrte Oberhirte bestieg jetzt den Rednerstuhl, sprach in der ihm eigenen herzgewinnenden Weise mit stark gehobener Stimme, weil sichtlich gerührt bei dem Anblicke der großen Schaar

von Männern aus den höchsten und höheren Ständen und Volks-
schichten, Worte der Anerkennung für den unermüdlichen, begeisterten
Redner und für die sämmtlichen Anwesenden, die dessen Belehrungen und Ermahnungen zu ihrem Heile benützten. Den Schluß
dieser Ansprache bildete der erbetene erzbischöfliche Segen. Die
ganze Versammlung durchwehete der Geist der tiefsten religiösen
Ergriffenheit und sie verließ geistig befriediget und erfreut die
Räume, wo seit mehreren Wochen das Schwert des Wortes der
Wahrheit gekämpft und sichtlich große Siege erfochten hatte. Für
den hohen Kirchenfürsten war aber dieser Palmsonntag, außer
dem vorhergegangenen, den er in der Peterskirche zu Rom feierte,
der denkwürdigste seines Lebens. [175])

§. 35. Provincialconcil zu Köln.

Schon in dem sturmbewegten Jahre 1848 wurde in der
Erzdiöcese Köln, wie wir bereits hörten, die Abhaltung von Synoden
als höchst erwünscht und heilsam besprochen, ja gefordert und
dieselben daher auch in der Würzburger Versammlung der deutschen
Bischöfe bestimmt in Aussicht genommen. Der heilige Stuhl wünschte
jedoch in dem Rückschreiben auf die Vorlage der Würzburger Verhandlungen, daß vor Allem Provincialconcilien abgehalten werden
und diesen erst die Diöcesansynoden folgen sollten. Diese Bestimmung und die vielen sonstigen Arbeiten und Kämpfe, welche den
Oberhirten Deutschlands aus den politischen Schwankungen und
Umgestaltungen in den zunächstfolgenden Jahren erwuchsen, verzögerten die Lösung der bezüglichen oberhirtlichen Feststellung. Nachdem indeß Oesterreich das neue Concordat mit dem heiligen Stuhle
abgeschlossen hatte, war es zunächst der Erzbischof zu Wien, welcher
ein Provincialconcil im Jahre 1858 einberief und in der dortigen
Metropolitankirche abhielt. Doch schon zuvor hatte der Cardinal
und Erzbischof zu Köln im Herbste des Jahres 1857 die Bischöfe

---

[175]) Vergleiche „Deutschland", vom 2. April 1858. — Am 19.
April 1858 weilte die Frau Fürstin von Hohenzollern-Sigmaringen von Düsseldorf zu Köln, um ihre erlauchte Tochter, die Prinzessin Stephanie, die Braut
des Königs Dom Pedro V. von Portugal, vor deren Abreise aus dem Vaterlande Seiner Eminenz dem Cardinal zu Köln, zum Abschiedsbesuche vorzustellen und dessen Segen zu erbitten. — Am 17. Juli 1858 traf der Cardinal
in Fulda ein, um dort mit dem Fürstbischofe von Salzburg und mehrern anderen Bischöfen Deutschland's am Grabe des h. Bonifacius Geistes-Uebungen
abzuhalten, welche der Carmelit P. Ambrosius von Regensburg leitete.

seines Metropolitansprengels zu sich berufen, um die in Aussicht genommene Abhaltung einer Provincialsynode und die dabei zu verhandelnden Lehr= und Disciplinargegenstände zu berathen und festzustellen, so wie deren nähere Ausarbeitung den einzelnen Ober= hirten zu überweisen. Die wirkliche Abhaltung dieser Synode wurde für das Jahr 1860 bestimmt. In einer Vorstellung vom 6. Juni 1859 gab der Metropolit dem heiligen Vater dieses Vorhaben kund, bat um die apostolische Genehmhaltung desselben, sowie um die Prüfung und Billigung oder etwaige Verbesserung der dem Bittgesuche beigefügten Anordnungen und Bestimmungen für die wirkliche Abhaltung der Synode. [174]) Mit Freude nahm der heilige Vater dieses Gesuch auf und billigte gerne die gemachten Vorschläge in einem Breve vom 30. Juli genannten Jahres. Nachdem sofort die nöthigen Vorarbeiten beendiget und die Erzbiöcesanen in dem jüngsten Fastenhirtenbriefe ausführlich über den Zweck und die Be= deutung des Provincialconcils belehrt und die Pfarrgeistlichen des Erzbisthums zu den bezüglichen Gebeten und Andachten angewiesen waren, [175]) wurde das Provincialconcil unterm 25. Februar 1860 vom Metropoliten feierlich ausgeschrieben, die Eröffnung desselben auf den dritten Sonntag nach Ostern, den 29. April gleichen Jahres, anberaumt und die dazu Berechtigten, mit Kundgebung der dabei zu befolgenden Ordnung, eigens eingeladen. Außer den Provincialbischöfen von Trier, Münster und Paderborn, erklärten auch die dem apostolischen Stuhle unmittelbar unterworfenen Bischöfe von Breslau, Hildesheim und Osnabrück, unbeschadet des bezeich= neten Vorzuges, sich ebenfalls diesem Concil anzuschließen und an dessen Berathungen und Beschlüssen Theil zu nehmen.

Zur bestimmten Zeit trafen die bezeichneten Oberhirten mit ihren Weihbischöfen, Räthen, Theologen 2c. in Köln ein. [176]) Am Freitage den 27. April hielten die Diöcesanbischöfe eine vorbereitende Sitzung. Am folgenden Vormittage fand im erzbischöflichen Palais die erste Versammlung sämmtlicher Mitglieder — congregatio generalis — statt, welche nach den im Pontificale hiezu vorge=

---

[174]) Siehe: „Acta et decreta concilii provinciæ Colonionsis". pag. I. — [175]) „Kirchlicher Anzeiger", Jahrg. 1860. S. 13 u. ff. — [176]) Der Fürstbischof von Breslau traf erst am Abende des 27. April ein und nahm seine Wohnung, wie die Bischöfe von Trier und Münster, im erz= bischöflichen Palais. Der Bischof von Hildesheim war bei dem Domcapitular Strauß, der von Osnabrück bei dem Weihbischofe Baudri und bei dessen Bruder der Bischof von Paderborn abgestiegen.

schriebenen bezüglichen Gebeten von dem hochseligen Erzbischofe mit einer Anrede in lateinischer Sprache eröffnet ward. In dieser Versammlung wurden die Namen der Mitglieder verlesen, die Vollmachten der Abgeordneten geprüft, die Offiziale der Synode benannt, die Abtheilungen oder Ausschüsse gebildet, die Berathungsgegenstände unter sie vertheilt und die sonstigen erforderlichen Vorbereitungen getroffen. Man bildete so viele Abtheilungen als Diöcesanbischöfe anwesend waren, jede aus einem Bischofe, der den Vorsitz führte und einer Anzahl anderer Synodalmitglieder. Die in diesen einzelnen Abtheilungen besprochenen und ausgearbeiteten Berichte und Anträge wurden dann in der Versammlung aller Mitglieder der Synode vorgetragen und in Berathung gezogen. Ueber die in diesen allgemeinen Versammlungen berathenen Gegenstände faßten dann die Diöcesanbischöfe, denen allein eine entscheidende Stimme zustand, in besonderen Zusammenkünften die endgiltigen Beschlüsse, welcher sofort in einer feierlichen Sitzung im hohen Chore der Kathedrale verkündiget und nach der päpstlichen Prüfung und Genehmigung aller Beschlüsse zur allgemeinen Darnachachtung in den verschiedenen Bisthümern der Provinz veröffentlicht wurden.

Am Samstage Abends fünf Uhr ward in der Kathedrale von dem Pater Roh die Einleitungs-Predigt zur Synode abgehalten. Die meisten der anwesenden Prälaten wohnten dieser Predigt bei. Der Pater kündete an, daß er an jedem Sonntage während der Dauer des Concils zu gleicher Stunde seine Vorträge fortsetzen werde. Um sechs Uhr ward eine bezügliche Betstunde gehalten. Von 7 bis 8 Uhr an diesem Abende, wie in derselben Stunde am folgenden Morgen, verkündete den Beginn des Concils das feierliche Geläute aller Glocken der Stadt. Am Sonntage fand die erste feierliche Sitzung im hohen Chore der Kathedrale statt. Um acht Uhr hatten sich die Oberhirten und die übrigen Synodalmitglieder nebst der Kölner Pfarrgeistlichkeit in der St. Andreas-Kirche versammelt, von wo aus ein großartiger Zug sie zum Dome geleitete. Unter dem Zudrange einer außerordentlichen Volksmenge und unter den erhabenen Klängen der lauretanischen Litanei, betrat der wohlgeordnete Zug die weiten Hallen der Kathedrale. Die Mitglieder der Synode nahmen in dem vorderen Abschlusse des hohen Chores ihre Plätze. In dem oberen erhöhten Theile desselben hatten zu beiden Seiten die Bischöfe ihre Sitze, hinter ihnen aber ihre Kapläne und die verschiedenen Officianten der Versammlung. Der hochselige Cardinal ließ sich auf dem erz-

bischöflichen Throne nieder, umgeben von den ministrirenden Domcapitularen und bienstthuenden Priestern. Nachdem derselbe die
Altargewänder angelegt hatte, begann er das Pontificalamt, welches
der wohlbesetzte Domchor mit einem Meßgesange für Männerstimmen
von Ortlieb erbaulich begleitete. Nach beendetem Hochamte und
abgelegten Altargewändern trat der Cardinal im Pluviale von
seinem Throne die Stufen des Hochaltars hinunter und begann sofort
mit den Versammelten die zur Eröffnung der Synode vorgeschriebenen
Gebete. Sie schloßen mit dem Hymnus Veni creator Spiritus.
Hierauf hielt der Hochselige eine Anrede an die hohe Versammlung
in lateinischer Sprache. Ihr Inhalt in kurzen Umrissen war etwa
folgender: „Als Christus seine Kirche stiftete, um durch sie alle
Menschen auf den einzig wahren Weg des Heils zn führen, hat
er derselben als Band die heilige Einheit gegeben, die Einheit der
Glieder unter sich und mit dem Mittelpuncte der Einheit, dem
römischen Stuhle. Wie einst die Apostel sich versammelten, um
eingeschlichene Mißverständnisse gemeinschaftlich zu lösen und die
himmlische Wahrheit zu schützen, so noch jetzt und fortwährend die
Vorsteher der Kirche. Gegen zwanzig allgemeine Synoden und
gegen dreihundert Provincialsynoden sind hiefür Zeugen. Auch
Köln hat schon sechsundsechzig Diöcesansynoden und vierundzwanzig
Provincialsynoden, darunter fünf Nationalsynoden, in seinen Mauern
gesehen. Nach einer langen Unterbrechung und mancher überstandenen Gefahren sei es endlich jetzt wieder möglich geworden, eine
solche Versammlung zu berufen. Es seyen hier nun, wie von den
Zeiten der Apostel her dieselben Lehren, dieselben Gesetze zu verkündigen und zu erläutern. Darum, schloß der Redner, laßt uns
gemeinschaftlich von Gott zu diesem Werke Segen erflehen, laßt
uns anrufen den Schutz der seligsten und unbefleckt empfangenen
Jungfrau Maria, den Schutz der übrigen Patrone unserer Diöcesen,
auf daß der Herr gebe das Vollenden und Gedeihen"! [177])

Hierauf wurde von einem der Notare der Synode, dem
Domvicar Kolping, das Decret der Eröffnung der Synode verlesen.
Sofort legte der Metropolit das Glaubensbekenntniß des Concils
von Trient ab. Dasselbe thaten die übrigen Bischöfe und Theilnehmer der Synode, indem sie ihre Hände auf das heilige Evangelium legten, welches der Erzbischof auf dem Schooße hielt und

---

[177]) Siehe „Acta et decreta". p. XLV. „Schriften und
Reden". B. II. S. 104.

nach der Eidesablegung zum Kuße darreichte. Jetzt erfolgte die
Verlesung mehrerer anderer Decrete, welche nach altem kirchlichen
Gebrauche bei allen Synoden verkündiget zu werden pflegen. Zum
Schlusse dieser Eröffnungsfeier ertheilte der Metropolit der Ver-
sammlung den Segen. Nachdem hierauf in der Sakristei die Pon-
tificalgewänder abgelegt worden waren, begaben sich die Prälaten,
von der übrigen Geistlichkeit im feierlichen Zuge · bis unter die
Hauptpforte der Kathedrale begleitet, in ihre Wohnungen zurück.

Während der folgenden Woche fanden in den einzelnen Abtheilungen die Berathungen statt, auf welche gefußt und gestützt
die versammelten Oberhirten ihre Beschlüße faßten. Am nächsten
Sonntage ward die zweite öffentliche Sitzung in der Kathedrale
abgehalten, in welche sich die Bischöfe mit ihrem Geleite unmittelbar
verfügt hatten. Der Bischof von Trier hielt das Pontificalamt
und nach demselben eine lateinische Ansprache an die Synodalver-
sammlung. Der Hauptinhalt derselben war etwa folgender: „Wie
in diesen Tagen in der Schöpfung der Frühling eingekehrt viele
schlummernde Keime an's Tageslicht gelockt habe: so sei auch die
jetzige Versammlung der erste Frühlingstag eines neuerwachenden
Lebens in der Kirche. Doch vor Allem möchten gerade Diejenigen,
welche hier Beschlüsse berathen und faßen, bedenken, daß sie auch
die Ersten seyn müßten, welche zu deren treuen Befolgung gehalten
seyen. Von ihnen aus und durch ihr Leben müsse das Concil
zuerst seinen Eindruck auf alle Diöcesen ausüben". 2c. 2c. In einem herzlichen, innigen Gebete schloß der Bischof seine sinnige, die Herzen
ergreifende Rede. [178] Darauf folgte die feierliche Verkündigung
der bereits gefaßten Synodalbeschlüsse. Sie betrafen die Lehre
über den Glauben, dessen Verhältniß zum Wissen und zu den neueren
und neuesten Irrlehren, die auf dem Gebiete der Philosophie und
Theologie — Hermesianismus und Güntherianismus — aufgetaucht
sind; ferner die Lehre von Gott und der allerheiligsten Dreieinigkeit,
die Lehre von der Weltschöpfung und die gesammte Lehre von der
Kirche, wobei in eingehender Weise der Primat des römischen Stuhles,
die Stellung der Bischöfe und Pfarrer dargelegt wurde. Diese
Verlesung dauerte bis gegen zwölf Uhr. Nach der feierlichen Erklärung des Einverständnisses der einzelnen Bischöfe mit den verlesenen Beschlüssen und nach dem hierauf ertheilten erzbischöflichen
Segen schloß die Sitzung. [179] Die dritte öffentliche Sitzung hatte

---

[178] Siehe „Acta et decreta". p. LV. — [179] Wegen Anwesenheit

Donnerstags den 10. Mai in gewöhnlicher Stunde und Weise in
der Kathedrale statt. Das Pontificalamt hielt der Bischof von
Münster und nach der Beendigung desselben eine lateinische An=
sprache an die versammelten Amtsbrüder und Synodalmitglieder.
Er wies hiebei auf den vielfachen und in die Augen fallenden
Nutzen hin, den die Versammlungen und gemeinschaftlichen Be=
rathungen der Kirchenvorsteher stets in ihrem Gefolge gehabt und
forderte sofort alle Theilnehmer der Synode zum fortdauernden
Eifer und Gebet auf, damit der Herr dem gut begonnenen Werke
auch ein gedeihliches Ende verleihen möge. ꝛc. [180]) Die darauf ver=
lesenen Synodalbeschlüsse betrafen den Urzustand des Menschen, die
Erbsünde und ihre Folgen, das Werk der Erlösung, die Lehre von
der Gnade und Rechtfertigung, die heiligen Sacramente, die vier
letzten Dinge, die Stellung, Rechte und Pflichten der Bischöfe und
der Provincialsynode. Der Schluß dieser dritten Sitzung war gänzlich
der zweiten gleich.

Die vierte und letzte öffentliche Sitzung ward am Feste Christi
Himmelfahrt, am 17. Mai in der Metropolitankirche abgehalten
und wie die erste durch eine feierliche Procession von der Kirche
St. Andreas aus eingeleitet. [181]) Der Cardinal feierte das Hochamt.

---

der zum Provincialconcil berufenen Bischöfe ward am 8. Mai eine außerordentliche Dombauvereinsversammlung im großen Saale des Rathhauses abgehalten, um die Unterstützung des Baues zu fördern und namentlich über die
Bedachungsweise der vollendeten Theile zu berathen. Der Cardinal hatte hiebei
den Ehrensitz, umgeben von seinen Amtsbrüdern, übernommen. Der Regierungspräsident v. Wittgenstein begrüßte die Eintretenden in einer Ansprache,
worin er einen Rückblick auf die Baugeschichte warf und dann auf die Berathungsgegenstände überging. Zum Schlusse der Sitzung richtete Seine Eminenz
eine Ansprache an den Vorstand des Centraldombauvereins, erinnerte an die
erhebenden Feste, welche das Fortschreiten des Baues veranlaßt, an die erlauchten
Gönner desselben, sprach dem Vorstande die Anerkennung für die bisherigen
Leistungen aus, empfahl den Provincialbischöfen die Unterstützung des großen
Werkes in ihren Diöcesen und schloß mit warmen Segenswünschen für den
Bau und seine Freunde und Beförderer. Seit dem Jahre 1842 bis Ende
1859 entzifferte die verwendete Bausumme 1,767,748 Thaler nebst dem Bau
für den nördlichen Thurm, für den mittleren Thurm und die Ausbesserungen
am Hochchore im Betrage von 323,698 Thalern. — [180]) Siehe „Acta et
decreta". p. LIX. — [181]) In der Vorhalle dieser Kirche wurde im folgenden Jahre eine Gedenktafel aus Marmor eingesetzt, welche das wichtige
Ereigniß und ihre Theilnehmer in Erinnerung bringt. Auch wurde eine photo-
graphische Aufnahme der bei dem Concil vereinten Prälaten veranstaltet. —
Zur Erinnerung an dieses Concil stiftete der hochselige Cardinal das mittlere
gemalte Fenster in der Gallerie des hohen Chores der Kathedrale, welches

Eine Messe Haßlinger's für Männerstimmen, von der Domcapelle trefflich ausgeführt, gab der heiligen Handlung eine mächtige Stimmung zur Andacht. Nach beendigtem Hochamte wurden in schon bezeichneter Weise die noch übrigen Synodalbeschlüsse verlesen und von den Oberhirten bestätiget. Dieselben betrafen zum größeren Theile die kirchliche Disciplin, die Rechte und Pflichten der Weihbischöfe, der Domcapitulare, der Pfarrer und übrigen Geistlichen, ferner kirchliche Verordnungen über die Ausspendung der Sacramente, verschiedene Vorschriften über die Feier des Gottesdienstes, über Kirchenmusik, Kirchenbauten, Kirchengewänder und Kirchengeräthe, Kirchenvermögen. rc. Zum Schlusse folgte noch das dogmatische Decret über die unbefleckte Empfängniß der Gottesmutter, um damit das ganze Werk der oberhirtlichen Synodalbeschlüsse unter den Schutz der Patronin der Metropolitankirche zu stellen.

Nachdem alle Väter des Concils ihre Zustimmung zu den verkündeten Beschlüssen kund gegeben hatten, bat der zweite Promotor des Concils, Domcapitular Broix, den Metropoliten, er möge nach alter Sitte für die einzelnen Diöcesen je zwei Synodalgezeugen ernennen, welche bis zum folgenden Concil über die Erfüllung der nunmehr gefaßten Beschlüsse zu wachen, mit einem besonderen Eide verpflichtet werden. Diese Ernennung und Verpflichtung erfolgte sofort, worauf, wie bei jeder Synode üblich, für die nächste Synode das Jahr 1863 anberaumt wurde. Zuletzt ward noch das Decret, welches den Schluß des jetzigen Provincialconcils aussprach, verkündiget.

Auf dem Hochaltare waren die verlesenen sämmtlichen Decrete in mehreren Exemplaren niedergelegt. Die einzelnen Bischöfe schritten nunmehr die Stufen des Altars hinauf, um so gleichsam zu den Füßen des Erlösers niedergebeugt, durch ihre Unterschrift ihre Zustimmung zu denselben zu bezeugen. Nach dieser Beendigung des Concils richtete der Metropolit abermals in lateinischer Sprache ungefähr folgende Rede an die versammelten Väter: „Lobet den Herrn alle Völker, lobet ihn alle Geschlechter! denn befestiget über uns ist seine Barmherzigkeit und das Wort des Herrn bleibt in Ewigkeit! Wir dürfen diese Worte des gekrönten Sängers mit Recht auf unser Zusammenseyn anwenden. Vollendet haben wir das Werk, das schwere

---

den heiligen Johannes, den Täufer, und den heiligen Petrus darstellt mit der Inschrift: „In memoriam concilii provincialis Coloniensis 1860 Joannes cardinalis de Geissel archiepiscopus. d. d. d."

und doch so leichte Werk; schwer, weil es sich um ewige Wahrheiten handelt, die in unsere Hände gelegt sind; leicht, weil uns,
wie dem Schiffer auf stürmischem Meere das Siebengestirn fest und
sicher entgegenleuchtet, ein fester Fels gegeben ist, der durch keinen
Sturm gebeugt, durch kein Mißgeschick zertrümmert werden kann
— die Kirche, der Fels Petri! Auf ihn hinschauend war uns die
Arbeit leicht und mit Freude sehen wir auf dieselbe zurück. Wir
sind hocherfreut es offen aussprechen zu dürfen, mit welcher Einheit
wir in brüderlicher Liebe berathen und entschieden, wie wir vom
ersten Beschlusse bis zum letzten, einstimmig dieselben getroffen
haben.   Nun bleibt uns noch übrig unsere festgesetzten Beschlüsse
jenem heiligen Stuhle vorzulegen, auf den hinblickend wir berathen
und entschieden haben.   Herzlichen Dank muß ich nunmehr Euch,
ehrwürdige Mitbrüder, sagen, die Ihr mit Eurem Eifer und Eurem
Wissen das große Werk so thätig gefördert habt; Dank sagen muß
ich Euch Allen, die Ihr mit Eurer Wissenschaft und Klugheit uns
zur Seite standet.   Unsere Diöcesen dürfen sich glücklich preisen,
so viele und so tief wissenschaftliche und mit solchem Seeleneifer
erfüllte Männer zu besitzen. Dank vor Allem, Dank allein Gott,
dem Allerhöchsten, dem allein das ganze Werk angehört.   Möge
er ihm auch das Vollenden geben". 2c. 2c. [187])

Nach diesen innigen herzlichen Worten Seiner Eminenz folgten
die bei jedem Concil üblichen Acclamationen, in welchen die versammelten Synodalmitglieder Gott Dank sagten, die unbefleckt
empfangene Gottesmutter und die Schutzpatrone der verschiedenen
Diöcesen um ihre Fürbitte anriefen, dann dem Metropoliten und
allen versammelten Bischöfen, allen Theilnehmern des Concils, so
wie auch der Stadt Köln Heil und Segen wünschten. Diese Dankabstattung wurde von dem Bischofe von Paderborn feierlich ausgesprochen und von sämmtlichen Mitgliedern des Concils beantwortet.
Nachdem der Cardinal allen Vätern den Friedenskuß gereicht und
noch insbesondere dem Fürstbischofe von Breslau für seine Theilnahme an dem Concil in seinem und aller versammelten Bischöfe
Namen Dank gesagt hatte, schloß die Feier erst gegen halb zwei Uhr
mit einem freudigen Te Deum und mit der Ertheilung des erzbischöflichen Segens.

Nach der kirchlichen Feier begaben sich alle Synodalmitglieder

---

[187] Siehe „Acta et decreta". p. LXXIII. „Schriften und
Reden". B. II. S. 108.

in die erzbischöfliche Wohnung, um dort ihren Dank zu den Füßen des Veranstalters und Vorsitzenden dieser wichtigen Versammlung niederzulegen. Es that dieß im Namen Aller der Aelteste der Weihbischöfe, Godehard Braun von Trier. [183])

Bereits unter dem 15. des folgenden Monats wurden die sämmtlichen Synodalbeschlüsse mit den erforderlichen Belegen dem heiligen Vater zur näheren Prüfung und Genehmigung vom Kölner Cardinal übersendet und deren Empfang in einem freundlichen Schreiben des Oberhauptes der Kirche vom 19. Juli 1860 beurkundet. Die päbstliche Bestätigung der vorgelegten Synodalbeschlüsse erfolgte erst unterm 7. April 1862, worauf dieselben mit allen bezüglichen Verhandlungen und Urkunden dem Druck übergeben und mit dem erzbischöflichen Erlaß vom 23. Juli desselben Jahrs zur Kenntniß und Darnachachtung allen Gläubigen des Metropolitansprengels verkündet wurden. [184])

§. 36. Großartige Stiftungen zu Köln.

Durch die Abhaltung und Beschlüsse der eben näher erläuterten Kölner Provincialsynode und durch die baldige Veröffentlichung derselben, hat sich der hochselige Cardinal v. Geissel mit den dabei betheiligten Amtsbrüdern ein großes Verdienst um den Schutz des unversehrten Glaubens, um die würdige Feier des Gottesdienstes, um erbauliche Spendung der Heilsgeheimnisse, um christkatholische Ordnung und Zucht bei der Geistlichkeit und dem Volle erworben. Mit Dank zu Gott konnte er daher auch nach beendeter mühevoller Arbeit auf die Früchte herabsehen, welche aus derselben

---

[183]) Vergleiche „Kölnische Blätter" vom 25. April 1860 u. ff. — Der Bischof Georg von Münster, dessen Weihbischof Boßmann und der Münsterer Domdechant, begaben sich vom Concil nach Werden, wo zum Andenken des 1050sten Todestages des h. Ludgar, des ersten Bischofes von Münster, eine Jubelfeier am 18. Mai abgehalten und dessen Gebeine vom Kölner Weihbischofe, im Auftrage des Cardinals, feierlich erhoben wurden. — [184]) „Acta et decreta" p. LXXXI. et LXXXIII. — Der hochselige Cardinal hatte alsbald die Güte, dem Verfasser dieser Schrift ein Exemplar zum Andenken zu übersenden. — Am 7. August 1860 reiste der Cardinal in das Bad Ems, welches eben der Bischof Georg von Münster verlassen hatte. Am 27. kam der Cardinal wieder im besten Wohlseyn nach Köln zurück. Am 8. October traf der Cardinal, Graf Reisach, mit dem Münchener Domcapitular Windischmann bei dem Collegen in Köln ein, der mit ihm am folgenden Tage die Kathedrale besuchte und bewunderte. Reisach verweilte in Köln bis zum 18. October, an welchem er rheinaufwärts abreiste.

für die seiner Obhut unterstellten Geistlichen und Laien hervor-
wuchsen. Ueberhaupt war die Erzbiöcese am Niederrhein und insbesondere die Metropole ein fruchtbarer Boden, auf welchem, abgesehen von mancherlei verderblichem Unkraute, die schönsten Früchte
der christlichen Gesinnung, Opferwilligkeit seit einer Reihe von
Jahren heranreiften und sich jetzt reichlicher vermehrten. Wir sehen
davon ab, dieselben hier im Einzelnen namhaft zu machen und zu
erläutern, können jedoch mehrere großartige Stiftungen in Köln
nicht mit Stillschweigen übergehen, welche den Oberhirten, neben
dem höchst glücklichen Fortgange des Dombaues und der Gründung
einer Reihe klösterlicher Convente, mit beruhigender und tröstlicher
Freude erfüllten.

Vor Allem zählen wir hierher den Neubau der St. Mauri-
tius-Pfarrkirche, für welchen ein edler Bürger der Stadt, der Rentner
und Commerzienrath Nikolaus Frank, die veranschlagte Bausumme
von 70,000 Thalern zur Verfügung gestellt hat. [185] Nach langjährigen und schwierigen Verhandlungen über die Art und Weise,
in welcher diese Pfarrkirche an der Stelle der theilweise baufälligen,
alten sollte aufgeführt werden, kam man endlich zum Beschluß,
den alten Bau ganz zu beseitigen und einen Neubau, nach dem
vom genialen Kölner Baumeister, Vincenz Statz, im gothischen Style
entworfenen Plane auszuführen. In den ersten Monaten des Jahres
1861 wurden alle Vorkehrungen zur Angriffsnahme des Neubaues
getroffen und der 15. Mai zur feierlichen Grundsteinlegung bestimmt. Die wohlgesinnte Bürgerschaft der Stadt und namentlich
die Pfarrgenossen von St. Mauritius, welche ebenfalls mit reichlichen Beiträgen das fromme Unternehmen unterstützten, freueten
sich innig auf diese Festlichkeit. Schon am frühen Morgen jenes
Tages ergab sich ein solcher Andrang der Gläubigen zur Baustätte,
daß die benachbarten Straßen nicht mehr begangen werden konnten.
Die umliegenden Häuser waren mit Fahnen und Flaggen, mit
grünen Kränzen und bunten Blumen geschmückt. Der weite Bauplatz bot einen frohen Anblick dar, indem die einzelnen Tragstangen
des Baugerüstes je eine Fahne umflatterte. Diese Träger waren
mit Laubgewinden umwunden und mit einander verbunden, was
entgegen dem grau-weißen Fundamentgemäuer einen malerischen
Abstich bildete.

---

[185] Frank hatte auch im Jahre 1857 dem Vereine zur Gründung
eines Hauses für die Frauen vom guten Hirten einen Beitrag von 10,000
Thalern überwiesen.

Aus der kleinen Alexianer Kapelle, wo der aus dem heiligen
Lande herübergebrachte Grundstein für die neue Kirche aufbewahrt
war, trug man denselben im feierlichen Zuge in die benachbarte
Kirche St. Aposteln. Hier ward vorerst ein Hochamt abgehalten.
Von dort aus bewegte sich eine großartige Procession rund um
den Neumarkt bis zur Baustätte. Die Spitze derselben bildete die
Schuljugend von St. Mauritius, welcher sich eine große Anzahl
Pfarrgenossen angeschlossen hatte, die unter Musikbegleitung entsprechende Festlieder sangen. Auch das Metropolitancapitel, die
Pfarrgeistlichkeit der Stadt und die weltlichen Behörden waren zahlreich vertreten. Auf dem Bauplatze hielt der St. Mauritius Pfarrer
eine Ansprache, welche insbesondere die Aufmerksamkeit des mitan-
wesenden hochseligen Cardinals in Anspruch nahm. Er schilderte
die hohe Bedeutung des für seine sechstausend Pfarrkinder so erfreulichen Festes. Seit dem Jahre 1618, in welchem der Grundstein zur Jesuitenkirche gelegt wurde, hat die Stadt eine gleiche
Feier nicht mehr gesehen. Nach dieser Ansprache ward die in den
Grundstein einzulegende Urkunde verlesen, worin unter Anderem
angeführt war, daß der Stein, welcher jetzt feierlich eingesenkt
werde, aus einer Grotte des Oelberges bei Jerusalem entnommen
sei. Die verlesene Urkunde wurde dann von den anwesenden, geistlichen und weltlichen Autoritäten, namentlich von Seiner Eminenz
und dessen Weihbischofe, den Domcapitularen Broix und Vill,
von dem Regierungspräsidenten v. Möller, dem Bürgermeister Stupp,
dem Dombaumeister Zwirner ꝛc. unterzeichnet und die Weihe des
Grundsteines vom hochseligen Cardinal nach kirchlicher Vorschrift
vorgenommen. Sofort folgte dessen Einsenkung, Verschließung und
die üblichen Hammerschläge.

Nachdem der letzte derselben verklungen war, hielt Seine
Eminenz eine Ansprache an die dichtgedrängte Versammlung, worin
derselbe einen tiefergreifenden Vergleich zog zwischen dem, was jetzt
in Italien vorgeht und was am Rheine geschieht. Während dort
feindliche Mächte die Kirche bedrohen und wohl manches ehrwürdige
Gebäude der Verwüstung und Zerstörung verfallen werde, während
die Diener der Religion vertrieben seyen, oder in Fesseln schmachten,
baue man hier neue Kirchen und führe die großartige Kathedrale
ihrer Vollendung entgegen. [186]) Die näher berührte Geschichte der

---

[186]) Der hochselige Cardinal ließ keine schickliche Gelegenheit vorübergehen, ohne seine aufrichtigste Theilnahme, Anhänglichkeit und Liebe für den
ebenso verdienstvollen als hart bedrängten heiligen Vater kund zu geben. So

Entstehung dieses Kirchenbaues führte den Redner sofort zur aus-
führlicheren Darstellung der Wichtigkeit der Gotteshäuser für die
Vermittelung der Heilsschätze der heiligen Kirche. 2c. Nach Beendigung dieser Ansprache bewegte sich der feierliche Zug wieder zurück
nach St. Aposteln, wo die Festlichkeit mit dem Te Deum und
dem erzbischöflichen Segen geschlossen wurde. [187])

Bald nach dieser Festlichkeit hatte noch eine andere mit weit
glänzenderer Betheiligung statt, nämlich „die Doppelfeier — die
Wiederherstellung der Minoritenkirche und ihre Einweihung und
die des neuen städtischen Museums", welche am 1. Juli 1861 von
Seiner Eminenz vorgenommen wurde. Wie zu diesem großartigen
Neubau im Jahre 1855 der Grundstein gelegt wurde, haben wir
bereits gehört. Die vollendete Herstellung kostete über 423,000
Thaler. Zu dieser Bausumme hatte der Kölner Rentner und
Commerzienrath, Johann Heinrich Richartz, etwa die Hälfte überwiesen und überdieß zur Wiederherstellung und inneren Ausschmückung der Minoritenkirche, an deren merkwürdigen Kreuzgang der
schöne Neubau sich anschließt, 40,000 Thaler zur Verfügung gestellt. [188]) In diesem Museum werden namentlich die vielen und

suchte er auch in einem trefflichen Hirtenbrief vom 12. Nov. 1860 die Erzdiöcesanen zur Betheiligung an der unter dem Schutze des Erzengels Michael
gegründeten Bruderschaft zu ermuntern, deren Satzungen am 17. desselben
Monats die erzbischöfliche Genehmigung erhielten. Der Hauptzweck dieser Bruderschaft war das regelmäßige Einsammeln des Peterspfennigs. „S ch r i f t e n
u n d R e d e n". B. II. S. 111 u. ff. — Am 4. des folgenden Monats
versammelte der Oberhirte eine Anzahl Mitglieder dieser Bruderschaft in seiner
Wohnung, um den Diöcesanvorstand derselben zu bestellen. Am 4. Mai 1861
belief sich die Zahl der Mitglieder in der Erzdiöcese schon über 500,000, darunter
etwa 30,000 aus Köln. Die Beiträge erreichten bereits die Summe von 30,000
Thalern. Unterm 30. Nov. 1861 erstattete der hochselige Cardinal dem heiligen
Vater Anzeige von dem schönen Erfolge. Ein päbstliches Dankschreiben vom
12. des folgenden Monats erfreute die frommen Geber, indem es auch in
deutscher Sprache veröffentlicht wurde. „K i r c h l i c h e r A n z e i g e r". Jahrg.
1862. S. 1. — [187]) Nach einem Ausschreiben des betreffenden Kirchenvor-
standes vom 9. Feb. 1862, waren außer dem Frank'schen Vermächtnisse noch
40,000 Thaler zur Vollendung der Kirche nothwendig. Es wurde hiefür eine
Hauscollecte in der Stadt vorgenommen. Ein Breve des Pabstes vom 7.
Mai 1861 versprach allen frommen Spendern solcher Gaben den apostolischen
Segen. Der hochselige Cardinal erlebte nicht mehr die Vollendung dieses
schönen Gotteshauses. — [188]) Außer diesen und vielen andern Legaten bestimmte
Richartz auch letztwillig noch 100,000 Thaler zur Errichtung eines Irrenhauses
für Kölner Leute, doch sollten die Zinsen von diesem Capital noch zehn Jahre
lang zum Ankaufe vorzüglicher Gemälde für's Museum verwendet werden.

reichen Kunstschätze aufbewahrt, welche der edle und gelehrte Priester, Franz Wallraf, gesammelt und seiner Vaterstadt überlassen hatte, weßhalb es auch den Namen „Wallraf-Richartz-Museum" führt. Am genannten Tage, an welchem auch die zweite allgemeine deutsche Kunstausstellung in den Räumen des neuen Prachtgebäudes eröffnet werden sollte, prangte die Stadt, namentlich in der Umgebung des Richartz-Platzes, rings um die Minoritenkirche und das Museum im festlichen Schmucke. Die kirchliche Feier begann mit einem musicalischen Pontificalamte, welches der Herr Weihbischof in der kunstgerecht hergestellten und ausgeschmückten Minoritenkirche abhielt. Der hochselige Cardinal, die Mitglieder des Metropolitancapitels, die Spitzen der Behörden und viele Mitglieder der ersten Familien der Stadt wohnten demselben bei. Nach dem Schlusse des Hochamtes erhob sich der Cardinal, um an die Versammlung über die Feier des Tages eine belehrende Ansprache zu halten. Er berührte darin zuerst die Gründung und Geschichte der Minoritenkirche. „Gleichzeitig mit dem Baue des Domes ward auch die Minoritenkirche begonnen. Während aber jener Riesenbau bald in Stocken gerieth und Jahrhunderte hindurch keine Förderung fand, erfreute sich die Minoritenkirche der Vollendung und ward eine Lieblingskirche der Kölner Bürger, welche gern hier beteten und dem Gottesdienste beiwohnten. Und so geschah es Jahrhunderte lang und selbst da noch, als die bekannte Welterschütterung vor sechzig Jahren die Priester hinaustrieb und nur Einer zurückblieb, des heiligen Dienstes zu warten. Diese Vorliebe für die Minoritenkirche bewog deßwegen auch die wohllöbliche Armenverwaltung und den wohllöblichen Stadtmagistrat, diese Kirche, welche in ihre Hand übergegangen war, dem Erzbischofe zu übergeben, damit der Dienst des Herrn alle Zeiten hier für die Bürger von Köln fortgesetzt werde. — Doch die Hand der Jahrhunderte hatte sich schwer auf diesen Bau gelegt. Die Zeit war an diesen Theilen und Mauern vorüber gegangen, still zwar, aber tief zerstörend, und dem Bau drohete der Einsturz. Ein Verein eifriger Bürger bildete sich, die Mittel zu beschaffen, um das Gotteshaus herzustellen und reichlich flossen die Opfer. Aber dennoch genügten sie nicht und wir standen rathlos vor der Zukunft. — Da erweckte Gott das Herz eines kölnischen

---

Richartz starb kinderlos den 22. April 1861. Er erhielt sein Grab neben jenem Wallraf's, welcher schon am 18. März 1824 als Jubelpriester aus der Zeitlichkeit abgerufen war.

Bürgers und wie in den alten schönen Tagen der Vorväter, so schlug auch sein Herz für das Schöne und Gute. Dieß war Richartz, dem die Ehre und der Ruhm seiner Vaterstadt und die Verherrlichung Gottes am Herzen lag. Bereits hatte er der Stadt reiche Mittel dargeboten zum Baue eines Museums, darin den reichen Schatz der Kunstwerke, welche ein anderer edler Sohn Köln's gesammelt hatte, aufzubewahren. Bereits war der Bau aus den Grundmauern herausgestiegen, ein Prachtbau mit weiten Treppen und Hallen, mit Sälen und Corridors. Da kam Richartz zum Erzbischofe und sagte ihm: „„Ich habe bisher für die Stadt Köln an einem Museum gebaut und nun will ich auch die Minoritenkirche, das Gotteshaus herstellen, in welchem meine Verwandten und Mitbürger von jeher so gern gebetet haben. Nehmen Sie dazu die Zusage und Versicherung"". Und der Erzbischof erwiderte ihm: „„Das segne Ihnen Gott! Sie handeln in altächtkölnischer Weise! wie ein kölnischer Sohn thun Sie zum Nutzen der Bürger, zum Ruhme der Stadt, zur Verherrlichung Gottes. Sie fügen zu dem Bürgerkranze, den Sie sich bereits gewonnen haben, die höhere Krone des Christen""! — Und Richartz hat seine Zusage gelöst.... Das Museum und die Minoritenkirche sind vollendet... Heute begehen wir das Doppelfest der Vollendung, indem wir das Museum eröffnen und ihm die kirchliche Einweihung ertheilen. Das war Richartz' Wunsch und Willen, den sein frommes Herz gehegt und den er ausgesprochen. — In christlicher Pietät hat der wohllöbliche Magistrat mich nun ersucht, diesem Gebäude die kirchliche Weihe zu geben. Und ich thue es mit Freuden. Die Kirche segnet alle Bestrebungen ihrer Kinder, was sie immer Schönes, Edles, Gutes und Herrliches erschaffen. Die Kirche segnet besonders die Kunst. Die Kirche hat durch Jahrhunderte in milden Zeiten die Kunst in ihren Kirchen und Klosterzellen still gepflegt und bewahrt. Die Kirche weiß, daß die Kunst ein Abbild der Schöpferkraft Gottes ist. Wie er die Welt durch sein Wort aus Nichts hervorruft, ihr die Gesetze seines Geistes und Willens einprägt, sie ordnet, lenket und leitet und sie mit unaussprechlicher Schönheit bekleidet: so hat er auch dem Menschen die Fähigkeit gegeben, die Gebilde seiner Einbildungskraft zu gestalten, in Formen und Farben, mit dem Pinsel und Meißel, daß sich daran das Auge erfreue, das menschliche Herz sich erbaue und der Geist sich erhebe zu dem, welcher der Urquell ist alles Seyns, alles Lebens, alles Gedeihens, aller Schönheit. — Darum segnet die Kirche die ächte und rechte

Kunst... Darum wollen wir auch heute diesem Hause die kirch=
liche Weihe ertheilen". ꝛc. ꝛc. [189])

Kurz nach eilf Uhr war der erste Theil der Tagesfeier be=
endiget. Jetzt bewegte sich der festliche Zug unter Vortritt der
Geistlichkeit zum Museum, wo bereits der Stellvertreter des Cultus=
ministers, der geheime Rath Binder, dann der Regierungspräsident
v. Möller und andere hohe Civil= und Militärbehörden sich ver=
sammelt hatten. Dort hielt nunmehr der Oberbürgermeister Stupp
die Eröffnungsrede. Er schilderte den Tag als einen der schönsten
in der reichen Geschichte der Stadt. Er wies ausführlich auf die
Verdienste der beiden edlen Bürger Wallraf und Richartz um die
Kunst und die Bildung Köln's hin und ermunterte zur ehrenvollen
Nachahmung ihrer Bürgertugenden. Zuletzt ersuchte der Redner,
indem er die Kunst als eine Tochter der Religion bezeichnete, Seine
Eminenz, diesen Tempel der Kunst, der alten frommen Sitte ge=
mäß, einzusegnen. Dabei sprach er den Wunsch und die Hoffnung
aus, die Kunst möge fortan nur reine Blüthen treiben und ent=
falten und sich zur Darstellung des sittlich wie künstlerisch Unschönen
nie mehr herabwürdigen.

Zum Beginne der kirchlichen Einsegnung stimmte der Männer=
Gesangverein das Veni creator an, während dessen die Gebete,
Umgänge und Gebräuche folgten, welche für die Einweihung nicht
kirchlicher Gebäude vorgeschrieben sind. Diese wurden von dem
Cardinal unter Assistenz der anwesenden Geistlichkeit vorgenommen.
Seine Eminenz schloß dieselben mit dem hochlauten Rufe: „Es
segne der Herr dieses Haus; er schütze vor Blitz und Brand die
Schätze der Kunst, die daselbst aufbewahrt werden für alle Zeiten!
Im Namen des Vaters und des Sohnes und des heiligen Geistes.
Amen"!

Nachdem der Männergesangverein hierauf ein schwunghaftes
Gloria vorgetragen hatte, nahm der Oberbürgermeister noch einmal
das Wort, verbreitete sich über die vortrefflichen Kunstschätze, welche
die neuen Räume des Museums bereits zierten und lud dann die
umstehenden Künstler ein, von dem Prachtbau Besitz zu ergreifen,
welchen die freigebige Großmuth eines ächten Kölner's ihnen er=
öffnet hat. Professor Karl Müller aus Düsseldorf, als derzeitiger
Vorsitzender der deutschen Kunstgenossenschaft, erwiderte dem Ober=
bürgermeister in einer durch eben so schöne als erhabene Auffassung

---

[189]) „Schriften und Reden". B. II. S. 134.

24

der veredelnden Aufgabe der Kunst ausgezeichneten Dankrede. Die
Feierlichkeit schloß der Vortrag eines hiefür eigens verfaßten Fest=
liedes. Im Gürzenich vereinte ein gemeinschaftliches Mahl und
am Abende ein ausgezeichnetes Concert eine große Anzahl der Fest=
theilnehmer aus allen Gauen der Rheinlande. [190])

Wir reihen diesen glänzenden Weihfestlichkeiten der Kölner
Stiftungen noch eine andere an, welche zwar einfacher und stiller
verlief, und dem hochseligen Cardinal nicht weniger Freude, aber noch
mehr Trost bereitete. Es war dieß die Eröffnung und Weihe des
Marienhospitals bei St. Cunibert, welche von ihm in seinem letzten
Lebensjahre auf das Fest Mariä Lichtmeß vorgenommen wurde.
Wir haben bereits gehört, daß sich ein besonderer Verein — neben
jenem zum Behufe der Errichtung einer Mariensäule — diese
Wohlthätigkeits=Anstalt, ebenfalls zum Andenken der feierlichen
Erklärung des Lehrsatzes von der unbefleckten Empfängniß der
Gottes=Mutter, zum Ziele gesetzt hat. In dieser Anstalt sollten
namentlich unheilbare Kranke jeden Standes und Glaubens, denen
bisher in den öffentlichen Spitälern der Stadt die Aufnahme un=
nachsichtig verweigert wurde, Unterkommen und Pflege finden. Durch
die große Begeisterung für die Errichtung jener Säule wurde dem
Vereine für die Gründung des Marienhospitals anfänglich die nöthige
Unterstützung nicht zu Theil. Als jedoch der Oberhirte bei der
feierlichen Grundsteinlegung der Mariensäule das edle Streben des
Vereines in Erinnerung brachte und sofort das Festcomite für die
Mariensäule sich mit dem Vereinsausschusse des Marienhospitals
dahin verständigte, daß jenes gerne seine etwaigen Geldüberschüsse
diesem zufließen lassen wolle, gewann das fromme Unternehmen
neue Freunde und Unterstützung. Hiedurch ward es dem Vereins=
ausschusse des Marienhospitals bald möglich, ein ansehnliches Grund=
stück in der Nähe der St. Cunibertskirche für den Bauplatz anzu-

---

[190]) Mit diesem Festtage begann die Kunstausstellung im neuen Museum.
Sie hatte sich eines außerordentlichen Besuches zu erfreuen und dauerte bis
zum 1. October. Bei derselben wurde am 14., 15. und 16. August ein glänzen=
des Künstlerfest abgehalten. Am 17. Aug. trafen auch der König Wilhelm
aus Baden-Baden und der Kronprinz und dessen Gemahlin auf ihrer Rück=
reise aus England in Köln ein. Sie besuchten am folgenden Tage die reiche
Kunstausstellung. — Am 10. September kamen sowohl die Königin Augusta,
welche die Kunstausstellung besuchte, sowie auch der König Wilhelm wieder
nach Köln und begaben sich nach feierlichem Empfange auf das Schloß Benrath,
wo am Tage vorher der Kronprinz und seine Gemahlin ebenfalls eingetroffen
waren.

laufen. Im Laufe des Jahres 1860 konnte das Mauerwerk des Hospitals vollendet und unter Dach gebracht werden. Die Räume wurden zur Aufstellung von hundert Betten eingerichtet. Außer dem Frontebau in einer Länge von fünfundachzig Fuß, erstreckt sich nach Westen hin ein zweiter Flügel, bis in die Hälfte des Gartenraumes, so eingerichtet, daß er noch eine spätere Verlängerung gestattet. Während des Baues versäumte der betreffende Ausschuß nicht, immer neue Beiträge und Unterstützungen zu gewinnen. Bis zum Advente des folgenden Jahres hatte derselbe 42,000 Thaler gesammelt. Die Schreiner und Möbelfabrikanten der Stadt hatten unter sich die freie Herstellung der nöthigen Bettstellen opferwillig übernommen. Auch für die weiteren Bedürfnisse und die nöthigen Geräthschaften fanden sich Wohlthäter unter den anderen Handwerkern. [191])

So gelang es denn endlich, das Marienhospital, welchem der König unterm 4. November 1863 die Corporationsrechte verliehen hatte, vorläufig mit dreißig Betten — zur Stiftung eines Bettes waren 2,000 Thaler erforderlich — beziehbar herzustellen. Es wurde der Genossenschaft der armen Schwestern vom dritten Orden des heiligen Franciscus — gegründet zu Aachen im Jahre 1851 zur Pflege und Unterstützung armer kranker und verlassener Personen — übergeben. Am genannten Eröffnungstage hielt der Domcapitular Dr. Broix das Hochamt in der nahen St. Cuniberts-Kirche, unter Assistenz der dortigen Pfarrgeistlichkeit. Gegen eilf Uhr fuhr Seine Eminenz an dem von Außen und Innen sinnig geschmückten Hospital vor. Vom Vorstande des oftgenannten Vereines empfangen und begrüßt und von mehreren Geistlichen, dem Oberbürgermeister Bachem, Herrn v. Wittgenstein und mehreren Stadträthen begleitet, begab sich der Hochselige in einen geräumigen

---

[191]) Ein ungenannter Wohlthäter ließ das schöne Bild der unbefleckten Gottesmutter, welches über dem Haupteingange thront, auf seine Kosten herstellen. Eine Wohlthäterin hatte hundert Stück Betttücher zur Verfügung gestellt. Die Wittwe M. A. de Noël, welche am 7. Juni 1861 zu Köln starb, hat dem Marienhospitale 4,000 Thaler überwiesen. Die nämliche Dame hatte schon im Jahre 1856 das Marien-Hospital im Glockenring, zur Verpflegung der Invaliden, mit einem Kostenaufwande von mehr als 60,000 Thalern gegründet und ausgestattet. Dasselbe wurde der Leitung der barmherzigen Schwestern vom h. Karl Borromäus unterstellt. — Auch der am 13. Aug. 1863 gestorbene Domcapitular, Dr. Bill, hat dem Marienhospitale 11,000 Thaler vermacht und noch andere Wohlthätigkeitsanstalten edelmüthig bedacht.

Saal des unteren Stockes des Hauses, in welchem der Gesangchor der armen Schwestern vom heiligen Franciscus ein Festlied anmuthig vortrug. Nach dessen Beendigung begab sich der hochselige Cardinal mit dem Gefolge in die schöne Hauskapelle, welche sich im oberen Stocke befindet, um dieselbe einzuweihen, worauf er auch die übrigen Räume des Hauses segnend durchschritt. Nach erfolgter Rückkehr in die Kapelle nahm der Religionslehrer, Dr. Bosen, das Wort zu einer eben so sinnigen als schwungvollen Rede über die Bedeutung der fraglichen Weihe und Feier mit vorausgehender geschichtlicher Beleuchtung der Gründung und Erbauung der neuen Wohlthätigkeits-Anstalt. Der Redner bemerkte, wie für das jetzt binnen acht Jahren erreichte Ziel anfänglich zehn Jahre erforderlich schienen, so dürfe man nunmehr die freudige Hoffnung hegen, daß nach weiteren zehn Jahren die Anstalt auch ihre vollständige Dotation erhalten werde. 2c. 2c. Hierauf ergriff der Cardinal das Wort und erläuterte noch ausführlicher die Geschichte dieser neuen Stiftung. Er erinnerte, wie bald nach der feierlichen Verkündigung des Lehrsatzes von der unbefleckten Empfängniß der allerseligsten Mutter des Herrn, und nach der imposanten öffentlichen Kundgebung dieses Glaubens durch eine denkwürdige Procession in Köln, sich hier Vereine gebildet haben, welche sich, um die Erinnerung daran festzuhalten, zur Aufgabe setzten, die Mariensäule und das Marienhospital zu errichten, jene als Sinnbild des katholischen Glaubens, dieses als Sinnbild der christlichen Liebe. Es habe ihm daher zur großen Freude gereicht, auch die letztere Stiftung wie die erstere verwirklicht zu sehen und dieses Haus der Liebe als Oberhirte heute einsegnen zu können. Schließlich forderte Hochderselbe eindringlich zum Gebete auf, daß der Himmel dieses Hospital unter seine besondere Obhut nehmen, den Wohlthätern ihr schönes Werk reichlich vergelten und den armen Schwestern zu ihrer schweren Aufgabe den nöthigen Beistand und Segen spenden möge.

Beim Schlusse dieser Ansprache stellte der Präsident des Marienhospital-Vereins, Kaufmann Michels, den Vorstand und den Baumeister des Hauses und die übrigen Festtheilnehmer dem verehrten Oberhirten vor. Dieser besichtigte nun mit der genannten Geleitschaft die verschiedenen Säle, in welchen bereits eine Anzahl Kranker Aufnahme gefunden hatten. Die Schönheit des Baues und die Zweckmäßigkeit der Einrichtung konnte nur allgemeine Anerkennung finden. Es war dieß einer der trostreichsten Marientage im Leben des hochseligen Kölner Oberhirten.

Noch ein anderes Haus der christlichen Barmherzigkeit wurde in jenem Jahre, am 4. Juni 1864, feierlich eröffnet und ebenfalls den armen Schwestern vom dritten Orden des heiligen Franciscus übergeben. Dieser Feierlichkeit konnte aber der hochselige Cardinal wegen körperlicher Schwäche nicht mehr anwohnen. Jene Schwestern, welche bisher, unterstützt von einem besonderen Vereine zur Pflege armer Kranken und Verlassenen in deren Wohnungen, ihre werkthätige Nächstenliebe erprobt hatten, besaßen mehrere Jahre hindurch eine ungeeignete Miethwohnung. Der betreffende Verein, an dessen Spitze besonders der Oberpfarrer zu St. Columba und Stadtdechant Schnepper thätig war, kaufte nun im Laufe des Jahres 1863 in der Mitte der Stadt, in der Streitzeuggasse, ein gesundes und geräumiges Haus für 16,000 Thaler und suchte es allmälig von gesammelten milden Beiträgen für die genannten Schwestern geeignet herzurichten. [192]) Am oben bezeichneten Tage bewegte sich, nach dem in der St. Columba-Kirche abgehaltenen Gottesdienste, von hier aus ein festlicher Zug, an welchem die Pfarrgeistlichkeit, die Mitglieder des bezüglichen Bürgervereines und viele andere Freunde des frommen Unternehmens, durch die nahegelegenen, reich geschmückten Straßen zur neuen Herberge der christlichen Wohlthätigkeit. Im Hofe derselben war ein Altar errichtet. Von dessen Stufen hielt der genannte Stadtdechant eine entsprechende Rede, in welcher den bisherigen Wohlthätern dieses Werkes der Barmherzigkeit warmer Dank ausgesprochen und alle Anwesende zur ferneren Unterstützung desselben ermuntert wurden. Das Haus blieb noch zur allgemeinen Besichtigung bis Nachmittags fünf Uhr geöffnet, in welcher Stunde die Schlüssel desselben den armen Ordensschwestern übergeben wurden. [193])

---

[192]) Eine Dienstmagd bestimmte das Ersparniß ihrer fünfzigjährigen Dienstzeit im Betrage von etwa 1,500 Thalern für dieses Haus. — [193]) Schwestern desselben Ordens hatten schon seit dem Jahre 1852, im gleichen Berufe eine Wohnung bei der St. Johannis-Kirche, wie wir schon oben Seite 185 hörten, und eine andere bei der St. Marienkirche in der Kupferngasse. — Im Herbste des Jahres 1852 wurde auch ein Rettungshaus zum guten Hirten im Weichbilde von Köln bei Melaten zur Aufnahme und Besserung verirrter Mädchen, unter der Leitung der Frauen zum guten Hirten, auf milde Beiträge und Schenkungen gestützt, eröffnet. Der Pfarrer Schuhmacher — und der langjährige Hausarzt und edelmüthige Freund des hochseligen Cardinals der Sanitätsrath Dr. König, — haben sich um diese Stiftung besondere Verdienste erworben. — Pfarrer Nöcker zu St. Johann und St. Georg errichtete im Jahre 1862 in der Weißbüttengasse eine Anstalt — Asyl — für

§. 37. Tod des Königs Friedrich Wilhelm und Krönung seines Nachfolgers.

Wir haben bereits gehört, in welchem bedenklichen Gesund=
heitszustande sich der edle König Friedrich Wilhelm im Jahre 1857
befunden hat. Der Kranke suchte, von seiner Gemahlin mit auf=
opfernder Treue und Liebe begleitet und gepflegt, zuerst in Italien,
dann an andern Orten seine Wiedergenesung, ohne sie jedoch zu
finden. Er mußte endlich in der ersten Stunde des zweiten Januar
des Jahres 1861 im Schlosse Sanssouci seiner langwierigen trau=
rigen Krankheit unterliegen. Die Trauerkunde durchflog noch an
demselben Morgen die verschiedenen Gaue des Reiches. Schon
am nämlichen Tage ward dem Könige Wilhelm auch in Köln ge=
huldiget. Zwei Tage später, um die Mittagsstunde, ertönten von
allen Thürmen der Stadt die Glocken in ergreifenden Trauerklängen.
Vom Südportale der Kathedrale, von der Kreuzblume, welche, wie
wir hörten, so feierlich in Gegenwart des Verblichenen eingesetzt
wurde, wehete eine schwarze Trauerfahne herab. Die Einsegnung
der königlichen Leiche und deren feierliche Beisetzung in einer Neben=
kapelle der Friedenskirche bei Potsdam hatte am Montage den 7.
Januar nach den Bestimmungen statt, welche von dem Verstorbenen
eigenhändig getroffen waren.

In einem oberhirtlichen Ausschreiben vom 5. Januar ver=
kündete der hochselige Cardinal seinen Untergebenen den großen
Verlust, den das Vaterland und die Kirche an dem edlen Monarchen
erlitten hat. Wir entnehmen dieser ernstbemessenen Trauerbotschaft
das Nachstehende: ... „War auch dieser Ausgang der betrübenden
Leiden — des Verblichenen — schon seit geraumer Zeit voraus=
zusehen, so erfüllt doch jetzt die endliche Gewißheit jede Brust mit
Schmerz und Trauer über den herben Verlust, der uns betroffen.

---

solche katholische Knaben, welche in Folge nachtheilig wirkender Verhältnisse
in Gefahr des Mißrathens sich befinden und stellte dieses Rettungshaus unter
die Leitung der armen Brüder vom dritten Orden des h. Franciscus, welche
zu Aachen am Lonsberg ihr Mutterhaus haben. — Auch für die barmherzigen
Schwestern vom h. Vincenz von Paul, welche schon eine Reihe von Jahren
durch Krankenpflege in den Wohnungen und durch Erziehung verwahrloster
Mädchen in der Stadt wirkten, bildete sich im Jahre 1862 ein besonderer
Bürgerverein, um ihnen ein entsprechendes Haus in der Eintrachts-Straße neu
zu erbauen. Am 18. Juni des folgenden Jahres ward der Grundstein vom
Herrn Weihbischof feierlich eingesegnet und das dreistöckige Haus noch unter
Dach gebracht.

Ein reiches Herz, voll Liebe und Güte, hat zu schlagen aufgehört, ein edler Geist ist von uns geschieden, ein Menschenfreund auf dem Throne und ein milder christlicher Friedensfürst. Sein königliches Leben, mit reichen Herrschergaben und Regententugenden geziert, war auch reich an Regentensegen und Herrscherfreuden, doch durch Gottes Zulassung in schlimmer Zeit auch heimgesucht mit schweren Prüfungen. Aber in Freud' und Leid hat er, der Würde der ihn schmückenden Krone, wie der christlichen Herrscherpflichten sich bewußt, allzeit mit Vertrauen zu Dem emporgeblickt, der die Krone schenkt und die Reiche vertheilt. Die Wohlfahrt des ihm von Gott anvertrauten Volkes war ihm stete Gewissens- und Herzenssache und allerweg hat ihm der Wahlspruch gegolten: „„Ich und mein Haus wollen dem Herrn dienen!"" — Das Vaterland fühlt tief und schmerzlich, was ihm in einem solchen Herrscher hinweggenommen; und auch unsere Kirche betrauert den Heimgang ihres edlen königlichen Gönners und ihres hochherzigen Schutzherrn . . . Geliebte Erzdiöcesanen! Wir haben einen gerechten, einen gütigen, milden König verloren. Er hat unserer Kirche wohlgewollt. Oft und viel hat er Uns, Eurem Erzbischofe, dem er gleichfalls in Euch und wegen Euch seine Huld zugewendet, das ausgesprochen und sein wohlwollendes Wort durch die gleich wohlwollende That bestätigt. — Seinem hochherzigen Vertrauen verdankt unsre Kirche in seinen Staaten zuerst die unbehinderte Verbindung zwischen Haupt und Gliedern, und seiner Weisheit und Gerechtigkeit die Anerkennung ihrer angebornen Rechte und die durch Gesetz und Verfassung gewährleistete, freie Lebensentfaltung. Zahlreich auch sind die Beweise seiner Güte, deren unsere Erzdiöcese durch ihn sich zu erfreuen hatte. Dafür redet laut, neben anderen durch seine Hilfe erbauten oder wiederhergestellten und verschönerten Kirchen, auch das Pracht-Münster, das Krönungsstift des großen Karl zu Aachen. Vor Allem aber und über Alle redet dafür unser Dom zu Köln. Noch kaum auf den Thron seiner Väter erhoben, beschloß er den Ausbau des altehrwürdigen Gotteshauses am Rheine und sein Beschluß ist Wirklichkeit geworden. In wessen Gedächtniß lebt nicht noch die Erinnerung an den festlichen Tag, an dem unser geliebter König, damals in der Vollkraft des Geistes und in blühendster Gesundheit, den ersten Stein zum Fortbaue unseres Domes mit herrlichen Worten, voll Geist und Leben, feierlich gelegt; und wer weiß nicht, wie seit jenem für Köln und die Erzdiöcese erhebenden Feste und Ehrentage des hohen Protectors mächtige Hilfe dem

Gotteswerke zugewendet geblieben, unausgesetzt Jahr um Jahr, bis wir noch in den letzten Jahren die Freude hatten, die Krönung des Südportals mit der Kreuzlilie durch seine Anwesenheit verherrlicht zu sehen. Der unter der segensvollen Regierung Friedrich Wilhelms IV. Majestät so mächtig geförderte Bau wird zu ewigen Tagen der Nachwelt sagen, was er für den Dom zu Köln, das herrlichste Gotteshaus auf deutscher Erde, gewollt und gethan hat". ꝛc. ꝛc. [194])

Der zweite Theil dieser oberhirtlichen Kundgebung fordert die Erzbiöcesanen auf zur Ehrfurcht, Treue, Liebe, zum Gehorsam gegen den neuen Herrscher und zum Gebete für dessen weise und lange Regierung. Diese Hirtenworte mußten am nächsten Sonntage nach deren Empfang in allen Pfarr-, Annex- und Klosterkirchen des Erzbisthums verkündigt und während vierzehn Tage Mittags von zwölf bis ein Uhr die Glocken zur Trauer geläutet werden. [195]) Als später der Oberpräsident der Rheinprovinz den hochseligen Cardinal in Kenntniß gesetzt hatte, daß Seine Majestät der König Wilhelm die Abhaltung einer Gedächtnißpredigt auf das Ableben seines königlichen Bruders am 17. Februar — dem ersten Sonntage in der Fasten — in allen Kirchen des Landes angeordnet und dabei für die protestantischen Prediger die Worte Matthäus X. 32: „Wer mich vor den Menschen bekennen wird, den werde ich auch vor meinem Vater im Himmel bekennen", als Text bestimmt habe: wurde auch von der erzbischöflichen Stelle befohlen, daß in allen oben genannten Kirchen am bezeichneten Sonntage die bezügliche Gedächtniß-Rede abgehalten, acht Tage zuvor den Gemeinden dieß verkündiget und am Abende vor dem 17. Februar zur gewöhnlichen Stunde mit allen Glocken geläutet werde. Dabei folgte die weitere Andeutung, daß in dem bereits verkündeten Hirtenschreiben über das Hinscheiden des verlebten Königs die Pfarrer die wesentlichen Anhaltspuncte für die bezügliche Gedächtniß-Rede und zugleich die passende Veranlassung finden werden, ihren Pfarrgenossen die dem Staatsoberhaupte schuldigen Pflichten in geeigneter Weise an das Herz zu legen. [196])

---

[194]) „Schriften und Reden". B. II. S. 120. — [195]) „Kirchlicher Anzeiger". Jahrg. 1861. S. 5. — Der Kölner „Männer-Gesangverein" veranstaltete am 20. Januar im großen Casino-Saale eine Gedächtnißfeier für den verstorbenen König mit geeigneten Choralgesängen und einem Festgedichte: „Der Sänger am Grabe des Königs". — [196]) Eben-

Mit ruhiger Festigkeit und weitaussehenden Plänen im großen und bitteren Kampfe mit der Kammer der Abgeordneten, führte König Wilhelm das Steuerruder seines Staates. Statt der früheren Erbhuldigung in seinen Landen, beschloß und verkündete derselbe durch ein königliches Ausschreiben vom 3. Juli 1861, daß er in Gemeinschaft mit der Königin die feierliche Krönung im Monate October in der königlichen Haupt- und Residenzstadt Königsberg vollziehen werde. [197])

Später wurde hiezu der Tag der Leipziger Völkerschlacht, der 18. October, bestimmt und die amtlichen Einladungen angeordnet. Diese ergingen auch an die sämmtlichen katholischen Bischöfe des Reiches. Der König gab dabei zu erkennen, daß er es wünschenswerth und angenehm finde, wenn in der Stunde, in welcher die feierliche Krönung in der Schloßkapelle zu Königsberg stattfinde, in allen Kirchen des Königreiches ein Gottesdienst abgehalten werde, sowohl zum Danke für dieses so bedeutungsvolle Ereigniß, als zur

daselbst. S. 22. — Am 22. Feb. 1861 übernahm auch der König Wilhelm das Protectorat über den Central-Dombau-Verein, wie es früher sein verstorbener Bruder führte. — [197]) Dieses Ausschreiben dürfte hier wegen seiner Wichtigkeit eine Stelle finden. Es lautet: „Unsere Vorfahren haben Uns das ehrwürdige Herkommen überliefert, daß den Königen Preußens beim Regierungsantritte, von dem Lande die Erbhuldigung geleistet werde. Wir halten dieses Herkommen als ein unverbrüchliches Anrecht Unserer Krone fest und wollen es eben so Unsern Nachfolgern in der Regierung gewahrt wissen. In Betracht der Veränderungen aber, welche in der Verfassung der Monarchie unter der reichgesegneten Regierung Unseres vielgeliebten Bruders, Königs Friedrich Wilhelm des Vierten Majestät hochseligen Andenkens, eingetreten sind, haben wir beschlossen, anstatt der Erbhuldigung die feierliche Krönung zu erneuern, durch welche von Unserm erhabenen Ahnherrn, König Friedrich dem Ersten, die erbliche Königswürde in unserem Hause begründet worden. — Indem Wir Uns im Angesichte Gottes in Demuth beugen und den Segen des Allmächtigen für Uns und Unser geliebtes Vaterland erflehen, wollen Wir durch die Feier der Krönung, in Gegenwart der Mitglieder der beiden Häuser des Landtages und der sonst von Uns zu entbietenden Zeugen aus allen Provinzen Unseres Königreiches, von dem geheiligten und in allen Zeiten unvergänglichen Rechte der Krone, zu der Wir durch Gottes Gnaden berufen worden, Zeugniß ablegen und von Neuem das durch eine glorreiche Geschichte geknüpfte Band zwischen Unserm Hause und dem Volke Preußens befestigen. — Wir werden demnach in Gemeinschaft mit der Königin, Unserer Gemahlin, Unsere feierliche Krönung im Monate October dieses Jahr in Unserer Haupt- und Residenzstadt Königsberg vollziehen". Siehe „Staats-Anzeiger" vom 6. Juli 1861. — Am 14. desselben Monats wagte der Student Oscar Becker das Pistolen-Attentat auf den König Wilhelm zu Baden-Baden.

Erbittung des göttlichen Segens für Seine königliche Majestät und Hochderselben Regierung. Sofort wurde auch vom Kölner Ober= hirten unterm 7. October angeordnet, daß am genannten Krön= ungstage, Morgens zehn Uhr, in allen Pfarrkirchen der Erzdiöcese ein feierliches Hochamt mit Te Deum abgehalten und diese Feier= lichkeit sowohl am Vorabende, wie auch vor dem Hochamte mit allen Glocken eingeläutet werde. [198])

Vier Tage später reiste der hochselige Cardinal von Köln nach Königsberg ab, um der bezüglichen Einladung des Monarchen zu entsprechen. Außerordentlich reich und prachtvoll waren die Zu= rüstungen für die Tage des Festes, ungemein zahlreich und glänzend die Vertreter der fürstlichen Höfe, die geladenen Theilnehmer aus allen Provinzen und Ständen des Reiches. Bereits in der Mit= tagsstunde des 14. October zogen der König und die Königin, unter dem Donner der Geschütze, dem Geläute der Glocken und tausendstimmigem Hurrah=Rufen des Volkes, in die Krönungsstadt ein. An dem Krönungstage selbst, Morgens um zehn Uhr setzte sich unter den Klängen des Meyerbeer'schen Krönungsmarsches bei einer zahllosen Zuschauer=Menge der festliche Krönungszug aus dem Schloßhofe nach der Schloßkapelle in Bewegung. Dort angelangt,

---

[198]) Am 3. Sept. 1861 wurde zu Deutz das fünfundzwanzigjährige Dienstjubiläum des Landrathes Simons auf Vogelsang, sowohl kirchlich als bürgerlich gefeiert. Auch der hochselige Cardinal war unter den Festtheilnehmern. Bei dem reichbesetzten Festmahle brachte er den ersten Trinkspruch auf das Wohl des Königs und der Königin aus. Derselbe berührte dabei den jüngst in Baden=Baden erfolgten, verbrecherischen Angriff auf das theure Leben des Königs, schilderte in lebhaften Zügen das Entsetzen, welches sich allenthalben bei der telegraphischen bezüglichen Nachricht geltend machte und die innigste Theilnahme des Volkes wach rief. Er hob zugleich mit Zuversicht hervor, daß bei jener ruchlosen That die Hand des Herrn sichtbar über das Leben des ge= liebten Monarchen gewaltet habe. Nachdem der Redner auch Ihrer Majestät der Königin, der hohen und reichbegabten Frau gedacht, gab derselbe der Ueber= zeugung Ausdruck, daß bei dieser Feier, welche einem königlichen Beamten gelte, den Alle achten und ehren, die Anwesenden mit ihm dem dreifachen Hoch auf Seine Majestät den König und Ihre Majestät die Königin von Herzen sich anschließen werden". — [199]) „Kirchlicher Anzeiger". Jahrg. 1861. S. 94. In der Kölner Kathedrale hielt der Herr Weihbischof das Hochamt. Am Abende fanden verschiedene Concerte und Festessen statt. — Zehn Jahre früher, am 18. Januar 1851, wurde auf Befehl des Königs Friedrich Wilhelm IV. in allen Kirchen des Königreiches, zur Erinnerung an die vor 150 Jahren an demselben Tage stattgehabte Krönung des Königs Friedrich I. von Preußen feierlicher Gottesdienst abgehalten.

nahm der König zur Rechten des Altars, die Königin zur Linken auf gleichen Sitzen Platz. Sofort begann die Liturgie nach der Agende, welche der Domchor durch die entsprechenden Gesänge unterstützte. Der Generalsuperintendent Hoffmann hielt die Liturgie und die damit verbundene Predigt. Die Krönungsgebete sprach der Hofprediger Schnethlage. Während der Domchor hierauf das Domino salvum fac regem anstimmte, wurden die Reichsinsignien auf den Altar gelegt. Der König verrichtete an den Stufen des Altars ein stilles Gebet, legte dann, statt des rothen Rittermantels des Ordens vom schwarzen Adler, den Krönungsmantel um, erstieg die Stufen des Altars, nahm die Krone des Königreiches von Gottes Tische und setzte sich dieselbe auf's Haupt. In gleicher Weise ergriff der König das Scepter, den Reichsapfel und nachdem er diesen wieder auf den Altar gelegt, das Schwert. Während dieser Handlungen sprach der genannte Hofprediger die bezüglichen Weihgebete. Nachdem das letzte beendet war, wendete sich der König auf den Stufen des Altars stehend, gegen die Versammlung um. Jetzt rief der Hofprediger Thielen, zur Linken des Gekrönten stehend: „Heil dem Könige! Mit Dir halten wir es. Friede sei mit Dir! Amen. Und alles Volk sage Amen"! worauf die Versammlung mit Amen antwortete. Der Königin wurde die Krone vom Könige auf's Haupt gesetzt. Unter Absingung des einundzwanzigsten Psalm zogen die Majestäten wieder mit dem glänzendsten Geleite in das Schloß zurück.

Die katholischen Bischöfe und anwesenden katholischen Geist= lichen hatten indeß dem Hochamte in der St. Hedwigs=Kirche bei= gewohnt. Sie wurden hierauf von dem Grafen Schaffgotsch in die Schloßkirche geleitet, wo sie, nachdem die protestantische Liturgie beendet war, in die Loge rechts vom Altare eingeführt wurden und der geschilderten Krönungs=Ceremonie anwohnten. Sie reihten sich dann dem Rückzuge in das Schloß an, wo alsbald im Thron= saale die feierliche Beglückwünschung des Königs statt hatte. Hiebei hielt der hochselige Cardinal im Namen der anwesenden acht Bischöfe eine eben so glänzende, als würdige und freimüthige Ansprache, worin er namentlich auch die Vergewaltigung des Oberhauptes der katholischen Kirche berührte und die in der Staatsverfassung verbrieften Rechte der Kirche dem Schutze des Gekrönten empfahl. Wir entnehmen dieser Ansprache folgende Stelle: .... „Acht Bischöfe stehen wir hier, die kirchlichen Vertreter von sieben Millionen Ihrer Unterthanen. Diese sieben Millionen stehen hier mit uns;

sie fühlen durch unser Herz; sie sprechen durch unsern Mund und bringen mit uns und durch uns Eurer königlichen Majestät ihre tiefste Huldigung und ihre freudigsten Glückwünsche dar. In der eben abgewichenen zehnten Morgenstunde dieses Tages sind sie, durch unsere Hirtenworte dazu ermuntert, überall, in allen Provinzen von Ermeland bis Trier, in ihre Dome und in ihre Kirchen ge= zogen und haben dort in festlichem Gottesdienste zum König der Könige gebetet, daß er seiner Gnaden herrlichste Fülle herabsenden wolle auf das geliebte, heute mit der höchsten irdischen Ehre und Würde geschmückte Königspaar. Und diese Gebete und Segens= wünsche unserer Gläubigen haben wir, ihre Bischöfe, in derselben Stunde im Gotteshause im feierlichen Hochamte versammelt, vereint auf den Altar niedergelegt, und der das Pontificalamt feiernde Bischof hat sie alle in einem großen Gebetskranze zusammengeflochten und sie mit Herz und Mund hinauf zum Throne Gottes getragen, damit dieser sie von da als eine Segens= und Gnadenkrone herab= thaue auf das Haupt unseres Königs und unserer Königin für Zeit und Ewigkeit. — Den also dargebrachten Glück= und Segens= wünschen wollen Eure königliche Majestät allergnädigst gestatten, eine tiefgefühlte ehrfurchtvollste Bitte anzuschließen. An diesem Freuden= und Ehrentage erlauben wir uns Eurer königlichen Majestät huldvollen Blick auf unsere Kirche zu lenken. Warm und innig empfehlen wie sie und ihre in Kraft der Staatsverträge und Ver= fassung ihr zustehende selbstständige Stellung und unbehinderte Wirksamkeit dem mächtigen landesherrlichen Schutze. Wir legen ihre Wohlfahrt an das königliche Herz Eurer Majestät und wir glauben und vertrauen, ja, wir wissen, daß sie da eine wohlwollende Stätte und eine huldvolle Aufnahme findet. Mit der freudigsten Dankbarkeit und getreuesten Hingebung wird darum auch unsere Kirche unter dem gerechten und milden Scepter Eurer Majestät ihre große heilige Sendung erfüllen. Sie wird fortfahren, in den dem glorreichen Scepter Eurer königlichen Majestät untergebenen Landen ihre Kinder in der Gottesfurcht, in dem Gehorsame gegen die Obrigkeit und in der Treue und Ehrfurcht gegen den König heranzuziehen und ihnen in der Lehre und Uebung aller Christen= tugenden und aller Unterthanenpflichten zur immerwährenden Neu= begründung und Förderung der Gottesordnung und der Menschen= ordnung voranzugehen. — Wenn auch in diesen Tagen weitver= breiteter Umsturzgelüste anderwärts ungerechte Hände, vorgeblich einer durch Waffendruck und Trug erpreßten Volksstimme, die aber nicht Gottesstimme ist, folgend, nach fremden Kronen greifen, und wenn ihre blutige Faust den ältesten, rechtmäßigsten und ehrwürdigsten Thron in Trümmer zu schlagen sucht, so kann und darf und wird die Kirche, ihr Oberhaupt und wir, sich niemals dadurch abhalten lassen, fort und fort Zeugniß abzulegen für die ewige Gottesord= nung und die darauf gegründete Menschenordnung, und Einsprache zu erheben gegen Unrecht und Gewalt, und es muß uns das eine um so dringendere Aufforderung werden, uns mit allen unsern Gläubigen, was immer noch kommen möge, um den Thron und die geheiligte Person unseres von Gott gesetzten Königs zusammen= zuschaaren, und sie Alle werden für ihres Königs Ehre und Würde, seine Macht und seine Majestät einstehen, unwandelbar fest in Treue und Liebe". 2c. 2c. Die Erwiderung des Königs war eben so huldvoll als beruhigend. „Die katholische Kirche, sprach er namentlich, darf vertrauen, daß Ich ihr in Gerechtigkeit und Wohl= wollen ferner meinen landesväterlichen Schutz gewähren und sie in Ausführung ihres heiligen Auftrages unterstützen werde". 2c. [200]) Im Thronsale erfolgte noch der Empfang der ehemals reichsun= mittelbaren Fürsten und Grafen, deren Sprecher der Fürst Solms= Lich war. Sodann verfügte sich der König mit seinem Gefolge in den Schloßhof, wo auf der großen Freitreppe eine festlich ge= schmückte Throntribüne aufgeschlagen war. Zur Rechten derselben standen die königlichen Prinzen, zur Linken die Minister und höchsten Staatsbeamten und Würdeträger. Die Königin und die königlichen Prinzessinnen erschienen an den Fenstern nächst der Tribüne. Nach= dem dieß Alles geordnet war, erfolgten die Ansprachen der Prä= sidenten der beiden Häuser des Landtages, so wie jene des Grafen Dohna=Lauck als Wortführer der ständischen um ihn versammelten Krönungszeugen. Der König erhob sich sodann von seinem Sitze und erwiderte bei feierlicher Stille die Ansprachen. Er erklärte hiebei: „Eingedenk, daß die Krone nur von Gott kommt, habe er durch die Krönung an geheiligter Stätte beurkundet, dieselbe in

---

[200]) Diese Ansprache und königliche Erwiderung, sammt den Namen der acht Bischöfe siehe „Schriften und Reden". B. II. S. 137 u. ff. — Schon im Monate November 1859 haben die Bischöfe Preußens, auf An= regung des hochseligen Cardinals eine gemeinschaftliche Adresse an den Prinz= Regenten Wilhelm von Preußen gerichtet und ihn dringendst, im Namen der sieben Millionen Katholiken im Königreiche, gebeten, nicht zugeben zu wollen, daß die dem Pabste von Gott verliehene weltliche Macht auf dem bevorstehen= den Congresse geschmälert oder gar ihm entzogen werde. Ebendaselbst. S. 81.

Demuth von Gottes Händen empfangen zu haben. Im Vertrauen auf die Treue und Ergebenheit seines Volkes habe er den althergebrachten Erbhuldigungs= und Unterthanen=Eid seinem Volke erlassen können. Gottes Vorsehung, fügte er bei, wolle die Segnungen des Friedens dem theuren Vaterlande lange erhalten. Vor äußeren Gefahren wird das tapfere Heer dasselbe beschützen". 2c. 2c.

Nunmehr trat der Minister des Innern auf den Podest der Freitreppe und verkündete die Stiftung neuer Orden, ferner verlas er das Verzeichniß der vielen Standeserhebungen, Ordensverleihungen und Begnadigungen, die der König vorzunehmen geruht hatte. Der hochselige Cardinal erhielt die goldene Kette zum höchsten Grade des schwarzen Adler=Ordens, in dessen Besitz er bereits gewesen. Nach diesen Verkündigungen rief der zu Pferd auf dem Schloßhofe harrende Reichsherold: „Es lebe der König Wilhelm"! Von allen Seiten erscholl hiezu rauschender Beifall. Während jetzt von den Musikchören begleitet, das Lied: „Nun danket alle Gott" 2c. angestimmt wurde, ertönte das Geläute der Glocken, unterbrochen von dem Donner der Kanonen. Der König und seine nächste Umgebung zogen sich sofort in die inneren Gemächer des Schlosses zurück. Langsam vertheilten sich die verschiedenen Gruppen der Theilnehmer und Zuschauer des Festes, welches von dem herrlichsten Herbstwetter begünstiget war. Abends fünf Uhr ward das große Galadiner von mehr als tausend Gedecken im Moskowiter=Saale des Schlosses abgehalten. Mit einer großartigen Beleuchtung der Stadt wurde die Festlichkeit des Tages geschlossen. [201])

Ueber das Königsberger Krönungsfest steht uns ein vertraulicher Brief zu Gebot, welchen der hochselige Cardinal am 4. December 1861 an seinen verehrten Freund, den Bischof Nikolaus zu Speyer, schrieb, aus welchem wir Nachstehendes der Vergessenheit entziehen wollen: .... „Der König und die Königin waren gegen die Bischöfe sehr freundlich. Diese wurden zweimal zur Tafel geladen. Insbesondere erwiesen die Majestäten mir eine allgemein bemerkte, gnädige Aufmerksamkeit. Ich wohnte allen Festdiners bei und nahm auch an dem Krönungsbankett unmittelbar an der fünften Tafel, an welcher nur die Prinzen und Krönungsgesandten saßen, Antheil. Auch erhielt ich, wie die Prinzen und

---

[201]) Am 22. October traf der Cardinal wieder in Köln ein. An demselben Tage hielt der König und die Königin ihren feierlichen Einzug in Berlin. Am 26. desselben wurde dort die feierliche Weihe der St. Michels=Kirche vom Fürstbischofe von Breslau vorgenommen.

Krönungs-Ambassadeurs, die goldene Krönungs-Medaille, während
alle andere Gäste die silberne bekamen. Dazu wünschte der König,
daß ich am Ordenscapitel des „Schwarzen Adlers" Theil nehmen
sollte. Als ich bemerkte, daß dem zwei Dinge entgegen ständen,
einmal, daß ich den vom Jahre 1701 hergebrachten, in protestantischem Sinne abgefaßten Eid, nicht leisten und dann, daß ich
den Rittermantel gegen meinen Cardinalsmantel nicht ablegen könnte,
dispensirte der König von allen Puncten, wie dieses nur bei auswärtigen fürstlichen Personen bisher geschah, und schickte mir brevi
manu durch den Oberceremonienmeister die Ordenskette in's Haus,
mit der Einladung mich im Ordenscapitel einzustellen. Dieß that
ich auch im vollen Cardinalsanzuge und mit der Ordenskette, wobei
ich mit ungefähr dreißig Herrn, darunter Erzherzog Ludwig, Prinz
von Wales, Großfürst Nikolaus, Großherzog von Baden, Graf
von Flandern, die Großherzoge von Mecklenburg und Oldenburg,
die Kronprinzen von Sachsen und Württemberg ꝛc. sich befanden,
zusammensaß. Während des Ordenscapitels, welches unter dem
Vorsitze des Königs ungefähr anderthalb Stunden dauerte, hatte
ich Zeit genug, mehrmals innerlich zu denken, welch' ein weiter
und wunderbarer Weg es sei von dem Hause des Nikolaus Geissel
zu Gimmeldingen bis nach Königsberg in's Schloß, in den prachtvollen Capitelssaal und auf den Sitz in einer solchen europäischen
Tafelrunde. Deus haec fecit, illi soli gloria! Dabei freute ich
mich aber, daß in dem Gimmeldinger Prinzen seine höhere Mutter,
die katholische Kirche, einen solchen Ehrenplatz einnahm und wiederholte innerlich: Möge es ihr und ihrem Sohne und Diener zum
Segen gereichen! Aus dieser ganzen Behandlung war ersichtlich,
wie König und Königin dem Cardinal alle Ehre erweisen wollten,
was auch allgemein bemerkt wurde. Es war die Verwunderung
darüber, daß ich auf einmal im Capitel erschien, unter den älteren
Capitelsrittern aus dem Lande fast comisch-groß. Mehrere fragten
mich, wann ich denn in's Capitel wäre aufgenommen worden?
Und als ich sagte: Heute — konnten sie das gar nicht begreifen.
Sie wußten nicht, daß ich von allen Aufnahmsceremonien war
dispensirt worden, weil ein solcher Fall nie da war. Außerdem
war auch des Hofes Absicht mich auszuzeichnen daraus ersichtlich,
daß ich stets bei allen Verhandlungen in das Cabinet der Majestäten,
wo die höchsten Herren zusammen kamen, eingeführt wurde und
daß man mir freie schöne Bewohnung in einem Privathause gab
und mir für die ganze Zeit eine Hofequipage mit Kutscher und

Bedienten in des Königs Livree zur Verfügung stellte. Sonach Herrlichkeiten — was willst Du mehr? Zu diesen Dingen scheint meine Rede etwas beigetragen zu haben. Die allerhöchsten Herr= schaften, insbesondere die Königin, sprachen mir ihren lebhaften Beifall aus. Alle Prinzen des Hauses schüttelten mir beifällig die Hand — und Regis ad exemplum verfehlten die Hofherren nicht, mir zur Rede zu gratuliren. Einige äußerten, daß es ihnen besonders gefallen habe, daß ich so freimüthig den Pabst hinein gebracht hätte; „„so wäre es würdig, so wäre es würdig““. Herr v. Bethmann schrieb mir sogar seinen persönlichen Dank über „„die warme und würdige Ansprache,““ und Feldmarschall Wrangel schüttelte mir die Hand mit den Worten: „„die Armee dankt Ihnen, — wir preußische Soldaten lassen Ihren Pio nono nicht fallen.““ Daß aber auch die Liberalen und Demokraten in ihren Blättern meiner Rede Beifall spendeten, hat mich überrascht. Es geschah, weil ich den „„Muth hatte, den König an die Verfassung zu erinnern““. — Ich habe niemals einen so allgemeinen Beifall gefunden, wobei mir ganz besonders zum Trost gereicht, daß meine Katholiken darüber allgemein erfreut waren. — Gebe Gott, dem ich es allein verdanke, seinen Segen dazu. — Daß ich auch einige kleine Abenteuer erlebt habe, hast Du wohl aus den Zeitungen ersehen. Die Geschichte mit dem piemontesischen Schnurrbart Della Rocca, meinem Tischnachbarn am 16. October, ist wahr. Ich sprach kein Sterbenswort mit ihm, was allgemein bemerkt und mir darüber von Vielen die Billigung mit Lachen ausgesprochen wurde. Man gönnte ihm und seinem Raublehensherrn den Zwang der Verlegen= heit, in der er augenscheinlich war, während ich mich mit meinem Nachbar rechts, dem Herzoge von Ossuna, spanischen Krönungsge= sandten, unausgesetzt auf das Lebhafteste und Angenehmste unter= hielt. Auch das Gespräch mit dem Franzosen Mac=Mahon, Herzog von Magenta, über seinen Louis Napoleon III. ist in der Haupt= sache wahr". 2c. 2c.

§. 38.   Jubelfest der bischöflichen Weihe.

Obgleich das geschilderte Krönungsfest zu Königsberg für den hochseligen Cardinal höchst glänzend und ehrenvoll erscheinen mußte, so war dennoch das Ehrenfest, welches im folgenden Jahre dem= selben in Köln bereitet wurde, für seinen Sinn und für sein Ge= müth weit erhebender und freudiger. Am Mittwoche den 13. August 1862, flossen bereits fünfundzwanzig Jahre zu Ende, seitdem Hoch=

derselbe im Augsburger Dome die bischöfliche Weihe empfangen hatte. Diesen Gedächtnißtag ersahen sich die Bischöfe der Kölner Kirchenprovinz, das hohe Metropolitancapitel, der Klerus der Erzbiöcese, die Bewohner der treugläubigen Stadt, und sämmtliche Erzbiöcesanen, um dem hochverdienten und geliebten Oberhirten den Ausdruck des tiefgefühltesten Dankes, ihre aufrichtigen Huldigungen darzubringen und ihm zu diesem Behufe eine großartige Festlichkeit zu bereiten. Schon lange vor diesem Festtage wurden vielfache Berathungen gepflogen, Beschlüsse gefaßt, [102]) besondere Ausschüsse gewählt, Sammlungen veranstaltet, und tausend Hände in Bewegung gesetzt, um das hiezu Erforderliche zu ordnen, die mannigfaltigen Festgeschenke zu bestimmen und anzufertigen.

Am Vorabende des verkündeten Festtages schmückten die Bewohner der Straßen ihre Häuser, welche vom erzbischöflichen Palaste zum Dome führen, auf das Emsigste und Schönste mit Laubgewinden, Kränzen, Blumen, Fahnen, Wimpeln und Flaggen. Von sieben bis acht Uhr verkündete das feierliche Geläute des Domes und der übrigen Kirchen der Stadt den Einwohnern die seltene Festlichkeit. Schon um vier Uhr des Nachmittags hatte sich der Jubilar in die Kathedrale begeben, wo derselbe im Geleite des Metropolitancapitels aus den Händen des von dem Oberhaupte der Kirche beauftragten Geistlichen ein Glückwunschschreiben und das Festgeschenk Pius des Neunten freudig gerührt entgegennahm. Es war dieß eine reich in Gold gestickte, mit Edelsteinen geschmückte Mitra, welche durch ihre geschichtliche Beziehung noch besonders werthvoll erschien, indem sie früher das Eigenthum des muthigen Kämpfers der Kirche, des Erzbischofes Fransoni von Turin, gewesen. Diesem war sie, als er in der Verbannung schmachtete, von der Stadt Lyon als Zeichen der Verehrung seines Heldenmuthes verehrt worden. Fransoni hat dieselbe sterbend dem heiligen Vater überlassen. Dieser Uebergabe folgte jene der werthvollen Stickereien zu dem erzbischöflichen Throne, welche die Kölner Damen ihrem Oberhirten zu seinem Ehrentage in bewährter Kunstfertigkeit und frommem kirchlichen Sinne angefertigt hatten. Der Präsident des Dombauvereines, Justizrath Esser II., drückte hiebei in sinniger Weise die Glückwünsche der anwesenden Schenkgeberinnen aus,

---

[102]) In der Sitzung der Stadtverordneten vom 26. Juni 1862 wurde mehrstimmig beschlossen, der in Angriff genommenen neuen Straße von der Mohren- zur Gereons-Straße den Namen Cardinalstraße beizulegen.

welche der Cardinal mit freundlichem Dank und ehrender Aner=
kennung erwiderte. Zum Schlusse ertheilte der Oberhirte den An=
wesenden den erzbischöflichen Segen. [203])

Am späten Abende noch wurde beim herrlichsten Wetter dem
Jubilar in dessen Garten vom Männergesangvereine eine Serenade
ausgebracht. Mit den Sängern waren zugleich die Mitglieder der
verschiedenen Festausschüsse vor dem Oberhirten erschienen. Das
Wort führte hiebei der erste beigeordnete Bürgermeister Rennen.
Dessen Gruß zum bevorstehenden Feste erwiderte der Jubilar in
einer herzlichen Anrede, anknüpfend an einen Vers des für diesen
Abend eigens gedichteten Liedes. In die Räume der erzbischöflichen
Wohnung eingeladen, hatten die Theilnehmer an dieser Vorfeier
noch besonders die Ehre, den freundlichsten Dank Seiner Eminenz
entgegen zu nehmen.

Am folgenden Morgen von sechs bis sieben Uhr verkündeten
abermals die Kirchenglocken der Stadt insgesammt den festlichen
Tag. Um halb neun Uhr versammelten sich die verschiedenen
Innungen, Bruderschaften, so wie die besonderen Abgeordneten und
Festvereine in der Kathedrale, um im feierlichen Zuge den Jubilar
und die um ihn geschaarten Bischöfe abzuholen. Der Zug be=
wegte sich aus dem Westportale des Domes durch die Pfaffenporte
über die Comödien=, Zeughaus= und Mohrenstraße zum erzbischöf=
lichen Palais. Blinkende Kreuze und wallende Fahnen voran er=
öffneten denselben die Innungen und Körperschaften mit ihren
Bannern in verschiedenen Abtheilungen. Ihnen schlossen sich die
unter der Bürgerschaft bestehenden Congregationen und Vereine an.
Dann folgten über zweihundert Geistliche im Talare und Chorrock,
darunter die Abgeordneten der vierundvierzig Decanate des Erz=
bisthums und die Vertreter der in demselben bestehenden geistlichen
Orden. Der Sängerchor der Seminaristen schritt den Professoren

---

[200]) Diese Stickerei, welche auf einem rothen Seidengrunde kunstreich
ausgeführt ist, zeigt im Baldachin das Sinnbild des h. Geistes, eine Taube.
Auf der Rückseite erblickt man in der Mitte das Lamm Gottes mit der Sieges=
fahne, aus dessen Herzen ein reicher Blutstrahl sich in einen Kelch ergießt.
Ganz oben erscheint in Wolken die segnende Hand Gottes des Vaters. In den
vier Ecken befinden sich die Sinnbilder der vier Cardinaltugenden. Die Knie=
bank des Thrones zeigt auf der Vorderseite das Jesuskind mit einem Kreuze,
wie es zwei Lämmer an sich lockt, mit der Inschrift: Venite ad gregem
Domini! Das Ganze ist nach dem Entwurfe des Kölner Malers und Conser=
vators Rambouç ausgeführt.

und dem Präses des Seminars voraus und hinter diesem folgten die Mitglieder der theologischen Facultät von Bonn mit ihrem Decan und die Abgeordneten auswärtiger Bischöfe und Domcapitel. Den Schluß bildeten die Mitglieder des Metropolitancapitels und die Vertreter der städtischen Behörden und Festausschüsse. Vortretend aus der erzbischöflichen Wohnung schlossen sich unmittelbar an das Metropolitancapitel die fünf anwesenden Prälaten mit Mitra und Stab an, nämlich der Kölner Weihbischof, der Bischof Laurent von Chersones, die Bischöfe von Münster, Hildesheim und Paderborn und sofort Seine Eminenz, der Jubilar. Ihm folgten die hohen Autoritäten der Provinz und Stadt in Uniform, die Deputationen der Stadt Köln, der Städte der Erzdiöcese, des rheinischen Adels, der Provincialstände und die schon genannten Festausschüsse. Dieser glänzende Rückzug zur Kathedrale bewegte sich jetzt durch das Würfelthor, unter Sachsenhausen, die Dominicaner-, Marzellen-Straße, über den Wallrafsplatz zum Domkloster hinan. Es war ein rührender Anblick wie die dichten Reihen der Volksmenge beim Herannahen des Jubilars in Bewegung geriethen und unter der segnenden Hand desselben auf die Kniee sanken! Die Würfelpforte war zu einem doppelten Triumphbogen umgeschaffen und eine überaus schöne, großartige Ehrenpforte erhob sich auf dem Wallrafsplatze. Rundum war derselbe mit einer Estrade umgeben, auf welcher gegen sechshundert weißgekleidete Schulkinder mit Kränzen, Sträußen und Blumenkörbchen standen. Beim Herannahen des Oberhirten und seines hohen Geleites erscholl aus dem Munde dieser Hunderte von Kindern ein Festlied frisch und fröhlich wie Lerchengesang. Beim Eintritte in die erhabenen Hallen der Kathedrale machte es den erhebendsten Eindruck auf die Theilnehmer des Zuges, als sie das erste vollendete Kreuzgewölbe des Langschiffes erschauten, dessen Anblick der Dombaumeister Voigtel durch Entfernung der Gerüste an diesem feierlichen Tage dem Auge freigestellt hatte. [204])

Das feierliche Pontificalamt hielt unter ernstem, erbaulichem Chorgesange der Bischof Konrad von Paderborn. Der Gottesdienst schloß mit dem Te Deum, nach dessen Beendigung der Jubilar den Segen ertheilte. Der Festzug ordnete sich dann wieder in der beschriebenen Reihenfolge nach der erzbischöflichen Wohnung zurück.

---

[204]) Die sechs Kreuzgewölbe des Mittelschiffes wurden am 16. Sept. 1862 vollendet und sohin konnte das Rothbach desselben abgetragen werden.

Hier begannen nun in dem großen unteren Saale die Be=
glückwünschungen des Jubilars zuerst von Seiten der Geistlichkeit
und dann von Seiten der weltlichen Stände. An dem von Blumen
reich geschmückten Hintergrunde des Saales stand der Sitz Seiner
Eminenz, zu beiden Seiten vor ihm die Sessel der anwesenden
Bischöfe. Die verschiedenen Festgeschenke verzierten ringsum den
Saal. Dem Jubilar gegenüber erblickte man das Angebinde des
Königs und der Königin des Landes, eine treffliche Broncestatue
auf marmornem Piedestal von Julius Lippelt, einen Engel mit
ausgebreiteten Flügeln darstellend. Die Reihe der Glückwünschenden
ward von dem Metropolitancapitel eröffnet, in dessen Namen der
Herr Weihbischof unter Anderem Nachstehendes sprach: . . „Der
Rückblick auf Eurer Eminenz fünfundzwanzigjähriges Bischofsamt,
dessen bei Weitem größten Theil der Kölner Erzbiöcese gewidmet
zu sehen wir hoch erfreut, ja stolz seyn können, verpflichtet uns
am heutigen Tage, an dem vor fünfundzwanzig Jahren die aposto=
lische Weihe und Handauflegung Eure Eminenz in den Kreis der
Bischöfe einführte, zunächst zum frommen Danke gegen Gott, der
Seine Eminenz bisher so hoch begnadigte, dann aber auch gegen
Eure Eminenz, unseren allverehrten Oberhirten, für die weise und
unerschütterliche Hingebung an Ihr erhabenes Amt und für den
reichen Segen, den der Allmächtige sichtbarlich Hochihrem oberhirt=
lichen Wirken verliehen. — An diesen tiefgefühlten Dank knüpft
sich die freudige Hoffnung und das aufrichtige Gebet, daß der
Allgütige noch lange Jahre Eure Eminenz schützen und erhalten
möge zum Heile und Segen der Ihrer umsichtigen Obhut anver=
trauten Heerde, zum Ruhme und Gedeihen unserer heiligen katho=
lischen Kirche und zur Zierde jenes erhabenen Collegiums, dem
einzuverleiben, der Nachfolger des heiligen Petrus und Stellvertreter
Jesu Christi auf Erden, unser heiliger Vater Pius IX., bereits
vor zwölf Jahren Eure Eminenz ausgezeichnet hat. — Als ein
schwaches aber sprechendes Zeichen und Denkmal dieser Gefühle
und Wünsche überreicht Eurer Eminenz das Metropolitancapitel
diesen neuen Hirtenstab. Mögen die heiligen Patrone der Stadt
und Erzbiöcese, die diesen Hirtenstab schmücken, Eure Eminenz in
Schutz und Obhut nehmen, daß der Allmächtige noch lange Jahre
Ihnen Licht, Kraft und Muth verleihe, den Hirtenstab der Erz=
biöcese wie bisher zu führen, zu seiner höchsten Ehre, der Kirche
Heil und der anvertrauten Heerde Freude und Segen. — Eminenz!
Eine große Ehre und Freude ist es mir zugleich, in Ihre Hände

ein Schreiben Seiner Majeſtät des Königs und Ihrer Majeſtät
der Königin zu legen, mit welchem Allerhöchſtdieſelben Ihnen das
hier aufgeſtellte, ſinnige und kunſtvolle Geſchenk als Beweis aller=
höchſter Anerkennung überſendet haben. Gott der Herr ſegne unſerm
allergnädigſten König und Herrn und unſere edle Königin mit
ſeinen beſten Gaben". — Der Cardinal verlas ſofort das gemein=
ſame königliche Schreiben, in welchem Ihre Majeſtäten in huld=
vollſter Weiſe dem Jubilar Ihre Glückwünſche darbrachten und zu=
gleich das Bild des Engels des Friedens und der Gerechtigkeit,
als Ausdruck Ihrer wohlwollenden Geſinnungen überſandten. Mit
den Aeußerungen der wärmſten Erkenntlichkeit für die königliche
Huld verband der Jubilar den Wunſch, daß in der weiten Diöceſe
wahrer Friede und Gerechtigkeit, himmliſche und irdiſche, immer
mehr erblühen möge und brachte dann ein dreifaches Hoch auf
Ihre Majeſtäten aus, in welches die Anweſenden kräftig einſtimmten.

Hierauf erwiderte der Cardinal, den Mitgliedern des Metro=
politancapitels zugewendet, unter Anderem: „Er erkenne in den
beiden Gaben des heiligen Vaters und des Capitels einen beſonders
bedeutungsvollen Sinn. Die Mitra, welche er vom Stellvertreter
Chriſti erhalten habe, ſei ihm eine Anerkennung für die Weiſe,
wie er ſein biſchöfliches Amt geführt, ſo wie eine Ermunterung,
dasſelbe treu fortzuführen und das Zeichen der biſchöflichen Würde,
die galea salutis und die mitra fortitudinis, wie ſie Cardinal
Antonelli in ſeiner bezüglichen Zuſchrift nenne, auch fernerhin zur
Ehre Gottes und zum Heile der Seelen zu tragen. Der prächtige
kunſtvolle Hirtenſtab gelte ihm als ein Zeichen, daß das hochwürdige
Domcapitel in der völligen Unterwerfung unter den biſchöflichen
Stab Allen vorangehen und ihm in der Verwaltung der großen
Diöceſe treu rathend und helfend zur Seite ſtehen wolle. In dieſem
Sinne nehme er das ſchöne Geſchenk mit großer Freude auf, ent=
ſchloſſen, das oberhirtliche Amt im Vertrauen auf Gottes Gnaden=
beiſtand auch fernerhin als guter Hirte mit Kraft und Muth, aber
auch mit väterlicher Milde zu führen."

Nun trat der Biſchof von Münſter vor und brachte im Namen
der anweſenden Biſchöfe und insbeſondere der Suffraganbiſchöfe
der Kölner Kirchenprovinz die Glückwünſche dar. Da der hoch=
würdigſte Biſchof von Trier, bemerkte derſelbe, durch plötzliches
Unwohlſeyn auf die große Freude, dem Feſte beizuwohnen, ver=
zichten mußte, ſo liege es ihm, dem zweitälteſten Biſchofe der Provinz
ob, dieſe Wünſche Seiner Eminenz darzubringen. Die Suffragan=

bischöfe hätten dem Metropoliten so viele Anregung und leitenden
Rath, ihm die Wiederbelebung des Metropolitanverbandes zu ver=
danken, welcher in so vielfachen bischöflichen Conferenzen und zuletzt
in dem Provincialconcil seine schönste und segenreichste Aeußerung
erhalten habe. Er rechne es sich daher zur besonderen Ehre, den ge=
meinschaftlichen Gefühlen des Dankes und den herzlichsten Glück=
wünschen den Ausdruck leihen zu dürfen rc.. — In seiner sofortigen
Erwiderung hob der Metropolit besonders hervor, daß er in be=
rührter Beziehung nur die Anregung gegeben habe. Was wirklich
geschehen, sei der Einsicht und Weisheit der Suffraganen zuzu=
schreiben!, welche auf die erste Anfrage hinsichtlich der Abhaltung
der bischöflichen Conferenzen, alle mit der größten Bereitwilligkeit
seinem Wunsche entgegen gekommen seyen. So wäre auch das
Provincialconcil verwirklicht worden, welches durch die aufopfernde
Thätigkeit und den katholischen Sinn, mit dem sämmtliche Syno=
dalen den Bischöfen zur Seite gestanden, die schönste Zeit seines
Lebens herbeigeführt und ein Werk zu Stande gebracht habe, von
dem er die reichsten Früchte für die ganze Kirchenprovinz mit Recht
glaube erwarten zu dürfen.

Jetzt erschien der Pfarrklerus der Erzdiöcese, vertreten durch
die Decane und zwei der ältesten Pfarrer und Kapläne eines jeden
Decanats. Für dieselben führte das Wort der Ehren=Domcapitular,
Oberpfarrer Reinarz aus Crefeld. Er überreichte hiebei dem Jubilar
eine in der Schilderung der Verdienste desselben eben so treffliche,
als in der Ausschmückung kunstvolle Adresse, nebst den von dem
Baumeister Statz in neun Blättern entworfenen Plänen zum Baue
des erzbischöflichen Landsitzes bei der ehemaligen Abtei Altenberg,
wofür die Seelsorgsgeistlichkeit der Erzdiöcese die erforderlichen
Mittel gesammelt hatte. Die bezügliche Stelle in der Adresse lautet:
„Da in unserer Diöcese die von dem Concordate so sehr gewünschte
bischöfliche Landwohnung fehlt, so haben wir zusammengetragen,
damit ein kleines Landhaus erworben werde, wohin unsere Bischöfe
sich zuweilen zur stillen Sammlung und Erholung zurückziehen könnten,
um neu gestärkt an Geist und Körper zu den schweren Pflichten
ihres apostolischen Amtes von da wiederzukehren". rc. rc. [205]) Der

---

[205]) Siehe „Kirchlicher Anzeiger", Jahrg. 1862. S. 85. —
Am 25. Juli 1863 besuchte der Cardinal Altenberg, um nicht nur das alt=
ehrwürdige Gotteshaus, welches nach dem Muster des Kölner Domes, wenn
gleich in einfacherer Weise erbaut ist und sicher die zweite Stelle unter den

Jubilar übernahm das dargebotene Denkmal der Verehrung und Liebe der Seelsorgsgeistlichkeit mit den huldreichsten Ausdrücken des Dankes und Wohlwollens.

Darauf traten die Professoren der katholisch-theolgischen Facultät zu Bonn, vor. Der Decan dieser Facultät, Professor Floß, sprach in ihrem Namen dem Jubilar die wärmsten Glückwünsche in einer Anrede aus, in welcher er unter Anderem hervorhob, daß seit hundert und zehn Jahren heute zum erstenmale wieder das schöne Fest eines bischöflichen Jubiläums in der Diöcese gefeiert werde.

Domcapitular Weiß von Speyer überreichte nun die Ehrengabe des dortigen Domcapitels, eine von Meister Johann Schraudolph zu München in Oelfarben ausgeführte Copie des herrlichen Freskobildes, welches den Muttergottesaltar im Dome zu Speyer ziert, sammt einer Beglückwünschungs-Zuschrift des genannten Domcapitels. [206]) Dessen Stellvertreter erledigte sich seines heimathlichen Auftrages mit einer trauten Ansprache, welche die Vergangenheit des Jubilars mit der ruhmvollen Stellung desselben in der Gegenwart zu verknüpfen und zu beleuchten wußte.

Die Zöglinge des erzbischöflichen Priesterseminars übergaben jetzt ihre Adresse in nicht minder feierlicher Weise, während der Vorstand des Seminars dem Jubilar den eben vollendeten Abdruck der Acta et decreta des vor zwei Jahren unter dem Vorsitze Seiner Eminenz abgehaltenen Provincialconcils in prachtvollem Einbande ehrfurchtvoll behändigte.

Seine königliche Hoheit der Fürst von Hohenzollern-Sigmaringen. hatte den Regierungs- und Schulrath Lampenscherf eigens abgesandt, um dem verehrten Jubilar in seinem Namen zu beglückwünschen. Sofort folgten die übrigen weltlichen Deputationen. An der Spitze des Kölner Stadtrathes überreichte der Bürgermeister Rennen die kunstvoll verzierte Glückwunsch-Adresse der Stadt Köln mit einer entsprechenden Anrede. [207]) Dann traten vor die höchsten

---

Kirchen der Erzbiöcese behauptet, zu bewundern und den Bau des erzbischöflichen Landhauses, in Anwesenheit des Baumeisters Statz, zu besichtigen. Dasselbe erhebt sich an der Stelle des im Jahre 1815 durch Brand zerstörten Abteigebäudes. Der Cardinal bezeigte sich mit der Anlage und bisherigen Ausführung ganz zufrieden. Die alte Abteikirche ist im Jahre 1834 an den Grafen Franz Egon von Fürstenberg übergegangen, der den Protestanten gestattete, drei- bis viermal darin Gottesdienst zu halten. Das Eigenthum derselben wurde jedoch vom Grafen am 3. Juli 1863 dem erzbischöflichen Stuhle von Köln übertragen. — [206]) Siehe selbe und die bezügliche Antwort des hochseligen Cardinals im Urkundenbuche Nr. 27 und 28. — [207]) Diese

Autoritäten der Provinz und der Stadt, denen sich eine große Anzahl Abgeordneter einzelner Körperschaften, Vereine und Städte des Erzbisthums anschlossen.

Auch die Bonner Studentenschaft, die Gymnasien der Stadt, die Realschule waren durch Ageordnete mit Adressen vertreten. [208]) Unter den weltlichen Deputationen befand sich auch jene der rheinischen Ritterschaft, deren Sprecher der Landtags-Marschall, Freiherr von Waldbott-Bassenheim-Bornheim gewesen. Er gab unter Anderem die schöne Erklärung: „Es liegt in unseren Wünschen der Ausdruck treuester Ergebenheit gegen unsere Mutter, die katholische Kirche, in welcher treuer Ergebenheit die ergebenste Treue für unseren uns von Gott gegebenen Herrscher so tief wurzelt. — Lehnen wir uns an diesen Felsen, auf welchen uns Ihr Hirtenstab so oft und unablässig hinwies, dann wird eine Zeit, in welcher das Verlassen aller christlichen Moral jedes Fundament menschlicher Gesellschaft untergräbt, fortgesetzter Verrath ein Triumphzug, das Zertreten alles Völkerrechtes glorreicher Sieg genannt wurde, diese Treue nicht zu erschüttern vermögen. — Dieß die Gefühle, die wir Euerer Eminenz mit unseren Glückwünschen am heutigen denkwürdigen Tage aussprechen möchten. — Unseren Wünschen schließe ich die Bitte an: Euere Eminenz wollen erlauben, daß wir unsere ausgesprochenen Gesinnungen auch mit einem äußeren Zeichen bethätigen dürfen, indem wir uns der Stiftung, durch welche die Geistlichkeit den heutigen Tag für alle Zeiten bezeichnen will, in so weit anschließen, daß wir den, dem erzbischöf-

---

Adresse, auf eine Pergamenttafel geschrieben, war eben so kunstreich als geschmackvoll verziert. Die vier Ecken sind geschmückt durch vier Städte-Ansichten, oben links Speyer mit dem Dome, rechts Köln, unten links Gimmelbingen, des Jubilars Geburtsort, rechts aber Rom. Oben in der Mitte erblickt man über dem Wappen des Erzbisthums Köln und der Bisthümer Trier, Münster, Paderborn, das Wappen des Jubilars von zwei Engeln umgeben, deren Einer das Kreuz und der Andere das Evangelienbuch hält. Unten in der Mitte sind die Bischofs- und Cardinals-Symbole: der Stab, die Mitra und der Cardinals-Hut, alle von Engeln gehalten. Auf der linken Seite erscheint die Madonna mit dem Jesukinde und auf der rechten der h. Petrus, die Patrone des Domes. In Mitte dieser bildlichen Verzierung steht der Text der Adresse. — [208]) Die Alumnen der Societatis Jesu, rhetor. stud. in Germania, haben dem Jubilar ein Album gewidmet, das Gedichte in verschiedenen Sprachen enthält. Der Jubilar dankte für diese Gabe in herrlichen Versen. „Schriften und Reden". B. III. S. 672. — Eine eben so kunstvoll als sinnreich verzierte Adresse überreichte auch der Bürgerverein zur alljährlichen Speisung der 72 Greise am 12. November 1862.

lichen Stuhle zu schaffenden Sommersitz, ausstatten." 2c. 2c. Zum Schlusse bat der Redner im Namen der zahlreich mit ihm erschienenen Mitglieder der Ritterschaft um den erzbischöflichen Segen. Auf den Knieen empfingen sie denselben — ein Zeichen ihrer treuen Anhänglichkeit an die Kirche. [209])

Nachmittags um drei Uhr versammelten sich über sechshundert Personen im großen Saale des Gürzenich zum wohlbestellten Festdiner. Dreißig Personen waren als Ehrengäste der Bürgerschaft vom Festcomite geladen, darunter die beim Feste erschienenen Prälaten, die höchsten Autoritäten vom Civil und Militär, der schon genannte Landtags-Marschall mit mehreren Herren vom rheinischen Adel, so wie einige Mitglieder der Kaufmannschaft, die dem Feste in hervorragender Weise Vorschub geleistet hatten. Im Hintergrunde der ersten Festtafel vor der Orchesterbühne erhob sich eine geschmackvoll angeordnete Blumenwand, auf welcher in der Mitte die Colossalbüste des heiligen Vaters und zu beiden Seiten die Büsten des Königs Friedrich Wilhelm IV. und des Königs Wilhelm hervorragten. Erst nachdem unter dem Klange fröhlicher Musik die ersten Gänge des reichen Mahles erledigt waren, erschien der Jubilar. Die Anstrengung des Festzuges und des nahe an drei Stunden dauernden Empfanges der Deputationen hatte für den Cardinal einige Erholung nöthig gemacht. Nicht lange nachher als derselbe den Ehrensitz eingenommen, erhob sich der Herr Weihbischof von Köln, um den ersten Trinkspruch auf das Wohl Seiner Heiligkeit Pius IX. und des Königs Wilhelm auszubringen. Der Redner erläuterte zuerst die Veranlassung und Bedeutung des Festes, ging dann über auf die Angebinde, mit welchen der heilige Vater und der König den Jubilar ausgezeichnet und schloß mit den Worten: „Hochverehrteste Versammlung! Ich bin überzeugt aus Ihrer Aller Herzen zu reden, wenn ich den Wunsch und das Gebet ausspreche: Heil und Segen Seiner Majestät unserem allergnädigsten Könige und Herrn, Wilhelm I., daß Gott der Herr

---

[209]) Es würde zu weit führen, alle Adressen und die zahlreichen Geschenke einzeln anzuführen, welche dem verehrten Jubilar von verschiedenen Vereinen, Klöstern und Privatpersonen eingesandt wurden. Unter diesen Angebinden zeichneten sich mehrere zur Ausstattung der erzbischöflichen Hauskapelle dienende Gegenstände durch Schönheit und Kunst aus, darunter vor Allem ein von der Nichte des Jubilars trefflich gesticktes Meßgewand im mittelalterlichen Zuschnitte auf weißem Seidengrunde verschiedenartig verziert.

ihn schützen, erleuchten und stärken wolle in kräftiger Führung des
königlichen Scepters und in sorgsamer Wahrung der Wohlfahrt
Seines treuen Volkes. — Heil und Segen seiner Heiligkeit, Papst IX.
dem so schwer geprüften und hochherzigen Vater der Gläubigen,
daß Gott der Herr Ihm auch ferner himmlischen Schutz, Trost und
Muth bewahre auf Petri Fels und Stuhl, der die Stürme von acht=
zehn Jahrhunderten glücklich überstanden! Ich bitte Sie das Glas
zu erheben und zu leeren: Seine Majestät unser allergnädigster
König und Herr, Seine Heiligkeit unser Papst Pius IX. — Sie
leben lange, sie leben hoch"!

Zunächst richtete nun der Oberbürgermeister, Justizrath Stupp,
im Namen der Bürgerschaft das Wort an den verehrten Jubilar.
Er bemerkte, daß die glänzenden Zurüstungen und thatsächlichen
Kundgebungen des heutigen Festes mehr als Worte bezeugen, daß
dasselbe einem Mann gelte, dessen erhabene Tugenden, dessen
große Verdienste die innigsten Gefühle der Verehrung und des
Dankes hervorrufen... Ein Bote des Friedens kam er zu uns
und ging muthig und mit Gottvertrauen an das große Werk der
Versöhnung. Ein würdiger Nachfolger der erleuchteten Kirchen=
fürsten, welche in einer großen Vorzeit auf dem erzbischöflichen
Stuhle in Köln gesessen, arbeitete er unverdrossen in dem Wein=
berge des Herrn. Die Saat, welche er mit segnender Hand aus=
gestreut, reifte bald zur herrlichen Frucht. Neu belebt und ge=
kräftigt ist der christliche Sinn in der ganzen Erzdiöcese. Die er=
folgreichen Bestrebungen unseres Jubilars haben Anerkennung ge=
funden bei dem Oberhaupte der Kirche, Pabst Pius IX., der ihn
vor länger als einem Jahrzehnt zur Würde eines Cardinals erhob. Sie haben Anerkennung gefunden bei unserm hochseligen
Könige, der ihm die höchsten Auszeichnungen verliehen hat. An
uns ist es nun, geehrte Festgenossen, den Tribut des Dankes und
der Verehrung unserem hochwürdigsten Jubilar darzubringen, und
diesen Dank und diese Verehrung kundzugeben durch Wort und
That, haben wir uns heute aus allen Theilen der Kirchenprovinz
hier vereinigt..... Seine Eminenz der Cardinal=Erzbischof von
Köln lebe hoch"! [210])

Der Jubilar dankte hierauf in einer eben so ausführlichen
als trefflichen Ansprache. Er gedachte darin zunächst der Eindrücke,

---

[210]) Vergleiche „Kölnische Blätter" vom 15. Aug. 1862.

welche auf ihn die Stadt Köln mit ihrem Dome bei einer im Jahre 1832 unternommenen Rheinreise gemacht habe. Zehn Jahre später erging an ihn, da er kaum fünfthalb Jahre den Bischofsitz von Speyer eingenommen hatte, der Befehl des Oberhauptes der Kirche, die Verwaltung des Erzbisthums Köln zu übernehmen. Er folgte, wenn freilich auch mit Wehmuth und Besorgniß, jedoch auch mit Muth und Entschlossenheit. Wie mühevoll und schwierig aber auch die übernommene Sendung gewesen, sie war auch groß, herrlich und lohnend und wurde mit der Gnade Gottes vielseitig erleichtert. Nachdem der Gefeierte dieß eingehend geschildert, fuhr derselbe wörtlich fort: .... „So stehe ich nun zwanzig Jahre unter Ihnen. In diesen zwanzig Jahren habe ich manche Mühen und Sorgen, Beschwerden und Kümmernisse, aber auch der oberhirtlichen Freuden und Segnungen viele, viele erlebt, für welche ich dankbarst zum Herrn emporblicke. Möge Gott auch fernerhin mit uns seyn! Seinem allwaltenden Willen vertrauend, stelle ich ihm getrost die Zukunft anheim. Doch eines wohl möchte ich gern noch erleben. .... Des Domes Schiffe sind ausgebaut. Aber Eines fehlt noch. Den Tag wünsche ich mit Ihnen zu erleben, daß wir die Mauer, welche noch das Hochchor von dem Schiffe scheidet, nieder= legen, und wir, hocherfreut durch die Gegenwart unseres aller= gnädigsten Königs und Herrn, vom vollendeten Portale in großer Procession durch die Schiffe hinaufziehen in's Hochchor zum Hoch= altar, und so der vollendete Dom frei in seiner ganzen Pracht, Herrlichkeit und Majestät sich unseren Blicken darbietet, überall und in Allem würdig, ein Haus des dreieinigen Gottes und eine Ruhe= stätte der heiligen drei Könige zu seyn. — Wenn ich nun heute dieses Alles überblicke und mich zugleich der Ehren erinnere, die Sie mir wiederholt bezeugt, insbesondere als ich vom erzbischöflichen Stuhle feierlich Besitz nahm, als unser glorreich regierender Papst Pius der Neunte mich in den höchsten Senat der Kirche berief und mit dem Purpur schmückte und als ich sodann von meiner Romreise heimwärts kehrte und wenn ich nun sehe, welche hohe Festfreude und Ehre Sie mir auch heute wiederum zu meiner Jubelfeier bereitet haben: so kann ich für so viel Wohlwollen und Anhänglichkeit nur dadurch antworten, daß ich mit voller Anerkennung und Dankbarkeit meine Gebete und innige Segenswünsche für diese Metropole und die ganze Erzdiöcese Ihnen entgegen bringe. Es segne Sie meine Hand, es segne Sie mein Mund, es segne Sie mein Herz! Der aber, von dem allein aller Segen kommt, möge diesen meinen dreifachen Segen bekräftigen". ꝛc. ꝛc. [211]

Noch mehrere Toaste wurden ausgebracht. Unter dem Gesange der drei ausgegebenen Festlieder, unterbrochen von fröhlicher Musik, ging das Mahl dem heiteren Ende zu. Erst zwischen sieben und acht verließen die meisten Theilnehmer die prächtig erleuchtete Halle des alten Kölner Kaufhauses. Den Schluß der Festlichkeiten des Tages bildete ein Fackelzug, so groß und glänzend, wie Köln ihn noch selten gesehen. Er hatte sich auf dem Altenmarkt gesammelt. Unter der Leitung der gewählten Festordner erschien von der Mohrenstraße her der unabsehbare Zug, dem neben mehr als zweitausend Papierlaternen mit besonders auf das Fest bezüglichen Verzierungen, mehrere größere Transparente, nebst einer großen Anzahl von Fahnen und Abzeichen der bürgerlichen Vereine Glanz und bunte Abwechselung verliehen. Rund um die Baumreihen der Gereonsstraße stellte der Zug sich auf, während das Festcomite, der Stadtrath Klein an der Spitze, die freudige Begrüßung der Bürgerschaft dem Jubilar überbrachte. Dieser dankte mit Wärme, worauf ein tausendstimmiges Hoch mit dreimal gesteigertem Jubel die Straße herauf erscholl. Den darauf von dem Cardinal auf dem Balcone seines Palais ertheilte oberhirtliche Segen empfing die Menge knieend und trat darauf in schönster Ordnung den Rückzug an. [212]

[211] „Schriften und Reden". B. II. S. 159 u. ff. — [212] Auch durch Gaben für wohlthätige Zwecke wurde das bischöfliche Jubiläum erhöht. So überreichte man dem Jubilar an diesem Ehrentage baar 3,000 Thaler zum Besten der beiden Knabenseminare der Erzdiöcese. Das Marien-Hospital erhielt ein Geschenk von 500 Thalern. — Am 20. Aug. 1862 ward zu Brühl das Gesangfest des Sieg-Rheinischen Lehrer-Vereins auf das Feierlichste abgehalten, wozu auch der hochselige Cardinal eingeladen war. Bei dem Festmahle überreichte der Domcapitular Dr. Broix von Köln, ein Schreiben desselben an den Director des Vereines, den Schulpfleger Weber, in welchem Seine Eminenz der Verdienste des Vereins würdig gedachte und das Bedauern darüber aussprach, daß Gesundheitsrücksichten ihn verhindert haben, an dem Feste selbst Theil zu nehmen. Ein schallendes Hoch wurde sofort dem verehrten Oberhirten dankend ausgebracht. — Am 16. Aug. desselben Monats wohnte der Hochselige dem sechzigjährigen Priesterjubiläum des geistlichen Rathes und Pfarrers Ferdinand Heubes in Benrath bei. Diesem würdigen frommen Greise überreichte der Oberhirte die Urkunde über die ihm vom heiligen Vater verliehene Würde eines päbstlichen Hausprälaten und Kämmerers in feierlicher Weise. Heubes starb am 15. Juli 1863 zu Düsseldorf, 85 Jahre alt und ward am 18. d. M. zu Benrath beerdigt. Derselbe hatte früher mehrmals die Priesterexercitien zu Köln geleitet.

Die zu Anfange des folgenden Monats zu Aachen tagende
vierzehnte Generalversammlung der katholischen Vereine beschloß
und erließ unterm 9. September an den Jubilar eine Glückwunsch=
Adresse, worin es wörtlich hieß: . . . „Denn nicht bloß verdankt
die Erzdiöcese Köln Eurer Eminenz eine mächtige Hebung des
religiösen und kirchlichen Lebens und die Einführung und Förder=
ung so vieler dazu dienender kirchlichen Institutionen, sondern das
katholische Deutschland und die gesammte Kirche werden nie ver=
gessen, was Euere Eminenz für die Reinhaltung der Lehre und
für die Befreiung und Regeneration der Kirche in Deutschland,
durch die ewig gesegnete Versammlung des deutschen Episcopats
in Würzburg, was Hochdieselben namentlich auch für die Ver=
mehrung der Andacht und Liebe zur allerseligsten und unbefleckten
Jungfrau — deren Lob Euere Eminenz selbst besungen — gethan
und gewirkt haben. Ganz insbesondere aber hat die Generalver=
sammlung der katholischen Vereine sich gedrungen gefühlt, Eurer
Eminenz ihren Dank und ihre Bewunderung für die Abhaltung
des jüngsten Kölner Provincialconcils auszusprechen, dessen herrliche
Acten so eben erschienen sind". ꝛc. ꝛc. [213])

§. 39. Feier der inneren Vollendung des Domes.

Was der unermüdliche Kirchenfürst bei der Feier seines bischöf=
lichen Jubiläums als einen Herzenswunsch ausgesprochen hat, daß
er nämlich den Zeitpunct erleben möchte, in welchem die alte Quer=
mauer, welche den Hochchor des Domes von dem Mittelschiffe scheidet,
niedergelegt und sohin das im Innern vollendete Gotteshaus in
seiner ganzen Größe und erhabenen Majestät überschaut und zum
Dienste des Allerhöchsten verwendet werden könnte : diese Freude
ward ihm, wie tausend anderen Freunden der herrlichen Mutter=
kirche im October des Jahres 1863, unter großartigen Festlichkeiten
und außerordentlicher Theilnahme, gewährt. Schon lange vorher
wurden die nöthigen Berathungen und Vereinsversammlungen ab=
gehalten, um festzustellen, in welcher Weise die bezüglichen Fest=

---

[213]) „Kölnische Blätter" vom 18. Sept. 1862. -- Auch in diesem
Jahre besuchte der Cardinal seine Heimath in der Herbstzeit, von wo er am
25. October im besten Wohlseyn in Köln eintraf. — Der Fastenhirtenbrief
vom 2. Feb. 1863 berührt dankbar, demüthig und freudig alle die Ehrenbe=
zeugungen, welche dem Cardinal an seinem Jubelfeste zu Theil wurden.
„Schriften und Reden". B. II. S. 163. Ueber diese Jubelfeier er=
schien auch ein besonderer Festbericht bei J. P. Bachem in Köln. 1862.

lichkeiten sollten geordnet und abgehalten werden. Es wurde hiefür
der 15. und 16. October bestimmt und nach allen Seiten hin,
auch an Ihre Majestäten den König und die Königin, betreffende
Einladungen abgesendet. [214]) Ein oberhirtliches Ausschreiben vom
28. des vorhergehenden Monats verkündete die Festlichkeit freudig
den Gläubigen der Erzbiöcese. Der Cardinal lud sie herzlich zur
Mitfreude ein und schrieb zur Betheiligung an dieser Freude vor,
daß am Samstage den 17. October Abends, so wie am folgenden
Sonntage in allen Pfarr= und Annexkirchen der Erzbiöcese, Fest=
geläute stattfinden und ein Hochamt mit Segen abgehalten werden
solle. Bei demselben ist ein Gebet für den königlichen Schutzherrn
des Baues und die Freunde und Unterstützer desselben zu verrichten
und die Feier mit Absingung des Te Deum zu schließen. [215])

Die Theilnahme des Königs Wilhelm, der eben damals in
Baden=Baden weilte, und seiner Gemahlin an dem Feste, war in
sichere Aussicht genommen und zu deren fürstlichen Bewirthung
von dem Kölner Banquier Oppenheim die kostspieligsten Vorkehr=
ungen getroffen. Doch gegen Verhoffen kam der König bereits am
14. October Abends vier Uhr auf dem Bahnhofe zu Köln an,
um, wohl verstimmt durch die damalige Haltung der Kölner De=
mocraten, an deren Spitze Classen=Kappelmann stand, nur wenige
Stunden zu verweilen. [216]) Nach Begrüßung der weltlichen Autori=
täten der Stadt begab sich der König sofort mit seinem Geleite,
darunter auch der Oberpräsident der Rheinprovinz, Freiherr v.
Pommer=Esche, zur Kathedrale. Innerhalb des mächtigen Westpor=
tales empfing Seine Eminenz Allerhöchstdenselben, umgeben von
der gesammten Domgeistlichkeit und dem Ausschusse des Central=
dombau=Vereines. Der Cardinal begrüßte den allerdurchlauchtigsten
Protector des Dombau=Vereines, dankte für den Schutz und Bei=

---

[214]) Auch an die Könige Ludwig und Max von Bayern und an die
übrigen Fürsten, welche sich um den Dombau verdient gemacht hatten, ergingen
Einladungen zum Feste. Zu diesem ward der 15. October, der Geburtstag
des verstorbenen Königs Friedrich Wilhelm IV. in dankbarem Andenken ge=
wählt. — [215]) „Kirchlicher Anzeiger". Jahrg. 1863. S. 105. —
„Schriften und Reden". B. II. S. 176. — [216]) Die Kammer der
Abgeordneten zu Berlin, deren Mitglied Classen=Kappelmann war, wurde am
2. Sept. 1863 aufgelöst, nachdem am Tage zuvor die 18 zu Frankfurt ver=
sammelten deutschen Fürsten mit den Bürgermeistern der vier freien Reichsstädte
dem Könige Wilhelm die Reform des deutschen Bundes übersendet hatten, welche
dieser aber zurückwies.

stand, den derselbe bisher dem großen Werke gewidmet, und sprach die Hoffnung aus, daß dessen Huld auch fortwährend der allmäligen Vollendung des Riesenbaues erhalten bleibe. Der König erwiderte mit bewegter Stimme Folgendes: Er betonte am heutigen Tage diese Stätte mit gemischten Gefühlen. Einerseits erhebe ihn die Freude, daß das 'große Werk soweit vollendet sei. Andererseits erinnere ihn dieser Moment an seinen verklärten Bruder, welcher dem Dombau ein so herzliches Interesse zugewendet, aber leider diesen Tag nicht mehr erlebt habe. Er betrachte es aber als ein theures Vermächtniß des in Gott Ruhenden den Dom auszubauen. Er werde daher Alles, was an ihm sei, dazu thun, jedes Jahr die bisher aus Staatsfonds dem nationalen Werke zugewendeten Mittel flüssig zu machen, bis die Vorhalle und die Thürme aus= gebaut seyen. 2c. Im hohen Chore des Domes unterzeichnete der König mit den Ersten seines Gefolges die Urkunde, welche zum Andenken des Festes, am folgenden Tage, von den anwesenden Prälaten ebenfalls unterzeichnet, in den Schlußstein der großen Kreuzvierung eingelegt wurde. Seine Majestät verweilte, zunächst von Seiner Eminenz geleitet, noch etwa eine halbe Stunde in den weiten Räumen des Domes das Einzelne durchmusternd, nament- lich das große Farbenfenster am Südportale, welches in Berlin auf seine besondere Rechnung gefertiget, erst in den jüngstverflossenen Tagen eingesetzt worden war.

Gegen sechs Uhr ward in den oberen Räumen des Central= bahnhofes ein vom Könige bestelltes Diner mit achtundzwanzig Gedecken gegeben, zu welcher auch der hochselige Cardinal, der hoch= würdige Weihbischof und mehrere Mitglieder des Centraldombau= vereins=Ausschusses beigezogen wurden. [217]

Während des königlichen Mahles von sechs bis sieben Uhr durchhallte das feierliche Geläute aller Glocken in Köln und Deutz die reich geschmückten und beflaggten Straßen, unterbrochen durch Kanonen= und Böllerschüsse, welche auf den beiden Ufern des Rheines

---

[217] Bei dieser Gelegenheit ward der Präsident desselben, Justizrath Esser II. zum geheimen Justizrath ernannt. Der Dombaumeister Voigtel, der Dommerkmeister Schmitz und der Baucontroleur Becker erhielten den rothen Adler=Orden. — Im Laufe dieses Jahres hatte die Kathedrale vier neue Glocken erhalten, welche am 7. Febr. 1863 vom Hrn. Weihbischofe eingeweiht wurden. Sie geben die Töne G. A. H. C. Im Jahre 1873 ward zu Frankenthal von Andreas Hamm die fünfhundert Centner schwere Kaiserglocke aus franzö= sischen Kanonen für den Kölner Dom gegossen.

abgefeuert wurden. Gleiches verkündete am folgenden Morgen von acht bis neun Uhr die Festlichkeit des Tages. Aus allen Theilen der Erzdiöcese, wie aus entfernteren Städten und Gauen hatten sich Abgeordnete und Festgäste bei schönster Herbstwitterung in Köln eingefunden.[218]) Zu diesen gehörten die Bischöfe von Trier, Münster, Mainz, Hildesheim, Regensburg und Laurent von Chersones. Die drei Ersten hatten ihre Wohnung im erzbischöf= lichen Palais, die drei Letzten bei dem Herrn Weihbischofe Baudri. Auch Abgeordnete der Domcapitel von Breslau, Mainz, München, Limburg, Regensburg und Speyer waren anwesend.[219]) Um acht Uhr sammelte sich auf dem Neumarkte Einer der großartigsten Festzüge, den Köln noch je gesehen hatte, während die Straßen von Fremden aus der Nähe und Ferne im festlichen Anzuge wim= melten. Gegen neun Uhr setzte sich der Zug durch die voraus be= stimmten, reich und geschmackvoll verzierten Straßen, in Bewegung. An der Spitze schritt eine Musikbande, welcher das kleine Banner des Dombauvereins vorgetragen wurde. Ihr folgten sofort die Mitglieder der Dombauhütte im Festkleide und mit umschmücktem Werkzeuge. Diesen schloß sich der Gesangchor der Domknabenschule unter der Leitung des Hauptlehrers an. Hinter dem von drei Männern getragenen, riesigen Vereinsbanner erschienen jetzt die Vorstände des Centraldombauvereins, die Ehrengäste und Abgeord= neten der zahlreichen Hilfsvereine aus allen Decanaten der Erz= diöcese. Einem zweiten Musikchore folgten, von ihren Fahnen um= weht, sieben Kölner Gesangvereine, welche abwechselnd Gesänge vor= trugen. Dieser Abtheilung schlossen sich die Professoren der höheren Anstalten, die Elementarlehrer, die Spitzen der verschiedenen Be= hörden, die Bürgermeister, die Beigeordneten und Stadtverordneten von Köln an, denen die städtischen Behörden von Deutz, die Vor= stände und Mitglieder des Handels= und Gewerbe=Gerichtes, die Mitglieder der Handelskammer, der Schul= und Armen=Verwaltungen

---

[218]) Die Königin Augusta hatte am 13. Oct. aus Baden=Baden Nach= richt gegeben, daß sie dem Feste nicht beiwohnen werde. Sie schickte jedoch ihre erste Hofdame, die Gräfin Haake nach Köln, um über die Festlichkeit ge= nauen Bericht zu erhalten. Schon am 11. Juli, auf ihrer Durchreise nach Coblenz hatte sie den Dom in Köln besucht. So auch auf ihrer Rückreise nach Berlin am 10. Nov., wobei dieselbe von Seiner Eminenz, umgeben von dem Metropolitancapitel und dem Ausschusse des Centraldombauvereins im Dome feierlich begrüßt wurde. — [219]) Von Speyer Domcapitular Cronauer und der Verfasser dieser Schrift, welche ebenfalls im erzbischöflichen Hause Wohnung hatten.

und die verschiedenen Consuln folgten. Einen besonderen Eindruck machten die reichen Uniformen der Präsidenten und Mitglieder des Appellationsgerichtshofes und des Landgerichtes, so wie die rothsammtne, reich mit Gold gestickte Amtskleidung des Rectors der Bonner Hochschule, dem sich der hohe Senat derselben angeschlossen hatte. [220]) Auch die von dem Festcomite eingeladene Geistlichkeit anderer Confessionen der Stadt hatte sich zahlreich eingefunden. Ueberdieß war auch eine so große Zahl auswärtiger Priester in den Zug eingetreten, wie man sie kaum je bei einer anderen Festlichkeit vereinigt sah. Als der langsam in zwei Reihen voranschreitende Zug in der Nähe der St. Andreas-Kirche angekommen war, traten Seine Eminenz sammt den übrigen Bischöfen und Würdeträgern, dann die Mitglieder des Metropolitancapitels, welches seit vieljährigen bezüglichen Verhandlungen jetzt wieder vollständig ergänzt war, in denselben ein, und bildeten in ihren reichen kirchlichen Gewändern und amtlichen Insignien eine eben so glanzvolle als ernste Abtheilung. [221]) Dieser Abtheilung reiheten sich nun ferner an der Bürgerverein, dessen Vorstand die Anordnung des Zuges übernommen hatte, die Meisterschaft, der Gewerbeverein, der Kölner Kunst- und Künstler-Verein, die zahlreich vertretenen Innungen mit ihren prächtigen Fahnen, die Realschule und die Gymnasien mit eigenen Gesangchören, die verschiedenen Bruderschaften und Congregationen von Köln und Deutz, endlich noch die verschiedenen Dombau-Filialvereine der Erzdiöcese, alle diese Abtheilungen mit ihren besonderen Fahnen und Auszeichnungen. Die Mitglieder des Gesellenvereins bildeten den Schluß des feierlichen Zuges.

Als dieser im Verlaufe einer Stunde an dem vor der Westseite des Domes errichteten Triumphbogen angekommen war, begrüßte denselben der auf einer eigens errichteten Estrade versammelte Kölner Männergesangverein mit einem eigens hiezu ver-

---

[220]) Der Rector war Professor Dr. Busch, der jedoch am nächsten Sonntage, den 18. October, als am Stiftungstage der Universität Bonn, sein Amt feierlich in die Hände seines Nachfolgers, Dr. Bauerband, niederlegte, welcher Festlichkeit der Verfasser dieser Schrift, eingeführt von seinem Freunde Professor Dieringer, anwohnte. — [221]) Mit dem Domprobst Dr. Kif. München und dem langjährigen Präses des Priesterseminars, Dr. Elbert Wilh. Westhoff, wurden am 5. Oct. 1863 noch drei andere Domcapitulare und drei Ehrendomherrn als solche installirt. Erst nach langen und schwierigen Verhandlungen zwischen dem Cardinal und der Regierung erfolgten in Mitte des vorhergehenden Monats die betreffenden Ernennungen, beziehungsweise Bestätigungen.

faßten Festliede. Sofort bewegten sich die bunten Schaaren durch
das reichgeschmückte Hauptportal der Kathedrale, an dem der Denk=
spruch des Dombauvereins „Eintracht und Ausdauer" herabglänzte,
in die weiten Hallen des herrlichen Gotteshauses. Festlich geschmückt
leuchtete dasselbe nunmehr bei ausgebrochener Zwischenmauer in
seiner ganzen Größe und Erhabenheit bis zum östlichen Chorab=
schlusse den Tausenden von Festtheilnehmern entgegen. Alle die
weiten Räume waren Kopf an Kopf angefüllt, als der hochselige
Cardinal mit den Assistenten und Leviten die Stufen des Hoch=
altars betrat, um, umgeben von den übrigen Prälaten und Geist=
lichen das heilige Opfer zu beginnen. Dieses wurde von der reich=
besetzten Domkapelle mit herrlichem Gesange und erhebender Musik
begleitet und mit einem feierlichen Te Deum geschlossen. Nach
beendigtem Gottesdienste ward in der Sacristei auch von den an=
wesenden Kirchenfürsten und den Berliner Festgästen die zum ewigen
Gedächtnisse der Feier in dem Schlußsteine der Vierung aufzube=
wahrende, kunstvoll gefertigte Pergament=Urkunde, unterzeichnet.

Nachmittags drei Uhr war großes Festessen im Gürzenich.
Am westlichen Ende des in drei Abstufungen sich erhebenden Saales
war die Statue der von rankendem Grün umgebenen Germania
aufgestellt. Vor ihr wallte eine alte riesige Reichsfahne von der
oberen Galerie herunter. Den großen Mittelbogen unter der Galerie
an der Westseite füllte eine bildliche Darstellung des vollendeten
Domes in gewaltiger Größe, umgeben von Tannenzweigen, Lorbeer=
bäumen und Blattpflanzen. In Mitte des frischen Grüns waren
die Büsten des verstorbenen und des jetzigen Königs von Preußen
aufgestellt. Ueber dem Dombilde prangte das preußische Wappen
nebst der Königskrone. Zu beiden Seiten breiteten vergoldete Adler
auf Eichenlaubgewinden ihre Flügel aus. Zur linken Seite waren
darneben das Kölner Stadtwappen und zur Rechten jenes des
Metropolitancapitels angebracht. Auf der Estrade unterhalb dieser
großartigen Verzierung nahmen Seine Eminenz, die anwesenden
Bischöfe und die übrigen hohen Ehrengäste, etwa achzig an der
Zahl, an einer langen Quertafel Platz. Die Tafeln der übrigen
Abtheilungen des Saales waren eben so reich besetzt. Toaste und
eigens für die Festlichkeit ausgegebene Lieder wechselten in schöner
Reihenfolge und riefen während des reichen Mahles eine allseitige
gehobene Stimmung hervor. [222]) Den ersten Trinkspruch brachte

---

[222]) Großen Beifall fand folgende Strophe eines dieser Lieder:

der Oberbürgermeister Bachem, anknüpfend an die Baugeschichte des Domes, den er als Siegesdenkmal des Kunstsinnes, der Liebe, der Eintracht und Ausdauer pries, dem wohlwollenden Protector des Baues, dem Könige Wilhelm und seiner hochsinnigen Gemahlin aus. Nach dem Zwischengesange eines Festliedes erhob sich der Cardinal in der Mitte der geehrtesten Tischgenossen zum zweiten Toaste. Dessen verkürzter Inhalt ist etwa folgender: Bis vor ein=undzwanzig Jahren stand der groß gedachte und vom Meister so großartig angelegte Dom zu Köln, als ein majestätischer Riesen=rumpf da. Nunmehr ist er fertig, fertig bis auf die Thürme. Der Erzbischof, welcher gleichzeitig mit der Wiederaufnahme des Fortbaues des Domes an die Spitze der Erzdiöcese berufen ward, begrüßt diesen Festtag der Vollendung des Domes mit oberhirt=licher Freude und eigenem Danke gegen Gott zunächst, dann gegen Alle, welche zum Gottesbaue in den einundzwanzig Jahren beige=tragen haben und gedenkt dabei insbesondere des hochseligen Königs=Protectors, dann des jetzt regierenden Königs und dessen allver=ehrter Gemahlin Augusta, des Pabstes Pius IX., des Königs Ludwig von Bayern, des Dombauvereins und aller Dombaufreunde. Mit dem Ausdruck des Dankes und des Segens verband Seine Eminenz die Bitte, daß auch fernerhin Alle in Eintracht und Aus=dauer dem Dome gewogen bleiben mögen, damit noch das zu lösende Riesenwerk der Vollendung der Thürme gelinge. Seine schließ=lichen Worte waren: . . . „Wenn ich nun als Hüter dieses herr=lichen Tempels und als berufener Diener meines darin wohnenden Gottes und Herrn, meine erzbischöfliche Hand zum Segen über Alle, die daran mitgebaut, erhebe, so werden Sie es wohlwollend aufnehmen, wenn ich dieselbe Hand auch noch zu einer zweiten Bitte ausstrecke. Es ist die Bitte, daß sie Alle auch fernerhin unserm Dome gewogen bleiben mögen. Noch erwartet uns eine große Aufgabe, der Ausbau der Thürme. Zum zweiten Male stehen wir vor einem Riesenwerke, aber auch jetzt wieder erschrecken wir nicht davor. Nein, auch dieses Mal wollen wir wieder muthig und fröhlich zugreifen und das Riesenwerk in die Hand nehmen. Es wird uns gewiß gelingen, wenn Sie alle daran mithelfen. . . . Wir werden auch die Thürme ausbauen. Wir werden sie empor-

---

„Nun muß das große Fragezeichen,	Bleibt Alle nur ferner zu helfen bereit,
Das über Köln bedeutsam stand,	Daß wir auch die Thürme vollenden;
Der alte Krahn' vom Dome weichen,	Mit ihnen muß Alles, so Gott es verleiht,
Da seine Frage Lösung fand.	Zur Eintracht, zum Frieden sich wenden"!

führen von Stockwerk zu Stockwerk und mit ihnen von Stockwerk
zu Stockwerk emporsteigen, bis wir mit den Kreuzeslilien gleichsam
der großen Segensquelle näher sind, die da droben entspringt, damit
sie in reichsten und vollsten Strömen herabfließe auf den König-
Protector und das königliche Haus, auf den heiligen Vater, Pabst
Pius IX. auf die königlichen und fürstlichen Gönner, auf die altehrwürdige Metropole Köln und das Rheinland, auf die Erzdiöcese und die ganze Kirchenprovinz und auf alle Dombaufreunde
und Vereinsgenossen". ꝛc. ꝛc. [223])

Sofort erschollen wieder begeisternde Festlieder. Gegen den
Schluß des Mahles, der kurz nach sechs Uhr erfolgte, brachte noch
der Cultusminister, Herr v. Mühler, ein Hoch auf den Cardinal
aus. [224]) Dieser erwiderte mit herzlichem Danke und der Bitte an
den Minister, dem die Leitung der geistlichen Interessen des Vaterlandes anvertraut sind, das der Erzdiöcese bisher erwiesene Wohlwollen, derselben zu erhalten, welchem Wunsche ein rauschendes
Hoch entgegen hallte. Letzteres erscholl noch einmal von Tisch zu
Tisch, als der Cardinal von seinem Sitze mit den übrigen Prälaten sich erhob, und rechts und linkshin grüßend die Gesellschaft
verließ.

Unterdeß war der Abend eines schönen Herbsttages im Halb-
dunkel angebrochen und an vielen mittels Laubgewinden, Fahnen
und Bildnissen geschmückten Häuserreihen begannen die Fenster mit
Lampen und farbigen Ballons zu leuchten und die Giebel der
größeren Gebäude, mit Sonnen und Sternen aus Gasflammen
gebildet, zu erglänzen. Gegen sieben Uhr erfolgte die von dem
Bürgervereine veranstaltete Illumination des Domes mit benga-
lischem Feuer. Der Riesenbau enthüllte im rothen und grünen
Lichte seine ganze architectonische Pracht, so daß man die kleinsten
Verzierungen erkannte, während die durchbrochenen Spitzthürmchen

---

[223]) „Schriften und Reden". B. II. S. 178. — [224]) Am
8. März 1862 traten sämmtliche Minister zurück. Am 11. desselben wurde
die Kammer aufgelöst. Nur der Cultusminister Bethmann-Hollweg wurde
entlassen und als Nachfolger desselben am 18. März der Oberconsistorialrath
v. Mühler ernannt, am folgenden Tage aber die Neuwahl der Abgeordneten
ausgeschrieben. — Am 12. April gleichen Jahres erließ der hochselige Cardinal bezüglich dieser Wahlen ein amtliches Rundschreiben, worin er die Wichtigkeit
des Wahlrechtes und die gleich wichtige Pflicht der eifrigen Betheiligung an
derselben erläuterte und zur gewissenhaften Wahl solcher Männer aufforderte,
welche Gott fürchten, den König ehren und für das Wohl der Kirche und des
Staates einstehen. „Schriften und Reden". B. II. S. 154.

und Gallerien zu glühen schienen. Nachdem diese großartige Beleuchtung verklommen war, sammelte sich eine zahlreiche Gesellschaft zu einem Fest-Gala-Balle im großen Saale des Casino's, welchen das Festcomité den Gästen des Tages veranstaltet hatte. Noch in anderen Versammlungs-Localitäten der Stadt wurden an jenem Abende in Freude und Jubel Festbälle und Concerte gegeben.

Der zweite Tag des Festes ward in würdiger Weise durch ein feierliches Traueramt für die verstorbenen Dombaufreunde in der Kathedrale eingeleitet. Nach beendigtem Gottesdienste ordnete sich ein langer Zug, gebildet von den Vorständen des Centraldombauvereins, den Abgeordneten der Hilfsvereine und anderen Dombaufreunden und setzte sich, voran das Dombauvereins-Banner, an der Spitze eine Musikbande, nach dem Rathhause in Bewegung. Dort angelangt, stellten sich die Theilnehmer des Zuges auf dem Vorplatze in einem weiten Kreise auf. Musik und Gesang begannen in heiterem Wechsel. Von den Stufen des Portals des Rathhauses herab gab nun der Präsident des Centraldombauvereines, Geheimrath Esser II., in kräftigen und lebensvollen Umrissen einen Ueberblick der Geschichte des Dombaues, woran sich der bezügliche Rechenschaftsbericht anschloß. [225]) Zum Schlusse brachte der Redner auf den König, den Cardinal und auf Alle, welche das große Werk gefördert, ein Hoch aus, welches von tausend begeisterten Stimmen begleitet zum freien Himmel emporstieg.

Am Mittage war große Festtafel im erzbischöflichen Palais, welchem auch Mehrere der Berliner Festgäste beiwohnten. Gegen drei Uhr war ein glänzendes Gartenfest mit Concert in den ihrer Vollendung nahenden herrlichen Anlagen der Flora-Gesellschaft, nächst dem zoologischen Garten. Abends sieben Uhr begann das Fest-Concert im Gürzenich, zu welchem auch die anwesenden Prälaten und andere Ehrengäste Karten zum freien Eintritte erhielten. Dieses Concert mit Orgel- und Orchester-Begleitung unter der Leitung Hiller's war eines der großartigsten und gelungensten, die je in Köln aufgeführt wurden.

Welche freudige und erhebende Tage waren die geschilderten für den hochseligen Cardinal? Aber wie sehr nahmen dieselben seine Geistes- und Körperkräfte in Anspruch, ohne jedoch seine Heiterkeit und muntere Gesellschaftlichkeit zu beeinträchtigen. [226])

---

[225]) Die gesammelten Beiträge des Jahres 1862 betrugen 60,000 Thaler, ohne den Staatszuschuß von 50,000 Thalern. — [226]) Am Samstage Abends

§. 40. Säcularfeier der Reliquien-Uebertragung der heiligen drei Könige.

Die letzte Festlichkeit, welche der hochselige Cardinal in seiner Kathedrale zur Freude und Erbauung der Gläubigen anordnete, war die oben bezeichnete. Am 23. Juli 1864 waren sieben Jahrhunderte verflossen, seitdem die Reliquien der heiligen drei Könige aus dem vom Kaiser Friedrich dem Rothbart eroberten Mailand nach Köln feierlich überbracht worden sind. Diesen denkwürdigen Abschluß der in frommer und tiefgefühlter Verehrung der theuren Heiligthümer verflossenen sieben Jahrhunderte wollte der dem Grabe sich nahende Oberhirte in vorzüglicher Weise auszeichnen, um den Gläubigen der Erzdiöcese segenreiche Belehrung, Erbauung und Begnadigung zuzuwenden. Sohin wurde der bezeichnete Jahrtag, welcher von jeher alljährlich im Dome als kirchlich ausgezeichnetes Fest begangen worden ist, so wie ihre damit verbundene Octav, als achttägige Säcularfeier bestimmt. Für diese Tage hatte bereits, auf das Ersuchen des hochseligen Cardinals, unterm 10. Mai dieses Jahres das Oberhaupt der Kirche mehrere Ablässe verliehen. [227] Schon seit langer Zeit war die Gesundheit des Metropoliten durch ein bedenkliches, jedoch nicht gründlich erkanntes Magenleiden sichtlich geschwächt. Nur mit großer Anstrengung und zeitweise auf dem Schmerzenlager ruhend, konnte derselbe den diese seltene Feier betreffenden Hirtenbrief — den letzten der aus seiner gewandten Feder geflossen ist und der das Datum seines Namensfestes trägt — niederschreiben und die besondere Anordnung für die achttägige Feier treffen. Wir entnehmen diesem letzten oberhirtlichen Mahnschreiben folgende Stelle .. „Mit dem nächsten dreiundzwanzigsten Juli sind es nun siebenhundert Jahre, daß die heiligen drei Könige in Köln eingezogen und in userm Dome rasten. Welch ein langer Zeitraum, und was liegt nicht Alles in ihm umschlossen für die

---

den 17. October, ward im Gertrudenhofe den Dombauwerkleuten ein Festessen von 300 Gedecken gegeben, wozu der König bei seiner jüngsten Durchreise 1,500 Thaler verabreichen ließ. — [227] „Kirchlicher Anzeiger". Jahrg. 1864. S. 49. — Gemäß Vorschrift des Kölner Provincialconcils vom Jahre 1860 hat der hochselige Cardinal im Beginne des Jahres 1863 für jedes Decanat der Erzdiöcese zwei Definitoren ernannt und für dieselben unterm 10. April gleichen Jahres eine genaue Dienstinstruction ausgegeben. Gleiches geschah unterm 29. desselben Monats auch für die Decane. „Kirchlicher Anzeiger". Jahrg. 1863. S. 41 und 49.

Stadt Köln und das Erzbisthum! Es ist geist= und herzerhebend, auf dieser Markscheide der Zeit rückzublicken auf die früheren Tage und die damals den Heiligen gezollte Verehrung. Die Stadt Köln und ihre Bewohner fühlten sich unter ihnen, wie unter einem be= sonderen mächtigen Schutze. Es ist bekannt, daß die Bürgerschaft von Köln alljährlich am Dreikönigstage, nach gefeiertem Hochamte, die Obrigkeit ihrer Stadt durch Wahl bestellte und die städtischen Aemter besetzte zur Handhabung des bürgerlichen Regimentes. Man betrachtete die heiligen drei Könige als die besondern Schirmherrn, unter deren Hort die Stadt Köln sichtbar aufblühte in Religion und Sittlichkeit und in ehrenfester Treue gegen die Kirche und das Gemeinwesen und dann auch in allen zeitlichen Gütern. Ebenso hat sich die Kunde erhalten, daß in jenen Tagen kein kölnischer Kaufherr oder Gewerksmann eine Reise antrat zu Wasser oder zu Land, bevor er nicht, wenn er von dannen ging, vor dem Schreine der heiligen drei Könige gekniet und im Gebete ihren Segen sich erholt; denn er vertraute, unter der fürbittenden Obhut derer, welche ja einst auf einem so weiten Zuge aus dem Morgenlande nach Bethlehem gelangt und wieder glücklich zurückgekehrt, ebenfalls aus der Ferne wieder ohne Unfall zurückzukommen zum heimischen Herde. Mit gleichem Vertrauen kam man auch bei den wichtigeren Familienereignissen zu den Heiligen im Dome und erflehete von ihrer Fürbitte Muth und Stärke im Leiden und Unglück der Gegenwart, so wie Gnade und Beistand für eine ungewisse ver= hängnißvolle Zukunft. So geschah es in jenen alten Tagen und auch jetzt noch nehmen die frommen Seelen in mancherlei Vor= gängen und Bedrängnissen des Lebens ihre Zuflucht zu den heiligen drei Königen. Von ihrer mächtigen Fürbitte erhofft das gläubige Herz Trost, Hilfe und Segen. Wohl ist daher dieser siebenhundert= jährige Tag werth von uns in würdiger Weise hervorgehoben zu werden. Wir haben daher beschlossen, denselben durch eine acht= tägige kirchliche Feier festlich zu begehen. Diesen Beschluß haben Wir unserm glorreich regierenden heiligen Vater Pius IX. ehrer= bietigst vorgetragen und Uns seine apostolische Weihe dazu erbeten. Auch hat derselbe sofort durch apostolisches Breve vom 10. Mai dieses Jahres unsere beabsichtigte Festfeier gesegnet und in seiner väterlichen Liebe zu deren erbaulichen Abhaltung die Gnadenschätze der Kirche in reichem Maße geöffnet, damit alle, welche in seinem Sinne und nach den Vorschriften der Kirche daran theilnehmen, den damit verbundenen Gnaden= und Segensschatz gewinnen. —

Und so laden Wir Euch denn ein, am nächsten 23. Juli und in der an ihn sich anschließenden Festoctave die Jubelfeier mit Uns zu begehen". 2c. 2c. [228])

In Vorbereitung zu dieser Jubelfeier ward nunmehr am 21. Juli Nachmittags in Gegenwart des Cardinals, des Weihbischofes und mehrerer Domcapitulare unter Beiziehung mehrerer hoher weltlicher Zeugen der überaus kostbare Reliquienschrein der heiligen drei Könige amtlich geöffnet, die einzelnen Gebeine von den anwesenden drei Aerzten genau untersucht, deren Befund beurkundet und dann wieder unter Siegel gelegt. Der Reliquienschrein selbst mit seinen vielen und werthvollen Edelsteinen ward von Goldarbeitern gereinigt, neu polirt und für die Tage des Festes nahe an dem westlichen Schlusse des Hochchores aufgestellt. Vor demselben erhob sich ein eigener Altar, auf welchem die betreffenden Reliquien gesondert zur Verehrung ausgesetzt waren. Ein besonderer Bürgerausschuß hatte es übernommen, die Einwohner der Stadt durch einen eigenen Aufruf zur allgemeinen äußeren Betheiligung, zum Schmücken und Beflaggen ihrer Häuser während der festlichen Tage zu ermuntern, welchem Aufrufe fast in allen Theilen der Stadt freudig entsprochen wurde. Am Freitage den 22. Juli in der Mittagsstunde, von zwölf bis ein Uhr, verkündete das Geläute des Domes und am Abende von sieben bis acht Uhr auch jenes sämmtlicher Kirchen die Festlichkeit. Diese ward an demselben Nachmittage, um drei Uhr durch die Pontificalvesper eröffnet, welche der Herr Weihbischof in Anwesenheit des apostolischen Vicars Adam von Luxemburg und der gesammten Pfarrgeistlichkeit der Stadt abhielt. Neben dem Reliquienschrein der heiligen drei Könige, den ein goldner Stern hoch überragte, waren

---

[228]) Ebendaselbst. S. 61 bis 64. „Schriften und Reden". B. II. S. 198. Schon gleichsam im Vorgefühl seines Todes hat er in seinem Fastenhirtenbrief vom 6. Januar 1864 mit rührendem Danke alle die großen Wohlthaten aufgezählt, die Gott der Erzdiöcese während seiner Amtsführung beschieden hat, die Hunderte von Kirchen, die erbaut, die vielen Pfarreien, die neu gegründet wurden, die ganze Reihe frommer wohlthätiger Institute, die entstanden, das Ordensleben, das sich wieder in so reicher Fülle entfaltet, die Schulen und geistlichen Erziehungsanstalten, die neu errichtet und erweitert wurden, die Mehrung und Heiligung der Seelsorgsgeistlichkeit, die mächtige Zunahme des frommen Lebens und des katholischen Bewußtseyns im Volke und zwar in Mitte aller der Gefahren, Uebeln, Anfeindungen und Bedrängnisse, mit welchen die Kirche und die christliche Gesellschaft in dieser verhängnißvollen Zeit zu kämpfen hatte.

auch der silberne Schrein des heiligen Erzbischofes Engelbert von
Köln und verschiedene andere Heiligthümer weithin sichtbar auf=
gestellt. Während der Vesper wurde der innere hölzerne Schein,
welcher die Gebeine der heiligen drei Könige enthielt, mit einem
kostbaren Teppiche umhüllt, von sechs Leviten in den Chor ge=
tragen, nach der Vesper aber unter Absingung der Allerheiligen=
Litanei in einem von der Geistlichkeit gebildeten Zuge durch die
weiten Hallen des Gotteshauses, welche bereits Pilger aus allen
Theilen der Erzdiöcese erfüllten, umhergeleitet. Um fünf Uhr be=
gann eine feierliche Andacht, bei welcher die Eröffnungsrede der
Festlichkeit abgehalten wurde. Am folgenden Morgen begann der
Gottesdienst bereits um fünf Uhr. Mit Tagesanbruch waren schon
mehrere Processionen aus den benachbarten Ortschaften feierlich in
die Stadt eingezogen. Um neun Uhr war die Predigt, an welche
sich das vom Herrn Weihbischofe abgehaltene Pontificalamt, mit
mehrstimmigem Gesange des trefflichen Domchores begleitet, anschloß.
Die Kathedrale war vom frühen Morgen bis zum späten Abende
mit Gläubigen, die sich zum Empfange der heiligen Sacramente
vorbereiteten, besetzt. An jedem der folgenden Tage trafen andere
Processionen ein, von denen Manche sich sowohl durch die Zahl
der Theilnehmer als durch prachtvolle Anordnung mit Musik und
Gesang auszeichneten. Die schönsten kamen aus Aachen mit 2,400
Wallern, ferner aus Bonn, Düsseldorf, Essen 2c. mit fast gleicher
Pilgerzahl. Sie alle machten im Dome den Rundgang um die
zur Verehrung ausgesetzten Heiligthümer. Aus Köln selbst zogen
täglich Nachmittags vier Uhr zwei Processionen mit den Einge=
sessenen zweier Pfarreien nach der Kathedrale. Die Nachmittags=
andachten hatten an jedem Tage, wie am Vorabende des ersten,
mit Predigt statt. Nur am Sonntage den 31. Juli, an welchem
das Jubiläum geschlossen wurde, nahm die Predigt unmittelbar
nach der Vesper ihren Anfang, mit welcher die festliche Complet
verbunden wurde. Nach Beendigung derselben ordnete sich ein
glänzender, wohlgeleiteter Umzug mit den verschiedenen Heilig=
thümern durch die prachtvoll verzierten Straßen nach der Kathe=
drale, dem auch die noch anwesenden Bischöfe in festlichen Ge=
wändern anwohnten. Beim Schlusse dieses Umzuges ward in der
Kathedrale das To Deum gesungen und die Festwoche mit dem
sacramentalen Segen beendet. Die Bischöfe von Mainz, Münster,
Paderborn und Luxemburg, welche an dem Jubiläum Theil nahmen,
hielten an den einzelnen Tagen Pontificalämter. Bei gesteigertem

Unwohlseyn durfte der hochselige Cardinal keinem derselben an=
wohnen. Er konnte sich jedoch nicht versagen, am Freitage den
29. Juli Nachmittags ein Uhr — zum letzten Male — in die
Kathedrale zu fahren, um vor den Reliquien der heiligen drei
Könige in Innigkeit und Rührung seine Andacht zu verrichten.
Manche Pilger aus den verschiedenen Theilen der Erzbiöcese, welche
früher auf den amtlichen Rundreisen ihren Oberhirten in der Blüthe
der Gesundheit und in rüstiger Kraft gesehen hatten, schaueten mit
banger Besorgniß und innigster Theilnahme sein zum Tode er=
bleichtes, leidenvolles Antlitz und fleheten innig, aber vergebens um
die Wiedergenesung des hochverehrten Kirchenfürsten.

§. 41. Letzte Lebenstage und Heimgang.

Schon seit einigen Jahren war die Gesundheit des hochseligen
Cardinals nicht im erwünschten Zustande. Die Spuren seines
Leidens, die mehr in dem Magen als in der Leber ihren Sitz
hatten, schimmerten deutlich aus bleichen, striefen Wangen hervor.
Er merkte wohl seine Hinfälligkeit und benützte daher den letzten
Herbstaufenthalt in der trauten Heimath, seine letztwilligen Ver=
fügungen zu entwerfen und größtentheils festzustellen. Im April
1862 nahm sein Leiden einen sehr bedenklichen Charakter an. [229])
Doch konnte er noch an den schönen Maitagen, wie früher Spazier=
fahrten außerhalb der Stadt machen. Am St. Petersfeste wohnte
er dem Pontificalamte in der Kathedrale bei und ertheilte dabei
den päpstlichen Ablaßsegen. Im Monate Juni gebrauchte er, nach
Vorschrift seines Hausarztes, Dr. König, eine Anzahl von Salz=
bädern, welche einige Hoffnung zur Besserung gaben. Sofort mußte
sich der Kranke auch noch der Trinkkur von Karlsbader Wasser
unterziehen, um hiedurch eine vollständige Heilung des vermeintlichen

---

[229]) In diesem Monate erhielt der Hochselige von dem Fürsten Karl
Anton von Hohenzollern bei Gelegenheit der Taufe dessen Enkels das Ehren=
kreuz des Hohenzoller'schen Hausordens erster Classe. — Sowohl am 8. als
am 10. Mai 1864 kam der König Wilhelm nach Köln und besuchte am letzten
Tage auch den Dom, wobei derselbe vom Dompropste München begrüßt wurde.
— Am 14. Juli 1864 hatte der Kranke noch einen Besuch des Königs Ludwig I. von Bayern, der von Aachen, unter dem Namen eines Grafen von
Spessart kommend, in einer gewöhnlichen Droschke vor der erzbischöflichen Wohnung vorfuhr. Am 20. desselben traf der König über Trier auf seiner Villa
Ludwigshöhe ein und gab hier den bevorstehenden Tod seines verehrten erz-
bischöflichen Freundes mit Theilnahme kund.

Uebels herbeizuführen. Anfänglich gab sich einige Linderung und neue Eßlust kund. Der Kranke konnte wieder ausfahren und in seinem Garten die gewöhnlichen Spaziergänge machen. Doch bald war der Schein der Besserung verschwunden. Appetitlosigkeit stellte sich ein und fast unausstehliche Schmerzen durchwühlten seine Eingeweide. Die bange Besorgniß an der bereits angeordneten Säcularfeier der Erhebung der Reliquien der heiligen drei Könige nicht theilnehmen zu können, beugte seinen Geist nieder. Am Sonntage, an welchem dieses Fest geschlossen wurde, las er zum letzten Male die heilige Messe in seiner Hauscapelle. Fortan konnte derselbe das Allerheiligste nur einigemale während der Woche im Krankenbette empfangen. Seinem vertrauten Speyerer Freunde, dem Domcapitular Cronauer, welcher vom 4. Juli bis zum 8. August und dann wieder vom letzten dieses Monats bis zu seiner Auflösung bei ihm weilte und ihm oft jenen Liebesdienst erwies, hatte der Kranke früher bestimmt vorausgesagt, daß er nach sechs Wochen und zwar auf einen Marientag sterben werde. [230]) Die bei der Säcularfeier anwesenden Prälaten riethen dem hochverehrten Metropoliten ernst, was auch dessen Umgebung früher gewünscht hatte, noch einen Arzt beizuziehen. Dies geschah auch in der Person des Oberarztes im Hospital, Dr. Nükel. Menschliche Umsicht und Kunst schienen indeß nicht mehr helfen zu können. Durch den Wechsel der ärztlichen Behandlung erfolgte einige Erleichterung. Allein zu bald erneuerten sich wieder arge Schmerzen im Unterleibe, zu denen sich jetzt noch Herzkrämpfe gesellten, wobei die Lebenskräfte sich rasch verminderten, was die Hoffnung der Wiedergenesung gänzlich untergrub. Am 24. August wurden allgemeine Gebete für den hohen Kranken in der Erzdiöcese amtlich angeordnet. Das theure Leben des Oberhirten stand in höchster Gefahr. Er erkannte sie und wünschte die Wegzehrung des Herrn und die letzte Oelung zu empfangen, welche ihm auch vom Herrn Weihbischofe in erbaulicher Weise gespendet wurde. Mit musterhafter Geduld und vollkommenster Ergebung in Gottes heiligen Willen harrte der Leidende seiner Auflösung entgegen. Noch zweimal ließ er sich indeß das Unterpfand des ewigen Lebens reichen und segnete wiederholt die

---

[230]) Da dem Hochseligen mit den Bischöfen von Mainz und Paderborn durch päbstliches Breve vom 31. Aug. 1863 die oberste Leitung des Vereines für Gründung einer freien katholischen Universität in Deutschland übertragen war, so hat derselbe noch am 6. Juli 1864 die ihm vorgelegten Statuten dieses Vereines genehmigt.

Stadt Köln und seine Erzdiöcesanen. Der Herr Domcapitular Cronauer, welcher am letzten August wieder nach Köln geeilt war, schrieb über die folgenden Leidenstage des theuren Freundes einige Briefe, denen wir Nachstehendes entnehmen:

„Der hochselige Cardinal freute sich recht innig über meine Ankunft. Allein wie sehr fand ich denselben jetzt verändert. Der sonst so helle Geist des Kranken ward oft trübe; das Sprechen fiel ihm schwer; die Schmerzen hatten seine Gesichtszüge sehr verändert, seinen Körper ganz abgezehrt. Er klagte über brennenden Durst, den nichts mehr löschen konnte. Sein Rücken war voll Wunden und dennoch verlor er nie die Geduld. Nur stieß er bisweilen den Seufzer aus: „„Ach Gott! ich habe ein Feuer in mir; Salz erfüllt mein Inneres; unsägliche Schmerzen und Krämpfe zerreißen meinen Leib! Sancta Maria ora pro me““! Dabei ließ er sich von seiner mit innigster Theilnahme ihn pflegenden Nichte den von ihm verfaßten Hymnus de Immaculata bisweilen vorlesen, was ihn wieder beruhigte. Am 1. September, Abends nach acht Uhr sagte er seiner Nichte: „„Marie! der Tod ist in der Gereons-Straße! Gehe hinunter rufe alle Leute des Hauses herauf; sie sollen den Rosenkranz beten““! Merkwürdig ist, daß in derselben Stunde eine Frau in der Nähe der erzbischöflichen Wohnung gestorben ist. Auf jenen Ruf eilten wir in das Krankenzimmer. Der Hochselige lag jetzt in scheinbarer Bewußtlosigkeit. Der hochwürdige Weihbischof und mehrere Mitglieder des Domcapitels wurden hievon in Kenntniß gesetzt und sammelten sich ebenfalls in der Nähe des Krankenbettes. Ich hatte vor Allem dem hohen Dulder die Generalabsolution, bei angezündeter Sterbekerze, ertheilt, die übrigen vorgeschriebenen Gebete verrichtet und begann hierauf den Rosenkranz vorzubeten. Die allmälich eintreffenden Mitglieder des Domcapitels beteten mit. Dasselbe Gebet wurde abermals begonnen. Unterdessen kam der Kranke wieder zum Bewußtseyn. Er fragte, was denn geschehen sei? Auf die Antwort, es sei nach seinem Wunsche der Rosenkranz gebetet worden, erwiderte er vernehmbar: „„Das war schön!““ Wir baten sofort den Kranken um seinen Segen. Da hob er seine Hände empor und sprach mit deutlicher Stimme: „„Sit nomen Domini benedictum““ ꝛc. und gab uns feierlich den Segen, was die meisten Anwesenden bis zu Thränen rührte. Wir entfernten uns nach zehn Uhr. Die Nacht brachte dem Kranken ziemliche Ruhe. Am anderen Morgen zählte er Alles auf, was wir am vorigen Abende gebetet hatten. Die folgenden Tage wechselten mit Schmerzen und Wehen. Er war größtentheils wieder bei vollem Bewußtsein und konnte noch Manches besprechen und anordnen. Die Aerzte, welche Alles aufboten, sein Leiden zu mindern, fanden hiezu keine wirksamen Mittel mehr. Der Kranke bemerkte seiner Umgebung: die Aerzte verrechnen sich an mir; lange kann es nicht mehr so fortdauern; ich fühle es, ich bin zu schwach! Am 6. September fragte mich der Doctor: ob sein Nachbar, der königliche Rechnungsrath Franz Ruland — der Vater eines Geistlichen — noch lebe? Ueber- die Bejahung dieser Frage freute er sich, bemerkte aber sogleich: der Tod ist nahe; zwei Männer werden von ihm — in der Gereons-Straße abgerufen. [331]) Am folgenden Tage lag der Kranke, am ganzen Körper sehr aufgeschwollen, ruhig und ohne Bewußtseyn bis zu seiner Auflösung. Der Athem war kurz, aber immer noch kräftig. Seit diesem Nachmittag war sein Mund so fest geschlossen, daß ihm auch kein Tropfen Wasser zur Erquickung konnte beigebracht werden. Die Glieder waren bald kalt, bald brennend heiß. Die Auflösung erfolgte erst am nächsten Morgen, am Feste der Geburt der allerseligsten Gottesmutter, gegen halb zehn Uhr. Noch eine halbe Stunde vorher waren der Leibarzt und der Herr Weihbischof am Bette des Oberhirten ohne sich die Eigenthümlichkeit seines Zustandes erklären zu können und sein nahes Ende zu ahnen. Wenige Minuten nach ihrem Abgehen trat eine merkliche Veränderung ein; der Athem ward schwächer. Ich begann, von der bestürzten Nichte herbeigerufen, alsbald die Sterbgebete. Kaum hatte ich das Amen ausgesprochen, so rief der Alexianer-Bruder, welcher den Kranken seit den letzten acht Tagen verpflegen half: „„Seine Seele steigt zum Himmel!"" So war es auch. Der Sterbende stieß noch einen uns kaum hörbaren Hauch aus und dabei hatte sein Geist bereits die irdische Hülle verlassen. So sanft und ruhig endete der große Mann sein verdienstvolles Leben. Den großen Verlust desselben für Kirche und Staat wird man noch später fühlen. Die Leiche ward bald geöffnet. Es stellte sich heraus, daß die Beurtheilung der Krankheit des Hochseligen in mancher Beziehung eine irrige war. Der Sitz der Krankheit lag im krebsartig beschädigten Magen und nicht in der Beschaffenheit des Herzens. [332])

---

[331]) Ruland starb wirklich am 8. Sept. wie sein Oberhirte, jedoch erst am Nachmittag gegen sechs Uhr. — [332]) Unter den vielen Denkversen, welche

§. 42. Feierliche Beisetzung.

Bereits am Sterbetag des Hochseligen ertönte von 12 bis 1 Uhr und am Abende von 7 bis 8 Uhr und an den folgenden Tagen von Morgens 6 bis 7 Uhr und am Abende von 7 bis 8 Uhr von den Thürmen aller Kirchen das feierliche Thurmgeläute. Der Telegraph brachte nach allen Richtungen hin die Kunde von dem Ableben des verehrten Kirchenfürsten. [233]) Noch an dessen Sterbtage haben Seine Majestät der König und die Königin von Preußen in einem an den Herrn Weihbischof Baudri aus Baden= Baden gerichteten Telegramm „sich tief ergriffen von dem großen Verluste, den Kirche und Staat getroffen durch den Tod Seiner Eminenz des Herrn Cardinals von Geissel". Am folgenden Tage verkündete das Metropolitancapitel der Gesammtgeistlichkeit der Erz= biöcese das Hinscheiden des hochverehrten und geliebten Oberhirten und verordnete, welche Trauerfeierlichkeit und Gebete zu dessen Seelenruhe in allen Pfarrkirchen und von allen Priestern abzu= halten seyen. Die feierliche Beisetzung der sterblichen Hülle des Kirchenfürsten vor den Stufen des Hochaltars der Kathedrale wurde auf Dienstag den 13. September Morgens um 9 Uhr festgesetzt. Am Samstag und an den zwei folgenden Tagen war die Leiche im vollständigen kirchlichen Schmucke, umgeben von brennenden Kerzen, Blumen und Zierpflanzen, in dem unteren großen Saale der erzbischöflichen Wohnung auf dem Paradebette ausgestellt. Die

---

auf den Heimgang des Hochseligen veröffentlicht wurden, fanden wir auch nachstehende:

ECCe! IoannI, qVaM pIetate CoLebas assIDVa
ECCe! steLLa MatVtIna DIc orItVr nataLI
LVCe gLorIæ frVaris pLaCIDa seMpIterna!

Eine öffentliche Nachricht von dem Heimgange des Hochseligen meldete: „Wie er lebte ist er auch gestorben, voll Glauben, voll Frömmigkeit, voll Würde, wie ein Erzbischof und Cardinal der Kirche, der den Kampf gekämpft, den Lauf vollendet und in der Hoffnung der ewigen Krone gewiß ist". — Der wegen Anwesenheit des commandirenden Generals des achten Armee-Corps, Herrn v. Boning für den Abend des 8. September bereits angeordnete große Zapfenstreich ward auf die Nachricht von dem Tode des Cardinals, auf den Wunsch des genannten Generals eingestellt. — [234]) In Speyer traf dieselbe am 8. Sept. Nachmittags halb zwei Uhr beim Bischofe Nikolaus ein. Der= selbe befand sich eben mit einer Anzahl seiner Priester im Seminar, wo Exer= citien abgehalten wurden. Nach dem gemeinschaftlichen Vespergebete verkündete der Oberhirte denselben die Trauerbotschaft und verrichtete mit ihnen Gebete für die Seelenruhe des theuren Freundes.

Capitular-, Pfarr- und Ordensgeistlichen der Stadt wachten und beteten von Morgens acht bis Abends sieben Uhr bei der Leiche. Der Zudrang der Gläubigen, welche das verblichene Antlitz ihres Oberhirten noch einmal schauen wollten, war so groß, daß es sehr schwer fiel hiebei stets die erbauliche Ordnung aufrecht zu halten. Dienstags um acht Uhr begab sich die Geistlichkeit vom Dome aus unter feierlichem Geläute zu dem erzbischöflichen Palais, wo bei dem Sarge das officium defunctorum gebetet wurde. Gegen neun Uhr setzte sich der Leichenzug, nach vorausbestimmter Ordnung, durch die allenthalben in dichten Reihen heran drängenden Volks= massen, zur Kathedrale in Bewegung. Denselben eröffnete ein Führer mit schwarzumflortem Kreuze, dem sich die Kinder des Waisenhauses und der beiden oberen Classen der Domschulen, ferner kleine Abtheilungen von Stadtschülern mit ihren Lehrern, sodann die Bruderschaften und Congregationen mit ihren florumwundenen Fahnen anschlossen. Darauf folgte ein Sängerchor, die Ordens= geistlichkeit, welche durch Franziskaner, Dominikaner, Jesuiten und Lazaristen vertreten war, dann eine Schaar Priester aus der Nähe und Ferne und die Pfarrgeistlichkeit der Stadt mit den betreffenden Kirchenvorständen. An den Stadtclerus reihte sich das Metropolitan= capitel, dem sich Mitglieder mehrer auswärtiger Domcapitel ange= schlossen hatten, namentlich die Generalvicare Peine von Paderborn, Lennig von Mainz, Klein von Limburg, die Speyerer Domcapitulare Cronauer, Hällmeyer und Molitor, und der Stiftsprobst Pauls von Aachen. Von auswärtigen Prälaten nahmen an dem Trauer= zuge Theil die Bischöfe Martin von Paderborn, Müller von Münster, die Weihbischöfe Boßmann von Münster und Fraunsberg von Paderborn, sämmtlich mit schwarzen Pluvialen und weißen Mitren. Zuletzt folgte der Celebrans, der Kölner Herr Weihbischof. Un= mittelbar vor dem einfach verzierten Sarge schritten jüngere Priester mit den geistlichen Insignien und weltlichen Ordenskreuzen des Ver= storbenen. Den Sarg trugen acht Alexianerbrüder. Zur Seite derselben gingen vier Professoren der Theologie von Bonn, Floß, Hilgers, Reusch und Roth, die Zipfel des Bahrtuches haltend und Mitglieder des Bürgerausschusses zur Stiftung und Pflege der Jahresfeier der Cardinalserhebung mit brennenden Kerzen. Un= mittelbar hinter dem Sarge folgte der Bundestagsgesandte, wirk= licher geheimer Rath v. Savigny als Abgeordneter des Königs und der Königin von Preußen zwischen zwei Domherren, dann der Freiherr v. Märken als Abgesandter des Fürsten von Hohenzollern.

Weiter erschienen im Zuge der Ministerialdirector v. Aulike als
Vertreter des Cultusministers, der Oberpräsident der Rheinprovinz
v. Pommeresche, der Kölner Regierungspräsident v. Möller, der
Polizeipräsident Geiger, der Commandirende des achten Armeecorps,
General v. Bonin, der Divisionscommandant, Generallieutenant
Hiller v. Gärtringen, der Stadtcommandant, General v. Kleist,
nebst einer großen Anzahl hoher Militärbeamten. Diesen folgten
Mitglieder des rheinischen Adels, von dem Landtagsmarschall Frei-
herr v. Wamboldt-Bassenheim eigens berufen; ferner Mitglieder des
Johanniter-Ordens, viele Landtagsabgeordnete, der Oberbürgermeister
Bachem mit den Stadtverordneten und Beamten. Als Vertreter
der Universität Bonn folgten jetzt deren Curator Beseler, der Rector
Bauerband und der Probecan der philosophischen Facultät, Professor
Troschel. Diesen schlossen sich viele Abgeordnete anderer Städte
und Körperschaften und sonstige Theilnehmer an. Den stillen, ernsten
Trauerzug begleitete der Domchor mit tiefergreifendem Gesange der
Bußpsalmen: Miserere und De profundis bis zur Kathedrale.

Dort begann, nachdem der Sarg auf dem reichverzierten
Trauergerüste niedergesetzt war, das Pontificalseelenamt vom Herrn
Weihbischof Baudri gesungen und vom ernsten gregorianischen Choral
begleitet. Die anwesenden Prälaten hatten vor dem Hochaltar an
Betschemeln Platz genommen, während die übrigen Geistlichen und
die Theilnehmer höheren Ranges die Bänke im oberen Stuhle
des Chores und unter der Vierung besetzten. Eine wogende Menge
Volks füllte die weiten Räume des Gotteshauses, in einer Haltung, welche dem Ernste der Feier und der frommgläubigen Gesinnung vollkommen entsprach. Nach Beendigung des Hochamtes
bestieg der Domcapitular Dr. Dieringer, der dem Hochseligen seit
einem Vierteljahrhundert eben so vertraut als treu nahe gestanden,
die im Chore aufgestellte Kanzel und hielt die Trauerrede über
die Worte Sirach's. „Er ward geliebt von Gott und den Menschen;
sein Andenken ist im Segen." Der Redner schilderte in kräftigen
Zügen die wichtigsten Punkte aus dem Leben des Verstorbenen. Er
hob namentlich die Verdienste hervor, die sich derselbe in Bezug
auf die Beilegung der Kölner Wirren, die allseitige Leitung der
Diöcese, die Heranbildung des Klerus, den Schutz der Orden und
Congregationen beiderlei Geschlechtes, durch den Zusammentritt der
deutschen Bischöfe zu Würzburg und die Berufung eines Provincialconcils zu Köln erworben hat. [234]) Nach beendigter Trauerrede

---

[234]) Die Rede ward eigens dem Druck übergeben und auch in den

begann die letzte feierliche Einsegnung der Leiche, die dann dem Wunsche des Verewigten gemäß, im Chor des Domes auf der Epistelseite in die eigens hergerichtete Gruft hinabgesenkt wurde. Tief erschütternd war dieser Augenblick, der kein theilnehmendes Auge ohne Thränen ließ.

Nach dieser Bestattung erschien in der Sacristei der Kathedrale der genannte Herr v. Savigny und sprach hier in seiner Eigenschaft als königlicher Abgesandter im Namen des Königs Wilhelm vor dem Herrn Weihbischof Baudri und den Mitgliedern des Metropolitancapitels den Dank aus für die großen Verdienste, welche der Hochselige in bösen wie in guten Tagen sich nicht allein um die Kirche, sondern auch um den Staat erworben habe. Ein Gleiches that Herr v. Aulike im Auftrage des Cultusministers, der ihm noch besonders aufgetragen hatte, dem Metropolitancapitel zu melden, wie sehr er im amtlichen Verkehre den verewigten Kirchenfürsten achten und schätzen gelernt habe. [235])

„Kirchlichen Anzeiger“, Jahrg. 1864. S. 91 u. ff., so wie in andere öffentliche Blätter eingerückt. — [235]) Vergleiche „Kölnische Blätter“ vom 10. und 13. Sept. 1864. In dankbarer Würdigung der hohen Verdienste des Hochseligen hat das Metropolitancapitel beschlossen, eine würdig ausgestattete Grabplatte aus Bronce-Guß anfertigen zu lassen. Sie wurde in der Länge von 8 Fuß und 8 Zoll und in der Breite von 4 Fuß von dem Glockengießer Klarer zu Siglar gegossen und von dem Kölner Kupferstecher Hilgers im edelsten gothischen Style, innerhalb vier Jahre ausgeführt. Sie zeigt den Verewigten in Lebensgröße mit ähnelnden Gesichtszügen und geschmückt mit vollem Pontificalornate. Die Füße treten in reicher Bekleidung einen sich windenden Drachen, das Sinnbild des Fürsten dieser Welt. In den oberen Ecken der gothischen Umrahmung ist das Bild des hl. Petrus, des Patrons des Domes und des hl. Johannes des Täufers, des Patrons des Verlebten, unten aber die Wappen des Letzteren, des Pabstes, des Metropolitancapitels und der Stadt und allerlei Arabeskenverzierungen zu sehen. Die gothische Inschrift lautet: Joannes S. R. E. Cardinalis de Geissel, natus 5. Febr. 1796, creatus Epus. Spiren 1837, Coadjutor Colonien. 1841. Archipus. C. 1845. Cardinalis 1850, defunct. 8. Sept. 1864. — R. J. P. — Dieses schöne Denkmal wurde erst im Sommer 1872 über dem Grabe eingesetzt und mit einem schwarz-weißen Band aus Marmor umrahmt. — Alsbald nach dem Heimgange des Hochseligen, am 14. Sept. 1864, wurde in der Kathedrale zu Speyer für dessen Seelenruhe ein Pontificaltraueramt abgehalten. — Die am Begräbnißtage des Cardinals zu Würzburg eröffnete sechzehnte Generalversammlung der katholischen Vereine Deutschland's ehrte das Andenken desselben durch den Beschluß, den dortigen Oberhirten zu ersuchen, ein Pontificalseelenamt im Dome abzuhalten, was auch mit großer Betheiligung und Theilnahme geschehen ist.

§. 43. Letztwillige Verfügungen.

Wie der hochselige Cardinal Alles, was sich auf sein geistliches Amt bezog, mit Vorsicht und Weisheit ordnete und leitete,
so versäumte er auch nicht, durch wiederholtes Unwohlseyn gemahnt,
seine letztwilligen Verfügungen rechtzeitig zu treffen. Er benützte
hiezu seinen letzten Aufenthalt zu Mußbach im Herbste 1862. Die
bezügliche Urkunde ist jedoch von einem früheren Tage — Köln
den 26. September 1862 — datirt und mit späteren Zusätzen
vermehrt. Alle Freunde und Bekannte, welche ihn damals in
seiner Heimath sahen, schöpften aus seinen veränderten Gesichtszügen bange Besorgniß für sein theures Leben. [236]) Doch der
Allgütige fristete es noch fast zwei volle Jahre. Wie sehr der
Hochselige dieser Gnade würdig war bezeugt sowohl die Abfassungs-
weise als der Inhalt seines Testamentes, dessen Eingang also
lautet:

„Im Namen der allerheiligsten Dreifaltigkeit. Amen! Gelobt sei Jesus Christus und gebenedeit seine allerseligste ohne
Sündenmakel empfangene Mutter in Ewigkeit. Bitte für uns heilige
Maria jetzt und in der Stunde unseres Todes. Amen! Der allmächtige Gott ist mir in meinem ganzen Leben ein überaus gütiger
und gnädiger Vater gewesen und hat mich mit unverdientem Segen
an Leib und Seele vielfach begnadigt. — Dafür sei ihm Preis
und Dank aus ganzem Herzen jetzt und immerdar. Besonders
aber sei ihm unaussprechlicher Dank dafür, daß er in seiner heiligen
katholischen Kirche mich wiedergeboren und in ihr mich unverdient
so hoch berufen und mir ein Herz gegeben hat für ihre göttliche
Weltsendung, ihre freie Wirksamkeit, ihre Ehre und Wohlfahrt zum
Heile der Seelen. Ihr bin und bleibe ich auch mit den wärmsten
Pulsschlägen meines Herzens treu innigst ergeben, in ihrem selig-
machenden Schooße will ich leben und sterben. Fac me tibi
vivere, Domine, fac me tibi mori! Möge Gott nach all' dem
reichen, im Leben mir erwiesenen Gnadensegen auch im Tode mir
Barmherzigkeit und meiner Seele vor seinem Richterstuhle gnädig
seyn. Misericordias Domini cantabo in æternum"!

---

[236]) Im Jahre 1863, den 6. April, reiste derselbe, um seine Gesundheit
zu pflegen, von Köln nach Honnef, im Decanate Königswinter, und verweilte
daselbst bis zum 15. Juni. Dieser Aufenthalt bekam ihm sehr wohl. Auf
seiner Rückreise machte er einen Abstecher nach Godesberg, wo am 12. desselben Monats der Herr Weihbischof die schöne neue Kirche eingesegnet hatte.

Als Universalerbin seines Vermögens bestimmte der Hochselige seine Nichte, Anna Maria Rieder, welche ihm seit dem Tode
seiner Schwester Dorothea das Hauswesen eben so fleißig als umsichtig führte und mit kindlicher Liebe und Hingabe ihn sowohl in
gesunden als kranken Tagen pflegte. Diese hatte jedoch mit ihren
beiden Geschwistern, Johannes und Anna Rieder, die Hälfte der
Aecker und Wiesenstücke, welche der Erblasser bereits als Bischof von
Speyer zu Mußbach eigen besaß, zu theilen, während seinem noch
lebenden Bruder, Jacob Geissel, die andere Hälfte dieses Besitzthums
zufiel. Vielfältig und reich sind die kirchlichen und sonstigen Vermächtnisse, welche auf seinen Nachlaß angewiesen wurden. Einzelne
Freunde und Bekannte erhielten werthvolle Andenken, so unter
Anderm auch der Herr Weihbischof Baudri, dem er noch „seine
große Verehrung und herzlichen Dank für dessen Anhänglichkeit
und in der Diöcesanverwaltung geleisteten Beistand," aussprach.
Die Dienerschaft wurde mit Geldunterstützungen bedacht. — Aus
Dankbarkeit gegen die Mußbacher Kirche, in welcher der Verewigte
die heilige Taufe und erste heilige Communion erhalten hatte, ver-
machte er sechstausend Gulden, für welche Summe derselbe sich
bereits am 31. October des Jahres 1836 bei der Münchener
Hypotheken- und Wechselbank eingekauft hatte, damit mittels dieser
Summe, welcher er in einem baldigen Nachtrage noch weitere
tausend Thaler beifügte, mit der Zeit eine Pfarrbesoldung ergiebig
gemacht und dort eine eigene Pfarrei errichtet werde. Die Ober-
aufsicht über diese Stiftung soll dem zeitlichen Diöcesanbischofe zu-
stehen, der auch das freie Verleihungsrecht der neuen Pfarrei seiner
Zeit zu üben hat. Ein weiterer Nachtrag zu dem Testamente vom
30. December 1862 fügte jener Stiftung abermals tausend Thaler
bei. Außerdem wurde der Kirche zu Mußbach bestimmt: a. der
silbervergoldete Kelch nebst den dazu gehörigen Meßkännchen und
Teller, welcher ihm bei seiner Inthronisation als Bischof von Speyer
verehrt wurde; b. ein weißes Meßgewand, welches seine Nichte
Anna Maria gestickt und dem Hochseligen bei dem fünfundzwanzigjährigen Jubelfeste seiner bischöflichen Weihe überreicht hat, sammt
den Zugehörungen; c. ein rothes Meßgewand sammt Zugehörungen,
welches ihm der Bischof Martin von Paderborn bei des Letzteren
oberpriesterlicher Weihe zum Danke übergab; d. ein ihm von den
Klosterfrauen vom armen Kinde Jesu zu Aachen verehrtes Meßgewand in gothischer Ausstattung; e. das ihm vom Speyerer Bischof
und Domcapitel zum genannten Jubelfeste übersendete, von Professor

Schraudolph in München nach dem Carton des Muttergottes Altar-
bildes im Dome zu Speyer gefertigte Oelgemälde. Der Dompfarrfabrik zu Speyer bestimmte der Verstorbene dreihundert Gulden
zur Stiftung eines daselbst an seinem Todestage von dem Dompfarrer feierlich mit Leviten abzuhaltenden Jahrgedächtnisses. Die
Pfarrkirchen: a. zu Edesheim, wo derselbe „unter der Leitung seines
geliebten Lehrers, des dort begrabenen Pfarrers Meyer, einen Theil
seiner Ausbildung erhalten hatte;" b. zu Hainfeld, „wo er seine
erste heilige Messe gefeiert hat und sein erster frommer Lehrer
Eresheim begraben liegt;" c. und zu Hambach, wo er in den
Jahren 1818 und 1819 Pfarrverweser war" — erhielten je hundert
Gulden für ein Jahrgedächtniß. Auch die St. Gereon's Pfarrkirche zu Köln, in deren Bezirk die erzbischöfliche Wohnung gelegen
ist, erhielt ein ähnliches Vermächtniß. Dem erzbischöflichen Stuhle
bestimmte der Hochselige unter Anderem die kostbare Mitra, welche
ihm der heilige Vater bei der bischöflichen Jubiläums-Feier zum
Angebinde übersendet hatte; eine zweite kunstvoll gestickte Festmitra;
einen werthvollen Bischofsstab, den ihm das Metropolitancapitel
bei jenem Jubiläumsfeste verehrt hatte; sein vom Maler Heust ge-
maltes Portrait in Lebensgröße; das Bildniß des Königs Ludwig
von Bayern, des großen Wohlthäters der Kölner Kathedrale;
mehrere kostbare Teppiche, namentlich jenen, welchen am oftgenannten
Feste die Familie König — seines Leibarztes — ihm überreicht
hatte, endlich seine Cardinals-Kleidung in Purpur. Die Kathedrale erhielt zwei tausend Thaler zur Vollendung des großen gemalten Fensters im nördlichen Transepte, das zum Andenken der
Cardinalsernennung von einem Vereine mittelst einer Summe von
fünf tausend Thalern gestiftet wurde. Dem zur alljährlichen Speisung
und Unterstützung von zwei und siebenzig Greisen gestifteten Car-
dinalfonde, ward außer den ihm bereits früher zugewendeten zwölf-
hundert Thalern, die weitere Summe von tausend Thalern überwiesen, so wie ferner zwei tausend Thaler zur Besoldung eines
zweiten Geistlichen bei der ehemaligen Abteikirche zu Altenburg.
Auch die Armen-Schulen zu St. Ursula, zu St. Peter, zu St.
Moriz, wie die Schwestern vom guten Hirten, vom armen Kinde
Jesu, die Vincenzintinerinnen, die Franciskanerinnen in der Streitzeuggasse und das Marienhospital bei St. Cunibert, wurden mit Legaten
bedacht. Der langjährige treue Kammerdiener, Damian Roth, erhielt achthundert Thaler und lebenslänglich die Zinsen von 13,000
Franken päbstlicher Staatsobligationen, welches Capital der Ver-

waltung des Priesterseminars zum Besten des Knabenseminarfondes
überwiesen wurde. [337]) Mit klarer Umsicht und vorsichtiger Um=
ständlichkeit hat der Verewigte diese Verfügungen niedergeschrieben
und über Manches noch mit seiner Erbin mündliche Verabredungen
getroffen.

§. 44. Allgemeiner Rückblick.

Somit haben wir das Leben und Wirken eines der größten
Männer unseres Heimathlandes, eines der verdienstvollsten Kirchen=
fürsten des neunzehnten Jahrhunderts auf Grund der Selbstbeob=
achtung und der uns zu Gebote stehenden verschiedenen Quellen,
wenn auch bezüglich der leßten Lebensperiode nur in schwachem
Umrisse uns zu entwerfen bemüht. Aus dieser Darstellung ist
leicht zu erkennen, wie die göttliche Vorsehung ihm in Huld und
Gnade von der Wiege bis zu seinem Grabe zur Seite stand und
von Stufe zu Stufe der Wirksamkeit und Ehre dem höchsten Ziele
entgegen führte.

In einem unansehnlichen Winzerhause geboren, wußten ihm
seine schlichten frommen Aeltern schon während seiner kindlichen
Jahre an Gottesfurcht, Fleiß und Genügsamkeit zu gewöhnen.
Seine sich mannigfach kundgebende Begabung und Lernbegierde
machte ihn zum Liebling seines Seelsorgers, der ihn durch sein
Wort und Beispiel zu allem Guten begeisterte, den ersten Grund

---

[337]) Der fünfte und leßte Nachtrag zu dem Testament ist vom 16.
Juni 1864 mit dem Schluß: „Omnia ad majorem Dei gloriam". Was
Christoph Jos. Cremer in seiner schon genannten Schrift, Seite 45, über die
vom hochseligen Cardinal ausgeübte Wohlthätigkeit anführt, wollen wir hier
nicht unerwähnt lassen: ... „Der Cardinal befolgte fast mit ängstlicher Ge=
nauigkeit die Worte des Evangeliums: „Die Linke soll nicht wissen, was die
Rechte thut"". In höchst seltenen Fällen erfuhr der Beschenkte, woher die
Spende floß. Manchmal gelangte die Gabe erst durch die dritte, vierte Hand
an den Ort ihrer Bestimmung, so daß der leßte Geber oft selbst nicht wußte,
wer eigentlich seine Vermittelung in Anspruch nahm. Wenn wir nicht fürchteten,
den edlen Intentionen des Verewigten entgegen zu handeln, so würden sich
gerade hier interessante und für Manchen höchst überraschende Enthüllungen
geben lassen. Wollte man die Unterstüßungen, welche der Cardinal aus seiner
Caffe an Einzelne sowohl, wie an nüßliche Anstalten, Vereine 2c. gelangen ließ,
zusammenstellen, so würden Zahlen zum Vorscheine kommen, von denen selbst
diejenigen, welche Seiner Eminenz am Nächsten standen, keine Ahnung haben.
Diese leßtere Behauptung stüßt sich nicht auf eine bloße Vermuthung, sie gibt
die Aeußerung eines Mannes wieder, der seit Jahren das Vertrauen des Car=
dinal-Erzbischofes in hohem Grade genoß".

zu höherer Ausbildung legte und die Zustimmung seiner Aeltern
hiefür zu gewinnen wußte. So in Mußbach vorbereitet; besuchte
der eifrige Knabe die Secondärschule zu Neustadt und fand hier
an dem wackern Kaplan einen neuen Führer und Pfleger. Dieser
gewann ihn so lieb, daß er, zum Pfarrer in der Nähe ernannt,
den gefälligen Lateinschüler wie einen Angehörigen seiner Familie
unter sein Obdach aufnahm, um dessen humanistische Ausbildung
weiter zu fördern und mit dessen Beihilfe noch andere, talentvolle
Jünglinge zu der gleichen Ausbildung zu ermitteln. Dieser ländliche
Aufenthalt und die damit verbundene Lern- und Lehrübung dauerte
kaum zwei Jahre. Auf Rath seines Lehrers und nicht ohne beifällige Ermunternng seines freundlichen Oberhirten verließ der
Gimmeldinger Student das stille Pfarrdorf Edesheim, um in Mainz
seine Studien fortzusetzen. Hier erhielt er unter Vermittelung
seines Lehrers und dessen nächster Anverwandten als Hauslehrer
sicheres Unterkommen und Pflege und sohin die nöthige Vorbeding-
ung seiner weiteren Ausbildung an den dortigen Lehranstalten.
Nachdem er diese mit Fleiß und Talent gesammelt, fand er freie
Aufnahme in dem dortigen Klericalseminar, wo er unter der Leitung
des gelehrten und ausgezeichneten Vorstandes Liebermann, die glänzendsten Fortschritte in den wichtigsten theologischen Wissenschaften
machte, was seinen lieben Oberhirten Colmar bestimmte, ihm, der
auch schon eine Zeitlang den Unterricht in der Vorbereitungs-Classe
der bischöflichen Lehranstalt übernehmen mußte, den besonderen
sprachlichen Unterricht naheverwandter Jünglinge in der bischöflichen
Wohnung anzuvertrauen.

Zum Priester geweiht, hatte der Hochselige keinen andern
Wunsch, als bald Gehilfe in der Seelsorge zu werden. Doch sein
dem allzufrühen Grabe sehr nahe stehender Bischof hatte ihn als
Religionslehrer an der neuerrichteten Studienanstalt in Speyer in
Aussicht genommen, und so, unter höherer Leitung, ihm die Bahn eröffnet, auf welcher der Hochselige bei einer sich mehrenden Ausbildung und Gewandtheit, Erfahrung und Charakterfestigkeit, Thätigkeit und Gründlichkeit, von Stufe zu Stufe dem ihm von
der Vorsehung bestimmten hohen Ziele entgegen geführt wurde.
Um eine staatliche Anstellung an jener Anstalt zu erhalten, mußte
sich der junge Priester einer philologischen Prüfung unterziehen.
Ihr folgte die Ernennung als Lehrer der lateinischen Vorbereitungsschule, dem auch der Religionsunterricht an der Anstalt übertragen
war. Schon nach kurzer Zeit ward er zum Mitgliede des neuer-

richteten Speyerer Domcapitels ernannt. Fortwährend ertheilte er den Religions-Unterricht am Gymnasium und hatte hiebei Ermunterung und Muse nicht nur im gründlichen Wissen der Theologie, sondern auch in allen Zweigen der Geschichte und auf dem weiten Felde der Belletristik sich zu vervollkommnen. Dafür fand er Zutritt in die ersten Familien und Gesellschaften der Stadt und Gelegenheit genug, in freundlicher Gefälligkeit und empfehlender Geselligkeit seinen heiteren Sinn und witzige Laune, wie seine seltene Begabtheit und vielseitiges Wissen zu bewähren. Letzteres gab sich auch kund in den gründlichen und schwierigen Arbeiten, die er im Rathe seines Oberhirten zu übernehmen hatte, wie in seinen historischen, poetischen und belletristischen Schriften, Aufsätzen und Entwürfen, mit welchen er sich oft mit bewunderungswürdigem Fleiße als Domcapitular zu beschäftigen wußte.

Dieses Wissen, diese Arbeitskraft empfahl den Hochseligen besonders bei seinem unmittelbaren Vorfahrer auf dem bischöflichen Stuhle zu Speyer, der es bei dem Könige Ludwig leicht bewirkte, daß er zum Dombechanten und bald nachher zum Bischofe ernannt wurde. Niemand dachte zuvor an diese Beförderung, am Allerwenigsten der Erkorne, der nur durch Freundeszuspruch vermocht werden konnte, dem Rufe der Vorsehung Folge zu leisten. Mit dem aufrichtigsten Willen die Pflichten seiner hohen Würde allseitig zu erfüllen, in voller Gesundheit und Manneskraft, mit reicher Kenntniß und Erfahrung in allen Personal- und Localverhältnissen der Diöcese, übernahm der Bischof die Leitung derselben. Er fand Gelegenheit genug, seinen Eifer, seine Umsicht, seinen Ernst, seine Gewissenhaftigkeit, seine Geschäftsthätigkeit zu erweisen. Diese Vorzüge der oberhirtlichen Verwaltung gaben sich bald kund durch sorgfältige Belehrung und ersprießliche Ermahnung der Diöcesanen, durch Beachtung und Schutz der kirchlichen Grundsätze und Gerechtsame, durch Pflege eines erbaulichen Gottesdienstes, durch eine gründliche Heranbildung des jungen Klerus, durch Bemühen für den standesmäßigen Unterhalt der Seelsorgsgeistlichkeit, durch eine genaue Ueberwachung ihrer Amtsobliegenheiten und ihres sittlichen Wandels, durch Gründung und Beförderung wichtiger Diöcesananstalten wie des bischöflichen Convictes, des katholischen Schullehrerseminars, die Berufung von Schulschwestern ꝛc. ꝛc. Dieß erwarb dem Speyerer Bischofe in kurzer Zeit hohe Verehrung bei allen gutgesinnten Untergebenen hohen und niederen Standes, wie auch das besondere Wohlwollen und Vertrauen des Königs Ludwig und dessen einflußreichster Beamten.

.Das königliche Wohlwollen und Vertrauen, welches sich mannigfach kund gab, bahnte dem Hochseligen gegen dessen Wünsche und Hoffen unter Gottes Fügung den Weg von dem bischöflichen Stuhle zu Speyer auf den erzbischöflichen Sitz in der Kathedrale zu Köln. König Ludwig empfahl den Speyerer Bischof seinem Schwager, dem Könige Friedrich Wilhelm von Preußen als geeigneten Vermittler und Friedensstifter für die in ihren kirchlichen Rechten und ihrem katholischen Glauben tief verletzte Kölner Erzbiöcese. Die hiezu erforderlichen Schritte wurden eingeleitet und der heilige Vater ernannte endlich aus seiner geistlichen Machtvollkommenheit den nicht aus freier Wahl, sondern nur aus Gehorsam sich unterwerfenden geliebten Bischof von Speyer, zum Coadjutor des Erzbischofes Clemens August mit dem Rechte der Nachfolge und zum apostolischen Administrator der Erzdiöcese Köln. Es war dieß, wie allgemein bekannt, ein eben so schwieriger als verantwortungsvoller Beruf. ein höchst bedenklicher und dornenreicher Wirkungskreis. Und wie hat der Hochselige diesen schweren Beruf während einer Reihe der bedrängnißvollsten Jahre erfüllt? Was hat er beharrlich erstrebt, was hat er unter den schwierigsten Verhältnissen errungen? Wir vermögen es nicht besser zu schildern, als dieß beim Jubelfeste der fünfundzwanzigsten bischöflichen Weihe des Hochseligen in einer an ihn gerichteten Dankadresse des treuergebenen gesammten Diöcesanklerus voll dankbarer und rühmlicher Anerkennung mit Nachstehendem feierlich geschehen ist:

„Gar ernste Zeiten waren es — so lautet dieselbe — als Du Deinen Speyerer Hirtenstuhl uns zu Liebe verließest und Deinen Einzug in das heilige Köln hieltest. Die unheilvollen Zerwürfnisse, entstanden in Folge der Apostolischen Festigkeit, mit der Dein Vorgänger Clemens August glorreichen Andenkens die Rechte der Kirche wahrte, hatten schon mehrere Jahre, alle Gemüther aufregend, angedauert, als ein von der größten Liebe zum Frieden beseelter Pabst und ein wahrhaft hochherziger und gerechter König, nach Herstellung der Eintracht, Dich in gemeinsamem Vertrauen erwählten, daß Du, ein Bote des Friedens, die getrennten Geister in freundlichem Bunde vereintest. Die Hoffnung schlug nicht fehl; denn durch Festigkeit, Klugheit und Geduld führtest Du das große Unternehmen zu gewünschtem Ausgang, so daß von der Zwietracht jener traurigen Zeit kaum die Erinnerung geblieben. — Mit dem Frieden aber

haſt Du auch alle Friedensgaben uns gebracht und durch Erlaſſung
welſer Geſetze, durch Gründung heilſamer Anſtalten, durch För=
berung jedes frommen und gottgefälligen Werkes dem alten Ruhme
Deiner Kölniſchen Kirche neuen Glanz zugefügt. Das bezeugen
die mit glücklichem Erfolge gegründeten Knaben=Seminare, die Er=
richtung ſo vieler neuen Pfarreien, die Herſtellung der geiſtlichen
Gerichte; dies bezeugt die wunderſam ausgedehnte Anbetung des
allerheiligſten Sacramentes, die weitere Verbreitung der Verehr=
ung gegen unſere ohne Makel empfangene Patronin, die allerſeligſte
Jungfrau Maria; dies bezeugen ſo viele klöſterliche Genoſſenſchaften,
die, in unſerer Diöceſe geſtiftet oder eingeführt, mit unermüblichem
Eifer und der größten Selbſtverleugnung an der eigenen Heilig=
ung und der allſeitigen Förberung des Wohles des Nächſten arbeiten;
nicht minder alle die zahlreichen Vereine, welche mit freigebiger
Hand und ſtets unverbroſſener Bemühung für alle Arten von Liebes=
werken thätig ſind; dies bezeugt, um von allem Andern zu ſchweigen,
außer ſo vielen mit Kunſt und Würde neu erbauten oder zu der
alten Schönheit hergeſtellten Kirchen, unſeres ob des Schatzes ſeiner
Heiligthümer und der Zierde ſeines Baues durch alle Lande ge=
prieſenen Domes emporwachſenber Rieſenbau, zu deſſen Fortbau
Du den erſten Stein geſegnet haſt, und auch, ſo hoffen wir, die
letzte Kreuzblume der vollendeten Thürme ſegnen wirſt. — Gleich=
wohl hat es nicht an Stürmen gefehlt. Zeiten kamen, in welchen
alle menſchlichen Dinge erſchüttert wankten und den Einſturz drohten.
Da führteſt Du, weiſer Oberhirt, das Steuer Deiner Kirche mit
feſter Hand und lenkteſt, den Blick auf die Sterne gerichtet, des
Schiffes Lauf ungefährdet durch die aufgethürmten Wogen. Du
gabſt dem Kaiſer, was des Kaiſers iſt, zugleich mit apoſtoliſchem
Freimuth beharrlich verlangend, daß Gott gegeben werde, was
Gottes iſt. Und nicht für Deine Kirche allein trugſt Du Für=
ſorge: Du veranlaßteſt jene für alle Zeiten denkwürdige Würz=
burger Verſammlung, auf welcher die Biſchöfe des geſammten
Deutſchlands unter Deinem Vorſitze über die Wiedererlangung der
kirchlichen Rechte und über die Zurückführung der früheren Blüthe
des chriſtlichen Lebens in unſerm Vaterlande die weiſeſten Berath=
ungen pflogen. Heimgekehrt unternahmſt du es, in das Leben
einzuführen, was die ehrwürdigen Oberhirten dort ſich zur Auf=
gabe geſtellt. Du gabſt nicht zu, daß die Kirche, die Braut Jeſu
Chriſti, als Magd betrachtet werde; und wie Du deren unveräußer=
liche Rechte kräftig beanſpruchteſt, ſo bedienteſt Du Dich umſichtig

der gewährten Freiheit und ließest dem Deiner Pflege anvertrauten Acker, dessen Fruchtbarkeit die früheren Hemmnisse nicht mehr hinderten, Blüthen und Früchte in reicher Fülle entsprießen. Auch nahmst Du — was allein zu Deinem Ruhm hinreichte — der Provincial-Concilien seit drei Jahrhunderten unterbrochene Reihe wieder auf und versammeltest die hochwürdigsten Bischöfe der Kölner Kirchenprovinz, denen sich mehrere andere aus eigenem Antriebe anschlossen, zu einer Provinzial-Synode, der ersten in dieser Erzdiöcese seit drei Jahrhunderten. — In Allem aber, was Du für die Ehre Gottes und das Wachsthum der Kirche kräftig unternommen hast, lag Dir als heilige Pflicht vorzüglich am' Herzen, unserer Diöcese alte Zierde vor Augen haltend, Dich als stets treuer Sohn der heiligen Römischen Kirche zu beweisen. Mit aller Kraft strebtest Du, die von der Väter Zeiten her bei uns blühende Gelehrigkeit und Folgsamkeit gegen den Nachfolger des h. Petrus, den Lehrer des Glaubens und Lenker des christlichen Lebens, zu nähren und zu mehren; in jeder Weise warst Du bemüht, daß alle Deiner Leitung anvertrauten Gläubigen für den ringsum von Feinden bedrängten Stellvertreter Christi ohne Unterlaß beteten, seiner Bedürftigkeit Beistand gewährten und dem besten Pabste die Gefühle ihrer kindlichen Ergebenheit und ihrer unerschütterlichen Treue zu Füßen legten.   Die mit so viel Hohn verletzten, mit so viel Ungerechtigkeit und Wortbrüchigkeit beeinträchtigten Rechte und Besitzungen des heiligen apostolischen Stuhles hast Du unerschrocken vertheidigt und kein Bedenken getragen, dem siegreichen Treubruch und Raub, öffentlich, unter dem Beifall aller Katholiken, das Brandmal aufzubrücken. — Freudig jubeln wir über so viele herrliche Thaten, jubeln, daß wir Dich, hervorragend unter den Fürsten, geschmückt sehen mit den höchsten Ehren des Staates; wir jubeln besonders, wenn wir frohen Blickes auf den Purpur schauen, welcher uns anzeigt, daß Du in den höchsten Rath des Stellvertreters Christi aufgenommen und den besonderen Ecksteinen der Kirche zugezählt bist.   Mit heiligem Stolze preisen wir so hohe Ehren. Denn da Du unser bist, so ist unser auch Deine Ehrenzier, und was in Dir nur als wohlverdienter Lohn der Mühen erscheint, wird ein dauernder Schmuck für die Kölnische Kirche bleiben. — Während wir so unsere Glück- und Segenswünsche zu der Jubelfeier der fünfundzwanzig Jahre, welche Du in dem bischöflichen Amte glorreich verlebt hast, aus der Tiefe des Herzens Dir darbringen, flehen wir durch die Fürbitte der allerseligsten, ohne Sünde empfangenen Jungfrau Maria und aller andern heiligen Patrone der Stadt und Erzdiöcese Köln, daß Jesus Christus, das Haupt der Kirche, Dich, den väterlichen Oberhirten, uns lange erhalte und Dir auf dem Stuhle des heiligen Maternus reichere Jahre als dem heiligen Severinus verleihe". [339])

Welch ein ehrenvolles und erhebendes Zeugniß, das der gesammte Pfarrklerus der Erzdiöcese seinem pflichttreuen Oberhirten auf die feierlichste Weise in Wahrheit und Erkenntlichkeit ablegt? Welch ein herrliches, großartiges Bild des Lebens und Wirkens, das schon am Jubelfeste der fünfundzwanzigjährigen bischöflichen Weihe entworfen wurde und das sich bis zu seinem Grabe immer mehr entfaltete, erhöhete und verklärte? Fürwahr! In den Geschichtstafeln der Bischöfe von Speyer und der Erzbischöfe von Köln, wie in den Reihen der ausgezeichnetsten und verdienstvollsten Kirchenfürsten Deutschlands wird der Name des Cardinals Johannes von Geissel ruhmreich und unvergeßlich bleiben. Gesegnet sei sein theures Andenken!

---

[339]) „Kirchlicher Anzeiger". Jahrg. 1862. S. 85 in lateinischer und deutscher Sprache.

Urkundenbuch.

Nro. 1.

Wilhelm, Herzog von Nassau, dankt dem Domcapitular Geissel für die Schrift: die Schlacht am Hasenbühl. Biebrich 1836, Juli 26. — Zu Seite 33.

Ew. Hochwürden historisches Werk: die Schlacht am Hasenbühl und das Königtreu betreffend, ist mir mit Ihrem Schreiben seiner Zeit zugekommen. — Es bedarf nicht meiner besonderen Versicherung, daß mich diese höchst gründliche Darstellung auf das Lebhafteste angesprochen hat und dieselbe nur meinen vollkommenen Beifall einärndten konnte. — Euer Hochwürden haben sich aber auch dadurch ein volles Recht auf meine Erkenntlichkeit erworben. — Mit der Bitte, den beifolgenden Ring als Beweis davon zum Andenken von mir anzunehmen, verbinde ich die Versicherung der vorzüglichsten Hochachtung. Euer Hochwürden dienstwilliger W i l h e l m , Herzog von Nassau. B i e b r i ch ben 26. Juli 1836.

Nro. 2.

Ludwig I., König von Bayern, ernennt den Domdechanten Geissel zu Speyer zum Bischofe daselbst. Berchtesgaden, 1836. Sept. 20. — B. S. 36.

Ludwig von Gottes Gnaden König von Bayern ꝛc. ꝛc. Nachdem Wir Uns bewogen gefunden haben, euch zum Bischofe von Speyer zu ernennen, so haben Wir nicht nur diese Ernennung so eben an Seine päbstliche Heiligkeit zur Ertheilung der kanonischen Einsetzung gelangen, sondern auch euch hierüber gegenwärtiges von Uns unterzeichnetes und mit Unserem größeren geheimen Kanzlei-Insiegel versehenes Decret zu eurer Legitimation ausfertigen lassen. B e r ch t e s g a d e n , den 20. September 1836. L u d w i g. Fürst O e t t i n g e n - W a l l e r s t e i n. Auf königlichen allerhöchsten Befehl der Generalsecretär. An dessen Statt der Ministerialrath B e z o l b. (L. S.)

Nro. 3.

Peter, Bischof zu Speyer, ertheilt seinem Amtsnachfolger über dessen seelsorgliches Wirken ein Zeugniß. Speyer 1856. Nov. 4. — B. S. 38.

Reverendissimus dominus Joannes Geissel, ecclesiæ cathedralis Spirensis decanus, ab augustissimo Bavariæ rege nominatus episcopus Spirensis, a die decimo quinto mensis Septembris anni millesimi octingentesimi decimi octavi usque ad primum diem mensis Februarii anni millesimi octingentesimi decimi noni curam animarum in parochia Hambach mortuo parocho exercuit et parochi vices gessit; deinde a die prima mensis Februarii anni millesimi octingentesimi decimi noni usque ad

annum millesimum octingentesimum trigesimum septimum catholici gymnasii
Spirensis discipulis institutionem religiosam tradidit, cultui eorum divino
præfuit, sacra divina peregit et sacramenta ipsis administravit; denique
ab anno millesimo octingentesimo decimo nono usque ad annum millesimum octingentesimum vigesimum septimum (testimonium perhibentibus
reverendo domino canonico et seniore Francisco Günther, ecclesiæ Spirensis
antea parocho et Antonio Forch, usque ad hoc tempus parocho ecclesiæ
cathedralis et canonico capituli) in administratione sacramenti pœni-
tentiæ, prædicatione verbi divini et provisione moribundorum parocho
ecclesiæ cathedralis adjutricem operam præstitit. Jn quorum fidem præ-
sentes literas ordinariatus episcopalis sigillo munitas dedimus. S p i r æ
die quarto Novembris 1836. † P e t r u s R i c h a r z, episcopus Spirensis.

Nro. 4.

Johannes, Bischof zu Speyer benachrichtiget den heiligen Vater von seiner Weihe
und Amtseinführung. Speyer 1837, den 3. Sept. — B. S. 211.

Beatissime Pater. Sanctitas Vestra in consistorio die 19. Maii
proxime elapsi celebrato, mihi humillime infrascripto ab augustissimo
Bavariæ rege ad episcopatum Spirensem, qui tunc temporis per trans-
lationem reverendissimi hujus ecclesiæ præsulis Petri Richarz ad sedem
Augustanam vacabat, nominato, canonicam institutionem tribuere dignata
est, litterisque gratiosissimis sub tertio decimo Kalendas Junii hujus
anni exaratis, ut a quocunque, quem maluerim, catholico antistite gratiam
et communionem sedis Apostolicæ habente, munus consecrationis recipere
valeam, benignissime mihi concessit. — Quapropter reverendissimus dominus Josephus Maria, archiepiscopus Bambergensis, precibus meis annuens,
in Dominica decima tertia post Pentecosten, quæ fuit dies decimus tertius
mensis Augusti proxime elapsi, in ecclesia cathedrali Augustana, assisten-
tibus reverendissimis dominis Petro Richarz, episcopo Augustano et Bar-
naba Huber, monasterii ordinis sancti Benedicti ad sanctum Stephanum,
quod est Augustæ, abbate, consecrationem episcopalem mihi tribuit; et
sic sacro episcoporum cœtui rite initiatus, die tricesima ejusdem mensis,
præsentibus, comitantibusque venerabilibus capituli ecclesiæ cathedralis
Spirensis, præposito, canonicis et vicariis, nec non adstante quam maxima
diœceseos Spirensis parochorum parte, illam meam ecclesiam cathedralem
solemniter ingressus sum, ac exinde universo clero homagium canonicum
mihi præstante, diœcesin Spirensem canonice regendam suscepi. — Primum
nunc ante omnia mihi incumbit, ut Sanctitati Vestræ relationem fidelem,
promptissimamque de mea consecratione et solemni introductione exhibeam,
quod quidem hisce, omni qua decet, humillima reverentia et devotione
facio. Deinde Sanctitati Vestræ de benevolentia paterna, qua me indig-
num ad dignitatem episcopalem evehere voluit, gratias maximas ex imo
corde rependo, promittens, me totis viribus, totaque, quam mihi providentia divina concesserit indole in ea, ut salus animarum, honorque Dei
ac ejus in terris Vicarii de die in diem promoveatur et augeatur, strenuis-
sime laboraturum, uti sanctæ Romanæ ecclesiæ filium decet, qualem me

adjuvante Deo, semper præbebo. — Ad paternas Sanctitatis Vestræ pedes, quos debita reverentia exosculor, provolutus humillime rogo, ut Ipsa mihi ac gregi meis abhinc curis concredito, Apostolicam benedictionem impertiri gratiosissime dignetur, qui profundissima reverentia perenno Sanctitatis Vestræ humillimus, devotissimus et obedientissimus filius. † Johannes Geissel, episcopus Spirensis. — Spiræ die 3. mensis Septembris.

Nro. 5.

Joseph Maria, Erzbischof von Bamberg, dankt dem Bischofe Johannes zu Speyer für den übersendeten Hirtenbrief. Bamberg, 1837. Sept. 25. — B. B. 53.

Hochwürdigster Herr Bischof! Ich kann mein offizielles Schreiben auf das Ihrige ebenfalls offizielle nicht abgehen lassen, ohne Eure bischöfliche Hochwürden für das freundliche Begleitungsschreiben zu danken. — Es hat mir große Freude gemacht, Ihre persönliche Bekanntschaft, verehrter Herr Amtsbruder, gemacht und ein Paar Tage mit Ihnen zuzubringen. Daburch, so wie durch Ihren Hirtenbrief habe ich mich selbst überzeugt, daß Seine Majestät der König durch Ihre Ernennung die Diöcese Speyer sehr beglückt, welches zu glauben schon der allgemeine Ruf mich berechtigt. — Ihren Hirtenbrief, für den ich herzlich danke, habe ich mit großem Interesse gelesen. Er verbürgt die Erfüllung der Erwartung, daß die Diöcese an Ihnen einen Oberhirten erhalten hat, der nicht nur die Wichtigkeit seines Amtes vollkommen erkennt, sondern auch die Pflichten desselben mit Treue und vollkommener Einsicht erfüllen wird. Gott wird auch Ihren Bestrebungen seinen Segen nicht versagen! — Ich werde mich sehr glücklich schätzen, wenn eine Gelegenheit sich ereignet, wo ich Ihnen oder Ihrer Diöcese nützlich seyn kann. — Der versprochenen Sendung einiger Ihrer Werke sehe ich mit großer Sehnsucht entgegen und erneuere die Versicherung der ausgezeichneten Hochachtung, mit der ich zu seyn die Ehre habe Euer bischöflicher Hochwürden gehorsamster Diener und Amtsbruder, Joseph Maria Erzbischof. — Bamberg den 25. September 1837.

Nro. 6.

Ludwig, Fürst von Oettingen-Wallerstein, dankt dem Bischofe Johannes zu Speyer für den dem Könige übersendeten Hirtenbrief. München 1837. Sept. 25. — B. B. 53.

Hochwürdiger Herr Bischof! Seine königliche Majestät geruhten, den mittelst Schreiben vom 31. August l. J. vorgelegten Hirtenbrief mit besonderer Theilnahme ganz zu durchlesen und in Folge dessen ward mir der allerhöchste Auftrag, Euer Hochwürden Hochwohlgeboren das besondere allerhöchste Wohlgefallen über den Gehalt dieses „inhaltreichen und kräftigen apostolischen Sendschreibens an die Diöcesanen des Bisthums Speyer" zu eröffnen. — Glücklich, das Organ dieser so sehr verdienten königlichen Anerkennung zu seyn, ergreife ich mit lebhaftem Vergnügen den erwünschten Anlaß zum erneuerten Ausbrucke jener ausgezeichnetsten, herzlichsten Hochachtung, womit ich zu seyn die Ehre habe Euer Hochwürden Hochwohlgeboren ganz ergebenster Diener Oettingen - Wallerstein. München, den 25. September 1837.

Nro. 7.

Therese, Königin von Bayern, dankt dem Bischofe Johannes zu Speyer für den übersendeten Hirtenbrief. München 1837 Oct. 27. — J. B. 53.

Herr Bischof von Speyer! Ich habe Ihre Zuschrift vom 20. September dieses Jahres nebst jenem Hirtenbriefe, welchen Sie bei Ihrer feierlichen Installation als Bischof von Speyer an Ihre Diöcesanen erließen, zu empfangen das Vergnügen gehabt. Indem ich Ihnen für diesen Beweis besonderer Aufmerksamkeit danke, ist es Mir angenehm, den Mir dargebrachten Ausdruck aufrichtiger Ergebenheit durch die Versicherung jener Gesinnungen der Werthschätzung zu erwidern, mit welcher Ich bin Ihre wohlgewogene Königin Therese. München am 27. October 1837.

Nro. 8.

Caroline, verwittwete Königin von Bayern, dankt dem Bischofe Johannes zu Speyer für den übersendeten Hirtenbrief. Tegernsee 1837 Oct. 29. — J. B. 53.

Herr Bischof von Speyer! Ich habe Ihr Schreiben vom 20. v. M. so wie dessen Beilage wohl erhalten und diesen salbungsvollen Hirtenbrief mit wahrem Interesse gelesen. Es gereicht Mir zum besonderen Vergnügen, daraus die Bekanntschaft eines so würdigen Oberhirten der katholischen Kirche gemacht zu haben, und indem ich Ihnen für die Mittheilung desselben herzlich danke, versichere ich Sie zugleich Meiner aufrichtigsten Hochschätzung, womit Ich verbleibe Ihre wohlaffektionirte Caroline. Tegernsee, den 29. October 1837.

Nro. 9.

Johannes, Bischof zu Speyer, erbittet vom König Ludwig von Bayern Gehaltsaufbesserung der Pfarrgeistlichkeit. Speyer 1838 Januar 3. — J. B. 153.

Allerdurchlauchtigster Großmächtigster König ꝛc. Wenn ich zum Erstenmale als Vorstand des Bisthums Speyer, dessen Verwaltung mir das huldvolle Vertrauen meines allergnädigsten Königs und Herrn übertragen hat, dem landesväterlichen Throne mich nahe, um ein in dem Interesse dieses Bisthums begründetes Gesuch vorzutragen, so nehme ich mir die Freiheit, die bevoteste Bitte vorauszuschicken, daß Eure königliche Majestät aus dem Umstande, daß ich unter manchen für das Bisthum Speyer sehr wichtigen Gegenständen gerade den vorliegenden vor allen andern als den Ersten zur Sprache zu bringen mich gedrungen fühle, die allergnädigste Ueberzeugung zu entnehmen geruhen mögen, wie hochwichtig mir dieser Gegenstand erscheine und wie warm mir dessen günstige Gestaltung am Herzen liege. Meine Erstlingsbitte umfaßt eine Lebensfrage des Bestandes und der Wiedererergänzung des katholischen Klerus des Bisthums Speyer; sie betrifft das, ungeachtet aller mehrfachgebrachten Hilfe, stets noch „höchst ärmliche Loos der katholischen Pfarrer in der Pfalz"; ist daher zugleich auch die Bitte der gesammten Pfarrgeistlichkeit meiner Diöcese, welcher ich, als vertretendes Organ, Wort und Ausdruck zu geben mich verpflichtet halte; und ich wage daher zu hoffen, daß diese meine erste Bitte die geneigteste landesväterliche Erhörung zu finden so glücklich sein werde. Die nachstehende kurze Darlegung umfaßt zunächst die dürftige öconomische Lage der katholischen Pfarrer, aber auch zugleich in weiterer und engster Verzweigung die wichtigsten Interessen der Kirche und des Staates. Ich vertraue darum, daß dieselbe sich der allergnädigsten Aufmerksamkeit Eurer königlichen Majestät, Allerhöchstwelche die Vorsehung zum Schirmherrn dieser Kirche gesetzt hat, für einen Augenblick werde erfreuen dürfen. — Die katholische Kirche der Pfalz erlebte bekanntlich jene verhängnißvolle Katastrophe der Revolution, welche ihr, wie dem Staate, gleich verderblich war. Es bedarf wohl nicht einer weitläufigen Schilderung aller der Unglücksfälle, welche sie durch jene Revolution erlitt, sondern es genügt zum vollständigen Ermessen ihrer Verluste nur an die zwei Grundtendenzen einer Zeit zu erinnern, in welcher das sogenannte souveräne Volk sich auf den Thron des angestammten Fürsten setzte, und die Göttin der Vernunft mit der Jakobinermütze sich schamlos auf den Altar des Gekreuzigten stellte. Die Kirche wurde nicht bloß bedrückt und beraubt, sondern Alles, was die vergangenen Jahrhunderte in frommen Vergabungen gesammelt hatten, war mit dem Verschwinden ihrer Diener, welche nur die Flucht vor dem Beile der Guillotine retten konnte, unter die Hand der Nation gestellt. Die Geistlichen waren proscribirt; die Tempel niedergeworfen oder in Magazine verwandelt; die Kirchengeräthe durch die Ausleerungscommission geraubt, und die Cultusstiftungen öffentlich versteigert. Die Kirche selbst hatte aufgehört; und erst nach zehn Jahren politischer Anarchie und kirchlicher Zertrümmerung führten das Concordat vom 10. September 1801 und das organische Gesetz vom 8. April 1802 die Religion wieder in die Kirchen zurück, welche der Sturm der Umwälzung noch verschont hatte. Mit dieser staatsrechtlichen Wiederkehr der Religion gab dann auch das nämliche organische Edict den Geistlichen ihre gesetzliche Existenz zurück und indem dasselbe sie wieder in ihre amtliche Thätigkeit einsetzte, übernahm zugleich der Staat, bei der fast gänzlichen Verschleuderung der früheren Dotationen, die Besoldung der Pfarrer. Dabei diente die eben so billige als gerechte Ansicht, daß die Bezüge eines Pfarrers mit den Arbeiten und Beschwerden seines Wirkungskreises in Einklang stehen müssen, als Maßstab der neuen Dotation, und diesem Maßstabe zufolge theilte man die Pfarreien in drei Klassen, von denen der ersten eine Congrua von 1,500 Franken = 696 Gulden, der zweiten ein Gehalt von 1,000 Franken = 464 Gulden, und der dritten, den sogenannten Desservants oder Succursalpfarreien, ein Gehalt von 500 Franken = 232 Gulden aus der Staatscasse zugewiesen wurde. Von jener Epoche an, sahen sich demnach die zu ihren Parochianen heimgekehrten Pfarrer, statt der frühern meistens sehr anständigen Dotation, auf den ärmlichen Geldgehalt von 464 oder nur von 232 Gulden beschränkt:

und auch einige Jahre später, als das Streben, den Abgrund der Revolution wieder zu verschließen und wenigstens das, was derselbe nicht unwiderbringlich verschlungen hatte, noch zu erhalten, sich immer mehr geltend machte, erhielt ihr spärliches Loos keine tröstlichere Aussicht. Die Staatsregierung gab zwar den Theil der Pfarrgüter, welcher noch nicht veräußert war, an die Pfarrer zurück, allein sie verfügte zugleich, daß der reine Ertrag dieser restituirten Güter ermittelt und an dem Geldgehalte in Abzug gebracht werden sollte, wodurch die Geistlichen um nichts gebessert waren. Auch bei einer neuen Reorganisation der Pfarreien im Jahre 1807 blieb durchaus dasselbe Verhältniß, und diese letzte Organisation ist die fortwährende verhängnißvolle Ursache, daß von da an, bis heute, in der jetzigen Speyerer Diöcese nur drei Pfarrer mit 696 Gulden — der Dompfarrei Speyer wurde der gleiche Gehalt bei der spätern Errichtung des Domcapitels wieder gänzlich entzogen — dotirt sind, dagegen aber achtundzwanzig nur die Besoldung von 464 Gulden und einhundertfünfundsiebenzig andere sogar nur den Gehalt von 232 Gulden und alles dieses selbst mit Einrechnung der Pfarrgütererträgnisse, gesetzlich zu beziehen haben. Eines günstigern Looses hatten sich dagegen bei der Wiederherstellung der Religion die protestantischen Geistlichen zu erfreuen. Zwar wurden ihre Pfarreien durch das Decret d. 31. August 1805 nach derselben Norm, wie die der Katholiken, in drei Klassen eingetheilt, und wie jene, mit gleichen Gehalten botirt, und auch für sie verordnete das organische Edict vom 8. April 1802 im Titel I. Art. 7, daß der Ertrag der Güter, welche die protestantischen Kirchen besitzen, in jenen Pfarrgehalt eingerechnet werden sollten. Allein dessen ungeachtet wurden ihnen ihre früheren Pfarrgüter ohne den geringsten Abzug, wieder zurückgegeben, und überdieß zu denselben auch noch der ungeschmälerte Staatsgehalt zugewiesen; woher es denn kommt, daß von da an und bis heute die protestantischen Pfarrer nicht bloß mit einem gleichen Geldgehalte wie ihre katholischen Amtsbrüder, aus der Staatscasse besoldet sind, sondern auch noch außerdem die Erträgnisse der restituirten Pfarrgüter zu jenem Staatsgehalte, von welchem ihnen nicht, wie den katholischen, der Güterertrag in Abrechnung gebracht wird, ungeschmälert zu beziehen haben. Hierdurch waren nun die katholischen Geistlichen, im Vergleiche zu ihren protestantischen Amtsbrüdern bedeutend zurückgesetzt. Der Staat hatte sie mit sorgloser, ihm aus den Tagen der Republik noch angewöhnter Geringschätzung, hinsichtlich ihrer Besoldung, in die allerletzte Klasse seiner Diener herabgedrückt, und da ihr ärmlicher Gehalt von 232 Gulden mit höchster Noth sie vor dem Verhungern bewahrte, so mußte das drückende Gefühl der Zurücksetzung und der fortwährende Kampf gegen die dringendste Noth, welche den Ankauf irgend eines literärischen Hilfsmittels rein unmöglich machte, jeten freudigen, durch gesicherten Lebensunterhalt bedingten Aufschwung und fast jede wissenschaftliche Weiterbildung darnieder halten. Welche traurige Einwirkung aber ein solcher Umstand auf die Stellung und Wirksamkeit des katholischen Pfarrklerus, so wie auf den wissenschaftlichen und clericalischen Character seiner einzelnen Genossen äußern mußte, läßt sich unschwer ermessen, und die Folgen jener fiscalischen Geringschätzung konnten für Staat und Kirche nur die traurigsten seyn. Ein glücklicherer Stern ging indessen für die katholische Geistlichkeit auf, als die alte Pfalz wieder unter den Scepter ihres ange-

erbten Landesherrn zurückkehrte. Im Vertrauen auf einen gerechten Sinn,
welcher die Belohnung ihres Wirkens mit diesem Wirken selbst, mehr als
bisher in Einklang bringen würde, und in der allenthalben noch lebendig
bewahrten Erinnerung an die langbewährten religiösen Gesinnungen des erlauchten Herrscherhauses, geben sich die katholischen Pfarrer der Hoffnung
hin, jene Herabsetzung und Vernachlässigung von sich genommen, ihr hartes
Loos erleichtert, und ihre so lange verkannten Rechte und Ansprüche auf
Gleichstellung mit den protestantischen Pfarrern beachtet zu sehen. Noch
lebendiger wurde diese Hoffnung, als die Verfassungsurkunde in Tit. IV.
§. 9 den Grundsatz der völligen Rechtsgleichheit der drei christlichen Kirchengesellschaften feierlich proclamirte, und darin den Geistlichen dieser drei
Kirchengesellschaften gleiche Ansprüche auf gleiche Besoldung, in wie weit
dieselbe aus der Staatscasse geleistet wird, zusprach. Auch schien diese Hoffnung in baldige Erfüllung überzugehen. Das landesväterliche Wohlwollen
erkannte die schmerzliche Dürftigkeit der Geistlichen und die königliche Gnade
bewilligte in verschiedenen Finanzperioden für die gesammte Pfarrgeistlichkeit
der Pfalz die sehr bedeutenden Sustentationsbeiträge von 38,000 fl. aus der
Staatscasse. Durch diese halbvolle Munificenz waren alsdann die Mittel
gegeben, nicht nur eine bisher aus unbegreiflichen Ursachen verweigerte
Gleichstellung der katholischen Pfarrgeistlichkeit mit der protestantischen herzustellen, sondern auch noch die Pfarreien beider Confessionen so aufzubessern,
daß wenigstens dem dringendsten Bedürfnisse und der offenbarsten, so lange
erduldeten Noth wäre abgeholfen gewesen. Allein die so lebhaft gehegte
Hoffnung wurde nicht erfüllt. Zum Zweitenmale mußten die katholischen
Pfarrer die entmuthigende Erfahrung machen, daß sie zurückgesetzt und dagegen die protestantischen Pfarrer vor ihnen begünstigt wurden. Man ließ
nämlich im Jahre 1825 die Ertragsfassionen aller Pfarreien der beiden
Confessionen in der Pfalz herstellen, um aus ihnen sowohl den Bedarf zu
einer hinreichenden Dotation zu ermitteln, als auch einen Maßstab zur Vertheilung der aus der Staatscasse bewilligten Zuschüsse aufzufinden. Schon
aus diesen Fassionen ging hervor, daß die katholischen Pfarrer kein günstiges
Resultat für sich zu erwarten hatten, indem man nicht nur die Bezüge von
katholischen geistlichen Localstiftungen, für welche sie besondere Functionen
leisten müssen, sondern sogar auch die Remunerationen für freiwillig übernommene Binationen nach weit entfernten Filialen, in dieselben aufnahm,
und so ihren Antheil an den Sustentationsbeiträgen verringerte. Noch deutlicher aber zeigt es die Vertheilung dieser Zuschüsse selbst. Statt den wirklichen Bedarf der verschiedenen katholischen und protestantischen Pfarreien
als maßgebende Norm anzunehmen, was allein zu einer gerechten Ausgleichung hätte führen können, legte man für alle katholischen Pfarreien eine auf
600 Gulden gegriffene Congrua, für die protestantischen aber eine von dem
protest. Consistorium zu Speyer angeordnete Klassification von 600, 800
und 1,000 Gulden zu Grunde, und wies von den bewilligten 38,000 Gulden
der protestantischen Pfarrgeistlichkeit die Summe von 23,115 Gulden, der
katholischen aber nur 14,885 Gulden zu. Das Resultat dieser von so verschiedenem Principe ausgehenden, und schon in diesem Principe dem katholischen Klerus so nachtheiligen Vertheilung, war dieses, daß der größere
Theil der katholischen Pfarrer selbst mit Einrechnung der Güterertägnisse

und der Bezüge an Stolgebühren und geistlichen Stiftungen kaum auf 450
Gulden aufgebessert werden konnte, während alle, auch die geringste Dotation
protestantischer Pfarrer nahe auf 1,000 Gulden gebracht wurde, ja sogar
jene Pfarrer, deren Pfarreien vorher schon 600 Gulden und darüber ab-
werfen, wenn sie zu der zweiten oder ersten Klasse gehörten, bedeutende Zuschüsse aus den Sustentationsbeiträgen zugelegt bekamen. Es bezogen daher
diesem Grundsatze und der aus ihm hervorgehenden Vertheilungsweise zufolge
selbst solche protestantische Pfarrer, deren Stelle bereits mit 600—800 Gulden
dotirt war, noch Zuschüsse aus jenem Fonde, welchen die königliche Gnade
einzig nur zur Sustentation der Armuth in beiden Confessionen bestimmt
hatte; und die protestantischen Pfarrer hatten bei einer solchen Repartition
häufig sich des Ueberflusses zu erfreuen, während bei der größten Mehrzahl
der katholischen noch lange nicht der drückendsten Noth abgeholfen war.
Letztere sahen deßwegen ihre Hoffnung eines bessern Looses und einer rechtlichen Gleichstellung mit ihren protestantischen Amtsbrüdern von Neuem un-
erfüllt, und das Gefühl dieser erneuerten Zurücksetzung war ihnen um so
schmerzlicher, da sie bei dem Bewußtseyn gleicher treuer Pflichterfüllung und
bei der verfassungsmäßigen Garantie gleicher rechtlicher Ansprüche, wie jene
der Protestanten, keinen Grund dieser Zurücksetzung auffinden konnten, und
deßwegen die wohlbegründete Ansicht festhalten mußten, daß bei gleichen An-
sprüchen beider Confessionen auch eine gleiche Klassifikation der Pfarreien
statt finden sollte, und daß es am Allerwenigsten billig erscheine, die Pfarrer
der einen Confession, welche bereits mit 600—800 Gulden dotirt sind, noch
mit Zuschüssen aus der Staatskasse zu gratificiren, während dagegen die
größte Mehrzahl der Geistlichen einer andern Confession, welche nicht den
Gehalt von 500 Gulden erreichen, mit dem Mangel der ersten Lebensbedürfnisse fortwährend zu kämpfen haben. Von der nämlichen Ansicht, und
von dem durch die Verfassungsurkunde geheiligten Grundsatze der Rechtsgleichheit scheinen auch die beiden Kammern in der letzten Ständeversamm-
lung ausgegangen zu seyn, als sie an Eure königliche Majestät die ehrfurchts-
volle Bitte richteten, daß die für die Pfarrgeistlichkeit der Pfalz bewilligten
Sustentationsbeiträge nur unter die Pfarrer beider Confessionen, welche die
Congrua von 600 Gulden nicht besitzen, und nach Maßgabe des Deficits
vertheilt werden mögen. Die Kammer der Abgeordneten, von welcher diese
Bitte zuerst ausging, und an die erste Kammer gebracht wurde, hatte sich
überzeugt, daß die geringe Dotation der katholischen Pfarreien der Pfalz
weniger in dem Mangel an Mitteln, als vielmehr in der ungleichen Vertheilungsweise der vorhandenen Fonds ihren Grund habe, denn sie wies
aus einer aus Ministerialmittheilungen geschöpften Zusammenstellung nach,
daß der protestantischen Pfarrgeistlichkeit zu der Congrua von 600 Gulden
nur die Summe von 1,960 Gulden 25 Kreuzer abgeht, das Deficit der
katholischen Pfarrer aber noch 17,221 Gulden 31 Kreuzer beträgt. Bei
dieser Zusammenstellung, welche die Benachtheiligung der katholischen Pfarrer
auf das Deutlichste darthut, hat man aber namentlich übersehen, daß durch
die Revision der katholischen Pfarrkassionen im Jahre 1834, welche bei Er-
mittelnng des Deficits zu Grunde gelegt wurde, auch der Wohnungsanschlag im Betrage von circa 8000—9000 Gulden aufgerechnet ist, während
die protestantischen Pfarrkassionen von 1825 bis auf den heutigen Tag noch

nicht revidirt, deßwegen auch in viel tiefern Positionen, als die katholischen gehalten, und in's Besondere die Wohnungen in sie noch nicht eingerechnet sind. Würde man daher vorerst die protestantischen Pfarrfassionen von 1825 einer Revision, wie die katholischen unterworfen, und gleichfalls die Pfarrwohnungen in Anrechnung gebracht haben, so wäre ein noch auffallenderes Ergebniß zu Tage gefördert worden; denn es würde sich gezeigt haben, daß die protestantischen Pfarrer zu einer Congrua von 600 Gulden nicht nur kein Deficit, sondern vielmehr einen Ueberschuß von mehr als 6,000 Gulden haben, während den katholischen Pfarrern zur gleichen Congrua die Summe von 17,221 Gulden 31 Kreuzer abgeht. Es würde sich gezeigt haben, daß kaum ein Einziger der protestantischen Pfarrer unter der Congrua von 600 Gulden steht, die Meisten dagegen mit 600—800 Gulden dotirt sind, und noch bedeutende Staatszuschüsse dazu beziehen, während dagegen die größte Mehrzahl der katholischen Geistlichen mit Einrechnung aller Erträgnisse des Staatsgehaltes, der besonderen Lokalstiftungen und der Sustentationszuschüsse noch lange nicht den Gehalt von 500 Gulden erreichen. Gewiß ein auffallendes Mißverhältniß, das keineswegs in den der protestantischen Confession gehörigen Fonds, sondern allein in der Vertheilung der von der Staatskasse geleisteten Mittel seinen Grund hat, und das auch den so lange gehegten und tiefgefühlten Wunsch der katholischen Geistlichkeit um Gleichstellung mit den protestantischen Pfarrern im hohen Grade rechtfertigt. — Nach dieser treuen Darlegung der offenbaren Zurücksetzung und des sehr beklagenswerthen Zustandes des katholischen Pfarrklerus erlaube ich mir, noch zwei aus diesem Zustande hervorgehende und für Staat und Kirche gleich verderbliche Folgen allerunterthänigst anzudeuten. Die Eine dieser Folgen ist der große, in der Diöcese Speyer täglich immer mehr fühlbar werdende Priestermangel, der keine erfreuliche Aussicht in die Zukunft gewährt, und der den Bischof, dem die geistliche Pflege und Leitung der katholischen Bevölkerung der Pfalz anvertraut ist, um so mehr mit Schmerz erfüllen muß, als gerade diesem in dem christlichen Glauben und Leben durch die Revolution so tief erschütterten Kreise wahre, vom Geiste Gottes erfüllte, ebenso mit wissenschaftlicher Bildung, wie mit tiefer Frömmigkeit begabte Priester, besonders Noth thun, um dem aus den Tagen der französischen Umwälzung noch nachwirkenden Unglauben und der durch ihn herbeigeführten irreligiösen Frivolität auf das Kräftigste entgegenzuwirken. Sehr viele Pfarreien von 2,000—3,000, ja sogar von 4,000 Seelen in drei bis vier Dörfern, haben nur einen Priester, der eben nur wenige Jahre die drückende Last tragen kann, und dann entweder unter derselben erliegt — wie denn in den letzten zehn Jahren eine beträchtliche Anzahl tüchtiger Geistlichen, in Folge der enormen Anstrengungen, meistens an Brustkrankheiten in den besten Jahren weggerafft wurde — oder, um ihr Leben zu erhalten, auf eine kleinere Pfarrei sich zurückzuziehen genöthigt ist. Mehr als zwanzig Pfarrgemeinden haben keinen Seelsorger, sondern müssen von benachbarten Pfarrern versehen werden, was aber nie ohne Vernachlässigung der einen oder der andern Gemeinde, wie auch nicht immer ohne das Opfer der Gesundheit öfters auch des Lebens der Pfarrer geschehen kann. Und doch hat der Bischof bei diesem Stande der Dinge nicht die entfernteste Aussicht, die bringenden Bitten der Gemeinden befriedigen zu können, weil mit jedem Jahre noch

kaum mehr der Eine und Andere aus der studirenden Jugend sich dem geistlichen Stande zu widmen den Muth hat. Die studirenden Jünglinge, welche
dem Dienste der katholischen Kirche sich zu weihen den Entschluß gefaßt
haben, treten wieder, bei genauerer Keuntniß des traurigen Looses ihrer
Diener, zurück, und sie sind um so weniger zu bewegen einen Wirkungskreis
zu ergreifen, welcher ihnen für alle Anstrengungen und auf eine ganze Lebens-
zeit nur den Gehalt von 500 Gulden zu geben im Stande ist, während dagegen jeder andere Stand und jedes andere Geschäft ihnen eine erfreulichere
Aussicht darbietet. So betrübend diese Erscheinung ist, so erklärlich ist sie
aber auch für den aufmerksameren Beobachter; denn es gehört eine mehr
als gewöhnliche, und eben darum in unsern Tagen der wachsenden Genußsucht immer seltener werdende Resignation dazu, zu den Entsagungen, welche
ohnehin der geistliche Stand auflegt, auch noch die ersten Entbehrungen des
Lebens zu ertragen — und doppelt drückt die Armuth, welche ein besseres
Loos durch Anstrengungen für das Wohl des Staates und der Kirche zu
verdienen sich bewußt ist. — Die zweite Folge ist der durch den geringen
Gehalt hervorgerufene, allzuhäufige Wechsel der Pfarrer von einer Pfarrei
zur andern, was auf die religiöse Erziehung der Jugend und auf das sittliche
Leben der Gemeinden einen sehr verderblichen Einfluß ausübt. Kaum hat
ein Pfarrer das Vertrauen seiner Gemeinde erworben und dadurch den Weg
zu einem segenvollen Wirken sich angebahnt, so verläßt er sie wieder, um
eine andere anzutreten, in welcher er vielleicht nur wenige Gulden mehr zu
beziehen die Hoffnung hat, denn bei einer Besoldung, welche zur ärmlichsten
Bestreitung der unentbehrlichen Lebensbedürfnisse nicht hinreichen will, fallen
auch einige Gulden Mehrbezug schon schwer in die Wagschaale und werden
der Gegenstand eifriger Bewerbungen. Daher kommt es denn auch, daß
der größte Theil der Pfarrer, stets auf ihrer arm dotirten Stelle mit der
Noth kämpfend, fortwährend bei jeder Vacatur möglichst schnell weiter zu
wandern sucht, wie es denn eine gewiß nicht erfreuliche Thatsache ist, daß
manche Pfarrer in einem Zeitraume von sechs bis acht Jahren sich bereits
auf der britten und vierten Pfarrei befinden. Ein solches Wandern aber
hält den Pfarrer auf jedem Posten fremd und läßt ihn nirgends heimisch
werden. Der Pfarrer sieht die dürftige Pfarrei nur als einen Durchgangs-
posten an, von dem er in möglichst kürzester Frist auf einen andern, wenn
auch nur um ein Geringes ergiebigern, überzugehen sucht, und die Gemeinde
bleibt ihm ferne, weil sie weiß, daß er sie bei der ersten Gelegenheit verlassen wird. Unter solchen Umständen kann denn auch von der Bildung
eines tiefern und innigern Pastoralverhältnisses zwischen Pfarrer und Gemeinde, jenes geistigen segenvollen Verbandes, welches den Hirten bewegt
auszuharren bei seiner Heerde in Freud und Leid und mit ihr zu tragen,
was der Himmel Gutes und Schlimmes sendet, selten oder kaum die Rede
sein; und das Wirken des Pfarrers bleibt stets nur temporär und unge-
deihlich, weil er weder hofft noch wünscht, bis zur Reife jener Frucht noch
anwesend zu seyn, deren Samen er aussäet. Wohin aber dieses führen muß,
ist von selbst klar, und auch die Erfahrung zeigt uns die mittelbaren Folgen
dieses beklagenswerthen Zustandes in mannigfachen Gestalten, auf der einen
Seite in muthloser und gedrückter Wirksamkeit, und auf der andern in Gleich-
gültigkeit der Gemeinden und Sorglosigkeit der Aeltern, wie der Jugend,

gegen religiösen Unterricht und Mißachtung gegen die Kirche und ihre Diener, als deren unmittelbare Folgen sich sodann Irreligiösität und Unglaube, Störung der öffentlichen Ordnung und Sicherheit, Auflehnung gegen die rechtmäßige von Gott eingesetzte Obrigkeit und Verachtung der Gesetze und jeder gesetzlichen Autorität naturgemäß anreihen. Soll daher diesem Hin- und Herwandern der Pfarrer ein Ziel gesetzt, und auf die religiöse Erzieh- ung des Volkes kräftiger hingearbeitet werden, und sollen jene Folgen alle, wie sie in der jüngsten Zeit mehr oder weniger hervorgetreten sind, und auch in Zukunft, da sie hie und da nicht erstorben sind, sondern nur schlum- mern, gleich verderblich für Staat und Kirche, wieder hervortreten würden, durch den ermuthigten Pastoraleifer der Geistlichen in dem Herzen ihrer Pflegempfohlenen durch christliche Gottesfurcht und Religiösität, und durch Unterwürfigkeit gegen den von Gott gesetzten König und durch Gehorsam gegen Gesetz und Obrigkeit verdrängt und verhütet werden, so thut eine bessere Dotation der Pfarrer besonders Noth, damit dieselben frei von dem Drucke der Armuth und nicht gefesselt von den Nahrungssorgen, desto un- getheilter ihrem priesterlichen Berufe sich weihen und mit größerer Freudigkeit für das Wohl der Kirche und des Staates wirken können. — Eine solche bessere Dotation der katholischen Pfarrer würde sich aber auch ohne weitere Belastung des Staatsschatzes, bei den bereits vorhandenen Mitteln, dadurch effectuiren lassen, wenn 1. die durch königliche Huld und Gnade bewilligten Unterstützungsgelder im Betrage von 38,000 Gulden nur unter jene Pfarrer beider Confessionen, deren Congrua sich nicht auf 600 Gulden erstreckt, nach Maßgabe des Deficits vertheilt würden; wenn 2. Behufs dieser Vertheilung vorerst die protestantischen Pfarrfassionen von 1825 nach denselben Grund- sätzen, wie jene der katholischen Pfarrer im Jahre 1834 revidirt, und wenn 3. zur vollkommenen Herstellung der Gleichheit der katholischen mit den pro- testantischen Pfarrern der Anschlag der Wohnung der Letztern nach demselben Maßstabe in die Fassionen eingestellt, oder der Wohnungsanschlag der katho- lischen Pfarrer in den Fassionen ebenfalls gestrichen würde. Nach dieser allergehorsamsten wahrheitstreuen Erörterung wage ich es nun vertrauens- voll, das Loos des katholischen Pfarrklerus der Diöcese Speyer der könig- lichen Großmuth auf das Dringendste zu empfehlen, und mit diesem Klerus, welcher, ungeachtet seiner dürftigen Stellung und der seit Jahren schon, im Vergleiche zu seinen protestantischen Amtsbrüdern, erfahrenen Zurücksetzung, stets die reinste Anhänglichkeit und die felsenfesteste Treue gegen Eure könig- liche Majestät unerschütterlich bewahrt, und in der jüngsten Zeit so vielfache und bewährte Beweise seiner unwandelbaren Unterwürfigkeit gegeben hat, die Hoffnung zu hegen, daß die königliche Großmuth diesem dürftigen Loose der katholischen Pfarrer die allergnädigste Sorgfalt zuwenden und sie mit derselben Gnade wie ihre protestantischen Collegen huldvollst bedenken werde; damit die gleichen Kinder des einen Landesvaters sich auch einer gleichen Liebe des königlichen Herzens erfreuen dürfen". ꝛc. ꝛc.

Nro. 10.

Johannes Geißel, Bischof zu Speyer, schreibt an den päbstlichen Geschäftsträger zu München, Aloys Ancarelli, über die Gefangennehmung des Kölner Erzbischofes. Speyer 1838 Januar 28. — J. S. 150.

.... Hinc epistolae finem dare non possum, quin pauca defacinore illo inaudito, quo reverendissimus Coloniensis archiepiscopus sedi suae ereptus, armorum vi captus et abductus est, disseram. In Rheni ripa, uti in tota Germania inter omnes catholicae fidei cultores unus doloris et indignationis clamor percrebuit. Nec minus plurimi probae ac aequae mentis acatholici hanc violentam, imo tyrannicam, quia nullo jure sancitam manuum injectionem in praesulem senem ac inermem apertissime reprobant, ecclesiae fideles, quorum pastor, quia legibus divinis firmus stabat et inconcussus, vinculis tenetur, dolent, lugentque, exultat vero jubilatque Berolinorum calvinistarum cohors, quia jam in Germania septentrionali de catholica religione actum esse putant. Jamjam de ecclesiuncula germano-catholica delirantur et Primatem germanicum sub aquilae Borussicae alis somniant. Ast sperare licet talia postremo nil esse, nisi aegri somnia et deliria! Calholicorum spes in Deo et sanctissimo Patre posita est, ac proprio firmo et constanti animo nititur. Si sacerdotes catholici matrimonia mixta, omni de prolis in catholica religione educanda sponsione postposita, benedictione ecclesiastica sancire coguntur, nil discriminis superest inter connubia haeretica et conjugia catholicorum, et paucis post lustris catholica religio istis in regionibus magis magisque labefacta penitus extinguetur. Haec sunt haereticorum molimina, haec Calvinistarum machinatio. Assistentiam passivam in connubiis mixtis pro eo casu, ni omnes in fide catholica liberi educentur, a sancta. Sede permissam, respuunt, ac legibus, ut ajunt, regiis benedictionem sacerdotalem extorquere moliuntur, quasi illa benedictio potestatis regiae, ut somniant, plenitudino posset mandari. Sed sacerdotes catholici istam potestatem saecularem nunquam agnoscent, et quamquam carcere, gladiove percussi, nunquam matrimonia mixta, nisi omnes in fide catholica liberi educentur, benedictione sacerdotali comprobabunt. Caesari quae Caesaris reddere omnes sunt parati, sed et infracti et promtissimi praestare quae Dei Deo, in sanctam sedem Romanam respiciunt unde ipsis auxilium, evenict et solamen. Quae ut-ita fiant, Deus concedat", etc. — † Johannes Geissel, episcopus Spirensis. — Spirae die 28. Januarius 1838.

Nro. 11.

Johannes, Bischof zu Speyer, erbittet vom König Ludwig von Bayern die Errichtung eines Knabenseminars. Speyer 1839 Oct. 2. — J. S. 92.

Allerdurchlauchtigster, Großmächtiger König ꝛc. Bei der wichtigen Lebensfrage der katholischen Kirche in der Pfalz allzeit gewohnt, meine allerunterthänigste Zuflucht zu dem großmüthig frommen Herzen des erlauchten Königs, welchen Gott zum Schirmherrn seiner Kirche gesetzt hat, mit offenem Vertrauen zu nehmen, erlaube ich mir, Eurer königlichen Majestät in Nachstehendem eben eine solche tief in das Leben der katholischen Kirche eingreifende

und in gewiſſem Betrachte deren ganze Zukunft bedingende Frage mit der
devoteſten Bitte vorzutragen, derſelben die allergnädigſte Aufmerkſamkeit und
landesväterliche Huld ſchenken zu wollen. — Dieſe Frage umfaßt die Heranbildung des künftigen Klerus für die Diöcese Speyer — und Kirche und
Staat ſind gleich betheiligt, ſie in ihrem ganzen Gewichte zu erfaſſen und
nach allen Kräften zu löſen. — Das Wohl der gegenwärtigen Generation
im Fortbeſtande der Sittlichkeit der öffentlichen Ordnung und des Gehorſams
gegen König und Geſetz durch die belehrenden und leitenden Segnungen der
Religion in Wort und Beiſpiel und Spendung der religiöſen Gnadenmittel
kann nur durch die Kirche erhalten und geſichert werden, und die Erziehung des künftigen Geſchlechts durch religiöſen Unterricht zu aller leiblichen
und geiſtlichen Wohlfahrt kann nur unter ihrer mütterlichen Sorgfalt dauernd
und allſeitig gedeihen. Zur Löſung dieſer ihr von ihrem Stifter gewordenen
Aufgabe bedarf aber die Kirche der von ihr herangebildeten und ausgerüſteten
Organe, der von ihr geweihten und abgeſandten Hirten und Lehrer, welche
durch Wort und That, durch Reichung der Gnadenmittel das gegenwärtige
Geſchlecht führen und leiten und das künftige heranziehen. Das Haupt-
erforderniß ſind daher Prieſter, und zwar tüchtige und würdige, Prieſter,
welche dem gläubigen Volke vorleuchten in Unterthanentreue und chriſtlichem
Wandel, wenn es unter dem Scepter eines geliebten Königs mit der geiſtlichen und dadurch auch mit der leiblichen Wohlfahrt ſeiner katholiſchen
Pfälzer gut beſtellt ſeyn und gut beſtellt bleiben ſoll. — Nur mit Wehmuth
kann ich aber von dieſem Geſichtspunkte aus die gelichteten Reihen meines
Diöceſanklerus überzählen, und nur mit tiefer Beſorgniß ſehe ich der Zukunft des Bisthums Speyer entgegen. Das Feld iſt ausgedehnt und die
Ernte groß; aber es gebricht an Schnittern! Mit jedem Jahre vermehrt
ſich die Zahl der leer ſtehenden Pfarreien und Kaplaneien, während dagegen
die Zahl der nachwachſenden Zöglinge des geiſtlichen Standes in beunruhi-
gender Weiſe ſich vermindert. Bereits iſt ein volles Achttheil der ohnehin
meiſtens ſehr volkreichen Pfarreien und der Hilfsprieſterſtellen unbeſetzt, und
obgleich es in den meiſten Fällen ſehr erwünſchlich wäre, die Alumnen des
Klericalſeminars zu ihrer beſſeren Ausbildung in ihrem hochwichtigen Berufe
länger im Seminare zurückzuhalten; ſo ſehe ich mich doch ſtets genöthigt,
dieſelben nach einer kaum zehnmonatlichen Vorbereitung daraus zu entlaſſen,
um nur den unabweislichſten Bedürfniſſen in der Cura abzuhelfen. Ungeachtet deſſen aber reichen auch dieſe nachwachſenden Prieſter, deren geringe
Anzahl ſeit einer Reihe von Jahren mit jedem Lehrcurſe kaum drei bis vier
betrug, bei Weitem nicht hin, die durch Tod, Krankheit und ſonſtige Vorfälle unter dem Diöceſanklerus herbeigeführten Lücken auszufüllen, und noch
weniger den durch Alter oder übermäßige Ausdehnung ihres Pfarrſprengels
im Seelſorgsdienſte gebrochenen Geiſtlichen die erforderliche Beihilfe zu gewähren. Daher ſehe ich mich nicht ſelten in die traurige Nothwendigkeit
verſetzt, ſolche Pfarreien, welche eine Seelenzahl von mehreren Tauſenden
und überdieß in vielen weit zerſtreuten Ortſchaften zählen, einen e i n z i g e n
Seelſorger ohne Hilfsprieſter zu überlaſſen, andere von faſt gleicher Seelenzahl und Ausdehnung unbeſetzt zu laſſen, und bloß ihre Adminiſtration einem
benachbarten Geiſtlichen zu übertragen, was dann die ſchmerzliche Folge hat,
daß in beiden der binando abgehaltene Gottesdienſt und Unterricht nur zur

Hälfte und verstümmelt stattfinden kann, und ebenso manche kranke und altersschwache Pfarrer, aus Mangel eines disponiblen Kaplans, an die barmherzige Aushilfe ihrer benachbarten Amtsbrüder anweisen zu müssen. Aus gleichem Grunde ist auch seit vielen Jahren schon die sechste Vicarie am hiesigen Dome unbesetzt, obgleich die Domvicare bisher, nebst ihren eigentlichen Amtsobliegenheiten im Chore und Kanzlei auch noch die Seelsorge an der 3,600 Seelen zählenden Dompfarrei, welche in ganz Bayern die Einzige ist, die keine Kapläne hat, besorgen müssen. — Dieser mit jedem Tage zunehmende Priestermangel, welcher im Bisthume Speyer, das schon früher einen großen Theil seiner religiösen Bildungsinstitute durch den Protestantismus und in der neueren Zeit auch die früher noch geretteten geistlichen Erziehungsanstalten bis auf das Letzte durch die verheerenden Stürme der französischen Revolution zertrümmern sah, tiefer und schmerzlicher, als in andern Diöcesen, gefühlt werden muß, hat seit dem Antritte meiner bischöflichen Amtswirksamkeit meine ganze Sorgfalt in Anspruch genommen; und unausgesetzt habe ich die Möglichkeit erwogen, in welcher Weise jenem Mangel abgeholfen werden könnte. Nach reiflicher Prüfung und in Folge meiner langjährigen Beobachtungen über den katholisch-kirchlichen Zustand der Pfalz weiß ich aber kein anderes Mittel, diesem bringendsten Bedürfnisse für die Zukunft zu steuern, als Jenes, welches das Concilium von Trient Sess. XXIII. Cap. 18 de reform. bereits vorgezeichnet hat. Ein Seminarium puerorum, oder Convict zur Bildung solcher Jünglinge, welche zum geistlichen Stande Beruf und Anlage zeigen, ist nach der Lage der Dinge das einzig mögliche Mittel, der Diöcese Speyer den erforderlichen jungen Klerus nachzuziehen, und nachdem die häufig schon hoch im Alter stehenden Pfarrer abgegangen sind, unausbleiblich, daß nach 8 bis 10 Jahren, wenn man die betrübende Thatsache erwägt, daß zum Jahre 1840 sich n u r d r e i Candidaten zum Eintritte in das Klericalseminar dahier gemeldet haben, daß im Jahre 1841 ebenfalls n u r z w e i sich vorfinden werden, und daß unter den hiesjährigen Abiturienten der Pfalz nur e i n E i n z i g e r zum Stubium der kath. Theologie die Universität bezieht; so ist, wenn nicht ein solches Convict die schleunigste Abhilfe bringt, die traurige Folge, daß die Geistlichkeit bis auf die Hälfte und mehr noch reducirt sein, und Hunderttausend und mehr Katholiken sich ohne Seelsorger erblicken werden. Ich erlaube mir, Eurer königlichen Majestät die Gründe dieser meiner Ansicht allerunterthänigst näher darzulegen. Ein H a u p t h i n d e r n i ß, welches viele Jünglinge abhält, sich dem geistlichen Stande zu widmen, ist das heut zu Tage erschwerte Stubiren. Nach der jetzigen Stubieneinrichtung, durch welche eine allerdings auch dem Priester sehr zu erwünschende und bei dem allgemeinen Stande der jetzigen Cultur sogar unerläßliche vielseitige Bildung erzielt werden soll, wird ein Zeitraum von 12 bis 14 Jahren erfordert. Der Knabe, welcher Beruf zum geistlichen Stande in sich fühlt, muß den größten Theil der langen Stubienjahre hindurch ferne von dem älterlichen Hause in einem benachbarten Städtchen, in dem die meisten Candidaten des katholischen Klerus lediglich aus den kath. Dörfern, dagegen aber nur sehr wenige aus den gemischten Städten hervorgehen, und später noch in weiterer Entfernung an einem Gymnasium und Lyceum und zuletzt an der Universität zubringen. Nebstdem nun, daß diese Entfernung dem Landmann und seinem Knaben überhaupt schon bedenklich ist, entgeht ihm auch nicht, daß mit dem Beginne und der Fortsetzung einer so langen, ihm fast unendlich scheinenden Studienzeit ein so bedeutender jährlicher Kostenaufwand verbunden ist, welcher ein für den Landmann ansehnliches Vermögen erfordert, um solche außergewöhnliche Ausgaben, ohne sein Hauswesen zu zerrütten, ertragen zu können. Die ganz mittellosen Familien dürfen ohnehin nicht daran denken, einen noch so talentvollen und Beruf für den geistlichen Stand in sich fühlenden Sohn den Studien zu widmen, weil ihre Armuth sie abschreckt und selten eine hinreichende Unterstützung in den Städten, in welchen sie sich an der Schule fortbringen müßten, gefunden werden kann. Dieses ist selbst in der Kreishauptstadt Speyer der Fall, in welcher eine solche Unterstützung armer Studirender meistens nur von der Geistlichkeit des Domstiftes nachgesucht und ertheilt wird. Seit einer Reihe von Jahren ist ein großer Theil der nachwachsenden jungen Theologen lediglich durch die Mildthätigkeit der Domgeistlichkeit an dem hiesigen Gymnasium zum Studiren in Stand gesetzt worden. Es gibt zwar auch noch ein zweites Mittel, durch welches manche arme Studirende zuweilen nothdürftig ihre Existenz an der Schule gewinnen, der Unterricht jüngerer Knaben. Allein dieses sogenannte „Haudern" hat den zweifachen Nachtheil, daß es den jüngeren Instructoren die Zeit raubt, welche sie zu ihrer eigenen Fortbildung so nöthig hätten, und die sie nur zur kärglichen Gewinnung ihres Brodes auf den Unterricht verwenden müssen, und daß, wenn sie, um nicht hinter ihren Mitschülern zurückzubleiben, die übrige unterrichtsfreie Zeit mit doppelter Anstrengung zu ihrer eigenen Weiterbildung verwenden, ihre jungen Kräfte dabei unterliegen. Eine Zerrüttung der Gesundheit, welche um so gefährlicher ist, weil sie gerade in die Jahre der körperlichen Entwicklung fällt, stellt sich als beklagenswerthe Folge übermäßiger Anstrengungen ein, und geht nicht selten in spätere Amtswirksamkeit mit hinüber, wo sie dann, auf deren Kosten, um so schmerzlicher gefühlt wird, als sie meistens nie mehr kann gehoben werden. — Ein zweites Hinderniß, welches die jungen Leute von dem geistlichen Stande fern hält, ist die eigenthümliche Beschaffenheit der in unserer Provinz bestehenden Studienanstalten. Abgesehen davon, daß jene altbürgerliche Einfachheit und christkatholische Frömmigkeit, welche vordem die Grundlage des häuslichen und socialen Lebens bildete, nunmehr häufig in vielen Familien sowohl in Städten als Dörfern, unter dem Einflusse eines rationalisirenden Protestantismus und der mit entschiedener Antichristlichkeit alles Religiöse umstürzenden französischen Revolution erschüttert und durch eine frivole Genußsucht und nicht selten durch einen kirchlichen Indifferentismus verdrängt wurde: so darf nicht unberührt bleiben, daß alle Studienschulen der Pfalz mit kaum einer Ausnahme und eben so die beiden Gymnasien, gemischte Anstalten sind, an welchen katholische und protestantische Lehrer und Schüler zusammenleben. Es ist durchaus nicht meine Meinung, mir irgend einen speciellen Tadel gegen diese einmal eingeführte, in den Verhältnissen des Landes liegende Mischung zu erlauben, und eben so bin ich weit entfernt, behaupten zu wollen, daß auch jetzt noch, wie dieses aus früherer Zeit, namentlich in Beziehung auf das Zweibrücker Gymnasium constatirt ist, an diesen gemischten Anstalten dem Berufe und der Neigung zum katholisch-geistlichen Stande offen und absichtlich entgegen gewirkt werde. Nur das Eine kann jedoch, als aus der zweigestaltigen Combinirung dieser Schulen naturgemäß hervorgehend, festgehalten werden, daß an den also gemischten, zum Theile aus widerstrebenden Elementen zusammengesetzten Schulen, auch n i c h t f ü r den Beruf zum katholischen Priesterstande gewirkt werde. Das aber ist schon ein, wenn auch nur rein negativer, dennoch stets tief eingreifender Verlust für die katholische Kirche. Hiezu kommt noch, daß im täglichen und vertrauten Verkehre protestantischer Jünglinge mit katholischen Mitschülern die Neigung zum geistlichen Stande, welche der Eine und Andere der letzteren in sich fühlt, nicht selten durch die in protestantischen Gemüthern tief eingewurzelten und sich gelegentlich stets offenbarenden Vorurtheile gegen jenen Stand erschüttert, wenigstens selbst im günstigen Falle nicht befördert wird. Ein einziges schlechtes Witzwort oder eine höhnische Bemerkung über die katholischen Geistlichen und ihren Stand ist oft hinreichend, dem unbefangenen jugendlichen Gemüthe die bisher in höherem religiösen Lichte erblickte Stellung des Priesters herabzuziehen und die Neigung, jene Stellung zu gewinnen, für immer zu verleiden. Wenigstens beweist die tägliche Erfahrung, daß nur eine große Entschiedenheit diesen von gemischten Anstalten ausgehenden, zum Priesterberufe nicht ermunternden und im täglichen Contacte mit protestantischen Mitschülern oft feindseligen Einwirkungen zu widerstehen vermag. Ich könnte aus meinen eigenen Studienjahren mehr als einen Beleg zu dieser Erfahrung angeben. Ein d r i t t e s Hinderniß besteht in dem Mangel an gehöriger Aufsicht über die studirenden Jünglinge, ohne welche nicht bloß deren religiöse, sondern auch sittliche Erziehung stets mehr oder minder gefährdet ist. Die jungen unverdorbenen Knaben, welche vom Lande in die Stadt an eine lateinische Schule und Gymnasium übertreten, stehen zwar unter der Aufsicht ihrer respectiven Lehrer während der Unterrichtsstunden und werden auch außerdem unter einer allgemeinen Schulpolizei der Anstalt überwacht. Allein über den Kreis der Schulstunden hinaus und in das individuelle Verhalten hinüber erstreckt sich diese Ueberwachung nur selten, und kann es häufig auch nicht einmal. Die Schüler sind sonach in ihrem häuslichen Leben sich selbst überlassen, und glücklich Jene, welche in der fremden Stadt, ferne vom älterlichen Hause und der darin gewohnten frommen Uebungsweise, bei Verwandten, oder in einer rechtschaffenen Familie untergebracht sind, wo ihr sittliches Verhalten wohlmeinend geleitet und ihr reiner und unverdorbener Sinn durch religiös-kirchliches und moralisches Beispiel erhalten und befördert wird. In diesem günstigen Falle befinden sich aber leider nur die Wenigsten. Die Meisten sehen sich genöthigt, Kost und Wohnung bei Leuten zu nehmen, welche aus dem Kostgeben nur einen Erwerbszweig machen und einerseits als ungebildete Handwerker weder die Bildung besitzen, auf ihre jungen Kostgänger wohlthätig zu influenziren, noch auch anderseits den Willen haben, den allenfalls bemerkten Fehlern und Excessen aus Furcht, der Getadelte möchte beleidigt sich um eine andere Wohnung umsehen, entgegen zu wirken, um nicht ihre Erwerbsquelle beeinträchtigt zu sehen. Dadurch sind denn die jungen Leute in ihrem häuslichen Leben ohne Aufsicht sich selbst überlassen, und wohl ihnen, wenn dieses zuletzt noch die einzige Gefahr ist; denn es geschieht sogar nicht selten, daß sie in derartigen Kosthäusern statt Lehre und Beispiel im Guten, nur Beispiele der Rohheit, der Genußsucht und sogar der verborgenen Liederlichkeit finden. Es ist dann

die ganze Einwirkung der Schule nicht mehr im Stande, diese verdorbene
häusliche Erziehung wieder von Grund aus gut zu machen, und die aus
einer solchen Lebensschule Hervorgegangenen tragen die frühe Verdorbenheit
mit dem Mantel der Heuchelei verdeckt durch ihre Studienjahre in die Selbstständigkeit der Amtssphäre hinüber, wo sie denn ihre Irreligiosität und
Immoralität, wie manche Beispiele beweisen, nicht ferner mehr glauben ver-
hüllen zu müssen. Dieser Mangel an häuslicher Leitung und Aufsicht ist
eine gefährliche Klippe für alle studirenden Jünglinge, die gefährlichste aber
für Jene, welche künftig die Träger und Pfleger der Religion werden sollen.
Die Kirche muß sich Glück wünschen, wenn solche frühzeitig an Geist und
Herz verkehrte Jünglinge von dem Dienste des Herrn ferne bleiben, oder
im Falle sie dennoch sich zu demselben hinzudrängen, wenn es gelingt, sie
in Zeiten noch zu erkennen und zu entlarven, damit sie nicht später dem
Priesterstande zur Schmach und der gläubigen Gemeinde zum Verderben
werden. — Bei solchen, dem Berufe zum geistlichen Stande entgegenstehenden
Hindernissen, tragen daher auch manche umsichtige Aeltern Bedenken, ihren
Sohn, der Talent und Neigung zu diesem Stande zeigt, studiren zu lassen.
Viele fromme christliche Familien in Städten und auf dem Lande werden
es als ein großes Glück ansehen, einen Priester aus ihrer Mitte zu erhalten.
Allein da sie befürchten, es möchte der Sinn zum geistlichen Stande auch
bei ihrem Sohne im Verlauf der Studien wieder wankend werden, wie sie
dieses an manchen andern wahrgenommen haben, welche nach einiger Zeit
unter dem Einflusse der vorbezeichneten Hindernisse die Lust zum geistlichen
Stande verloren hatten, und nun, da es ihren Aeltern an Mitteln fehlte,
sie bei dem Studium eines andern Faches zu unterstützen, von der Schule
zurück nach Hause gekommen, und weder Gelehrte, noch Bauern, sondern
nur liederliche Taugenichtse geworden waren, so lassen sie ihren Knaben
lieber gar nicht studiren, als daß sie ihn und sich der Gefahr aussetzen, ihn
auf halbem Wege von dem Ziele abkommen und in der Unmöglichkeit der
Erreichung eines andern Studienfaches, zu welchem sie ihn weder unterstützen
können noch wollen, als einen halbgelehrten Müßiggänger der Familie zur
Last und Unehre fallen zu sehen. — Allen diesen Hindernissen und Mißständen würde nun aber, dessen bin ich fest überzeugt, durch die Errichtung
eines Convicts in der Kreishauptstadt Speyer gründlich abgeholfen werden.
Es würde nämlich durch eine solche Anstalt den unbemittelten aber talentvollen Knaben aus den Städten und Dörfern der Provinz, welche Beruf
zum geistlichen Stande in sich fühlen, die Aussicht eröffnet, diesem Berufe,
wenn auch langsam, doch mit Sicherheit sich entgegen bilden zu können. Es
würde ihnen vor Allem das erschwerte und wegen Abgang der Mittel den
Meisten unmöglich gemachte Studiren bedeutend, oder ganz erleichtert; indem
sie während der Studienjahre entweder durchaus unentgeltlich, oder,
nach dem Maßstabe ihrer Vermögensverhältnisse, gegen sehr ermäßigte
Summen im Convicte Wohnung, Kost und andere Verpflegung finden würden.
Wie mancher arme Knabe von Talent und Gemüth würde dadurch dem
Dienste der Kirche gewonnen, welchen jetzt seine Armuth von ihm ferne
hält? Außerdem würden die im Convicte aufgenommenen Jünglinge nicht
bloß in ihren Studien, sondern auch in ihrer sittlichen Ausbildung näher
überwacht und geleitet. Die Convictoren müßten die Classen des Gymnasiums

und Lyceums besuchen, welchen sie nach Alter und Fähigkeit zugetheilt sind, und außer den Unterrichtsstunden würden ihre Studien und Arbeiten durch die Vorstände des Hauses wiederholt tiefer begründet, ergänzt und weiter vorbereitet, und dabei ihre Gesundheit in einer richtigen Eintheilung und Anwendung ihrer Zeit zwischen Arbeit und Erholung erhalten und gestärkt und ihre Sittlichkeit in Ausbildung ihres moralischen Gefühles durch Lehre und Beispiel geweckt und gefördert. Dazu käme noch der weitere Vortheil, daß diese Jünglinge im gefährlichsten Alter fern von den Beispielen einer frivolen Genußsucht auch von der Verderbniß und Verführung bewahrt bleiben; und zuletzt böte die Anstalt den unschätzbaren Gewinn dar, daß die ganze wissenschaftliche und moralische Ausbildung auf einer durchweg religiösen Grundlage basirt und von ihr durchdrungen, auch für das spätere Leben, weil mit Gott begonnen, fortgesetzt und vollendet sich nachhaltig bewähren würde. Die Zöglinge des Convictes müßten die fleißigsten, tüchtigsten und bestgesittetsten Schüler des Gymnasiums und Lyceums werden, und von diesen Anstalten, an Kopf und Herz gleich wohl ausgerüstet und gekräftigt, zu höheren Studien übertreten. Aus dem Convicte, in welchem die Zöglinge, nach dem Ausspruche der heiligen Schrift, daß „der Mann zu preisen sei, welcher des Herrn Joch von seiner Jugend an zu tragen gelernt", und nach der damit in Uebereinstimmung angegebenen Vorschrift des Kirchenrathes von Trient, schon von jungen Jahren an zu aller Frömmigkeit und Religion in kirchlicher Zucht gebildet, in Gottesfurcht herangewachsen, würden tüchtig und allseitig durchgebildete, unverdorbene, an Leib und Seele gesunde, verläßige Kandidaten des katholisch-christlichen Standes hervorgehen. Auch würde sich die Zahl derselben, wenn einmal die Anstalt ins Leben getreten ist, in Bälde vermehren, und so der Bedarf von Geistlichen, und zwar von würdigen Geistlichen, in dem gleichen Verhältnisse gedeckt werden, wie dieses der jährliche Abgang in der Diöcese erforderlich macht. — Die Möglichkeit, eine für die Diöcese Speyer so hochwichtige und gewissermaßen deren ganze Zukunft bedingende Anstalt ins Leben rufen zu können, mußte mein ganzes Nachdenken anregen, und hat es auch seit geraumer Zeit vielfach beschäftigt. Nach reiflichem Ueberdenken aller Umstände und gewissenhafter Erwägung der Verhältnisse, finde ich die Gründung eines solchen Convictes in einer Anordnung ausführbar, welche ich der allerhöchsten Weisheit Eurer königlichen Majestät anmit devotest vorzutragen mich verpflichtet halte. — Zur Gründung eines Convictes werden die zwei wesentlichen Elemente erfordert, daß ein Local zur Aufnahme der Convictoren sich darbiete, und daß die Anstalt die erforderlichen Mittel erhalte, ihren Haushalt bestreiten zu können. Beides läßt sich aber mit Gottes Hilfe unter dem Schutze Eurer königlichen Majestät ermitteln, und wäre zum Theil schon vorhanden. — Das Klericalseminar dahier zählte seit acht Jahren nie über sechs, meistens nur vier bis fünf Alumnen; und ich habe bereits oben bemerkt, daß mit dem beginnenden Jahre nur d r e i Alumnen, im folgenden nur z w e i und im dritten nur E i n e r oder vielleicht Keiner in dasselbe treten werde. Dabei besitzt aber dieses Seminar hinreichenden Raum für vierundzwanzig Personen, und es können sonach, außer der Anzahl von fünf bis sechs Alumnen, noch sechzehn bis achtzehn Convictoren in geräumigen und und gesunden Zimmern untergebracht werden. Die Vereinigung des Convictes mit dem

Klericalseminar bietet dann noch den zweifachen Vortheil dar, daß die Oeco-
nomie des Ersteren gemeinsam mit jener des Letzteren, wie dieses auch in
Eichstätt stattfindet, geführt werden kann, und daß der Regens und Subregens zugleich mit der Aufsicht und Bildung der Alumnen auch jene der
Convictoren zu verbinden im Stande sind. Insbesondere hat der Subregens alle nur wünschenswerthe Zeit, vorzugsweise der ganzen Leitung der
Convictoren, in Repetirung und Vorbereitung ihrer Studien, deren er dann
als gründlicher Philolog mächtig sein muß, so wie hinsichtlich ihrer Sittlichkeit und überdieß der Führung des Haushaltes sich zu widmen. Die
Jünglinge besuchen sonach das Gymnasium und Lyceum, je nachdem sie in
die dortigen Klassen inscribirt sind, bewohnen aber gemeinsam die ihnen im
Klericalseminar angewiesenen Räume, und sind dort unter einer stabilen
Hausordnung, welche die Stunden zum Studiren und Essen, zur Erholung
und zum Schlafe in wohlberechneter Reihenfolge, so wie es auch in Eichstätt
geschieht, festsetzt und für alle Bedürfnisse Vorsehung trifft, stets überwacht
und geleitet. Es steht daher hinsichtlich des Locales der Errichtung eines
Convictes nichts im Wege, sondern es bietet das Klericalseminar einen ganz
erwünschten und sehr zweckmäßigen Raum dar, bis es vielleicht in späteren
Jahren gelingt, durch wohlthätige Unterstützungen ein eigenes Gebäude hiefür
anzuschaffen. — Eine größere Schwierigkeit stellt sich, hinsichtlich der zur
Führung des Haushaltes nothwendigen Subsistenzmittel, der Errichtung eines
Convicts entgegen, und ich darf Eurer königlichen Majestät nicht vorent-
halten, daß die durchgehende Armuth des in der Revolution aller früheren
religiösen Bildungsfonde bis auf den letzten Kreuzer beraubten Bisthums
Speyer leider nicht das Geringste hiezu darbiete. Dennoch aber vertraue
ich, unter Gottes Beistand und mit der landesväterlichen Unterstützung meines
allergnädigsten Königs die zu dem Convicte nöthigen Fonde aus verschiedenen
Quellen zu ermitteln. — Die erste Quelle hiezu bietet gleichfalls das hiesige
Klericalseminar. Die Dotation desselben wird bei einer gut geregelten Oeco-
nomie so lange die geringe Anzahl der Alumnen, wie sie jetzt ist, fortdauert,
nicht erschöpft. Es ist mir seither gelungen, durch eine Alles genau berechnende Sparsamkeit die durch den Bau der Seminarkirche und die Errichtung einer Umfangmauer der Dotation aufgelegten Schulden wieder ab-
zuzahlen, so daß mit dem beginnenden Schuljahre deren ganze Erträgnisse
frei zur Verfügung stehen. Dieser also von Schulden befreite Fond kann
daher von jetzt an, wenn er mit aller nur immer möglichen Umsicht und
Ersparniß verwendet wird — zu welchem Ende mir aber dessen Verwaltung
nicht ferner mehr auf eine durchaus unerklärbare Weise und ohne allen
Grund verweigert werden darf, sondern mir, wie sie der Art. V. des Concordates vorschreibt und wie sie auch in allen Diöcesen Bayerns den Bischöfen
concordatmäßig zusteht und auch schon lange überwiesen ist, ebenfalls übergeben werden muß, weßwegen ich den in der Beilage Nr. 1 angefügten besonderen alleruntertänigsten Antrag zu stellen mich gedrungen fühle — einen
Theil seiner Erträgnisse unbeschadet der Subsistenz des Klericalseminars zur
Unterhaltung des Convictes abgeben. Auch kann diese Abgabe, welche sich
in ihrer jährlichen Quote auf sechs bis achthundert Gulden belaufen dürfte,
so wie die Verwendung des Locales, um so weniger Anstand finden, als sie
ihrer Natur und ihrem Zwecke nach ganz in dem eigenthümlichsten Sinne

des Conciliums von Trient Sess. XXIII Cap. 18 — geschieht, und das Klericalseminar ohne ein Convict nach wenigen Jahren leer steht. — Eine zweite Quelle bieten die milden Beiträge des Diöcesanklerus und der Gläubigen des Bisthums. Ich selbst bin bereit, bei der Einsammlung dieser Beiträge mich durch die jährliche Contribution eines, oder nach Bedürfniß zweier Freiplätze für die Anstalt an die Spitze zu stellen, und bereits haben wir der Domdechant Weis und andere Mitglieder des Domcapitels vorläufig bedeutende jährliche Subventionen zugesichert. Ebenso haben auch ein großer Theil der Pfarrer, mit welchen ich schon früher und namentlich in letztem Sommer bei meinen verschiedenen Visitationsreisen diesen Gegenstand verhandelte, mir in dem Gefühle, wie dringend das Bedürfniß sei und in dem lebhaften Wunsche, daß demselben abgeholfen werde, die möglichste Theilnahme versprochen, obgleich die meisten aus ihnen bei der bekannten, meistens sehr geringen Dotirung der Pfarreien in der Pfalz selbst nicht einmal das Nothdürftigste besitzen. Zugleich bin ich von verschiedenen Seiten her versichert worden, daß die Gründung eines solchen Convictes bei den Gläubigen der Diöcese entschiedene Theilnahme finden werde und sich mit Gewißheit zahlreicher Beiträge werde erfreuen dürfen. Ich zweifle daher nicht, daß diese zweite Quelle mir reichliche Zuschüsse abgeben werde; und vielleicht darf ich zuletzt auch dieß wagen, der Hoffnung mich hinzugeben, daß die fromme und hochherzige Huld unsers Alles Gute und Edle so großmüthig schützenden und pflegenden Königs diese neue Anstalt von seinem landesväterlichen Herzen nicht abschließen werde. — Nach Allem diesem steht daher der Errichtung des Convictes kein wesentliches Hinderniß im Wege, während dagegen alle Umstände das segenvolle Gedeihen eines solchen so höchst nothwendigen Institutes in Aussicht stellen. Da nun aber die oben erörterten Verhältnisse der Diöcese gebieterisch verlangen, daß dem bestehenden und immer größer werdenden Mangel an Geistlichen durch vermehrten Nachwuchs von Theologiekandidaten schleunigste Abhilfe geschehe, so muß ungesäumt Hand an's Werk gelegt, und es darf kein Augenblick verloren werden. Ich bin daher, im Vertrauen auf Gottes allgütige Vorsehung und auf meines gnädigsten Königs huldvollen Schutz und Beistand gesonnen, das Convict mit dem Beginne des bevorstehenden Schuljahres in dem hiesigen Klericalseminar zu eröffnen. Zu dem Ende erlaube ich mir, Eurer königlichen Majestät nachstehende devoteste Anträge allerunterthänigst vorzulegen. 1. Daß Eure königliche Majestät dem Bischof von Speyer gestatten mögen, ein Convict für studirende Jünglinge, welche sich dem geistlichen Stande widmen wollen, mit dem Klericalseminar dahier Wohnung und Verpflegung erhalten, und daß hiezu der nach Deckung des Unterhaltes für die Klericalalumnen disponible Ueberschuß der Seminardotation verwendet werde. 2. Daß Eure königliche Majestät geruhen wollen, allerhöchst ihre Kreisregierung der Pfalz dahin anweisen zu lassen, mir die Verwaltung der Dotation des Klericalseminars, welche nach Art. V. des Concordates den Bischöfen gebührt und auch längst in allen andern Diöcesen zugewiesen ist, ebenfalls zu extrahiren, wie dieses in der angebogenen allergehorsamsten besonderen Vorstellung sub Nro. 1 näher entwickelt ist. 3. Daß Eure königliche Majestät allergnädigst gestatten wollen, zur Unterhaltung des Convictes eine ständige Collecte bei dem Diöcesanklerus und den Katholiken des Bisthums nach derselben Art und Weise, wie dieses in der Diöcese Eichstätt zu gleichen Zwecken geschieht, vorzunehmen; und daß endlich 4. Eure königliche Majestät geruhen wollen, die Ernennung des seitherigen Pfarrers Laforet zum Subregens des hiesigen Klericalseminars, welcher in der Stelle des seitherigen, in seine Domvicarie zurücktretenden Subregens Spiehler folgen soll, wie dieses in dem weiteren allergehorsamst sub Nro. 2 angebogenen Vortrage näher motivirt ist, mit den darin gesetzten Modificationen allergnädigst genehm zu halten. — Wenn Eure königliche Majestät, wie ich devotest vertraue, diesen allerunterthänigsten Anträgen die huldvollste Genehmigung ertheilen, so werde ich zum Anfange des Schuljahres das neue Convict mit Gott beginnen; und ich hege die frohe Zuversicht, daß aus dieser Anstalt ein wissenschaftlich gebildeter und religiös erzogener, seinem Gott und seinem König getreuer, dem gläubigen Volke in Wort und That vorleuchtender, berufseifriger und priesterlich frommer junger Diöcesanklerus hervorgehen werde. — Mit tiefstem Respecte verharre ich 2c. † Johannes, Bischof von Speyer. — Speyer den 2. October 1839.

Nro. 12.

Maria von Dalberg-Acton stiftet einen fünfjährigen Freiplatz im Speyerer Knabenseminar. Herrnsheim, 1839 Oct. 18. — J. B. 92.

Herzoglich von Dalberg'sche milde Stiftung in Herrnsheim. Um den frommen und segensreichen Absichten des hochwürdigsten Herrn Bischofs von Speyer hinsichtlich der im Geiste der heiligen katholischen Kirche her-' zustellenden klericalischen Bildung künftiger Seelsorger zu entsprechen und dieselben nach bestmöglichen Kräften zu fördern, findet sich Unterzeichnete, Maria von Dalberg-Acton bewogen, zur Gründung des neuen Convictes in Speyer, während fünf Jahren, von dem ersten November 1839 an, einen jährlichen milden Beitrag von hundert und dreißig Gulden an die Ordinariatscasse zu zahlen. Besagte hundert und dreißig Gulden sollen zum freien Unterhalt an Kost und Wohnung in dem Convicte, eines von dem jeweiligen Oberhirten der Speyerer Diöcese zu bestimmenden Knaben, von welchem zu hoffen ist, daß derselbe sich einstens dem Dienste des Herrn widmen werde, verwendet werden. Die Stifterin dieses fünfjährigen Freiplatzes in dem bischöflichen Knabenseminar zu Speyer legt dem Inhaber ihres Stipendiums nur die eine Verbindlichkeit auf, jeden Dienstag in der Woche das heilige Meßopfer, nach ihrer Meinung, zum Troste ihres in Gott entschlafenen Gemahles, Sir Richard Acton, mit kindlich frommer Andacht anzuhören. — Der jährliche Betrag von hundert und dreißig Gulden wird, gegen einen hier beigefügten Coupon, von der Schloßverwaltung in Herrnsheim, beim Beginne des Schuljahres an die bischöfliche Ordinariatscasse in Speyer, ausbezahlt werden. — Zur Beglaubigung gegenwärtiger frommer Schenkung hat die Stifterin diese Urkunde eigenhändig unterschrieben und derselben das Dalberg'sche milde Stiftungssiegel beigedrückt. Schloß Herrnsheim, den 18. Oktober 1869. Maria von Dalberg-Acton. (L.S.)

Nro. 13.

Johannes, Bischof zu Speyer, dankt der Herzogin Maria von Dalberg-Acton für eine Unterstützung des Knabenseminars. Speyer, 1839 Oct. 25. — J. S. 92.

Durchlauchtige, gnädige Frau! Mit der lebhaftesten Freude habe ich gestern bei meiner Rückkehr von einer kleinen Geschäftsreise, die mir, unter der gefälligen Vermittlung des hochwürdigen Herrn Canonicus Aßinger zugegangene Urkunde, kraft welcher Eure Durchlaucht einen Freiplatz zum Unterhalte eines Eleven in dem zu Speyer beginnenden Convicte für Zöglinge des geistlichen Standes auf den Zeitraum von fünf Jahren zu stiften die Gnade hatten, vorgefunden; und ich beeile mich, für diesen großmüthigen Act einer wahrhaft christlichen Milde, die regen Gefühle des wärmsten Dankes, welche mich für die fromme Geberin innig beseelen, ehrerbietigst auszusprechen. — Gnädigste Frau! Sie haben durch diese reiche Schenkung an mein armes Convict mir und meiner Diöcese, welche den Mangel nachwachsender, dem Dienste des Herrn sich widmender Zöglinge mit jedem Tage schmerzlicher empfindet, eine wahre Wohlthat erwiesen und sich dadurch einen rechten Gotteslohn verdient. Möge dafür auch dieser Gotteslohn Ihnen und Ihrem Hause, dessen Name in der Geschichte der rheinischen Erzbisthümer und Bisthümer, so vielfach und so viel von Ruhm umgeben, glänzt und dessen uralte, durch Jahrhunderte bewährte, lebendige Theilnahme an dem Gedeihen unserer heiligen Religion und Kirche Sie in so schöner, des erlauchten Namens würdiger Weise bewahren und erneuern, in reichem Maße zu Theil werden. — Meine angelegentliche Sorge soll es seyn, darüber zu wachen, daß der Zögling des von Eurer Durchlaucht gestifteten Freiplatzes, welchen ich in dem Haushalte des Convicts als „Herzoglich von Dalberg-Acton'schen Freiplatz" besonders aufführen werde, der durch die Stiftungsurkunde ihm auferlegten Obliegenheit, jeden Dienstag in der Woche das heilige Meßopfer nach der Meinung der hohen Stifterin, zum Troste Ihres in Gott entschlafenen Gemahles, Sir Richard Acton, mit Andacht zu hören, gewissenhaft entspreche und ich selbst werde mein Gebet mit dem Seinigen verbinden, daß der Allmächtige die fromme Absicht der erlauchten Schenkgeberin in Gnaden erhöre und Ihrem verewigten, sehr ehrenwerthen Gemahle eine frohe Urstände verleihen, Sie selbst aber und Ihr ganzes Haus immerfort in seiner heiligen Obhut erhalten wolle. — Mit Freude ergreife ich diese Gelegenheit, Eurer Durchlaucht die lebhaften Gefühle der tiefen Verehrung und Ergebenheit darzubringen, mit welcher ich die Ehre habe zu verharren, Durchlaucht gnädigste Frau, Ihr unterthänig gehorsamer Diener. **Johannes von Geissel, Bischof.**

Nro. 14.

Ministerial-Entschließung, die Errichtung eines Knabenseminars zu Speyer betreffend. München, 1839 Oct. 26. — J. S. 92.

Königreich Bayern, Ministerium des Innern. Seine Majestät der König haben die von dem hochwürdigen Herrn Bischofe von Speyer nachgesuchte Errichtung eines Seminarii puerorum daselbst unter Bezeigung des Allerhöchsten Wohlgefallens allerhuldvollst zu bewilligen, hiebei aber zu bestimmen geruht: — 1. daß dieses vorläufig in das Gebäude des Clerical-seminars zu Speyer aufzunehmende Convict nach den für das Seminarium puerorum in Eichstätt unterm 14. October 1838 und 13. Februar 1819 bereits allerhöchst genehmigten und von dort zu erhebenden Statuten, ein-gerichtet und geleitet, und hievon ohne besondere allerhöchste Genehmigung nicht abgewichen werde. — 2. daß zwar die Renten-Ueberschüsse des Clerical-seminarfonds zu Speyer als Dotations-Quelle für das Knabenseminar bis auf Weiteres verwendet werden dürfen; daß jedoch hiedurch eine Erhöhung des für das Clericalseminar eventuell zugesicherten Aerarial-Zuschusses nicht begründet werden könne: — 2. daß als weitere Dotations-Quelle für das Knabenseminar die Bildung eines ständigen Vereins bei dem Klerus und allen übrigen Katholiken des Bisthums Speyer in derselben Art und Weise, wie solche in der Diöcese Eichstätt zu gleichem Zwecke bereits besteht und nach den dafür durch allerhöchste Entschließung vom 9. April 1838 genehmigten, gleichfalls von dort zu erholenden Statuten, allerhöchst bewilligt werden wolle, wobei Seine Majestät der König über die Resultate der Vereins-Collecte, so wie über die Frage ihrer zureichenden Ergiebigkeit für den vor-liegenden Zweck bald thunlichsten Aufschluß zu verlangen geruhten. — Be-züglich der von dem hochwürdigen Herrn Bischofe in seiner Vorstellung vom 2. l. M. nachgesuchten Extrabition des Clericalseminarfondes und seiner Verwaltung, haben Seine Majestät in Erwägung der in der Mitte liegenden besondern Verhältnisse, Allerhöchst Sich weitere Entschließung vorzubehalten, zu diesem Behufe aber zu befehlen geruht, daß unverzüglich von der könig-lichen Regierung der Pfalz, Kammer des Innern, nach gepflogenem Be-nehmen mit dem hochwürdigen Herrn Bischofe, unter Vorlage der einschläg-igen Acten gutachtlicher Bericht erstattet werden solle, ob nicht die angeregten Uebelstände der gegenwärtigen Behandlungsweise durch einstweilige Bestell-ung einer Cumulativ-Verwaltung, oder durch raschere Verabfolgelassung der Renten-Erträgnisse, oder sonst auf irgend eine andere geeignete Art, beseitigt werden können. — Die königliche Regierung, Kammer des Innern, empfängt zu diesem Behufe gegen Wiedervorlage die erwähnte Vorstellung des hoch-würdigen Herrn Bischofs von Speyer in bezeichnetem Betreffe vom 21. l. M. nebst Beilage mit dem Beifügen, daß Seine Majestät der König von dem bewährten Eifer der königlichen Regierung der Pfalz, Kammer des Innern, die thunlichste Förderung der Allerhöchst ausgesprochenen Absichten und baldmöglichste Anzeige des Ergebnisses mit Zuversicht gewärtigen. — München, den 26. October 1839. Auf Seiner königlichen Majestät aller-höchsten Befehl. v. Abel.

Nro. 15.

Johannes, Bischof zu Speyer, schreibt an Priester Dieringer in Freiburg wegen dessen Aufnahme in die Speyerer Diöcese. Speyer, 1840 Juli 18. — J. S. 93.

Hochwürdiger Herr Repetitor Dieringer im erzbischöflichen Clerical-seminar zu Freiburg. Um dem in meiner Diöcese seit einiger Zeit immer mehr anwachsenden Mangel an Geistlichen für die Zukunft abzuhelfen, und einen an Geist und Gemüth gleich tüchtigen jungen Klerus nachzuziehen, habe ich mein Augenmerk dahin gerichtet, ein Seminarium puerorum für Zöglinge des geiitlichen Standes, wie der heilige Kirchenrath von Trient, Sess. XXXIII. cap. 18. solches vorzeichnet, zu begründen; und unter Gottes Beiitand iit es mir auch gelungen, mit dem Beginne des laufenden Jahres eine solche Anstalt in's Leben zu rufen und mit meinem Klericalseminare dahier zu verbinden. Das neugegründete Convict zählt bereits achtzehn Zöglinge, und mit dem nächsten Schuljahre bin ich in Stand gesetzt, diese Anzahl auf 30 zu erhöhen. Mit jenem Zeitpuncte und der gesteigerten Anzahl der Schüler tritt dann auch das Bedürfniß ein, noch einen weitern Lehrer anzustellen, welcher die Aufgabe zu leisten hätte, mit dem Regens und Subregens des Klericalseminars, denen jetzt der Unterricht und die Direction an den beiden vereinigten Anstalten übertragen ist, die verschiedenen theologischen und philosophischen Lehrgegenstände vorzutragen, respective zu repetiren und mit jenen gemeinschaftlich die Disciplin der Alumnen des Klericalseminars, so wie der Convictoristen, zu leiten und zu überwachen. — Da ich nun Gelegenheit gehabt habe, in Ihnen', Hochwürdiger Herr Repetitor, einen Geistlichen kennen zu lernen, welcher mit vorzüglichen philosophischen und theologischen Kenntnissen auch jene ächten priesterlichen und entschieden kirchlichen Gesinnungen verbindet, deren Verein in unsern Tagen besonders bei Jenen unerläßlich ist, welche an dem hochwichtigen Geschäfte der Bildung des jungen Klerus mitarbeiten, und mir überdieß bekannt ist, daß Sie eben hierin bereits Ausgezeichnetes geleistet haben; so wünsche ich, die Ihnen von Gott verliehenen Kräfte für meine Diöcese zu gewinnen und sehe mich veranlaßt, Ihnen folgendes Anerbieten zu machen. — Ich offerire Ihnen hiermit eine Lehrstelle an meinem Klericalseminar und dem mit Letzterem verbundenen Convicte unter nachstehenden Bedingungen: 1. Sie übernehmen als Professor am Klericalseminar den Vortrag der Liturgie und Homiletik, oder auch der Dogmatik oder eines andern zuzuweisenden theologischen Lehrzweiges, in angemessenen wöchentlichen Stunden. 2. In gleicher Weise übernehmen Sie als zweiter Repetitor an dem Knabenseminare die Wiederholung und Einübung der philosophischen Fächer mit den Convictoren. 3. Sie führen unter der Oberleitung des Regens in gemessener Zeitvertheilung mit dem Subregens die Aufsicht über die Zöglinge der beiden Anstalten. — 4. Als Gehalt beziehen Sie hiefür a) freie angemessene Wohnung und Verpflegung im Klericalseminar und b) jährlich fünfhundert Gulden in monatlichen oder vierteljährigen Raten in baarem Gelde. 5. Für den möglichen Fall, daß Sie nach Antritt der Ihnen übertragenen Stelle wieder enthoben zu seyn wünschen sollten, oder daß der zeitliche Bischof — nach der ihm in Artikel V. unseres Concordates zustehenden Befugniß, welche also lautet: „Professores Seminariorum ab Episcopis nominabuntur et quotiescunque necessarium, aut utile ab ipsis judicabitur, removebuntur" — Sie wieder zu entheben sich veranlaßt finden würde, bleibt Ihnen der Anspruch auf eine angemessene Pfarrei oder sonstige Präbende in unserer Diöcese vorbehalten. — Außerdem muß ich noch hinzusetzen, daß die vorstehenden Bedingungen und Ihre darauf gegründete Berufung hieher nur in der Unterstellung von mir ausgeführt werden könne, und Sie einerseits Ihre Entlassung aus dem jenseitigen Unterthanen- und Diöcesanverbande, was wohl leicht geschehen dürfte, beibringen, und daß es andererseits auch gelingt, für Sie das bayerische Indigenat bei Seiner Majestät dem Könige zu erwirken, welches Letztere wohl, wie ich mit Grund annehmen kann, keiner Schwierigkeit unterliegen wird. — Ich zweifle nicht, daß Ihnen vorstehende Bedingungen als annehmbar erscheinen, da ich gesucht habe, sie so vortheilhaft für Ihr Interesse zu stellen, als die Mittel unserer beiden Anstalten und die staatsgesetzlichen Bestimmungen mir freie Hand lassen. Ich wäre mit herzlicher Freude bereit, Sie in die Reihe meines Klerus aufzunehmen und würde Sie mit großer Zufriedenheit an meinem Seminarium wirken sehen, da ich Sie als einen ebenso geist- und kenntnißreichen, wie als wohlgesinnten eifrigen Priester kennen gelernt habe, für den ich eine aufrichtige Hochachtung hege. Die übrigen hiesigen Verhältnisse kennen Sie aus eigener Wahrnehmung hinreichend, um daraus Aussicht schöpfen zu dürfen, daß Ihre Existenz bei uns von mancher Seite nicht unangenehm werden möchte. — Indem ich daher Ihrer beifälligen Erklärung entgegensehe und das Gesinnen damit verknüpfe, Ihre Studien- und Ordinariats-Atteste nebst Geburts- oder Taufschein beifügen zu wollen, ergreife ich diese Gelegenheit mit Vergnügen, Sie der vorzüglichsten Hochachtung und des Wohlwollens zu versichern, mit welchem Ich bin Eurer Hochwürden ergebenster Diener † J o h a n n e s G e i s s e l.

Nro. 16.

Johannes, Bischof zu Speyer, berichtet über verschiedene Anliegen an den Minister von Abel in München. Speyer 1841. März 20. — J. S. 84.

Hochwohlgeborner Herr Minister, Excellenz! Schon lange war es eine mir am Herzen liegende Pflicht, Eurer Excellenz auf das hochverehrte Schreiben, mit welchem Sie mich unterm 23. October v. J. bei Gelegenheit des dem Professor Dieringer von Seiner Majestät dem Könige allergnädigst ertheilten Indigenates, beehrt haben, zu antworten, und Ihnen meinen wärmsten und innigsten Dank dafür abzustatten: allein ich verzögerte dieses bisher, weil ich Eure Excellenz nicht allzuoft mit meinen, ohnehin stets in die Breite anwachsenden Schreibereien belästigen wollte, da ich weiß, welche Masse von Geschäften Ihrer unaufhörlich wartet und wie kostbar die Zeit ist, welche Sie für den allerhöchsten Dienst unausgesetzt in Anspruch nimmt. Nachdem ich jedoch so lange gezögert habe, erlaube ich mir wieder, Eure Excellenz auf einige Augenblicke zu belästigen; und ich kann die Gelegenheit bei Uebersendung meines diesjährigen Hirtenbriefes nicht vorübergehen lassen, ohne die mir so theure, als angenehme Schuld meines aufrichtigen Dankes hiermit nachträglich zu entrichten. — Eure Excellenz haben mich durch Ihre so gütige, und ich darf hinzusetzen, so vertrauungsvolle und liebevolle Zuschrift, wahrhaft erfreut und erhoben. Wahrlich, wo die tiefeingreifenden Interessen der Religion, dieser ewigen Grundlage alles Bestandes und Gedeihens in Staat und Haus mit so königlicher Wärme und Kraft geschützt und gepflegt werden, wie dieses von unserm herrlichen Könige geschieht und wo dieser königlichen Wärme und Kraft der unermüdete Eifer eines so erleuchteten Ministers im gleichen Geiste zur Seite steht: da ist es eine Freude für einen Bischof, der Lösung der ihm von der Kirche im Sinne ihres

Schutzherrn übertragenen Aufgabe nachzukommen und dem ihm geschenkten Vertrauen in demselben Geiste, so viel nur immer an ihm ist, offen zu entsprechen. Diese Freude wird noch gesteigert durch die Wahrnehmung eines unter dem Beistande Gottes sichtbar gelingenden Erfolges. Wir katholische Pfälzer fühlen es tief und werden uns dessen mit jedem Tage lebendiger bewußt, was wir der Regierung unseres Königs verdanken. Ein rückblickender Vergleich zwischen der in bodenloser Frivolität verkommenen und unserer Kirche so feindseligen Franzosenzeit und den nächsten, ihr folgenden, in unsicheren Schwankungen experimentirenden Jahren von Ehemals und zwischen dem klar sich bewußten, so gerechten und festen und darum so erfolgreichen, landesväterlichen Schutze von Jetzt läßt uns wohl erkennen, was in der neueren Zeit in religiöser Beziehung wir gewonnen haben. Wir wissen, was unsere Kirche in der Pfalz vordem war und wir wissen es freudig, was sie jetzt ist. Sie erhält jetzt, was wir allein nur von jeher verlangten, und was wir lange vermißten — Gerechtigkeit; und sie erhält mehr noch als dieses, sie erhält auch die liebende Pflege des Thrones und derer, die ihn umstehen. Darum ist aber auch in den Herzen aller, mit ihrer Kirche und ihrem Lande es wohl meinenden, katholischen Pfälzer nur ein Gefühl der freudigsten Anerkennung, des innigsten Dankes und nur ein Gebet, daß Gott unsern hochherzigen König und die hochverehrten Männer, welche in seinem Geiste wirken, erhalten und mit seinem Beistande von oben in ihrem schweren Tagwerke, kräftigen und stärken möge! In dieses Gefühl und Gebet stimme aber namentlich ich um so wärmer und inniger ein, je mehr gerade ich, im Lande selbst geboren und erzogen, und die Phasen der katholischen Kirche mit durchlebend, den Unterschied zwischen Vormals und Jetzt, zu beurtheilen im Stande bin und je freudiger in mir die Ueberzeugung lebt, wie Vieles, wie sehr Vieles in der neueren Zeit anders geworden. — Ich weiß wohl, daß es nicht möglich ist, Alles, was die vergangenen Tage Feindseliges und Hemmendes der katholischen Kirche in der Pfalz entgegengesetzt haben, mit einem Male zu beseitigen. Manches der Art hat zu tiefe Wurzeln geschlagen, um nach Wunsch wieder plötzlich vertilgt zu werden. Allein der Geist von oben herab, die Seele der Regierung sind anders geworden. Beide beleben und befruchten durch ihr Wohlwollen gegen die Religion; und mögen sie in diesem aufgeklärten Wohlwollen nur immer beharren, dann wird und muß es endlich gelingen, die feindseligen Elemente zu bewältigen und nach und nach zum Bessern zu gestalten. — In meiner Diöcese geht es, wie ich Eurer Excellenz mit Freuden berichten kann, im Allgemeinen erwünschlich. Ist auch noch Manches mangelhaft und dürftig und Vieles noch lau und lahm, so sind die religiösen und kirchlichen Zustände doch offenbar in fortschreitender Entwickelung und lassen viel Gutes hoffen. Die Religion ist nicht mehr, wie früher, bloß in den Kirchen und in den Umkreis der Altäre consignirt, sondern sie macht sich nun bei der größten Mehrzahl ihrer Bekenner auch im Leben geltend zur Erweckung kirchlichen Sinnes und zur gesteigerten Theilnahme am öffentlichen Gottesdienste. Einen höchst freudigen Eindruck machte es auf die katholische Bevölkerung, als unser allergnädigster König die bedrückende Beschränkung des ehemaligen Mainzer Präfecten Jean bonsaint-Andre, eines vormaligen Hugenotten-Prädikanten, hinsichtlich der Processionen, hinwegnahm und so seinen katholischen Pfälzern wieder erlaubte, auch öffentlich mit Bittgängen sich katholisch zeigen zu dürfen. Die Processionen wurden seitdem mit großer Erbauung, ungestört von den Protestanten, ja an vielen Orten sogar unter deren offenen Achtungsbezeugungen abgehalten. Eben so guten Eindruck machte die unlängst erlassene Verordnung hinsichtlich der Kreuze auf den Begräbnißplätzen, indem sie gerecht und billig der einen Confession ohne Störung der andern frei läßt, auszuführen was ihre Kirchensatzungen verlangen und für beßfallsige Dissidien eine feste Entscheidungsnorm aufstellt, eigentlich alle Dissidien von vornherein abschneidet. Ich danke daher Eurer Excellenz recht warm dafür, daß die Ruhestätte unserer Todten auch noch ferner mit diesem Zeichen der Erlösung darf geschmückt werden. Zu diesen äußeren Verbesserungen kommt auch eine innere günstige Entwickelung. Mein Diöcesanklerus ist im Durchschnitte sehr thätig in Kirche und Schule und gibt mit Ausnahme einiger Wenigen, welche ich in strenger Disciplin überwachen muß, allgemein ein gutes Beispiel und gewinnt sich Achtung durch regen Amtseifer und priesterlichen Wandel. Ich habe nur das zu bedauern, daß die Reihen dieses Klerus so dünn sind und leider immer noch 25 bis 30 Pfarreien unbesetzt bleiben müssen, was an manchen Orten nachtheilige Folgen hat. Jedoch hoffe ich auch hier für die Zukunft eine bessere Gestaltung durch unser neuerrichtetes Knabenseminar. Diese junge Anstalt zählt 37 Schüler und gedeiht vortrefflich sowohl in religiöser Gesinnung als wissenschaftlicher Ausbildung, welche von den Vorständen mit einem Eifer genährt werden, der Nichts zu wünschen läßt. Die von mir für das Knabenseminar angeordnete Verwaltungscommission ist eben daran, über die eingegangenen Beiträge des letzten Jahres Rechnung aufzustellen und ich werde dann die Ehre haben, dieselbe allerhöchsten Ortes vorzulegen. — Auch für die weiblichen Schulen hoffe ich Erwünschliches. Ich habe nämlich das Project zur Einführung der Schulschwestern keineswegs aufgegeben, sondern unter der Hand einleitende Schritte dafür gemacht. Ein vollständiger Vortrag über die Art und Weise, wie dieses so nützliche Institut in unserer Pfalz mit Aussicht auf günstigen Erfolg gegründet werden könne, liegt fast fertig bearbeitet und ich werde nicht länger mehr säumen, denselben zur allerhöchsten Prüfung und Genehmigung demnächst einzusenden. — So dürfen wir mit dem Beistande des Himmels unter unsers Königs Schutze und der gütigen Mithülfe Eurer Excellenz, noch manches Ersprießliche für unsere katholischen Pfälzer hoffen. Gott gebe uns nur Frieden und bewahre uns vor den Franzosen, diesen Erbfeinden und Verderbern unseres schönen Landes von Alters her und nach und nach wird immer mehr Erfreuliches in Kirche und Schule gedeihen. Bleibt uns wie wir wohl hoffen dürfen, die Ruhe gesichert, so wollen wir den schreienden Schwindelköpfen an der Seine ihr neu erwachtes Gelüste nach uns, gerne zu Gute halten, denn ihre Fanfaronaden über die Sympathien, welche wir Rheinländer für sie hatten, haben die erfreuliche Wirkung gehabt, daß unser Kreis nie so deutsch gesinnt war, als jetzt, und daß alle Pfälzer jeder Confession und jedes Standes von ganzem Herzen Gott danken, Bayern anzugehören und bayerisch bleiben wollen für immer. — Eure Excellenz haben die Güte gehabt, mir zu erlauben, daß ich in den Angelegenheiten meiner Diöcese mich offen an Sie wenden dürfe. Ich sage Ihnen hiefür meinen herzlichsten Dank und behalte mir vor, Ihnen später einige Desiderien zur Kenntniß

ju bringen. Dabei barf ich Eurer Excellenz jum Voraus in Wahrheit verfichern, baß ich biefe gütige Erlaubniß ftets nur mit ber befcheibenften Um-
ficht unb im fparfamften Gebrauche, lebiglich im Intereffe ber guten Sache
benützen werbe, wie ich es benn überhaupt mir jur ftrengen Pflicht gemacht
habe, an bie allerhöchfte Stelle feine anbern Anträge unb Wünfche ju richten, als
welche mir mein Amt im wohlverftanbenen, gemeinfamen Intereffe ber Kirche
unb bes Staates jur Pflicht macht unb welche mit unfern geiftlichen unb
weltlichen Grunbgefetzen im Einflange ftehen. Ich weiß es wohl, wie
fchwierig es oft heute ju Tage für bie Regierenben ift, in manchen Fällen
nach Wunfch burchzugreifen unb wie viele Rückfichten ber verfchiebenften Art
in manchen Stellungen verfchiebenen Confeffionen gegenüber ju beachten find.
Eure Excellenz bürfen baher auch barauf zählen, baß ich bas ohnehin fchwere
Werf nie burch unbefcheibene unb neugegründete Anträge unb Wünfche vermehren werbe. — Inbem ich fchließlich Eure Excellenz bitte, mir Ihr fo
fchätzbares Wohlwollen auch fernerhin bewähren ju wollen, barf ich bagegen
in Wahrheit verfichern, baß ich Ihrer häufig mit bem warmen Gebete am
Altare gebenfe, baß Gott Ihnen rüftige Kraft unb heiteren Muth ju Ihrem
fo erfolgreichen Wirfen im Dienfte unferes geliebten Königs, jum Wohle
bes Staates unb ber Kirche in reichem Maße fchenfen unb erhalten möge
unb verharre mit ber innigften Verehrung unb anhänglichften Ergebenheit
Eurer Excellenz gehorfamfter Diener, † Johannes Geiffel, Bifchof.

<hr>

Nro. 17.

Gregor XVI. Pabft, erneunt ben Bifchof Johannes Geiffel von Speyer jum Coabjutor bes Erzbifchofes von Köln unb jum Abminiftrator bes Erzbisthums. Rom 1841. Sept. 24. — J. S. 153.

Gregorius, papa decimus sextus. Venerabilis Frater, salutem, et
apostolicam Benedictionem. Multiplices inter gravissimasque sollicitudines,
atque angustias, quibus in apostolici ministerii munere obeundo continen-
ter distinemur, ac pene obruimur, afflictæ Coloniensis ecclesiæ res pater-
num animum Nostrum dolore confectum ita urgebant, ut nullis neque
curis, neque consiliis, neque laboribus Nobis parcendum esse duxerimus,
quo ejusdem ecclesiæ bono, ac prosperitati, quantum in Nobis esset, con-
suleremus. Quod autem tam vehementer optabamus, atque enixis precibus
a Deo optimo maximo in humilitate cordis Nostri petebamus, id singulari
ejusdem miserantis Dei beneficio evenisse lætamur. Atque in hanc rem
hodierni Borussiæ regis serenissimi propensam voluntatem experti sumus,
qui ubi ad illius Regni solium evectus de gravi negotio Nobiscum per-
tractandum curavit. Hinc noscentes egregium Virum Venerabilem Fratrem
Clementem Augustum Baronem de Droste ex Vischering, Coloniensis
ecclesiæ antistitem maximis virtutibus clarum, deque illa ecclesia, et
catholica religione tot sane nominibus optime meritum, adversæ valetu-
dinis incommodis conflictari, ac propter ea ejusdem diœceseos procurationem
ei in præsentia non parum molestam, et laboriosam fore, aliquod oppor-
tunæ providentiae consilium Nobis ineundum esse sensimus. Itaque ejusdem
Venerabilis Fratris habito consensu, ejusque mente explorata, aliquem

spectatum virum ei coadjutorem cum futura successione dandum censuimus, qui simul dioecesim illam apostolica auctoritate administret; ita tamen, ut ipse venerabilis Frater, Clemens Augustus Baro de Droste ex Vischering ejusdem Coloniensis ecclesiae archiepiscopus permaneat, omnesque archiepiscopatus fructus, et reditus percipiendi jure potiatur. Et quoniam eo, quo par est, decore vitam, agat, oportet, qui hujusmodi coadjutoris, atque administratoris munere fungetur, idcirco idem venerabilis Frater summam ter mille scutatorum Borussicae monetae, vulgo halleri ei quotannis ex archiepiscopatus censu ultro libenterque solvendam statuit. Hoc autem gravissimum, atque honorificentissimum munus tibi, Venerabilis Frater, committendum esse decrevimus, qui egregiis animi, ingeniique dotibus ornatus, atque eximia prudentia, doctrina, integritate, religione fulgens tanta cum laude Spirensem ecclesiam regis, ut Nostram, et carissimi in Christo filii Nostri Bavariae Regis illustris benevolentiam, existimationemque Tibi comparaveris. Qui quidem rex ob singulare in Nos, atque hanc Petri cathedram obsequium hinc Nostro consilio quam libentissime obsecundavit. Quam ob rem peculiari Te benevolentia complecti volentes, et a quibusvis excommunicationis, suspensionis, et interdicti aliisque ecclesiasticis sententiis censuris, ac poenis quovis modo, vel quavis de causa latis, si quas forte incurreris, hujus dumtaxat rei gratia absolventes, ac absolutum fore censentes, Te hisce Litteris auctoritate Nostra apostolica venerabilis Fratris Clementis Augusti, Baronis de Droste ex Vischering archiepiscopi Coloniensis coadjutorem cum futura successione, atque illius Dioecesis apostolicum administratorem cum omnibus, et singulis facultatibus necessariis, atque opportunis eligimus, constituimus et deputamus; ita tamen ut idem venerabilis Frater, Clemens Augustus Baro de Droste ex Vischering archiepiscopus Coloniensis permaneat, omnesque illius archiepiscopatus fructus percipiendi jure polleat. Si vero idem Venerabilis Frater archiepiscopus Coloniensis ex hac vita migraverit, seu commemoratus archiepiscopatus quocumque modo ex ipsius persona vacaverit, Te ejus loco archiepiscopum Coloniensem jam nunc eadem auctoritate Nostra apostolica facimus et instituimus. Insuper ne Spirensis ecclesia suo careat pastore, eadem auctoritate Nostra apostolica Tibi potestatem facimus, ut interea temporis illam per ecclesiasticum virum a Te eligendum, qui Tui vicarii munere fungatur, regere ac moderari pergas, donec a Nobis, atque ab hac apostolica sede aliter fuerit constitutum. Mandamus propterea in virtute sanctae obedientiae omnibus et singulis ad quos spectat, et spectabit in tempore, ut Te ad officium coadjutoris, et administratoris apostolici ac suo tempore ad illud archiepiscopi Coloniensis, ejusque liberum exercitium admittant, excipiant, Tibique in omnibus, quae ad officium ipsum pertinent, praesto sint, atque obediant, tuaque salubria monita, et mandata eo, quo par est, obsequio suscipiant, et diligenter implenda curent, alioquin sententiam, seu poenam, quam rite tuleris, seu statueris in rebelles, ratam habebimus, et faciemus auctorante Domino usque ad satisfactionem condignam inviolabiliter observari. Declaramus vero, hanc specialem providentiam futuris temporibus in exemplum offerri nunquam posse contra ea, quae in apostolica constitutione, et pontificia epistola XVII. Kalendas Augusti anno MDCCCXXI. datis a rec. me. Pio VII.

Decessore Nostro de incolis Borussici Regni ad episcopales Sedes eligendis sancita sunt. Non obstantibus Apostolicis, atque in universalibus provincialibusque, et synodalibus conciliis editis generalibus, vel specialibus constitutionibus et ordinationibus, aliisque omnibus etiam speciali, et individua mentione ac derogatione dignis in contrarium facientibus quibuscumque. Datum R o m a e sub annulo piscatoris die XXIV. mensis Septembris MDCCCXLI. Pontificatus Nostri anno undecimo. De speciali mandato SSmi. — A. Card. Lambruschini. — (L. S.) Venerabili fratri Joanni Geissel, episcopo Spirensi.

Nro. 18.

Friedrich Wilhelm, König von Preußen, begrüßt den Bischof zu Speyer als apostolischen Verwalter der Kölner Erzdiöcese. Sans = Souci. 1841. Oct. 24. J. S. 154.

Eure bischöflichen Hochwürden wird ein päbstliches Breve, wodurch Sie auf meinen Wunsch und Vorschlag, unter Zustimmung Seiner Majestät des Königs von Bayern, zum Coadjutor des Herrn Erzbischofs von Köln, Freiherrn von Droste, und zum Administrator der kölnischen Erzdiöcese ernannt sind, nachdem mein Bevollmächtigter, Graf von Brühl, Mir dasselbe aus Rom hierher überbracht hat, in Begleitung eines Schreibens Meines Ministers der geistlichen Angelegenheiten zukommen. Während letzteres schon Alles enthält, was in dieser Angelegenheit Namens Meiner und Meiner Behörden, nach Lage der Verhältnisse, für Jetzt zu Ihrer Kenntniß gebracht werden muß, weßhalb ich hier in jeder Hinsicht darauf Bezug nehme, gebe Ich Eurer bischöflichen Hochwürden gerne auch unmittelbar Meine Befriedigung über Ihre gedachte, wichtige Bestimmung und zugleich die Hoffnung zu erkennen, daß Ihr redliches Bestreben, dem Ihnen dadurch bewiesenen allseitigen Vertrauen überall zu entsprechen, namentlich und insbesondere auch durch möglichste Beschleunigung der, mit meinen Behörden näher zu verabredenden Uebernahme Ihrer neuen Amts = Wirksamkeit sich bethätigen werde. Es wird Mir angenehm seyn, Eure bischöflichen Hochwürden künftig bei jeder Gelegenheit die aufrichtige Würdigung Ihres Verdienstes und die besondere Achtung an den Tag zu legen, womit Ich verbleibe Ihr wohlgeneigter F r i e d r i c h Wilhelm. Sans-Souci den 24. October 1841.

Nro. 19.

Der Minister von Eichhorn übersendet dem Bischofe zu Speyer die päbstliche Ernennung als Verwalter der Kölner Erzdiöcese mit den bezüglichen weiteren Eröffnungen. Berlin 1841 Oct. 24. — J. S. 155.

Hochwürdigster Bischof! Von Seiner Majestät dem Könige von Preußen, Meinem Allergnädigsten Herrn, habe ich nach dem neuerlichen befriedigenden Ausgange der mit dem römischen Stuhle in Betreff des kölnischen Erzbisthums bisher geführten Unterhandlungen, als Minister der geistlichen Angelegenheiten den ehrenvollen Auftrag erhalten, Eure bischöflichen Hochwürden das in Folge dieser Unterhandlungen an Dieselben gerichtete und durch den königlichen Bevollmächtigten, Grafen von Brühl, aus Rom hierher über-brachte päbstliche Breve vom 24. v. M., welches dem gegenwärtigen Schreiben, unter besonderem versiegelten Couverte, beigefügt ist, zur Kenntnißnehmung und weiterer Besprechung über dessen Inhalt zukommen zu lassen. — Ich entledige mich dieses Auftrages durch die Vermittelung des Herrn Grafen von Brühl, welcher als bisheriger Bevollmächtigter für jene, in Rom ge-führten Verhandlungen, mit den dabei ausgewechselten Ansichten und Wünschen Seiner königlichen Majestät und Seiner päbstlichen Heiligkeit auf's Genauste vertraut und daher vorzugsweise in den Stand gesetzt ist, Ihnen darüber die Aufschlüsse zu ertheilen, welche Sie etwa für wünschenswerth erachten möchten. Eure bischöflichen Hochwürden sind vermittelst des gedachten päbst-lichen Breve zum Coadjutor des Herrn Erzbischofs von Köln, Freiherr von Droste zu Vischering, cum futura successione und als solcher zum Admini-strator der kölnischen Erzbiöcese ernannt worden. Unter wohlwollender Zu-stimmung Seiner Majestät des Königs von Bayern hat diese Ernennung auf den ausdrücklichen Wunsch und Vorschlag Seiner Majestät des Königs, meines allergnädigsten Herrn, stattgefunden und beweiset eben dadurch auf die überzeugendste Art, daß die ausgezeichneten Tugenden, welche Eurer bischöf-lichen Hochwürden die besondere Hochachtung und Gewogenheit Seiner päbst-lichen Heiligkeit erworben haben, nicht minder von Seiner königlichen Majestät anerkannt und geehrt worden. Nur ein Prälat, welcher eine klare Einsicht in die Natur der gegebenen Verhältnisse und deren billige, ruhige und ver-ständige Beurtheilung mit gelehrter Bildung, Rechtschaffenheit und Fröm-migkeit dergestalt in seiner Person vereinigt, wie solches in jenem päbstlichen Breve Ihnen nachgerühmt wird, ist der allerdings schwierigen Aufgabe ge-wachsen, die kölnische Erzbiöcese nach den Vorgängen und Erfahrungen der letzten sechs Jahre, mit derjenigen höhern Weisheit zu verwalten, deren es bedarf, um daselbst die Beruhigung und Versöhnung der Gemüther sowohl unter den katholischen Glaubensgenossen, als unter den verschiedenen Con-fessionen, also überhaupt das Werk des Friedens zur Förderung des geist-lichen Gedeihens der Diöcesanen zu vollenden und für die Dauer zu be-festigen. Daß Eure bischöflichen Hochwürden sich die Erreichung dieses schönen Zieles mit treuem Eifer angelegen seyn lassen werden, glaubt der König, mein allergnädigster Herr, mit zweifelloser Zuversicht hoffen und der Zu-kunft in Beziehung hierauf getrost entgegen sehen zu dürfen; mir aber ge-reicht es zu besonderem Vergnügen, Eure bischöflichen Hochwürden der Huld und des Vertrauens Seiner königlichen Majestät im allerhöchsten Auftrage zu versichern. Indem ich hierdurch mit Denselben in die erste geschäft-liche Verbindung trete, erlaube ich mir den lebhaften Wunsch auszubrücken, daß Sie Sich zu baldigster Uebernahme der Verwaltung des kölnischen Erz-bisthums im Stande befinden, ingleichen auch basjenige, was Sie dieserhalb beabsichtigen und für angemessen erachten, dem Herrn Grafen von Brühl gefälligst mitzutheilen die Güte haben mögen, damit derselbe auf seiner Rück-reise durch die preußische Rheinprovinz, den königlichen Oberpräsidenten, wirklichen Geheimen Rath von Bodelschwingh mündlich davon unterrichten könne, welcher sodann nicht ermangeln wird, sich zum Behufe näherer Ver-abredung über den Moment und die anderweitigen Modalitäten Ihres

Ueberganges zur Wirksamkeit eines Administrators der kölnischen Erzbiöcese, mit Eurer bischöflichen Hochwürden in unmittelbaren Geschäfts-Verkehr zu setzen. — Inzwischen beharre ich mit vollkommenster Hochachtung Eurer bischöflichen Hochwürden ganz ergebenster E i c h h o r n. — B e r l i n den 24. Oct. 1841.

Nro. 20.

Sonettenkranz der Zöglinge des bischöflichen Convictes beim Abschiede des Bischofes Johannes von Geissel. Speyer 1842 Feb. 17. — J. B. 165.

I.

An unsrer Haardt geboren und erzogen,
Warst groß D u D e i n e r Heimath nur geworden,
Zu steuern, als der Größte, treu allorten
Das Schiff der Kirche durch des Lebens Wogen.

Und wie die Herzen innig D i r gewogen,
Dies sah das Land erfreut an allen Orten,
Als, seines Pfalzgrafs königlichen Worten
Gemäß, D u ein zum Kaiserdom gezogen.

Wie froh auf jenem Haupte sah es ragen
Die Miter, das des Landes Recht und Sitte
Verstand, und S i c h dem Volke eingelebet.

Getröstet sah es seinen Krummstab tragen
Den Mann, der auf des ew'gen Felsens Mitte,
Auf Rom, den Stab zu festen S i c h bestrebet.

II.

Und Hirt und Heerde waren treu geschaaret,
Ein frisches Leben sollte sich gestalten;
Denn wo die Liebe, wo die Treue walten,
Zu ihnen gleich die Hoffnung neu sich paaret.

Wir sahen reg der Kirche Recht bewahret.
Um D i c h, als Vater, reihten sich die Alten;
Daß sich die Jugend möchte fromm entfalten,
D e i n weiser Geist als erste Sorg' gewahret.

So dachten wir, die Alten wie die Jungen,
Mit D i r zu leben und mit D i r zu sterben,
D i r treu zu stehen allesammt entschlossen.

Denn, hat die Liebe Alles nicht bezwungen?
Die Lieb' ist unser Beider, und erwerben
Kann dort der Feind Nichts, wo ihr Bund geschlossen.

III.

Doch ach! im Weltenbuche war's entschieden,
Nicht hier sollst Du die Bahn der Liebe enden;
Als Glaubensbot noch größer sollst Du wenden
Den Fuß hinab am Rhein, dem Land zum Frieden.

So heißt es denn für immerdar: Geschieden!
Du ziehst nun fort, und alle Herzen senden
Empor zu Gott der Liebe letzte Spenden,
Den Wunsch um Glück, den tiefgerührt sie bieten.

Und wirst Du drunten an dem Rheine weilen,
Fern von der Heimath und den Freunden allen,
Besorgt für Deiner neuen Heerd Gedeihen;

Dann, wann die weißen Wellen Dich ereilen,
Mög' ihre Sprache immer Dir gefallen:
„Wir bringen Dir die Grüße Deiner Treuen".

IV.

Wir Alle nun, wir nah'n mit schwerem Herzen,
Die Deines Hirtenhauses Kinder waren.
Wir haben doppelt Deine Huld erfahren,
So trifft uns zweifach Deiner Scheidung Schmerzen.

O, bleib' uns hold! Wir wollen nie verscherzen
Die Gunst und Liebe Deiner Huld, bewahren
Dein Bild, Dein Wort in uns; nach langen Jahren
Noch glüht es fort, gleich unsers Altars Kerzen.

Du nahmst uns auf in dieses Hauses Hallen,
Warst unser Engel, daß wir nicht gerathen
In früher Jugend zu der Irre Wegen.

So möge Gott denn unser Wunsch gefallen:
Sein Engel g'leite Dich auf Deinen Pfaden,
Und zu dem Himmel führe Dich Sein Segen!

Nro. 21.

**Johannes, Erzbischof von Köln, stiftet seinem Lehrer Jakob Mayer ein Jahr-
gedächtniß. Edesheim 1845 Juni 7. — J. S. 9.**

Hochwürdiger Herr Decan und Pfarrer Firmery zu Edesheim!
Bisher ist, wie ich in Erfahrung gebracht habe, an dem Sterbetage des sel.
Pfarrers Mayer, Ihres ehemaligen Vorgängers in der Pfarrstelle zu Edesheim, dessen Andenken auch jetzt noch bei dieser Gemeinde in Segen fort-
lebt, alljährlich ein Todtenamt für die Seelenruhe des Vollendeten abgehalten

worden, was aber jedesmal nur auf den Grund gesammelter Beiträge geschehen konnte, indem eine eigentliche Stiftung hiefür an die Pfarrkirche
nicht stattgefunden hat. Neben diesem alljährlich durch Beiträge abgehaltenen,
den Seligen wie seine Gemeinde gleich ehrenden Todtenamte, wünsche auch
ich dem Vollendeten ein bleibendes kirchliches Denkmal zu stiften; und ich
fühle mich hiezu aus Dankbarkeit gegen den verstorbenen Pfarrer Mayer
gedrungen, da ich demselben, meinem ehemaligen Lehrer, vieles, sehr vieles
verdanke, was Gott ihm in seiner Gnade mit ewigem Lohne vergelten wolle!
In der Anlage beehre ich mich daher, Eurer Hochwürden die Baarsumme
von 60 Gulden — sage sechzig Gulden — als Stiftung an die Pfarrkirche
zu Edesheim mit folgenden Bestimmungen zu übergeben: 1. Es soll alljährlich an dem Todestage des sel. Pfarrers Jakob Mayer ein feierliches,
am Sonntage zuvor verkündetes Seelenamt abgehalten werden. 2. Nach
meinem erfolgten Tode soll dieses Seelenamt auch für mich applicirt, sonach
dasselbe von da an als „Seelenamt für den Pfarrer Jakob Mayer und
dessen Schüler, den Erzbischof Johannes von Geissel verkündet und abgehalten werden. — Ich bitte nun Eure Hochwürden, so gefällig zu seyn,
das Weitere zur Einholung der vorschriftmäßigen Genehmigung dieser Fun-
dation besorgen zu wollen. Edesheim am 7. Juni 1845. Der Erzbischof von Jconium, Coadjutor und apostolischer Administrator des Erzbisthums Köln, † Johannes v. Geissel.

Nro. 22.

**Nikolaus, Bischof zu Speyer, warnt den Pfarrer Binterim zu Bilk wegen dessen
Stellung zum Erzbischofe von Köln. Speyer 1849 Januar 9. — J. A. 230.**

Verehrter Freund! Mit meinen herzlichsten Wünschen zum neuen
Jahre, in das wir nun eingetreten sind, verbinde ich auch meinen Dank für
das mir neulich überschickte Schriftchen. Dabei werden Sie es meiner alten
Liebe und Freundschaft zu gut halten, wenn ich die Bemerkung beifüge, daß
eine gewisse, darin liegende Gereiztheit und besonders ein unziemlicher Aus-
fall auf Ihren Herrn Erzbischof, meinen alten Freund, mir sehr unlieb
darin aufgefallen ist. Sie haben schon so viele Jahre hindurch die Kämpfe
für unsere heilige Kirche führen helfen, daß, wenn Sie sich auch persönlich mögen
gekränkt glauben, was in dem gerügten Artikel des „Katholiken" allerdings
auffallen mag, Sie doch längst auch sich veranlaßt gesehen haben, das Ver-
sönliche bei Seite liegen zu lassen, um nur die Sache der Kirche und Gottes
im Auge zu behalten. Zu dieser Bemerkung sehe ich mich besonders angeregt durch eine Aeußerung des Schriftchens, die gethan scheint, um den
Herrn Erzbischof zu kränken. Oder sollte der Herr Erzbischof von Köln den
Katholiken daselbst von dem Balcone unangenehme oder beleidigende Worte
sagen, wenn er, wie manchmal nicht zu umgehen ist, etwas sagen muß?
Sie haben sicherlich den Oberhirten, der mit Sorgen und Mühe ohnehin
belastet ist, nichts Kränkendes sagen wollen; allein die Sache ist kaum anders
zu nehmen. — Wenn ich mich nicht sehr irre, so glaube ich aus Mehrerem,
was selbst in öffentlichen Zeitschriften erschienen ist, abnehmen zu müssen,

daß Ihre Person und Ihr Name vorgeschoben worden, um Ihrem Oberhirten Unangenehmes, und was noch schlimmer ist, Nachtheiliges in seiner
Amtsthätigkeit zu bereiten. Dazu werden Ihre unläugbaren Verdienste miß-
braucht und auf Sie ein Schein verletzten Ehrgeizes geworfen, der Sie,
nach Ihrer mir noch bei meinem letzten Besuche gegebenen Versicherung,
und wie ich aus früherer Zeit Sie kenne, der Sie, sage ich, nicht treffen
sollte. — Diese Bemerkungen werden Sie, verehrter Freund, mir nicht übel
nehmen, denn Sie sind der Erguß meiner alten Liebe und Freundschaft.
Hätte ich bei meinem letzten Besuche nur länger bei Ihnen weilen können,
wir würden dieses und Aehnliches vielleicht näher besprochen haben. — Sie
wissen so gut wie ich, daß in unserer Zeit viele der Religion und Kirche
feindliche Elemente sich regen. Wir wollen uns hüten, selbst in der Kirche
Streit anzufangen und die Hirtenkraft zu lähmen. Einer Ihrer und meiner
Wünsche wird, wie Sie aus den Würzburger Mittheilungen erkannt haben,
in der baldigen Einführung der Synoden verwirklicht werden. An dieser
großartigen und unter Gottes Beistand segensvollen Versammlung hat Ihr
Herr Erzbischof den verdienstlichen Antheil; das verdient auch eine dankbare
Anerkennung. — Was Sie mir für unsern Freund in Straßburg geschickt
haben, konnte ich kürzlich ihm mit sicherer Gelegenheit schicken. Er geht
übrigens ruhig und getrost mitten unter den Verwirrungen seinen oberhirtlichen Gang. — Unter herzlicher Begrüßung und in Vereinigung des
Gebetes beharret mit aller Hochachtung und Liebe, Ihr ergebenster Freund,
† Nikolaus, Bischof von Speyer.

Nro. 23.

Nikolaus, Bischof zu Speyer, schreibt an Pfarrer Binterim zu Bilk wegen dessen
Schrift über die Synoden. Speyer 1850 Januar 22. — J. S. 230.

Werthester Freund! Längst schon wollte ich Ihnen meinen Dank aussprechen für die gütige Ueberschickung Ihrer letzten Broschüre über die Synoden, ich bin aber immer verhindert worden. Der eingehaltenen Erörterung bin ich beim Lesen mit Aufmerksamkeit gefolgt und habe mehrfache Aufschlüsse gefunden. Eine oder die andere schwache Seite ist mir allerdings
nicht entgangen, wo Sie, wie das allerdings in der Controverse manchmal
geschieht, eine frühere nicht ganz richtige Behauptung, wenn nicht in Geltung erhalten, doch nicht ganz zurückgenommen haben. Es würden solche
Schriften dann einen rechten Nutzen gewähren, wenn es sich bloß um die
Wahrheit und nicht um Rechthaben darin handeln würde. Dieß gilt aber
beinahe von allen derartigen Schriften und oft ohne unser Wissen. — Was
ich aber besonders vermieden gewünscht hätte, ist die persönliche Bitterkeit,
die in persönlichen Angriffen und unzarten Ausdrücken und Wendungen sich
hin und wieder kund gibt. Das hat mir manchmal für Sie, werthester
Freund! und für die kirchliche Angelegenheit, wehe gethan. Wenn wir es
doch einmal dahin brächten, daß wir in wissenschaftlichen Erörterungen nur
die Sache und nicht die Person in's Auge faßten und zum Gegenstande
unserer Kritik machten! Lesen Sie in Ruhe und im Aufblicke zu Gott, dem

Herzensforscher, Ihr Schriftchen und Sie werden mir beistimmen. Ich weiß aus früherer Erfahrung, wie es Einem in solchen Fällen ergeht. Man kann nicht vorsichtig genug seyn. — Nebstdem habe ich noch eine andere Bitte an Sie, die nämlich, daß Sie in der jetzigen Zeit der Verwirrung und des Kampfes, das Wirken Ihres eifrigen Oberhirten in dem großen Bisthume und der Regierung und den Parteien gegenüber, nicht erschweren, sondern vielmehr erleichtern helfen. Wenn Sie auch dieses und jenes sich anders denken und wünschen, so mögen Sie doch beherzigen, daß auch noch andere Seiten der Betrachtung sich darbieten und ein Bischof Manches nicht nach seinem Willen machen kann. Diese Bitte nehmen Sie gewiß freundlich auf. — Nächstens werde ich Ihnen meinen diesjährigen Fastenhirtenbrief schicken. — Unter herzlicher Begrüßung beharre ich mit besonderer Verehrung und in Vereinigung des Gebetes Euer Hochwürden ergebener Freund, † N i - k o l a u s , Bischof von Speyer.

Nro. 24.

Johannes, Cardinal und Erzbischof zu Köln, dankt dem Bischofe Nikolaus zu Speyer und dem Domcapitel daselbst für deren Glückwünsche. Köln 1851 Aug. 20. — J. S. 263.

Hochwürdigster Bischof, gnädiger Herr! Hochwürdigstes Domcapitel! — Wenn es durch Gottes gnädige Fügung seinem Statthalter auf Erden, Pius IX., gefallen hat, mich ohne mein Verdienst aus der Reihe so vieler ausgezeichneten deutschen Prälaten auszuwählen, und in den höchsten Senat der heiligen Kirche zu berufen, so darf ich wohl in Wahrheit sagen, daß die mir so unerwartet gewordene Ehre mich vorzüglich darum erfreuen mußte, weil ich durch den mir verliehenen Römischen Purpur mein unvergeßliches Heimathland, das schöne Bisthum, in dem ich geboren bin und dessen Hirtenstab ich vordem geführt, die Hochwürdigste Körperschaft, aus der ich hervorgegangen, und den ehrwürdigen Diöcesanclerus, unter dem ich gelebt, zugleich mitgeehrt sah. In diesem Bewußtsein konnte mir darum bei den vielseitigen Beweisen der Theilnahme, welche mir bei Gelegenheit meiner Erhebung zu der Würde eines Cardinals der heiligen Römischen Kirche von Nahe und Ferne geworden sind, keiner so angenehm seyn, als daß auch Eure bischöfliche Gnaden und das Hochwürdigste Domcapitel Speyer mir Ihre wohlwollenden Glückwünsche zu der mir so unerwartet gewordenen Erhebung ausgedrückt haben. Mit lebhafter Freude habe ich daher diese Glückwünsche entgegengenommen, und herzlich hieß ich sie willkommen ; denn sie kommen mir ja eben aus dem geliebten Heimathlande — sie kommen mir von Eurer bischöflichen Gnaden, mit Hochwelchem mich nicht nur das heilige amtsbrüderliche Band der bischöflichen Weihe und Nachfolge, sondern auch die seit unserem Eintritte in das Heiligthum des Herrn bestehende, nähere Freundschaft vereinigt ; und sie kommen mir von einer hochwürdigsten Körperschaft, deren hochachtbare, von mir auch bei meinem Scheiden stets verehrte Mitglieder durch eine Reihe von Jahren in gemeinsamer Thätigkeit mit mir und unter meiner Leitung für das Gedeihen der heiligen Kirche

gewirkt haben. Es konnte daher meinem Gefühle nur ungemein befriedigend
und erhebend seyn, mir ein so freundlich wohlwollendes Andenken bewahrt
zu sehen. Dafür meinen innigen Dank abzustatten, haben mir Eure bischöfliche Gnaden und das hochwürdigste Domcapitel die angenehme Verpflichtung
auferlegt, welcher ich hiermit, unter der Bitte, die unfreiwillige Verspätung
durch gehäufte Geschäfte und mehrfache Reisen geneigtest nachsehen zu wollen,
mit wahrem Vergnügen mich entledige, indem ich zugleich das mir bewiesene
Wohlwollen mit den aufrichtigsten Segenswünschen von meiner Seite zu erwidern mich gerne gedrungen fühle. Möge der Herr, der Lenker seiner
heiligen Kirche, Eure bischöfliche Gnaden noch recht lange — lange Jahre
auf dem altehrwürdigen Bischofstuhle von Speyer erhalten, und wie bisher
mit Weisheit und Thatkraft stärken zu immer reicherem Aufblühen seines
heiligen Reiches in Ihrer schönen Diöcese und möge seine Gnade alle die
hochverehrten Mitglieder des Domcapitels unter ihrem würdigen Oberhirten
in rüstiger Mitwirkung zur Förderung des hohen Zieles bis zur äußersten
Grenze des menschlichen Lebensalters erhalten. Gott erhalte Haupt und
Glieder — ad multos annos! — Mit der Bitte um fromme Fürbitte am
Altare und um fortgesetzte Bewahrung wohlwollenden Andenkens verbinde
ich die Versicherung der ausgezeichnetsten Verehrung und Hochachtung, mit
der ich verbleibe — Euer bischöflichen Gnaden, des hochwürdigsten Domcapitels ganz ergebenster † J o h a n n e s Carb. v. Geissel, Erzbischof von
Köln, des h. Apost. Stuhls geborner Legat. — Köln den 20. August 1851.

Nro. 26.

**Johannes, Cardinal von Geissel, erwidert dem Bischofe Nikolaus zu Speyer
auf dessen Einladung zum Domfeste. Köln 1853 Oct. 30. — J. S. 316.**

Hochwürdigster Bischof! Gnädiger Herr! Mit lebhafter Freude habe
ich aus dem gefälligen Schreiben, mit welchem Eure bischöflichen Gnaden
unter dem 18. dieses mich beehrt haben, entnommen, daß Hochdieselben die
nunmehr glücklich vollendete Ausschmückung des altehrwürdigen Speyerer
Domes, sowie die Errichtung des in demselben neu erbauten Hochaltares
durch eine besondere breitägige kirchliche Festfeier mit dem hochwürdigen
Domcapitel zu begehen gedenken, und die an mich gestellte gütige Einladung,
dieser Festfeier beizuwohnen, konnte mir nur zu gleich lebhafter Befriedigung
gereichen. Es bedarf nicht meiner Versicherung, mit welch' lebendiger Theil-
nahme ich die großartige, bereits überall als ein hohes Meisterwerk gepriesene
Ausschmückung eines Gotteshauses begrüße, in welchem ich vormals den
Bischofstuhl einzunehmen berufen war, und für welches ich als Pfälzer noch
fortwährend die innigste Pietät im Herzen trage. Es kann daher meinem
Gefühle nur ein so angenehmes, wie frommes Bedürfniß seyn, der gütigen
Einladung zu dem schönen Feste zu folgen, und die Freude zu theilen, welche
Eure bischöflichen Gnaden und das Hochwürdige Domcapitel empfinden
müssen, Ihre Kathedrale als Kaisergrab und als Kaiserdom, mit so ausge-
zeichnetem Kunstschmucke verherrlicht zu sehen. — Zu meinem großen Bedauern sehe ich mich indessen durch besondere Umstände in der Lage, zur

Zeit noch nicht bestimmen zu können, ob es mir gegönnt seyn werde, bei dem Feste am 15. November in Speyer zu erscheinen. Wenn es mir auch gelingen sollte, andere entgegenstehende Behinderungen zu überwältigen, so hält mich der Zustand meiner Schwester, welche von einer schweren Krankheit befallen worden ist, vorderhand zurück. Zwar ist die drohendste Gefahr, in welcher sie schwebte, wesentlich gemindert; allein ihr Befinden ist dennoch immerhin der Art, daß der Arzt mir ernstlich räth, sie jetzt nicht zu verlassen, sondern ihre Heilung sorgsamst und möglichst unmittelbar zu überwachen. Dadurch bin ich leider genöthigt, vorderhand auf die Theilnahme an dem schönen Feste zu verzichten, behalte mir aber, da ich die gänzliche Hoffnung einer dennoch zulässigen Ausführung nur schwer aufgebe, bevor, wenn es nur möglich werden sollte, die Reise zu unternehmen, Eure bischöflichen Gnaden noch vorher rechtzeitig ganz' ergebenst in Kenntniß zu setzen. — Genehmigen Eure Bischöflichen Gnaden den Ausdruck der vorzüglichsten Hochachtung und innigen Verehrung, mit der ich verbleibe Euer Gnaden ganz ergebenster Diener und Freund, † Johannes v. Geissel, Cardinal und Erzbischof von Köln.

Nro. 27.

Nikolaus, Bischof zu Speyer, sammt dem Domcapitel daselbst, bringen dem Cardinal von Geissel ihre Glückwünsche dar. Speyer 1862 Aug. 13. — B. S. 391.

Eminentissimo, illustrissimo ac reverendissimo domino, Joanni de Geissel, sanctae Romanae ecclesiae cardinali presbytero origine Palatino archiepiscopo Coloniensi, sacrae sedis apostolicae legato nato, ecclesiae Spirensis quondam Canonico, decano, episcopo, hac die 13. Augusti 1862, qua quinque abhinc lustris episcopus consecratus congratulantur ecclesiae Spirensis episcopus, dignitarii, canonici et vicarii picturam ex ejusdem ecclesiae altari Joanni Schraudolph auctore transsumptam offerentes. — Eminentissime! Magni momenti et gloriosa, quam ecclesia metropolitana Coloniensis hac die XIII. Augusti MDCCCLII. jubilando celebrat, festivitas et nos episcopum cum capitulo Spirensi, serio monet et provocat, ut ad limina sedis Eminentiae tuae una cum archidioecesanis, quamvis tenuibus verbis, piissimo tamen cordis affectu accedentes, devotionis et gratulationis signa demus. — Quanto nobis memoria dignus vere festivus et laetificans eluxit dies, quo te, eminentissime domine, quinque abhinc lustris episcopum Spirensem salutavimus et quo omnes cum capitulo et clero dioecesani grates retulerunt Deo maximo et optimo, qui paterna sua providentia, selectum ex nostris, antistitem nostrum vocare dignatus est; tanto dolore percussi contristavimus, dum volento Deo dioecesin hactenus et verbo et opere prosperatam, ad altiora destinatus relinqueras. — Magnum sane hac divina dispositione tum nobis jacturam passis, tum tibi non ignoranti, quantis pateat periculis, qui cum altiori gradu majores curas suscipiet, offerendum erat, sed quia bono ecclesiae profuturum et Deo acceptum, deferri debuit. Obtemperavimus ergo divinae providentiae,

quae, quem memoria tenemus, vocavit et elegit. Elegit — meritis dignum
ut archiepiscopi Coloniensis vices gereret, ut denique amplae et inclytae
diœcesis metropolitanae regimini vacaret pallio ornandum; ut tandem
ulterius probatus ad gradum altiorem ascendens in patrum cardinalium
collegio lucesceret purpura decorandum, semper autem regendae ecclesiae
metropolitanae Coloniensi operam daturum; et quali multiplici huic mu-
neri, vel obstacula removens, vel difficilia solvens, per successum temporis,
variis fatis modo adversis, modo secundis ecclesiae, devoluti hucusque
prudentia satisfecerit et virtute, haec, quae verba nostra non valent, facta
loquantur. — Quod autem, eminentissime domine, ad haec munia vocatus
fueris patria palatinus, et quod primum in ecclesia gradum feceris dignitate Spirensis, haec in nostram redundant gloriam, haec equidem re-
putamus nobis jungere obligationem, quam hodierna die omittere non
possumus, quin tuae Eminentiae memores decies centenorum millium gra-
tulationibus concordemus fidei et caritatis vinculo conjuncti. — Dignetur
igitur Eminentia tua annuere, ut nos solemnitatem post annos viginti
quinque a te dignitate pontificali feliciter et digne peractos celebrandam
cum cordis jubilo participemus, nec non cum plurium votis unanimes re-
feramus et nostra. Deum optimum, qui hactenus te mirabiliter duxit et
mirabiliter confortavit, enixe deprecantes, ut fundator et protector ecclesiae suae modo tribulatae et infensis incursibus circumvallatae defen-
sores respiciens et opus misericordiae perficiens, consummatis a te multos
adjiciat annos et prosperos, usque dum longissimo felicius vitae cursu
consummato, certamine bono certato et fide servata reposita tibi sit
corona justitiae. — Precantes denique Eminentiam tuam, ut selectae,
quam ecclesiae cathedralis Spirensis et ejusdem historiographi memorialem
offerre audemus picturae tessera benigne respicere et acceptum habere velis
animi nostri sensum, qui permanet erga te sensus summae devotionis, in-
timi amoris et gratissimae recordationis. — † N i c o l a u s, episcopus
Spirensis, J. P. B u s c h, praepositus. M. F o l i o t, decanus. Fr. G e i s s-
l e r, senior. E. J. W e i s s, can. capit. Joannes C r o n a u e r, can.
capit. A. S p i e h l e r, can. capit. Dr. R e m l i n g, can. capit. et secre-
tarius. P. K o e s t l e r, canon. cap. W. M o l i t o r, can. cap. A. L.
L a f o r e t, canon. cap. Fr. H æ l l m e y e r, vicar. Joh. D i e t r i c h,
vicar. Fr. R i e d i n g e r, vicar. L. K u h n, vicar.

Nro. 28.

Johannes, Cardinal von Geissel, dankt für die Glückwünsche des Bischofes und Domcapitels zu Speyer. Köln 1862 Sept. 23. — B. S. 391.

Jllustrissime et reverendissime episcope, plurimum reverendi dignitarii et canonici atque admodum reverendi vicarii! Si fausta illa dies, quo
Deo juvante, vigesimum quintum annum in episcopali dignitate peractum
michi compleri licuit, omnium qui michi utcunque conjuncti sunt, laeti-
tiam excitavit, eorumque provocavit congratulationes, vestrum, vestraeque

ecclesiae Spirensis inter congratulantes locus esse debebat animo meo longe sublimior. Apud vos enim primum, providentia divina disponente, episcopalis dignitatis et honorem et onus suscepi et ad vos idcirco illo ipso die laeta ac dulci memoria mens mea recurrebat. At affectui meo amicissimo ad vos recurrenti ipsi jam occurristis, legatos mittentes dignissimos, qui vestro nomine non solum michi congratularentur, sed etiam pignus afferrent sane pretiosissimum. Summa cum laetitia legatos amicos salutavi donumque gratissimus suscepi per illos michi oblatum, quo vestram erga me caritatem insigniter testatam esse voluistis, quodque vestri et ecclesiae vestrae Spirensis perenne michi existet monumentum. — Multa michi illo die allata sunt pretiosa dona, ac dicere non possum, quanta laetitia quantoque solatio repletus sim, quum cleri mei Coloniensis praestantissimi viderem insignem in me caritatem et studium vere filiale. Sed nescio an aliud felicius studiosiusque vestro dono selectum sit, quum dioecesis vestrae patronae beatissimae Dei genitricis Mariae assumptae imaginem a celeberrimo magistro depictam offerentes, cordis mei desiderio intimo inopinata caritate responderetis. Profecto nihil mihi imagine illa acceptius, nil jucundius offerre potuistis. Est enim imago illiuspatronae benignissimae, in cujus aede summa — celeberrimo imperatorum sepulcro — canonici et decani munere olim functus sum ac sub ejus praesidio potentissimo illius ecclesiae antiquissimae pedum gestavi, quem quidem, cum summi pontificis vox paterna juberet, haud sine dolore dimisi sed nichilominus solatio altiori confortatus manibus successoris dignissimi et ab juventute mihi amicissimi laetabundus tradidi, qui eum per viginti annos, eadem patrona duce et auspice felicissime gerit. Quae quum perpendo, merito dicere michi fas est: E vobis processi, vester fui et adhuc vestrum me esse glorior, quem vobiscum eadem ecclesia matrix peperit et nutrivit. Quare ipsi judicare velitis, qua sancta affectus sim laetitia, quod dioecesis vestra, quae prius me suum salutavit, nunc quoque inter congratulantes occurrit, mei memoriam amicissimam se retinuisse votis declaraverit piissimis. — Jtaque sane michi cordi est, maximas quas possum vobis agere gratias, qui me semper adhuc vestrum amore et studio prosequimini, Deumque ter benignissimum enixe deprecor, ut benedictionum largissimarum thesaurum, quem michi adprecati estis, in vosmetipsos etiam propitius convertere dignetur. — Licet loco et officio disjunctus, me sane velle adhuc et semper fore vestrum perpetua recordatione, Caritate et studio, orationis et precum intima communione profiteor, qui sum et permaneo addictissimus, affectissimus. † J o h a n n e s card. de Geissel, archiepiscopus Coloniensis. — C o l o n i æ hac die 23. Septembris 1862.